U0922485

北京西城年鉴

BEIJING XICHENG NIANJIAN

2010

北京市西城区地方志办公室　编

北京出版集团公司
北　京　出　版　社

图书在版编目（CIP）数据

北京西城年鉴. 2010 / 北京市西城区地方志办公室编. —北京：北京出版社，2010. 12
ISBN 978 -7 -200 -08460 -3

Ⅰ. ①北… Ⅱ. ①北… Ⅲ. ①西城区—2010—年鉴
Ⅳ. ①Z521. 3

中国版本图书馆 CIP 数据核字(2010)第 220045 号

责任编辑 刘　娜　张秋跃
责任印制 宋　超
美术编辑 李　忱
版式设计 北京公交印刷有限公司

北京西城年鉴 2010
BEIJING XICHENG NIANJIAN 2010
北京市西城区地方志办公室　编
*
北京出版集团公司
北　京　出　版　社　出版
（北京北三环中路 6 号）
邮政编码：100120
网　址：www . bph . com . cn
北京出版集团公司总发行
北京公交印刷有限公司印刷
*
787 × 1092　16 开本　28 印张　彩插 32 页　865 千字
2010 年 12 月第 1 版　2010 年 12 月第 1 次印刷
ISBN 978 -7 -200 -08460 -3
Z · 437　定价：160. 00 元
质量监督电话：010 -58572393

《北京西城年鉴》编辑部

序　言

首卷《北京西城年鉴》于2000年出版后，进入逐年编纂、连续出版阶段，从而成为一部地方性连续性大型综合年刊，是汇百业于一体的权威性资料工具书。

西城区作为伟大祖国首都北京的中心城区之一，作为党政军首脑机关所在地、全国政治中心和文化中心的重要载体，就一定意义而言，其特殊的地理位置使得西城区的历史和现实资料具有更大的价值。因此，编辑《北京西城年鉴》，忠实记录下我们前进的足迹，年复一年，连续出版，成为反映西城区情区貌的小型百科全书，成为西城区的一部编年史，有着非常重要的意义。

我们处在建设中国特色社会主义的新时期。继承西城区的光荣革命传统，发挥丰厚文化底蕴的作用，创造更加美好的精神文明和物质文明，是时代赋予我们的使命。《北京西城年鉴》以丰富的资料，及时向社会提供新信息，使西城区的新知识、新情况、新成果和新经验供人查考、助人明辨、给人启迪，发挥出年鉴的资政、鉴戒、窗口、教育和存史功能，成为我们更上一层楼的阶梯。

时代特点和地区特色，给我们提出了更高的要求。我们为有幸承担这一光荣使命而骄傲，为能从事完成这一艰巨任务而自豪。编纂出版《北京西城年鉴》，可以使我们全区各项工作公开于全区人民面前。一方面，可以使我们的工作得到全区人民的大检查；另一方面，可以使各项工作间进行横向大评比，以便相互比学赶超。这对于我们更好地做好所担负的各项工作具有极大的推动和帮助作用。

《北京西城年鉴》的逐年出版，是全区各条战线工作与经验教训的汇集，是撰稿人员、编辑人员辛勤劳动的结晶。希望全区人民和各级领导进一步关心、重视、阅读、运用《北京西城年鉴》，使《北京西城年鉴》成为代表先进文化前进方向的一块文化阵地，成为全区人民“知西城、爱西城、建西城”的知心朋友，成为全区各条战线开展工作的参谋助手。

编 辑 说 明

一、《北京西城年鉴》是一部综合性资料性工具书，在中共北京市西城区委和西城区人民政府的领导下，由《北京西城年鉴》编辑部主持编纂。

二、本年鉴以马列主义、毛泽东思想、邓小平理论和“三个代表”重要思想为指导，深入贯彻落实科学发展观，遵循实事求是的原则，科学、客观地反映实际情况。

三、本年鉴从2000年开始，逐年编纂出版。当年出版的年鉴，全面记述上一年度西城区在各条战线、各个方面所发生的重大事件和新的情况，系统汇集重要的文献。为领导决策提供可资参考的依据，为各行各业提供有价值的资料，为各方面人士了解西城、研究西城提供最新信息。

四、本年鉴在以记述西城区属各系统、各单位情况为主的前提下，对境域内中央、市属有关单位也适当记述，使主体突出而又概括全貌。

五、本年鉴采用文章和条目两种体裁，以条目体为主，用规范的语体文、记述体，直陈其事，文字力求言简意赅。

六、本年鉴的文字内容，设有特载、专文、大事记、政党团体、政权政协、政法军事、工商贸易、综合经济管理、财政税务、金融、城区建设、交通邮电、城市管理、科技教育、文化体育卫生、社会生活、街道、人物、统计资料、附录共20个一级栏目。一级栏目下设二级栏目，二级栏目下设分目，分目下设条目。

七、本年鉴收有西城区党、政、军、各民主党派、各人民团体、街道、部分企业负责人名录，以及驻区部分单位负责人名录。所列均以2009年内任职为限，其中有任免情况的分别予以注明。同时，还收有

2009年内获国家、市（中央部委）、区奖励与荣誉称号的单位和个人名单。

八、本年鉴所选文章和条目，均由各部门、各单位确定专人撰写，并经主管负责人审核。统计资料由统计局提供。

九、本年鉴反映2009年1月1日至12月31日期间情况，文内一般直书月、日，不再书写年份。

十、本年鉴由《北京西城年鉴》编辑部负责编辑，进行文字加工和版式设计。编辑部设在西城区地方志办公室。在编辑出版工作中，得到了全区各单位的大力支持和热情帮助，在此一并表示感谢。由于编辑水平所限，疏漏与不足在所难免，恳请广大读者批评指正。

《北京西城年鉴》编辑部

2010年12月

9月4日，中共中央政治局常委、国务院总理温家宝（右三）到北京市第三十五中学调研。

5月15日，中共中央政治局委员、国务院副总理回良玉（前排左三）到北京市第二聋人学校慰问考察。

11月7日，中共中央政治局委员、北京市市委书记刘淇（右一）到西城区调研基层社会保障工作。

11月2日，中共中央政治局委员、国务委员刘延东视察北京市第八中学。

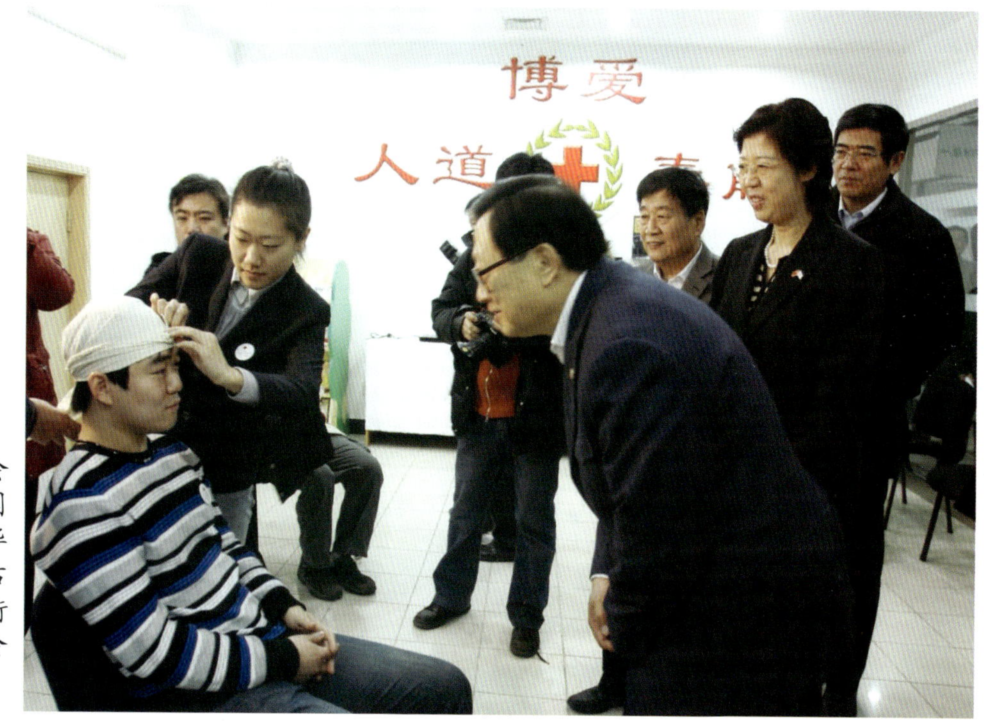

12月3日，全国人大常委会副委员长、中国红十字会会长华建敏（前排右一）到金融街街道考察红十字会工作。

5月31日，全国人大常委会副委员长、全国妇联主席陈至立（前排左二）到西城区奋斗小学出席全国家庭道德教育宣传实践月活动。

5月16日，财政部副部长王军（右一）到西城区实用美术学校（西址）视察会计初级职称考试情况。

4月24日，文化部副部长周和平（左三）到西城区文化馆参观调研。

12月14日，北京市市委副书记、市长郭金龙（右一）到安德路北社区调研。

9月20日，北京市市委副书记、市委政法委书记王安顺（前排左二）到西城区检查国庆60周年安保工作。

10月31日，北京市副市长刘敬民（左一）出席在金融街广场举办的纪念《中华人民共和国行政复议法》实施10周年活动。

11月15日，中共西城区委书记林铎（左三）视察“煤改电”完成情况。

5月13日，中共西城区委副书记、区长张建东（左）就西城区全国文明城区创建工作的经验与成果，与主持人、网民互动交流。

团区委、区教委、区少工委共同主办“童心如歌 祝福祖国”西城区2009年“六一”国际儿童节主题活动。

12月29日，中共北京市西城区委十届十次全体会议召开。

1月6日，北京市西城区第十四届人民代表大会第四次会议召开。

1月5日，北京市西城区政协第十二届三次会议召开。

西城区开展局级后备干部集中调整工作。

7月2至5日，西城区举办“友城手拉手　浓浓民族情”友好城区文化交流周活动。

3月25日，西城区精神文明建设暨双拥工作大会召开。

西城区举办民主党派中青年骨干培训班。

4月28日，西城区举办老干部党支部书记培训班。

2月17日，西城区举办纪念北平和平解放60周年座谈会。

6月25日，西城区召开商务楼宇党建工作推进会。

区委副书记刘跃平率西城区社区教育参访团赴台湾考察交流。

2月12日，西城区纪委十届六次全会暨全区党风廉政建设工作会议召开。

民革西城区委开展庆祝新中国成立60周年活动。

5月，民进西城区委第二届委员会召开十二次全委会议，完成届中调整。

民盟西城区委举办“加强自身建设”研讨班。

7月30日，农工党西城区委召开“纪念新中国成立60周年暨多党合作60周年座谈会”。

致公党西城区委召开全体干部会议。

世界卫生日，九三学社西城区委组织医学专家为德胜街道民族团结社区少数民族居民义诊。

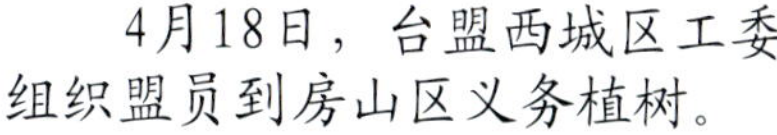

4月18日，台盟西城区工委组织盟员到房山区义务植树。

2月5日，区总工会第十二届四次委员（扩大）会议召开。

西城区共青团员参加庆祝新中国成立60周年志愿服务活动。

西城区召开第一届民营企业运动会。

9月22日，“魅力西单——西单60年变迁主题展”开幕。

2月9日，区侨联组织千余名归侨侨眷参观水立方。

庆祝区残联成立20周年暨纪念国际残疾人日大会。

区文联在新春期间开展“送欢乐下基层”活动。

区领导参观区社科联主办的“国庆专刊、天安门老照片联展”。

西城区召开办理人大建议政协提案工作会。

西城区举办民族宗教政策培训班。

西城区举办国有企业领导人员培训班。

3月29日，区长张建东与美国帕萨迪那市市长比尔·鲍加德签署《纪念缔结友好城市十周年友好宣言》。

西城区援建西藏自治区拉萨市城关区“市民服务中心”项目开工。

综合行政服务中心工作会议。

区政协委员视察台资企业。

三八节，区政协组织女委员参观观复博物馆。

西城区召开国庆平安行动部署大会。

8月19日，西城区举办“流动人口和出租房屋管理员业务知识竞赛”。

西城公安分局民警向餐饮单位服务员讲解防盗“黄丝带”使用方法。

6月23日，区检察院联合市检察院第一分院依托“金融街公共服务广场”平台开展举报宣传活动。

6月17日，区司法局协同区人民调解员协会组织“您身边的人民调解”宣传活动。

社区群众受邀参观区法院。

西城交通支队开展新学期“守法从我做起 平安伴我成长”交通安全宣传活动。

6月，区武装部参加北京军区“铸盾——2009”战役指挥演习。

区商务委对规模以上餐饮及零售企业的制度建设情况进行检查。

区民防局组织开展“国际民防日”宣传教育活动。

9月，华天集团领导检查同春园饭店接待甲型H1N1流感密切接触人员卫生管理工作。

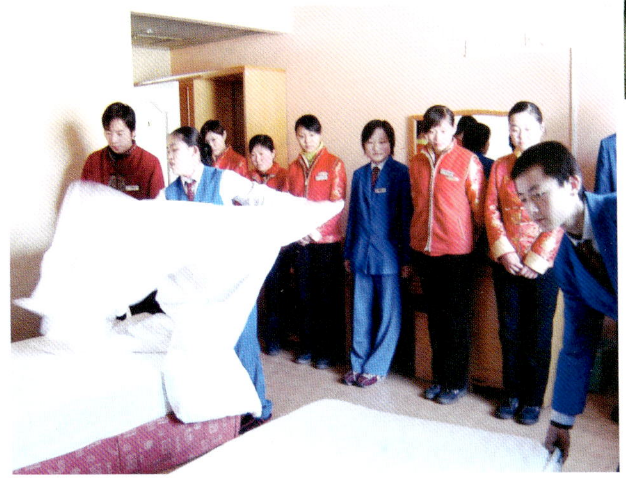

华利佳合公司岗位技能比武大赛。

金象复星中医诊所名医专家义诊活动。

西单商场员工在“开展健身活动，共建和谐企业”启动仪式上做广播操。

北京市工商局副局长王建华（右一）检查长安商场食品安全信息公示屏试点工作。

11月8日，百名小学生在第六届“相聚历代帝王庙拜谒三皇五帝”活动中诵读三字经、百家姓。

2月16日，副区长苏东（左二）带队检查西城区黄城根小学安全工作。

8月14日，西城区企业联合会成立大会暨第一届会员代表大会召开。

西城区召开第二次全国经济普查总结表彰暨2009年统计年报工作动员大会。

西城区2008年度军转干部第九期培训班开学典礼。

区劳动保障局开展城乡居民养老保险政策宣传咨询活动。

国家工商总局副局长王东峰（右二）视察国庆市场。

区质监局执法人员进行市场检查。

西城区召开国有资本经营预算改革动员暨培训会。

区国税局在纳税人中开展纳税服务需求和质量调查。

区地税局干部在“北京市打击发票违法犯罪活动宣传日”活动中。

中国农业银行股份有限公司北京西城支行储蓄所的员工在自助银行区提醒储户防范诈骗。

1月6日，中国工商银行北京分行与北京产权交易所签订并购贷款合作意向协议。

3月31日，中国建设银行北京分行西四支行获得“全国精神文明建设工作先进单位”称号。

3月28日，交通银行北京市分行科技型金融服务机构举行揭牌仪式。

10月23日，北京市社会保障卡工程建设测试成功暨试点启动新闻发布会举行。

8月27日，中信银行总行营业部举办“二手房买卖直通车”提速新闻发布会。

4月7日，民生银行总行营业部与中国中材集团签署90亿元战略合作框架协议。

招商银行举办第三届理财教育公益行活动。

平安产险首席承保南水北调中线二期工程。

教师节前夕，平安人寿北京分公司赴房山区蒲洼平安希望小学开展钻石爱心希望行活动。

太平洋人寿北京分公司举办新《保险法》知识擂台赛。

泰康人寿向房山区窦店中学捐赠图书。

区政府与国家测绘局、市规划委签订三方合作协议。

华远集团董事监事委派暨公司揭牌仪式。

华融公司向内蒙古赤峰敖汉旗中学学生代表捐赠图书。

整治之前

华康欣和公司完成的西城区胡同整治工程（整治之后）

12月8日，北京燃气集团举行为液化气困难用户免费送气服务启动仪式。

西区邮局组织8个支局到西城区委现场收订报刊。

什刹海地区街巷胡同整治铺路施工现场。

西城国土分局为落实市1000亿土地储备投资召开项目协调会。

12月29日，西城区第二次廉租房选房现场。

11月3日，市人大代表视察旧城房屋改造和“煤改电”工程。

金融街中心绿地东口“富贵平安”花坛

《什刹海历史文化保护区五年（2011-2015）保护发展规划》编制工作会。

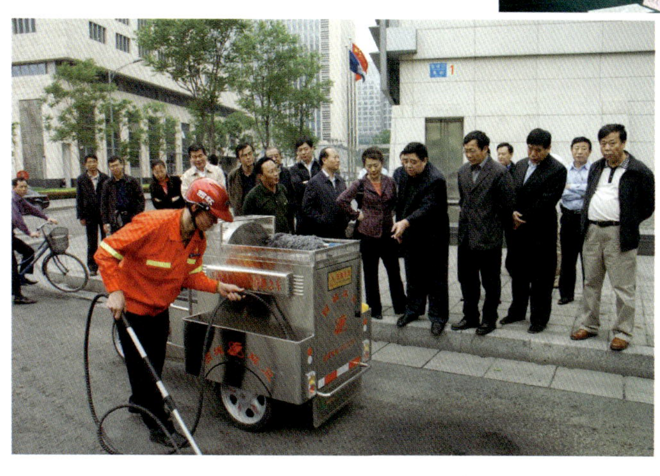

4月29日，市市政管委领导到区环卫中心调研。

环保监测人员在什刹海水域监测水质情况。

区城管大队清理废旧机动车。

12月22日，区政府与中国移动通信集团北京有限公司举行“无线城市 · 3G城管”签约仪式。

9月9日，西城区举行什刹海消防站开工奠基仪式。

6月20日，区科委在德胜社区学校举办“节能减排”环保剧进社区活动。

西城区在第二十九届安捷伦北京青少年科技创新大赛上取得佳绩。

6月13日，2009人文北京和建国60周年文化活动——“中国文化遗产日”活动在历代帝王庙举办。

8月8日，区体育总会组织2050名太极拳爱好者参加全国“全民健身日”活动启动仪式。

3月12日，市药监局西城分局集中销毁2008年下半年回收的1.38吨过期药品。

西城区第二十一个爱国卫生月主题宣传活动——宣传横幅签名。

2月24日，西城区举行“爱在西城”颁奖典礼。

4月28日，西城区在北京市健康生育计划经验交流会上介绍经验。

6月10日，“西城区老年人优待政策在延续——乘车一本通进家庭”活动启动。

3月12日，区消协组织社区居民赴顺义参观食品生产企业。

区领导视察西长安街残疾人温馨家园。

8月21日，什刹海街道举办“什刹海六十年变迁辉煌记忆展览”。

新街口街道社区居委会换届选举。

4月23日，国家安监总局局长骆琳（右一）到金融街街道调研基层安全生产工作。

9月24日，月坛街道举办“月坛数字便民卡发放仪式暨第一届月文化艺术节展演”活动。

国际安全社区专家组到展览路街道考察社区安全项目。

德胜街道民政科给辖区内孤儿过生日。

目　录

特　载

专　文

大事记

政党　团体

政权 政协

政法　军事

工商　贸易

综合经济管理

财政　税务

金　融

城区建设

交通 邮电

城市管理

科技　教育

文化 体育 卫生

社会生活

街 道

人　物

统计资料

附　录

索　引

特 载

解放思想 开拓创新
以党的建设新成绩推动区域科学发展和谐发展率先发展

(2009年12月29日中共西城区委第十届委员会第十次全体会议)

中共西城区委书记 林 铎

这次会议的主要任务是，贯彻落实党的十七届四中全会、中央经济工作会议和市委十届七次全会精神，深入贯彻落实科学发展观，认真总结2009年工作，研究部署2010年任务，进一步动员全区各级党组织和广大党员干部，统一思想、明确目标，振奋精神、扎实工作，在更高水平上推动区域经济社会平稳健康发展，为建设“人文北京、科技北京、绿色北京”作贡献。

下面，我受区委常委会委托，向全会报告工作。

2009年工作回顾

2009年是区域发展极不平凡的一年，常委会认真贯彻党的十七大和十七届四中全会精神，以深入学习实践科学发展观为主线，全面落实市委市政府的各项决策部署，团结带领全区人民，圆满完成国庆60周年各项任务，实现区域经济企稳回升，社会事业和社会建设取得较大进展，文明城区建设成果更加巩固，党的建设不断加强，全区保持了和谐稳定的良好局面。

牢牢把握主题，精心组织实施，深入学习实践科学发展观活动成效显著。按照中央和市委的统一部署，在市委指导检查组的指导帮助下，常委会认真把握区情特点和学习实践活动的总体要求，结合弘扬北京奥运精神、加强领导干部作风建设年活动，明确提出“深入学习实践科学发展观，全面践行三大理念，着力推进西城科学发展和谐发展率先发展”的活动主题，全区83个单位和部门、8838名党员参加了第二批学习实践活动，14个党（工）委所属的1917个基层党组织、37026名党员参加了第三批学习实践活动。通过开展第二批学习实践活动，各级领导干部更加深刻地理解了科学发展观的科学内涵、精神实质和根本要求，进一步把握了“人文北京、科技北京、绿色北京”的发展要求和实践意义，深入分析了制约区域科学发展的突出矛盾，解决了一批驻区单位和居民群众反映的具体问题，形成了推动经济发展、加强城市建设管理、推进社会建设等14项区级制度成果，为推动区域长远发展奠定了良好的基础。根据第三批活动单位数量多、分布广、党员情况差异大的特点，区委坚持分类指导，各党（工）委紧紧围绕本系统的职能特点和各单位的具体情况，明确活动主题，创新活动载体，以理论辅导、区情介绍、基层党建经验和国庆事迹宣讲为重点，通过组织巡回宣讲、设置现场教学点、送学上门等方式，方便党员根据实际情况开展学习，不断扩大学习覆盖面，提高学习针对性。坚持注重实效，把开展第三批活动与深化第二批整改紧密结合起来，上下互动、统筹推进，拓宽科学发展思路，全力为群众办实事、解难题，增强了基层党组织的凝聚力和战斗力。

强化组织领导和责任落实，广泛发动社会参与，以最佳的精神面貌和最高的工作标准圆满完成国庆各项任务。常委会牢牢把握国庆活动筹备工作政治性强、涉及范围广、组织难度大的特点，搭建统一高效、执行有力的指挥体系，充分利用信息系统和现代通信手段，建立“坐席制”指挥运行机制和工作流程，强化各职能部门的专业职责和各街道的属地职责，依靠全社会的广泛参与和大力支持，圆满完成各项工作任务。常委会充分认识西长安街道路拓宽拆迁工作的重要性和特殊性，加大组织推进力度，在全市首次尝试参照市场评估价确定拆迁补偿基础价格，顺利完成473户居民、19家单位的拆迁工作，确保了项目用地按时交付。全区80余所学校25000余名师生积极参与国庆任务，刻苦训练、精益求精，以最佳的表演效果赢得全社会的高度评价，广大中小学生在国庆活动中进一步激发了爱国热情，锻炼了意志品质，促进了健康成长。广泛发动区属机关企事业单位、驻区单位、高校和社区群众，圆满完成群众游行、广场联欢任务，做好国庆阅兵等重大活动疏散服务工作，确保群众游园、新中国成立六十周年成就展等活动安全顺利。深入开展“迎国庆、讲文明、树新风”活动，精心组织志愿服务，加强城市公共文明建设，举办“西城区友好城区迎国庆文化交流周”等文化活动，做好以“普天同庆”为主题的国庆景观环境布置，营造了整洁靓丽、喜庆欢乐的社会氛围。始终把维护稳定作为第一位的政治责任，着力加强区、街两级维稳专门机构建设，健全大维稳工作格局，完善多层次矛盾纠纷调处机制和法律便民服务机制，组织开展6次矛盾纠纷排查行动，妥善化解11件中央挂账的涉法涉诉积案和一批矛盾纠纷案件，狠抓情报信息搜集研判、安全生产监管检查、烟花燃放等重要环节，加强对重点地区城市秩序的集中整治，充分发挥专群结合、群防群控的工作优势，圆满实现“平安国庆”目标，群众安全感不断提升，荣获全国社会治安综合治理“长安杯”。经过奥运和国庆工作的锻炼，全区服务首都重大活动的组织指挥体系和工作机制进一步完善，与驻区单位、部队的沟通联系进一步密切，各级党组织的战斗堡垒作用和共产党员的先锋模范作用进一步体现，广大干部群众的爱国热情进一步激发，为推动区域科学发展提供了强大动力。

积极应对危机挑战，努力挖掘发展潜力，确保经济增长和财政增收。今年以来，我区经济发展经受了严峻考验。我们坚决落实中央和市委市政府出台的“调结构、上水平、保增长”的各项措施，立足区域特殊的经济结构、税源结构，加强形势分析和研判，加大帮扶企业工作力度，积极扶持非公经济和中小企业发展，建立职能部门与街道密切配合的工作机制，强化服务、优化环境，全力做好税源挖潜和组收工作。预计地区生产总值实现1510亿元，同比增长10%；区级财政收入原计划增长8%，由于国家税收政策的调整和全市财政收入年终入库的统一安排，预计完成152.2亿元，同比增长6.35%。坚持把金融主中心区建设作为支撑区域经济发展的战略任务，全力推进月坛南街、35中新址两个拓展项目的拆迁工作，积极推动存量资源整合置换，注重完善金融要素市场和产业链条，吸引25家股权类、资产管理类及地区分支金融机构入驻。坚持把发展高新技术和文化创意产业作为调整优化经济结构的重要举措，落实德胜科技园产业定位，研究制定西城区文化创意产业发展规划，引进全国林权交易所、中国北京出版产业园等重点项目落户，新认定46家产值千万元以上的高新技术企业。坚持投资与消费拉动并重，利用市、区两级重点项目“绿色审批通道”，加大项目推进力度，全社会固定资产投资预计达到140亿元。广泛开展多种形式的主题促销活动，促进商业、旅游、文化休闲等多元消费，全区社会消费品零售额预计实现320亿元，同比增长10%，旅游综合收入预计完成113.6亿元，同比增长10%。完善国有资产监管制度，引导区属国有企业苦练内功、增强核心竞争力，在服务区域经济发展和稳定职工队伍方面发挥重要作用。

加大城市建设推进力度，创新工作机制和管理手段，城市面貌持续改善。着眼于促进城市功能优化调整、改善居民生活条件和为国庆活动创造良好城市环境，强化组织协调，全力推进34项城市建设重点工程和59项环境建设任务。完成东教场、高梁桥两条市政道路建设和53条道路大中修，西单文化广场改造全面完成，德内变电站建成使用，实施西长安街及其延长线周边地区、四环市场、北海公园、地铁4号线站区周边等环境整治，城市功能和环境秩序进一步改善。积极做好保障性住房配售工作，结合重点工程建设和危旧房改造，改善了5000余户居民的住房条件。完成33个小区、11条街巷胡同整治，实施113栋老旧楼房通气工程，改造提升31家社区商业设施，居民生活环境和配套服务进一步改善。大力加强生态环境建设，实施2万户“煤改电”工程，全面实现文保区采用清洁能源取暖目标。在32个小区试点生活垃圾全过程分类处理，淘汰“黄标车”，在全市率先使用电动环卫专业车辆，区域空气质量持续改善，截止到12月25日，二级和好于二级天数达到274天,空气质量良好率为76.3%。新增绿化面积3.1公顷，金融街片区绿化项目荣获“中国人居环境范例奖”。创新城市管理体制机制，完善工作流程，依法快速查处在施违法建设、施工渣土堆积等突出问题，强化城市监督管理指挥平台的综合协调功能，处置城市突发问题的应急能力进一步提高。

拓宽服务领域，提升服务品质，社会事业和民生保障取得新进展。积极开展民生科技工程，在社区卫生、社会救助等领域，实施一批可持续发展示范项目，科技对经济社会发展的支撑作用进一步显现，获得“全国科技进步先进区”称号。制定西城区《关于进一步推进义务教育均衡发展的实施意见》，推进中小学规范化建设和办学达标工程，增加学前教育资源，进一步优化教育结构，促进各级各类教育健康协调发展，顺利通过北京市素质教育综合督导验收。扎实推进青少年思想道德建设，发挥学校、家庭、社会三位一体工作网络的作用，深入开展社会文化环境净化工程，荣获“第二届全国未成年人思想道德建设工作先进区”称号。构建区域社会化防控甲型H1N1流感工作体系，认真落实属地、部门、单位和个人的社会责任，加大防控知识宣传普及力度，全面做好防治救治工作。积极落实促进和稳定就业的各项措施，广泛开展多种就业援助活动，帮助困难群体就业，全区登记失业率为0.87%。健全劳动争议预防和快速调处机制，促进劳动关系和谐稳定。加快推进社会保险领域改革，对困难群体参加大病医疗保险给予补助，建立城镇无医疗保障老年人和灵活就业人员门诊医疗费报销制度，在全市率先推行参保人员门诊医疗费结算方式改革，全区60万参保人员实现持卡就医实时结算。加大社会救助工作力度，完成区慈善协会换届，充分发挥区、街、居三级捐助平台作用，开展多种扶贫济困活动。加大养老服务项目采购和补贴力度，完善温馨家园服务功能，努力为老年人、残疾人提供更多服务。

坚持总揽全局、协调各方，完善社会工作体系，区域发展合力进一步增强。常委会积极支持区人大依法履行职能，加强对计划预算、民生改善等重点工作的监督和评议，开展安全生产执法检查，有效推动政府改进工作，促进检察院、法院公正司法、执法为民。进一步健全政协委员提案和反映社情民意信息的落实反馈机制，支持区政协围绕全区重点工作协商议政、建言献策。加强新时期统一战线工作，坚持“双月座谈会”等工作制度，支持各民主党派、工商联和无党派人士深入了解区情、开展调查研究、积极参政议政。召开区委工会工作会议，加强工会基层组织和专职工作者队伍建设，充分发挥工会在稳定劳动关系、维护职工权益方面的重要作用，成功举办第四届全区职工运动会。支持共青团、妇联组织结合自身特点，强化社会动员能力，广泛开展志愿服务活动和家庭文明创建活动，增强社会工作影响力。加大社会建设统筹协调工作力度，组建西城区企业联合会、社会组织联合会、社会工作者联合会和志愿者联合会，推进社会组织服务中心、志愿者服务指导中心和社会领域党员服务中心建设，形成社会工作新的组织和服务体系。切实加强社会领域党建工作，成立街道社会工作委员会，全区商务楼宇党组织覆盖面达到80%，完成社区党组织换届工作，设置民生委员、联络委员等新型岗位，社区党组织统筹资源、联系群众的能力进一步增强。完成居委会换届选举，公开招录社区工作者，选聘应届大学毕业生到社区工作，不断创新社区工作体制和运行机制，推进社区规范化建设，荣获“全国和谐社区建设示范区”称号。

健全制度机制，提高推动科学发展能力，全区党建工作取得新成绩。坚持用中国特色社会主义理论体系武装党员干部头脑，增强各党（工）委中心组学习的针对性和实效性，系统安排专题班、研讨班和报告会，分层次开展干部教育培训，提高党员干部的理论素养和履职能力。实施《西城区处级领导班子和领导干部综合考核评价办法》，完成全区处级领导班子集中考察，充分运用巡视工作成果，优化调整领导班子，促进班子成员团结合作、开拓创新。全年常委会讨论决定处级干部任免187人。注重在完成重大任务、解决复杂矛盾、应对处置危机和服务群众中锻炼、考察、选拔干部，完成全区处级后备干部和30岁以下科级优秀年轻干部的集中调整工作，后备干部队伍的数量规模、年龄结构和学历层次得到优化。完善基层党组织分类管理、监督指导和考核评价的工作推进体系，充分发挥先进性建设示范点在优化组织设置、健全工作机制、强化服务功能等方面的引领作用。加强反腐倡廉建设，建立西城区警示教育基地，深化理想信念、党风党纪、廉洁从政和艰苦奋斗教育。全面推进廉政风险防范管理工作，以监督制约权力运行为核心，突出抓好重点对象、重点领域、重点岗位和重点环节，加强对重点工程的监督检查，形成廉政风险防范管理工作网络和制度体系，促进党风廉政建设责任制的进一步落实。严肃查处违纪违法案件，切实解决损害群众利益的突出问题。

今年以来，面对国际金融危机的严重冲击以及经济发展、财政增收的巨大压力，面对维护稳定的一系列严峻挑战，全区各级党组织和广大党员干部振奋精神、团结奋战，取得了推动经济社会发展和圆满完成国庆60周年任务的良好成绩。但是，我们必须清醒地看到区域发展和我们工作中还存在着一些突出问题。一是尽管今年区域经济发展主要指标基本完成，但是针对区域经济运行的不确定、不稳定因素，我们的前瞻性研究还不够，优化产业结构和企业结构、促进各级税收稳定增长的思路和措施还不完善。二是近年来我们通过重大活动推动城市环境建设水平不断提升，但是针对违法建设、城市交通秩序、临街经营秩序等突出问题，依法快速治理和管控还不到位，在常态情况下保持城市环境整洁有序的难度依然很大，适应不同区域特点的城市管理模式和长效机制需要加紧完善。三是区域共驻共建共享格局对我们的综合服务能力和服务水平提出了很高的要求，但是我们对驻区单位的发展需求了解不够，工作的主动性、针对性有待加强。四是面对建设"人文北京、科技北京、绿色北京"的新要求以及首都新一轮发展的重大机遇和挑战，部分干部的精神状态还不能很好地适应形势要求，抢抓机遇、开拓局面的魄力不够大，主动工作、追求一流的意识不够强，干部队伍的结构、阅历、能力素质有待优化和提高。这些都需要我们高度重视，努力加以解决。

2010年主要任务

2010年是全面贯彻党的十七届四中全会精神、巩固深入学习实践科学发展观活动成果、推动经济社会又好又快发展的重要一年，也是全面完成"十一五"规划任务目标、高水平谋划"十二五"发展的关键之年。党的十七届四中全会对加强和改进新形势下党的建设作出了战略部署，市委十届七次全会审议通过了《中共北京市委贯彻〈中共中央关于加强和改进新形势下党的建设若干重大问题的决定〉的意见》，为全区加强党的建设指明了方向。

贯彻中央和市委全会精神，必须准确把握世情、国情、党情的深刻变化和首都新一轮发展的背景和要求，抓住新机遇、掌握主动权，在首都新一轮发展的进程中走在前列。党的十七届四中全会强调，当今世界正处在大发展大变革大调整时期，当代中国正在新的历史起点上向前迈进。在成功举办奥运和国庆60周年活动之后，首都进入了新的发展阶段，市委市政府深刻认识首都工作的特点和规律，把建设世界城市作为首都工作的一个新的奋斗方向。世界城市是国际城市的高端形态，建设世界城市，将吸引大批高端企业总部、国际组织、国际会议和重大活动落户北京，也将带来人才、资本和技术的加速聚集。我们要深刻认识首都建设世界城市的重大机遇和现实要求，立足于区域功能定位和资源优势，推动区域战略转型、品质提升，努力使西城区成为"人文北京"的示范区、"科技北京"的精品区和"绿色北京"的先行区。

必须把推进党的建设伟大工程与推进中国特色社会主义伟大事业紧密结合起来，围绕区域发展的重点领域和关键环节，探索新途径、谋划新举措，着力提升区域发展的内在活力和动力。党的十七届四中全会强调，党的建设必须紧紧围绕和服务党领导的伟大事业，按照党的政治路线来进行，围绕党的中心任务来展开，朝着党的建设总目标来加强，保证党始终成为社会主义事业的坚强领导核心。当前，我们要紧紧围绕发展这个党执政兴国的第一要务，创新发展理念，着力破解制约区域科学发展的瓶颈问题。一是要把握区域经济结构特征，始终瞄准高端，用好资源、智力、体制等各方面优势，推进高端产业功能区建设，占据产业价值链条高端。二是要把握城市发展的阶段性特征，在推进基础设施、公共服务现代化的同时，充分彰显传统文化、城市文明的独特魅力，提升城市内在竞争力。三是要把握区域社会结构特征，立足于增强区域发展合力，全力做好"四个服务"，在服务中实现科学发展，以发展来提高服务水平。四是要把握区域安全稳定的特殊要求，加强与社会公众的沟通，了解群众合理诉求，妥善处理各种利益关系，构建安定和谐的社会环境。

必须按照建设学习型政党的要求，提高各级领导班子和干部队伍的思想政治水平，为推动区域科学发展、和谐发展、率先发展提供强大保障。党的十七届四中全会强调，不断学习、善于学习，努力掌握和运用一切科学的新思想、新知识、新经验，是党始终走在时代前列引领中国发展进步的决定因素。面对当前复杂的形势和艰巨的任务，我们要通过学习，进一步坚定理想信念，始终保持良好的精神状态，不满足于已有成绩，增强发展的紧迫感和危机感，真抓实干，奋发有为，推动区域发展迈上新台阶。通过学习，进一步解放思想，借鉴发达地区的成功经验，转变观念、开拓进取，勇于突破制约科学发展的体制机制障碍，把创新精神渗透到区域经济社会发展的方方面面，以超前的意识和理念规划区域未来发展。通过学习，进一步强化大局意识、责任意识，切实增强工作的主动性，面对发展中的矛盾和问题，要敢于碰硬，敢于负责，坚持西城工作的高标准，创造一流的工作业绩。

2010年全区工作的总体要求是：全面贯彻党的十七届四中全会和中央经济工作会议精神，按照市委十届七次全会的部署，深入落实“人文北京、科技北京、绿色北京”发展要求，不断加强基层基础工作，完善科学发展长效机制，积极促进经济平稳健康发展，加快推进城市建设和环境建设，深化社会领域改革，加强民生保障，全面完成“十一五”规划，精心谋划“十二五”发展，以改革创新精神提高党的建设科学化水平，不断开拓区域科学发展新局面。

一、加快推进资源整合和产业升级，不断提升经济发展质量和水平

中央经济工作会议指出，当前世界经济复苏基础并不稳固，国内经济回升内在动力仍然不足，结构性矛盾仍很突出，做好明年经济工作，要把保持经济平稳较快发展和加快经济发展方式转变有机统一起来，在发展中促转变，在转变中谋发展。市委全会指出，首都经济在应对国际金融危机的过程中转变发展方式、优化产业结构，为推动新一轮发展做了大量的准备，正孕育着新的更大的发展。我们要把思想统一到中央和市委对当前经济形势的判断上来，坚持整合拓展空间资源，积极吸引优质企业入驻，进一步优化产业结构，努力完成全年经济预期目标。全年地区生产总值增长9%左右，财政收入增长8%左右。

集中力量推进金融主中心区建设,不断扩大金融业核心优势。金融街作为首都金融主中心区是市委市政府的重大决策，是促进区域功能调整和产业结构优化的重要着力点。要加快制定西城区《关于推进金融主中心区建设的意见》和《关于进一步促进金融业发展的意见》，积极完善政策体系，坚持以高起点规划指导金融街拓展工作，推动更大范围的空间资源优化调整，确保每个项目的建设品质、形象与街区整体规划、形态相协调，建设高品位的首都金融主中心区。全力推进月坛南街、35中新址等拓展项目，加大存量资源置换力度，努力满足金融机构入驻需求。深入研究国际金融中心的要素环境和发展规律，把握金融混业经营、股权交易、投资基金等重要发展趋势，有针对性、前瞻性地做好金融产业服务工作。

积极推动产业融合发展，增强区域经济内在活力。抓住中关村建设国家自主创新示范区的有利契机，全力做好德胜科技园扩区相关工作，强化园区建设主体的导向作用，促进园区产业定位和各项规划的落实。积极创造富有活力的自主创新环境，围绕新能源、低碳经济等战略性新兴产业，引进重点项目，促进中国工业设计成果交易中心落户。着力构建促进文化创意产业发展的综合性服务体系，推动金融、科技、创意要素与文化资源的对接，激活文化发展潜力，支持新闻出版、设计服务、文化旅游和演出娱乐等优势行业加快发展。坚持商旅互促、融合发展，按照都市旅游的理念和标准完善公共服务设施，提升重点街区环境品质，强化西单地区大型商业设施和特色商业街的业态引导，充分发挥商业和旅游业在繁荣城市经济、促进综合消费方面的重要作用。

提高服务企业水平，不断优化发展环境。进一步加大对区域经济发展的统筹力度，健全领导协调机制，加强与驻区单位、企业总部的沟通联系，聚焦发展重点，凝聚工作合力，推动资源整合，破解发展难题，不断巩固和扩大区域发展优势。全区各部门各单位要充分认识区域经济结构和税源结构特点，正确把握支持企业发展与促进税收增长的关系，发挥各自优势，主动了解和掌握企业发展动态，让信息更灵敏、反应更果断、服务更到位。高度重视非公经济和中小企业在完善市场环境、提供各类服务方面的重要作用，着力缓解中小企业融资难问题。继续推动区属国有企业公司制改革，建立健全法人治理结构，推进国有资产经营预算改革，探索推动国有经济战略重组，提高国有资产监管专业化、科学化水平。

二、大力推进城市建设和环境建设，提高城市管理水平

牢牢把握中心城区建设发展的特点和规律，瞄准世界城市的环境标准，坚持把推进城市建设与扩大内需、促进空间资源和产业结构优化调整紧密结合起来，与完善城市功能和改善居民生活紧密结合起来，加大传统风貌保护区人居环境的改善力度，落实《西城区环境建设规划》，不断创新体制机制和工作推进方式，提升城市建设和管理水平，提高社会各界对城市环境的满意度。

加快推进城市建设和改造，为支撑经济社会发展奠定良好基础。紧紧围绕重点功能街区和重大基础设施、公共设施项目建设，全力推进30项重点工程，抓好已启动项目的拆迁收尾工作，确保项目顺利开工，力争实现全社会固定资产投资90亿元，开复工面积230万平方米。扎实推进12类51项环境建设任务，实施西内大街、新街口北大街2条市政道路建设和31条道路大修，做好地铁6号线、8号线站区周边拆迁工作。积极探索文保区保护性改造新模式，打造传统风貌特色街区，统筹考虑居民的多样化需求，努力实现人口疏散、功能优化和风貌保护的有机统一。认真做好政策性住房保障工作，继续实施简易楼解危排险和老楼通气工程，进一步改善居民居住条件。

积极推动城市生态文明建设，不断提高城市环境质量。认真落实《绿色北京行动计划》，以建设低碳城市为导向，以技术进步为支撑，以节能减排为抓手，加大健康城区建设投入，促进生态文明建设。继续推进平房区清洁能源改造，完成12.8万平方米既有建筑节能改造，加大节能产品和节能技术推广应用力度，宣传普及绿色环保的生活方式。认真落实北京市第十六阶段控制大气污染措施，加强环境质量监测，继续推进“绿色施工”，持续改善空气质量。提高园林绿化和环卫服务水平，新增绿地1.15公顷，改造绿地4.74公顷，积极推行生活垃圾全程分类处理和社区生活垃圾收运新模式，大力推进生活垃圾资源化、减量化，努力创造更加宜居的城市环境。

全面加强城市管理，提高城市运行效率和服务保障能力。将奥运和国庆城市管理经验转化为长效机制，努力推动城市管理从注重一般达标管理向精细化管理转变、从注重重点街区管理向街巷管理转变、从注重突击治理向加强日常管理转变，着力解决群众身边的环境问题。完善“抓源头、强统筹、快处置”的制度措施和工作流程，加大对重点地区、重点大街的管控力度，提高动态和静态交通管理水平，努力缓解交通拥堵，始终把城市环境秩序保持在良好状态。认真落实《城市环境分类分级管理的意见》，进一步细化城市管理作业标准，完善信息化城市管理系统功能，构建城市精细化管理新模式。积极探索中央、市属单位和多元产权主体的社区环境管理模式，形成全社会共同维护环境、共享城市发展成果的良好氛围。健全应急管理体制机制，加强物资装备保障和专业志愿队伍建设，提高居民自救互救能力，减少突发事件造成的各类伤害。

三、高水平发展社会事业，提升区域人文品质和文明程度

充分认识社会事业对于增强区域综合服务能力、促进人的全面发展的重要作用，坚持依托全国文明城区和国家可持续发展先进示范区建设，不断强化社会事业公共服务能力，弘扬人文精神，使我区成为最具人文关怀、文明风采、文化魅力和创造活力的城区。

提高科技和信息化发展水平，发挥科技对经济社会发展的引领支撑作用。充分依托区域科技资源优势，积极搭建科技交流协作平台，促进科技成果转化应用，继续实施民生科技示范项目，广泛开展科普活动，推动示范区建设取得更大实效。积极落实北京市信息化基础设施提升计划，探索发挥无线网和物联网对推动产业升级和提升城市管理水平的重要作用，抓好区综合行政服务中心、金宏工程和安全生产监管等一批重点应用系统建设，完善基础信息数据库，扩大政务信息资源共享，提高网上公共服务质量。

以优质均衡为导向，促进各级各类教育高水平协调发展。坚持以优质带动均衡，充分发挥名校的辐射带动作用，重点扶持设施不完备、师资较弱的学校，以特色强化品牌，引导各个学校更加注重特色发展和内涵发展，积极推进“学校发展联合体”工程，推动教育资源共享和优化配置，在更高层次上促进教育优质均衡发展。加大校长队伍的培养力度，定期举办“校长论坛”，大力推进校级后备干部跨校锻炼和任职交流，加快培养一批视野开阔、理念先进、管理科学的领军人才。发挥老专家、老教师的引领带动作用，探索优秀教师、优秀班主任培养机制，加强教育科研和教学交流，提高教师队伍的整体水平。全面推进素质教育，深化课程改革，广泛开展中小学社会大课堂活动，注重培养学生的思考、实践与创新能力，将德育工作全面融入校园文化建设，不断优化育人环境。继续推进学校基础设施和规范化建设，扩大学前教育资源，优化职业教育结构，办好特殊教育，全面加强社区教育，提高学习型城区建设水平。

繁荣区域文化，满足人民群众日益增长的精神文化需求。紧密结合区域人口结构特点和发展要求，深化文明城区建设内涵，以文明礼仪、公共秩序为重点加强城市公共文明建设，不断提升市民文明素质和城市文明程度。广泛开展丰富多彩的群众文化和节庆活动，扶持群众文艺团队和文化精品创作，加强文化市场监管，营造健康和谐的文化环境。认真做好第三次全国文物普查工作，加大文物保护修缮工作力度，努力减少安全隐患，积极推动非物质文化遗产保护和传承，做好近现代优秀建筑和名人故居保护工作。

大力发展卫生、体育事业，不断提高群众健康水平。落实北京市医药卫生体制改革精神，加大对区属公共卫生体系的投入，加强医院公共卫生职能建设，强化精神卫生防治、中医药、老年康复等特色服务。制定区域卫生规划，构建以区域医疗中心为主体、专科医院和康复病区为支撑、社区卫生服务机构为基础的医疗服务体系，启动区属公立医院改革试点，努力为群众提供方便、优质的医疗卫生服务。加强食品、药品和医疗器械市场监管，确保群众健康安全。认真做好第六次全国人口普查工作，加强人口动态监测，提高预警预测能力。推进体育资源共享，注重引进高水平体育赛事，加强科学健身个性化指导，增强群众参与体育健身的热情。

四、切实加强民生保障，提高社会建设和为民服务水平

准确把握现阶段社会诉求特点，密切关注经济形势变化对群众生活的影响，加大民生保障工作力度，创新社会工作体制机制，打牢社区工作基础，不断提高区域资源统筹利用和社会协同治理水平，努力使居民生活更方便、更舒心。

积极落实各项政策，全力提高就业和社会保障水平。加快建立统一的区域人才和劳动力资源市场，加大财政投入和政策支持力度，完善公益性就业服务体系，千方百计帮助困难群体就业，有针对性地做好大学毕业生就业工作。完善政府、工会、企业劳动关系三方协商机制，积极预防、妥善化解劳动争议纠纷，全力维护劳动关系和谐稳定。建立困难群体参加大病医疗保险长效帮扶机制，启动区属机关事业单位公费医疗改革，全面实现参保人员持卡就医实时结算。科学量化困难家庭贫困程度，提高社会综合救助工作的科学性、公平性和有效性。认真落实北京市九项养老助残政策，积极鼓励社会力量参与居家养老和助残事业，为老年人和残疾人的出行、就医以及日常生活提供更多便利。

加大扶持和培育力度，促进社会组织健康发展。积极构建“枢纽型”社会组织工作体系，加大对社会组织发展的扶持力度，完善政府采购公共服务项目的运行机制，推进社会组织孵化器建设，促进各类社会组织在承接公共服务项目中发展壮大。加快培育公益性、服务性社会组织以及行业协会，发挥社会组织在汇聚各方力量、关注多元利益、引导合理诉求、促进社会和谐等方面的重要作用。加强社会工作者实践基地建设，做好社会志愿服务引导和项目开发工作，壮大社会工作者和志愿者队伍，提高社会工作人才的专业化、职业化水平。

健全社区管理和服务体系，推进和谐社区建设向纵深发展。推动街道、职能部门公共服务大厅与社区服务站之间的工作衔接，加强基层公共服务和便民服务。强化街道对地区单位、辖区资源的统筹协调作用，推进社区各类公共服务资源的合理配置和共享利用，进一步补充提升社区商业设施服务功能，更好地满足社区居民的日常生活需求。推进社区居民自治机制和载体建设，充分发挥楼门院长的作用，深入了解社情民意，协调社区各方关系，注重解决居民反映强烈的突出问题，提升社区和谐程度。

五、加强民主法制建设，构建和谐稳定的社会环境

坚持发挥党的政治优势，积极探索发展社会主义民主的有效途径，深入推进依法治区，运用法律思维协调各方利益、破解管理难题，为区域发展创造优质高效的法治环境和安全稳定的社会环境。

积极推进民主政治建设，凝聚区域发展合力。落实市委人大工作会议精神，支持区人大围绕全区重点工作，依法行使职权，围绕关系区域发展的突出矛盾和群众普遍关注的热点问题，加大监督和执法检查力度。支持区政协围绕谋划“十二五”发展等全区中心工作，开展专项调研、协商议政，加强民主监督。发挥统一战线工作优势，拓宽了解区情、建言献策的渠道，加强与各民主党派、工商联和无党派人士合作共事。以建设“枢纽型”社会组织为切入点，支持工会、共青团、妇联等开展形式多样的主题活动，广泛参与社会管理和公共服务。加强民族团结教育，提高民族、宗教、侨务和对台工作水平，为推动发展、促进和谐凝聚力量。深入开展双拥共建工作，加强国防教育和国防后备力量建设，努力为驻区部队多办实事。认真落实北京市第二十三次老干部座谈会精神，尊重、关心老干部，发挥老干部在和谐社会建设中的独特作用。

着力提高依法治区水平，维护社会公平正义。健全行政决策机制，落实行政执法责任制，提高依法行政水平。全面落实区政府机构改革方案，加快转变政府职能，增强部门之间统筹联动的工作合力。加强行政部门与司法部门的工作协调，共同促进区域发展、维护社会稳定。全面落实“五五”普法规划，紧密结合区情实际开展法制宣传教育，增强全民法治意识，营造理性、守法、和谐、有序的社会氛围。巩固和完善多层次、全方位的公益法律服务体系，组建西城区律师协会，完成49家示范公益法律服务室建设，积极为群众提供优质、方便的法律服务。加强档案工作，发挥涉民档案在维护居民权益、推进城市建设方面的重要作用。

完善维护稳定长效机制，打牢社会安全稳定基础。认真总结、转化奥运和国庆安保工作经验，强化统筹协调，切实把维护稳定融入各部门、各地区的决策和具体工作之中，不断强化矛盾纠纷排查工作机制，落实重大决策信访风险评估制度，进一步整合维稳资源、增强维稳力量、拓展维稳参与面，推进立体化“大维稳”格局建设。全面加强“平安西城”建设，健全信息预警研判机制，完善社会治安防控体系，提高反恐处突能力，确保社会治安大局稳定。加强安全生产监管体制机制建设，全面推进街道安全生产执法模式，积极动员驻区单位、社会组织和社区居民参与公共安全管理，普及安全知识，倡导安全文化，治理安全隐患，最大程度减少安全生产事故。增强保密意识，确保国家秘密安全。

六、认真做好区域中长期发展战略研究，高质量完成“十二五”规划编制工作

科学谋划“十二五”发展是一项全局性重要任务。要充分发挥调查研究的引领和支撑作用，统筹安排全区重大课题研究，精心做好规划纲要和重点规划、专项规划编制工作，为指导区域长远发展奠定良好基础。

强化战略思维、拓宽宏观视野，努力在发展理念和目标定位上有新的突破。着眼于首都建设世界城市的新目标，深入落实“人文北京、科技北京、绿色北京”的发展理念，坚持国际化、高端化、集约化、优质化的发展方向，认真总结发展经验，把握发展战略在继承中不断演进的客观要求，提出富有前瞻性、创新性的目标定位。

深入研究区情、善于把握规律，努力在优化经济结构、完善功能布局上有新的思路。充分利用第二次经济普查数据，深入分析区域产业结构、企业结构、税源结构和空间分布，牢牢把握中心城区产业变迁规律，顺应科技创新、文化创新和生态文明带动产业升级的新趋势，进一步完善区域经济结构优化调整的思路和措施，增强区域经济发展的协调性、稳定性和可持续性。

突出发展重点、破解瓶颈问题，努力在完善城市功能形态、提升城市价值上有新的成效。坚持把经济社会发展规划与城市空间规划、重点项目建设规划紧密衔接起来，坚持高起点规划、高品质建设，紧紧围绕建设首都金融主中心区和文保区保护性改造试点两大关键问题，促进区域资源的整体优化配置，推动新一轮的城市改造和功能调整，形成区域统筹发展、协调发展新格局，更好地体现历史与现代有机融合的城市魅力。

七、贯彻落实党的十七届四中全会精神，提高全区党建科学化水平

提高党建科学化水平是当前和今后一个时期党的建设的重大课题。全区各级党组织和广大共产党员要深入学习贯彻党的十七届四中全会精神，认真落实《中共北京市委贯彻〈中共中央关于加强和改进新形势下党的建设若干重大问题的决定〉的意见》，坚持以科学理论指导党的建设、以科学制度保障党的建设、以科学方法推进党的建设，使全区党的建设和党的工作更加符合科学发展观的要求，为区域科学发展、和谐发展、率先发展提供坚强保障。

加强学习型党组织建设，提高运用理论探索规律、指导实践的能力。按照科学理论武装、具有世界眼光、善于把握规律、富有创新精神的要求，进一步加强和改进各级党（工）委中心组学习，建立领导班子定期务虚制度，加强对前瞻性、全局性重大问题的学习研讨，拓宽宏观视野，完善知识结构，提高领导干部的战略思维、创新思维和辩证思维能力。加强和改进干部教育培训工作，建立党员教育培训制度，拓宽党员受教育渠道，大力提高党员干部的理论素养和学习能力。加强理论宣讲队伍和阵地建设，充分发挥各级党校、社区学校的作用，以群众喜闻乐见的形式开展理论宣传普及工作，推动马克思主义中国化最新成果深入人心。

加强领导班子和干部人才队伍建设，培养造就适应区域发展需要的高素质干部队伍。不断加强常委会自身建设，发挥全委会的重大决策和监督作用，坚持民主集中制，积极发展党内民主，探索落实党代表大会代表任期制的有效做法。研究制定《进一步加强和改进处级领导班子思想政治建设的意见》，认真落实领导班子和领导干部考核评价机制，引导各级干部牢固树立正确的政绩观。坚持德才兼备、以德为先，拓宽选人用人视野，健全干部选拔任用的提名、考察、决定等环节的工作机制，选好配强党政正职领导干部，形成班子成员年龄、经历、专长、性格互补的合理结构，增强班子整体合力。做好女干部、少数民族干部、党外干部的培养和选用工作。落实近中期后备干部队伍建设规划，加大选拔培养优秀年轻干部力度，完善公开选拔、竞争上岗和差额选拔等竞争性选拔干部方式，打造适应区域发展需要的高素质干部队伍。进一步解放思想，大胆引进和培养高层次、国际化、领军型人才，为推动区域高水平发展提供人才支持。

做好抓基层打基础工作，全面加强基层党组织建设。继续抓好第三批深入学习实践科学发展观活动，不断创新党员参与形式，深化分析检查和整改落实，探索推动学校、医院、国有企业、社区、“两新”组织科学发展的新思路、新举措，建立有利于贯彻落实科学发展观的长效机制。进一步扩大党的社会工作覆盖面，积极探索商务楼宇社会工作党组织有效发挥作用的载体和途径，加大在非公有制经济组织和中介机构、协会、学会等新社会组织中建立党组织的工作力度，加强对这些组织中党员的教育、引导、管理和服务。落实基层党组织建设工作责任制，加大经费、人力、物力向基层倾斜的力度，通过加强基层党组织建设带动基层政权建设和基层群众组织、经济组织、社会组织建设，带动基层基础工作规范化、科学化发展。

全面加强党风廉政建设和反腐败工作，进一步密切党群干群关系。以加强思想政治教育、完善各项制度、抓好集中整顿、严肃党的纪律为抓手，扎实开展党员作风建设年活动，切实加强党员的党性修养和作风养成，提高推动科学发展、服务广大群众的能力和水平。深入开展正面典型示范教育、反面典型警示教育和岗位廉政教育，进一步筑牢党员干部的思想道德防线。落实《关于实行党政领导干部问责的暂行规定》和各项廉洁自律规定，巩固廉政风险防范工作的制度成果和实践成果，推进廉政风险防范管理向区级领导班子和领导干部延伸，向基层拥有公共权力的部门和岗位延伸，防控权力运行风险，努力从制度上、源头上有效预防腐败。加大查办违纪违法案件工作力度，加强对办案重点工作和关键环节的监督检查，严肃惩治腐败。

同志们，全面完成“十一五”规划、谋划“十二五”发展的任务艰巨、意义重大。我们要更加紧密地团结在以胡锦涛同志为总书记的党中央周围，高举中国特色社会主义伟大旗帜，以邓小平理论和“三个代表”重要思想为指导，深入贯彻落实科学发展观，坚定信心，锐意进取，科学谋划，狠抓落实，全力推进区域经济社会又好又快发展！

政府工作报告

(2010 年 1 月 12 日北京市西城区第十四届人民代表大会第五次会议)

西城区人民政府区长 张建东

各位代表：

现在，我代表西城区人民政府向大会报告工作，请予审议，并请各位政协委员提出意见。

2009 年工作回顾

2009 年是新中国成立 60 周年，也是应对国际金融危机挑战、推动区域科学发展的重要一年。在市委、市政府和区委的坚强领导下，区政府按照建设“人文北京、科技北京、绿色北京”的要求，紧紧围绕“保增长、保民生、保稳定”的目标，依靠全区各方力量，锐意进取，奋力拼搏，圆满完成国庆 60 周年庆祝活动各项任务，全区经济社会发展水平进一步提升。

一、精心组织、广泛发动，高水平完成国庆筹办和服务保障任务

按照全市国庆工作的统一部署，区政府积极借鉴奥运筹办的成功经验，加强组织领导，完善工作机制，动员社会力量，以最佳的精神面貌和最高的工作标准完成国庆 60 周年各项任务。

建立统一高效、执行有力的指挥体系。成立区国庆筹备工作领导小组和指挥部，明确职责分工，充分发挥职能部门的专项工作优势，强化街道对属地的统筹管理，确保各项工作深入、扎实、有序推进。利用城市管理信息平台和现代化通讯手段，完善联合办公、集体会商、部门联动、现场调度工作机制，提高精确指挥和快速决策能力，各项活动衔接紧密、运行顺畅。广泛宣传发动，赢得全社会的热情支持和积极参与，形成了办好国庆活动的强大合力。

高标准组织实施国庆重大活动。准确把握国庆各项活动的特点和要求，发挥区域共建优势，强化部门工作合力，科学严谨地做好各项活动的组织工作。全区80余所学校、2.5万余名师生刻苦训练、精益求精，出色完成天安门广场中心区少先队员迎国旗、广场背景组字、七色光鼓号队行进表演等重要任务，以最佳的表演效果赢得全社会的高度评价。驻区单位、高校、区属机关企事业单位和社区群众圆满完成群众游行、广场联欢和游园活动，展示了全区人民良好的文明素质和精神风貌。广泛开展“迎国庆、讲文明、树新风”活动，举办西单60年变迁等系列主题展览和“西城区友好城区迎国庆文化交流周”等活动，全面展示西城区发展成就，极大地激发了广大群众的爱国热情。

高质量完成重点工程和环境建设任务。区政府充分认识西长安街道路拓宽拆迁工作的重要性和特殊性，强化大局意识，加大组织推进力度，首次尝试参照市场评估价格确定补偿标准，顺利完成473户居民、19家产权单位的拆迁任务，确保了项目用地按时交付。对西长安街及其延长线周边进行综合治理，完成北海等7个公园周边环境整治，精心做好以“普天同庆”为主题的城市景观布置，营造了整洁靓丽、喜庆欢乐的节日氛围。

圆满实现“平安国庆”目标。加强区、街两级维稳专门机构建设，健全大维稳工作格局，发挥信访工作在了解社会诉求、帮助解决问题中的积极作用，完善多层次矛盾纠纷调处机制，强化专群结合、群防群控，落实各项防控措施，加强新中国成立60周年成就展等重大活动和焰火燃放的安全保障，确保国庆各项活动安全顺利，群众安全感不断提高，荣获全国社会治安综合治理“长安杯”。加强安全生产、食品药品安全集中整治，全面排查各种安全隐患，做好应急指挥、通讯保障、环境维护、交通疏导等工作，妥善处置各类突发事件，实现城市安全运行。

二、积极应对危机挑战，努力挖掘发展潜力，区域经济实现平稳发展

认真落实中央和市委市政府应对危机的政策措施，紧紧抓住关键项目和重点环节，大力推动高端产业功能区建设，巩固产业发展优势，实现经济增长和财政增收。全年地区生产总值预计达到1510亿元，同比增长10%；完成三级收入2249.84亿元，同比增长19.49%；完成区级财政收入152.17亿元，同比增长6.33%；居民人均可支配收入预计达到30300元，同比增长8%。

坚持挖掘存量与扩大增量并重，高端产业发展空间进一步拓展。把金融主中心区建设作为促进区域经济发展的战略任务，全力推动月坛南街、35中新址等拓展项目的拆迁工作，积极推动存量资源整合置换，吸引国家开发银行金融有限责任公司、国投财务有限公司、上海银行北京分行等26家股权类、资产管理类及地区分支金融机构入驻。落实德胜科技园产业定位，优化园区空间布局，制定文化创意产业发展规划，新认定102家资产千万元以上的高新技术企业，引进中国林权交易所等重点项目落户，德胜科技园承载高端产业发展的作用进一步显现。

坚持投资拉动与消费拉动并重，区域经济实现稳步增长。充分发挥投资对完善城市功能、改善居民生活条件、提升城市品质的促进作用，扩大政府投资，引导社会投资，利用市、区两级重点项目“绿色审批通道”，加大项目推进力度，全社会固定资产投资预计达到140亿元。高度重视消费对经济的拉动作用，广泛开展多种形式的主题促销活动，完成西单文化广场改造，加快护国寺街等特色街区建设，组织第八届什刹海文化旅游节活动，不断改善商业、旅游、文化休闲消费环境，全区社会消费品零售额预计完成320亿元，同比增长10%，旅游综合收入预计完成113.6亿元，同比增长10%。

坚持优化服务与加强管理并重，为各类企业健康发展创造良好环境。立足区域特殊的经济结构、税源结构，加强对宏观形势发展变化的分析研判，建立职能部门与街道密切配合的工作机制，加强对驻区中央、市属企业的服务，积极扶持非公经济和中小企业发展，在信贷担保等方面加大帮扶企业工作力度，全力做好税源挖潜，促进财政收入平稳增长。加强国有资产监管，推进华兴新业、华远集团改制，引导区属企业苦练内功、增强竞争力，确保国有资产保值增值，发挥区属国有企业在稳定职工队伍、服务区域发展和群众生活方面的重要作用。高质量完成第二次全国经济普查工作，为深入分析区情、科学谋划发展提供基础数据支持。

三、加大城市建设推进力度，创新工作机制和管理手段，城市面貌持续改善

着眼于优化城市功能、提升基础设施现代化水平、为国庆活动创造良好环境，强化组织协调，加大工作推进力度，城市建设和管理水平进一步提升。全年实现开复工面积357万平方米，竣工68万平方米。

积极推进城市建设，环境面貌进一步改善。按照“已批项目抓开工、在施项目抓协调、拟建项目抓前期”的思路，加强部门协调，做好政策衔接，争取群众支持，全力推进34项重点工程建设和8大类59项环境建设任务。高梁桥路、东教场路建成通车，德内变电站投入使用，实施53条道路大中修和2条道路疏堵工程，完成缸瓦市教堂、地铁4号线站区和3个农贸市场周边的环境整治，改造北滨河公园西区等3处绿地，全区新增绿化面积4.3公顷，金融街片区绿化项目获得“中国人居环境范例奖”。实施2万户居民“煤改电”工程，实现文保区全部采用清洁能源取暖的目标，加快淘汰“黄标车”，区域空气质量持续改善，全年二级和好于二级的天数达到279天，空气质量良好率达到76.4%。

创新体制机制，城市管理水平进一步提高。依据区情特点，按照政务活动区、金融商务区等七类区域的不同要求，探索城市环境分类分级管理的新模式。针对新生违法建设、施工渣土堆积等群众反映强烈的突出问题，优化工作流程，依法快速查处，治理城市环境痼疾顽症取得一定成效。组建西直门综合交通枢纽地区管理委员会，创新管理体制和工作机制，着力改善特殊区域的环境秩序。建立城市管理联席会议制度，改造信息化管理系统，引入社会评价机制，不断提高协调、处置和监督能力。加强道路交通管理，推行智能化停车管理模式，着力缓解交通压力。

四、贴近群众需求，提升服务品质，各项社会事业取得新发展

立足于促进人的全面发展和社会文明进步，加大财政投入力度，拓宽服务领域，完善服务功能，努力为群众提供人文化、精细化的公共服务。

科技教育优势更加巩固。认真落实《西城区国家可持续发展先进示范区建设规划》，在社区卫生、社会救助等领域实施39个示范项目，科技对经济社会发展的引导带动作用更加突出，荣获“全国科技进步先进区”称号。制定《关于进一步推进义务教育均衡发展的实施意见》，不断完善教育基础设施，推动中小学规范化建设和办学达标，树立先进的教育理念，全面实施素质教育，优化教育结构，深化课程改革，积极开展中小学生社会大课堂活动，创新校外教育方式和艺术、科技等教育形式，促进学生健康成长，基础教育的良好传统和深厚底蕴得到进一步巩固，顺利通过北京市素质教育综合督导检查。完善学校、家庭、社会三位一体的未成年人思想道德教育网络，推进社会文化环境净化工程，荣获“第二届全国未成年人思想道德建设工作先进区”称号。建立全市首家区级学习型城区研究中心，学习型城区建设稳步推进。

公共文化服务惠及更多群众。发挥区域文化资源优势，以群众喜闻乐见的方式宣传中国特色社会主义理论，推进社会主义核心价值体系建设。结合公共文明指数测评，深入开展“传承奥运精神、文明重在行动”主题教育活动，市民文明素质和城市公共文明程度进一步提升，月坛街道三里河一区成为全市首批社区级“全国文明单位”。全面完成“1121”文化设施建设工程，广泛开展公益性讲座、演出、电影、展览、辅导等活动，丰富群众文化生活，社区公共文化建设工作经验在全国得到推广。建立全市首个区级非物质文化遗产展示中心，新增11个区级项目，积极保护和传承优秀传统文化。

医疗卫生服务体系更加完善。构建区域社会化防控甲型H1N1流感疫情工作体系，认真落实属地、部门、单位和个人的社会责任，加强防控知识宣传，全力做好疫情监测、医疗救治、疫苗接种等工作。加强公共卫生职能建设，加大中医药和精神卫生工作投入，推进医疗康复病区建设，将区属特色专科医院纳入医疗服务共同体信息平台，不断提高社区卫生服务能力，居民对社区卫生的认同感进一步增强。广泛开展“全民健身日”活动，深入推进体育生活化社区建设，开展居民体质测试和科学健身个性化指导，引导居民建立健康文明的生活方式。

五、落实各项政策措施，着力解决民生领域的突出问题，社会保障的针对性和实效性进一步增强

围绕就业、就医、养老、住房等与群众日常生活密切相关的重点问题，加强统筹协调，完善政策体系，扩大社会保障覆盖面，加大对困难群体的帮扶力度，让居民群众生活得到更多实惠。

积极促进就业和稳定就业。强化职业素质测评、职业指导、职业培训、职业技能鉴定、职业介绍和创业服务等公共服务职能，推动就业服务网络向社区延伸，完善适应区域就业人口特点的政策措施，积极开展多种形式的就业援助，做好大学生就业帮扶，实现零就业家庭动态“脱零”，全区登记失业率为0.9%。健全劳动争议预防和快速调处机制，积极化解劳动争议，促进劳动关系和谐稳定。

社会保障水平不断提高。加快推进社会保险领域改革，对困难群体参加大病医疗保险给予补助，建立城镇老年居民和灵活就业人员门诊医疗费报销制度，在全市试点推行门诊医疗费结算方式改革，全区60万参保人员实现持卡就医实时结算。加强对困难群众的综合救助，在全市率先实施低收入家庭临时救助，共投入救助经费1300余万元，实施各类救助2.6万人次。开展残疾人康复训练和职业技能培训，投入2000余万元残保金改造提升“温馨家园”服务功能。推进45项为老办实事项目，为高龄和生活困难老年人发放养老服务补贴，开展居家养老巡视和送餐服务，老年人生活更加方便、安心。

居民生活条件不断改善。着力推进老旧小区、平房院落居住条件和生活设施的综合改造，实施6285户居民房屋修缮，推进113栋老旧楼房通气工程，完成24条胡同街巷和44个老旧小区环境整治，推广平房院户厕集中保洁模式，群众居住安全性和舒适度得到提高。积极做好保障性住房配售工作，新增廉租房、经济适用房和限价房受益家庭6405户。投入专项资金，建设社区商业网点，新增1家社区菜市场、30家便利店，居民日常生活更加方便。

六、创新社会管理体制和工作机制，推动社会协同治理，社会建设的基础更加巩固

加大社会建设统筹力度，不断优化社会组织体系，完善社会服务功能，提高公共服务社会化、专业化、市场化水平，加强和谐社区建设，基层组织和社会力量推动社会建设的作用进一步增强。

积极扶持培育社会组织。组建西城区企业联合会、社会组织联合会、社会工作者联合会和志愿者联合会，加强社会组织服务中心和志愿者服务指导中心建设，建立楼宇社会工作站，社会建设的组织体系和服务体系进一步完善。设立1000万元社会建设专项资金，对社会组织承担的公益类、便民类服务项目给予补贴，支持社会组织能力建设和社会工作人才队伍建设，成立社会组织孵化中心，促进各类社会组织健康发展。

深入推进和谐社区建设。制定《关于推进社区规范化建设工作的意见》，明确社区居委会和社区服务站的工作职责，初步形成责任共担、协调共治的社区建设机制。完成居委会换届选举，公开招录社区工作者，选聘应届大学毕业生到社区工作，实行居民评议考核居委会制度，发挥楼门院长在深入了解社情民意、协调社区各方关系中的积极作用，社区自治水平和服务居民的能力不断提高。加强社区公共资源规划，推进资源合理配置，完成社区服务站标准化建设，大力推进“96156”服务平台建设，完善便民服务体系，荣获“全国和谐社区建设示范区”称号。

七、加强政府自身建设，转变政府职能，推动科学发展和服务群众的能力进一步提高

牢固树立服务意识和创新意识，完善科学决策、民主决策和依法决策机制，加大重点领域的统筹推进力度，落实各项工作职责，不断提高政府工作水平。

认真开展深入学习实践科学发展观活动，提高政府履职能力。按照区委统一部署，扎实开展深入学习实践科学发展观活动，深刻认识科学发展观的科学内涵、精神实质和根本要求，准确理解“人文北京、科技北京、绿色北京”的发展要求和实践意义，深入分析影响和制约区域科学发展的突出矛盾，在促进企业发展、改善居民住房条件、帮扶就业困难人员、方便群众就医等方面，解决了一批驻区单位和居民群众反映的具体问题，形成了保障和推动科学发展的11项制度成果，为推动区域科学发展奠定了良好的基础。

稳步推进政府机构改革，切实转变政府职能。按照全市统一部署，结合区情特点和工作实际，组建人力资源和社会保障局、园林绿化局、功能街区产业发展促进局、金融服务办公室、对外联络服务办公室等政府工作部门，建委、市政管委、商务局等部门更名并调整职能。通过机构改革，进一步优化了政府组织结构，理顺了部门权责关系，强化了统筹功能街区建设、服务金融主导产业、服务驻区单位、服务群众生活等方面的职能，为推动区域发展提供了有力的体制保障。

深入推进依法行政，提高政府行政效能。严格落实行政执法责任制，规范行政执法行为，在城市管理等方面探索联合、快速、高效的执法模式，运用法律手段解决复杂问题的能力不断提高。组建新一届政府专家顾问团，在研究重大课题、制定发展规划、论证重大项目等方面发挥专家的决策咨询作用，政府科学决策水平进一步提高。认真执行区人大及其常委会的各项决议，坚持重大问题与决策向区人大报告、向区政协通报，认真听取意见建议并改进落实。加强与代表、委员的沟通联系，实行挂账督办制度，办复人大议案和建议127件、政协提案222件。

各位代表，过去一年全区各项工作取得的成绩是在市委、市政府和区委的正确领导下，全区人民和驻区单位共同努力的结果。在这里，我代表区政府向给予我们支持和帮助的人大代表、政协委员、各民主党派、工商联和无党派人士、各人民团体以及社会各界，向中央、市属单位和驻区部队，向所有关心、支持西城区建设的同志们、朋友们表示衷心的感谢！

回顾一年来的工作，我们清醒地看到全区发展和政府工作中还存在一些不容忽视的问题。一是受国际金融危机和宏观经济形势影响，区域经济运行的不确定、不稳定因素较多，我们的前瞻性研究还不够，优化产业结构和企业结构、促进各级税收稳定增长的思路和措施还需要完善。二是针对影响城市环境和居民生活的各种突出问题，日常处置不够及时，常态情况下保持城市环境整洁有序的难度依然较大。三是在统筹推进传统风貌保护和改善居民生活方面，办法还不够多，工作创新的力度需要进一步加大。四是面对区域发展的新形势和新要求，部分政府工作人员的学习能力还不够强，眼界还不够开阔，工作作风、服务意识和服务能力还有待进一步加强。对上述问题，我们将高度重视，在今后工作中采取有效措施，认真加以解决。

2010 年主要工作

2010 年是全面贯彻党的十七届四中全会精神、巩固深入学习实践科学发展观活动成果、落实“人文北京、科技北京、绿色北京”发展要求的重要之年，也是全面完成“十一五”规划、科学谋划“十二五”发展的关键之年。准确把握当前形势和发展要求对于做好全年工作具有重要意义。

要深刻认识首都新一轮发展的客观要求，抓住发展机遇，明确发展目标，在首都发展大局中走在前列。在成功举办奥运和国庆 60 周年活动后，北京进入了全面建设现代化国际大都市的新阶段。同时，首都经济在应对国际金融危机的过程中，转变发展方式、优化产业结构，为推动新一轮发展做了大量的准备，正孕育着新的更大的发展。市委市政府提出，要以更高的标准贯彻落实《北京城市总体规划》，瞄准建设国际城市的高端形态，从建设世界城市的高度，加快实施“人文北京、科技北京、绿色北京”发展战略。我们要牢牢把握首都谋划新一轮发展的重大机遇，立足区域功能定位和资源优势，进一步解放思想、拓宽视野，坚持西城工作的高标准，赢得发展的主动权，努力使西城区成为“人文北京”的示范区、“科技北京”的精品区和“绿色北京”的先行区。

要深刻认识区域发展的阶段性特征，破解发展难题，提升发展品质，在更高水平上推动区域全面协调可持续发展。近年来，我们坚持依托城市建设完善城市功能、打造功能街区、推动产业升级，实现了经济社会发展水平的全面提升。但是，区域特殊的经济结构、社会结构和城市功能，使我们统筹推进区域发展还面临着一些需要破解的矛盾和难题。我们必须处理好扩大总量与优化结构的关系，在巩固总部经济优势的同时，大力发展要素市场、中介机构，延伸金融产业链，优化第三产业内部结构，推动传统服务业品质提升，打造经济发展新优势。必须处理好保护传统风貌与推动现代化建设的关系，高起点规划、高标准建设、高水平管理，彰显历史文化和城市文明的独特魅力。必须处理好高端与低端的关系，针对不同群体在就业、收入和生活环境等方面存在的较大差异，进一步优化资源配置，满足驻区单位和市民的多层次、个性化需求，构建和谐稳定的社会环境。

要深刻认识实现区域功能的工作要求，优化发展环境，凝集发展力量，增强区域发展的内在活力。西城区作为首都功能核心区，政治、经济、文化功能集中，优质资源丰富，对政府工作的要求非常高。我们要把强化管理作为促进区域发展的重要手段，坚持以人为本，以市容环境、公共秩序、公共安全为重点，规范管理制度、优化管理流程，加大管理力度，为驻区单位和市民提供整洁优美、文明有序的城市环境。要把做好“四个服务”作为促进区域发展的根本途径，强化服务意识，落实服务责任，不断提高服务能力、办事效率，在服务中求得更好的发展。要把创新作为促进区域发展的不竭动力，以改革创新精神推动政府各项工作，在全区形成尊重创新、支持创新、包容创新的浓厚氛围，不断增强区域的凝聚力和影响力。

新形势新任务对西城区的发展提出了新的更高的要求。我们要把做好当前工作与谋划长远发展紧密结合起来，深化对区域发展重大问题的研究，集中各方面力量编制好“十二五”规划，全力抓好 2010 年经济社会发展各项工作。

今年政府工作的总体要求是：全面贯彻党的十七大、十七届四中全会和中央经济工作会议精神，深入落实“人文北京、科技北京、绿色北京”发展要求，按照区委十届十次全会的部署，完善科学发展长效机制，促进经济平稳健康发展，加快推进城市建设和环境建设，深化社会领域改革，着力保障和改善民生，加强基层基础工作，提高政府自身建设水平，全面完成“十一五”规划，不断开拓区域科学发展新局面。

全区经济社会发展主要目标是：地区生产总值增长 9%左右，财政收入增长 8%左右，居民人均可支配收入增长 7%左右，城镇登记失业率保持在 2%以内，空气质量二级和好于二级的天数达到 73%。

落实全年工作要求、实现主要发展目标，要着力抓好以下六个方面的工作：

一、坚持资源整合与结构优化相结合，不断提升经济发展质量和水平

当前，世界经济复苏的基础并不稳固，宏观形势的不确定因素仍然存在，全区经济增长、财政增收的压力依然很大。要把保持经济平稳较快发展与加快经济发展方式转变有机统一起来，以整合拓展空间资源、吸引优质企业入驻为手段，进一步优化产业结构，增强经济发展的稳定性、协调性和可持续性。

加快推进首都金融主中心区建设，不断扩大区域经济发展的核心优势。全力推进金融街建设，加快实施月坛南街、35中新址等拓展项目，确保项目建设品质、形象与街区整体规划相协调，启动新的拓展项目，推动更大范围的空间资源优化调整，着力提高金融街对全区经济的辐射带动作用。深入研究国际金融中心的发展规律，顺应金融混业经营、股权交易、投资基金快速发展的趋势，优化金融生态环境，完善产业促进政策，吸引金融机构总部、地区分支机构入驻和优秀人才聚集。加强金融文化宣传，举办高端金融论坛，扩大品牌优势，提高金融街的国际影响力。

积极推动产业融合发展，培育新的经济增长点。抓住中关村建设国家自主创新示范区的有利契机，围绕新能源、新材料、物联网等新兴战略性产业，发挥德胜科技园科研机构在成果转化和产业发展中的特殊优势，促进园区产业定位和各项规划的落实，吸引中国工业设计成果交易中心、北京出版产业园等重点项目入驻，增强德胜科技园的创新活力和综合实力。推进金融、科技、创意要素与文化资源的对接，促进新闻出版、设计服务和演出娱乐等优势行业发展，强化文化创意产业的品牌特色。按照都市旅游的理念和标准，完善公共服务设施，整合旅游资源，开发旅游产品，加大宣传力度，扩大旅游消费。做好西单地区新增大型商业设施的业态引导，完善特色商业街区功能，推动商业服务品质不断提升。支持非公经济和中小企业发展，为区域经济注入更多的生机和活力。

增强服务企业发展的能力，夯实经济平稳增长的基础。正确把握支持企业发展与实现税收增长的关系，牢固树立服务企业的意识，主动了解企业发展动态和服务需求，落实各项产业支持政策，依托区域资源优势为企业提供优质服务，不断优化发展环境。充分发挥企业联合会、地区商会、行业协会的桥梁纽带作用，搭建服务各类企业发展的平台，加强与驻区单位和企业家的沟通联系，切实解决企业困难，促进企业健康发展。试行国有资产经营预算管理，提高国有资产监管水平。继续推动区属国有企业公司制改革，健全法人治理结构，提高国有企业竞争力。

二、坚持建设现代化城市与保护传统风貌相结合，不断完善城市功能

立足于扩大内需、优化资源配置、保护传统风貌、改善居民生活，大力推进城市建设，落实《西城区环境建设规划》，实现全社会固定资产投资90亿元左右，开复工面积230万平方米，竣工面积50万平方米。

加快推进城市建设。发挥土地资源调查和房屋普查数据的基础作用，积极推动土地使用功能优化调整。紧紧围绕重点功能街区、重大基础设施和公共服务项目，抓好项目审批、资金筹措、拆迁保障等关键环节，全力推进30项重点工程建设。扎实推进12类51项环境建设任务，推动地铁6号线、8号线站区拆迁，实施西内大街、新街口北大街市政道路改造，实施西黄城根南街等31条道路大中修。做好北京图书大厦二期、华能大厦等中央、市级建设项目的服务，发挥重大项目对完善城市功能的支撑作用。

着力改善居民生活环境。实施西直门东北角环境整治，完成地藏庵等11个老旧小区及3个市场周边的环境综合治理，做好80条街巷胡同环境设施的改造升级，继续实施简易楼解危排险，推进老楼通气和综合修缮，全面完成“一户一水表”改造，努力使居民生活更加安全舒适。认真做好政策性住房保障工作，结合重点工程建设和危旧房改造，进一步改善居民住房条件。

积极探索文保区保护性改造新模式。研究制定《什刹海历史文化保护区五年保护发展规划》，深化什刹海历史文化研究，保护文化遗产和传统风貌，着力改善居住和交通环境，引导业态调整，加强景区环境和旅游秩序管理，建设一流的人文生态保护区。开展保护区整体改造试点，打造传统风貌特色街区，完善生活配套设施，实现人口疏解、功能优化和风貌保护的有机统一。认真做好第三次全国文物普查，公布第三批区级文物保护单位，实施万松老人塔和银锭桥修缮，积极推动近现代优秀建筑和名人故居的保护与利用。

三、坚持解决突出问题与提高整体水平相结合，营造和谐宜居的城市环境

巩固扩大奥运、国庆城市管理成果，着力推动城市管理从注重一般达标管理向精细化管理转变、从注重重点街区管理向街巷管理转变、从注重突击治理向加强日常管理转变，提高城市运行效率和服务保障能力。

完善城市管理的长效机制。按照强化统筹、源头治理、快速处置的要求，完善依法管理的制度和流程，在做好重点地区、重点大街日常管理的同时，加大胡同街巷、老旧小区环境管理力度，解决违法建设等城市管理突出问题。积极推进城市环境分类分级管理试点，根据不同街区的城市功能、设施条件和人文特征，明确城市管理的重点，细化管理标准，改进作业方式，提高城市精细化管理水平。探索中央、市属单位和多元产权主体的社区环境管理模式，努力形成全社会共同维护环境、共享城市发展成果的良好氛围。

深入推进城市生态文明建设。全面落实《绿色北京行动计划》，以建设低碳城市为导向，以技术进步为支撑，以节能减排为抓手，加大健康城区建设投入，提高生态环境质量。全面落实北京市第十六阶段控制大气污染措施，加强环境质量监测，继续推进“绿色施工”，实施平房区、简易楼清洁能源改造，促进空气质量持续改善。实施白云观绿地建设和西直门外大街等7条道路绿化，新增绿地2公顷，改造绿地5公顷，提高园林绿化水平。积极推行生活垃圾全程分类处理，探索社区生活垃圾收运新模式，筹建固体废弃物中转站，推进生活垃圾资源化、减量化。实施12.8万平方米既有建筑节能改造，加大节能产品推广应用力度，开展全民节能行动，倡导绿色消费模式和生活方式。

加强城市公共安全管理。牢固树立安全发展的理念，着力完善公共安全管理体制和工作机制，进一步明确综合监管、行业监管、专项监管和属地监管责任，全面推进街道安全生产执法模式，强化社会单位的主体责任，确保公共安全管理落实到位。加强食品、药品安全专项整治，排查地下空间和房屋“群租”等安全隐患，强化人员密集场所和高危行业的日常监管，有效防范各类安全事故。优化突发事件应急预案，完善风险预警、监测评估、信息发布等工作机制，建立城市应急物资储备库，提高应对城市突发公共事件的能力。深入推进安全社区建设，倡导安全文化，普及安全知识，提高居民自救互救能力，全面争创“国际安全社区”。

四、坚持促进人的全面发展与提高城市文明程度相结合，推动社会事业在更高水平上发展

巩固全国文明城区和国家可持续发展先进示范区建设成果，按照确保公益、促进均衡、提高品质的内在要求，加大政府财政投入，优化资源配置，加强设施建设，全面提高社会事业的服务能力。

提高科技教育发展水平。在群众广泛关注的社区卫生服务、生态环境保护等领域，实施“民生科技”工程，强化可持续发展示范区项目的示范引领作用，使科技成果惠及更多群众。发挥区域科普资源优势，广泛开展科普活动，积极推进创新型科普社区建设，提高群众科学素养。以优质均衡发展为导向，推动基础教育特色发展、内涵发展，继续推进学校规范化建设，充分发挥名校的辐射带动作用，推动教育资源共享和校际协作，巩固和扩大教育优势。进一步加大对学前教育的投入，扩大办园规模，提升办园水平。全面推进素质教育，创新教育教学方法，丰富社会大课堂活动内容和形式，将德育工作全面融入校园文化建设，不断优化育人环境。稳步推进教师绩效工资改革，发挥优秀校长、教师和专家的引领带动作用，提升教师队伍整体水平。深入推进各类学习型组织建设，完善终身教育体系，大力加强社区教育，争创北京市学习型区县建设示范区。

推动区域文化蓬勃发展。深化文明城区建设的内涵和品质，加强以公共秩序为重点的城市公共文明建设，大力开展“爱首都、讲文明、树新风”教育实践活动，深入推进以社会公德、职业道德、家庭美德和个人品德为主要内容的公民道德建设，进一步提升市民文明素质和城市文明程度。加强国防教育，突出文化双拥特色，不断提高双拥共建水平。深入推进文化惠民，充分发挥区域文化资源优势，扶持群众文艺团队和文化精品创作，强化“西城之春”艺术节、“景山合唱节”等文艺品牌，广泛开展丰富多彩的群众文化和节庆活动，弘扬民族优秀文化，提高市民的文化修养。

不断提高居民健康水平。落实北京市医药卫生体制改革精神，加快院前急救等公共卫生职能建设，做好甲型H1N1流感防治工作，提高公共卫生服务能力。制定区域卫生规划，构建以区域医疗中心为主体、专科医院和康复病区为支撑、社区卫生服务机构为基础的医疗服务体系，努力为群众提供方便、优质的医疗卫生服务。稳步推进区属公立医院改革，建立政府投入补偿机制，完善质量监管评价体系，提高医疗服务水平。认真做好第六次全国人口普查工作，完善人口动态监测系统，提高预警预测能力。加强计划生育公共服务，提高出生人口质量。积极落实《全民健身条例》，推进体育资源共享，扩大科学健身个性化指导服务覆盖面，培育健康理念和生活方式。

五、坚持改善民生与促进社会和谐相结合，不断

提高社会建设水平

以改善民生为重点，以促进和谐为目标，完善工作体系，改进服务方式，满足群众各方面的利益需求，使广大群众更好地共享发展成果。

努力提高就业和社会保障水平。加快建立统一的人才和劳动力市场，强化就业服务功能，千方百计开发就业岗位，认真落实稳定和扩大就业的各项政策措施，全力做好高校毕业生和新增劳动力就业工作，帮助困难群众就业。加强《劳动合同法》宣传培训，积极开展和谐劳动关系单位创建活动，有效预防和化解劳动纠纷。建立困难群体参加大病医疗保险长效帮扶机制，实施区属机关事业单位公费医疗改革，全面推进参保人员持卡就医实时结算，试行社会保险网上办理。切实加强社保基金监管，确保资金运行安全。大力弘扬扶贫济困的良好社会风尚，完善区、街、居三级捐赠网络平台，用好慈善捐赠资金，加大社会综合救助力度，准确掌握困难家庭的贫困状况，有针对性地开展救助工作。认真落实北京市九项养老助残政策，增强机构养老服务能力，鼓励社会力量参与居家养老和助残事业，努力为老年人和残疾人的日常生活提供更多便利。

推动社会管理创新。加强基层公共服务和便民服务体系建设，推动街道、职能部门公共服务大厅与社区服务站之间的工作衔接，完善社区基础信息库，夯实社会管理工作基础，努力为群众提供更加细致周到的服务。强化街道的统筹协调作用，完善社区居民自治机制，扩大辖区单位和社区居民的民主参与，注重解决群众反映强烈的问题，提升和谐社区建设水平。构建“枢纽型”社会组织工作体系，加大社会组织培育扶持力度，完善以政府购买服务为主要形式的财政投入机制，促进各类社会组织在承接公共服务项目中发展壮大。健全社会工作者管理和激励机制，做好社会志愿服务引导和项目开发工作，壮大社会工作者和志愿者队伍，提高社会工作人才的专业化、职业化水平。全面贯彻党的民族、宗教政策，加强民族团结，依法管理宗教事务，切实做好侨务工作和对台工作，广泛凝聚社会建设合力。

全力维护社会稳定。落实“五五”普法规划，紧密结合区情开展法制宣传教育，增强全民法治意识，营造理性、守法、和谐、有序的社会氛围。组建西城区律师协会，推进49家示范公益法律服务室建设，积极开展法律援助。认真做好信访和矛盾纠纷排查调处工作，推进行业、社区调解组织建设，健全利益协调和沟通机制，从源头上化解社会矛盾纠纷。深入推进“平安西城”建设，完善维稳长效工作机制和社会治安防控体系，确保区域安全稳定。

六、坚持依法行政与强化服务相结合，全面加强政府自身建设

巩固深入学习实践科学发展观活动成果，积极推进学习型机关建设，加大政府管理创新力度，切实加快政府职能转变，不断提升行政效能和服务水平。

着力提升依法行政水平。严格按照法定权限和程序行使职权、履行职责，完善协调配合机制，改进执法方式，综合运用经济、法律、行政等手段解决管理难题。积极推进政府信息公开，及时主动公布与群众密切相关的政务信息，提高政府工作透明度。严格执行区人大及其常委会的决议，认真听取区政协对政府工作的意见，主动接受人大、政协以及社会公众、新闻媒体监督。加强与代表、委员的沟通联系，提高人大议案、建议和政协提案的办理质量，切实抓好工作落实。

着力增强行政服务效能。优化财政支出结构，提高财政资金使用效益，把财力重点投向民生保障、环境改善、社会事业等公共领域。充分发挥区综合行政服务中心作用，完善服务功能，优化工作流程，为驻区单位和居民提供优质高效的服务。积极落实北京市信息化基础设施提升计划，探索无线网和物联网在政务领域的应用，加强专业信息系统建设，扩大政务资源共享，提高网上公共服务质量。

着力加强政风建设。强化学习意识，紧密结合区情实际，优化知识结构，拓宽宏观视野，推动工作创新，更好地适应首都和区域发展要求。强化为民意识，贴近驻区单位和居民需求，多办顺民意、暖民心的实事好事，提高群众对政府工作的满意度。强化责任意识，立足全区发展大局和部门工作职责，增强工作主动性，狠抓责任落实，确保各项工作扎实推进。强化廉洁意识，坚持节俭办事，做好廉政风险防范管理工作，加大源头预防腐败的工作力度，纠正损害群众利益的突出问题，开展民主评议政风行风活动，推动廉政勤政建设，以更好的精神状态、更大的工作热情谋划和推动区域发展。

各位代表，做好今年的工作，对西城区当前和长远发展具有重要意义。让我们更加紧密地团结在以胡锦涛同志为总书记的党中央周围，在市委、市政府和区委的正确领导下，深入贯彻落实科学发展观，坚定信心，锐意进取，高质量完成“十一五”规划各项任务，为推动西城区科学发展、和谐发展、率先发展而努力奋斗！

北京市西城区人民代表大会常务委员会工作报告

(2010年1月14日北京市西城区第十四届人民代表大会第五次会议)

西城区人大常委会主任　张国玉

各位代表：

我受西城区第十四届人民代表大会常务委员会委托，向大会报告工作，请予审议。

2009年工作回顾

去年以来，区人大常委会深入贯彻党的十七大和十七届四中全会精神，认真执行区十四届人大四次会议决议，以学习实践科学发展观为主线，紧紧围绕保增长、保民生、保稳定和国庆服务保障工作大局，依法履行各项职权。一年来，共召开主任会议14次、常委会会议10次，研究讨论和审议议题88项；常委会任免国家机关工作人员和人民陪审员93人次。注重统筹兼顾，发挥人大优势，较好地完成了全年各项任务，进一步提高了人大工作的质量和实效，为推动区域科学发展、和谐发展、率先发展作出了新的贡献。

一、积极发挥人大职能作用，推动了区域经济平稳较快发展

常委会高度关注金融危机对经济发展的影响，深入研究新形势下区域发展面临的矛盾和问题，努力把握立足人大职能推动科学发展的结合点和着力点，切实履行计划预算监督和决定重大事项的职责，为促进区域经济平稳较快发展提供了支持和保障。

着力推动"十一五"规划的实施。对国民经济和社会发展五年规划实施情况开展监督，是监督法赋予人大常委会的一项新的职责。面对金融危机影响下严峻的经济形势，常委会着眼于区域科学发展的全局，开展了对区"十一五"规划实施情况的监督，听取和审议了区"十一五"规划中期评估报告，对规划实施三年来经济社会发展取得的阶段性成果给予了肯定，并建议区政府及综合经济部门要深刻认识金融危机的影响，统筹谋划，采取积极的应对措施，充分调动各方面积极因素，推进规划的实施，保持经济平稳较快增长，为全面完成规划目标奠定基础。按照实施积极财政政策的要求，支持政府加大投资力度，主任会议听取了2009年政府投资情况的报告，就合理安排、有效使用政府投资，推动解决关系发展和民生的突出问题提出了建议。

着力推动计划预算的有效执行。2009年是我区经济发展面临严峻考验的一年。围绕保增长的目标，常委会加强了对计划预算执行情况的监督，审议并批准了区政府2008年财政决算、审计工作报告，督促政府及时解决审计查出的问题；听取和审议了区政府2009年上半年和1至10月计划、预算执行及调整情况的报告，并对区政府2010年计划、预算报告（草案）的主要内容进行了初步审议。开展对部门预算编制和执行情况的检查，常委会和主任会议分别听取了区教委、区卫生局2010年预算编制情况的报告，财经委员会检查了区民政局的预算执行情况。积极推进财政制度改革，常委会听取和审议了政府采购工作报告，对规范预算资金使用、提高政府采购工作水平起到了促进作用。关注重点地区发展和区域经济资源状况，主任会议先后听取了区政府关于护国寺地区环境整治、业态调整和我区开展第二次全国经济普查工作情况的报告。结合今年企业国有资产法的颁布实施，主任会议还听取了区政府关于国有资产监管情况的报告，为促进企业国有资产法的落实发挥了积极的作用。

二、深化专项工作监督，支持和促进了国庆环境保障和民生工作的开展

专项工作监督是常委会行使监督职权的主要形式。去年以来，常委会坚持把服务国庆环境保障与推动解决民生问题有机结合，突出重点，改进方法，加大专项工作监督力度，取得了显著成效。

全力推进城市管理和环境建设。在2008年听取和审议区政府环境整治专项工作报告并开展专项工作评议的基础上，2009年着力加强跟踪检查和监督，听取和审议了区政府落实区人大常委会有关审议意见情况的报告，督促政府落实环境建设项目，加强日常管理，加大整治力度，为国庆活动创造了良好的城市环境。为巩固和提升环境建设成果，解决群众关心的突出问题，常委会听取和审议了区政府关于推进平房保护区“煤改电”工程、进一步改善空气质量议案办理情况的报告，提出了加强工程规划与监管、推广清洁能源使用等方面的建议。主任会议听取了区政府关于城市管理监督、民防及物业管理等工作情况的报告，推动了相关工作的深入开展。

切实推进基层民主的发展和民生问题的改善。结合去年社区居委会换届选举，突出民主、民生两大主题，常委会从全年听取和审议的专项工作报告议题中，选择社区公共服务和居民自治工作，开展专项工作评议。注重创新工作方法，完善工作方式，召开专项工作监督动员会，向全体代表通报常委会全年专项工作监督计划，对评议工作进行重点部署，由区政府主管副区长向与会代表介绍社区公共服务和居民自治工作情况，并安排区政府相关单位列席会议。评议活动中，通过组织代表视察、召开选民座谈会等多种形式，广泛听取驻区单位和群众的意见，127名市、区人大代表参加了评议活动，收集反映了60条意见和建议，交由区政府研究处理。在此基础上，常委会听取和审议了区政府主管副区长所作的专项工作报告，提出了加强社区体制机制建设、完善公共服务政策和运行体系等五个方面的审议意见。这些意见引起区政府的高度重视，结合审议意见认真梳理问题，列表督办落实，取得了明显成效。通过开展专项工作评议，支持政府加快推进社区建设，进一步提升了社区公共服务和居民依法自治水平。

积极推进各项社会事业健康发展。关注区域可持续发展，常委会听取和审议了区政府关于可持续发展示范区工作情况的报告，就推进可持续发展先进示范区建设、不断增强区域可持续发展能力提出了意见和建议。围绕改进公共卫生服务，保障人的生命安全和健康，进一步加强对有关工作的监督，常委会听取和审议了区政府关于完善区属医疗机构公共卫生规划与政策支撑机制情况的报告，提出建立长效政策支撑机制、加大公共卫生建设投入等三个方面的审议意见。区政府研究决定，在“十二五”期间加大财政投入，逐步建立起长效政策支撑机制。针对群众关注的保健食品安全问题，常委会听取和审议了区政府关于保健食品安全监管工作情况的报告，就加大监管力度、确保辖区内保健食品安全提出要求。推进为老服务工作，常委会听取和审议了区政府关于加强支撑居家养老社会组织建设议案办理情况的报告，督促政府及有关部门通过整合社会资源、创新工作模式等途径，完善为老服务体系建设。主任会议听取了区政府关于出生缺陷预防工作情况的报告，就避免人口出生缺陷、提高区域人口质量提出建议。积极推进学习型城区创建、文化执法等工作，主任会议听取了区政府关于学习型城区及终身教育体系建设、文化执法等工作情况的报告。

三、大力推进法律法规的贯彻实施，为促进和谐发展提供了法治保障

坚持依法治区、推动法律法规的正确实施，是常委会的重要职责。常委会结合今年保稳定、迎国庆的工作特点，进一步加强执法检查和司法工作监督，促进了“一府两院”依法行政和公正司法，促进了社会和谐。

以安全生产法律法规为重点，深入开展执法检查。积极推动安全生产法、安全生产条例的贯彻落实，提高区域安全生产水平，既是保障人民群众生命财产安全的需要，又是国庆保障的重要任务。按照区人大常委会检查法律法规实施情况办法，常委会重点围绕安全生产法律法规的实施情况，开展了执法检查。区政府主管副区长向常委会汇报了贯彻实施安全生产法律法规的自查情况，政府职能部门和各街道办事处等24个单位提交了自查报告。常委会成立了由常委会组成人员、财经委委员和各联组代表共80人组成的执法检查组，分成4个专题组，对涉及街道、商务、消防、文化、体育、旅游以及建筑施工等方面的27家单位进行了明查暗访。在此基础上，常委会听取和审议了执法检查工作报告，提出了加强宣传教育培训、营造良好的安全生产氛围，完善监管体制机制、提高监管效率和执法水平，依法加强检查监督、减少安全生产隐患等五个方面的审议意见。这次执法检查促进了安全生产法律法规在我区的贯彻实施，督促政府加强了安全生产监管工作，为确保国庆期间社会平安和谐做出了贡献。此外，配合市人大常委会开展的执法检查，常委会有关委员会还组织代表就农产品质量安全法、水污染防治法、绿化条例等法律法规在我区的实施情况进行了视察，推动了相关法律法规的贯彻落实。

积极推进依法行政和公正司法，维护群众合法权益。常委会结合关系群众利益、社会普遍关注的热点问题开展工作，听取和审议了区法院知识产权审判工作报告、区检察院预防和惩治职务犯罪工作报告，接受了区法院10名审判员、区检察院8名检察员的书面述职，主任会议听取了区检察院关于诉讼监督工作的情况报告，进一步加强了对司法工作和司法人员的监督。坚持把推进政府依法行政作为工作重点，主任会议听取了区政府依法行政工作报告。关注残疾人权益保障，常委会听取和审议了区政府贯彻落实残疾人权益保障法情况的报告，就发展残疾人事业、保障残疾人合法权益提出了改进工作的意见和建议。主任会议还听取了区政府民族宗教侨务工作、公安系统基层队所办公用房建设等报告，推动了相关工作的开展。加强信访工作，进一步畅通群众利益诉求的表达渠道。一年来，通过人大信访部门受理群众来信来访241件，已办复236件，办复率为97.93%，切实推动解决了一些群众反映的突出问题，群众的合法权益得到了保障。

四、高标准做好代表工作，进一步提升了为代表履职服务的能力

常委会认真落实市委和区委关于加强和改进代表工作的文件精神，不断深化对代表执行职务性质特点的认识，完善代表服务工作机制，切实加强与代表的联系，为代表履职提供服务保障。

进一步加强代表工作的区、街联动。完善代表联络服务工作格局，注重发挥各委员会、各街道人大代表工委的作用，推动了闭会期间代表工作的深入开展。坚持把代表执行职务与提高常委会决策水平、强化常委会监督工作有机结合起来，组织代表参加视察、执法检查、专项工作评议等活动，促进了代表对常委会工作的深度参与。各委员会围绕常委会工作重点和会议议题，就推进德胜科技园建设、什刹海旅游发展、垃圾收集转运、高层住宅二次供水、中小学校长队伍建设、特殊教育发展等工作组织代表开展了各类视察、调研，全年共组织活动54次，参加代表1048人次。各街道人大代表工委结合地区发展和代表关注的热点问题，有针对性地组织开展代表活动，全年共组织活动57次，参与代表579人次。

积极为代表了解区情、政情、民情服务。密切常委会与代表的联系，通过召开代表通报会，编发公报、代表通讯、《西城人大》等刊物，帮助代表了解区情政情。通过《西城人大》代表专访、代表笔谈栏目宣传代表事迹，加强了代表履职经验的交流。坚持代表列席常委会会议制度，共有76名（次）代表列席常委会会议，参与审议工作。积极为代表了解“两院”工作服务，组织代表参加法院庭审旁听和“两院”相关监督活动。密切代表与选民的联系，推进代表接待日、代表联系选民意见箱等工作，帮助代表了解民情。一年来，代表参加接待日活动165人次，接待选民439人次，推动解决了134件群众反映的突出问题。

加强代表建议办理工作的督办协调。常委会高度重视代表建议办理工作，把促进建议落实解决作为工作重点，通过完善督办协调机制、集中研究处理难点问题、加强代表与建议办理单位的沟通联系等措施，推动建议办理工作。常委会对本届以来的代表建议进行分析，梳理出13个难点问题，与区政府共同研究，逐件提出解决方案，促进大部分问题得到了妥善的解决和答复，赢得了代表的支持和理解。注重加强对建议承办单位的工作指导，把建议督办工作与委员会活动相结合，内司委组织代表就交通支队办理代表建议和国庆交通安保情况进行了视察，促进了相关工作的开展。目前，区十四届人大四次会议期间受理的120件代表建议全部办结并答复代表，其中得到解决、取得进展或列入计划解决的建议90件，占75%；代表对办理结果和办复报告表示满意和同意的119件，占99%。

认真做好市人大代表联络服务工作。落实市人大常委会的部署和安排，较好地完成了市十三届人大二次会议西城团的服务工作。改进闭会期间的市代表联络服务工作，与市人大常委会联通了市代表活动网上服务系统。组织部分市人大代表就首都经济社会发展、金融街拓展建设、社区治安管理、危旧房综合整治修缮及平房区“煤改电”工程建设情况开展视察和座谈，为代表提出议案建议提供了良好的服务。一年来，共安排组织闭会期间市人大代表活动14次。完善市、区人大代表的联系沟通机制，邀请市人大代表参加区、街组织的代表视察、专项工作评议、代表通报会、代表联组活动等，进一步密切了市、区代表的联系，凝聚市、区代表合力，使基层群众和代表反映的突出问题得到及时有效的解决。

五、以开展学习实践科学发展观活动为契机加强自身建设，进一步提高了常委会及机关工作水平

按照市委和区委的统一部署，以“深入学习实践科学发展观，全面践行三大理念，为推动西城科学发展和谐发展率先发展提供民主法制保障”为主题，组织开展了学习实践科学发展观活动，通过学习调研和研讨交流，进一步深化了思想认识，提高了认知、实践科学发展观的能力，提升了人大工作水平。

立足人大职能，不断深化对科学发展观的认识和理解。组织常委会及机关党员干部深入学习实践科学发展观，深刻理解科学发展观的科学内涵、精神实质和根本要求。围绕贯彻落实科学发展观、加强和改进人大工作，组织了专题报告会、研讨会和解放思想大讨论，常委会组成人员和机关干部对人大及其常委会学习实践科学发展观的特定意义有了更加深刻的认识，对人大及其常委会贯彻落实科学发展观必须发挥的职能作用有了更加深入的思考，进一步增强了贯彻落实科学发展观、做好人大工作的自觉性和坚定性，明确了在人大工作中贯彻落实科学发展观的着力点。

深入开展调查研究，不断提高工作水平。常委会紧密结合人大工作实际，深入开展调查研究，广泛听取各方面意见。在学习实践科学发展观活动中，先后组织召开了区委和“一府两院”有关部门、街道人大代表工委、常委会机关干部参加的4次座谈会，向区人大代表、社区居民和部分区属处级干部发放调查问卷710份。常委会认真分析代表和干部、群众反映的意见和建议，研究制定了19条整改措施加以落实，切实提升了常委会及机关的工作水平。机关副处级以上领导干部围绕支持和促进区域科学发展、推进可持续发展先进示范区建设、加强和改进人大工作、深化专项工作监督、推进人大工作向社会公开等方面，完成了17项调研课题，为推进人大工作的创新和发展提供了参考依据。

转化学习实践成果，切实推进工作制度化、公开化。常委会认真抓好听取和审议专项工作报告、执法检查以及实行审议意见书等办法的落实，结合工作实践，进一步改进工作方法，规范工作程序，提高了工作效能。积极推进常委会履职情况向社会公开，主任会议研究通过了《北京市西城区人大常委会行使职权情况向社会公开的试行办法》。改进会议服务工作，研究细化了代表大会、常委会会议服务工作，提升了会议服务工作的规范化水平。坚持居民旁听常委会会议制度，通过各工作机构和街道代表工委组织安排部分居民旁听了常委会各次会议。加强对外交流，参加了京津沪渝四市八区人大工作交流会、全国二十三城市(区）联席会议，组织常委会机关赴朝阳区学习考察，通过开展各类交流活动，扩大视野，开阔思路，促进了常委会工作的改进和提高。

在抓好人大工作的同时，按照市、区国庆指挥部的统一部署，常委会各位主任和机关党员干部分别参加了国庆群众游行、游园、联欢、环境保障、信访督导等方面的工作，为国庆活动的顺利进行作出了应有的贡献。此外，机关全体干部还积极参与各类社会捐助活动，为地震灾区、贫困地区和困难群众提供了支持和帮助。

各位代表，总的来看，过去一年常委会的工作进展顺利、成效明显。这是区委正确领导的结果，是全体区人大代表、常委会组成人员切实履行职责、扎实工作的结果，也是“一府两院”、各街道人大代表工委、社会各界和广大人民群众积极支持和参与的结果。在此，我代表区人大常委会，向各位代表、各级领导和所有关心支持人大工作的同志们、朋友们，表示衷心的感谢!

回顾一年来的工作，我们在看到成绩的同时，也清醒地认识到工作中还存在一些问题，主要是监督工作的方式方法还需要改进，监督力度和效果与群众的期望还有差距；代表培训的力度还不够，代表履职不平衡的问题还依然存在；常委会机关自身建设还需要进一步加强，服务保障能力和工作水平还需要进一步提升。这些问题我们要在今后的工作中认真研究并加以解决。我们要适应新形势的需要，切实加强学习，提升履职能力，充分发挥代表的作用，不断改进常委会工作，更好地履行宪法和法律赋予的职权。

2010年主要工作任务

去年底，市委召开了第三次人大工作会议，对新形势下加强和改进人大工作、进一步发挥人民代表大会制度的优势提出了明确要求。区委十届十次全会贯彻中央和市委的决策部署，准确把握当前形势，提出了2010年全区工作的总体思路和目标任务。区人大常委会认真落实市委和区委的部署，在广泛征集并充分吸纳代表意见的基础上，抓住关系区域发展的突出矛盾和群众普遍关注的热点问题，对全年工作做出安排。新的一年，区人大常委会将在区委的领导下，深入贯彻市委十届七次全会、市委人大工作会议和区委十届十次全会精神，围绕全区工作大局，切实履行各项职权，凝聚代表合力，加大监督力度，不断提高工作质量和实效，努力在推动“十一五”规划全面完成、谋划“十二五”发展中发挥积极作用，为落实“人文北京、科技北京、绿色北京”发展要求、不断开拓区域科学发展新局面作出新的贡献。

一、着眼于推动区域经济平稳健康发展，进一步加强计划和预算监督

加强对区域发展阶段性特点的分析，注重发挥人大优势，为谋划区域发展服务。研究编制“十二五”规划是关系区域长远发展的一件大事。常委会将安排组织代表对区“十一五”规划实施情况开展评议，总结分析规划实施取得的成绩和遇到的问题，着重就今后区域发展的思路、方向、重点、措施提出意见和建议，为谋划编制好“十二五”规划提供参考。积极推进功能街区建设，听取和审议金融街拓展、德胜科技园建设情况的报告，支持区政府整合拓展空间资源，不断完善街区功能，促进经济持续健康发展。

继续做好计划、预算监督工作，听取和审议2009年财政决算、审计工作报告以及审计查出问题整改情况的报告，听取和审议2010年上半年和1至10月计划、预算执行及调整情况的报告，对2011年计划、预算报告（草案）的主要内容进行初步审议。加强对区政府教育、卫生部门预算编制工作的监督，继续开展对部门预算执行情况的检查。加大对政府投资及重点支出的监督力度，不断提高政府投资效益。

二、着眼于促进民生事业发展，进一步深化专项工作监督

积极推动社会事业发展，不断提高公共服务水平。常委会将听取和审议区政府关于中医药事业发展工作情况的报告，对推进社区公共服务和居民自治、完善区属医疗机构公共卫生规划与政策支撑机制等专项工作的审议意见落实情况进行跟踪检查。关注教师绩效工资改革、文物普查、卫生监督、体育市场管理等方面工作，围绕教育、文化、科普、全民健身、流动人口计划生育等工作组织代表开展一系列视察。继续加强对群众反映突出的城市管理和住房建设问题的分析研究，加大监督力度，切实推动城市建设规划执行和城市管理综合执法长效机制建设，积极推进保障性住房和土地资源管理等工作的开展。

三、着眼于提升法治建设水平，进一步加大执法检查和监督司法工作力度

加强司法工作监督，听取和审议区法院关于案件执行工作情况的报告、区检察院关于加强诉讼监督工作情况的报告，积极推进解决社会普遍关注的执行难问题，进一步发挥检察监督职能作用，促进司法公正。继续开展接受司法人员书面述职工作，进一步强化司法人员的依法履职意识。关注基层治安工作，听取和审议区公安分局关于社区警务专业化建设情况的报告，推动社区警务工作的深入开展。

积极促进法律法规的贯彻实施，常委会将对北京市绿化条例贯彻实施情况开展执法检查，推动区政府加快实施绿化规划，完善绿化管理和养护机制，改进绿化执法工作，动员和引导公众参与绿化活动，确保绿化条例在我区的正确实施。切实加强对区政府贯彻实施未成年人保护法、少数民族权益保障条例，以及开展法律援助等方面工作的监督，组织代表开展视察，督促政府有关部门在维护特殊群体合法权益方面加大工作力度。

四、着眼于发挥代表主体作用，进一步加强和改进代表工作

贯彻落实市委人大工作会议精神和有关加强代表工作的要求，充分发挥常委会各委员会和各街道代表工委的作用，为代表履职提供高质量的服务。扩大代表参与常委会工作，围绕全年工作重点和会议议题，组织代表参加视察、执法检查、专项工作评议等活动。通过代表通报会、常委会主办刊物、网站等多种渠道，及时传递区情政情信息，保障代表知情知政。加大代表培训力度，促进代表责任意识和履职能力进一步提升。加强对街道代表工委工作的指导，推进代表联系选民制度的落实，进一步密切代表与选民的沟通联系。加强代表议案建议办理工作，对议案办理情况进行追踪检查，对重点建议进行协调督办，组织代表现场检查办理情况，进一步提高办理质量和实效，推动相关工作的开展。加强市、区人大代表间的联系和沟通；组织开展市人大西城团代表活动，推动闭会期间代表工作的深入开展。

五、着眼于提高常委会履职能力，进一步加强自身建设

继续深入学习贯彻党的十七届四中全会精神，巩固学习实践科学发展活动成果，结合人大工作面临的新形势和我区实际，研究贯彻落实市委人大会议精神、加强和改进我区人大工作的新思路新措施，推进常委会的思想作风建设和工作制度、工作机构建设。加强对人大制度和民主法治建设理论的学习研究，认真总结过去的实践经验，不断提高做好新形势下人大工作的能力。抓好已有各项制度的落实，适应政府机构改革的新变化，完善与“一府两院”的工作协调机制，修订常委会各工作机构联系“一府两院”相关单位的办法。加强人大宣传工作和公开工作，通过多种形式宣传人大制度和人大工作以及民主法治建设成果，依法公开常委会履职情况，增强常委会工作的透明度，自觉接受群众的监督。加强信访综合分析，进一步发挥信访为常委会监督工作服务的作用。加强机关干部队伍建设，增强机关工作活力，提高机关工作效能，促进机关工作的全面提升。

各位代表，新形势、新任务对人大工作提出了更高的要求，我们深感责任重大，使命光荣。我们要按照市委十届七次全会和区委十届十次全会的部署，继续深入贯彻落实科学发展观，锐意进取、扎实工作，努力推动区域科学发展、和谐发展、率先发展，为建设“人文北京、科技北京、绿色北京”贡献力量！

政协北京市西城区第十二届委员会常务委员会工作报告

(2010年1月11日政协西城区第十二届委员会第四次会议)

西城区政协副主席　姜昕华

各位委员：

我受西城区政协第十二届委员会常务委员会的委托，向大会作工作报告，请予审议。

2009年工作回顾

2009年是全面贯彻落实中共十七大和十七届三中、四中全会精神，推进“十一五”规划顺利实施，保持经济社会又好又快发展至关重要的一年。区政协常委会在中共西城区委的领导下，坚持以邓小平理论和“三个代表”重要思想为指导，深入贯彻落实科学发展观，按照中共西城区委十届八次会议提出的2009年工作目标和任务要求，以“推动科学发展、关注改善民生、巩固奥运成果、促进社会和谐”为全年工作主线，以迎接新中国和人民政协成立60周年为契机，紧紧围绕全区工作大局谋划和开展政协工作，组织广大政协委员认真履行职能，积极建言献策，为推动首都和西城区经济社会又好又快发展，促进西城区科学发展、和谐发展、率先发展作出了积极贡献。

一、围绕全区重点工作，积极开展协商议政活动

常委会把“保持经济平稳较快发展，维护社会和谐稳定”作为区政协围绕中心、服务大局的主攻方向和重要职责，突出协商议政的重点，为促进区委、区政府科学、民主和依法决策建言献策。

组织全体委员在政协全会期间对政府工作报告及全区有关重要工作集中进行协商讨论。委员们密切关注国际金融危机对北京和西城区经济发展的不利影响，关注西城区区域经济和社会发展状况，在大会发言及分组讨论中广泛发表意见，积极建言献策。汇总委员们的建议，形成“协商意见”报送区委、区政府研究参考。区委、区政府主要领导及时批示各部门，要求做好对政协委员建议的研究、落实和反馈工作。相关部门积极研究改进措施，认真予以吸纳。

围绕有关重要问题开展常委会专题通报和协商。在2009年常委会专题通报、协商的议题中，突出了西城区经济运行情况、重点街区建设以及社会和谐稳定等工作重点。围绕西城区法院便民诉讼工作、金融街发展及拓展工作进展情况、《劳动合同法》的贯彻实施情况等议题，组织常委进行了三次专题通报和协商。常委们的主要意见建议，以《领导参阅》的形式报送区领导及有关部门。常委会议还分别听取了2009年上半年全区经济社会发展情况、“保增长、保民生、保稳定”工作、西城区党风廉政建设和反腐败工作以及十二届三次会议以来党派团体提案和委员提案办理情况的通报。

区政协第六次议政会议就“化解人民内部矛盾，促进社会和谐稳定”议题进行协商。各民主党派、团体及界别委员听取了区政府主管领导的书面情况通报，围绕会议议题做了大量深入细致的调查研究，做了充分准备。议政会上，各民主党派、工商联以及委员代表重点就完善调解机制、化解劳动争议、发挥律师作用、畅通化解渠道、加强人民调解及做好信访工作等方面提出了很好的意见和建议。区委、区政府有关领导及相关部门负责同志到会听取意见。会后整理印发了《化解人民内部矛盾促进社会和谐稳定议政会发言汇编》。

二、突出政协工作特点，运用多种形式履行职能

常委会围绕西城区经济社会发展中的有关热点问题，组织开展了各项通报、视察和民主监督等活动。广大委员积极发挥自身优势和特长，为促进西城区科学发展、和谐发展提出了具体对策和建议，得到有关部门的重视。

积极关注和研究西城区经济建设和管理中的一些热点问题，为区委、区政府应对危机、促进发展建言献策。重点就《西城区国民经济和社会发展第十一个五年规划纲要》实施的中期评估、可持续发展示范区建设、西城区商业发展现状、西城区特色商业街区建设、台资企业发展等情况进行通报、视察。围绕落实建设“人文北京、科技北京、绿色北京”的发展思路，重点就德胜科技园区空间发展规划及金融后台服务企业入住情况、环境卫生管理、西城区质量监督检查、城市管理综合执法、安全生产、民防工作、平房“煤改电”工作以及企业环保节能减排等情况组织通报、视察。结合西城区迎接新中国成立60周年的城市环境建设和管理工作情况，政协常委集体视察了西城区迎国庆环境整治工程及国庆环境保障落实工作，就建设优美西城、进一步做好西城区环境建设和整治工作提出了具体意见建议。

在促进社会和谐稳定，切实改善民生的工作中，发挥政协委员的独特优势和作用。常委会把加强社会建设，解决涉及人民群众切身利益的难点、热点问题，作为履行政协职能的着力点和落脚点，重点就全区重点工程建设和住房保障情况、西城区防控甲型H1N1流感及健康教育和健康促进工作、老年医疗服务设施状况、非物质文化遗产的传承和保护、高中新课程改革情况、中小学体育运动场馆及设施对社会开放情况、西城区公益法律服务体系建设以及西城区民族团结教育和民族团结社区建设、民族宗教工作等进行通报、视察和座谈。区政协主席集体视察了“西城区残疾人培训、就业、康复工作”情况，对扶残助残公益事业的发展给予了积极关注。

积极支持各民主党派、团体和各界委员履行民主监督职能，促进政府部门及政法单位进一步提高依法行政能力和转变工作作风。继续组织政协委员并邀请部分民主党派成员，对全区87个政法单位、政府职能部门及基层队、所进行“明察暗访”。委员们围绕建设“法制型、责任型、服务型政府”的目标要求，对暗访中发现的问题提出具体改进意见。相关部门非常重视，积极研究、制定整改措施，认真加以落实。区政协财政预算民主监督小组和社会治安综合治理民主监督小组积极开展民主监督活动，分别对西城区财政预算执行情况和审计工作情况以及西城区迎国庆60周年社会治安综合治理、突发事件处置工作进行通报和视察，提出意见建议。加强对有关法律法规执行情况的民主监督，重点就西城区贯彻实施《中华人民共和国老年人权益保护法》和《中华人民共和国企业国有资产法》的情况进行通报、座谈，对落实中的有关问题提出建议。区政协特邀监察员和廉政监督员认真履行民主监督职能，积极参与多种形式的监督活动，提出批评和建议，进一步发挥了政协委员在各个领域的民主监督作用。

认真做好反映社情民意信息工作。把了解和反映社情民意信息工作与履行政协民主监督、参政议政职能的各项活动紧密结合，进一步畅通区政协反映社会各界意见和建议的渠道。召开区政协信息工作会议，总结交流经验，明确任务要求。制定《关于加强和改进反映社情民意信息工作的意见》及信息工作奖励办法，促进反映社情民意信息工作的规范化、制度化。广大委员信息意识不断增强，围绕区委、区政府重视和人民群众关注的难点、热点问题，主动了解和反映社会各界的意愿和要求。2009年共报送信息500余件，一些重要信息被市政协和区委、区政府信息部门采用，为市、区领导和党政有关部门提供了有价值的信息和建议。

注重委员区域活动的实效。召开委员街道区域活动小组负责人座谈会，对全年区域活动做出安排。各区域活动小组积极参与街道、社区的有关工作，为街道社区的建设和发展积极建言。重点就街道社区公共服务及居民自治工作情况，社区居委会工作，西长安街拓宽、改造工程以及南营房环境整治情况等开展通报、视察。组织“蓟丘与北京”专题讲座，宣传西城区悠久的历史与文化。2009年底，各街道委员区域活动小组分别组织委员专题座谈会，对区政府工作报告进行讨论，提出意见建议。

三、发挥委员主体作用，深入开展专项调查研究

常委会加大调研工作力度，围绕西城区发展中的有关重要问题，依托专委会并联合区有关民主党派、团体进行专项调研。力求通过深入的调查研究，在促进区委、区政府民主决策、科学决策，解决区域经济和社会发展中的有关重点、难点问题上，提出有分量的意见建议。

围绕西城区有关重点工作开展调查研究。从涉及西城区发展和人民群众切身利益的有关热点问题中，重点选择了中小学科技教育、医疗保障体系建设、白塔寺地区的建设和保护、旅游产业发展以及什刹海水质治理等五个专题，开展调研。各调研小组制定了详细的调研方案，采取查阅资料、重点调查、通报视察、座谈研讨、专家点评等多种方式，进行了深入细致的调查研究。在调研工作中，注重发挥各民主党派、专家学者的优势和特长，对调研中所涉及的一些难点问题进行了反复深入研究，提出了很多重要观点和意见建议，为促进西城区相关工作提供了重要参考。

确定重点课题深入调研，形成常委会建议案。为进一步培养和提高中小学生的科技素养，适应科学技术和经济高速发展对人才的需求，有关专委会重点开展了对“西城区中小学科技教育工作情况”的调研，提出了加强组织领导和科技教师队伍建设、整合优势资源形成合力、加快青少年科技馆新馆建设、建立中小学科技教育的评价激励机制等八项建议。围绕西城区医疗保障体系建设这个人民群众非常关注的热点问题，有关专委会与区民建、民革和民盟等民主党派联合对“西城区医疗保障体系建设工作情况”进行调研。针对我区医疗保障体系建设的现状和问题，重点提出了搞好政策整合，提高基本医疗保障水平、健全困难群体基本医疗保障的长效帮扶机制、规范医疗机构医疗服务行为、加强社区卫生服务网络建设等六个方面的建议。上述两个调研报告经区政协常委会协商和讨论，分别形成了“进一步推进西城区中小学科技教育工作的建议案”和“进一步加强西城区医疗保障体系建设的建议案”。区委、区政府领导非常重视并分别做出批示，相关部门认真研究、吸纳，并将落实情况及时进行反馈。

发挥界别委员的专业优势，开展专委会专题调研。关于白塔寺保护区的保护、整治与利用问题，是多年来政协委员普遍关注的重点、难点问题，为此，有关专委会与九三学社西城区委联合组成课题组，进行了为期两年的深入调研。根据白塔寺保护区历史遗存优劣并存的客观实际以及“重点保护区”和“建设控制区”的不同情况，明确提出了应坚持“精华必保、破败必治”的思想理念和“分区整治、全面改善”的重要观点。围绕促进西城区旅游产业发展问题，重点提出了实施旅游精品战略，研究制定旅游发展规划，进一步完善旅游产业链，探索解决什刹海地区旅游、居住和传统风貌保护三重矛盾的新思路以及划定什刹海专属旅游区等建议。针对什刹海水质治理工作中存在的主要问题，委员们提出了增加什刹海补水量、研究防治面源污染技术、建立水华预警机制、设立水质治理专项资金等技术性很强的具体意见。这三项专题调研分别形成了专委会调研报告，报送区主管领导及有关部门研究参考。

对区政协常委会建议案的落实情况开展追踪视察。为进一步促进2008年区政协常委会《关于整合政府职能部门行政资源有序推进社区卫生工作的建议案》和《关于进一步加强西城区平安社区建设工作的建议案》的办理和落实，有关专委会组织了专题通报和视察。委员们对相关部门认真采纳委员意见、积极落实区政协常委会建议案所取得的成果给予充分肯定，并针对有关问题提出了进一步改进的意见。

四、充分发挥提案在履行政协职能中的重要作用，进一步加强和改进提案工作

以提高质量、强化督办、推动落实、完善服务为重点，在提高提案质量、办理质量和服务质量上下工夫，推动提案工作不断发展。

各民主党派、团体和广大政协委员，以高度的政治责任感，积极通过提案履行职能，提案的提出质量不断提高。区政协十二届三次会议以来，共提出提案273件，经审查立案252件。其中，党派团体提案19件，界别提案4件，委员提案229件。其中，经济科技类提案83件，占立案数的32.94%；教文卫体类提案63件，占立案数的25%；城建城管类提案46件，占立案数的18.25%；社会法制类提案35件，占立案数的13.89%；统战、民族宗教以及其他类提案25件，占立案数的9.92%。超出我区职权范围的21件提案，已作为建议及时转送有关部门研究参考。各民主党派、团体和政协委员充分发挥界别优势和专业特长，紧密结合推动区域科学发展、促进社会和谐稳定和改善民生等方面重点工作积极建言献策，提出了一批有情况分析、有前瞻性和可操作性建议的提案，2009年度共有43件提案被评选为优秀提案，提案整体质量进一步提高，为促进区委、区政府工作提供了重要参考。

加大对提案办理工作的协调、督办力度。区委、区政府主要领导及区政协主席对党派团体提案进行逐件阅批；区政协领导对“以金融业为中心促进西城区经济发展”等8件提案进行重点督办，先后走访承办提案数量较多的单位，协调解决提案办理工作中的难点问题。制定《关于加强提案办理工作检查督办的办法》，进一步加大了对提案办理工作督办的力度。经全区68个承办单位的认真办理，政协提案已全部办理结束，办复率100%。从办理结果看，意见建议被采纳、问题已经得到解决和基本解决的32件，列入计划、正在逐步落实的178件，综合以上两项，所提意见建议被采纳的提案共210件，占全部立案总数的83.33%。受条件和政策限制不能解决、向委员说明解释清楚的42件，占立案数的16.67%。各承办单位对提案办理工作高度重视，认真负责地办理每件提案，委员们对办理工作给予充分肯定。

加强基础工作，拓展服务领域，进一步提升提案服务工作水平。采取全会前向全区党政部门和广大人民群众广泛征集提案线索，向全体委员印发提案参考选题、案例选编，会上开展提案咨询活动等方式，引导委员围绕全区重点工作和人民群众关注的热点问题提交高质量的提案。开展提案分析工作，形成《政协北京市西城区第十二届委员会第三次会议提案分析报告》，为区委区政府相关部门提案办理工作提供信息资源。加快提案工作信息化建设，改版升级政协提案管理系统，实现了提案提交、办理和督办的网络化运行。加强与区委、区政府相关部门的配合，采取多种形式协调解决提案工作中的疑难问题，进一步提高提案工作中的协调和服务能力，促进政协提案的办复和落实。

五、坚持团结民主的主题，加强与各民主党派、团体和各界别委员的联系与合作

常委会注重与各民主党派、团体和各界人士的联系，组织各界委员开展主题鲜明、内容丰富的活动，进一步凝聚力量、增进团结。

加强与各民主党派、团体的合作共事，积极营造民主协商、平等议事、宽松和谐的良好氛围。常委会充分尊重和保障各民主党派、团体在政协中的民主权利，鼓励和支持他们认真履行职能。各民主党派、团体和各界别委员积极发挥自身优势和作用，在区政协全体会议、议政会议、常委会专题协商、专项调研、视察以及提出提案和社情民意信息等各项履职活动中，积极发表见解和主张，得到市、区领导及有关部门的重视，进一步提升了区政协工作的整体水平。

密切保持与各界委员的经常性联系，进一步形成做好政协工作的合力。加强与少数民族、宗教界人士的联系，积极发挥民族宗教界委员的作用，团结和鼓励宗教界人士多做服务社会、促进和谐的工作。加强与港澳台同胞和海外侨胞以及各方面爱国力量的联系和交流，积极协助有关部门做好侨务和对台工作，为实现祖国和平统一大业贡献力量。多次召开各民主党派、团体负责同志座谈会，就全会筹备工作、区政协有关重要活动安排、党派团体提案准备工作等方面听取意见。重点走访、慰问和看望委员，及时了解政协委员对区政协工作的意见建议，进一步激发了广大委员参政议政的积极性、创造性。

开展新中国成立60周年和人民政协成立60周年庆祝和纪念活动。分别召开西城区隆重庆祝人民政协成立60周年座谈会、学习《胡锦涛在庆祝中国人民政治协商会议成立60周年大会上的讲话》精神座谈会。与会人员畅谈人民政协60年的辉煌历程和伟大功绩以及西城区政协成立53年来，为推进西城区经济社会发展和民主政治建设作出的重大贡献，抒发了对新中国和人民政协的真挚情感。面向全体委员开展征文活动，编印了“放歌60年—纪念新中国和人民政协成立60周年”征文选编，为委员提供了相互学习和交流的平台。

通过组织形式多样的活动，加强政协各界委员的联系和交流。与区委统战部共同召开西城区各界人士迎新春联谊会；召开各界委员“喜迎国庆、欢庆中秋”联欢会、港澳台侨界委员庆祝新中国成立60周年座谈会。组织“三八”妇女节、教师节、重阳节等联谊、座谈活动，开展“委员体育活动日”、参观中国科学技术馆等活动，进一步增进了各界委员之间的团结和友谊。

加强与市政协和各区县政协以及外省、市政协的联系交往。做好接待北京市政协领导、本市区县政协以及外埠市区政协15个考察、参观团队来我区的调研和座谈活动。参加上海“四直辖市八城区政协工作研讨会”和兰州“十一市区州政协工作座谈会”，就直辖市城区政协发挥委员主体作用，创造性地履行政协职能等问题进行研讨和交流。

六、认真开展深入学习实践科学发展观活动，进一步加强政协自身建设

以开展深入学习实践科学发展观活动为契机，积极探索新形势下做好政协工作新的思路和方法，进一步加强和改进政协工作。

加强学习工作，进一步夯实政协履行职能的思想基础。深入学习贯彻中共十七大和十七届三中、四中全会精神，举办学习报告会，组织委员听取全国“两会”精神的传达，进一步加深了对全国“两会”精神的认识和理解。召开学习中共十七届四中全会精神座谈会；组织委员参加市政协举办的有关报告会，参观“中华人民共和国成立60周年成就展”；与区委统战部、区台办联合举办两岸关系形势报告会、对台工作情况通报会。全年编发《知学》刊物六期，突出了学习宣传中共十七大和十七届三中、四中全会精神，应对全球金融危机，“保增长、保民生、保稳定”等方面的重点内容，促进学习的不断深入。进一步宣传什刹海金丝套地区的悠久历史和传统文化，组织部分委员和专家学者进行调研，编印《金丝套》文史书籍。

加强对政协履行职能理论与实践的研究。为促进政协专委会工作和活动质量的不断提高，召开“进一步加强政协专委会建设”研讨会，就进一步发挥好政协专委会基础作用，提高专委会整体活动质量，进行学习和交流。共有82位委员撰写了研讨文章，7位委员在研讨会上做重点发言。从做好专委会工作的方法和途径等各个方面,为加强政协专委会建设出谋划策，提出了很好的意见建议。会后将委员的研讨稿件选编成册，供委员们进一步学习和交流。

认真开展深入学习实践科学发展观活动，进一步加强和改进政协工作。2009年，根据中共西城区委的总体部署和要求，区政协机关开展了深入学习实践科学发展观活动。重点在提高认识、查找问题、分析原因、明确方向、加强整改等方面做了深入扎实的工作，并抓好制定整改方案、解决突出问题和完善体制机制等三个重点环节。同时，认真开展学习实践科学发展观“回头看”活动，推动学习实践活动取得实实在在的效果。在学习实践活动中，注重把开展深入学习实践科学发展观活动与学习人民政协理论、推动政协工作发展相结合，自觉将学习成果转化为加强机关建设的动力，运用于政协工作的实践。认真研究政协委员在区政协十二届三次会议期间对政协工作提出的意见建议，提出“落实委员的意见建议、进一步改进政协工作”的报告；进一步加强政协工作的规范化、制度化建设，重新修订了《政协全会工作手册》和《政协机关制度汇编》等相关制度、规定，并在工作中进一步完善和落实。

各位委员，2009年，区政协常委会认真贯彻中央和市、区委的决策部署，自觉把学习实践科学发展观贯穿到政协履行职能、开展工作的全过程。广大政协委员以高度的政治责任感和主动热情的工作精神，积极协助区委、区政府全力做好“保增长、保民生、保稳定”各项工作，为促进区域经济社会全面协调可持续发展作出了积极贡献。这些成绩的取得，凝聚着政协委员的聪明才智和不懈努力，同时也是区委、区人大、区政府和社会各界对政协工作的重视和大力支持的结果。在此，我谨代表十二届区政协常委会向全区各民主党派、团体和全体政协委员表示崇高的敬意！向区委、区人大、区政府和所有关心、支持政协工作的同志们、朋友们表示衷心地感谢！

回顾过去一年的工作，我们应清醒地认识政协工作中还存在的一些需要研究和解决的问题。一是要继续推进政治协商、民主监督、参政议政的规范化、制度化、程序化建设，政协工作整体水平有待于进一步提高；二是要继续研究和探索新形势下履行政协职能更加有效的方法和途径，政协工作的实效性有待于进一步提升；三是要继续健全和完善政协各项工作机制，政协委员及政协机关工作人员两支队伍建设有待于进一步加强。常委会将在新的一年工作中，认真研究这些问题，并积极加以改进。

2010年工作思路

2010年，是深入贯彻落实中共十七届四中全会精神，全面完成“十一五”规划任务、认真制定“十二五”规划纲要的关键之年。新的一年里，区政协常委会要在中共西城区委的领导下，高举中国特色社会主义伟大旗帜，以邓小平理论和“三个代表”重要思想为指导，深入贯彻落实科学发展观，紧紧围绕中共西城区委十届十次会议提出的2010年工作目标和任务，以“推动科学发展、推进民生改善、促进社会和谐”为全年工作主线，认真履行政协职能，不断开创政协工作新局面，为建设“人文北京、科技北京、绿色北京”，推动西城区科学发展、和谐发展、率先发展作出新的贡献。

一、坚持把推动科学发展作为第一要务，为促进西城区建设和发展献计出力

围绕编制西城区“十二五”规划纲要协商建言。积极协助区委、区政府研究制定西城区“十二五”规划纲要，充分发挥区政协人才智力优势，组织委员认真开展调查研究和协商议政活动，围绕“十二五”规划的编制和事关全区长远发展的重大问题，提出富有前瞻性、建设性的意见建议，为区委、区政府科学决策提供参考。常委会将重点就西城区“十二五”规划编制的总体情况进行专题通报、协商。各专委会分别围绕经济、科技、教育、公共卫生、城市管理、环境保护、社会保障等专项规划，组织专题通报和座谈。

围绕促进区域经济平稳健康发展建言献策。积极关注西城区区域经济的可持续发展，围绕贯彻中央经济工作会议精神，促进“保增长、扩内需、调结构”各项政策的落实，为区委区政府确保区域经济的健康发展献计出力。重点就“充分发挥统计作用，为区域经济发展服务”问题，开展专项调研，形成常委会建议案。就“西城区第二次经济普查”工作情况，组织常委会专题通报。围绕“金融街扩展工作情况”，组织政协常委集体视察。重点就德胜科技园区发展情况、非公经济企业发展状况等开展专委会通报、视察。

围绕推进城市建设、管理及社会事业发展献计出力。重点就“西城区交通管理工作”、“西城区环境保护目标管理工作”，组织常委会专题通报、协商。围绕“西城区社区文化设施建设和使用情况”，开展专项调研，形成常委会建议案。就西城区城市建设和管理、空气质量监测及环境整治、城市垃圾分类处理、安全生产监督执法检查、体育后备人才培养、工会三级服务体系建设等方面工作，开展通报、视察。开展对白塔寺地区历史文化的调查研究，组织对文史书籍《白塔寺》的编写工作。与区图书管理协会联合开展“爱北京知西城——西城瑰宝知多少”系列文史知识讲座，宣传西城区悠久的历史文化。

二、坚持把推进民生改善作为着力点，为建设首善之区发挥积极作用

把积极推进民生改善作为履行职能的重要内容。在当前经济体制深刻变革、社会结构深刻变动、利益格局深刻调整的新形势下，保障和改善民生的工作更加艰巨，构建和谐社会首善之区的任务更加繁重。区政协要把促进民生改善作为履行职能的出发点和落脚点，组织委员围绕群众普遍关心的热点、难点问题，运用多种方式，提出意见建议，协助区委、区政府处理好各方面的利益关系，多做理顺情绪、化解矛盾的工作。重点就推进西城区“持卡就医、实时结算”工作组织政协主席集体视察。开展对“西城区人口老龄工作”的专题调研，形成常委会建议案。就历史文化保护区“修缮、改善、疏散”工作，组织专委会专项调研。分别就西城区适龄儿童入园、医疗卫生体制改革、全民健康促进工作、保障性住房政策的落实及平房“煤改电”等情况组织通报、视察。

为促进西城区社会和谐稳定积极建言。充分发挥人民政协协调关系、汇集力量、建言献策、服务大局的重要作用，发挥政协委员主体作用和独特优势，努力为促进社会和谐献计出力。围绕“加强和谐社区建设”的主题，与区委统战部联合召开政协第七次议政会议，组织各民主党派、团体及各界别委员为促进西城区街道社区的和谐建设，发表见解和主张。围绕西城区人民法院矛盾排查调处工作、民族宗教工作、普法宣传教育情况等开展通报、视察，提出意见建议。重点关注2009年区政协常委会“关于加强西城区医疗保障体系建设”、“关于加强西城区中小学科技教育”两项调研建议案的办理落实情况，适时组织委员开展追踪视察。

不断加强和完善民主监督工作。继续发挥区政协两个民主监督小组的作用。财政预算民主监督小组重点就西城区财政预算执行情况组织通报、座谈；社会治安综合治理民主监督小组重点对外来人口管理、北京北站地区治安环境整治等工作进行监督。结合民主法制建设、政府职能转变和文明机关建设，继续组织对政法系统和政府机关的“明察暗访”活动，促进全区政法系统和政府部门进一步规范行政执法行为、提高行政效率、改进工作作风。加强和规范人民陪审员、特邀监察员和廉政监督员工作，促进司法机关和政府部门的廉政建设。加强反映社情民意信息工作，认真落实区政协“关于加强和改进反映社情民意信息工作的意见”，进一步畅通反映政协委员和社会各界意见和建议的渠道，充分发挥政协反映社情民意信息的民主监督作用。

进一步加强和改进提案工作。重点在提高质量、加强督办、完善服务、提升水平上加大工作力度。认真贯彻落实《西城区人大建议政协提案督察督办规定》和区政协《关于加强提案办理工作检查督办的办法》，进一步加大提案检查评议和跟踪督办力度，推动提案的办复落实，充分发挥政协提案在促进西城区经济建设和社会各项事业发展中的重要作用。

三、积极发挥爱国统一战线组织的优势和作用，进一步增强人民政协的凝聚力

加强与各民主党派、团体和各界别委员的联系与合作。进一步增进对中国特色社会主义的政治认同和思想认同，不断夯实人民政协组织的共同思想基础，增强走中国特色社会主义政治发展道路的自觉性和坚定性。坚持民主协商、平等议事、求同存异、体谅包容的原则，加强与各民主党派、团体和无党派人士的合作共事，充分尊重和支持他们履行政协职能，努力营造宽松和谐的民主氛围，使各民主党派、各界别委员在履行职能活动中畅所欲言、建言献策。进一步发挥好秘书长会议作用，加强与各民主党派、团体工作的协调，进一步提高政协活动的质量。密切保持与各民主党派、团体和各界别委员的经常性联系，听取意见，增进共识，进一步形成做好政协工作的合力。

充分发挥人民政协爱国统一战线组织的重要作用。加强与民族宗教界人士的联系，积极推动党和国家有关民族宗教政策的贯彻落实，促进民族团结和宗教和睦。加强与港澳台同胞和海外侨胞的联系和交流，开展对台资、侨资企业发展状况的通报视察，适时组织台湾形势报告会。以春节、国庆、中秋等重大节日及重要活动为契机，开展联情联谊活动，组织好妇女节、教师节、重阳节及委员体育活动日等活动，进一步增进各界委员之间的感情和友谊。

四、切实加强区政协自身建设，进一步夯实政协的工作基础

进一步提高区政协履行职能的能力和水平。中共十七届四中全会提出的关于提高党的建设科学化水平这一重大任务，也为不断推进人民政协理论创新、制度创新和工作创新，提出了新的要求。要把推进政协履行职能的规范化、制度化、程序化建设与推进履行职能的科学化建设统一起来，以科学的方法推进政协工作，进一步提升政协工作的成效和水平。认真贯彻落实北京市政协工作会议精神，积极协助区委做好召开西城区政协工作会议的各项筹备工作。进一步改进专委会的活动方式，完善专委会工作机制，更好地发挥专委会的作用。加强对政协履行职能理论与实践的研究，以“如何做好提案工作”为主题，召开政协工作研讨会，组织委员学习思考，撰写研讨文章，交流工作体会。认真组织好四直辖市八城区政协工作研讨会，学习、交流做好直辖市城区政协工作的经验。

进一步加强委员队伍建设。加强学习、培训工作，组织委员认真学习贯彻中共十七届四中全会精神和胡锦涛同志在庆祝人民政协成立60周年大会上的重要讲话精神，学习中国特色社会主义理论体系和社会主义核心价值体系，进一步坚定理想信念，增强责任意识，打牢履行职能的思想基础和能力基础。举办学习全国“两会”精神报告会，适时召开区情通报会及学习报告会、座谈会和参观等活动，帮助委员及时了解市情、区情，准确掌握区委、区政府有关重要决策和工作动态，为委员知情明政创造良好条件。积极发挥政协委员在本职工作中的带头作用、政协工作中的主体作用和界别群众中的模范作用，调动广大委员参加政协活动的积极性和主动性。

进一步加强区政协机关建设。认真学习贯彻中共十七届四中全会《关于加强和改进新形势下党的建设若干重大问题的决定》精神，进一步加强区政协领导班子的思想建设、组织建设和作风建设。不断巩固和深化学习实践科学发展观活动的成果，认真落实“区政协深入学习实践科学发展观活动整改落实方案”，重点在完善和健全规章制度、提高政协工作质量上下工夫。继续开展文明机关创建活动，不断推进区政协学习型、服务型、效能型、和谐型、节约型机关建设。积极弘扬求真务实的精神，着力提高机关干部的全局观念、政策水平和服务意识。加强学习，更新知识，进一步提升机关工作人员的政治业务素质和为政协履行职能服务的综合能力。

各位委员，做好新时期、新形势下的人民政协工作，是党和人民赋予的光荣使命，我们要在新的起点上创造政协工作新的业绩。让我们高举中国特色社会主义伟大旗帜，坚持以邓小平理论和“三个代表”重要思想为指导，深入贯彻落实科学发展观，同心同德，扎实工作，努力开创人民政协工作的新局面，为实现西城区经济社会又好又快发展，共创北京西城更加美好的未来而努力奋斗！

关于北京市西城区2009年国民经济、社会发展计划执行情况和2010年国民经济、社会发展计划草案的报告(摘录)

(2010年1月12日北京市西城区第十四届人民代表大会第五次会议)

西城区发展和改革委员会主任　吴向阳

一、2009年国民经济和社会发展计划执行情况

2009年是我区积极应对国际金融危机，推动区域科学发展，全力服务保障国庆60周年庆祝活动的重要一年。在区委的坚强领导下，全区坚决贯彻落实北京市和区委区政府的各项决策部署，坚定信心、克服困难，努力“保增长、保民生、保稳定”，圆满完成了区十四届人大四次会议批准的国民经济、社会发展计划和国庆60周年庆祝活动各项任务。

(一)落实政策措施应对危机，力保区域经济平稳较快发展

地区生产总值预计完成1510亿元，同比增长10%；三级收入完成2249.84亿元，同比增长19.49%；

区级财政收入完成152.17亿元，同比增长6.33%；居民人均可支配收入预计达到30300元，同比增长8%。

落实扩内需保增长部署效果良好。坚持把促投资作为保增长的重要手段。积极落实北京市部署，建立区级扩大内需重大项目绿色审批通道及工作机制，提高审批效率，加快推动投资项目落地。全力推进金融街拓展项目等34项重点工程建设，月坛南街、三十五中新址迁建项目启动。全社会固定资产投资预计达到140亿元。坚持把完善商业中心区功能、培育消费热点作为扩大消费的重要抓手。西单文化广场改造工程、君太百货等3家大型商场停车引导系统改造完工。稳步推进护国寺街等特色街区和便民商业设施建设。开展第八届什刹海文化旅游节等各类主题活动，努力促进商业、旅游业互动融合发展。全区社会消费品零售额预计实现320亿元，同比增长10%。

高端产业功能区活力持续增强。坚持把统筹利用资源、提升环境品质作为激发首都金融主中心区活力的重要手段。对首都时代广场、金融街1号等资源进行置换，发展承载力得到增强。改造区域标识引导系统和双路供电系统，建设都城隍庙宣传展示中心，配套设施及商务功能更加完善。新吸引国银金融有限责任公司、中债信用增进投资股份有限公司等26家机构入驻。金融街实现三级税收达到1707.2亿元，占全市税收总额的28.4%，占全区三级收入的75.9%；实现区级税收达到51.6亿元，占区级财政收入的33.9%。坚持把规划引导作为增强德胜科技园活力的重要抓手。进一步落实园区产业发展规划，完善园区空间规划。举办了文化创意产业论坛，中国林权交易所挂牌。园区高新技术企业稳步发展，新认定的资产千万元以上的高新技术企业达到102家。

服务和帮扶企业取得积极成效。成立优化环境、服务企业工作组，了解企业需求解决实际困难，促进企业又好又快发展。认真落实市、区产业促进政策，为69户金融企业兑现购租房补贴和一次性补助3.4亿元。积极落实帮扶企业应对危机各项政策措施，实施非公有制企业奖励办法，利用财政担保资金为中小企业提供贷款担保4185万元，认定一批中小企业为政府采购定点企业，为企业应对危机提供了有力支持。全面完成第二次全国经济普查工作，为把握区情、谋划发展提供数据支持。

重点改革和开放合作取得新进展。积极推进投融资体制改革，政府投资管理更加规范高效。财政国库集中支付制度改革进展顺利。推进华兴新业公司、华远集团公司改制，提高企业风险防范能力，确保国有资产安全运行、保值增值和职工队伍的稳定。落实《关于促进生态涵养发展区协调发展的意见》，加快推进与门头沟区产业共建基地及养老院建设。利用外资水平进一步提高，新批外商投资企业57家，吸收合同外资6.1亿美元，增长79.1%；实际利用外商直接投资7.7亿美元。

（二）完善城市功能加快设施建设，城市运行保障能力进一步增强

城市基础设施建设进一步加快。完成高梁桥路、东教场路两条市政道路建设和新文化街等53条道路大中修。对五栋大楼西侧路等道路进行疏通。对15条道路的无障碍设施进行改造。实施8条道路的架空线入地工程。德内变电站投入使用。积极推行智能化停车管理模式，有效改善了交通状况。

城市运行管理水平进一步提升。按照政务活动区、金融商务区等七类区域的不同要求，积极探索城市环境分类分级管理新模式。针对城市管理的突出问题，完善城市管理联动配合机制，有效解决城市违法建设等各类管理难点问题。组建西直门综合交通枢纽地区管理委员会，强化重点地区的城市环境秩序管理。加强城市运行日常管理，确保水电气热、交通、电讯等城市基础设施安全高效运转。完善安全生产监管机制，在全市率先实施街道安全生产执法，进一步提升安全监管水平。加强公共卫生监测预警和食品、药品、餐饮的执法监管，确保公共卫生和食品、药品安全。

城市环境面貌进一步改善。认真落实《西城区环境建设规划》，完成西长安街沿线及其周边地区、缸瓦市教堂、地铁四号线站点周边、四环农贸市场等地区的环境整治。全区改造北滨河公园西区等绿地共6.7公顷，新增绿地4.3公顷，金融街绿化建设项目荣获“中国人居环境范例奖”。积极推行生活垃圾全程分类处理和社区生活垃圾收运新模式。改进主要大街和主要道路的作业方式，城市保洁水平不断提升。实施《西城区“十一五”时期节能降耗工作的意见》，对10万平方米普通公建住宅进行节能改造。落实第十五阶段控制大气污染各项措施，加强扬尘污染治理，加快淘汰黄标车，区域空气质量持续改善，全区二级和好于二级天数达到279天，占全年监测天数的76.4%。

（三）努力提升公共服务水平，切实保障和改善民生

公共服务能力持续增强。制定《关于进一步推进

义务教育均衡发展的实施意见》，推进中小学规范化建设和办学达标工作。实施五十六中等校舍抗震加固工程，学校基础设施条件进一步提高，“平安校园”达标率100%。认真落实《西城区国家可持续发展先进示范区建设规划》，实施社区卫生、社会救助等39项示范项目，荣获“全国科技进步先进区”称号。全力做好甲型H1N1流感等疾病的疫情监测、疫情通报、医疗救治、疫苗接种等相关工作。实现区属专科医院、社区卫生服务中心与医疗服务共同体平台的联通，加强公共卫生职能和医疗康复病区建设，为群众提供更优质的医疗公共服务。开展社区健康生育全程服务，计划生育率达到97.3%。全面完成“1121”文化设施建设。积极开展公益性讲座、文艺演出、友城文化交流等活动9162场，参与群众达55万人次。建立全市首个非物质文化遗产展示中心，对清学部等11个文保项目进行修缮。强化全民健身个性化指导服务，加快体育生活化社区建设，建成9个科学健身指导站，创建13个体育生活化社区。市民文明素质和城市公共文明程度进一步提升，荣获“第二届全国未成年人思想道德建设工作先进区”称号。

扩大就业工作成效明显。完善职业指导、创业服务等公共服务功能，推动就业服务网络向148个社区延伸。认真落实北京市促进就业和稳定就业的各项政策措施，加大对困难群体就业帮扶、职业技能培训等的服务力度。全年共开发社区就业岗位20796个，14475名城镇登记失业人员实现再就业，其中，有6483名“4050”就业困难人员实现再就业，45户零就业家庭实现动态“脱零”。健全劳动争议和快速调处机制，化解劳动争议，促进劳动关系和谐。全区城镇登记失业率保持在0.9%的较低水平。

社会保障水平稳步提升。基本形成社会保险、政府救助和慈善扶助相互衔接补充的保障网络。全年累计收缴社会保险基金106亿元，同比增长15.5%；基金征缴率达到99%以上。扩大养老保障范围，落实困难群体参加大病医疗保险个人缴费补助政策，推行城镇老年居民和灵活就业人员门诊医疗费报销制度。开展门诊医疗费结算方式改革试点，全区60万参保人员实现持卡就医实时结算。加强社区残疾人康复训练和职业技能培训，改造和提升“温馨家园”的服务功能。在全市率先实施低收入家庭临时救助政策，实施各类临时救助2.6万人次，救助经费1300余万元。全面推行居家养老巡视和送餐服务，为老办实事达到45项。

居民生活条件得到改善。实施2万户居民“煤改电”，全面实现文保区采用清洁能源取暖的目标。完成24条胡同街巷、44个老旧小区的环境综合整治，对187条街巷实施院墙、门楼翻建，修缮了6285户居民的房屋。为113栋老旧楼房8300户居民通燃气，对1656座平房院户厕实施集中保洁，对132栋楼房的老旧电线进行更换，为月坛西侧路等无路灯街巷安装节能路灯，新增社区便民设施31个。积极做好保障性住房配售工作，廉租房、经济适用房和限价房受益家庭6405户。

总体看计划执行情况是好的，但影响发展因素仍然存在：一是在国际金融危机和宏观经济形势影响、区域竞争压力不断加大的背景下，财政收入持续增收的难度仍然比较大；二是影响城市环境面貌和居民生活的违法建设等突出问题还时有发生，精细高效的城市管理机制亟待进一步完善；三是传统风貌保护区和平房区整体改造利用工作还需大胆探索加大力度。对于这些问题我们将认真努力加以解决。

二、2010年发展计划安排

今年是实施“十一五”规划的最后一年，也是高水平谋划“十二五”乃至更长时间发展的重要一年。在成功举办奥运和国庆60周年庆祝活动之后，首都经济社会发展已经进入新阶段。市委、市政府提出把建设世界城市作为首都工作的一个新的奋斗方向。世界城市是国际城市的高端形态，建设世界城市将带来高端企业总部以及人才、资本和技术的加速聚集，西城区作为首都中心城区，将在世界城市发展中起到举足轻重的作用；要分析把握区情特点和发展规律，抓住重大机遇，掌握主动权，力争在首都新一轮发展的进程中走在前列，努力使西城区成为“人文北京”的示范区、“科技北京”的精品区和“绿色北京”的先行区。

按照区委十届十次全会的总体要求和政府工作的总体部署，综合考虑发展的需要和可能，2010年国民经济和社会发展主要预期指标和调控指标安排如下：

（一）主要预期指标

地区生产总值增长9%左右。

全社会固定资产投资达到90亿元左右。

社会消费品零售额增长7%左右。

居民人均可支配收入增长7%左右。

（二）主要调控指标

区级财政收入增长8%左右。

城镇登记失业率控制在2%以内。

以上各项指标在计划执行中，还将根据实际情况做出适当调整。

三、完成2010年计划的主要任务和措施

（一）努力推动经济平稳较快发展

（二）不断巩固提升城市运行保障水平

（三）加大保障和改善民生工作力度

（四）着眼建设世界城市谋划长远发展

关于北京市西城区2009年财政预算执行情况和2010年财政预算草案的报告(摘录)

(2010年1月12日北京市西城区第十四届人民代表大会第五次会议)

西城区财政局局长 周慧来

一、2009年预算执行情况

2009年，面对复杂严峻的经济形势，全区各部门坚持以科学发展观为统领，切实做好“保增长、保民生、保稳定”的各项工作，认真执行区十四届人大第四次会议通过的各项决议，区域经济和社会事业稳定发展。本年度的预算任务基本完成，财政改革与发展也取得新进展。

（一）2009年财政收支总体执行情况

2009年，全区财政收入累计完成1521705万元，比上年增加90555万元，增长6.33%，完成区十四届人大第四次会议批准的财政收入预算的98.45%。

全区总财力预计为1288534万元，其中：区级财力1098576万元，比上年增长16.28%；本年度市追加专项资金160768万元；动用以前年度市专项结转资金29190万元。

全区财政总支出预计为1211332万元，比上年增加225638万元，增长22.89%。其中：区级财力支出预计为1056490万元，完成区十四届人大常委会第二十九次会议批准的区级支出调整预算的99.47%，比上年增长17.88%。

总财力与总支出相抵，当年结余预计为77202万元，其中：市专项资金结转9720万元，专项基金结余50875万元，街道财政结余12000万元。全区财政收支平衡。

（二）2009年财政收支具体执行情况

1.财政收入主要项目执行情况

增值税完成65131万元，同比下降9.26%，完成预算的93.04%，下降的主要原因是受增值税转型改革的影响减收12400万元。营业税完成571136万元，同比增长17.65%，完成预算的101.09%。企业所得税完成456631万元，同比下降25.34%，完成预算的72.40%，下降原因一是由于总分机构企业所得税分配方式调整减收280000万元，二是由于税率下调8个百分点减收37600万元。房产税完成117118万元，同比增长7.82%，完成预算的97.68%。

基金预算收入完成53254万元，同比增长6.21倍，完成预算的665.68%。主要原因是国有土地使用权出让金入库45000万元，形成一次性入库因素。

2.区级财力主要支出功能科目执行情况

一般公共服务支出115530万元，同比下降0.78%，完成调整预算的92.30%。公共安全支出50228万元，同比增长17.69%，完成调整预算的98.49%。教育支出151688万元，同比增长8.90%，完成调整预算的106.88%，超预算的主要原因是本年度教育基建投入增加。科学技术支出12635万元，同比增长52.32%，完成调整预算的89.36%。文化体育与传媒支出7533万元，同比下降6.58%，完成调整预算的81.94%。社会保障和就业支出116705万元，同比增长14.90%，完成调整预算的91.78%。医疗卫生支出60322万元，同比增长26.50%，完成调整预算的109.31%，超预算的主要原因是增加了区属特色医院的医疗设备购置资金3418万元。环境保护支出3958万元，同比下降56.38%，完成调整预算的56.54%，下降的主要原因是2009年文保区居民“煤改电”工程由政府融资资金安排。城乡社区事务支出421707万元，同比增长85.39%，完成调整预算的103.69%，超预算的主要原因是增加了老旧楼房解危排险资金8000万元。其他支出85434万元，同比增长97.95%，完成调整预算的90.79%。

以上数据是按照2009年年终预算执行情况汇总的，最终数字以财政决算为准。

（三）2009年财政主要工作

1. 积极应对挑战，努力确保收入稳定增长

今年以来，受国际金融危机、税收政策调整及同期高基数等因素共同影响，我区财政收入面临了前所未有的压力与挑战。在严峻的形势面前，全区各部门统一思想、坚定信心、迎难而上、共克时艰。通过建立财政、税务和工商部门的沟通协调机制，形成多方联动的组收工作格局，取得显著成效；通过对企业所得税采取划分类别和更加细化的征管方式，增加区级收入111000万元，有效缓解了企业所得税大幅减收的态势；通过开展土地增值税清算和改善印花税征管服务，增加区级收入63884万元，形成收入亮点。在一系列组收措施的带动下，财政收入形势逐步向好。6月份以来，单月财政收入连续七个月实现正增长，最终基本完成了全年收入预算任务，取得了来之不易的成绩。

2. 强化使命责任，全力做好国庆服务保障

为做好国庆60周年庆典活动的筹备和安全保卫工作，拨付专项资金6223万元。为营造喜庆祥和的节日氛围，拨付城市景观布置经费2000万元。为严格资金监管，区财政、审计、监察部门联合制发《关于加强对国庆60周年活动资金管理与监察的通知》，对国庆专项资金和资产物资实行统一管理和统一调配，建立全程审计的跟踪监督机制。制定并严格执行《西城区国庆活动资金、资产处置工作方案》，合理有效地利用国庆资产和物资。积极争取市财政支持，多渠道筹措资金85436万元，确保西长安街道路拓宽及特殊用地工程顺利实施。同时，向该项目派驻财政和审计部门的专业人员，加大资金监管力度。通过全力以赴地做好国庆专项资金保障工作，区财政不仅增强了资金统筹与调度能力，而且在加强临时机构的资产和物资监管方面积累了经验。

3. 压缩一般支出，着力保障和改善民生

贯彻落实厉行节约八项要求，压缩出国（境）经费、车辆购置和运行费、油水电费等一般性支出1647万元。投入教育保障经费135108万元，落实教育依法增长要求，促进教育均衡发展。投入教育基本建设资金54800万元，重点推进三十五中新址迁建、青少年科技馆建设、校舍抗震加固工程。投入77598万元，完成地铁四号线站区周边整治，推动地铁六号线和八号线站区拆迁。投入107130万元，实施文保区居民“煤改电”、老楼通气改造、胡同街巷综合整治，改善居民居住环境。投入12113万元，建设清河龙岗路保障性住房，落实廉租房租金补贴。投入3706万元，免费开放西城区非物质文化遗产展示中心，确保历代帝王庙、月坛体育馆等文化体育场所正常运转。投入55184万元，健全社区卫生服务体系，强化预防保健、重大疾病防治等公共卫生工作，全力保障甲型H1N1流感防控经费。投入2708万元，落实城乡无保障老年人养老补贴政策，兑现养老服务补贴，支持为老办实事项目的开展。

4. 完善体制机制，大力提高财政管理水平

围绕加强预算管理和体制机制创新，制定完善11项管理制度。试编国有资本经营预算，逐步完善政府预算体系。创新财政支出绩效考评方式，加强绩效考评结果在预算管理中的应用。本着实事求是、规范合理的原则对公用经费定额体系进行调整，充分发挥公用经费定额对控制一般性支出的约束作用。以日常办公设备为突破口，制定全区行政事业单位日常办公设备、办公辅助设备和党政机关公务用车配置标准，按照每百人核定配置数量，推动资产配置标准化建设。以工程预算审核为突破点，初步建立财政投资评审制度体系和工作格局，对150个项目开展投资评审，审减金额24924万元，审减率为10.60%。加强财政监督，开展涉及80户次的财政重点监督检查事项，督导和纠正不合规资金5576万元。开展财政资金安全专项检查，进一步完善制度建设和内部控制机制。

2009年财政经历了新世纪以来最为困难的一年。经过各部门的共同努力，全区财政形势逐步向好，为促进区域经济社会稳定发展提供了坚实的财力保障。在回顾一年工作的同时，还应该认识到，财政工作中仍然存在不少的困难和问题。一是在目前经济企稳回升基础还不稳固的情况下，财政持续增收的困难局面难以迅速缓解；二是财政支出结构仍需继续优化，对全区经济社会发展重点领域和薄弱环节的支持力度需进一步提升，资金使用效益有待进一步提高；三是按照推进财政科学化和精细化管理的要求，预算编制、执行及监督中还存在一些亟待梳理和完善的环节。针对这些问题，我们将继续采取有效措施，在今后的工作中努力加以改进和完善。

二、2010年财政预算草案说明

根据中央和北京市编制2010年财政预算的有关要求，结合全区的实际情况，确定西城区2010年预算草案编制的指导思想是：深入贯彻落实科学发展

观，保持财政政策的连续性和稳定性，更加注重政策的针对性和灵活性，更加注重涵养和培育财源，更加注重保障和改善民生，努力提高财政科学化精细化管理水平，促进经济社会协调发展。

根据上述指导思想，2010年全区财政收入拟安排1595000万元，比上年增长8%（同期基数中扣除土地出让金一次性入库金额）。全区财政总支出预计为1174862万元，其中：区级财力支出1160000万元，比上年增长9.80%；动用以前年度市专项结转资金8470万元；当年市追加专项资金6392万元。

（一）2010年财政预算安排考虑的主要因素

1.把握经济财政形势，稳妥设定收入增长目标

目前看，我国经济总体回升向好，全市经济也呈现积极回暖的良好态势，这些都为区域经济发展和财政增收创造了有利条件。但是，还应该看到，国际金融危机带来的影响仍未消退，经济运行中的困难和问题依然突出，经济内生动力仍然不足。这些因素为财政收入平稳较快增长增加了难度。此外，2009年的财政收入组织中存在一些非常规和一次性的增收因素，对2010年收入的增长形成了较大压力。综合考虑上述情况，根据收入预算编制应当实事求是、积极稳妥、留有余地的原则，结合收入数据测算情况，2010年全区财政收入增长率安排为8%左右。

2.坚持集中财力办大事，调整优化支出结构

根据支出预算编制应当统筹兼顾、突出重点、有保有压的原则，2010年，全区财政支出安排主要考虑以下因素：保持政府公共投资的适度规模，注重优化投资结构，巩固经济回升基础；统筹财政可以利用的各种资金和资源，重点支持民生工程、基础设施、生态环境建设；加快发展以改善民生为重点的社会事业，稳定居民消费预期，拓展消费增长空间；坚持厉行节约，严格控制一般性支出，切实提高财政资金使用效益。

（二）2010年财政收入主要项目预算情况

增值税安排70000万元，同比增长7.48%。营业税安排650000万元，同比增长13.81%。企业所得税安排479500万元，同比增长5.01%。房产税安排133000万元，同比增长13.56%。城市维护建设税安排98600万元，同比增长10.17%。印花税安排56200万元，同比下降27.31%。土地增值税安排48000万元，同比增长5.74%。城镇土地使用税安排10750万元，同比增长8.53%。车船税安排5000万元，同比增长4.62%。教育费附加收入安排24750万元，同比增长10.79%。残疾人就业保障金收入安排9000万元，同比增长9.04%。

（三）2010年区级财力主要支出功能科目预算情况

1.一般公共服务安排82604万元，主要用于党政机关及事业单位正常运转、依法履职经费。

2.公共安全安排43512万元，主要用于保障政法系统正常运转，加强政法装备设备升级改造，维护社会公共安全。

3.教育支出安排100294万元，主要用于保障教育教学工作正常有序开展，推动教育布局结构调整，支持办学设备配备达标，促进各级各类教育全面发展。

4.科学技术安排9036万元，主要用于提升全区信息化建设水平，开展科普活动，兑现德胜科技园区扶持政策，支持可持续发展示范项目开展。

5.文化体育与传媒安排8320万元，主要用于确保全区文化和体育场馆的正常运转，大力发展公益性文化和体育事业。

6.社会保障和就业安排130161万元，主要用于落实城市最低生活保障、社会救助、优抚安置等方面的社会保障政策，加大就业援助力度，促进社会养老助残事业发展。

7.医疗卫生安排48543万元，主要用于推动医药卫生体制改革，确保全区医疗保障制度改革平稳实施，办好公共卫生方面的惠民实事。

8.城乡社区事务安排497657万元，主要用于实施平房区居民“煤改电”、胡同街巷综合整治、保障性住房等民生工程，加快环境建设和公共基础设施改造升级，提高城市管理水平。

9.地震灾后恢复重建支出安排14700万元。

10.预备费安排34800万元，占区级财力支出的3%。

11.其他支出安排174983万元，主要用于兑现金融产业政策，支持对口帮扶地区发展以及预留的基本建设资金。

三、开拓创新，真抓实干，确保完成2010年预算任务

（一）保持财政政策连续性，确保经济平稳发展

（二）努力促进增收节支，更加注重民生保障

（三）夯实基础深化改革，推动财政科学发展

北京市西城区人民法院工作报告(摘录)

(2010年1月14日北京市西城区第十四届人民代表大会第五次会议)

西城区人民法院院长　索宏钢

2009年的主要工作

2009年是新中国成立60周年大庆之年。一年来，我院在区委的领导、区人大及其常委会的监督和市高级法院的指导下，深入贯彻落实科学发展观，认真践行“三个至上”指导思想，紧紧围绕“为大局服务、为人民司法”工作主题，充分发挥职能作用，着力化解矛盾纠纷，全力维护社会稳定，审判、执行和其他各项工作取得了新的进展。

一、发挥审判职能，确保社会和谐稳定

一年来，我院共受理各类案件24039件，同比上升6.7%；审结各类案件23160件，同比上升8.4%。

依法审理刑事案件，维护社会稳定。打击犯罪、维护稳定是刑事审判的首要任务。一年来，我院严格贯彻落实宽严相济的刑事政策，共审结刑事案件709件，判处五年以上有期徒刑的罪犯72人。一是突出打击重点。严厉打击故意伤害、抢劫、盗窃等侵犯公民人身及财产权利的犯罪，严厉惩处合同、信用卡诈骗等破坏市场经济秩序的犯罪以及寻衅滋事、毒品等妨害社会管理秩序的犯罪，为区域发展创造和谐稳定的社会环境。二是充分发挥刑事审判的教育挽救功能。对初犯、偶犯、情节轻微、主观恶性较小的犯罪分子，依法从轻、减轻或免除处罚。符合缓刑条件的，依法适用缓刑，全年共对254名被告人宣告缓刑，有效地减少了社会对抗。三是做好量刑规范化试点工作。2009年，我院被最高法院确定为量刑规范化试点单位，针对五类常见犯罪，我们细化量刑标准、规范情节适用、统一量刑尺度，确保了同案同判。四是加强未成年人犯罪预防工作。在中小学设立法制副校长，法官走进校园，通过法律讲座、模拟法庭等形式增强未成年人的法律意识；与区司法局合作积极开展社区矫正工作，采取召开缓刑未成年犯及其家属座谈会等方式，有针对性地提出帮教建议，预防未成年犯再次犯罪。

依法审理民事案件，服务发展大局。平复社会矛盾、调节经济关系，是民事审判的重要职能。一年来，共审结民商事案件15287件。一是妥善处理与人民群众切身利益息息相关的婚姻家庭、邻里关系、医疗纠纷等案件，促进家庭和睦、社会和谐。二是高度重视经济合同纠纷及侵犯知识产权案件的审理，维护经济秩序和社会诚信，保障交易安全。三是与区劳动和社会保障局合作，建立农民工社会保险赔偿纠纷调处对接机制；与北京医学教育协会合作，建立医患纠纷的诉讼与非诉讼衔接机制，切实维护弱势群体的合法权益。四是积极应对金融危机，建立金融危机监测点，就劳动争议案件和经济类纠纷案件的发展变化趋势进行调查研究，为相关部门提供分析意见和工作建议。

依法审理行政案件，密切政群关系。行政审判坚持从构建和谐的政群关系出发，既维护相对人的合法权益，又监督支持依法行政，全年共审结行政诉讼案件341件。一是强化司法审查对行政执法的监督作用。通过协调机制解决138件，裁定被告改变具体行政行为原告撤诉6件；判决撤销行政机关具体行政行为6件。二是做好非诉行政案件的执行工作。我们努力寻求公权和私权的平衡点，既维护法律的尊严，又保障当事人的合法权益，全年共办理该类案件300件。以西长安街道路拓宽工程拆迁案为例，一方面，坚持为大局服务，及时立案，及时送达，及时与被拆迁人谈话，依法对先予执行申请进行审查，确保重点工程顺利进行；另一方面，积极协调相关部门，落实拆迁补偿及安置措施，切实维护被拆迁人的合法权益。由于法制宣传、教育疏导、强制措施并用，该批案件依法执行后，没有引起任何上访、信访等影响稳定的事情发生，取得了各方满意的良好社会效果。三是妥善处置群体性诉讼案件。顺利审结李双锁等306人诉北京市规划委不履行政府信息公开职责案，依法判决后，认真做好判后答疑、教育疏导工作，妥善化解了不稳定因素。

集中清理执行积案，实现胜诉权益。清理执行积案，是中央政法委部署的专项工作。此次活动，我院有各类执行积案3945件。时间紧、任务重、难度大，干警们夜以继日、勤勤恳恳，圆满完成了各项任务。一是推出了党委领导下“四查、二清、三环”的清理积案工作模式。二是与公安、房管、金融等部门密切配合，建立了信息共享、网络互动、有效协作的联动机制。三是针对特困群体、涉民生案件当事人，加大司法救助力度，在区有关部门的支持下，解决了一批重大疑难案件。我院全院参与、全体动员的工作方式，受到了市高级法院的充分肯定。

破解涉诉信访难题，促进社会和谐。做好涉诉信访工作，是人民法院延伸审判职能、服务大局、维护稳定的重要方面。一年来，我们不断强化信访责任制度，将关口前移，坚持院庭长一线接待，强化现案审判中的维稳意识，努力从源头上减少信访上访的发生。在国庆前夕，我们结合区域特点，对挂账重点案件进行了排查梳理，分门别类、因案施策，推出了“疏缓救控打”的五字方针。各项措施的实施，紧紧把信访上访人吸附在本院，没有发生一起因处置不当而引发的重大群体访、暴力访事件。全年共对35个信访挂帐重点人实施稳控，对83名生活确有困难的上访人实施了司法救助。

在做好审判工作的同时，我们还派出三支队伍100多名干警积极参与国庆安保及庆典活动。干警们克服困难、坚守岗位、尽职尽责，圆满完成了人员疏散、协警安保、文艺演出等各项任务，荣获了北京市“国庆安保工作先进集体”的荣誉称号。

二、创新工作机制，促进司法公正高效

创新是推动审判工作发展的动力。一年来，我们坚持以改革促公正，向创新要效率，推出了审判激励机制、速裁速执格局、审判管理体系三项改革。

探索民事审判激励新机制。解决案多人少的矛盾，激发干警的工作热情，是新形势下法院面临的新课题。2009年初，我们推出了民事审判激励新机制。一方面，创新法官工作的评价方式。在考核审判效率、结案数量的基础上，实行案件质量、调研宣传、信访投诉的双轨制考核，综合评价法官的工作业绩，体现了多办案与办好案的双项工作要求；另一方面，创新激励手段，对工作优秀的干警在学习研修、考察交流、岗位培训等方面优先考虑，在立功受奖、晋职晋级、评优评先等方面优先推荐，形成了立体化的激励体系，满足了法官多元化的需求。一年来，民事审判庭共审结案件11018件，同比增加1116件，增长11.1%，营造了公平有序的竞争氛围。

构建“速裁速执”大格局。大量的案件积压在法院，有可能小事拖大、简单变复杂。因此，高效快捷地审结案件，既减轻了当事人诉累，又有利于维护稳定。一年来，我们积极致力于“速裁、速执”大格局建设。一是民商事速裁。进一步完善速裁“三简化”、“三个一”、“三方便”制度，确定了民事案件70%、商事案件80%适用速裁程序的目标。全年采用速裁模式审理民商事案件12296件，占同类案件的76.51%，绝大多数速裁案件在15日内审结，直接导致了我院全部案件的平均审理期限由49天减少到35天，结案周期缩短28.6%。二是扩大刑事案件简便审适用范围。在刑二庭设置刑事简易程序审判组，全年共审理案件343件，占该庭收案数量的84.28%。三是执行速执。对能主动履行、自愿和解或通过常规措施就可执结的案件，由执行一庭在30日内执结。年内，采取速执模式共执结案件2174件，执结案款26091万余元。该格局的有效运行，大幅提高了审判执行效率,我院的案件审结率一直在十八个区县法院中名列前茅。

完善审判管理责任体系。加强法院内部的审判管理，是提高案件质量、实现公正与效率的重要途径。2009年，我们探索了审判管理责任体系建设。一是明确主管院长对案件审理、裁判文书签发的“审核”责任。对于部分疑难复杂、可能引发群体性事件、大标的额以及当事人双方意见完全对立的案件，裁判文书要经过主管院长的审核。二是明确庭长对本庭内案件审理、裁判文书签发的“审阅”责任。庭长要在案件宣判前，进行裁判文书审阅，把好最后一道关口。三是明确审判人员的岗位责任，对审判员、法官助理、书记员的职责进行细化、量化。四是成立裁判文书校核室，由专人对民商事裁判文书进行统一校核，提高裁判文书的权威性。随着管理责任体系的不断完善，执法尺度更加统一，审判质量进一步提高。

三、落实司法为民，营造和谐诉讼氛围

为民是人民法院最基本的价值取向。一年来，我们创新便民举措，加大便民力度，为民工作迈上了一个新台阶。

搭建网上便民平台，减轻当事人诉累。2008年底，西城法院门户网站开通，我们率先在北京市法院系统为群众搭建了一个功能齐全、反应快捷、简便实用的网络诉讼服务平台。这个平台，既有以往网站的宣传教育功能，又开创了网上审判业务，主要包括网上查询、网上立案、法官在线答疑等7项功能。群众足不出户，就可以查询案件进程、就可以进行立案预约、就可以与法官交流。一年来，为15172名当事人提供了网上案件查询；接待了768起立案申请，成功立案708件；2164名当事人与法官进行了交流。中央电视台、法制日报等16家媒体对该平台进行了集中采访报道，取得了良好的社会效果。

打造综合服务大厅，方便当事人诉讼。在搭建网上便民平台的同时，我们又把立案大厅打造成了全方位的“1+8”服务大厅，推进便民工作向综合化发展。“1”是一排立案窗口，“8”是八项便民措施，包括志愿者服务基地、心理咨询室、人民调解工作室等。现在，立案大厅的“一站式”服务，不仅极大地方便了当事人诉讼，还为当事人提供了更多的可供选择的纠纷解决方式。在市委政法委组织的“明查暗访”活动中，我院立案大厅的综合服务，受到了高度评价。

积极参与综合治理，释放当事人法律疑惑。一年来，我们多措并举，积极参与综合治理工作，全力释放群众的司法疑惑。一是不断加大法制宣传力度，扩展法律的教育功能。一年来，共进行庭审图文及视频直播40次，各种媒体发稿4000余篇，进一步增强了审判工作的透明度，提升了司法公信力。二是把“法律释明”贯穿于立案前、审判中、判决后的全过程，深化完善了巡回法官进社区、大学生志愿者服务、判后释法、案后回访等八项措施，引导当事人正确理解法律规定和裁判内容，促使当事人服判息诉。巡回法官通过现场或电话方式提供咨询、答疑2450人次，大学生志愿者为群众提供咨询3835人次，代书诉讼材料4862份。

四、加强队伍建设，全面提升法院形象

提高审判质量和效率，提升人民法院形象，关键在队伍。抓好队伍，始终是我们各项工作的重中之重。

加强思想建设，深入开展学习实践科学发展观活动。作为第二批学习实践科学发展观活动的单位，我们结合“人民法官为人民”和“听呼声、走百家、送服务”等主题教育活动，严格按照区委的要求，分阶段、有步骤、有重点地开展了学习实践科学发展观活动。认真查找影响、制约人民法院科学发展的体制、机制性问题，切实制定解决问题的对策，力争把科学发展观落实到审判工作的各个方面。

加强能力建设，提高法官素质。一是全面加强教育培训。全年开展领导干部、审判业务、预备法官和新录用人员岗前培训等各类专题培训23次，培训干警1786人次。二是积极加强与国内外法院的经验交流。全年共接待国内外法院来访14次，190余人，其中包括海淀、朝阳等全国和北京市先进法院；选派3人到国外进行交流学习，1人赴香港进行为期1年的研修。三是成功举办两届“西城法院前沿论坛”，对社会关注的热点问题和疑难、复杂案件，与相关部门一起进行深入探讨，在提高法官司法能力的同时，展示了西城法院法官的素质和形象。四是不断强化调查研究，一年来，有1篇学术论文获全国法院学术研讨会三等奖，5篇学术论文分获北京市法院学术研讨会二、三等奖，1篇调研报告获北京市法院调研成果三等奖。

加强作风建设，提高群众满意度。作风反映形象，影响司法公信。一年来，我们大力加强审判作风建设，推出了投诉比较制度。把投诉情况与部门考核、人员晋职晋级、培养使用、评优评先等结合起来，定期对各部门、各审判员的被投诉情况进行统计、分析和通报；对投诉较多的部门，主要负责人要分析原因，寻找差距，制定整改措施；对投诉较多的审判人员，要采取诫勉谈话等方式帮助他们改正；对被投诉较多、反映集中、整改效果不好的审判人员，必要时调离审判岗位。该制度的实行，推动了审判作风的好转，提高了群众对法院工作的满意度。

加强廉政建设，促进司法廉洁。一是严格贯彻落实最高法院关于“五个严禁”的规定，在法官与诱惑之间树立了一道坚实的廉政防线。二是继续围绕审判权、执行权、人财物管理权的运行过程，落实风险防范的各项措施，完善现有的廉政风险防范体系。三是在发挥社会廉政监督员作用的同时，加强法院内部防范，推出了廉政监察员制度，全院共聘用内部廉政监察员18人，开展廉洁教育、受理廉政投诉、监督廉洁法规的执行，在内外监督的共同作用下，干警反腐倡廉的自觉性进一步提高。

五、主动接受监督，不断改进各项工作

一年来，我们坚持重大事项向区委汇报制度，主动接受党对法院工作的领导。坚持向区人大及其常委会报告制度，自觉将审判和其他各项工作置于人大及其常委会的监督之下，9月，我们向区人大常委会作了《关于知识产权案件审理情况的专项报告》；全年有10名审判员向常委会进行了书面述职。进一步完善检察长列席审委会制度，依法接受法律监督。不断加强与代表、委员的联络工作，设立“双十联络日”，全年共邀请人大代表、政协委员到我院旁听案件审理、视察工作68人次；涉及代表建议、意见和反映情况的16件来信、来件，全部办结并及时回复。认真落实人民陪审员制度，积极开展业务培训，召开座谈会听取陪审员的意见和建议，努力为陪审创造便利条件，全年，陪审员共参审案件2962件，5950人次。

各位代表：成绩的取得离不开区委的正确领导、人大的有力监督、政府各部门的大力支持，在此，我代表西城法院全体干警向各位领导、各位代表表示诚挚的感谢！

在报告工作的同时，我们清醒地认识到，我们的工作与党和人民的要求还存在不少差距：案件数量多、工作压力大与审判力量不足的矛盾没有得到根本解决；干警的服务意识、争取群众理解的能力仍需加强；大批高学历年轻干警的培养方式、管理机制还需要进一步完善等等。针对上述问题，我们将在今后的工作中，高度重视，认真研究，切实加以解决。

2010年的主要工作任务

（一）进一步强化审判职能作用，服务发展大局

（二）进一步深化各项创新措施，促进司法公正

（三）进一步拓宽便民诉讼途径，深化以人为本

（四）进一步抓好干部队伍建设，树立良好形象

北京市西城区人民检察院工作报告(摘录)

(2010年1月14日北京市西城区第十四届人民代表大会第五次会议)

西城区人民检察院检察长 顾 军

2009年的主要工作

2009年，我院在区委、市检察院的领导下，在区人大及其常委会的监督下，深入开展学习实践科学发展观活动，紧扣“强化法律监督，维护公平正义”的工作主题，围绕“保增长、保民生、保稳定”的工作要求，依法履行法律监督职能，努力加强自身建设，各项工作取得新进展。

一、以维护稳定为基础，依法惩治刑事犯罪，为区域经济社会发展创造良好的社会环境和法治环境

立足检察职能，以人民群众安居乐业为目标，以“平安国庆”建设为载体，与公安、法院密切配合，依法打击各种危害社会治安的刑事犯罪活动，努力为区域和谐稳定提供有力的司法保障。

贯彻落实宽严相济的刑事政策。依法打击各类刑事犯罪，共受理审查逮捕案件587件814人，批准逮捕549件765人。共受理审查起诉案件804件1110人，提起公诉720件1040人。加大对重大团伙犯罪的打击力度，先后对于洪文等九人盘踞于协和医院（西区）的“号贩子”团伙、西单地区美容诊所强迫交易案提起公诉，法院已作出有罪判决。依法办理了市检察院交办的本市房山区关亚彬等十八人恶势力团伙犯罪案件，目前该案已提起公诉。严厉打击各类严重经济犯罪，共办理非法经营、非法发行股票、公司债券、信用卡诈骗等案件30件48人。打击犯罪的同时，还注意对危害不大的未成年人犯罪、轻微刑事犯罪等作出不批准逮捕、不起诉的处理。共不批准逮捕40件52人，不起诉23件31人。

大力查处涉林刑事案件。全年受理案件34件50人，提起公诉32件48人。成功办理了国家林业局转办、市检察院督办的夏雯雯等人非法收购、出售珍贵、濒危野生动物金斑喙凤蝶标本一案，主犯被判处有期徒刑十一年。通过办案震慑了犯罪，有力地维护了首都的生态和自然环境。

坚持依法做好未成年人司法保护。在检察工作环节做好教育、感化、挽救工作，进一步完善“亲情会见”、“诉中考察”、“品行指导”等未成年人特色帮教体系，积极开展检察官进社区、进校园活动，延伸检察工作触角。联合西城区教委共同举办第十届“西检杯”西城区中学生思想道德法律知识竞赛，普及法

律知识，预防未成年人犯罪。

二、以反腐倡廉为重点，推动查办和预防职务犯罪工作深入开展

坚持标本兼治、惩防并举的工作方针，加大查办和预防职务犯罪工作力度。全年立案侦查国家工作人员职务犯罪32件37人，大要案23件28人，共挽回经济损失310万元。

集中查办重点领域的贪污贿赂犯罪。在金融等关系民生的重点领域查办了一批群众反映强烈的大要案。立案查处了中国银河证券有限公司财务总监王长林涉嫌贪污1100余万元、中国农业发展银行研究室主任朱英刚、杂志编辑处处长靳旭光贪污70余万元等一批案件。同时根据中纪委、监察部、财政部、审计署发布的关于在全国范围内治理党政机关、事业单位“小金库”的精神，立案查处了中国国土资源航遥中心职工罗晓勤利用虚报会议费设立“小金库”，贪污公款9万余元等案件，取得了良好的社会效果。

依法打击渎职侵权犯罪。成功查办了李道桂、杨淑珍故意泄漏2007年国家一级建造师考试试题案及某科研单位人员杨海泄露国家秘密案，上述案件均已进入审判程序。发挥侦查一体化工作机制，反贪污贿赂局联合反渎职侵权局共同办理了国家药监局评审中心干部陈海峰受贿、滥用职权案。

不断完善侦防一体化工作机制。积极探索职务犯罪侦查与预防联动机制，即“侦防联席会议”、“预防提前介入侦查”、“职务犯罪社会舆情速递”等特色机制，取得一定效果。同时注重深入开展侦防一体化理论研究，以《侦防一体化工作机制研究》中标2009年最高人民检察院理论研究重点课题。该项工作受到最高人民检察院、市检察院的充分肯定，市检察院慕平检察长专门就侦防一体化工作来我院进行调研。目前，该机制的初期成果已在全市十个基层院推广。

大力建设社会预防网络。在区纪委的统一部署下，联合多家区属单位开展贯彻落实党风廉政建设责任制专项检查。组织辖区内大型国有企业纪检监察干部参加廉政官员认证培训班，与区教工委、区教委共同制定区教育系统预防职务犯罪联席会议制度，使预防工作更加系统化、规范化。4月2日，国务院机关事务管理局广通小区住宅项目“阳光工程”正式启动，我院和中央国家机关公务员住宅服务中心等六家单位共同签订了《广通小区住宅项目实施共建“阳光工程”廉政责任书》。不断扩大预防工作影响力，在北京广播电台开展预防金融、医疗卫生领域职务犯罪的宣讲活动，在国家开发银行等单位举办预防职务犯罪展览，获得了群众的一致好评。

三、以司法公正为目标，不断强化对诉讼活动的法律监督

积极贯彻落实北京市人大常委会《关于加强人民检察院对诉讼活动的法律监督工作的决议》，加大监督力度，改进监督举措，提高监督实效，针对侦查、审判、监管场所等司法环节中出现的问题开展监督。一年来，共向各级公安机关、人民法院发出《纠正违法通知书》6份、《检察建议》5份，向涉案单位及相关行业管理部门发出《检察建议》49份，目前已收到整改回函38份。

加强立案和侦查活动监督。逐步形成审查逮捕、审查起诉全方位监督格局。共受理刑事立案监督7件9人，要求公安机关说明不立案理由3件，监督公安机关立案2件3人。同时，依法追捕、追诉17人，改变侦查机关案件定性12件13人，增加犯罪事实12件16人。通过对案件的深入审查，公诉部门发现原西城区看守所管教民警张某涉嫌受贿的线索，目前我院反贪污贿赂局已对该案立案侦查。

加强对刑事审判活动的监督。依法对法院刑事判决提请抗诉5件6人。积极落实检察长列席审委会制度，共列席审委会6次，对案件的处理提出意见。根据最高人民检察院的工作部署，全面开展刑事审判法律监督专项检查活动，与西城区人民法院刑事审判庭通报情况并进行座谈，针对刑事审判中存在的请示备案、建议延期审理等情况达成了共识。

大力开展民事行政审判监督工作。共受理民事申诉案件69件，立案17件。发出再审检察建议5件，其中4件法院启动再审程序；提请抗诉2件，均获得上级院支持。始终把息诉服判、化解矛盾贯穿于执法办案始终，共接待当事人来访230余次，接听来电560余次，接受咨询430余人次。

加强对监管场所的监督。对监管场所提请的减刑、假释、暂予监外执行开展重点监督检查50余次。针对留所服刑罪犯、在押人员交付执行、监内安全、监外执行等情况开展各类专项检查1200余次。按照最高人民检察院的部署，积极开展看守所监管执法专项检查活动，及时发现不安全隐患。实现驻所检察室与西城区看守所监控与信息联网，进行实时动态监督。在监管场所建立“检察官约见”制度，通过此途径，我院对北京市第一中级人民法院法警涉嫌虐待被监管人立案侦查，有力地维护了监管场所的正常秩序。

四、以保障平安为己任，在化解社会矛盾的能力上有新提高

把握大局，全力做好平安国庆等各项维稳工作。高度重视维稳工作，成立维护稳定工作领导小组，定期召开会议研究维稳形势，部署各阶段的维稳工作任务。组织近百名干警积极投身到国庆安保等重大活动的安全保卫工作中，并抽调干部组成督查组，深入月坛街道开展安保工作督查，为各项重要活动的顺利举行提供了有力的保障。

立足稳定，大力开展监外执行及交付执行专项检查。对全区310名矫正对象的管控工作进行了重点检查，对重点人员加强动态管控，杜绝出现脱管、漏管现象。在交付执行检查中，我院详尽统计了近十六个月内西城区看守所交付执行的人数及比例等数据，认真分析交付执行中存在的问题及原因，提出建立检察跟踪通报制度、加强执行部门间沟通配合等措施解决交付执行难的问题。

倾听民意，扎实开展重点涉检信访排查化解工作。始终以人民满意为目标，全面加强接待室的建设，接待群众来访600余人次，收到各类举报线索202件，初查202件。积极开展举报宣传周活动，奖励举报有功人员、单位。建立涉检信访预警机制，对办理的案件中可能引发非正常访、群体访和个人极端行为的苗头进行重点排查。不断完善“首办责任制”。对首次接待、内部协作、排查备案以及责任追究等制度进行完善。逐步建立外部协调机制。与区信访办、辖区派出所建立妥善处理信访案件工作机制，保证涉检信访得到及时化解。

五、以科学发展为前提，努力创新各项检察工作机制

建立关键证人出庭的经济补偿制度。制定《北京市西城区人民检察院刑事案件关键证人出庭作证及经济补偿工作办法》。在办理史连英诈骗案时，我院申请出庭作证的证人有力地驳斥了被告人的无理辩解，庭审效果良好，并向两名证人支付了交通、食宿、误工等方面的经济补偿费用。该制度完善了对出庭证人的协助保护及经济补偿，在维护证人合法权益的基础上有利于准确地打击犯罪。

建立查办职务犯罪中的督促起诉制度。民事行政检察处、反贪污贿赂局、反渎职侵权局在查办职务犯罪案件中加强协作配合，并对督促起诉作出明确规定。即侦查部门在查办职务犯罪案件中，发现案发单位存在国有资产流失而未能及时通过法律程序维护自己合法权益的，可将线索移送民事行政检察处，依法督促有关单位及时提起民事诉讼，保护国家财产和社会公共利益。

稳妥推进量刑建议改革。公诉部门从2009年4月起开始推行“检察机关量刑建议制度”，并制定《北京市西城区人民检察院实行量刑建议工作细则(试行)》。在工作中我院遵循“类案试行、循序渐进、总结经验、全面推进”的方针，由试行“相对确定的量刑建议”到逐步推行“确定的量刑建议”。公诉部门已对7件案件提出“确定的量刑建议”，均获法院判决支持。

六、以社会主义法治理念为导向，进一步加强检察队伍建设

深入开展学习实践科学发展观活动。积极开展党组中心组和中层干部集中学习，认真组织干警开展形式多样的学习实践活动。通过多种形式广泛征集系统内外、社会各界的意见和建议，先后与区纪委、新街口街道及部分民主党派人士进行座谈；走访区公安分局、区法院等多家单位，为有针对性地加强和改进各项检察工作奠定了坚实的基础。

加强领导班子建设。以全面落实和督促领导干部带头“讲党性、重品行、作表率”活动为载体，通过组织参观、讨论等活动，强化领导干部宗旨意识，不断改进班子作风，努力增强班子成员的政治意识和大局意识。积极加强检察委员会建设，增设检察委员会专职委员，促进检委会工作的规范化和决策能力的提高。开展中层领导职位竞争上岗工作，逐步实现了我院中层干部结构的科学化、年轻化。

加强业务能力建设。不断转变教育培训工作理念，努力提高干警的业务能力，全面提高检察队伍的专业素质，制定了三年教育培训规划，通过组织书记员技能、诗歌朗诵、英语演讲技能竞赛，促进全员岗位技能和队伍整体素质的提高。注重检察理论和实务研究，完成调研文章120余篇，公开发表29篇。将干警的调研成果编纂成《职务犯罪的理论和司法实践》一书并公开发行，主办全国性的侦防一体化工作机制主题研讨会，形成了浓郁的学术氛围。

加强党风廉政建设。我院将作风建设作为提升队伍整体素质，树立西城检察形象的重要内容，狠抓干警的作风建设，完善和规范监督考核机制。组织开展“加强纪律作风教育、促进廉洁从政”主题教育月活动。积极推进廉政风险防范管理工作的深入开展，为实现我院总体工作目标提供了有力的政治和纪律保障。

健全接受监督工作机制。认真研究落实社会各界对检察工作的意见和建议。积极配合区人大常委会对我院八名检察员的述职评议，向区人大常委会专题汇报诉讼监督及惩治与预防职务犯罪工作，邀请市区两级人大代表、特约监督员参加控告申诉接待、刑事审判法律监督专题座谈会、惩治与预防职务犯罪工作报告的初审等工作，增进人大代表和特约监督员对检察工作的了解，自觉、主动接受人大和社会各界的监督。

各位代表：一年来，区委、区人大、区政府、区政协从政治上、思想上、组织上对我院工作给予了坚强的领导和大力的支持，区委领导多次视察指导检察工作，支持检察机关依法办案,切实解决我院办案经费和物资保障等实际问题，促使我院各项工作得以创新发展。我院被评为“全国优秀基层检察院”、“首都先进检察院”、“北京市人民满意的政法单位标兵”等荣誉称号。这些成绩的取得，是区委、市检察院的正确领导、区人大及其常委会的有力监督、区政府、区政协及社会各界大力支持的结果。在此，我代表西城区人民检察院全体干警向关心、支持检察工作的各位领导、各位代表及社会各界表示衷心的感谢！

回顾一年的工作，我们也清醒地看到检察工作与党和人民对我们的期望还存在不少差距。一是法律监督能力、执法水平与构建和谐社会的要求还有差距，贯彻宽严相济刑事政策的水平有待提高，职务犯罪侦查能力有待增强，诉讼监督的机制和举措有待完善。二是检察队伍的综合素质有待进一步提高。在工作中，干警处理复杂局面、化解矛盾的能力需要进一步加强，业务骨干和高层次人才数量不足，队伍的专业化水平有待进一步提升。对此，我们要高度重视，有针对性地采取措施，切实加以解决，以全面提升工作水平。同时我们衷心期待人大代表和社会各界更加关注、理解和支持西城检察工作，帮助我们更好地服务社会和人民。

2010年的工作任务

一、加强检察队伍建设，努力提高队伍整体素质

二、积极履行各项检察职能，深入推进三项重点工作

三、进一步把深化检察改革作为推动检察工作科学发展的强大动力

专 文

新中国成立60周年庆典筹办和服务保障工作

【概况】 在新中国成立60周年庆典筹办和服务保障工作中，按照市国庆筹委会的统一部署，西城区承担了群众游行、联欢、游园、活动疏散、烟花燃放保障与国庆阅兵、庆祝大会、晚会、新中国成立60周年成就展等重大活动的安全保卫和外围保障，以及西长安街道路拓宽、城市环境整治、美化绿化、景观布置等一系列重要的服务保障任务。

【指挥体系建立工作】 4月，根据市国庆筹委会的统一部署和工作任务进展，成立首都中华人民共和国成立60周年庆祝活动西城区总指挥部，下设国庆办公室和国庆社会治安与安全警卫指挥部、国庆新闻宣传指挥部、国庆群众游行指挥部、国庆活动疏散指挥部、国庆游园指挥部、国庆联欢指挥部、国庆环境保障指挥部等7个分指挥部以及7个街道属地指挥部、西长安街道路拓宽拆迁、新中国成立60周年成就展等专项工作指挥部，建立由区委区政府领导负总责，主管常委、区长，区人大、区政协领导和相关职能部门负责人包“片”的指挥体系，确保指挥能力和决策效率。按照精细化管理的要求，各分指挥部普遍实现工作流程、时间安排、制度手册“上墙”，做到专职人员到位、时间节点衔接有序，职责任务明确、责任落实到位，实现国庆各项工作办理专职化、工作运行规范化。根据国庆庆祝活动的特点和要求，区国庆办公室注重加强统筹协调、综合调度和督促检查工作，利用现行管理体制和应急指挥平台，创新建立按“坐席制”运行的现场指挥体系，由区指挥部各位指挥坐镇进行现场指挥和调度，确保上下信息传递通畅、指令下达明确到位、现场反馈准确及时。全区各单位、各部门、各街道和全区各级领导干部都亲自挂帅、靠前指挥，履行专业职能和属地职责，及时研究、部署和推动各项工作，在工作中真正把责任落实到每一个岗位上、每一个人身上，确保各项工作落到实处。

【“平安国庆”创建工作】 围绕市委确定的“下好先手棋、打好主动仗”的要求和“四个坚决防止”的目标，把安全顺利作为国庆活动成功的首要标志，健全组织体系，完善工作机制，构建多层次、全方位、无缝隙的“大维稳”格局。政法战线、公安干警牢牢把握维稳工作主动权，以超常规的组织部署、超常规的措施手段、超常规的工作力度，狠抓情报信息搜集研判、重点人分级管控、安全监管检查、应急处突等重要环节，确保国庆活动的绝对安全。各街道、各单位、各部门全面开展国庆平安创建活动，落实责任制，着力化解人民内部矛盾。发挥专群结合、群防群控的工作优势，组织动员各类辅警力量、5万余名社会治安志愿者投入工作一线，构建社会面防控网络。9月18日至10月8日期间，共出动治安志愿者114万余人次，对重点区域、重点部位实施24小时全天候控制。各相关街道、部门全面排查国庆焰火燃放阵地周边和安全控制区域内的火灾隐患，制定应对措施，确保国庆晚会烟花安全燃放。

【国庆活动组织工作】 根据西城区所承担的庆祝活动任务要求，区委教工委、区教委在全区所有中小学范围内动员广大师生积极参与，共选拔学生22318

名、教师1126名，完成纪念碑基座迎国旗、背景组字、七色光区活动、少数民族礼仪队和少先队鼓号游行等任务。相关单位、驻区部队对于西城区游行方阵工作给予鼎力支持，中央财经大学、北京建筑工程学院党委高度重视、精心组织、全力配合，选拔3100名学生参与“春天的故事”游行方阵；来自总参、中央警卫局、武警一支队等单位的70余名官兵担任游行方阵训练教官，为西城区成功完成群众游行任务作出重要贡献。区直机关工委、区委社会工委、区委教工委、区委卫生工委、区文委、区总工会、区体育局、区文化馆等单位联合完成群众联欢人员的抽调选拔和表演方案的设计编排工作，共抽调选拔2589人，组建卫生、中央单位和区直机关、街道、教育和标兵5个群众联欢方阵。北海公园管理处积极配合区相关职能部门，主动制定游园方案和应急预案，保障游园活动顺利举行。

【国庆活动服务保障工作】 区市政、环卫等部门强化力量备勤，根据各次演练活动要求，按照时间节点快速进行环境卫生保障，确保活动现场厕所、路面的整洁卫生，实现全区城市市政设施和城市环境的安全、整洁、有序；西城交通支队细化勤务路线、车场管控、外围疏导、社会车辆疏散等任务，周密细致安排调度警力，全力做好交通保障，保证参演人员道路通行安全和路面通畅；区委卫生工委、区卫生局积极统筹协调全区医疗资源和应急救治力量，全程随队，确保参演人员的人身安全。区直机关工委、区委社会工委、区国资委和区文明办牵头抽调机关干部、美国英语语言学院志愿者、区属企业干部职工和区文明乘车监督员共830名，组成疏散工作人员队伍。全体疏散工作人员最早上岗、最晚撤离，以周密的安排、严谨的态度和细致的工作，确保阅兵部队和装备、10万游行群众、西城区2.8万名背景组字学生、3000余名联欢晚会人员的及时、安全、有序疏散和46条疏散道路的通畅。各街道发挥属地保障职能，在组织参演人员、社会面控制、城市环境秩序维护、社会志愿服务等方面发挥了重要作用。西长安街街道、金融街街道承担多处焰火特效燃放点和礼花高空燃放阵地的消防安全保障任务以及社会车辆的疏散工作，展览路街道承担新中国成立60周年成就展、动物园游园活动的属地保障任务，什刹海街道承担北海公园游园活动的各项组织、服务保障工作，德胜街道承担人定湖公园景观布置、环境秩序维护等工作，各街道切实落实责任体系、加强居民群众的组织动员和宣传，细化工作方案、落实工作措施，为国庆系列庆祝活动的成功作出突出贡献。

【城市环境整治工作】 年内，全区各相关街道、部门全力推进国庆环境建设工作，加快推进重点地区、重点大街的环境秩序整治。西长安街道路拓宽拆迁指挥部克服时间紧、任务重、刚性要求强的困难，仅用100天的时间就完成473户居民、19家单位的拆迁工作，确保项目土地按时交付，保障了国庆庆祝活动的顺利举行。新中国成立60年以来，长安街经过多次改造、整修，这项任务的完成，标志着长安街规划的基本落实。此次拆迁在全市首次尝试参照市场评估价确定拆迁补偿基础价格，也为今后拆迁政策的调整制定以及拆迁市场的良性发展进行了有益的探索，得到市委、市政府主要领导的高度评价和充分肯定。市政、城管监察等部门完善城市日常管理长效机制，发挥城市管理信息平台的作用，提高对各类突发事件的应急处置能力。特别是在市领导、市有关部门的指导帮助下，迅速妥善地处置了9月25日新街口东街新疆餐馆液化气爆燃、伤人事故，在事故处理过程中，公安、消防、交通支队、安监、卫生、市政、环卫、街道、积水潭医院，都能够快速反应、准确到位。针对西城区人口密度高、流动性大的特点，加强对外来人口租住平房聚居地城市秩序的集中整治，提高城市管理问题的处置效能。安监、城建、工商等部门加强对全区重点部位、商市场、建筑工地的管理和安全隐患排查，为国庆活动的顺利举办营造良好的环境。市政、园林、环卫等部门加强城市景观布置和维护，全面开展绿化养护、花卉布展、园林设施等工程，精心做好城市景观布置，营造浓烈的节日气氛。

【宣传教育与志愿服务工作】 新闻宣传部门围绕国庆60周年主题，发挥报纸、电视、宣传栏、板报等载体作用，推出系列采访、访谈、报道、宣讲、展览等活动，展现新中国成立60年来特别是改革开放30年来西城区的发展成就，深入开展爱国主义主题宣传教育活动，举办“友城手拉手·浓浓民族情——西城区友好城区迎国庆文化交流周”、“激情迎盛世 翰墨颂祖国——庆祝新中国成立60周年书法作品展”、月末大舞台等群众文化活动，营造浓郁的节日氛围。志愿者工作领导小组发挥区志愿者联合会的组织优势，完善志愿者工作组织机构，积极开展志愿服务活动，结合国庆庆祝活动和长假期间的城市运行和市民、游客的需要，开展体现节日特色、区域特点、志愿者个性特征的志愿服务。国庆期间有近6万名各类志愿者参与服务，累计提供各类服务超过70万人次。结合中央文明办公共文明指数测评迎检工作，动员全区广大群众积极参与“迎国庆、讲文明、树新风”活动，区域人文品质得到提升。

深入学习实践科学发展观活动

【概况】 3至12月，按照中央和市委的统一部署，西城区各级党组织共4.5万名党员分2个批次参加学习实践科学发展观活动。围绕“深入学习实践科学发展观，全面践行三大理念，着力推进西城科学发展和谐发展率先发展”的活动主题，坚持把学习实践活动与应对国际金融危机、实现“保增长、保民生、保稳定”目标相结合，与做好新中国成立60周年各项服务保障工作相结合，与开展领导干部作风建设年活动相结合，加强领导，周密计划，突出特色，狠抓落实，圆满完成第二批学习实践活动的各项工作任务和第三批活动学习调研、分析检查2个阶段工作任务。达到“党员干部受教育、科学发展上水平、人民群众得实惠”的总要求。

【组织领导】 西城区委成立区委书记林铎任组长、区长张建东任第一副组长的西城区学习实践活动领导小组及办公室。邀请专家顾问、党代表、人大代表、政协委员、民主党派、基层群众等9个方面的100名代表，组成专家顾问及代表评议团，全程参与学习实践活动，发挥监督作用。活动期间，各级领导深入活动联系点开展调研走访，检查指导：中央学习实践活动领导小组组长习近平、副组长李源潮、市委书记刘淇等领导到德恒律师事务所调研非公党组织学习实践活动情况；中央政治局委员、市委书记刘淇，市委常委、市委秘书长李士祥，副市长丁向阳等到月坛街道汽南社区调研基层党组织建设模式等工作；北京市委副书记、市长郭金龙，市委常委、市总工会主席梁伟等到德胜街道安德路北社区调研；市委巡回检查组组长张凤朝等先后深入奋斗小学、护国寺中医院、华融投资集团公司等单位检查指导。西城区领导先后108次深入区属单位检查指导学习实践活动。区委书记林铎在天恒置业集团调研时强调，区属国有企业要为区域发展承担责任贡献力量；区长张建东到白米斜街社区指导学习实践活动，要求加强和谐社区建设，确保居民得到实惠；区委、区政府领导班子成员及区属各单位领导先后306次深入基层单位检查指导工作，推动基层党组织学习实践活动不断深入。

【学习调研】 学习调研阶段，各级党组织采取集中学习与个人自学相结合的形式，精心研读《科学发展观重要论述摘编》、《深入学习实践科学发展观活动领导干部学习文件选编》等书籍，系统学习党的十七大报告以及胡锦涛等中央领导一系列重要讲话精神，深化对科学发展观理论的学习理解。各基层党组织根据组织分类，班子结构情况，党员文化程度、年龄结构、健康状况、职业特点等实际情况，有针对性地采取“集中学”、“送学上门”、建立专题博客等方式组织学习。全区共举办各种专题报告会500余场、培训班1300余次。活动单位确保学习实践活动100%覆盖。各级党组织积极创新活动载体，细化工作计划，深化学习内容，为活动顺利开展打下坚实基础。全区倡导开展“六个一”活动：开展一次巡回宣讲，党组织书记讲一次党课，开展一次现场教学，观看一次国庆展览，观看一次影像片，组织一次文艺演出。巡回宣讲团从科学发展观基本理论、基层党建经验、国庆60周年保障、区情介绍等多个方面组织宣讲，分别走进社区、学校、医院、企业等单位，直接受众5000余人次。各级党组织通过宣传专栏、发放学习资料、读书笔记展示、制作宣传卡片、开放网络视频、举办知识竞赛等形式，广泛宣传先进典型，营造浓厚活动氛围。为进一步深化学习调研工作，各级党组织共组织解放思想大讨论、研讨会、座谈会、交流会3500余场，初步形成具有西城区域特色的调研报告1000余份，为加强西城党的建设和科学决策提供理论基础。

【查找问题】 在分析检查阶段，全区各级领导通过参观、走访等形式，广泛征求促进区域科学发展的意见和建议，共查找突出问题、收集合理化建议6000余条，涵盖党建、社会、经济、机关建设等各个领域，充分体现了针对性和广泛性，为破解制约区域科学发展的突出问题奠定了基础。活动中，各级党组织通过领导班子民主生活会和党组织生活会，查找影响和制约本单位科学发展的突出问题，分析制约和阻碍科学发展的主要原因，制定符合科学发展要求的有效措施。达到找准问题、增进理解、促进工作的目标。年内，全区各级领导班子撰写分析检查报告和分析检查材料2000余份。经统计，查找突出问题4042个，党性党风党纪方面问题94个。经过初步整改，已经解决突出问题2487个，为群众办实事、好事1464件。广大党员干部和基层群众对西城区学习实践活动的满意度在98%以上。

【整改落实】 在分析调研的基础上，各级党组织本着能改即改、先易后难、分工负责的原则，制定整改落实方案，明确整改落实项目、目标措施、时限要求、责任领导及部门。对能够“马上整改”的问题，立即整改，见到成效；对需要“综合整改”的问题，由责任单位拿出措施，协调相关部门解决；对需要“长期整改”的问题，由责任单位拿出方案，列入督查体系；对于一时解决不了的问题，及时了解情况、分析原因，做好工作。经梳理归纳，全区已经整改和正在整改的问题3200余个，需要继续整改的问题已经分解到责任单位和部门。展览路街道投资600万元，建设国际型安全社区；关停阜外周边非法经营的家庭小旅馆242家；落实7个小区环境整治任务；完成40栋老旧小区通气项目和53栋无暖设施前期调查工作。德胜街道安北社区解决了77号院长达半年之久的居民与开发商之间矛盾纠纷；新明家园社区解决了居住区路面硬化问题；北广、黄寺西等社区解决了党员活动场所缺乏的问题。职业介绍中心成立“流动党员讲坛”，为党员讲解劳动保障业务，开展职业介绍、职业指导等；拓宽服务党员的绿色通道，帮助21名流动党员及其子女找到工作。在边查边改的基础上，各级党组织把制定和完善促进科学发展的体制机制作为一项重要任务，抓住关系全局的战略性、关键性问题，通盘谋划、分项研究、逐步推进。区级制定了经济建设、社会建设、文化建设、城市建设、服务型政府建设和党的建设6个方面14项制度。各单位从健全制度，完善机制入手，形成较为完善的制度体系。教育工委按照“四个方面（优化教育结构、提高教育质量、坚持规范管理、强化队伍建设)”和6个大类要求，通过“废、改、立”对制度进行梳理完善，破解教育发展难题，探索教育内涵发展。卫生工委转变服务态度、优化服务流程、提供便民措施、帮助患者和服务对象解决实际困难，全面落实医改任务，提高服务水平，改进医德医风，推动医疗事业稳步发展。国资系统及工商联所属基层党组织结合经济形势，修订完善多项内部管理措施和规章制度，建立健全促进企业科学发展的长效机制，全面提升企业管理水平。司法局所属各党组织建立完善法律进社区、进校园、进企业的长效机制，开展“法律惠民”活动，倡导党员律师做社会又好又快发展的服务者、当事人合法权益的维护者、社会公平正义的保障者、社会和谐的促进者。各街道工委创新党建机制，加强社区和“两新”组织制度建设，努力实现“提高思想认识、解决突出问题、加强基层组织、促进科学发展”的具体目标。经梳理，全区各级党组织研究新制度2235项，修改原有制度5253项，废止旧的制度568项，进一步克服了薄弱环节，夯实了工作基础，促进了全区各级党组织和各单位工作规范化和科学化。

大 事 记

2009年西城区大事记

1月

1日 西城区各社区卫生服务机构正式启动，为辖区常住老年人实行就诊、出诊、建立家庭病床“三优先”服务及每年为无社会养老保障的老年人免费体检等优抚工作。

☆ 西城区平房院内公厕保洁工作正式启动，由区政府组建的丽雅安佳保洁服务中心对1652座平房区院内厕所实施保洁。

5至8日 中国人民政治协商会议北京市西城区第十二届三次会议召开。

6至9日 西城区第十四届人民代表大会第四次会议召开。

8日 北京市检察院党组书记、检察长慕平到西城区检察院，就“侦防一体化”工作机制进行调研。

15日 西城区体育运动学校被国家体育总局评为“国家高水平体育后备人才基地”。

16日 北京北站新站启用。

19日 西城区四套班子领导慰问驻区部队、军烈属，并赠送475万元支持部队建设。

24日 驻区部队筹措35万元，开展“帮困助残送温暖”活动。

2月

3日 北京市首家环卫实时监控系统开始在西二环、西长安街等76条大街试运行，全面实现道路清扫保洁远程监控。

5日 北京市副市长黄卫到德胜民防宣传教育中心调研，并向西城区赠送《房屋抗震知识读本》。

12日 西城区纪委十届六次全会暨全区党风廉政建设工作会议召开。

☆ 月坛街道“北京市社区服务科技应用示范社区”项目通过专家评审，正式立项。

☆ 西城区召开2009年党务工作会。

13日 西城区召开2009年政务工作会。

16日 中共中央政治局委员、北京市委书记刘淇到西城区调研金融街西扩项目进展情况。

24日 西城区委宣传部、区民政局、区红十字会、区慈善协会和区双拥办联合举办“爱在西城2008”颁奖盛典。

25日 区委通过《中共北京市西城区委关于深入学习实践科学发展观，开展弘扬北京奥运精神、加强领导干部作风建设年活动的实施方案》。

27日 西城区首次面向社会公开招录社区工作者和楼宇党建工作者。

28日 北京市委副书记、政法委书记王安顺到西城区两会代表住地金台饭店检查。

3月

1日 西城区社区党组织换届工作结束，全区148个社区选举产生新一届党组织班子。

4日 西城区召开领导干部作风建设年活动动员大会。

6日 林铎等区领导到德胜街道调研社区居委会换届选举工作。

10日 西城区召开深入学习实践科学发展观活动第二批动员部署大会。

13日 首届“五四杯”西城区青年文化体育节开幕。

15日 卫生部党组成员、副部长兼国家中医药管理局党组书记、局长王国强一行到西城区视察中医工作。

20日 展览路街道获“全国社区教育示范街道”称号。

25日 西城区精神文明建设暨双拥工作大会召开。

29日 西城区委副书记、区长张建东访问美国和加拿大，参加美国帕萨迪那市举行的两地结为友好城市10周年系列庆祝活动，与市长比尔·鲍加德共同签署10周年纪念友好宣言。

30日 “全国中小学生安全教育日”活动在西城外国语学校举行，教育部部长周济及有关领导出席。

4月

10日 中共北京市委副书记、市长郭金龙到西城区调研经济社会发展、金融街拓展及西长安街道路拓宽拆迁工程进展情况。

☆“走进社会大课堂——中小学生体验志愿服务”主题教育实践活动在北京天文馆举行。

13日 月坛南街金融中心项目拆迁工作正式启动，标志着金融街拓展工作进入实施阶段。

14日 北京市人大常委会副主任柳纪纲等市人大代表视察西城区老年人权益保障执行情况。

16日 林铎等区领导到德胜科技园区调研地区企业发展情况。

23日 国家安全生产监督总局局长骆琳率国务院“三项行动”专项检查组到西城区检查。

24日 文化部副部长周和平到西城区调研公共文化设施，参观区图书馆、区文化馆。

25日 西城区民营企业第一届运动会召开。

28日 华融公司、基础设施公司与中国工商银行北京分行举行银企战略合作协议签署仪式。

28至29日 京蒙东西扶贫协作总结对接会召开，西城区京蒙对口支援地区自2009年由呼和浩特市和林格尔县调整为呼伦贝尔市鄂伦春自治旗。

5月

6日 西城区劳动保障局与西城区人民法院建立“行政—司法”劳动纠纷调解工作对接机制。

13日 林铎等区领导到位于新壁街3号的西城公安分局巡警支队、特警大队、国家大剧院派出所、出入境管理处合署办公新址视察工作，并为出入境接待大厅揭牌。

14日 西城区首届社区教育学校展示月暨西城区市民终身学习服务基地启动仪式在西城区文化中心举行。

15日 中共中央政治局委员、国务院副总理、国务院残疾人工作委员会主任回良玉，到北京市第二聋人学校考察特殊教育工作。

17日 “低碳生活 从我做起”环保科普宣传活动启动仪式在西单图书大厦前举行。

18日 西城区获得2005至2008年度“全国平安建设先进县（市、区）”称号，获得全国社会治安综合治理“长安杯”，林铎、张建东、刘跃平受到嘉奖。

20日 西城区社区工作者代表团赴日参加北京和东京结为友好城市30周年庆祝活动，并在中野区、涩谷区参观考察社区建设。

23日 中共北京市委常委赵凤桐到德胜科技园调研。

25日 全市首个“新希望家园”在展览路街道成立，专为失去子女的独生子女家庭（特扶家庭）提供帮扶服务。

31日 2009年全国家庭道德教育宣传实践月活动在北京市西城区奋斗小学启动，全国人大常委会副委员长、全国妇联主席陈至立出席。

6月

2日 西城区青少年科技教育导师顾问团成立，12位知名专家学者被聘为导师。

10日 “西城区老年人优待政策在延续——乘车一本通进家庭”活动启动仪式在西城区银龄中心举办，为全区65岁以上的老年人家庭免费发放《北京公交指路者——乘车一本通》7.5万册。

12日 西城区非物质文化遗产展示中心落成开放仪式举行，区领导张建东等出席。

☆ 北京市副市长苟仲文一行到德胜科技园调研。

13日 2009人文北京和建国60周年文化活动——“中国文化遗产日”活动在历代帝王庙举行。

21日 西城区第四届职工运动会开幕式暨全民健身体育节启动仪式举行。

24日 张建东等区领导接待市文物局调研历史文化保护区内及周边项目推进情况。

29日 西城区纪念中国共产党成立88周年暨“争优创先”表彰大会召开。

☆ 市领导王安顺、马振川、刘敬民到府右街派出所慰问公安干警。

☆ 西城区社会保险网上申报试点工作正式开始。

30日 郭金龙、赵凤桐、丁向阳等市领导到北京第二实验小学慰问全市教育系统优秀共产党员代表李烈及全体师生。

7月

1日 西城区基层党组织先进性建设展示会启动仪式举行，对第一批51个基层党组织先进性建设示范点进行命名。

1至6日 西城区举办“友城手拉手 浓浓民族情”友好城区迎国庆文化交流周活动，区委区政府邀请14个友好城区代表团参加活动。

3日 民政部部长李学举到西城区银龄老年公寓和什刹海社区服务中心考察“大民政”工作。

☆ 希联圆梦手拉手职业康复站被国务院残疾人工作委员会授予“残疾人之家”荣誉称号。

4日 西城区与乌鲁木齐市沙依巴克区人民政府举行友谊健身园建设签约仪式。

7至17日 区长张建东率西城区党政代表团对拉萨市城关区和青海省果洛藏族自治州进行友好访问，并为西城区援建的拉萨市城关区市民服务中心奠基。

13日 国家宗教局局长叶晓文带领中央检查组到西城区街道视察宗教管理工作。

17日 西城区志愿者联合会第一次会员代表大会举行。

☆ 西城区《关于西城区2008年预算执行和其他财政收支情况的审计工作报告》首次在区政府网站上向社会公告。

28日 西城区四套领导班子成员分别对部队和优抚对象进行慰问，并为部队送去125万元慰问款。

29日 中共北京市西城区委十届九次全会召开。

8月

2日 第八届什刹海旅游文化节开幕。

7日 西城区园林绿化局成立。

☆《西城区项目支出管理办法》《西城区基本支出管理办法》正式实施。

11日 西城区企业联合会正式成立。

☆ 全国人大常委会委员、内务司法委员会主任委员黄镇东率全国人大内务司法委员会调研组到西城区检查《残疾人保障法》贯彻落实情况。

13日 西城区总工会举行西城区职工服务（帮扶）中心揭牌仪式。

24日 刘淇、郭金龙等市领导检查长安街环境整治工程进展情况。

25日 西长安街道路拓宽工程全部完成。

☆ “2009欧洲——亚洲全明星乒乓球对抗赛（亚洲站）”比赛在月坛体育馆开幕。

27日 西城区深入学习实践科学发展观活动总结大会召开。

28日 北京市华远集团公司由全民所有制企业改制为国有独资有限责任公司，更名为北京市华远集团有限公司。

9月

1日 北京市首个“社工驻校服务基地”——“悦群社工驻校服务基地”在月坛街道三里河第三小学揭牌成立。

☆ 西城区政府在国家大剧院南侧举行构建国庆60周年火灾防控网暨消防志愿服务队和多种形式灭火力量启动仪式。

4日 中共中央政治局常委、国务院总理温家宝到北京市第三十五中学调研。

☆ 北京市人大常委会副主任李昭玲带队到西城区调研社区居民自治工作。

9日 国务院安全生产委员会督查组到西城区督查安全生产工作。

14日 环境保护国际公约履约中心大楼启用揭牌仪式在西城区举行。国家环保部部长周生贤，意大利环境、领土与海洋部部长普雷斯蒂贾科莫，《蒙特利尔议定书》多边基金执委会主席阿马赞等出席。

17日 国家工商总局副局长王东峰视察西城区国庆期间食品安全工作。

22日 全市首个客流预警系统在西单地区启用。

23日 联合国残疾人权利委员会官员到西城区参观考察残疾人工作。

24日 国际民防组织秘书长纳瓦夫·斯雷比先生一行到西城区德胜民防宣教中心参观考察。

☆ 国家发改委副主任彭森到西城区视察节日市场价格情况。

25日 电动环卫车示范应用启动仪式在金融街举行，赵凤桐、黄卫等市领导出席。

27日 “芝麻开花节节高——西城区百姓生活60年变迁图片展”开幕。

10月

1日 辖区内3万余名群众参加天安门广场庆祝新中国成立60周年群众游行、联欢晚会等活动。

18日 展览路街道被世界卫生组织认定为“国际

安全社区”。

19日 西城区被国家民政部命名为“全国和谐社区建设示范城区（市)”。

20至21日 中央维稳办到西城区调研维稳工作。

21日 苟仲文一行到西城区调研帮扶企业应对国际金融危机工作落实情况。

23日 北京市社会保障卡试点工作在西城区正式启动。

27日 北京什刹海历史变迁画卷展在民族文化宫举办。

31日 清河龙岗路51号西城区定向安置用房竣工。

11月

1日 “西城区小学生书签设计大赛颁奖大会暨向西部阳光农村发展基金会捐赠爱心图书”仪式在百万庄图书大厦举行。

☆ 第三届全国亿万学生阳光体育冬季长跑起跑仪式在北京市第四中学举行，教育部副部长陈小娅、团中央书记处书记汪鸿雁出席。

2日 中共中央政治局委员、国务委员刘延东，中共北京市委副书记、市长郭金龙，检查西城区甲流疫苗接种工作。

3日 西城区商务局等8个部门联合出台《西城区完善社区商业设施建设的意见》和《西城区社区便民店扶持资金管理办法（试行)》，旨在完善西城区生活必需品供应网络建设，形成覆盖全区的多层次多元化的副食蔬菜供应体系，为社区便民店建设提供政策支持。

☆ 北京市人大代表视察文昌胡同、文华胡同旧城房屋改造修缮工程和“煤改电”工程。

5日 第五届北京国际金融博览会在北京展览馆开幕，郭金龙出席。

☆ 中共北京市委常委、北京卫戍区司令员李少军到西城区征兵体检站检查指导征兵体检工作。

7日 刘淇等市领导到新街口街道调研民生工作。

8日 第六届“相聚历代帝王庙、拜谒三皇五帝”社会各界人士拜谒活动在北京历代帝王庙举行。

18日 西城区人大常委会主任张国玉率友好代表团出访西班牙保素埃罗市，考察社区建设管理及社区安全。

24日 西城区召开第二次全国经济普查总结表彰大会。

27日 中国侨联副主席、北京市人大常委会副主任、北京市侨联主席李昭玲到西城区调研侨联工作。

30日 西城区地震局在丰汇园社区建立首都第一家地震安全示范社区。

☆ 西城区政协主席张春平率团出访印度、日本，与印度德里区等建立友好交流关系。

☆ “庆祝西城区残联成立20周年暨纪念国际残疾人日”专场文艺演出活动举行。

12月

3日 全国人大常委会副委员长、中国红十字会会长华建敏带队检查西城区红十字会工作。

14日 中共北京市委副书记、市长，市委学习实践活动领导小组第一副组长郭金龙带队到德胜街道安德路北社区，调研深入学习实践科学发展观活动。

17日 西城区被评为“2007－2008年度全国科技进步考核先进区”。

☆ 西城区召开“青少年祖国宝岛台湾教育基地”成立10周年大会。

18日 黄卫到西城区检查公众聚集场所冬季防火工作。

☆ 金融街片区绿化建设项目获国家住房和城乡建设部颁发的“中国人居环境范例奖”。

22日 西城区和谐社区建设推进大会召开。

23日 金融街商务楼宇协会成立。

28日 西城区工作部门颁（授）牌仪式在区政府举行。区政府机构改革后，设置工作部门31个，其中新组建、机构调整的部门10个。

29日 中共北京市西城区委十届十次全会召开。

注：☆表示与上一条同日

政党 团体

中国共产党北京市西城区委员会

概 述

年内，中国共产党北京市西城区委员会（简称西城区委）在中共北京市委的领导下，学习贯彻党的十七大和十七届四中全会精神，以深入学习实践科学发展观为主线，全面落实市委市政府的各项决策部署，团结带领全区人民，圆满完成国庆60周年各项任务，实现区域经济企稳回升，社会事业和社会建设取得较大进展，文明城区建设成果更加巩固，党的建设不断加强，全区保持了和谐稳定的良好局面。

牢牢把握主题，深入开展学习实践科学发展观活动。按照中央和市委的统一部署，在市委指导检查组的指导帮助下，常委会认真把握区情特点和学习实践活动的总体要求，结合弘扬北京奥运精神、加强领导干部作风建设年活动，明确提出“深入学习实践科学发展观，全面践行三大理念，着力推进西城科学发展和谐发展率先发展”的活动主题，全区83个单位和部门、8838名党员参加了第二批学习实践活动，14个党（工）委所属的1917个基层党组织、37026名党员参加了第三批学习实践活动。通过开展第二批学习实践活动，各级领导干部更加深刻地理解科学发展观的科学内涵、精神实质和根本要求，深入分析制约区域科学发展的突出矛盾，解决一批驻区单位和居民群众反映的具体问题，形成推动经济发展、加强城市建设管理、推进社会建设等14项区级制度成果，为推动区域长远发展奠定良好基础。

强化组织领导，广泛发动社会参与，以最佳的精神面貌和最高的工作标准完成国庆各项任务。常委会把握国庆活动筹备工作政治性强、涉及范围广、组织难度大的特点，搭建统一高效、执行有力的指挥体系，充分利用信息系统和现代通信手段，建立“坐席制”指挥运行机制和工作流程，强化各职能部门的专业职责和各街道的属地职责，依靠全社会的广泛参与和大力支持，圆满完成各项工作任务。常委会充分认识西长安街道路拓宽拆迁工作的重要性和特殊性，加大组织推进力度，在全市首次尝试参照市场评估价确定拆迁补偿基础价格，顺利完成473户居民、19家单位的拆迁工作，确保了项目用地按时交付。全区80余所学校2.5万余名师生积极参与国庆任务，刻苦训练、精益求精，以最佳的表演效果赢得全社会的高度评价。广泛发动区属机关企事业单位、驻区单位、高校和社区群众，完成群众游行、广场联欢任务，做好国庆阅兵等重大活动疏散服务工作，确保群众游园、新中国成立60周年成就展等活动安全顺利。深入开展“迎国庆、讲文明、树新风”活动，精心组织志愿服务，加强城市公共文明建设，举办“西城区友好城区迎国庆文化交流周”等文化活动，做好以“普天同庆”为主题的国庆景观环境布置，营造了整洁靓丽、喜庆欢乐的社会氛围。始终把维护稳定作为第一位的政治责任，着力加强区、街两级维稳专门机构建设，健全大维稳工作格局，完善多层次矛盾纠纷调处机制和法律便民服务机制，组织开展6次矛盾纠纷排查行动，妥善化解11件中央挂帐的涉法涉诉积案和一批矛盾纠纷案件，狠抓情报信息搜集研判、安全生产监管检查、烟花燃放等重要环节，加强对重点地区城市秩序的集中整治，充分发挥专群结合、群防群控的工作优势，实现“平安国庆”目标，群众安全感不断提升，荣获全国社会治安综合治理“长安杯”。

应对危机挑战，挖掘发展潜力，确保经济增长和财政增收。年内，区委区政府坚决落实中央和市委市政府出台的“调结构、上水平、保增长”的各项措施，立足区域特殊的经济结构、税源结构，加强形势分析和研判，加大帮扶企业工作力度，积极扶持非公经济和中小企业发展，建立职能部门与街道密切配合的工作机制，强化服务、优化环境，全力做好税源挖潜和组收工作。全年地区生产总值实现1510亿元，同比增长10%；区级财政收入原计划增长8%，由于国家税收政策的调整和全市财政收入年终入库的统一安排，完成152.2亿元，同比增长6.35%。坚持把金融主中心区建设作为支撑区域经济发展的战略任务，推进月坛南街、北京市第三十五中学新址2个拓展项目的拆迁工作，积极推动存量资源整合置换，注重完善金融要素市场和产业链条，吸引25家股权类、资产管理类及地区分支金融机构入驻。坚持把发展高新技术和文化创意产业作为调整优化经济结构的重要举措，落实德胜科技园产业定位，研究制定西城区文化创意产业发展规划，引进全国林权交易所、中国北京出版产业园等重点项目落户，新认定46家产值千万元以上的高新技术企业。利用市、区两级重点项目“绿色审批通道”，加大项目推进力度，全社会固定资产投资达到140亿元。广泛开展多种形式的主题促销活动，促进商业、旅游、文化休闲等多元消费，全区社会消费品零售额预计实现320亿元，同比增长10%，旅游综合收入预计完成113.6亿元，同比增长10%。完善国有资产监管制度，引导区属国有企业苦练内功、增强核心竞争力，在服务区域经济发展和稳定职工队伍方面发挥重要作用。

加大城市建设推进力度，创新工作机制和管理手段，城市面貌持续改善。全力推进34项城市建设重点工程和59项环境建设任务。完成东教场、高梁桥2条市政道路建设和53条道路大中修，西单文化广场改造全面完成，德内变电站建成使用，完成西长安街及其延长线周边地区、四环市场、北海公园、地铁4号线站区周边等环境整治。积极做好保障性住房配售工作，结合重点工程建设和危旧房改造，改善5000余户居民的住房条件。完成33个小区、11条街巷胡同整治，实施113栋老旧楼房通气工程，改造提升31家社区商业设施。加强生态环境建设，实施2万户“煤改电”工程，全面实现文保区采用清洁能源取暖目标。在32个小区试点生活垃圾全过程分类处理，淘汰“黄标车”，在全市率先使用电动环卫专业车辆，区域空气质量持续改善。新增绿化面积3.1公顷，金融街片区绿化项目荣获“中国人居环境范例奖”。

拓宽服务领域，提升服务品质，社会事业和民生保障取得新进展。开展民生科技工程，在社区卫生、社会救助等领域，实施一批可持续发展示范项目，获得“全国科技进步先进区”称号。制定西城区《关于进一步推进义务教育均衡发展的实施意见》，推进中小学规范化建设和办学达标工程，增加学前教育资源，进一步优化教育结构，促进各级各类教育健康协调发展，顺利通过北京市素质教育综合督导验收。扎实推进青少年思想道德建设，发挥学校、家庭、社会三位一体工作网络的作用，深入开展社会文化环境净化工程，荣获“第二届全国未成年人思想道德建设工作先进区”称号。构建区域社会化防控甲型H1N1流感工作体系，全面做好防治救治工作。落实促进和稳定就业的各项措施，全区登记失业率为0.87%。健全劳动争议预防和快速调处机制。加快推进社会保险领域改革，对困难群体参加大病医疗保险给予补助，建立城镇无医疗保障老年人和灵活就业人员门诊医疗费报销制度，在全市率先推行参保人员门诊医疗费结算方式改革，全区60万参保人员实现持卡就医实时结算。

坚持总揽全局、协调各方，完善社会工作体系，区域发展合力进一步增强。常委会积极支持区人大依法履行职能，加强对计划预算、民生改善等重点工作的监督和评议，开展安全生产执法检查，有效推动政府改进工作，促进检察院、法院公正司法、执法为民。健全政协委员提案和反映社情民意信息的落实反馈机制，支持区政协围绕全区重点工作协商议政、建言献策。加强工会、共青团、妇联基层组织和专职工作者队伍建设。加大社会建设统筹协调工作力度，组建西城区企业联合会、社会组织联合会、社会工作者联合会和志愿者联合会，推进社会组织服务中心、志愿者服务指导中心和社会领域党员服务中心建设，成立街道社会工作委员会，全区商务楼宇党组织覆盖面达到80%，完成社区党组织、居委会换届工作，荣获“全国和谐社区建设示范区”称号。

健全制度机制，提高推动科学发展能力，加强党建工作。增强各党（工）委中心组学习的针对性和实效性，系统安排专题班、研讨班和报告会，分层次开展干部教育培训，提高党员干部的理论素养和履职能力。实施《西城区处级领导班子和领导干部综合考核评价办法》，完成全区处级领导班子集中考察，完成全区处级后备干部和30岁以下科级优秀年轻干部的集中调整工作。完善基层党组织分类管理、监督指导和考核评价的工作推进体系。全面推进廉政风险防范管理工作，以监督制约权力运行为核心，突出抓好重点对象、重点领域、重点岗位和重点环节，加强对重点工程的监督检查，形成廉政风险防范管理工作网络和制度体系。

（张 静）

区委主要工作和重大活动

【中央领导视察调研】 5月15日，国务院副总理回良玉、全国政协副主席邓朴方到北京第二聋人学校慰问在校师生，市领导刘淇、丁向阳，区领导张建东、白云生陪同慰问。5月31日，全国人大常委会副委员长、全国妇联主席陈至立到北京市西城区奋斗小学，出席2009年全国家庭道德教育宣传实践月活动启动暨“六一”慰问活动，林铎、白云生陪同慰问。9月4日，中共中央政治局常委、国务院总理温家宝、中共中央政治局委员、国务委员刘延东到北京市第三十五中学调研，教育部领导周济、陈小娅，市领导黄卫，区领导张建东陪同调研。11月2日，刘延东检查西城区甲型H1N1流感疫苗接种工作，市领导郭金龙，区领导张建东、陈蓓陪同检查。12月3日，全国人大常委会副委员长、中国红十字会会长华建敏带队到西城区考察红十字会工作，市领导吉林，区领导林铎、张国玉、陈蓓陪同考察。

（张 静）

【市领导视察调研】 2月16日，市领导刘淇、吉林、李士祥到西城区调研金融街西扩项目进展情况，区领导林铎、张建东陪同调研并随行汇报。4月10日，市领导郭金龙到西城区调研经济社会发展、金融街拓展以及西长安街道路拓宽拆迁工程进展情况，林铎、张建东、白云生、王劭卿、苏东陪同。5月23日，市委常委赵凤桐到德胜科技园调研，张建东、苏东陪同。6月29日，市领导王安顺、马振川、刘敬民到府右街派出所慰问，林铎、张兵陪同。6月30日，市领导郭金龙、赵凤桐、丁向阳到北京第二实验小学慰问，林铎、张建东、白云生、许樾真、李江陪同。8月24日，市领导刘淇、郭金龙、吉林、李士祥、黄卫、陈刚检查长安街环境整治工程进展情况，区领导林铎、张建东、李江、王劭卿陪同。9月1日，市领导刘敬民出席北京市第八中学开学典礼，区领导林铎、李江一同出席。9月25日，市领导王安顺、丁向阳走访慰问西城区退休老干部。11月5日，郭金龙出席西城区第五届金融博览会，区领导张建东、白云生一同出席。11月5日，市委常委、北京卫戍区司令员李少军中将到西城区征兵体检站检查指导工作，区领导林铎、杨爱民陪同。11月7日，市领导刘淇、吉林、李士祥、丁向阳到新街口街道调研民生工作，林铎、张建东、陈蓓陪同。12月14日，市领导郭金龙、梁伟到德胜街道安德路北社区调研第三批学习实践科学发展观活动开展情况，林铎、张建东、王力军陪同。12月18日，市领导黄卫到西城区检查公众聚集场所冬季防火工作，曹长胜陪同检查。

（张 静）

【十届九次全体扩大会议】 7月29日，中共北京市西城区委十届九次全体扩大会议召开。会议的主要任务是：贯彻落实市委市政府上半年经济形势分析会精神，认真总结上半年工作，研究部署下半年任务。区委书记林铎代表区委常委会作题为《把握大局 扎实工作 以优异成绩迎接新中国成立六十周年》的工作报告。张建东主持会议。区委委员、候补委员，区人大副主任、区政府副区长、区政协副主席出席会议，区属各单位党政主要领导，区人大、区政协、区纪委各处室主要负责人及18名来自一线的党代表列席会议。

（张 静）

【十届十次全体扩大会议】 12月29日，区委召开十届十次全体会议。会议的主要任务是：认真贯彻落实党的十七届四中全会、中央经济工作会议精神，传达学习市委十届七次全会精神，听取并审议区委常委会工作报告，总结2009年工作，研究部署2010年任务；对2009年度全区干部选拔任用工作进行“一报告两评议”；表决通过《中共北京市西城区第十届委员会第十次全体会议关于递补区委委员的决定》，递补王明山、陈艳、张宏达为区委委员。林铎代表区委常委会作题为《解放思想 开拓创新 以党的建设新成绩推动区域科学发展和谐发展率先发展》的工作报告。张建东主持会议。区委委员、候补委员，区人大副主任、区政府副区长、区政协副主席出席会议，区属各单位党政主要领导，区人大、区政协、区纪委各处室主要负责人及18名来自一线的党代表列席会议。

（张　静）

【区委常委会议】　年内，共召开区委常委（扩大）会议37次，完成议题129个。其中，重大决策类77个，约占59.7%；常规类议题28个，约占21.7%；干部任免类议题15个，约占11.6%；临时性议题9个，约占7%。常委会议贯彻党的十七大和十七届四中全会精神，以学习实践科学发展观为主线，全面落实中央和市委市政府“保增长、保民生、保稳定”的决策部署，就加强区委自身建设、做好新中国成立60周年庆祝活动服务保障工作、保持经济平稳较快发展、改善民生工作、党的建设等重大问题进行深入研究，做出了一系列决策和部署。常委会议研究通过了关于在全区党员中开展深入学习实践科学发展观活动的实施意见、开展弘扬北京奥运精神加强领导干部作风建设年活动的实施方案、进一步加强和改进党委（党组）中心组学习的实施意见等；研究通过了关于西城区政府机构改革方案、机关事业单位纳入基本医疗保险管理并实施公务员医疗补助制度、友好城区迎国庆文化交流周活动工作方案、成立街道社会工作委员会方案、进一步建立健全维护稳定体制机制的意见等；研究部署了全区国庆服务保障、甲型H1N1流感疫情防控、2009年公共文明指数测评迎检等全区性重大活动。

（余久兴）

区委办公室

【概况】　中共北京市西城区委办公室（简称区委办公室）是区委的综合办事部门，下设常委会秘书室、区委区政府信息工作室、区委区政府督查室、综合科、机要室、行政科。年内，区委办公室开展深入学习实践科学发展观活动，紧紧围绕全区中心工作，充分发挥枢纽、保障作用。当好参谋助手，高标准做好信息、调研和综合文字工作；提高办公室人员整体素质，做好综合协调工作；提高服务保障工作的满意度，为区领导、各部门、各单位及人民群众提供优质、高效的服务。

地址：西城区二龙路27号

邮编：100032

电话：88064211

（张　静）

【常委会秘书工作】　年内，常委会秘书室不断适应区委新的领导体制和运行机制，创新和完善决策服务机制，着力在办文、办会方面加强精细化管理，提升决策服务工作效能，较好地发挥了参谋助手作用。完善公文制发制度，认真执行公文制发审批规定，全年共制发京西文、京西办文、京西发、京西办发、京西函、西办通报各类文件81件。共为37次常委（扩大）会议、24次专题会议提供全程服务。重点抓好常委会议和专题会议的议题计划管理、会议材料的审核把关、会议决定的落实反馈及部分决定事项的公开报道工作。提升综合文字服务质量，积极参与全区性重要会议和区委专题性会议领导讲话、区委向市委报告工作、区委对全区工作的指导性意见等的起草与修改工作，撰写、修改文稿216篇。

（余久兴）

【信息工作】　年内，区委区政府信息工作室围绕市、区工作大局，发挥信息工作服务决策、推动全区工作发展的职能，进一步改革和创新信息工作机制，突出服务的主动性、超前性、针对性和有效性，加大为处级领导服务力度，创办《西城信息》处级领导专刊，较好完成全年信息工作任务。全年共编发（报）4种信息刊物658期，其中《西城信息》（普刊）147期，《西城信息》（处级领导专刊）47期，《西城信息》（市委专报）420期，《西城信息》（国庆专刊）44期。评出优秀信息141条，有8条信息获得领导批示。

（贾　刚）

【督查工作】　年内，区委区政府督查室围绕市委、市政府下达的折子工程和西城区拟办实事、重点工作、重点工程项目及民生工程，做好督查和建议提案办理工作。加强对督促检查工作规律的研究分析，将督查和建议提案办理工作有机结合，相互促进、相互推动。加强督查基础性工作，提升全区督查工作的整体水平；细化任务指标，明确承办单位职责；加强对难点问题的协调，注重实效，狠抓落实。全年共承办市、区级督查任务226件，其中市委、市政府督查件127件（其中决策督查114件、专项督查13件），区级督查件99件（其中决策督查94件、专项督查5件）。办理建议提案40件（其中区人大建议7件、政协党派团体提案19件、政协委员提案14件），办结率为100%，编发《西城督查》普刊3

期、专刊10期。

（赵 越）

【综合性服务工作】 年内，区委办公室综合协调部门围绕深入学习实践科学发展观活动，全面提升综合性服务工作水平。加强区四套班子会议活动的统筹工作，不断规范会议服务工作，坚持办公室主任联席会议制度，每月制定全区重大会议活动预安排，每周制定区委领导周日程安排，协调、指导全区各单位以及全区性会议活动。为2次区委全会、1次党务工作会及国庆60周年庆祝活动等多次全区重大会议活动提供优质高效服务；加强挂单登记管理，将文件、函件分类登记，把好来文和出文关，进一步细化、梳理文书工作；准确把握全区重点工作和领导关注点，为区委主要领导调研提供服务13次。

（李 彬）

【行政后勤保障工作】 年内，行政科围绕“保障有力，服务有序”的工作目标，树立责任意识、服务意识,创新工作机制，提高工作效率。建立健全财务、物品采购、车辆等一系列管理制度，为区委各部门提供优质的后勤保障。强化财务经费管理，制定《区委关于厉行节约削减公务接待费及其他费用的规定》，切实做好区委全年预算和决算工作，特别是加强对国庆经费的管理，基本实现全年收支平衡；做好后勤服务工作，及时了解各部门新增设备和淘汰设备情况，采购和储备物品做到科学、合理，避免浪费，高效率、高质量地完成了区委各部门政府采购工作；全区重大会议、活动的后勤保障工作做到周到、细致，较好地完成了新中国成立60周年庆祝活动的各项后勤保障工作；加强车辆管理，确保区委领导用车，安排好办公室工作及大型活动用车；切实落实区委离休老干部政治、生活两项待遇；配合机关服务中心做好机关大院安保和环境保障工作。

（张志金）

组织工作

【概况】 中共北京市西城区委组织部（简称区委组织部）是区委主管党的组织工作、干部工作和人才工作的职能部门，内设干部考核任免组、干部教育组、干部监督组、组织组、人才工作组、“两新”党建工作组、党员教育管理组、调研室、党员电教中心、办公室。年内，在区委的领导下，全区各级党组织和组织部门坚持以科学发展观为统领，以“进一步巩固奥运成果、提升发展水平，全力保持经济平稳较快增长，全面完成城市建设和环境建设任务，加快社会建设改革创新，提高民生保障水平，确保社会和谐稳定，以经济社会又好又快发展的优异成绩迎接新中国成立60周年”为主线，加大改革创新力度，谋划长效机制的建立，为区域经济社会发展提供组织保证、人才保证和机制保证，大力加强领导班子思想政治建设，加强干部队伍、人才队伍和党员队伍建设，全面推进基层党建工作创新，较好地完成了各项任务，全区组织工作取得了新进展。

地址：西城区二龙路27号

邮编：100032

电话：88064079

（汲旺昌）

【领导班子和干部队伍建设】 截至12月底，共办理干部任免215人，其中提拔处级领导干部56人（正处职13人，副处职44人），处级非领导干部46人（调研员9人，副调研员37人），退二线17人，退休45人，军转4人。任免过程中加大了干部交流力度，扩大了干部交流范围，共交流使用干部46人次。2月，在北京率先启动全区领导干部作风建设年活动。拟定《中共北京市西城区委关于深入学习实践科学发展观，开展弘扬北京奥运精神、加强领导干部作风建设年活动的实施方案》。协调相关部门召开全区领导干部大会进行动员部署，起草并下发《加强领导作风建设年活动的实施意见》。研究起草《关于进一步加强和改进处级党政领导班子思想政治建设的意见》。7月底至8月底，结合开展学习实践科学发展观活动和领导干部作风建设年活动，以区科学发展观指导检查组为基础，选派区委组织部干部和抽调部分后备干部共计60人，组成10个考察组，采取个别谈话、查阅会议记录、查看述职述廉报告、分析年度测评情况等方式，深入全区65个处级单位进行考察。据统计，考察组与干部群众谈话1200余人次，最终形成考察材料191份，约26万字。考察结束后，将集中考察、日常考察和巡视情况进行对照分析研究，形成对全区处级领导班子和领导干部的评价意见，分析存在的问题及原因，并结合十七届四中全会精神，提出进一步加强处级领导班子建设和干部队伍建设的具体工作思路和措施建议。7至10月，对全区正、副处级后备干部和30岁以下科级优秀年轻干部进行集中调整。经过审核、综合考评、组织考察，最终研究确定正处级后备干部建议人选

84人，副处级后备干部建议人选252人，30岁以下科级优秀年轻干部建议人选61人，上报区委常委会研究。年初，对全区548名处级领导干部上一年体检结果进行分析和汇总，相关情况及时向干部本人反馈；6月，组织“平衡膳食、保障健康”知识讲座，请专家对全区各相关单位机关食堂管理负责人、食堂厨师长50余人进行培训，把“关爱健康”行动落到了实处。

(冯永志)

【干部人事制度改革】 2008年11月至2009年4月，经过动员部署、业务培训、实施考评、汇总结果、征求意见、修订完善等各阶段，按计划完成综合考评办法的试行工作。修订考核内容和考评标准，完善《西城区处级领导班子和领导干部综合考核评价办法》和综合考评软硬件系统，形成组织评价、群众评价、社会评价和自我评价有机结合的考评体系。6月，经区委研究，此办法在全区正式颁布实施，进入常态化工作模式。正式实施后，为保证系统运行顺利，颁发了《操作员管理制度》，对各单位系统操作员进行规范管理，共培训系统操作员95人次，全部取得合格证书。研究制定《北京市西城区近中期后备干部队伍建设规划（2009—2016)》。明确后备干部队伍建设的指导思想、战略目标、工作重点和具体措施。研究制定《西城区领导班子和领导干部平时考察办法（征求意见稿)》，丰富干部考察方式，提高考察工作的科学性与准确性。

(冯永志)

【年度例行工作和基础工作】 年内，完成全区67个党政领导班子和391名处级党政领导干部的民主测评和年度考核工作，并对测评和考核结果分别进行分析，及时向各单位主要负责人反馈。评出年度考核优秀77人，三等功31人，单项嘉奖95人，向市委上报了5人的二等功材料。编写《中共北京市西城区委组织部干部任免公文办理手册》。进一步明确党委系统公文处理工作规范，针对不同公文文种编写相应的模板。按照《北京市西城区处级领导班子成员分工备案暂行规定》中相关要求，收集汇总全区56个班子2009年分工备案表并整理编辑成册。组织全区各单位操作人员对本单位处级领导干部的信息进行集中核校和更新。依据《干部考察文书档案管理办法》（试行)，指定专人负责干部考察材料和收集归档与管理工作。

(冯永志)

【年度重点工作】 7月，中组部考察组到西城区对市级后备领导干部进行考察。区委组织部印制、发出民主测评票约180张，协调处以上领导干部27人参加个别谈话，完成全区领导干部大会的会务保障和谈话考察的组织协调工作。在届中考察期间，完成区委常委扩大会议、全区处级领导干部大会和届中考察民意调查会的筹备与组织、领导讲话的撰写、区级领导干部述职述廉报告材料的核校编印以及考察组谈话的安排保障等工作。6月，按照工作程序完成了区级后备干部人选的民主推荐工作。8至9月，在市委组织部考察组进驻西城区期间，与考察组沟通，协调区四套领导班子成员、法检两长、区委直管单位党政主要领导和部分“两代表一委员”共160余人参加领导干部大会进行民主测评。陪同考察组赴24家考察对象工作单位进行深入考察，印制、发出民主测评票和治理拉票行为情况测评票各920余张，保证了考察工作的顺利进行。按照区委要求，为全区重点工作提供人才支持，同时建立起在重大工程、重要活动和信访部门实践锻炼后备干部的长效机制。在西长安街拓宽拆迁工作中，抽调151名干部投入到拆迁一线开展工作，其中后备干部23人。在深入学习科学发展观活动中，选调后备和优秀青年干部25人参加指导检查组。为迎接新中国成立60周年庆典，先后抽调10名后备干部参加区委政法委和国庆安保指挥部的工作，抽调50名后备干部参加区信访办的工作。

(冯永志)

【大规模培训干部工作】 5月，起草制定西城区《关于开展大规模培训干部工作的实施意见》（简称《实施意见》)，在年度干部教育培训领导小组会上研究通过后下发全区。《实施意见》规定“以党政干部为重点，统筹抓好各级各类干部的培训”的重点内容，提出总的培训任务和明确的培训要求：从2008年起至2012年，处级干部每年均要参加各级组织、人事部门组织或认可的培训，时间原则上不少于110学时，其中在线学习不少于40学时，5年内必须要到党校、行政院校进修班学习一次，5年累计参加培训的时间须达到550学时以上。干部所在单位每年要开展不少于3天的全员培训。

(王世勇)

【干部挂职工作】 年内，接待新疆乌鲁木齐沙依巴克区挂职干部10名，挂职3个月；接待四川攀枝花挂职干部10名，挂职6个月；接待西藏拉萨城关区挂职干部16名，挂职2个月；接待山东德州挂职干部5名，挂职3个月；接待广西玉林市挂职干部5名，挂职3个月；接待吉林延吉挂职干部5名，挂职3个月；接待重庆渝中区挂职干部2名，挂职3个月。接待市委组织部安排的重庆挂职干部5名，挂职时间9个月；与国家开发银行互换挂职干部各1名；接待首都高校辅导员3名，挂职1年，首都高校博士生4名，挂职半年。安排有关后备干部以挂职锻炼形式参加迎国庆重点工作。完成区领导节庆期间慰问挂职干部的活动。

（王世勇）

【“一报告两评议”工作】 在第十届第十次全委会上，组织西城区2009年干部选拔任用“一报告两评议”工作，区委常委、区委组织部部长王力军代表常委会向全委会报告2009年干部选拔任用工作，并接受区委委员、候补委员、纪委常委及各处级班子党政一把手对2009年度干部选拔任用工作情况和新选拔任用干部情况进行民主评议。

（李海霞）

【《干部任用条例》检查工作】 6月至7月组织对区委教育工委、区委卫生工委的委托管理处级干部任免情况进行检查，检查主要围绕《干部任用条例》的学习贯彻情况、干部任免程序、干部工作文书档案的整理等方面进行，并在部分干部群众中组织《干部任用条例》知识测试和干部选拔任用满意度测评。

（李海霞）

【团职军转干部安置工作】 1至3月，全区接收团职军转干部40人，实际报到30人，重点向工作任务比较重和近两年未接收团职军转干部的单位进行安置，并适当向事业单位安置。

（李海霞）

【筹建海外学人金融街分中心】 12月底，区编委会研究同意成立北京海外学人中心金融街分中心。分中心为区委、区政府所属的副处级全额拨款事业单位，与区高级人才评价推荐中心合署办公，在金融街设立服务窗口，主要负责金融街地区海外留学归国人员创业服务工作。

（潘 鑫）

【发挥专家联谊会作用】 北京市西城区专家联谊会于2008年12月27日成立。在专家顾问的支持和参与下，专家联谊会的活动呈现出宽领域、全方位、多样化的特点。活动范围不断扩大，涉及经济金融、教育、医疗卫生、文化科技、社会管理、城市建设、党建人事、法律等方面。合作内容更加广泛，涵盖人才培养、教学研究、承担重大课题项目、指导解决技术难题等。活动形式丰富多彩，包括决策咨询、考察调研、交流研讨、专题讲座、业务指导和培训等。专家顾问广泛参与西城区各个领域的发展建设，较大提升了西城区科学决策、高效运转和整体竞争的实力，促进了西城区经济社会的又好又快发展。

（潘 鑫）

【人才工作服务支撑体系建设】 加大对区域人才工作的调研力度，创新区域人才服务机制，研究制定《关于加强西城区区域人才资源开发利用的意见（征求意见稿）》和《西城区区域人才工作协调办公室及其成员单位职责（征求意见稿）》。开展优秀人才培养专项经费资助工作，10个项目获得北京市优秀人才资助，62个项目获得区优秀人才资助。组织召开区人才资助工作经验交流座谈会，区委教工委、区委卫生工委等6家单位的主管领导、资助项目管理负责人和2009年市、区两级受资助人员参加会议，通过总结经验、交流心得，更好地推动人才资助工作开展。继续开展政工职评工作，共收到3名高级政工师、5名政工师、1名助理政工师的申请。2人获得高级政工师任职资格，政工师和助理政工师申请在审核过程中。安排4名博士生和3名高校辅导员到区发改委、区劳动保障局等5家单位挂职。

（潘 鑫）

【安排部署区“十二五”人才规划】 组织召开区人才工作领导小组成员单位会议，落实《西城区“十一五”时期人才发展规划》，对“十一五”人才规划实施以来的工作进行总结，安排部署编制区“十二五”人才规划相关工作。

（潘 鑫）

【基层党组织建设】 上半年，区委组织部组织相关人员组成考核组，采取听取汇报、实地考察、查验资料、无记名打分等方式，评选出51个基层党组织为首批先进性建设示范点。加强和完善各领域基层党组织的组织覆盖，围绕新中国成立60周年各项服务保障工作，发挥党组织推动发展、服务群众、凝聚人心、促进和谐的作用。指导区直机关、区教育局、区卫生局、区国资委等党（工）委研究制定基层党组织发挥核心作用的工作制度，完善基层党组织议事规则和决策程序。深化基层党建工作分类管理，继续按照考核项目、试点项目、调研项目，对基层党组织工作进行分类管理，给予具体有效的工作指导、合理充分的资金保障和支持。在全区各基层党组织中编印下发《基层党组织工作手册》、《基层党组织党务工作指导手册》和《基层党的组织工作法规实用》，形成“两册一书”的工作指导和推进模式。

（梁　云）

【党内民主建设】 落实《党员权利保障条例》，探索保障不同领域、不同类型党员民主权利的实现途径。开展经常性的党内民主教育活动，提高党员发挥主体作用的素质和能力。改进党组织领导班子成员候选人推荐和提名方式，在全区基层党支部普遍实行党员推荐、群众推荐和上级党组织推荐候选人预备人选，党员大会进行选举的“三推一选”方式。扩大基层党组织负责人直接选举工作范围。继续推进党务公开工作。安排部分党代表出席区委全委会议。研究制定并经区委下发了《中共北京市西城区党代表大会代表任期制实施办法（试行）》，建立健全党代表提案提议、参加民主推荐和民主评议、联系党员群众、开展调查研究以及向党代表通报情况和征求意见的具体制度，发挥党代表在反映社情民意、参与决策、监督批评等方面的作用，提高区委决策的民主化、科学化水平。

（梁　云）

【社区党组织换届】 西城区社区党组织换届选举工作，自2008年11月开始，至2009年2月底结束。区委组织部、区委社会工委制定下发了《关于做好全区社区党组织换届选举工作的意见》，安排部署换届选举整体工作，7个街道党（工）委按照有关要求具体组织实施。换届完成后，148个社区选举产生125个党委、15个党总支、8个党支部领导班子，完善了社区党组织设置。按照社区党组织发挥领导核心作用的要求，通盘考虑党组织、居委会、服务站负责人配备，采取“双向进入、交叉任职”模式，选举产生党组织书记、副书记、委员942人；其中党组织书记、居委会主任“一肩挑”的共126人，新增设服务群众委员、民生委员两类新型委员共261人，并在105个社区配备专职副书记，完善了“一心两会一站”社区管理体制。通过采取“三推一选”和扩大直选比例的选举方式，探索扩大党内基层民主的多种实现形式，确保了直选比例达到20%的目标，全区有52个社区由党员大会直接选举产生了书记、副书记和委员，占社区总数的35.1%。社区党组织换届的完成为西城区第七届社区居委会换届及服务站建设提供了组织保障。

（李宇涛）

【深入学习实践科学发展观活动】 从3月初开始，西城区开展以“深入学习实践科学发展观，全面践行三大理念，着力推进西城科学发展和谐发展率先发展”为主题的全市第二批深入学习实践科学发展观活动。活动历时6个月，分学习调研、对照检查、整改落实3个阶段进行。区委、区政府、区人大、区政协四套班子以及全区党政机关，区人大和区政协机关，区法院、区检察院和人民团体机关，区委区政府直属事业单位，街道机关以及第三批试点单位的83个单位和部门8838名党员领导干部，全程参加学习实践科学发展观活动。通过学习实践活动，全区广大党员干部在科学发展的问题上形成共识，解决了一批影响制约科学发展、群众反映强烈的突出问题，取得一批思想成果、实践成果和制度成果，初步实现党员干部受教育、科学发展上水平、人民群众得实惠的要求。自10月起，西城区启动全区第三批学习实践活动。所有社区、区属国有企业、中小学校、区属医疗卫生机构、新经济组织、新社会组织等领域党组织和党员参加全市第三批学习实践科学发展观活动。第三批学习实践活动包括4个月的集中活动和1个月的巩固和扩大学习实践活动成果，到2010年2月基本完成。

（常　虹）

【发展党员工作】 遵循“坚持标准，保证质量，改善结构，慎重发展”的原则，严把党员发展关，全年入党申请8314人，入党积极分子5025人，党员发展对象1000人，发展党员631人，其中发展女党员374人，占59.3%；发展少数民族党员25人，占4%；发展35岁以下党员375人，占59.4%；发展大专及以上学历党员463人，占73.4%；发展生产工作一线党员426人，占67.5%；发展非公有制经济单位党员43人，占6.8%。在党员发展过程中，全面规范党员发展程序，严格执行发展党员公示制和票决制，发展党员质量较高。

（常　虹）

【党员教育培训工作】 贯彻落实《2009—2013年全国党员教育培训工作规划》，整合利用现有资源，通过分类实施的原则，精心组织，整体推进。培训分层次进行：区委组织部对党政领导干部、中青年干部、基层党组织书记、组工干部进行培训；基层党组织对入党积极分子、系统内党员、流动党员进行培训，其中街道党组织还对“两新”组织党员进行培训。学习贯彻中共中央总书记胡锦涛的重要批示精神，组织全区党员开展向吴大观学习活动，全区各级党组织通过中心组学习、召开座谈会、组织生活会、演讲会等形式，组织广大党员干部开展学习活动。通过收看《吴大观：给战鹰一颗“中国心”》宣传片，撰写学习心得体会，参与全国“双百”评选等多项活动，营造学习先进、见贤思齐的浓厚氛围。

（常 虹）

【流动党员教育管理】 探索流动党员双向共管模式，共建立流动党员双向管理党组织4个。落实《区委组织部搭建流动党员“五个平台”工作方案》，为流动党员搭建党内组织生活平台、就业指导咨询平台、合法权益维护平台、身心和谐发展服务平台、发挥党员作用服务平台。在流动人口管理工作中做好流动党员信息采集和服务管理工作，发挥街道流动党员服务机构作用，免费发放流动党员服务手册，提供就业政策、招聘信息，为流动党员参加各项技能培训提供机会和便利条件。教育和引导流动党员积极参与党组织活动，参与开展设岗定责62人，设立流动党员示范岗14个，参加党员志愿者服务队101，与流入党员结成帮扶对子16个。党组织为流动党员提供服务，开展创业就业技能和实用技术培训150人，走访慰问流入党员85人。

（常 虹）

【组工干部下基层活动】 结合区情和区位特点，结合广大组工干部的实际，以“建设模范部门、打造过硬队伍”为目标，以“加强党性修养、锤炼优良作风”为主题，以解决实际问题为重点，通过扩大服务主体、拓展服务空间、延伸服务方式，组织开展了“组工干部下基层”活动。调动全区各级组织部门、区委各直属党（工）委组织部，西城公安分局、区法院、区检察院政治处的组工干部和全区党政机关的在职党员总计3500余人，参与到“组工干部下基层”活动中，将坐在机关的“封闭式”办公转变为沉到基层的“敞开式”办公，使干部群众更加了解组织工作的方法和程序。

（常 虹）

【争优创先表彰活动】 开展2007至2008年度“争优创先”活动。向区委办公室机关党支部等100个基层党组织、刘佳等303名共产党员、詹志刚等104名党务工作者、武警北京总队一支队党委等36个区域单位党组织、郭玉良等49名区域党建共产党员，分别授予“西城区先进基层党组织”、“西城区优秀共产党员”、“西城区优秀党务工作者”、“西城区区域党建先进单位”、“西城区区域党建优秀共产党员”荣誉称号。

（常 虹）

【党内激励关怀帮扶工作】 集中开展“共产党员献爱心”捐献活动，全区各级党组织积极响应，共有296个单位参与捐款活动，参与捐款党员55762人，群众10621人，共募集资金2455791.5元。尊重党员的主体地位，坚持以人为本和分类帮扶的原则，建立健全党内激励、关怀、帮扶机制，关心和爱护基层干部、老党员、生活困难党员，全年共帮扶困难党员和群众12624人次，结成各种帮扶对子1823个，各级党组织投入帮扶资金565.09万元。完善日常生活保障网，着力解决新中国成立前入党无工作老党员实际困难，根据市委组织部要求，将老党员每月的生活补贴由300元提高到370元。在庆祝新中国成立60周年前夕，开展对新中国成立前参加革命工作的老干部、老工人和老党员的慰问工作，累计慰问的老干部、老工人、老党员共计1576人次，其中老干部1349人、老工人148人、老党员78人，区委区政府共投入财政资金157.6万余元用于发放慰问金。

（常 虹）

【“12371”党员咨询服务电话】 4月初，开通“12371”西城区党员咨询服务电话，畅通了广大党员通过组织部门向党组织寻求帮助、反映意见的渠道。“12371”党员咨询服务电话指定专人受理党员来电咨询，建立咨询服务电话记录本，健全完善规范的运行机制，保证了“12371”党员咨询服务电话的畅通，并做到受理登记一件不漏，办理事务一件不差，回复党员一件不落。对于一般党务政策咨询，当场予以答复；对于一时难以解决的问题，限时答复；对于涉及多个部门的问题，积极协调有关单位限期解决，形成责任有人担、事情有人办的工作格局。自“12371”开通以来，全年共接听党员电话咨询20余次，内容主要包括：党员组织关系接转、参加组织生活；党员履行义务、保障权利和党员反映情况、提出意见建议。

（常 虹）

【党内年度统计工作】 完成全区党内统计及分析工作。经过统计，截至12月31日，全区共有党员51157人，同比增长3.42%，其中女党员26232人，少数民族党员2320人；党员中研究生2108人，大学本科12998人，大专11202人。党的基层组织2087个，同比增加3.72%。

(常　虹)

【课题调研工作】 深入基层开展调查研究，协助完成《关于建立处级领导班子和领导干部综合考评体系的研究与思考》《关于以科学发展观推进基层党建工作持续创新的实践与思考》《西城区后备干部队伍建设探索与研究》等课题调研报告。组织广大组工干部在深入学习实践科学发展观活动中开展调研，全年完成调研文章80余篇。

(张　瑾)

【组工信息工作】 加强基层信息员队伍建设，加大专题策划工作力度，召开专题策划会3次。全年共收到、处理基层信息1250余条。全年共编发《西城组工动态》47期，编发稿件272条，编辑发放《业务通讯》5期。编发并上报专报280期。各级领导对信息批示11篇次，其中市委领导批示1篇次。

(张　瑾)

【对外宣传工作】 加强与市属媒体和党建刊物日常联系，重点开展专题报道，《光明日报》《北京日报》《新京报》等报纸媒体采用9篇，其中，《本市社区党组织首次设置新型委员》被《北京日报》刊登在第一版，成为市委组织部、市委宣传部落实四中全会宣传重点，北京电视台《北京新闻》栏目两次播发。注重新媒体的运用，在人民网、中国共产党新闻网、千龙网发布了示范点创建工作的消息。在《北京西城报》对社区党组织换届、示范点创建等工作进行了专版报道。

(张　瑾)

【王晨华事迹入选《为你而歌》】 《为你而歌》专辑电视片是市委组织部庆祝七一的品牌节目。区委组织部电教中心报送的北京市第四聋人学校校长王晨华的事迹入选《为你而歌》(第七部)，并被制作成电视专题片《无声世界的爱心曲》，七一期间在北京电视台播出。

(朱光毅)

【党员电教片观摩评比活动】 年内，区委组织部电教中心在全区开展第三届党员教育电视片观摩评比活动。活动期间，各基层党组织共上报各类电视专题片27部。通过组织各党(工)委领导集中观摩、现场打分的方式，共评出一、二、三等奖及优秀组织奖4个奖项。根据市委组织部《关于开展北京市第九届党员电教片观摩评比活动的通知》要求，区委组织部电教中心共报送6部电视专题片参评。其中区委组织部电教中心拍摄制作的《在探索中求真》获二等奖，展览路街道党(工)委拍摄制作的《让非公企业有“家”有“为”》获三等奖。《在探索中求真》被北京市科学发展办公室选为第三批科学发展观试点案例教材，下发全市播放学习。

(朱光毅)

【开展电教播放月暨征文活动】 按照市委组织部《关于在全市第三批学习实践活动中开展“党员电教播放月”活动的通知》要求，区委组织部电教中心在全区开展“党员电教播放月暨科学发展在身边”主题征文活动。教育、卫生、社区、企业及“两新”组织的2.8万余名党员参加，开展播放活动2000余场(次)。同时，共收到基层党组织上报征文846篇。经过各党(工)委的互评、自评，共评选出166篇优秀征文，并汇编成书作为科学发展观活动的阶段性成果下发各基层党组织。

(朱光毅)

宣传工作

【概况】 中共北京市西城区委宣传部(简称区委宣传部)是区委主管意识形态工作的综合职能部门。内设办公室、干部理论教育组、综合宣传组、文化组、对外宣传组(区新闻办公室)及区思想政治工作研究会。区新闻中心、区文联和区社科联分别作为全额拨款的事业单位和群众团体机构归口区委宣传部管理，区文明办作为西城区精神文明建设委员会的办事机构挂靠区委宣传部。年内，全区宣传思想文化工作围绕学习贯彻落实中共十七届四中全会精神、深入学习实践科学发展观活动、庆祝新中国成立60周年等大事和全区中心工作，从理论武装、舆论引导、文化建设和精神文明建设4个方面全面推进，为地区经济社会又好又快发展提供精神动力和思想保证，取得预期效果。

地址：西城区二龙路27号
邮编：100032
电话：88064087

(朱　徽)

【理论武装工作】 区、处两级中心组以学习实践科学发展观活动为主线，以建设马克思主义学习型政党为目标，按照“体现主流意识形态需求、体现区域经济社会发展要求、体现区委中心工作目标”的要求，精心策划选题，科学安排学习内容，通过专题报告会、参观考察、走访调研等形式，着力改善领导干部的思想素质、理论水平、知识结构、思维方式，全年举办区级中心组学习21场（次）。开展“西城讲坛”系列宣讲活动，举办各类讲座44场，参与观众近8000人。《北京西城报》“理论周刊”也发挥特色专栏作用，结合理论热点问题和西城区工作实践，推出一系列理论文章。

（朱　徽）

【新闻宣传工作】　做好科学发展观学习实践活动各阶段的宣传报道工作。有计划、有重点地推出系列专栏和专题节目，及时宣传西城区在科学发展、和谐发展、率先发展方面取得的新经验、新做法。《北京西城报》《缤纷西城》电视栏目分别开设“树立科学发展观构建和谐新西城”、“学习实践科学发展观”、“深入学习实践科学发展观系列讲座”、“加强党风廉政建设”等专栏，采编、刊发相关稿件。围绕庆祝新中国成立60周年新闻宣传工作，加强对地区发展成就的宣传报道，并对西城区开展的各种庆祝活动进行密集宣传报道，展示60年来西城经济社会各项事业发展所取得的成就。做好学习贯彻落实中共十七届四中全会精神的宣传报道工作。发挥《北京西城报》《缤纷西城》《西城画报》等区域新闻媒体作用，刊载专家解读、集体讨论、个人体会等文章，加强对马克思主义大众化的宣传普及。

（朱　徽）

【对外宣传工作】　贯彻执行国务院第537号令，落实“善待媒体”的要求，建设一批境外媒体采访点，制发《西城导览》（中英文）手册，先后举办“扩内需、保增长、促发展——走进德胜科技园”等中外媒体接待活动91场，完成各类报道468篇。完善新闻发布制度，对全区新闻发布工作进行规范管理。围绕全区重点工作以及社会热点问题，适时举办“什刹海清除新生违法建设”、“西长安街道路拓宽及特殊用地拆迁”等新闻发布会、通气会、座谈会12场。在西长安街拆迁中，通过发放公开信主动介绍项目意义、工程进展情况、拆迁政策规定等有关内容，分阶段进行宣传解释，引导被拆迁居民的思想情绪和社会舆论，编辑出版《拓宽长安街》一书，推介西长安街道路拓宽工程中宣传思想工作的做法和经验。

（朱　徽）

【新闻发言人培训工作】　加强对西城区处级党政主要领导及新闻发言人培训工作，开展突发事件媒体接待和新闻应急处置的情景模拟演练，培训100名新闻发言人及外事外宣工作主管领导，落实工作责任，提高应对突发事件的处置能力。国庆期间，确定各分指挥部、各单位、各街道的新闻发言人和联络员，制订并完善突发事件新闻处置工作的应急预案和响应程序。年内，西城区新闻发言人就拆迁、老旧小区改造、环境治理、旅游、残疾人事业、文化环境、法制建设等方面有效地进行新闻发布。

（朱　徽）

【思想政治工作】　加强对舆情的收集和分析研判，完善西城区社会舆情信息工作网络，聘请并培训64名特约舆情信息员，畅通信息报送渠道，收集、整理、报送舆情信息101条，其中13条被中宣部采用，1条被舆情清样采编，54条被市委宣传部采用。完成“科学发展观视野中的思想政治工作”调研课题，课题成果被《北京思想政治建设》全文转发；完成“以思想的力量夯实科学发展的政治优势”调研课题，搜集整理66例全区各条战线开展思想政治工作成功经验，编辑出版《思想的力量——来自北京西城的实践与思考》一书，推动西城区新形势下思想政治工作的创新。

（朱　徽）

【爱国主义主题宣传教育活动】　以庆祝新中国成立60周年为契机，进行历史和革命传统教育、爱国主义教育、社会主义理想信念教育和改革开放教育，开展“爱祖国、爱北京、爱西城”、“爱国主义宣传教育月”等系列主题教育活动，举办“‘激情迎盛世，翰墨颂祖国’——庆祝新中国成立60周年书法作品展”、“芝麻开花节节高——西城百姓生活60年变迁图片展”、“为祖国喝彩——国庆专刊、天安门老照片联展”、“魅力紫砂，人文西城——西城区庆祝新中国成立60周年紫砂文化展”、“为伟大祖国骄傲——爱国歌曲大家唱”、“祝福祖国”等一系列书法、美术、摄影、工艺作品展和征文、文艺演出活动，展示新中国成立60年来取得的成就，进一步唱响“共产党好、社会主义好、改革开放好、伟大祖国好、各族人民好”的时代主旋律。

（朱　徽）

【文化创意产业】　区文化创意产业领导小组建立健全工作机制，推动西城区文化创意产业发展规划的专题研究工作，委托国家发改委经济体制与管理研究所和北京大学文化产业研究院，探索西城区文化创意产业科学发展的新路径和新模式，找到切合西城实际的发展目标和促进手段。举办西城区文化创意产业论坛活动，完善“西城区文化创意产业发展研究规划”，统一全区对文化创意产业发展认识，为制定西城区文化创意产业政策打下坚实的基础。为区域文化创意产业发展搭建平台，帮助驻区文化创意企业解决困难，组织部分西城文化创意企业参加第四届北京国际文化创意产业博览会，展示地区文化创意产业发展最新成果。

(朱　微)

【群众文化活动】 完善地区文化工作联席会制度，加强对西城区文化工作的统筹协调指导。建成区非物质文化遗产展示中心，宣传和展示西城区优秀非物质文化遗产资源。推进公共文化服务体系建设，提高全区群众文化活动的品质。年内，完成“1121”工程建设，建成2个区级图书馆、14个街道级图书馆、138个社区图书室，建成7个街道文化站、150个社区文化室，建成7个社区教育学校，建成7个数字影院。以庆祝新中国成立60周年为契机，发挥“月末大舞台”、“景山合唱节”、“月光下的诗会”、“六艺大比拼”等群众文化活动的品牌效应，开展国庆群众大联欢活动、“节庆西城”专场演出，举办和谐杯六艺大比拼、社区杯六艺大比拼等活动。西城区全年开展各类文化活动8628场，参与人次53万。开辟“嘻哈包袱铺”、“广茗阁”等民间自发表演团体演出活动；建成繁星戏剧村，填补西城区无小剧场话剧演出的空白；打造“快乐四号线”品牌，整体宣传地铁4号线周边72处文化娱乐场所；探索20至50元的低票价演出活动，举办“五一魔术专场演出”、“新笑声客栈”、“越剧专场”等演出活动13场，2300余人观看演出。

(朱　微)

【文化交流活动】 开展“友城手拉手、浓浓民族情”西城区友好城区国庆文化交流周活动。邀请来自西藏拉萨城关区、新疆乌鲁木齐市沙依巴克区、内蒙古呼伦贝尔市鄂伦春自治旗等14个友好城市和地区的藏族、维吾尔族、蒙古族等少数民族艺术家，到西城区举办3场富有浓郁民族特色的文艺演出。同时，举办友好城区风情摄影展，展示14个友城的风土人情、自然风光、经济社会发展情况。组织区内文艺团队，赴北京延庆、门头沟等区县、西藏拉萨城关区以及境外部分友好城市进行文化交流，扩大西城文化的影响，加深与国内外友好城市之间的文化交往。

(朱　微)

【宣传干部队伍建设】 举办第四期宣传干部培训班，对西城区116名宣传干部进行系统的理论知识和业务技能培训。结合工作和形势需要，组织处级中心组秘书、新闻发言人、舆情信息员、新闻通讯员、政研会分会负责人以及区社科联团体会员单位负责人等专项培训，提高宣传干部队伍的整体水平。

(朱　微)

社会主义精神文明建设活动

【概况】 北京市西城区精神文明建设委员会办公室（简称区文明办）是西城区精神文明建设委员会的办事机构，负责协调承办全区精神文明建设的日常工作。年内，西城区精神文明建设工作继续深化群众性精神文明创建活动，不断提高市民思想道德素质和社会文明程度，为庆祝新中国成立60周年营造热烈喜庆、文明和谐的社会环境。年内，西城区在全国文明城区公共文明指数测评中取得直辖市城区排名第二的好成绩，被中央文明委授予“第二届全国未成年人思想道德建设先进城市”荣誉称号。

地址：西城区裕中西里小区28号楼
邮编：100029
电话：82283125

(孙建军)

【精神文明建设暨双拥工作大会】 3月25日，组织召开全区精神文明建设暨双拥工作大会，会上表彰了上年度西城区在精神文明创建活动中获得区级文明行业、单位、个人奖项7大类762个，分别是：西城公安分局治安支队等59个单位被评为“创建文明行业示范单位”，历代帝王庙管理处等427个单位被评为“文明单位”，西长安街街道等7个街道被评为“文明街道”，金融街街道丰盛社区等111个社区被评为“文明社区”，德胜街道安德路南社区134号楼3门等16个楼门（院）被评为“民族团结文明院”，新街口街道赵登禹路391号等100户家庭被评为“五好文明家庭”，什刹海街道保洁队队长杜建雷等42人被评为“文明市民标兵”。

(孙建军)

【群众性精神文明创建活动】 按照《西城区开展“城乡统筹，文明先行”主题社会实践活动安排》要求，协调组织获得市级以上文明称号的文明单位继续深入开展城乡共建活动，鼓励区级文明单位积极参加，争取获得更高荣誉。全区有13个首都文明单位标兵、67个首都文明单位、7个首都文明街道积极参与共建活动。在全区窗口行业开展“创文明单位、树行业新风”活动、“迎国庆优质服务月”活动；在西城区“百城万店无假货”示范街创建活动领导小组指导下，开展诚信经营示范街、诚信经营示范店活动，规范经营理念和市场秩序，提高社会诚信水平，完成庆祝新中国成立60周年各项服务保障任务。针对甲型H1N1流感，组织协调区科协等单位深入基层社区，宣传科普知识，增强社区群众抵抗疾病的意识；协调指导各街道社区组织开展社区文艺活动；通过举办“喜迎建国60周年‘四进社区’成果宣传”图片展、“喜看社区新变化”群众DV作品征集（向首都文明办选送了35个优秀DV作品）等活动，展示社区群众的新生活、新面貌、新风尚。完成2009年度市区级群众性精神文明创建活动的申报评选工作，共申报区级文明单位552个、区级文明街道7个、区级文明社区127个。发放2008年度先进奖牌的同时，回收封存不合要求的347块旧奖牌，规范了牌匾的使用。

（孙建军）

【未成年人思想道德建设】 落实编制并调整区未成年人思想道德建设工作协调小组成员单位；走访基层，调研未成年人思想道德建设工作；建立联席会制度，通过联席会和请领导、专家讲课等形式开拓视野，创新思路；制定《关于进一步净化社会文化环境促进未成年人健康成长任务分工的实施方案》，将其与落实全国未成年人思想道德建设工作测评体系指标要求有机结合起来，协调组织相关单位完成以教育部副部长陈小娅为组长的中央文明委第二督查组对北京市西城区净化社会文化环境工作的检查工作，在中央文明委召开的第二届全国未成年人思想道德建设经验交流大会上，西城区荣获全国“未成年人思想道德建设工作先进城市”称号。发挥“学校、家庭、社会”三位一体优势，开展形式多样的教育实践活动。根据首都文明办工作部署，4月18日，在区文化中心组织500余名中学生参加“芭蕾艺术进校园”活动，陶冶中学生的艺术情操；在六一国际儿童节前后，组织未成年人开展“向国旗敬礼、做一个有道德的人”网上签名寄语活动，并确定北京市第四中学为此项主题活动联系点。西城区网上点击5万余次，受到社会各界的一致好评；开展第五届“首都未成年人思想道德建设创新案例奖”征集评选和“快乐假期——争当社区文明小使者”主题教育实践活动，推荐“外来务工子女读书会活动”和“规划人生的蓝图”等作品参加评选，951名中小学生获得“文明小使者”称号；5月27日，与区委宣传部、区文联共同举办《公德礼赞》连环画首发仪式新闻发布会，并在现场发放画册，得到上级领导、各主要媒体记者及学生家长280余人的认可。

（孙建军）

【“迎讲树”实践教育活动】 根据中央文明办下发的《关于志愿服务活动的工作规程》通知精神，为进一步深化志愿服务的组织、机制建设，区文明办协调成立了“西城区志愿服务活动协调领导小组”；组织协调各成员单位开展“迎国庆 共建和谐美好家园”城市清洁日志愿服务活动；组织反分裂各民族宣讲团进社区教育实践活动（针对“7·5”乌鲁木齐打砸抢事件）；组织职业高中应届毕业生到各旅游景点咨询台参加“你来西城，我来导游”青年志愿服务；围绕庆祝建党88周年，组织志愿者开展慰问老党员、城乡手拉手送健康等志愿服务活动；组织“公德人物来到我身边”活动，传承楷模精神，引领社会风尚。根据区领导指示，组织协调中直机关和中央国家机关的100名机关干部，完成国庆联欢方阵的训练、演练、演出任务；组织120名文明乘车监督员有效保障了国庆活动的疏散工作；发挥区文明委的优势，在庆祝新中国成立60周年的西城区书法作品展及“西城精神”征文活动中，协调中央国家机关和驻区部队提供55幅书法作品和14篇征文参加活动；组织参加北京市“迎国庆、讲文明、树新风”（简称“迎讲树”）礼仪知识大赛活动，西城区选手取得了第三名的好成绩。

（孙建军）

【文明乘车工作】 以全国两会召开和新中国成立60周年为契机，结合首都文明办总体工作部署，组织文明乘车监督员大队持续开展招募“排队文明引导员”、“文明游园、文明踏青”、“文明乘车百日行动”、“共建文明和谐安全有序的公交站台”和“双创双评”（我最满意的公交地铁站台和我最喜爱的文明引导员）等多种形式的主题实践志愿服务活动，营造良好的公共秩序、文明出行氛围，增强市民秩序排队、文明礼让意识。在“双创双评”活动中，西城区有28个公交站台和12人获得首都文明委颁发的荣誉奖。

(孙建军)

【公民思想道德工作】　按照《西城区公德之星评选表彰管理办法》规定，推荐耿龙云、司秉玲为全国“我推荐，我评议身边好人”活动第一阶段候选人，王意和赵申为首都“十大道德模范”活动候选人。根据上级要求，发动全区开展“我们的节日”系列活动，并将其与“庆祝中国共产党建党88周年”结合起来，依托各街道开展丰富多彩的文化活动，共有20余万人参加了“网上祭先烈”活动，15个普通家庭参加了“文明之春——踏青赏花文明游”活动。弘扬社会主义核心价值体系，开展“爱国歌曲大家唱”活动。

(孙建军)

【公共文明指数测评工作】　在区委区政府领导下，驻区单位及区属各单位以迎接公共文明指数测评工作为重心，狠抓测评指标的落实，6月、7月完成了文明城区考察及迎接中央文明办公共文明指数测评工作。根据中央文明办函〔2009〕44号文，西城区取得了总分83.67(满分为：公共环境39.5、公共秩序21.8、人际交往11.8、公益活动9.4、重点工作17.5)的好成绩。9月，区文明办领导班子结合西城区实际，认真研究迎检模式，制定“文明城区长效迎检机制方案”，深化文明城区建设的常态化、制度化。

(孙建军)

【全国文明城区建设宣传工作】　通过“百位市长创建文明城市网上谈”节目，彰显西城文明城区建设成果。5月13日，在中国文明网的专访活动中，区委副书记、区长张建东和区市政管委主任等6人就西城区全国文明城区创建工作的经验和成果，与主持人、网民互动交流。编制、印发《西城区全国文明城区建设工作资料汇编》和《创建文明城区大看台——北京市西城区深化文明城区建设成果展示》画册，集中体现3年来西城区创建全国文明城区的工作成果，为全区单位、个人提供了详实的文明城区建设成果资料。完成《城市经济》杂志社约稿和配合北京电视台拍摄制作“北京受表彰的全国创建先进典型宣传片”工作。

(孙建军)

统一战线工作

【概况】　中共北京市西城区委统一战线工作部(简称区委统战部)是中共西城区委主管统一战线工作的职能部门。区委统战部机关内设办公室、党派组、联络组，西城区社会主义学院是区委统战部的直属事业单位。年内，在区委的领导和市委统战部的指导下，区委统战部切实提高统一战线服务科学发展和实现自身科学发展的能力水平，凝聚人心、汇聚力量，努力促进五大关系和谐。贯彻落实市统战工作会议和区委十届十次全会精神，应对国际金融危机影响，推进“十一五”规划顺利实施。围绕庆祝新中国成立60周年，发挥统一战线的优势和作用，为西城区科学发展、和谐发展、率先发展贡献力量。

地址：西城区二龙路27号

邮编：100032

电话：88064280

(曹　平)

【开展落实中央文件自查工作】　年内，采用梳理工作和走访座谈两种方式对西城区落实《中共中央关于进一步加强中国共产党领导的多党合作和政治协商制度建设的意见》(中发〔2005〕5号)文件和《中共北京市委关于贯彻落实〈中共中央关于进一步加强中国共产党领导的多党合作和政治协商制度建设的意见〉的实施意见》(京发〔2005〕9号)文件精神开展自查工作，总结西城区贯彻落实文件精神、加强多党合作和政治协商制度建设的有效做法，从围绕中心服务大局、创新工作体制机制、党外代表人士队伍建设、加强领导班子建设4个方面查找问题，制定西城区推进多党合作和政治协商制度建设的主要思路：以科学发展观为统领，巩固统一战线共同的思想政治基础；解放思想、更新观念，形成围绕中心服务大局的新思路；支持民主党派加强自身建设，推动多党合作全面发展；创新机制，探索多党合作可持续发展的规律；加强自身建设，切实做好指导、服务基层工作。

(曹　平)

【总结“十一五”人才工作】　根据《北京市西城区“十一五”时期人才发展规划》具体要求和西城区统战系统人才发展实际，统战部完善党外人才数据库，并实行动态维护和管理。区委统战部从加强党外后备干部队伍建设，加强新成员、中青年骨干、后备干部3支党外人才队伍培养，加大党外干部的推荐、使用力度，加强党外人才工作的制度化、规范化、程序化建设四方面深化人才工作。截至12月，党外人才数据库入库人员217人，其中党政人才35人、专业技术人才102人、经营管理人才65人、高技能人才15人；拥有中高级职称的178

人，本科以上学历的179人。西城区有党外副处级以上干部33人，其中副局级领导职务2人，正处级领导职务3人，副处级领导职务16人、副处级非领导职务6人，民主党派驻会副处级干部6人；政府工作部门党外干部15人，其中副局级领导职务1人、正处级领导职务1人、副处级领导职务9人、副处级非领导职务4人。

（曹 平）

【民主党派中青年骨干培训班】 8月14至15日，区委统战部举办民主党派中青年骨干培训班，43名民主党派后备干部参加培训。培训班从针对性和实效性入手，调整完善内容和形式，分别邀请九三学社市委原副主委周舜武作《民主党派中青年骨干如何发挥作用》和西城区政协副主席、区委统战部部长姜昕华作《学习实践科学发展观，推进多党合作事业可持续发展》的主题报告；并组织了座谈讨论和总结交流。培训层次分明，讲求实效，学员充分讨论、各抒己见、认真学习、收益颇丰。

（曹 平）

【举办基层统战工作培训班】 4月28至29日，举办“2009年西城区统战、对台工作培训班”。西城区部分委办局、各街道、教育、卫生、区属企业的统战工作主管领导及统战干部50余人参加培训班。区委统战部、区台办分别部署年度重点工作安排，并就正在开展的工作征求了基层的意见及建议。区政协副主席、区委统战部部长姜昕华围绕《学习实践科学发展观 推进西城区统一战线可持续发展》主题授课，阐述科学发展观与统一战线的关系问题，重点强调科学发展观对统一战线的三个根本要求：一是统一战线的科学发展，就是建设具有强大凝聚力和可持续发展的统一战线，使党同各民主党派、无党派人士的团结更加巩固，各民族的关系更加和谐，社会各阶层的关系更加协调，宗教与社会主义社会更加适应，大陆同胞与港澳台同胞和海外侨胞的联系更加密切。二是统战系统的科学发展，就是统筹大陆范围内与大陆范围外、统战部门与党派团体、上层统战与基层统战等各个方面，推动统一战线各领域各方面各层次工作全面协调发展。三是统战部门的科学发展，就是全面加强思想建设、组织建设、作风建设、制度建设等，使统战部门成为深受欢迎的党外人士之家。满足统一战线广大成员多样性需求，维护和实现他们在经济、政治、文化、信仰等方面的合法权益，为统一战线广大成员发展事业、施展才华创造条件、搭建舞台。

（曹 平）

【举办社区统战干部培训班】 5月至6月间，区委统战部深入基层、走进社区讲统战，加大对社区统战队伍的培训。针对西城区各个街道社区中共党组织换届改选，人员变化较大的情况，区委统战部制定基层社区统战工作培训计划，编写符合社区统战工作需要的教案，由主管副部长带队深入各街道，对社区统战干部进行专题培训。以《增强意识 提升认知 立足社区做好新世纪新阶段统战工作》为题目，从“统一战线的重要地位和作用”、“全面把握新世纪新阶段统一战线的五大关系”、“社区统战工作”3个方面全面系统地阐述了统战工作的方针政策、工作的方式方法，分别对展览路街道、德胜街道、金融街街道、新街口街道4个街道近240名社区工作者进行统战知识培训。

（曹 平）

【“迎讲树”活动】 年内，西城区统战系统开展“迎国庆、讲文明、树新风”主题活动。组织开展文明礼仪宣传普及活动26次，700人次参与；组织开展公共文明引导行动14次，520人次参与；组织开展社会志愿服务活动62次，1400人次参与；组织开展社会文化活动76次，3300人次参与；协助编写清真餐饮窗口行业培训教材9种，印发4000余册，培训1100人次；组织参观学习12次，930人次参与。主题活动的突出特点是：重视程度高，区委领导专门听取区委统战部关于主题活动工作部署思路，并设立专项经费30万元给予必要支持；活动形式多样，包含统一战线知识培训、参观学习、主题征文、摄影展览、书画笔会、知识竞赛、走访慰问等多种形式；西城区各民主党派发挥自身特点和优势，开展义诊、慰问演出、捐资助学、健康知识讲座、参观学习等多种形式的社会服务活动，体现出统一战线人才荟萃、团结活跃的特色；参与范围广，形成统战系统机关干部积极参加区内相关活动、各界统战人士热情参与区委统战部活动的局面。

（曹 平）

【统战系统多种形式欢度国庆】 9月，区委统战部举办“同心曲、祖国颂”——西城统战系统庆祝新中国成立60周年系列活动。系列活动包括主题书画展览、主题文艺演出、主题征文活动等。其中书画展征集作品212幅，参展书画家141

人，展出精品96幅，作品重点突出中国共产党领导的多党合作政治协商制度的优越性，体现西城区统一战线事业发展的光辉历程。区文联主席张世俊，区政协副主席、区委统战部长、西城海外联谊会会长姜昕华，以及西城区各民主党派、工商联、侨联和统战系统有关部门的负责人出席画展剪彩仪式。文艺演出突出西城区统战系统自编自导自演、自己观看的特点，整台演出由歌唱、舞蹈、戏曲、曲艺表演等14个节目组成，演员分别来自西城区各民主党派、工商联、无党派、民族、宗教、侨界等各方面人士；台下观众是来自统一战线的各界人士和统战工作人员，共同唱响“大团结、大联合”。征文活动收到来自全区各民主党派、工商联、无党派、民族、宗教、侨界等各方面人士的征文75篇，由区委统战部、区社会主义学院编辑成册。

（曹　平）

【落实“双月座谈会”制度】　结合国际金融危机经济形势背景，区委统战部确定“关注经济发展”为年内双月座谈会主题，召开双月座谈会6次。由区政协副主席、区委统战部部长姜昕华带队，组织各民主党派、团体负责人200余人次走访区财政局、区地税局、区发改委、区国税局、区商务局、区国资委6家单位，座谈了解情况，积极建言献策使各民主党派、团体了解西城区财政工作、经济发展规划、税收工作情况，并针对西城区经济工作的总体形势和工作中存在的一些问题作深入探讨。

（曹　平）

【走访看望“诤友”工作】　元旦和春节之际，区四套班子党员领导干部展开走访、慰问各自所联系的党外代表朋友活动，包括各民主党派、团体负责人和非公经济、宗教界、侨界代表人士，共计23人。区委统战部干部分头走访各民主党派、团体离任的主要负责人25人。走访过程中，领导们认真询问党外朋友的工作、生活的状况，对党外朋友一年来关心和支持西城区的各项工作表示感谢，并对党外朋友及其单位提出的一些困难、问题进行讨论，当场帮助解决。中秋、国庆节前夕，区委统战部陆续走访7个街道的70名统战人士。

（曹　平）

【提高知联会理事综合素质】　5月，组织40余名理事参加以“学习无党派代表人士生平事迹，传承中华传统文化”为主题的参观学习活动，提高理事们对无党派人士身份的认知。6月，举办首期“2009年西城党外知识分子联谊会培训班”。以如何提高参政议政能力、如何发挥作用推进西城区统一战线可持续发展为培训主题，通过报告、授课方式，系统地对知联会理事进行培训，进一步提升理事对参政议政的认知。

（曹　平）

【海联会树立“双发展”理念】　1月5日，西城海外联谊会召开二届二次常务理事会，包括港、澳理事在内的20名理事参加会议，会上明确了西城海联会服务理事与理事奉献西城“双发展”的工作理念，发挥西城区海联会对外联络、联情的优势。年内，西城区海联会组织理事活动7次，协助解决港资企业劳资纠纷2件；西城区海联会副会长、香港百骏投资公司总裁马志刚，向西城区慈善协会一次性捐资100万元，用于西城区慈善事业。

（曹　平）

【海联会加入社会组织联合会】　9月，西城区海外联谊会加入西城区社会组织联合会，成为其理事单位，为理事参与西城区各项活动拓宽渠道。

（曹　平）

对台工作

【概况】　中共北京市西城区委台湾工作办公室、西城区人民政府台湾事务办公室（简称区台办）是西城区委、区政府主管对台工作和事务的职能部门。2009年是两岸关系保持良好发展势头，努力开创和平发展新局面的重要之年，也是西城区实现“科学发展、和谐发展、率先发展”的重要之年，西城区对台工作以中共中央总书记胡锦涛在纪念《告台湾同胞书》30周年座谈会上的讲话精神（简称“12·31”讲话）为指针，贯彻中央对台工作的统一部署，促进两岸大交流、大合作、大发展，着力提高西城区对台工作的水平，努力为西城区经济社会发展和社会稳定作出贡献。年内，协调处理7起涉台突发事件。区台办题为《西城区全面开展涉台教育的时间与思考》的论文，获北京市台办调研工作二等奖，在市台办工作期刊《北京对台工作》和国台办《台湾工作通讯》上刊登，宣传西城区开展涉台教育的经验。

地址：西城区二龙路27号

邮编：100032

电话：88064281

（任　炜）

【召开对台工作领导小组会议】　根据市委下发的北京市对台工作有关

文件精神，区委领导对学习贯彻市委文件做出批示，主管领导对制定西城区的贯彻落实意见提出了一要全面贯彻市委文件精神，二要充分体现西城区的特点，三要有阶段性目标的要求。区台办针对西城区的具体情况进行讨论和研究，征求有关领导和部门的意见，在区委常委会上汇报西城区对台工作状况和今后工作的设想，区委常委对西城区对台工作给予充分肯定，区委领导对今后如何开展对台工作提出要求。4月28日，区台办组织召开“西城区对台工作领导小组（扩大）会”，传达中央、市委的有关文件精神，总结上年的对台工作，区委领导对全区的对台工作提出要求，领导小组要切实发挥组织协调作用，在解决台胞遇到的困难和问题方面，给予支持和帮助。

（任 炜）

【涉台宣传教育工作】 区台办落实区领导林铎关于“组织全区各级领导认真学习、领会、贯彻‘12·31’讲话精神”的批示。在西城区理论中心组学习会上，区台办邀请军事科学院世界军事研究部副部长王卫星解读“12·31”讲话精神和两岸关系形势。年内，区台办组织形势教育报告会9场，邀请王卫星、中国国际问题研究所研究员郭震远、北京联合大学台湾研究院院长刘红等为干部群众讲解中央对台政策和台海局势，全区2000余人次参加学习。区台办主任到民革西城区委、民建西城区委、台盟西城区工委讲解两岸关系形势和到西城区对台工作情况4场。9月，根据市台办的通知精神，区台办下发西台字〔2009〕4号文件，举办“中国心两岸行”摄影比赛活动。全区共征集近2000张参赛作品，经过专家评选，评选出学习贯彻篇、交流交往篇、创业发展篇、京城建设篇、宝岛风情篇等5个专题48张摄影作品为一等奖。获奖作品在区委办公楼的电视屏幕上播放，并推荐上报到市台办。

（任 炜）

【青少年涉台教育工作】 “西城区青少年祖国宝岛台湾教育基地”（简称教育基地）尝试新的教育方式。2月3至10日，区台办、区教工委组织“西城区青少年科技环保交流团”赴台进行环保教育、机器人互动课堂、环保小实验、环保短剧及科技作品展示等交流活动。4月23至24日，北京市第一五九中学、西城区中古友谊小学等教育基地校接待台湾宜兰县中小学校长协会参访团参观、交流。5月18日，北京市鲁迅中学开展“台湾知识一堂课”活动，邀请北京联合大学台湾研究院教授用一堂课的形式向600名师生讲授台湾知识。12月17日，西城区召开“青少年祖国宝岛台湾教育基地”成立10周年大会，国台办领导钟河林，市台办副主任高振生，台盟市委副主委杨晓东，区领导刘跃平、姜昕华与29所基地校师生共100人参加活动。教育基地通过开展青少年涉台教育活动，深化教育工作，总结10年的经验和做法，表彰优秀涉台教育干部和教师。

（任 炜）

【对台经济工作】 年内，西城区台资企业在国际金融危机的影响下，生产经营活动遇到很多困难。区台办与30余家台资企业进行联系，发放市台办台资企业经营情况调查问卷22份，组织5家台资企业参加“市长接待台商日”活动。3月7日，区领导苏东和区台办、区园林局、区旅游局等单位领导与台湾THE ONE公司召开烟袋斜街文化创意产业发展座谈会。区台办协助西城有关企业与台湾文化创意产业联系，配合完成“京港台旅游礼品大奖赛”和“京港台旅游产品创意论坛”活动，1家台湾知名文化创意企业进驻什刹海。区台办协调组织市政协委员走访君太百货。6月19日，由区领导许伟带队的区政协港澳台侨专委会委员视察3家台资企业，委员们将了解的情况及意见上报市台办及有关部门。

（任 炜）

【台胞权益保障协调工作】 年内，区台办协调解决台资企业经营中的问题14件。5月14日，区台办启动处理涉台突发事件应急预案，协调育青食品公司西单购物中心商柜火灾问题，反映台资企业的意见，起到企业与政府沟通的桥梁作用。年内，区台办协调解决了豪尚豪餐饮公司搬迁问题及君太百货的经营纠纷。

（任 炜）

【台资企业协会西城地区活动中心】 在春节、中秋等中国传统节日期间，区台办协助“台资企业协会西城地区活动中心”（简称活动中心）组织台资企业与区领导、有关部门联谊。3月12日，区台办组织20名活动中心理事、驻区台商进行健康体检，并为不能参加的台商办理体检卡。6月11日，西城区召开活动中心理事会，区领导白云生、姜昕华，活动中心理事长黄梅郕等11人参加会议。区台办主任通报西城区开展学习实践科学发展观活动情况，并向台商征求意见建议。6月29日，区台办与活动中心联合组织台资企业代表20人赴宁夏回族自治区银川市考察访问，考察团与银川市政府就食品加工、保健品生产、网络服务、投资环境等问题进行座谈。

（任 炜）

【对台交流交往工作】 区台办配合国台办和市台办交办的台胞交流考察接待工作，年内共接待台湾交流考察团16个383人。3月18日，区领导刘跃平接待台北县中和市市长邱垂益率领的里长参访团一行119人，区民政局、区司法局、区文化委、金融街街道、展览路街道、西长安街街道领导参加接待交流活动；区台办安排交流团参观恭王府、历代帝王庙。5月22日，区领导姜昕华在什刹海接待高雄市市长陈菊率领的考察团。10月19日，台湾台北市中正区公所参访团到展览路街道参观社区消防减灾中心，了解街道居委会建议、选举制度和安全管理制度。年内，区台办还接待高雄县冈山镇小区发展联谊会大陆参访团、高雄中山大学公共事务研究所大陆参访团、高雄市义守大学在职研究生参访团、宜兰县中小学校长协会考察团。年内，组织2个赴台交流考察团，办理35批次共278人赴台湾交流考察。其中“社区建设考察团”由区委主管对台工作领导带队，“城市建设考察交流团”由纪委书记和副区长带队，考察针对性强、收获大，为更好地开展交流考察提供了经验。“北京市第三十五中学民乐交流团”和区科技馆“青少年科技环保交流团”近百人共同参加台湾新竹举办的闹元宵活动，中央电视台2次报道、北京交通台现场直播活动情况。区台办协助区教育系统组织北京市第八中学师生参加“祭孔大典”活动，部分中学生参加现场活动，北京市第八中学组织视频分会场，两岸近万人参与这项活动，中央电视台报道活动情况并请专家分析祭孔活动的文化意义。

（任 炜）

【台生工作】 区台办在做好台湾中小学生日常管理工作的同时，常抓不懈做好到西城区就学和实习的台湾大学生工作。6月17日，区台办、台盟西城区工委、区海外知识分子联谊会、护国寺中医院等单位与30余名北京中医药大学2006级台港澳班召开座谈会，台湾学生就医师资格考试、学校住宿、毕业就业等问题提出意见和建议。6月25日，区台办协调组织台湾学生参观恭王府，增强台湾学生对祖国大陆的了解。年内，区台办对10余名在中央音乐学院学习的台湾学生进行走访、座谈；为驻区台商解决子女入学问题，在挑选学校、办理手续过程中给予帮助，2名台湾学生顺利入学。

（任 炜）

【台胞台属工作】 区台办组织台胞台属召开“纪念改革开放30周年与祖国统一大业”座谈会、“同心颂祖国”港澳台侨迎国庆座谈会，在统战系统举办的“同心曲、祖国颂”专场演出中，组织中央音乐学院6名台湾学生演奏民族乐曲。8月20日，区台办组织20名台胞台属参观“辽沈战役纪念馆”、曹妃甸新首钢和李大钊故居，继续“红色之旅”活动。9月18日，区台办组织召开“颂祖国盼统一”台胞台属迎国庆座谈会，民革西城区委、台盟西城区工委领导与40名台胞台属畅谈新中国成立60年来的体会和感受。年内，区台办走访台胞台属16户，接待台属来信来访10件，处理有关台属房产问题的人大代表建议案1件。国庆前夕，走访慰问生活困难的台属3户。

（任 炜）

【做好各项服务工作】 区台办主任、副主任参加国台办组织的业务培训。区台办与区委统战部联合组织“基层统战干部、对台工作干部培训班”，学习中央对台工作方针政策，分析两岸关系形势，明确对台工作任务。3月12日，区台办组织召开“涉台部门联席会”，区人大、区政协、民革西城区委、致公党西城区委、黄埔同学会西城联络组、区侨联等涉台部门参加会议。区台办主任介绍西城区2008年对台重点工作和2009年对台工作计划，征求各部门的意见和建议，调动社会各方面的积极性，挖掘新形势下做好对台工作的潜力。11月，区台办向区政协港澳台侨专委会通报西城区对台工作情况。委员们对加强青少年交流、促进涉台教育和发挥传统文化优势做好台湾人民工作等方面提出建议。

（任 炜）

调查研究工作

【概况】 中共北京市西城区委、北京市西城区人民政府研究室（简称区委区政府研究室）是区委区政府的决策研究部门。年内，全区调研工作围绕“人文北京、科技北京、绿色北京”的发展要求，按照区委十届八次全会的工作部署，将调查研究与深入学习实践科学发展观相结合，与努力破解制约发展的瓶颈问题相结合，与“十二五”规划前期重大问题研究相结合，着力发挥调查研究在引领思想创新、支撑科学决策、推动科学发展中的重要作用，并以调查研究的创新成果和指导工作的实际效果，体现对科学发展观的学习、理解和运用水平。全区调查研究工作围绕推动高端产业功能区建设和扩大投资、拉动消费的思路和措施、社会事业发展、统筹解决民生问题的工作措施、社会建设改革创新、全面加强党的建设等5个方向开展，共完成重点调研课题154个，其中区级领导完成27个，处级领导干部完成127个。

地址：西城区二龙路27号

邮编：100032

电话：88064261

（张小梅）

【评选优秀调研成果及先进单位】 根据《西城区优秀调研成果和调研工作先进单位评先奖励办法》精神，2008年底至2009年初，在全区开展了自荐、申报优秀调研成果和调研工作先进单位工作。区委区政府研究室组织各街道和区委区政府各部、委、办、局负责调研工作干部和区调研联席会成员单位进行3轮评定，经区委常委会研究同意，从全区61个单位申报的104篇调研报告中评出《关于完善金融街产业布局 提升产业竞争力》等31篇优秀调研成果，从自荐的42个单位中评出区委办等10个调研工作先进单位，并以区委、区政府的名义进行表彰。区级领导调研课题和获奖优秀调研成果编入《北京市西城区2009年度优秀调研成果选编》。

（高　燕）

【重要文稿起草工作】 根据区委在全区开展深入学习实践科学发展观活动的工作部署，起草区委主要领导在第二批和第三批动员大会、总结大会以及各阶段工作会议上的讲话；在学习调研的基础上起草区委和区政府主要领导的专题报告，运用科学发展观分析制约区域发展的8个方面问题以及政府管理体制机制和职能转变方面的主要问题，引导学习实践活动不断深入；组织相关部门共同研究起草区委区政府领导班子整改落实方案。完成区委十届九次全会报告起草工作，总结上半年全区“保增长、保民生、保稳定”工作情况，分析经济社会发展形势和新中国成立60周年国庆任务要求，部署下半年工作。完成区委十届十次全会报告起草工作，落实党的十七届四中全会、中央经济工作会议和市委十届七次全会精神，根据首都着眼于建设世界城市、推动新一轮科学发展的目标要求，充分吸纳全区学习实践活动的研究成果，明确提出西城区要努力成为“人文北京”的示范区、“科技北京”的精品区、“绿色北京”的先行区，推动区域发展战略的拓展和创新。组织起草区政府工作报告，总结2009年全区应对国际金融危机影响、努力实现经济社会平稳发展,以及完成新中国成立60周年国庆任务的显著成绩，安排部署2010年经济社会发展任务和政府建设工作。

（吴江明）

【重点课题调研】 承担市委关注的重点调研课题《按照人文北京科技北京绿色北京的要求破解发展难题提升发展水平的思考》，阐述区委对科学发展的科学内涵、精神实质和根本要求的学习理解，总结近年来的实践成效和成功经验，从经济、社会、城市、文化、民生稳定和党的建设6个方面，分析研究区情特点、存在的问题及原因，提出发展思路，并形成深入学习实践科学发展观活动中《深入学习实践科学发展观 全面践行三大理念 着力推进西城科学发展和谐发展率先发展》的主题报告。承担市委关注的重点调研课题《关于加快西城区政府职能转变 创新管理体制机制的思考》，梳理西城区政府在履行职能和行政管理体制机制方面的基本情况，查找分析西城区政府在履行职能和管理体制机制方面存在的主要问题，提出西城区政府职能转变的基本方向和完善西城区管理体制和工作机制、促进政府职能转变的对策措施，并形成《加快政府职能转变 创新管理体制机制为贯彻落实科学发展观提供坚强保证》的主题报告。承担了区领导调研课题《适应首都功能核心区定位的要求 完善城市管理体制机制 提升城市管理水平》，总结近年来西城区城市管理工作的探索与实践，结合城市发展阶段的新要求，从城市管理统筹推进、管理方式、管理监督、依法管理和社会协同参与等方面分析城市管理存在的问题，并针对完善西城区城市管理体制、提高城市管理水平提出新的管理理念和工作思路，发表在社会科学文献出版社《北京蓝皮书·北京城乡发展报告》（2009—2010）中。承担区领导调研课题《适应首都功能核心区定位和经济社会发展要求优化产业结构提升区域品质增强国际竞争力》，在分析西城区基本情况的基础上总结区域产业结构和经济特征，梳理西城区政府推动产业结构优化、提升国际竞争力的主要思路和做法，提出西城区推动产业结构优化升级的构想，为“十二五”时期区域产业结构调整提供思路。此外，还完成关于社区群众对政府提供社区公共服务满意度评价及生活诉求的社情民意调查。

（田　洁）

【决策咨询服务工作】　年内，区委决策咨询委员会围绕区委中心工作，开展一系列咨询论证活动，为区委科学决策、民主决策提供智力支持。一是组织召开区委决策咨询委员会年会。到会委员针对如何在空间资源优化利用、文化资源的利用等问题，提出工作建议。二是组织部分委员参与西城区重大活动的咨询论证和重要领域的工作研究。委员钮德明、李连仲、张兵被邀请为西城区深入学习实践科学发展观活动的专家顾问代表，全程参与了学习实践科学发展观活动，并从区域发展、城市规划、城市管理、干部队伍建设等方面给区委区政府提出许多建设性的意见，得到区委区政府领导的重视。委员李强应西城区科学发展观领导小组邀请，在全区处级以上领导干部中作了题为《以扩大内需促民生改善》的学习辅导。委员李连仲应区委宣传部邀请，承担《建设国际金融中心 提升金融街国际影响力》的课题研究，此项课题将为建设高品位首都金融主中心区，高起点规划金融街拓展工作提供重要的理论支撑。

（贾　征）

【《西城调研》编刊】　《西城调研》编发工作围绕“保增长、保民生、保稳定”的中心工作，编发了破解制约区域科学发展瓶颈问题的研究成果、全区重大任务推进中的体制机制创新性成果等，促进了调研交流和成果转化，也为各级领导提供了区情信息和决策参考。全年编发《西城调研》66期，区领导调研38篇，街道、委办局调研28篇，其中4篇区领导调研、3篇委办局调研刊登在市委研究室主办的《北京调研》上。

（高　燕）

老干部工作

【概况】　中共北京市西城区委老干部局（简称区委老干部局）是西城区委管理全区离退休干部工作的职能部门。年内，西城区有离休干部1190人、易地安置干部91人，全区单建离休支部40个、单建退休支部32个、混编支部36个和在职人员混编支部4个。年内，落实好老干部“两项待遇”（政治待遇、生活待遇），关心照顾好老干部的晚年生活；深入开展学习实践科学发展观活动，加强“两项建设”（离退休干部思想政治建设和党支部建设），在“人文北京、科技北京、绿色北京”建设中，发挥好离退休干部的作用；加大老干部社区“四就近”工作力度，提升老干部服务管理水平；开展主题实践活动，加强对老干部党校、老干部活动中心和老年大学等学习活动阵地建设的指导，开展示范性学习阵地建设。

地址：西城区南礼士路万明园小区14号楼B门

邮编：100037

电话：68015890

（史　晨）

【第二十二次老干部座谈会】　1月15日，区委区政府召开西城区第二十二次老干部座谈会暨迎春团拜会。北京市老干部局领导和区四套班子领导出席会议。全区老干部代表、基层老干部科科长及工作人员100余人参加会议。北京市老干部局副局长高力到会并讲话；区委书记林铎向老干部通报了西城区上年度各项工作取得的成绩和年内重点工作，对老干部工作提出了具体要求。区委常委、区委组织部部长许樾真传达了北京市第二十二次老干部座谈会精神；区委副书记、区老干部工作领导小组组长刘跃平做工作报告；区委办公室离休干部党支部的离休干部介绍了支部建设的经验和体会；什刹海街道西四北社区党委书记介绍了做好老干部社区“四就近”工作的经验做法。

（史　晨）

【慰问离退休干部】　为做好老干部工作，区委区政府和各单位先后投入大量资金为老干部办实事、办好事。年内，春节、国庆及各重要节日期间，区四套班子领导和基层党政领导、老干部工作人员多次走访慰问老干部、老党员、老红军及老干部家属，并送去慰问品和慰问金。

（史　晨）

【离退休干部思想政治工作】　年内，全区各级党组织和老干部工作部门以学习实践科学发展观活动，新中国成立60周年以及扩大内需、促进经济增长等中心工作和社会热点为主题开展学习和研讨，进一步加强离退休干部思想政治建设。3月，区委老干部局召开“西城区局职老干部学习两会精神座谈会”，就两会的内容和精神展开讨论；3至5月，区离休干部思想政治工作研究会针对老干部学习中的热点问题，开展思想意向调查，召开座谈会进行讨论，并开展以“坚持发展共克时艰”为主题的征文活动，共收到全区20个单位81名老干部的征文89篇。8月，区委老干部局组织30余名局职、局级离退休老干部举办了读书班，区领导刘跃平和许樾真参加。刘跃平从全区上半年经济发展运行情况、全区学习科学发展观的情况、新中国成立60周年准备情况及全区安全稳定工作情况等3方面为老干部作了辅导报告。12月，区委老干部局组织区属部分离退休老领导召开座谈会，学习中共中央总书记胡锦涛在纪念党的十一届三中全会召开30周年大会上的讲话；区老干部思想政治工作研究会举办第十七届四中全会精神学习班，11位理事参加。全区各单位为老干部征订了《北京日报》《中国老年报》《北京老干部》《老同志之友》《前线》《北京西城报》等报刊。

（史　晨）

【离退休干部党支部建设】　全区积极开展“创建五好支部”活动，在离退休干部中组织开展学习实践活动，引导他们更好地支持科学发展、促进社会和谐。4月，区委老干部局举办了离退休老干部党支部书记培训班，71名离退休干部党支部书记参加培训。区委老干部局局长在培训班上讲话。6月，区委组织部、区直机关工委、区委老干部局共同举办机关七支部离退休老干部读书班，有近120名老干部参加。离休干部刘贵岭传达中共中央政治局委员、北京市委书记刘淇在全市离退休干部党支部建设暨“五好支部”创建活动工作交流会上的讲话精神，副区长陈蓓介绍了西城区区情及未来的发展规划。还为老干部安排了健康讲座“老年病（高血压、心血管等疾病）的预防”和“儒家文化与现代文化”讲座。

（史　晨）

【健康体检和健康休养】　4月13日至5月8日，区委老干部局组织全区离休、处级退休老干部在北京市第二医院体检中心进行年度健康体检，共有1600余位老干部参加。体检结束后，医务室对体检结果做综合统计，尽早发现老干部的健康隐患，帮助老干部及早预防和治疗。5月6至24日，组织区属近200名离退休老干部赴河南林县红旗渠健康休养，开展以学习实践科学发展观为主题的活动。

（史　晨）

【离退休干部工作培训和调研】　3月，召开2009年老干部工作会议,全区120余名老干部工作人员参加会议。区委老干部局局长传达全国、北京市老干部工作会议精神，总结和部署了全区老干部工作。区委组织部副部长就把学习实践科学发展观不断引向深入、推动老干部工作更好地服务全区工作大局、以改革创新的精神加强和改进老干部工作、进一步提高老干部工作的整体水平，落实责任制，扎实推进老干部工作再上新台阶等工作作了讲话。年内借助党的组织优势，结合老干部工作实际需要，把老干部工作融入到社区党组织的“服务型党建”中去，解决了“四就近”工作中存在的问题，拓宽了“服务型党建”的工作领域，并撰写了《依托社区党组织把老干部工作融入服务型党建的探索与思考》调研报告。

（史　晨）

【落实离退休干部政治待遇】　以贯彻落实中共中央组织部《关于进一步加强新形势下离退休干部工作的意见》（中组发〔2008〕10号）为着力点，从西城实际出发，在加强和改进离退休干部服务管理工作方面积极探索，落实好离退休老干部政治待遇。针对离退休干部思想状况，举办各种形式的学习班、研讨会、报告会，组织离退休干部学习中央、市、区重要决策、文件及会议精神。根据党和国家大事，适时举办大型形势报告会。每周二在老干部活动中心会议室举行一次专场报告会，以请专家学者作报告、播放录像、老干部作报告等形式向老干部介绍国际、国内形势，宣传党的路线方针政策，向离退休老干部传达健康知识，更好地享受晚年生活，使老干部能够就近学习。区委老干部局每季度组织不同级别老干部召开一次“我为西城和谐发展建言献策座谈会”，收集整理老干部对市区政治经济建设的各种意见建议，为老干部搭建了建言献策、发挥余热的平台。

（史　晨）

【纪念新中国成立60周年活动】　全区围绕新中国成立60周年，向全区1487名新中国成立前参加革命的离休干部每人颁发中华人民共和国成立60周年纪念章1枚，区委批准为每位离休干部（含易地离休干部）每人发放1000元补助金。以“颂祖国促发展、倡和谐乐晚年”为主题，组织开展一系列丰富多彩的庆祝、纪念活动。组织原区老领导16人参观烟袋斜街，游览什刹海；召开“西城区老战友联谊会”，近80名老干部共庆重阳节，区民政局副局长到会并讲话。11月，区委老干部局召开老干部趣味运动会，近千名老干部参加。区委副书记刘跃平宣布运动会开幕，区委常委、区委组织部部长许樾真致开幕词，区体育局领导出席开幕式。全年共接待处理老干部及家属来信来访10件，做到件件有落实，事事有回音。年初走访慰问孤寡、特困老干部，并及时将困难补助金交到老干部手中，共计4.5万余元。落实《关于办理部分离休干部提高医疗待遇具体问题的通知》(京组通〔2009〕58号)精神，提高部分离休干部医疗待遇，提高到副部级医疗待遇离休干部2人，提高到副局级医疗待遇离休干部205人。

(史　晨)

【社区离退休干部工作】　年内，西城区有社区课堂114个，43%的离休干部和78%的退休干部参与社区课堂活动。区委老干部局多次召开局务会并组织街道老干部科工作人员座谈，研究如何开展老干部社区就近学习，把社区课堂工作做好、做细、做扎实。2月，区委老干部局召开由7个街道老干部科参加的“街道老干部社区‘四就近’工作会议”，布置上半年检查老干部社区“四就近”工作落实情况安排，对关于聘请社区老干部志愿者、协管员等有关问题进行讨论，要求广泛宣传推广“四就近”工作，督促各社区认真落实，并深入社区进行检查。11月，区委老干部局组织各街道工委主管老干部工作的书记、社区党委书记（副书记）120余人，召开2009年度老干部社区“四就近”服务工作总结表彰暨培训会。对西长安街街道和平门社区等47个先进社区进行了表彰。市老干部局政治待遇处处长到会并讲话。区委组织部有关领导和区民政局、区社工委等单位领导出席会议，并为先进社区代表颁奖。

(史　晨)

【贯彻落实责任制检查】　为贯彻落实北京市老干部局2009年工作计划中关于对“北京市老干部工作领导责任制”（简称“责任制”）贯彻落实情况进行检查的通知要求，切实加强全区老干部工作，进一步落实老干部政治待遇、生活待遇，9月，对区教委、区卫生局、企管中心等8个单位开展“责任制”贯彻落实情况的检查。检查内容包括：党委重视老干部工作，加强对老干部工作领导的主要做法；落实老干部政治待遇，重点是加强老干部党支部建设；落实老干部生活待遇，重点是改制、破产企业的离休干部安置管理工作；发挥社区优势做好离休干部“四就近”服务工作情况，重点是老干部党校社区课堂开展情况；加强老干部工作部门自身建设情况。各单位充分认识到检查工作的重要意义，区委老干部局在工作中也着重倾听老干部和老干部工作人员对领导班子和领导干部贯彻落实“责任制”的意见、建议。通过检查解决老干部工作中遇到的重点、难点问题，促进老干部政治待遇、生活待遇的落实，加强老干部工作部门自身建设，使老干部工作水平不断提高。

(史　晨)

保密工作

【概况】　中共北京市西城区委保密委员会办公室、西城区国家保密局（简称区国家保密局），是区委保密委员会的办事机构，是区政府保密管理工作的职能部门，区国家保密局由区委办公室管理。年内，区国家保密局按照年初确定的工作要点，在指导区属单位进一步建立健全保密工作领导机构、保密法律法规知识宣传教育、依法定密工作、政府信息公开工作中保密审查指导、保密工作检查、保密依法行政等方面，贯彻执行《中华人民共和国保守国家秘密法》等一系列保密工作的法律法规，制定、修订了6项保密工作管理制度。确保了西城区在新中国成立60周年庆典等重大活动和日常工作中国家秘密的安全。

地址：西城区二龙路27号
邮编：100032
电话：88064287

(石继鹏)

【区党务会强调做好保密工作】　2月12日，西城区党务工作会议召开，区属各单位党政主要领导、主管领导和党办主任近400人参加。区委常委、区委保密委员会主任、区委办公室主任李江讲话，强调2009年全区保密工作要加大保密宣传教育培训的力度，不断增强各级领导干部和涉密人员的保密意识；要认真抓好保密要害部门部位的管理，加强对计算机网络信息和移动存储介质的管理，加强制度建设；要严格落实保密管理责任制，各级领导要严格把关，对公开的政府信息要坚持“谁公开、谁审查，谁审查、谁负责，先审查、后公开”的原则；要加大对泄密事件依法查处力度，确保国家秘密安全。会上印发了2009年西城区保密工作要点。

(石继鹏)

【签订《保密工作管理责任书》】　全区党务工作会议后，区委保密委员会领导与区属90个处级单位主管领导签订了为期1年的《西城区保密工作管理责任书》。

(石继鹏)

【签订《保密承诺书》】　6月，根据北京市国家保密局相关文件精神，各单位涉密人员都要签订《保密承诺书》。区国家保密局及时向区属单位发出通知并提出要求，各单位认真组织、严格把关，按照规定完成了《保密并承诺书》的签订工作。

（石继鹏）

【保密工作大检查】 为加强保密工作管理，特别是做好新中国成立60周年国庆期间的保密工作，按照中共北京市委保密委的要求，年内开展了一次保密工作大检查活动。区主管领导高度重视，多次作出批示，区国家保密局和相关单位成立了保密工作联合检查领导小组，制定《西城区关于开展保密检查工作的实施方案》，并向各单位发出了自查和抽查的通知。区国家保密局与有关单位联合召开全区各单位机要人员和网管人员参加的培训会，传达了中共北京市委保密委有关要求，要求各单位对计算机、涉密计算机和移动存储介质管理情况进行全面自查，自查涉及22项具体内容，发现问题及时整改。区属各单位按照要求，对计算机及其网络管理、涉密计算机、移动存储介质和涉密载体清理销毁工作进行了认真清理和统计，区国家保密局进行了汇总，向中共北京市委保密委员会办公室形成了报告。6至9月，区国家保密局与区有关单位组成联合检查组到区属90个单位，就保密工作管理、计算机管理制度建设、涉密载体管理等进行检查和抽查，抽查计算机313台。新中国成立60周年庆典活动，西城区工作任务繁重，区主管领导高度重视保密工作，多次批示，强调必须确保国家秘密安全。区国家保密局作为西城区国庆60周年指挥部办公室保密安全组成员单位，将保密工作作为全年工作的重中之重，分别到西城区国庆60周年指挥部办公室、6个分指挥部和7个街道指挥部，对保密工作管理进行检查、指导；对使用的计算机、移动存储介质进行了统计；发放《党政机关工作人员保密须知》《定密工作指南》《保密工作常识汇编》等书籍，回答了有关保密工作问题，确保了国庆期间没有发生失、泄密事件。

（石继鹏）

【市国家保密局领导检查工作】 7月15日，北京市国家保密局副局长郭吉东等一行6人到西城区就保密管理规章制度、计算机网络保密管理和移动存储介质管理进行检查、指导，区国家保密局领导陪同检查。区检察院代表西城区接受了检查。检查组对西城区保密工作管理给予充分的肯定，同时提出了整改的意见和建议。

（石继鹏）

【保密法制宣传教育】 2009年是《中华人民共和国保守国家秘密法》颁布21周年，也是“五五”保密法制宣传教育计划贯彻落实的关键之年，为更好地做好保密法律法规知识的宣传教育，提高各级领导干部、涉密人员和专兼职保密干部的保密意识，确保新中国成立60周年国庆期间国家秘密安全，做好保密工作管理，区国家保密局为区属单位开展宣传教育提供指导和服务，5月《中华人民共和国保守国家秘密法》宣传月期间，购买《党政机关工作人员保密须知》《定密工作指南》，编辑《保密常识汇编》等书籍和保密宣传资料2000余套，发放到区属单位；编辑多期《保密工作简报》及时反映各单位开展保密工作的情况；局内干部到区委组织部、金融街街道、区文委、团区委等单位宣讲保密知识；区国家保密局与区行政学院联系，在有150名学员参加的第十三期国家公务员初任培训班，每人发放一本《保密工作常识汇编》，并在培训班毕业考试中加入了保密知识测试内容。区属单位结合各自工作特点，规范本单位保密工作管理规章制度，开展保密法律法规的学习活动。

（石继鹏）

【依法行政工作】 年内，区国家保密局召开辖区内7家定点复制国家秘密载体单位有关人员会议，听取保密管理情况，研究了有关问题。全国高考前夕，与区教委、西城公安分局、区城管大队等部门到西城区15所考点学校进行检查，对各校的保密室、电子巡查系统、安全工作等逐一查看；6月7至8日，1名局领导一直坚守在区教育考试中心，与相关单位人员共同做好考试过程中的保密监督、检查工作，之后又陪同北京市国家保密局领导到北京师范大学第二附属中学进行了检查。在多方努力下，确保各项保障措施到位，考试顺利进行。区国家保密局干部还到区属10个单位，对政府信息公开工作过程中的保密审查工作管理进行了检查、指导。

（石继鹏）

区直机关工委工作

【概况】 中共北京市西城区委区直属机关工作委员会（简称区直机关工委），所属基层党组织67个，其中机关党委10个、党总支11个、直属党支部46个（含离退休党支部4个）。党员总数5066人（含离退休党员1119人）。机关工会工委所属分会45个，会员1462人。机关团工委所属团委1个、团总支5个、直属团支部26个，团员总数744人。区直机关工委在区委领导下认真学习贯彻十七届四中全会精神，开展学习实践科学发展观活动，按照区委统一部署，承担了新中国成立60周年庆典活动的相关工作，圆满完成任务。

地址：西城区二龙路27号

邮编：100032

电话：88064302

（乐昌根）

【深入学习实践科学发展观活动】 自3月上旬开始，区直机关64个党组织参加了第二批学习实践科学发展观活动，历时半年。区直机关工委和各单位党组织按照区委提出的“深入学习实践科学发展观，全面践行三大理念，着力推进西城科学发展和谐发展率先发展”的要求，坚持以“服务科学发展，加强机关党建”为主题，重点解决在领导机关党建工作力度上、为全区中心工作服务能力上存在的问题和不足，突出实践特点和工作重点，做到主题鲜明、领导有力、组织严密。制订实施方案，按时进行阶段部署，定期组织学习调研，策划专题报告，开展座谈讨论，进行征文谈心，开展民主测评，查找差距不足。共计开展集中学习近20次，个人累计学时达70学时以上，区直机关工委干部人均撰写学习笔记2万余字，共上交各类学习心得、建言征文、自查报告、调研报告40余篇。组织所属党组织书记和党务干部230余人参加学习实践科学发展观培训班、1000余名机关党员干部参加学习实践科学发展观报告会、近300名团员青年参加专题报告会。十七届四中全会后又及时组织了学习四中全会精神培训班，200余名机关党务干部参加培训。购买、制作学习实践活动辅导书籍、材料和330余套教育光盘，下发到基层党组织。出《机关简讯》17期。坚持“两手抓、两不误、两促进”，坚持把学习实践活动与正常工作相结合，利用开展党建联系片的形式，组织区直机关工委班子成员、部分干部分别深入到7个联系片和部分基层单位进行调研，征求基层党组织的意见和建议，努力探寻机关党建工作的薄弱点和突破口，形成《积极履行工委职责创新机关党建工作》等9篇调研报告。组织区直机关工委干部开展为西城科学发展、为机关党建工作献计献策活动，共撰写建议7份。

（乐昌根）

【新中国成立60周年庆典任务】 按照区委区政府的安排，区直机关工委承担筹备新中国成立60周年庆典的相关任务，负责群众联欢中央单位和区直机关方阵59个单位525名干部的牵头组织工作；负责区机关43个单位、203名干部的群众游行疏散任务；负责组织抽调区机关800余名干部参加国庆协警安保任务；负责组织近300名干部参加北京市庆祝新中国成立60周年百姓宣讲团首场报告会；负责组织机关350名干部参加“辉煌六十年”中华人民共和国新中国成立60周年成就展开幕式，并组织2000余名机关干部参观成就展等。为区机关全体党员发放庆祝建国60周年纪念章。区直机关工委还有2名工作人员被抽调到区国庆办公室和疏散指挥部工作。自7月接到任务后，区直机关工委迅速成立了组织机构，制订相应的工作方案，明确工作责任和分工，建立了各单位领队例会制度，加强与参演单位的沟通交流和协调。区直机关工委和所属各单位党组织圆满完成了所承担的国庆任务。区直机关工委获得“首都国庆60周年群众游行支持贡献单位”、“在首都国庆60周年联欢晚会工作中做出突出贡献”、首都“迎国庆讲文明树新风”活动先进单位、西城区庆祝国庆60周年群众联欢活动“最佳组织奖”等，区直机关工委常务副书记王小燕获得首都“迎国庆讲文明树新风”活动先进个人称号。

（乐昌根）

【机关党建工作】 以加强机关党建为中心，推动机关党建模式创新。突破现有框架，深入推进机关党建工作“组团式发展”模式。以“共享、共建、共抓、共创”为宗旨，按照街道行政区划范围，将区直机关工委所属党组织划分为7个党建联系片，片长由各党组织负责人轮流担任，首任片长原则上由区直机关第一批先进性示范点创建党组织担任。意在加强各党组织之间党建工作的组织、交流、协调，达到以点带面，全面推进的目的。年内，各党建工作联系片举办活动19次。党建联系片活动与机关党组织同社区党组织“结对共建”活动相统一，机关党组织与对应街道所属社区党组织完成“一对一”结对共建，并将“扶贫助残”活动纳入其中，形成机关党建新格局。严格党组织管理，围绕《机关党建工作目标考核的实施意见》（简称《实施意见》）进行考核，据此评选出40个区直机关优秀党支部、推荐15个区级优秀党支部，28名区级优秀党员和17名优秀党务干部。机关团工委参照《实施意见》，结合自身特点，制定下发《关于实施区直机关基层团组织百分制考核工作的意见》，加强机关团组织的量化管理。开展组织换届工作，全年有10

个单位进行组织换届工作，新成立2个党组织。加强党员管理，坚持“三会一课”制度，定期开展党组织活动：组织开展学习吴大观先进事迹活动，组织所属基层党组织开展反邪教教育主题党日活动，组织4000余名党员干部观看国庆60周年献礼大片《建国大业》等。做好发展党员工作，认真制定发展党员工作计划，坚持发展党员公示制度。全年审批发展党员67人、预备党员转正80人。举办1期入党积极分子培训班，培训122人。做好基础工作，进行党务统计，核准机关党务工作数据，做好基层党组织工作手册填报，组织党内管理信息系统培训，培训组织委员用好网络数据系统。6月，西城药监分局、区商务委、区文委、区劳动保障局、区统计局、区审计局、区检察院7个党组织，被区委组织部确定为基层党组织先进性建设示范点。

（乐昌根）

【文明机关达标活动】 以“五型”机关创建工作为平台，深化文明机关建设活动内涵。为促进全区文明机关建设深入开展，通过调研和征求意见，全面修订《文明机关达标活动方案》，确立以“学习型机关、服务型机关、效能型机关、和谐型机关、节约型机关”为主要内容的“五型”机关理念，由每2年一次考核评比表彰调整为每3年一次，并由区委办公室、区政府办公室发文转发全区，深化、细化文明机关达标考评工作。新修订的方案印制成7000份工作手册，发至每名干部、职工。从11月中旬到12月中旬，对61个区直机关进行“西城区文明机关达标活动”综合考核评比，将“服务型机关”、“节约型机关”作为考核重点，评比中坚持既有连续性，又体现与时俱进，在保留原22个标兵单位名额的基础上，又新增5个近几年机关建设成绩突出、进步较大的单位。组织召开区直机关“领导干部作风建设年”经验交流暨文明机关建设推进会，西城公安分局、西城工商分局、区商务局等3个单位进行经验交流，区领导王祥杰、许樾真、解建军、程刚出席会议，副区长白云生对文明机关建设提出要求。组织100余名机关干部参加全国“双百”人物评选活动，区直机关工委获得首都“城乡携手迎奥运共建文明京郊行”先进单位称号。

（乐昌根）

【机关党风廉政建设】 围绕“领导干部作风建设年”活动要求，开展党风廉政教育宣传月活动，紧密联系实际，结合典型案例，有针对性地对党员进行理想信念、党风党纪、廉洁从政教育。联合区纪委共同组织机关各单位70余名主要领导和主管领导到北京市反腐倡廉教育基地参观，通过案例对领导干部进行拒腐防变教育。建立“区直机关廉政教育资料库”，购买教育光盘和资料，供基层借阅观看，开展廉政文化进机关活动。学习落实《党员权利保障条例》，保障党员民主权利，推进党内民主建设。

（乐昌根）

【扶贫助残与公益服务】 以服务基层工作为落脚点，发挥“保发展、聚人心、促和谐”的组织作用。切实服务群众，密切党群关系，体现人文关怀。区直机关工委和基层党组织全年开展走访慰问困难党员、老党员、军烈属和残疾人家庭等783人次，发放慰问金（品）近7万元；启动“西城区共产党员献爱心”捐款活动，区直机关党员干部、职工共捐款29.4万余元；为3名患病党员补助3000元，为4名患重病党员申请区级补助。组织团员、青年开展志愿服务活动5次，咨询帮助人员9000余人，开展慰问活动19项，捐款捐物合计7000余元；机关红十字会对6户困难家庭进行慰问，发放补助款6000元和米面油等共67份；为女职工办理特殊疾病保险；为区直机关工会会员发放防暑降温品等6000余份。年内将投身公益事业作为展现机关良好形象的一个窗口，尤其是鼓励机关党员、团员和青年在社会公益活动中发挥主力军作用，支持他们在“春节服务周”、“学雷锋月”、“机关青年服务社区计划”等活动中热心服务百姓，培养服务意识。组织所属机关召开防治甲型H1N1流感工作动员部署会，发放预防甲型H1N1流感科普读物、指导手册、宣传画600余套、防治药品5000余份，制作宣传展板40套。组织区直机关干部职工近4000人参加西城区“金象杯”食品安全与甲型H1N1流感防控知识竞答活动；举办区直机关健康科普大讲堂。

（乐昌根）

【机关群团工作】 发挥区直机关工会工委、团工委和女工委的作用，统筹规划，分工负责，整体推动工作。坚持重大活动经书记办公会讨论后实施。平时工作中，加大指导力度，并在人财物力等方面加以倾斜，支持工会组织、团组织创造性地开展工作。以“迎接建国60周年，歌唱祖国繁荣昌盛”为主题，组织区直机关“五月的鲜花”职工歌咏比赛，共有36个单位20支代表队参赛。七一前夕，组织区直机关优秀党员和优秀党务工作者80余人赴河北乐亭参访李大钊故居。结合五四运动90周年，以主题纪念大会为开端，在机关青年中开展五四运动主题纪念月活动，要求广大团员青年用实际行动“传承五四精神、共建和谐西城”，区直机关团工委被评为北京市五四红旗团委。组织机关迎新春联欢会、机关庆三八联谊会等活动；举办区直机关乒乓球赛、处级领导干部和机关干部登山活动；组织机关干部参加区“六艺大比拼”竞赛、区第四届职工运动会、什刹海赛龙舟活动等；组织机关干部观看“友城手拉手”文艺演出；春节、五一、国庆节等重大节日，为机关干部职工发放电影票13500余张。

(乐昌根)

党校工作

【概况】 中共北京市西城区委党校（简称区委党校)、西城区行政学校是隶属于中共北京市西城区委、西城区政府的全民所有制事业单位。主要负责西城区处级党政、企事业单位领导干部及国家公务员、军转干部的教育培训工作。共设办公室、教务一科、教务二科、对外培训科、科研室、学历教育科、教学保障科和总务科8个科室，并主办1所具有独立社会办学资格的培训学校——未来学校。有教职工50人，专兼职教师13人(其中高级讲师8人)。年内，区委党校举办处级领导干部理论进修班2期，中青年干部理论进修班1期；处级干部“学习贯彻科学发展观”培训班1期；处级干部专题培训班4期；异地联合培训班3期；党政正职领导干部创新力培训1期；举办科级公务员任职培训班3期，公务员初任培训班3期，共培训学员6000余人次，完成了西城区干部培训计划中确定的各项任务。继续承办北京市委党校成人教育学院大专及本科的党校学历教育。

地址：西城区西直门内冠英园西区6号楼

邮编：100035

电话：66561665

(武惠萍)

【领导干部理论进修班】 年内共举办2期领导干部理论进修班，区属各委办局的75名处级领导干部参加了集中脱产培训。培训围绕中央和北京市关于开展新一轮大规模培训干部工作的新精神、新任务和新标准，结合全区学习实践科学发展观和领导干部作风建设年活动的开展，将党性教育和能力培养贯穿始终。培训班以树立和落实科学发展观、增强执政意识、提高执政能力为重点设计安排教学内容，聘请教学经验丰富、对改革开放中的热点问题有较深研究的专家学者授课。此外，组织学员进行有针对性的社会调查实践活动和体验式教学活动，取得较好的效果。

(武惠萍)

【中青年干部培训班】 年内举办1期中青年干部培训班，区属各委办局的32名中青年干部参加集中脱产培训。除围绕构建社会主义和谐社会、社会主义经济理论、提高执政能力、加强党的建设等内容安排理论授课外，还结合形势和任务进行专题教学，采取拓展训练、演讲比赛、现场教学等多种形式开展教学活动，并结合区情分组深入功能街区开展社会调研，撰写调研报告，增强培训的实效性。此外，组织参训学员赴延安等地进行了异地教学暨社会考察活动，对学员进行革命传统教育的同时，达到了解社会发展、强化团队合作的教学目的。

(武惠萍)

【培训项目制管理】 按照《干部教育培训条例》和《党校工作条例》中科学化、制度化、规范化、人性化管理的要求，区委党校年内在各类主体培训中全面推行项目管理制度。培训项目小组由区委党校教学主管校长、2名指导教师和1名班主任组成，采取分工负责的方式，通过工作项目化、项目具体化，全方位、多角度服务学员，有效提升教学管理的专业化、规范化程度，保证了培训学习的实效性。

(武惠萍)

【公务员培训班】 年内，西城区行政学校共举办科级公务员任职培训班3期，初任公务员培训班3期，区属各委办局、街道等单位的432名国家公务员参加了脱产集中培训。针对公务员任职培训和知识更新等需求，安排了针对性和实用性较强的教学内容，着重加强对公务员的区情教育，提高岗位履职所需的基本素质和依法行政能力，增强了公务员热爱西城、服务西城、建设西城的使命感和责任感。科级任职培训开展了考察实践活动，组织学员赴延安、青岛、泰州等地接受革命传统教育。

(武惠萍)

【党校学历教育】 年内，区委党校承办了中央党校函授学院北京市委机关分院、北京市委党校成人教育学院大专及本科的党校学历教育，开设经济管理、行政管理、教育管理、人力资源管理等7个专业。年内录取大专、本科新生230人，毕业392人，在校生1500人。按照中央、市委党校有关规范学历教育的要求，强化督学评估检查制度，加强教学管理人员的选聘和培训，规范了学历教育师资库和自管专业课程试卷库，全面实现自管专业和特色化专业的教学管理数字化、规范化。

（武惠萍）

【科研工作】 年内，区委党校的科研工作紧密结合教学工作需要，加强同区内单位、同级党校、对口单位的科研工作调研，交流借鉴科研、办刊工作经验，深入开展对区域经济和社会发展实际的研究。年内校刊《西城论坛》由季刊变更为双月刊，在办刊思路上突出理论性、行业性、区域性特点；在组稿设计上突出专题化、主题化特点。发挥区委党校培训资源优势，围绕区委党校教学开设栏目，收集提炼教学科研成果。全年共编辑出版6期，选编文章近80篇，在西城区和全国部分党校内部交流，受到读者的好评。

（武惠萍）

【物业服务社会化管理】 年内，区委党校教学培训办公楼通过招投标的形式，委托社会物业管理公司实行物业管理服务，实现区委党校会议及相关培训服务、保洁服务、绿地花木养护与管理、绿植租摆、公共区域内公共设施的管理与维修服务全面社会化。

（武惠萍）

党史资料征集及地方志工作

【概况】 中共北京市西城区委党史资料征集办公室、北京市西城区地方志编纂委员会办公室（简称区史志办）是区委区政府所属参照公务员管理的事业单位。年内，出版《西城区社会主义建设史》（简称《西城建设史》）《北京西城年鉴》（2009）；继续补充、整理《西城区组织史续编》《西城革命史辞典》《西城区英模大典》及口述历史工作，开展第二轮续修地方志启动工作。

地址：西城区东桃园胡同2号

邮编：100035

电话：62261904

（郭保顺 王兵）

【出版《西城建设史》】 《西城建设史》是“北京市区县社会主义建设史”丛书之一，是西城区地方党史正本。年内，根据送审意见，做了进一步修订，由北京出版社出版。全书共分8章，110幅图片，计40万字。该书遵循《关于建国以来党的若干历史问题的决议》精神，尊重客观实际，记述了1949年至2008年西城区近60年来社会主义革命、社会主义建设和改革开放的发展历程，对西城区中共各级党组织的工作和活动作了历史总结和评析。

（郭保顺）

【《西城区组织史续编》工作】 年内，通过走访区纪委、区委组织部、区委统战部等26个单位和部门，查阅档案1288卷。对《中共西城区组织史续编》初稿进行核查，补充了198人次。补查街道工会主席、纪工委书记、武装部长、政府系列有关委办局纪检组组长206人次。同时，对部分单位的机构沿革等进行补充和梳理。

（郭保顺）

【撰写《西城革命史辞典》初稿】 根据编写方案和既定条目，深入到北京市党史研究室、北京交通大学、区档案馆和图书馆等单位，在征集到大量资料的基础上，编撰《西城革命史辞典》初稿。已完成“辛亥革命与清王朝的覆灭”、“新文化运动在西城”、“三一八惨案”、“李大钊在西城的故居”、“北平学生联合会”、“辅仁大学”等155个条目，约15万字的撰写工作。内容包括民主革命时期发生在西城区或与西城地区有紧密联系的事件、组织、人物、遗迹、机构、文献等。

（郭保顺）

【《西城区英模大典》撰写工作】 年内，对获全国和北京市先进集体的189个次和先进个人415人次的档案文献进行查阅，深入到区档案馆，调阅区总工会、区民政局、区人事局、区妇联、团区委档案448卷，通过复印、手抄和扫描方式，收集2369人的资料，分名录和事迹简介两部分进行整理。完成全国劳动模范、先进工作者名录166人，北京市劳动模范、先进工作者名录1990人，革命烈士名录97人，全国及部委级先进集体名录205个，全国和北京市劳动模范、先进工作者事迹简介44人。

（郭保顺）

【党史宣传工作】 1月，在区十四届人大四次会议和区政协十届三次会议上，向两会代表和委员赠送《中国共产党北京西城区历史大事记》和《西城改革开放30年》。利用《北京西城报》《西城党建》《西城追忆》党史信息等宣传平台，发表“以史鉴今推进我区党建工作”、“开国大典的通讯工作”等10篇文章，报送反映西城党史工作动态信息17篇。7月29日，协助总参塔院干休所离休老干部举办《老战士镜头里的将帅风采》摄影展。年内，同金融街街道、区社科联等单位共同举行李大钊党风廉政教育课题研究，采取研讨会、调研等多种形式进行研究，并利用研究成果，在李大钊故居举办“李大钊廉洁思想展览”，展览作为永久展室保存。

（郭保顺）

【档案资料库整理工作】 年内，对党史档案资料库进行系统整理，并形成检索目录。其中纸质资料分专题研究、纪念活动、区情等六大专题。声像资料包括照片、录音、录像等，照片资料又分为十大专题39个方面。电子文件资料分编研成果、党史宣传、文字资料征集三大专题17个方面。

（郭保顺）

【口述历史工作】 2月初，启动“北平和平接管口述历史”的征集工作。2月17日，召开“西城区纪念北平和平解放60周年座谈会”，邀请部分1949年在西城境内参加和平接管的老领导、老干部回顾他们在接管旧政权、建立人民政权中开展的工作，并作了追访。《北京日报》《北京青年报》《新京报》《北京西城报》等媒体作了进一步采访和详细报道。9月，在《西城追忆——庆祝新中国60年华诞专刊》开辟专栏，发表“发生在我身边的三件事”、“我任派出所所长的一段经历”、“我在内二分局第十派出所做的几项工作”、“内四区第一个群众缝纫组”、“几件小事让我认识了共产党”等口述历史文章。

（郭保顺）

【参与迎国庆活动】 5月26日，组织全体党员干部参加以“迎接国庆六十周年，歌颂祖国繁荣昌盛”为主题的“五月的鲜花”职工歌咏比赛。7月25日，配合吉林卫视“回家”剧组录制电视纪录片，邀请曾经在西城工作过的老干部回忆参加北平和平接管的亲身经历和感受。9月25日，组织召开区史志办全体在职人员和返聘人员参加“庆祝新中国60华诞”座谈会。9月、10月组织4名党员干部分别参加国庆60年天安门广场群众联欢晚会和安保工作。10月13日，组织党员干部参观辉煌60年成就展。

（郭保顺）

【出版《北京西城年鉴》(2009)】 年内，《北京西城年鉴》（2009）正式出版，按时发放到各参写单位，并为西城区两会提供用书600余册。162个单位参加编写，其中区属单位116个、辖区单位46个。全书90余万字，一级栏目20个、二级栏目82个、三级栏目177个、条目1554条，其中特载8篇、大事记132条、专文2篇、表格33张、图片129张。

（王 兵）

【年鉴工作分口会】 10月21日至11月7日，先后4次召开年鉴工作分口会。15个口115个单位的撰稿人参加会议。会上，编辑部的编辑对上年各单位年鉴工作作了总结，并打破常规，以学习、研讨的方式，按照《北京西城年鉴编辑手册》的书写规范，与年鉴撰稿人进行交流、探讨，进一步提高了撰稿人的年鉴编写水平。

（王 兵）

【向《北京年鉴》供稿】 完成《北京年鉴》（2009）“西城区情”的供稿任务，内容包括概况、西城区全年国民经济和社会发展状况等，共计7000字、图片6幅。

（王 兵）

【第二轮修志工作】 年内，落实续修《北京市西城区志》前期准备工作，筹备并组织召开区志编纂委员会第一次会议和第二轮修志动员会。制定第二轮《北京市西城区志》编纂工作方案，设计第二轮《北京市西城区志》篇目初稿。

（王 兵）

巡视工作

【概况】 中共北京市西城区委巡视组（简称区委巡视组）、中共北京市西城区委巡视工作办公室（简称区委巡视办），根据区委巡视工作联席会的部署和要求，围绕中心、服务大局，突出重点、边巡边改，先后对区司法局等6个单位领导班子进行巡视，为区委调整班子、使用干部提供了依据，加强了对处级领导班子和领导干部的监督管理，促进了处级班子建设、干部队伍建设、思想作风建设和党风廉政建设。解决了一些干部群众关心的问题，促进了单位的团结与和谐，并对推动单位的建设与发展起到了积极的作用。

地址：西城区北礼士路12号

邮编：100044

电话：88391637

（李继良）

【联席会议】 区委巡视工作联席会，由区纪委书记、区委组织部部长、区委办公室主任、分管巡视工作的纪委副书记、分管干部工作的区委组织部副部长和区审计局局长等人员组成。年内，根据区委要求，科学计划、周密部署、严格要求，认真听取巡视工作汇报，及时协调解决巡视工作中发现的问题，保证了巡视工作的开展。

（李继良）

【巡视动态】 年内，区委巡视组根据区委巡视工作联席会的部署和要求，以加强对处级领导班子、领导干部特别是主要负责人的监督，促进领导干部廉政勤政为中心，按照区委规定的巡视工作五项任务，对区司法局、复兴医院、二龙路医院、华方公司、华融公司、区环卫中心6个单位领导班子进行了巡视，了解和掌握了被巡视单位领导班子和领导干部基本情况，发现和澄清了一些突出问题，初步解决了一些干部群众反映的热点、难点问题，向区委和被巡视单位提出合理的意见建议，为区委更好地使用干部提供依据，促进了被巡视单位的党风廉政建设和领导班子建设。

（李继良）

【学习实践活动指导检查】 年内，根据区委统一安排，区委巡视组、区委巡视办组成指导检查组，对区委办公室、区委组织部、区委宣传部（区文明办、区文联、区社科联、区新闻中心）、区委统战部、区委政法委（区综治办、区维稳办、区流管办）、区委区政府研究室、区直机关工委、区司法局、区人事局（编办）、区审计局、区政府信息办、区红十字会、区工商联、区环卫中心等14个单位学习实践科学发展观活动进行指导检查。

（李继良）

【处级领导班子集中考察】 年内，根据区委统一安排，区委巡视组、区委巡视办组成考察组，对区委办公室、区委宣传部（区文明办、区文联、区社科联、区新闻中心）、区委统战部、区委政法委（区综治办、区维稳办、区流管办）、区委区政府研究室、区直机关工委、区司法局、区人事局（编办）、区审计局、区政府信息办、区红十字会、区工商联、区环卫中心等13个单位的处级领导班子进行集中考察。

（李继良）

【经验交流】 年内，区委巡视组、区委巡视办采取走出去、请进来的办法，与海淀等10个区县围绕巡视工作体制、机制和制度建设等方面问题进行交流研讨；应邀赴东城区、朝阳区等区县进行经验指导，促进了巡视工作的深入开展。

（李继良）

社会工作

【概况】 中共北京市西城区委社会工作委员会（简称区委社会工委）为区委派出机构，北京市西城区社会建设工作办公室（简称区社会办）为区政府的工作部门，实行合署办公，统筹全区社会建设工作。区委社会工委、区社会办下设办公室（研究室）、党建工作科、社区建设工作科、社会组织工作科、社会工作队伍建设科。现有人员25人。年内，区委社会工委、区社会办紧扣“促进社会建设，发挥统筹作用”这一主题，贯彻“把握三条主线，形成三力合一”的目标任务，加快推进全区社会建设工作。切实加强社会领域党建工作，坚持“党建”和“建党”两手抓，完成社区党组织换届工作，成立街道社会工作委员会，全区商务楼宇党组织覆盖面达到80%，全面启动非公有制企业党组织“五好”示范点（领导班子好、党员队伍好、工作机制好、发挥作用好、各方反映好）创建工作，开展社会领域党员“红色之旅”等活动，不断扩大社会领域党建工作的覆盖面和影响力；推进社区规范化建设，公开招录社区工作者，选聘应届大学毕业生到社区工作，不断创新社区工作体制和运行机制，获得“全国和谐社区建设示范区”称号。用好社会建设专项资金，完善政府采购公共服务项目的运行机制，加大对社会组织发展的扶持力度，推进社会组织孵化器建设，发挥社会组织在汇聚各方力量、关注多元利益、引导合理诉求、促进社会和谐等方面的重要作用。坚持以专业化和职业化为导向，改善优化社区工作者队伍结构，支持建立西城区悦群、仁助、睦友社工事务所，加强社会工作者实践基地建设，推进区域社会工作人才队伍建设。加大社会建设统筹协调工作力度，通过组建企业联合会、社会组织联合会、社会工作者联合会、党建协调委员会和志愿者联合会，建好市民服务中心、社会组织服务中心、党员服务中心和志愿者服务指导中心，形成社会工作新的组织和服务体系，建立起党和政府部门与社会各界力量的联合、联络、联系、联通、联动的工作方式，提高社会建设的协同效能，打开全区社会建设工作局面。

地址：西城区冠英园西区5号楼
邮编：100035
电话：66534011

（栾德廷）

【深入推进社会建设研讨会】 11月26日，组织召开了全区深入推进社会建设研讨会。会上，月坛街道、恩派非营利社会组织发展中心等部门作了交流发言，首都社会建设领域专家学者出席会议并发言，市委社会工委书记宋贵伦、区委书记林铎等出席会议并作重要讲话。林铎对全区社会建设提出四点要求：一要深刻领会十七届四中全会精神，结合区情特点，抓好社会领域党建、民生保障等工作，推进形成社会建设新局面；二要牢牢把握重点，围绕群众满意度和安全感，切实落实社会建设各项指标，进一步提高公共服务能力和水平；三要加大资源整合力度，协调处理好各方面利益关系和诉求，建立形成社会管理和服务新格局；四要加强队伍建设，营造有利于社会工作者成长发展的社会环境，打造一支贴近群众需求、服务能力较强的社会工作者队伍，为社会建设提供基础保障。

(栾德廷)

【专家座谈会】 3月31日，召开促进社会建设与发展专家座谈会。来自北京大学、人民大学、中国社会科学院等首都高等院校、科研院所的社会建设领域内的18位专家学者逐一发言，从社会体制改革、社会组织发展、社会工作人才队伍建设、社会领域党建等方面对西城区的社会建设提出了具有针对性、实际操作性的建议，为促进西城区社会建设工作的发展，拓宽发展视野、提升发展理念、完善发展思路，破解经济社会发展中的矛盾和难题提供了有效的智力支持。会议由区委常委、区委组织部长许樾真主持，副区长陈蓓向专家介绍西城区社会建设情况。

(栾德廷)

【社区规范化建设】 在贯彻市《关于推进社区规范化建设试点工作的实施方案》精神的基础上，出台《西城区关于推进社区规范化建设的意见》，确定试点先行、分步实施、全面推行的总体思路，选定试点社区12个，并在全区148个社区全面启动此项工程，从改造办公用房、配备专职人员、设计工作模式等方面，全面打造运转顺畅、服务良好的新型社区。年内，全区有46个社区达到社区规范化检查验收标准。

(焦　扬)

【和谐社区建设】 按照构建社会主义和谐社会首善之区、争创全国和谐社区建设示范区的要求和部署，贯彻落实市、区社会建设大会和社会建设系列文件精神，圆满完成社区建设各项任务。10月，西城区被民政部评为首批"全国和谐社区示范区"，金融街街道和月坛街道的三里河一区分别获得全国和谐社区示范街道和示范社区称号。

(焦　扬)

【安全社区建设】 以创建国际安全社区为切入点，推进安全社区建设迈上新台阶。展览路街道通过"国际安全社区"评估验收，成为继金融街街道、月坛街道之后的又一个获得"国际安全社区"称号的街道。

(焦　扬)

【推进社区办公用房达标改造】 加强对社区办公用房的动态管理上下功夫，对已经达标社区加强动态管理，对未达标社区加强督促。抓住契机，争取市资金3663万元，支持13个社区办公用房达标改造工作。采取多部门联合的方式，推进社区办公用房达标改造工作。年内，57个社区达到市规范化建设提出的350平方米的标准。

(焦　扬)

【完成街道公共服务科建制】 经区编办批复，正式成立街道公共服务科，明确了编制和职数，确立行政地位，行政编制5名，科级领导职数2名。制定了例会制度、会商制度、信息通报等6项制度，进一步规范街道公共服务大厅建设。

(焦　扬)

【建立社区资源共享奖励机制】 出台《西城区社区资源共享奖励办法(试行)》，评选出资源共享先进单位36个、先进个人10名，利用45万元社会建设专项资金，分别进行表彰和奖励。其中，对于资源开放程度高、惠及百姓范围广且贡献突出的国家广电总局、中国建设银行、北京市裕中中学、月坛中学和北京市西城区进步小学等5个先进单位进行了特别奖励。通过开展此项评比工作，鼓励和调动了社区内的机关、团体、部队、企业、事业等单位和组织广泛参与社区建设，更好地实现社区资源的共享，形成共驻共建的良好氛围，探索形成社区资源共享的长效机制。

(焦　扬)

【大学生社区工作者队伍建设】 根据新型服务站发展的需要，吸收市统招大学生社区工作者77名，在区人力社保局的支持下，办理了接转关系、委托存档、签订合同等手续，并针对大学生社区工作者发展中的特殊需求，建立项目支持、培训、交流、培养和典型引路5项机制，促进社区新生队伍的较快成长。

(焦　扬)

【开展社区公共配置调研】 开展社区公共资源配置调研，完成《西城区社区公共资源配置调查与研究》调研报告，形成社区公共资源优化配置模型，社区公共资源信息整合机制和动态管理机制。

（焦 扬）

【组织街道开展各项活动】 组织街道开展“七星同力，共铸和谐”街道系统歌咏比赛、魅力社区评选、国际民歌讲座、名人故居进社区、社区工作者专场慰问演出等。

（焦 扬）

【社会建设专项资金】 设立规模为1000万元的社会建设专项资金，主要以政府资助、政府投入、政府购买3种方式，推进全区在公共服务的提供、社会组织的培育、和谐社区的建设、社会人才的培养和民生问题的保障等方面的工作，逐步建立起以政府购买服务为主要形式的财政投入机制，实现公共服务的社会化、专业化、市场化。年度社会建设专项资金共支持项目48个，其中组织培育类项目8个、社工培育类项目7个、社会领域党建类项目3个、社区建设类项目12个、公共服务类项目13个、行业自律类项目3个、课题研究类项目2个，涉及资金982.4578万元。首批社会建设专项资金项目体现了以民生为本、重视试点和探索创新等特色。

（师 帅）

【“枢纽型”社会组织】 起草完成西城区第一批“枢纽型”社会组织认定的相关意见和办法，拟授权工、青、妇、残联等人民团体以及社会组织联合会和企业联合会作为西城区“枢纽型”社会组织，承担社会组织业务主管单位责任，并发挥龙头和枢纽作用，对同类社会组织进行分类管理，构建西城区“枢纽型”社会组织管理体系。

（师 帅）

【建立社会组织孵化器】 为构建西城区社会组织培育发展体系，培育发展一批符合西城区域经济社会发展需要的社会组织，根据西城区人民群众的实际需求和现有社会组织的情况，与北京市恩派非营利组织发展研究中心合作建立西城区社会组织孵化器，为公益性社会组织提供场地设备、能力建设、注册协助和小额补贴等创业期最亟须的支持。年内，西城区悦群社会工作事务所、仁助社会工作事务所和绿色生活馆3家社会组织，成为西城区社会组织孵化器孵化的第一批公益性社会组织，进驻孵化器，开始为期1年的孵化。

（师 帅）

【区社会组织联合会挂牌成立】 为加快推进社会组织培育发展，落实全市社会组织管理体制改革的要求，建立与区域经济社会发展相适应的社会组织管理体制、培育机制和服务体系，7月14日，西城区社会组织联合会挂牌成立，确定了联合会的10项主要职能：一是宣传党和国家制定的社会组织建设工作的方针、政策和法令；二是开展社会组织发展的社会调查和研究工作，向政府和各有关部门提供咨询和服务；三是按照政府授权，承担国家有关法规规定的业务主管单位职责；四是负责为社会组织会员单位提供党员组织关系管理和服务；五是接受政府委托，对政府购买公共服务的项目组织评估；六是对拟新设立的社会组织提供培育、孵化服务，为已有的社会组织提供能力建设、个案诊断服务；七是为社会组织的发展提供政策咨询、培训、宣传、项目策划、交流学习等服务；八是联系有关社会组织和各界群众，开展社会性和群众性的公益活动；九是指导街道分会开展本地区社会组织工作；十是承接政府职能转移出的工作任务。

（师 帅）

【全区社区党组织换届工作】 截至3月1日，全区148个社区都通过选举产生了新一届党组织班子，其中建立社区党委125个、社区党总支15个、社区党支部8个。有52个社区进行了书记、副书记直选，占社区总数的35.1%。共选出社区党组织成员942人，其中男257人、女685人；党组织成员平均年龄为54.2岁，55岁以下436人；大专以上学历的442人、中专及高中的415人；共选出书记148人，其中男47人，女101人。55岁以下122人，平均年龄48.5岁，其中30岁以下1人；大专以上学历的116人，中专及高中的29人。书记兼居委会主任的126人，占总数的85%。本次换届调整完善了党组织成员分工，增加了民生委员、服务群众委员、联络委员、社会工作委员等委员，为社区党组织大会领导核心作用提供了制度和组织保障。

（李福堂）

【开办区社会领域党员讲坛】 3月21日，举行了西城区社会领域党员讲坛启动仪式并开办第一期讲坛。讲坛每月1期，围绕社会领域党员关心的难点热点问题，就党建知识、劳动就业、法律服务、健康养生、文艺、国学等知识邀请有关专家学者进行讲解。

(李福堂)

【建立商务楼宇社会工作站】 5月，研究制定《关于建立楼宇社会工作党组织（社会工作站）试点工作的意见》，明确了楼宇社会工作党组织（社会工作站）的职责，并提出了具体要求。截至年底，共有133座商务楼宇单独建立社会工作站，占全区160座商务楼宇的83.13%。其中同时建立楼宇社会工作党组织40个。提前完成北京市委社会工委要求的年底前完成全部楼宇60%的工作目标。

(李福堂)

【各街道全部成立社会工委】 6月，制定下发《关于成立街道社会工作委员会的意见》（简称《意见》），对街道社会工委的机构设置、班子设置、工作职责等做出明确具体规定。按照《意见》精神，年内全区7个街道全部成立了社会工作委员会，共有成员111人，其中街道干部56人，中央单位代表15人，市属单位代表11人，区属单位代表5人，社区党组织代表11人，“两新”组织代表9人，楼宇党建代表4人。

(李福堂)

【商务楼宇党建工作推进会】 6月25日，召开西城区楼宇党建工作推进会，市委社会工委委员、市社会办副主任陈建领，西城区委常委、区委组织部部长等参会并讲话。会议对全区楼宇党建工作进行了总结，对下一步楼宇党建工作进行了部署，并为第一批楼宇社会工作党组织和社会工作站授牌。

(李福堂)

【开展区社会领域党员活动】 7月，正式启动西城区社会领域党员红色之旅活动，组织全区社会领域党员每周末在北京市及周边参观革命传统教育基地及爱国主义教育基地，提高党员党性意识，提高社会领域党员素质，使西城区社会领域党员感受到组织的关怀。

(李福堂)

【“五好”示范点创建活动】 8月，制定下发《关于在全区非公有制企业党组织中开展“五好”示范点创建工作的实施意见》，经过自评、申报、检查考评等环节，确定51个非公企业为西城区非公企业党组织“五好”示范点创建单位。按照每个示范点5000元的标准进行资助和奖励，推动全区非公企业党建工作的开展。

(李福堂)

【首届社会领域党员运动会】 10月31日，举办西城区第一届社会领域党员运动会，7个街道以及区委教育工委、区委卫生工委、区工商联非公企业党委、区职介中心党工委、区人才中心党工委、区司法局机关党委等13个代表队、760余名运动员参加比赛。

(李福堂)

【公开招录社区工作者】 2至5月，组织社区工作者社会公开招录工作，报名人数8000余人，3498余人通过资格审核，2800人参加笔试，1528人参加面试，最后共招录367名社区工作者。同时，面向社会招录楼宇党建工作者38名。

(冯晓辉　李福堂)

【区党员服务中心成立】 七一前，西城区党员服务中心挂牌成立。党员服务中心的功能是搭建“五个服务平台”的主要承载基地，党组织服务党员的温馨家园，“两新”组织建立党组织的孵化器，社区党组织的资源平台，党组织和党员服务群众的窗口。其基本服务项目主要包括：接转党员组织关系咨询、党内资料查询、党务工作咨询、求助热线服务、党员志愿者服务、为建立基层党组织提供协助服务、教育资料服务、党务干部推介、党员情况收集等。

(李福堂)

【专业社工“双基地”建设】 3月底，与中国青年政治学院、北京建工学院签订社会工作人才队伍建设、社会工作研究“双基地”合作协议，在月坛、展览路、新街口等6个街道建立30余个社会工作专业大学生社区见习实践基地示范点，将高校社会工作专业大学生引入社区开展实习，从而在社区建设工作中实现社会工作专业理念的引入、专业理论的应用和专业技能经验的整合。年内，该项工作完成了2批共70余名大学生的实习活动，已有20余个项目开始运行。

(冯晓辉)

【区社会工作者联合会成立】 7月10日，西城区社会工作者联合会正式挂牌成立并召开第一次会员代表大会。西城区社会工作者联合会是以区域内取得国家社会工作者和专业社会工作社团组织为主，自愿组成的公益性社会团体法人，是全市首家区级注册的社会工作者联合会。联合会的组织架构是按照决策层和执行层2个层级设置。联合会会员代表大会是联合会的最高决策机构。理事会在代表大会闭会期间依《北京市西城区社会工作者联合会章程》行使会员代表大会职责。为便于理事会开展工作，设常务理事会作为代表大会闭会期间的实质决策机构。会长以会长办公会的形式，根据理事会的决议研究组织开展工作。联合会设立党组织，组织体制外党员会员的组织活动。联合会的日常工作在常务副会长领导下，由秘书处、会员部、培训部和项目部协助开展。

（冯晓辉）

【3家专业社工服务机构成立】 按照坚持社会工作队伍专业化、职业化建设的工作方向，发挥自身作为区域社会工作枢纽的作用、通过依托专业院校，以现有平台作为工作载体，规范活动开展方式，以购买专业社工服务项目为主要资金支持手段，培育、组建专业社会工作服务机构，搭建“一会多所”的社会工作队伍建设体系，打造培育发展社会工作服务机构，促进职业社会工作者成长的工作模式。年内，建立了西城区悦群、仁助和睦友3个社工事务所。

（冯晓辉）

纪检 监察

【概况】 中共北京市西城区纪律检查委员会（简称区纪委）与北京市西城区监察局（简称区监察局）合署办公。年内，区纪委监察局围绕“保增长、保民生、保稳定”措施落实和国庆筹办工作加强监督检查；对领导干部的教育、管理和监督进一步加强；查办违纪违法案件力度继续加大；纠正损害群众利益不正之风工作取得新成效；源头治理腐败，特别是廉政风险防范管理工作扎实推进；纪检监察干部队伍整体素质进一步提高。

地址：西城区北礼士路12号

邮编：100044

电话：88391681

（杜 立）

【第六次全体会议】 区纪委第六次全体会议暨全区党风廉政建设工作会议于2月12日、17日、18日举行。全会认真学习了中共中央总书记胡锦涛的重要讲话和十七届中央纪委三次全会、市纪委十届五次全会和区委十届八次全会精神，总结了上年度全区党风廉政建设和反腐败工作，部署年内工作任务。全会审议通过了区纪委书记作的《以科学发展观指导反腐倡廉工作 为推动西城区科学发展和谐发展率先发展提供有力保证》的工作报告和区纪委六次全会决议。会议要求，全区纪检监察组织要统一思想、坚定信心、扎实工作、开拓创新，按照市纪委和区委区政府的部署，以科学发展观学习实践活动为契机，认真落实党风廉政建设责任制，扎实推进惩治和预防腐败体系建设，为进一步巩固奥运成果、提升发展水平，全面完成区委十届八次全会提出的目标任务提供有力保证。围绕促进西城科学发展，加强监督检查；把领导干部作风建设摆在更加突出位置，加大反腐倡廉教育和监督力度；坚决查办违纪违法案件，严厉惩治腐败分子；深入开展专项治理，着力解决损害群众利益的突出问题；以推进廉政风险防范管理工作为重点，进一步深化源头治理工作；切实加强国有企业反腐倡廉建设；以开展深入学习实践科学发展观活动为契机，切实加强纪检监察机关自身建设。

（杜 立）

【第七次全体会议】 7月31日举行第七次全体会议。会议审议通过了区纪委书记作的《以科学发展观指导反腐倡廉建设 为推进西城区又好又快发展做出新贡献》的报告。会议提出，各级纪检监察组织要按照中央纪委、市纪委和区委的部署，以科学发展观指导纪检监察工作，围绕中心、服务大局、突出重点、认真履职，深入推进全区反腐倡廉建设，务求取得新的成效。一是加大监督检查力度，全力促进全区科学发展；二是关注保障民生，切实解决损害群众利益的突出问题；三是强化反腐倡廉教育和监督，推进干部作风建设；四是始终保持案件查处工作力度，严肃党纪政纪；五是以推进风险防范管理为重点,深化源头治理工作；六是加强纪检监察干部队伍建设，不断提高履行职责能力。

（杜 立）

【领导干部廉洁自律工作】 严格执行领导干部廉洁自律各项规定。组织50名新任处级领导干部进行集体廉政谈话。加强对党政机关公务用车管理，控制楼堂馆所建设，压缩行政经费支出，全区因公出国

(境) 经费、车辆购置费、车辆运行经费和业务招待费均达到了北京市提出的控制目标。开展“小金库”专项治理工作，对40余个独立核算单位进行了检查。深入贯彻《中国共产党巡视工作条例（试行)》，对复兴医院等6个单位进行了巡视。

（杜 立）

【案件查处工作】 严格依纪依法办案，保障了党员干部、监察对象的合法权益。年内共初核案件线索10件，立案13件，结案11件11人，给予党纪处分8件8人，政纪处分10件10人，其中含党政纪双重处分8件8人，不予处分1件1人，共挽回经济损失206.3万元。

（杜 立）

【纠风工作】 巩固治理教育乱收费成果，规范了学校办学和收费行为。深入推进社区卫生服务运行机制改革，规范了医疗服务行为。加强了对药品集中采购工作重点环节的监督检查，对区属中医院绩效考核工作进行了全程监督。围绕规范行政行为和服务行为等内容，开展了对教育、卫生等系统基层站所及窗口部门的评议，搜集意见建议78条，被评单位进行了扎实整改。改进了“千家评政府”活动评议方式，使结果更具科学性。加大行政投诉工作力度，认真解决部分政府工作人员中存在的推诿扯皮、行政不作为、行政乱作为等问题。年内受理群众投诉109件次，均已办结。完善“政风行风热线”群众信件办理机制，答复办理群众来信293件次。

（杜 立）

【源头治理工作】 全区廉政风险防范管理工作网络初步形成，共查找风险点7117个，制定防范措施7358条，完善业务流程499项，编制业务流程图或风险防控图（表）425份，建立健全规章制度685项。党务公开、政务公开等各项公开工作深入推进。强化监督检查，狠抓责任制落实。由区领导带队，对12个单位落实责任制等情况进行了检查。国有企业反腐倡廉建设稳步推进，反腐基本制度体系不断完善。企业改制进一步深入，法人治理结构逐步健全，外部董事履职到位，监事会的监督作用得到有效发挥。严格执行《西城区企业国有资产重大事项管理暂行办法》，认真规范和审核企业上报的请示、报告和备案3类重大事项，加强了国有资产监管。

（杜 立）

【党风廉政宣传教育】 围绕落实科学发展观和领导干部作风建设年各项活动，宣传廉政勤政先进典型，开展“加强纪律作风教育，促进廉洁从政”主题宣传教育月活动，举办了“领袖风范、廉洁楷模”——老一辈无产阶级革命家廉洁故事巡展。建立西城区廉政教育和警示教育基地，开展警示教育。强化阵地建设，廉政文化“五进”(进机关、进学校、进企业、进新区、进家庭）工作深入推进。

（杜 立）

【先进表彰】 2月12日、17日、18日，西城区召开全区党风廉政建设工作会议。区委区政府对区委组织部等12个牵头工作单位进行了表彰。区纪委、区监察局对金融街街道等22个先进纪检监察组织和何晓林等41名优秀纪检监察干部予以表彰，对区教育纪工委监察科、卫生纪工委监察科等6个办案工作先进集体、西城公安分局纪委等18个信息新闻工作先进集体、高丽莉等13名信息新闻工作先进个人、杨广宏等16人的优秀党课、蒋建中等15人的优秀调研报告、康莉等65人的优秀征文、新街口街道等6个单位的宣传教育特色活动予以表彰。

（杜 立）

民主党派

民革西城区委

【概况】 中国国民党革命委员会北京市西城区委员会（简称民革西城区委)，共有区委委员12人，其中主任委员1人、副主任委员2人、副秘书长1人，下设组织处、宣传处、研究室、信息中心、中山思想研究小组、财务监察小组、祖国统一专门工作委员会、参政议政专门工作委员会、学习与宣传专门工作委员会、经济建设与社会发展专门工作委员会、妇女专门工作委员会、老年联谊会。年中，第二支部、第十三支部、第十六支部、第十七支部、第二十一支部以及22人被评为市级先进集体和先进个人；年底，召开总结表彰大会，

107名区级先进个人受到表彰。
地址：西城区辟才胡同宏英园17号楼
邮编：100032
电话：66138930

（金　雯）

【思想建设】　年内，采用座谈会、报告会、研讨会和实地考察等多种形式学习中国共产党的重要理论、重大方针政策和应对国际金融危机的政策措施；学习传达全国两会有关精神，传达中共十七大会议精神；组织学习科学发展观活动；召开纪念民革成立60周年座谈会，组织民革西城区委党员参加民革中央和民革北京市委有关纪念活动；与西城区社会主义学院联合举办“西城区民主党派新成员学习班”、基层干部暑期培训班；组织12批党员参加民革北京市委以及中共西城区委统战部组织的各种学习辅导班。各支部组织党员开展形式多样的学习活动。全年，共组织区委委员学习7次，各处室、专委会、支部主委学习6次，部分党员及党内骨干学习5次。全年，出版发行《西城民革》简讯6期，每期印制550份。

（金　雯）

【组织建设】　全年，共接收考察对象31人，调出2人、调入15人、发展22人，党员总数557人（发展比例为4.4%），分布在21个支部。其中男党员占党员总数的51%，女党员占党员总数的49%；在职党员占党员总数的62%，退休党员占党员总数的38%；60岁以上党员217人。党员的工作单位分布在党政机关、金融、医疗、教育、科研、市政、出版、国企、社会新阶层等系统。现有全国人大代表1人，全国政协委员1人；市人大代表2人，市政协委员2人；区人大代表2人，区政协委员22人；国家特约工作人员1人，市特约工作人员2人，区特约工作人员6人；民革中央和市专委会任委员20人。年内，组织22名考察党员进行参观和学习。

（金　雯）

【参政议政】　年内，完成3个调研课题：《北京市西城区青少年家庭品格教育开展状况调查报告》《关爱职业群体　远离亚健康——西城区职业人士亚健康调查》《关于加强青少年生态道德教育中教师配置和培训的建议》，形成党派提案1个。其中《关于青少年生态道德教育中教师问题的研究》获得调研课题一等奖，《关于加强青少年生态道德教育中教师配置和培训的建议》获得党派优秀提案。民革西城区委、民盟西城区委、民建西城区委与西城区政协社会法制和民族宗教专委会围绕西城区医保问题开展考察研究，形成题为《关于西城区医疗保障体系建设情况的调研》的联合调研报告。6月，组织部分特约工作人员及部分党员到区检察院等部门进行明察暗访，提出7条意见和建议。全年，民革西城区委向西城区政协、中共西城区委统战部、民革北京市委研究室等有关部门上报意见建议类信息69条，内容涉及医疗、卫生、教育、交通、环境等。年底，组织召开调研课题成果交流会，并与西城区社会主义学院联合举办参政议政工作培训班。

（金　雯）

【祖统工作】　全年，召开3次台湾形势座谈会，座谈台海形势，研讨西城区台商、台生的工作生活情况。年初，大陆海协会2009年青年冬令营到西城区参观访问。区台办、区政协、民革西城区委共同接待来自台湾的教授及学生。接待“第七届台湾高校杰出青年赴大陆参访团”，参观北京数字娱乐产业示范基地。5月，组织中山思想小组成员参加“孙中山奉安大典80周年纪念活动”。6月，组织祖国统一专委会成员参观保定陆军军官学校。

（金　雯）

【庆祝新中国成立60周年活动】　年内，组织党员参与民革北京市委举办的“风雨同舟60年”演讲比赛，并获得第一名；组织党员参加“庆祝民革北京市委成立60周年纪念大会”。年初，孙中山思想学习小组召开“纪念北平和平解放60周年”座谈会，并到正阳门参观“纪念北京和平解放60周年”主题展览活动。9月，召开庆祝新中国成立60周年联欢会暨中秋节、国庆节、九九重阳节联谊会。年内，共向有关部门上报党员“新中国成立60周年”征文、诗歌等作品12篇，民革西城区委及时将党员文稿编辑刊印或者上报民革北京市委及中共西城区委统战部。

（金　雯）

【社会服务】　年初，举办题为《电子科技“3A”行动》社区电子科普活动，开展向居民宣传电子作品DIY活动。年内，鼓励党员参与社会活动，卫生部医政司联合北京大学人民医院在京召开“医疗质量万里行——爱心在行动”活动，西城区6名民革党员经过报名、培训、注册等流程正式成为医务志愿者。9月，组织经济社会专委会到保定顺平县安阳乡南峪村开展“文化、医疗、法律”三下乡活动，向当地师生们捐赠80套学生课桌椅、3台电脑、8000支铅笔、300本书、80个书包等学习用品，并为当地村民进行医疗义诊、法律咨询和农业咨询。

（金 雯）

【联情联谊】 春节前夕，对全区49名老党员进行了家访慰问，为党员送去慰问品，民革西城区委老年联谊会分别看望老党员20名。三八妇女节，组织女党员召开座谈会并观看电影《梅兰芳》；4月，组织支部主委参观雍和宫，纪念“西藏百万农奴解放50周年”。

（金 雯）

民盟西城区委

【概况】 中国民主同盟北京市西城区委员会（简称民盟西城区委）年内有区委委员26人，下设组织部、宣传部、调研部、教育委员会、金融经济委员会、文化艺术委员会、科技委员会、老龄委员会。有盟员1404人、基层委员会1个、支部49个。年内发展新盟员44人，转入盟员12人，去世12人，9个支部完成换届工作。年内，民盟西城区委按照民盟中央和民盟市委《关于各民主党派深化坚持走中国特色社会主义道路学习教育活动的意见》的通知和《民盟中央关于学习贯彻中共十七届四中全会精神》的通知，以新中国成立60周年和多党合作制度确立60周年为契机，开展各项活动，围绕促进西城区的中心工作和社会发展，履行参政党职能，建言献策。

地址：西城区辟才胡同宏英园17号楼305室

邮编：100032

电话：66135911

（赵 勇）

【参政议政】 年内，民盟西城区委主要领导参加中共西城区委的协商会、通报会3次，参加中共西城区委统战部召开的“双月恳谈会”6次。在政协西城区十二届三次全会上作《探索模式 疏散人口 扶持弱势 关注民生》及《关于历史文化保护区工作的几点建议》的大会发言。民盟西城区委提交的《关于改善历史文化保护区居民生活质量的建议》获区政协党派优秀团体提案奖；盟员中的区政协委员向区政协十二届三次全会提交个人提案16件，其中4件获委员优秀提案奖。年内，调研部组织盟内有关专家进行2项调研，并撰写《什刹海金丝套地区旅游策划》《关于西城区近现代现存名人故居》的调研报告。与区政协、民革西城区委、民建西城区委联合进行《关于西城区医疗保障体系建设情况》的调研。在区政协和中共西城区委统战部联合召开的议政会上，民盟西城区委作《调和市场经济下的利益矛盾积极构建和谐西城》的发言。组织10余位盟员中的人大代表、政协委员和区委委员参加对区政法系统和政府机关的明察暗访活动。2名区政府特邀监察员参加区监察局组织的“千家评政府”活动，重点对西城公安分局及所属16个派出所、治安所的明察暗访工作。年内，28个支部的64位盟员向西城区政协、民盟北京市委、中共西城区委统战部上报各类信息344条。民盟西城区委被评为西城区统战系统信息先进单位。继续与区委教工委建立对口联席制度，并召开协商通报会1次。

（赵 勇）

【自身建设】 年内，组织约60位中青年骨干盟员参加中共北京市委和民盟北京市委举行的各类报告会6次。组织基层支部负责人参加民盟北京市委举行的“深化中国特色社会主义主题学习活动，努力开创多党合作事业新局面”的会议和基层组织工作会议。组织新盟员参加民盟北京市委和中共西城区委统战部、西城区社会主义学院举办的学习班，组织10名盟内骨干分别参加民盟北京市委和中共西城区委统战部举办的中青年骨干培训班。年内，组织近60位民盟区委委员和基层支部负责人参加“加强自身建设暑期研讨班”。组织收集新中国成立以来和为新中国成立作出贡献的双百人物评选问卷150份，民盟市委组织部关于基层组织建设调查问卷46份。给基层支部所在单位寄感谢信48封。民盟西城区委3名专职干部参加民盟北京市委召开的各区委区工委季度工作会4次。组织盟员参加民盟北京市委召开的“多党合作60周年座谈会”、“民盟教育论坛”、“人文北京、科技北京、绿色北京发展论坛”。发挥民盟西城区委“两刊一网”的作用，年内出版《西城盟讯》4期，设栏目23个，刊登文章121篇，图片97张，约15万字；出版《西城民盟简讯》6期，刊登文章37篇，约4.5万字。整理上交档案57件，完成民盟西城区委大事记。

（赵 勇）

【先进表彰】 1月18日，民盟西城区委召开表彰2006至2008年度先进支部、优秀支部、优秀盟员大会。民盟北京师范大学附属实验中学支部等10个基层支部被评为先进支部，民盟北京教育学院支部等

6个基层支部被评为优秀支部，丁金梅等135名盟员获得优秀盟员称号。民盟北京师范大学附属实验中学支部获得民盟中央盟务工作先进集体称号。

（赵　勇）

【社会服务】 民盟西城区委与区文化委、区民政局、金融街街道办事处在全国政协礼堂举行“舞动金融街，欢歌颂祖国”大型文艺演出活动。参加西城区各界人士庆祝新中国成立60周年“同心曲，祖国颂”文艺演出和迎国庆书画展，参加金融街街道办事处非公经济人士迎国庆书画展，与金融街街道宏汇园社区共同举行“迎欢乐国庆，建和谐家园”文艺演出。组织盟员参加中共西城区委统战部、西城区社会主义学院“庆祝新中国成立60周年征文活动”。民盟西城区委老龄委举办“迎国庆书画展”；在国庆节前民盟西城区委邀请盟内6位书画家举行“迎国庆书画笔会”，现场绘出16幅书画作品。年内，参加西城区“和谐杯”六艺大比拼活动，其中获美术作品一等奖1名、二等奖2名、三等奖1名、优秀奖2名，书法作品优秀奖2名。年初，民盟西城区委举行“春节电影招待会”，约600位盟员及家属出席。组织150余位盟员及家属赴香山植物园开展“重阳节秋游活动”。组织老龄委委员赴怀柔黄花城郊游。老龄委全年举行6次月末谈心会，2次献爱心物品捐赠交流活动，共筹集爱心捐款1731.70元。继续与金融街街道宏汇园社区2户贫困残疾家庭签订帮扶协议，并于元旦、春节、五一节、国庆节到家中走访慰问，送去生活必需品和慰问金。坚持为老盟员寄生日贺卡，为80岁、90岁老盟员祝寿，并赠送生日蛋糕。

（赵　勇）

民建西城区委

【概况】 中国民主建国会北京市西城区委员会（简称民建西城区委），专门委员会增设信息、卫生环境委员会，成立慈善工作委员会。年内，民建西城区委根据民建中央《关于开展学习科学发展观活动的通知》《关于开展走中国特色社会主义道路学习教育活动的通知》要求开展各种活动。按照中共西城区委十届八次会议提出的“推动科学发展、关注改善民生、巩固奥运成果”的精神，作为履行参政议政、民主监督和社会服务职能的中心内容。要求会员提倡“知西城、爱西城、奉献在西城”的精神。民建西城区委响应市、区开展的“迎国庆、讲文明、树新风”活动，围绕新中国成立60周年、人民政协成立60周年组织活动，在自身建设和参政议政两大主题工作中取得新的成绩。

地址：西城区辟才胡同宏英园小区17号楼402室。
邮编：100032
电话：66137941

（苏学良）

【领导考察】 年内，民建北京市委主任委员到民建西城区委综六支部考察调研。民建中央社会服务部领导到综四支部考察工作。民建中央机关领导到民建西城区委指导检查工作。

（苏学良）

【届中评议】 年内，按照民建北京市委的工作安排，开展届中评议工作，即总结民建西城区委第二届委员会成立三年以来领导班子的工作，征求委员对整个工作的意见。期间，召开主副委民主生活会、委员扩大会，民建北京市委副主委及市委组织处领导参加委员扩大会议。

（苏学良）

【参政议政】 民建西城区委在区政协十二届三次会议上提交《关于西城区经济与社会发展的三点建议》和《关于加快扶植中小企业发展的建议》的提案。《关于西城区经济与社会发展的三点建议》被评为党派团体优秀提案。民建西城区委参与区政协一、三室的专题调研活动，共同撰写《关于促进西城区旅游产业发展的调研》和《关于西城区医疗保障体系建设情况的调研》。民建西城区委完成《关于发展区域特色总部经济的调研》。在区政协和西城区委统战部联合召开的第六次议政会上，民建西城区委作《进一步加强人民调解工作 维护社会和谐稳定》的发言。继续进行明察暗访工作。全年报送信息98条，采用60余条，采用率60%。其中有12条信息分别得到有关领导的批示。

（苏学良）

【思想建设】 民建西城区委在自身建设工作中始终贯彻以“思想建设为核心”作为中心内容。年内，按照民建中央和市委的工作要点：“深入学习贯彻科学发展观，是加强自身建设，更好地履行参政党职能的迫切需要，一定要作为首要政治任务。”在暑期和冬季召开学习科学发展观报告会，共有130名会员参加。民建西城区委要求各支部把学习多党合作的历史作为重要活动内容。支部负责人20人参加民建北京市委举办的基层组织建设研讨班。新会员5人参加北京市社会主义学院的学习班；22人参加民建北京市委新会员学习班；20人参加中共西城区委统战部和西城区社会主义学院的学习班。新会员7人参加民建北京市委培训班。

(苏学良)

【组织建设】 年内，民建西城区委发展会员31人，均为大专以上学历，平均年龄38岁，发展率3.3%，同比下降1.7%。调进会员15人，减员12人，净增人数34人，净增率3.6%。同比下降2.6%。年底有会员965人。调整宣传部、社会服务部和金融、经济、联络3个专门委员会的主要负责人。召开中青年后备干部座谈会2次。2个支部被民建北京市委评为先进支部，43位会员评为优秀会员；40位1960年以前入会的会员被评为北京市民建发展做出突出贡献的老会员。年底，民建西城区委评出优秀会员86名。

(苏学良)

【迎国庆工作】 参加庆祝新中国成立60周年活动，民建西城区委文艺委员会有15幅字画参加西城区统战系统“同心曲、祖国颂”书画展览。有3幅字画参加民建市委的展览。组织文艺节目参加统战系统国庆文艺节目汇演。民建西城区委秘书长参加天安门广场的文艺演出。

(苏学良)

【社会服务】 春节，民建西城区委慰问原工商业者每人100元，计5000元；重阳节，综八支部出资3000元慰问原工商业者。20位会员企业家向西城区残疾人联合会捐款10万元。举办活动，慰问四川“汶川大地震”在京部分孤儿。

(苏学良)

【慈善工作】 参加西城区慈善协会换届工作，2位会员当选慈善协会副会长，9位会员当选常务理事，22位会员当选理事。

(苏学良)

【获奖情况】 在中共西城区委、区政府主办的“爱在西城”颁奖大会上，民建西城区委获团体奖，35位会员获个人奖。在西城区慈善协会三届一次会议上，民建西城区委被授予“慈善助学奖”，38位会员获得慈善助学优秀个人奖。

(苏学良)

【会务活动】 与区政府有关部门召开对口联系座谈会，中共西城区委书记、副区长等有关领导参加。组织文艺节目参加民建北京市委举办的元宵节文艺演出，获得合唱、歌舞节目一等奖。企业委员会组织30位会员中的企业家到广东省惠州市考察。

(苏学良)

民进西城区委

【概况】 中国民主促进会北京市西城区委员会（简称民进西城区委），下设组织部、宣传部、议政调研室、老龄工委、社会服务工委。年内有委员21人、基层支部29个、会员757人，其中高、中级职称539人，占71.2%。年内，民进西城区委坚持深入学习科学发展观，坚持中国特色社会主义道路理念，围绕西城区经济和社会发展的中心工作，以迎接新中国成立60周年和纪念人民政协成立暨多党合作制度确立60周年为契机，建言献策、服务社会，提升政治素质和能力，发挥参政党的职能作用。

地址：西城区辟才胡同宏英园17号楼

邮编：100032

电话：66137950

(胡　楠)

【参政议政】 年内，西城区民进会员中有市人大代表1人，市政协委员4人；区人大代表4人，区政协委员22人；国家监察部特约监察员1人，市特约工作人员3人，区特约工作人员5人。年内，民进西城区委向中共西城区委提交了《构建民生为本　机制创新的社区管理体制——西城区居民自治和社区公共服务工作的调研报告》和《关注继续教育　推动我区教师培训基地的建设和发展》的调研报告。在西城区政协十二届三次全会上提交《关于关注西城区困难群体　完善保障措施的建议》和《关于加强西城区校园环境文化建设的建议》2份党派提案，其中《关于关注西城区困难群体　完善保障措施的建议》被评为年度优秀提案。民进西城区委1名会员在西城区政协和中共西城区委统战部召开的“化解人民内部矛盾，促进社会和谐稳定”议政会上，以《化解劳动争议维护社会稳定和谐》为题发言。15个支部的会员向民进市委提交150份建议案，内容涉及教育、医疗、城建、城管等方面。民进西城区委主委在区政协召开的“庆祝新中国和人民政协成立60周年”座谈会上以《风雨同舟　和谐共创》为题发言。担任特约监督、监察、督导工作人员的民进会员认真完成各自任务，履行职责。10余名会员参加西城区政协明察暗访工作。民进西城区委共报送工作活动类和社情民意类信息220条。

（胡 楠）

【组织建设】 年内，发展新会员17名，其中男会员7名，女会员10名，平均年龄38.3岁，高、中级职称14人，大学本科以上学历16人。从其他区县转入会员4人。根据民进北京市委和中共西城区委统战部有关届中调整协商意见，经过组织程序，民进西城区委第二届委员会召开第十二次全委会议，选举产生新主任委员，并增补6名区委委员和2位副主任委员，完成民进西城区委届中调整。在工作逐步规范化条件下，26个支部向民进西城区委和所在单位的党政领导提交本年度工作总结和下一年的工作计划。

（胡 楠）

【思想建设】 年内，民进西城区委落实民进北京市委关于深入学习科学发展观的精神，开展学习教育活动。1月，30余名会员参加民进西城区委与区教工委统战部联合举办的学习班。3月，组织24名新会员参加与西城区社会主义学院联合举办的民主党派新成员学习班。4月，在“我为民进科学发展建一言”、“为发展首都经济献一策”、“我为应对国际金融危机影响献一策”活动中，12个支部的会员参与建言献策。5月，召开民进西城区委委员学习会，学习贯彻科学发展观。7月，民进西城区委以积极构建和谐政党关系，科学发展基层组织为专题在房山举办暑期学习班，区委委员、支部主任和骨干会员70余人参加学习研讨。8月，结合西城民进工作需要，经主委会议研究决定，成立西城民进写志组，对区民进组织的历史进行记录和整理。9月，民进西城区委召开庆祝新中国成立60周年座谈会。西城民进8个支部的会员参加民进市委、中共西城区委统战部庆祝新中国成立60周年征文活动。5个支部的7名会员参加民进市委、中共西城区委统战部庆祝新中国成立60周年书法、绘画、摄影展活动。年内，民进西城区委组织开展春游，老龄“风采杯”乒乓球健身赛，为会员子女“庆六一”、为老会员“庆重阳节”等活动。全年约有200人次先后参加民进中央、民进市委会、中共西城区委统战部组织的北京市两会精神传达、台海形势报告会、国际外交形势报告会、宗教讲座、养生健康讲座、中青年骨干培训等。全年出版《西城民进》6期，报道会务动态和各种信息。

（胡 楠）

【先进表彰】 12月17日，民进西城区委召开总结暨表彰大会，250余名会员参加，民进北京市委会、中共西城区委统战部领导出席大会并致贺词。大会总结全年工作，提出下一年工作思路。10个民进先进支部和40名民进先进个人受到表彰。

（胡 楠）

【社会服务】 年内，响应中共北京市委统战部、中共西城区委统战部和民进市委提出开展“迎国庆、讲文明、树新风”活动的号召，民进西城区委把开展活动和社会服务工作相结合，做好国庆庆典筹备和维护稳定工作。西城民进所属支部中近60名会员参加国庆庆典背景组字、游行方阵、国庆晚会集体舞演练。民进医卫支部1名会员担任西城区“国庆医疗保障小组”组长，在北海公园提供医疗服务。民进北京市第三十五中学支部1名会员辅导参加国庆演出的合唱团。民进北京教育学院附属中学支部全体会员参加学校“欢庆60华诞喜迎国庆，祝愿伟大祖国繁荣昌盛”的活动。民进北京市第四中学支部1名会员不仅为参加国庆庆典背景训练的全体高一学生做动员演讲，还代表北京市第四中学支部为庆典活动提出合理化建议。西城民进退休老会员在社区坚持做好国庆的社会维稳工作。9月，民进西城区委向全区会员发出捐赠四川省桂花镇幼儿园的倡议，17个支部捐赠物品共计40箱。10月，北京市第三十五中学支部2名会员带领学校金帆乐团先后参加西城区、北京市的十一总结表彰颁奖会。11月，民进西城区委在什刹海街道白米社区为居民做高血压防治的义务讲座，社区居民近50人参加活动。北京教育学院附属中学支部会员参加“志愿服务学雷锋，爱心文明筑和谐”主题活动。北京市基础教育研究中心支部2名会员到四川什邡市进行现场教学；2名会员成立特级教师工作站，辅导培养远郊区县的教师。医卫支部会员到北京怀柔、河北平山老区和四川为当地群众义诊。北京教育学院附属中学支部1名会员到贵州少数民族聚居区黎平县高屯中学、德凤中学进行现场教学。年内，2名会员到郊区支教。

（胡 楠）

农工党西城区委

【概况】 中国农工民主党北京市

西城区委员会（简称农工党西城区委），年内有区委委员13人，下设参政议政委员会、老龄工作委员会、妇女工作委员会。截至年底，发展新党员13人。共有基层支部15个，党员448人。年内，将贯彻中共十七届三中全会精神与政治交接学习教育活动结合起来，以科学发展观为指导，加强自身建设，提高履职能力，为西城区科学发展建言献策作出贡献。

地址：西城区辟才胡同宏英园17号楼
邮编：100032
电话：66131161

（程意兰）

【参政议政】 在西城区两会上，提交党派提案2件、个人提案16件，涉及医疗、教育、民生、城市管理等方面问题。农工党西城区委团体提案《关于西城社区卫生服务发展状况》和4名党员的个人提案《关于加强公务员管理提高工作效率的建议》《解决北京市城市资源浪费同时又严重资源短缺的几点建议》《关于将屋顶环境纳入市容管理的建议》《关于在西城区平房院解决冬季采暖和生活热水问题的建议》被区政协评为优秀提案。农工党西城区委调研报告《将复兴医院建设为西城区医学中心的有关建议》《西城区中学教师心理状况的调研及对策》分别获中共西城区委统战部党派调研报告三等奖和优秀奖。年内，农工党西城区委成立2个调研小组，完成《关于加强西城区医疗机构医疗纠纷防范和处理的建议》《西城社区康复的调研和建议》调研报告。3月，召开信息工作会，总结上一年工作；表彰信息工作先进支部2个和先进个人2名；部署年内信息工作。各基层支部主任、信息员参加会议。4月，在区政协、中共西城区委统战部组织召开的“化解人民内部矛盾，促进社会和谐稳定”议政会上，农工党西城区委作题为《发挥律师作用 促进和谐西城建设》的发言。3至4月，在中共西城区委统战部开展的“我为西城科学发展建一言”征文活动中，农工党西城区委投稿13篇，其中1名党员的征文《建立老龄人口的居家养老及医疗照顾体系》获优秀奖，2名党员的征文《规范社区卫生服务 确保医疗安全》《建议加强餐饮行业卫生死角的监管》在《北京西城报》上刊登。3至8月，农工党员中的区政协委员及部分区委委员，对区司法局、区劳动保障局等11个职能部门进行明察暗访，并将检查情况进行汇总上报。年内，向农工党市委、西城区政协、中共西城区委统战部报送信息57条。

（程意兰）

【自身建设】 2月，召开新党员见面会。驻会副主委向新党员介绍农工党西城区委、基层支部组织的基本情况和开展的主要工作。3月,组织农工党新党员参加区民主党派新成员学习班。7月，召开“纪念新中国成立60周年暨多党合作60周年座谈会”。农工党西城区委委员、支部主任、部分中青年骨干参加会议。农工党市委专职副主委、中共西城区委统战部副部长等应邀出席会议。会上，农工党西城区委主委系统回顾了多党合作和农工民主党与中国共产党风雨同舟的历史。与会党员就改革开放30年多党合作制度建设的成果，结合自身学习和工作畅谈感想和体会。为便于基层党员学习和了解农工民主党发展史，农工党西城区委为各基层支部发放中国农工民主党党史光盘。年内，农工党西城区委转发农工党中央《关于认真学习宣传〈六个“为什么”——对几个重大问题的回答〉的通知》《中国农工民主党关于认真学习贯彻中共十七届四中全会精神和胡锦涛总书记重要讲话精神的通知》等相关文件，并下发相关学习资料到各基层支部，方便支部组织开展学习。坚持农工党西城区委班领导成员集体参加基层支部生活的制度，年内班子成员参加了3个基层支部的组织活动，了解基层支部开展组织生活的情况。编辑出版《西城农工》4期。

（程意兰）

【重要活动】 1月，召开先进表彰大会，对上一年度农工党市委、区委3个先进支部，44名先进个人给予表彰。3月，召开西城区民主党派、团体工作会议，驻会副主委代表农工党西城区委发言，总结上一年的工作、交流本年度的工作思路。7至9月，在中共西城区委统战部举办的“统一战线庆祝新中国成立60周年”征文活动中，农工党西城区委投稿14篇。各基层支部组织相关的活动，参观“平北抗日战争纪念馆”和“平西抗日战争纪念馆”，观看“西藏民主改革50年大型展览”和歌剧《江姐》。12月，召开年度工作总结会，总结年内工作并讨论下一年工作设想。35名党员代表参加会议，农工党市委副主委，中共西城区委统战部部长、副部长等应邀参加会议。年内，1个支部被农工党中央授予“先进基层组织”荣誉称号，1名党员被农工党中央授予“优秀组织工作者”荣誉称号，1名党员被农工党中央授予“社会服务信息工作先进个人”荣誉称号，1名党员被评为“北京市宫颈癌、乳腺癌筛查工作先进个人”。

（程意兰）

【社会服务】 5月，农工党西城区委开展“第二届中国环境与健康宣传周”活动，邀请北京儿童医院支部主任医师在丰汇园社区为社区儿童的家长进行儿童常见病防治互动式讲座；组织党员中的内科、外科、中医科的大夫参加金融街公共服务广场的健康咨询活动，为在金融街工作的人员及行人进行健康咨询。7月，农工党西城区委与北京燃峰医药有限责任公司、积水腾龙（北京）环境科技有限公司联合组织赴河北围场满族蒙古族自治县御道口乡进行医疗咨询及扶贫捐赠活动。组织党员中的内科、中医科、妇产科、儿科、皮肤科专家，为当地的群众进行医疗咨询150人次，做心电图35人，并赠送价值约7万元的计生用品和商务通电子产品。10月，在延庆县千家店举办以“弘扬科学 关注民生 发展公益 促进和谐”为主题的“第二十一届国际科学与和平周”送医下乡活动，组织农工党展览路医院支部与中国医学科学院药用植物研究所支部部分党员为当地群众进行医疗咨询150人次，做B超30人，做心电图10人，测血糖50人，发放健康教育宣传材料300份。年内，展览路医院支部8名党员为新华里敬老院40余名老人进行体检，做心电图、测血压和血糖。复兴医院支部在月坛社区卫生服务中心举办“爱老助老关注老人健康”活动，由内分泌科主任、放射科主任、骨科主任、消化内科副主任医师为社区居民进行义诊咨询。农工党西城区委第三支部、展览路医院支部与展览路街道办事处联合在西直门华堂商场北广场举办“关爱残疾孩子 发展特殊教育”义诊活动。展览路医院支部内科、外科、儿童保健科、康复科、妇科、中医科的专家为在场的群众和残疾人进行义诊，咨询人数近200人次，发放健康保健、疾病预防宣传材料400份和盐勺80个。农工党西城区委第三支部向40余名残疾孩子赠送礼物。北京市第四十一中学支部在六一儿童节前夕到西城区培智中心学校，看望智障学生，并赠送智力拼图、笔、羽毛球拍等慰问品。北京儿童医院支部中医科、皮肤科、耳鼻喉科专家到月坛街道为社区的孩子们义诊。北京市肛肠医院支部部分医学专家到山西柴油机工业有限责任公司职工医院，为医护人员讲授呼吸系统疾病和老年糖尿病的预防和诊治，并就职业病的预防和诊治，采用现场义诊的方式进行临床培训。丰盛医院支部在丰汇园居委会市民学校为居民进行健康讲座和健康咨询服务，为30余名糖尿病患者进行血糖检查。农工党西城区委第三支部与北京市第三十九中学联合对学校本学年获得“年级十佳学生”称号的学生进行表彰，并赞助价值1000元的纪念品。

（程意兰）

致公党西城区委

【概况】 中国致公党北京市西城区委员会（简称致公党西城区委），年内有区委委员12人，下设参政议政工作委员会、文化宣传工作委员会、社会服务工作委员会。参政议政工作委员会下设金融工作小组，社会服务工作委员会下设老龄工作小组。截至年底，发展新党员19人，转入党员3人；共有基层支部10个，党员266人。党员中市人大代表3人，市政协委员2人（其中常委1人）；西城区人大代表2人（其中常委1人），区政协委员10人（其中常委1人、副秘书长1人）。年内，以庆祝新中国成立60周年为契机，学习贯彻科学发展观，加强自身建设，在参政议政、文化宣传、社会服务等方面做了大量工作。致公党北京市委“学习贯彻科学发展观”主题教育活动考察组对致公党西城区委一年来的工作给予肯定，认为致公党西城区委突出思想建设，注重组织建设，狠抓制度建设，在自身建设和履行职能等方面走在全市各区级组织的前列。

地址：西城区辟才胡同宏英园17号楼

邮编：100032

电话：66137949

（张　岩）

【自身建设】 成立组织工作部、宣传工作部、调研工作部、社会服务工作部以及参政议政工作专委会、文化工作专委会和社会服务工作专委会；将9个支部调整为10个支部，第十支部为医疗卫生支部。全委会讨论通过17项工作制度，编印《中国致公党北京市西城区委员会制度汇编》发给全体党员。制定《致公党北京市西城区委关于学习贯彻科学发展观、深化走中国特色政治发展道路教育活动的实施方案》。驻会干部参加中央社会主义学院、致公党北京市委干部进修班的学习。10个支部相继开展支部学习教育活动。中青年骨干党员、新党员参加致公党北京市委和中共西城区委统战部组织的培训班，学习中国特色的政党制度和统一战线理论。组织全体党员学习《中国致公党党章》和《中国政党制度》白皮书。领导班子成员与致公党无锡市委、连云港市委、泉州市委、武汉市委、黄石市委、乐山市委、南充市委的负责人围绕参政党基层组织如何开展党建工作进行座谈研讨，通过走访致公党攀枝花市委、昆明市委开展与致公党地方组织的联系与交流。年内，发展党员19名、外区转入党员3名，其中博士3名、硕士9名、本科9名、大专1名；从事金融行业的9名、科技界5名、教育界4名、新阶层人士2名，事业单位2名。36名党员分别荣获致公党西城区委2008年度文化宣传、参政议政、社会服务工作先进个人称号。

（张　岩）

【参政议政】　年内，金融工作小组围绕“保增长、保民生、保稳定”的主题，开展建言献策工作。小组负责人在致公党北京市委主办的应对金融危机专题座谈会上提出“进一步完善金融街发展规划的建议”，被市政府相关部门采纳；在致公党中央主办的金融工作座谈会上，提出“调整产业结构、促进科技创新、积极开展国际资源收购和产权收购、避免国内实体经济受到国际金融危机影响”等建议，被致公党中央提交中共中央“关于应对国际金融危机的建议”的报告所采纳；在中共北京市委统战部主办的“首届首都统一战线2009北京发展论坛”上，提出大力发展绿金经济、社区经济、创新金融产业，培育新的经济增长点，得到北京市领导的肯定，提出支持发展股权投资基金的政策建议被市政府相关部门采纳。在北京市十三届人大二次会议、区十四届人大三次会议上，致公党西城区委党员中人大代表共提出议案6件。在区政协十二届三次会议上，提交团体提案2件、委员提案20件。团体提案《关于以金融业为中心促进西城区经济发展的建议》，被列为区政协十二届三次会议第001号提案，提出的多项建议被西城区政府相关部门采纳并被区政协评为优秀团体提案。《关于对儿童医院附近交通规范管理的建议》《关于西城区垃圾数字化信息化管理的提案》被评为区政协委员优秀提案。年内，共完成5篇调研报告，上报中共西城区委统战部2篇，其中《加快金融改革创新　促进西城经济快速发展》的调研报告获得西城区统战系统调研成果一等奖；《关于西城区平房区环境整治工作情况的调查》获得西城区统战系统调研成果优秀奖。上报致公党北京市委2篇，其中《创新首都金融发展战略　促进金融市场与经济增长的良性互动》获得中共北京市委统战系统优秀调研成果二等奖；《坚持科学发展观　回归医疗服务价值》的调研报告获得致公市委调研成果优秀奖，并在市政协十一届三次会议上作为致公党北京市委党派大会发言获得好评。上报致公党中央《当前农村工作情况的调研》。年内，向致公党北京市委、西城区政协、中共西城区委统战部报送信息300余条，其中15件被中共西城区委统战部采用，38件被致公党市委采用，3件被市政协《净友》普刊采用，8件被致公党中央采用。在区政协议政会上，致公党西城区委围绕西城区“化解人民内部矛盾，促进社会和谐稳定”方面，作了《关于西城区信访工作存在问题及建议》的发言。根据区政协工作安排，致公党西城区委组织第一至第六支部党员对区残联、区旅游局、区人防办、区民族宗教侨务办公室、区国税局、新街口派出所等单位进行查访，并撰写明察暗访总结。

（张　岩）

【文化宣传】　年内，联合区侨办、区侨联举办“2009年西城区侨界迎新春团拜暨电影招待会”和“赤子侨心颂祖国——西城侨界庆祝新中国成立60周年”暨“第四届首都新侨乡文化节”西城区分会场文艺演出。在“歌颂祖国——庆祝新中国成立60周年暨中国多党合作制度确立60周年文艺演出”活动中，致公党西城区委获得优秀组织奖，参演的节目获一等奖1项、三等奖1项、优秀奖1项。在“同心曲·祖国颂”——西城区各界人士庆祝新中国成立60周年文艺演出中，参演节目获得广泛好评，党员书法作品被编入《“同心曲·祖国颂”书画集》。组织党员参加“赤子情深颂祖国”——首都侨界庆祝新中国成立60周年文艺演出和致公党中央“祖国之恋”文艺演出。党员撰写的《我的成长离不开祖国的发展壮大》，在中共中央统战部宣传办、团结报社举办的征文比赛中获得三等奖。

（张　岩）

【社会服务】　11月15至17日致公党西城区委一行8人赴攀枝花市与致公党攀枝花市委进行交流活动并座谈。双方介绍各自组织发展的历史与现状，围绕致公党基层组织建设工作经验、问题与体会，进行交流与研讨。致公党西城区委与致公党攀枝花市委经友好协商，决定建立长期合作关系，并于16日举行合作协议签字仪式。合作内容包括两方面：一是双方建立党建工作交流机制，及时交换各自编印的党内资料，包括简报、党刊、文集等；将交流合作内容列入各自的年度工作计划，包括开展互访活动、举行座谈会、考察调研、联合举办论坛、党务工作培训等；围绕地方经济社会发展、基层党建工作等方面进行交流研讨。二是致公党西城区委根据致公党攀枝花市委提供的需求信息，开展社会服务工作，资助贫困家庭学业优良的女生直至高中毕业，首批资助资金11520元交付致公党攀枝花市委并发放给8名品学兼优的贫困女生。攀枝花市电视台、攀枝花市人民广播电台、《攀枝花日报》《攀枝花晚报》对活动进行了宣传报道。在台湾“8·8”水灾发生后，第五支部全体党员通过中国红十字会向台湾同胞捐献党费2000元。第二支部联合其他支部，组织专家为老党员讲授秋季养生知识。

（张　岩）

九三学社西城区委

【概况】 九三学社北京市西城区委员会（简称九三学社西城区委），是九三学社北京市委的一级地方组织。下设组织部、宣传部、参政议政委员会和社会服务工作委员会。截至年底，九三学社西城区委下属21个支社，共有社员775人，具有大专以上学历的占95%，高级职称占75%；退休人员占60%，平均年龄61岁，男女社员各占50%。年内，发展新社员37人，平均年龄39岁，其中具有高级职称19人，女社员18人，具有研究生及以上学历的24人。社员中有全国政协委员1人，市人大代表1人，市政协委员5人；区人大代表2人，区政协委员20人；全国妇联执委1人，市特邀监察员2人，区特邀监察员7人，区青联委员1人。

地址：西城区辟才胡同宏英园17号楼401室

邮编：100032

电话：66137947

（安　宇）

【参政议政】 年内，九三学社西城区委领导班子注意根据成员的业务专长，发挥自身优势，围绕西城区的中心工作，履行参政议政职能。年内，向中共西城区委统战部上报调研报告2篇，其中《提升防火抗灾能力 进一步构建全国安全社区》的调研报告获调研报告二等奖，《西城区社区养老情况分析及空巢老人社区照护的对策》获调研报告优秀奖。九三学社西城区委提交《改善环境搭建平台 促进金融街可持续发展》的提案，被区政协评为优秀团体提案。为了撰写调研报告，九三学社西城区委全年共召开参政议政委员会会议2次，领导成员带头撰写信息并深入实地调查研究，对调研报告、提案反复研究修改。在做好提案调研工作的同时，利用各种渠道为西城区中心工作建言献策。参加中共西城区委、区政府组织的协商会和双月座谈会时，利用各种机会和场合了解区情，发挥党派职能，提出中肯的、可操作性强的意见建议。为提高参政议政能力，履行参政党职能，配合政治交接学习教育活动，加强自身建设。开展为西城区的经济建设和社会发展建言献策活动，旨在提高社员政治素质，推动基层工作，带领全体社员履行党派参政议政职能；通过实践摸索经验，提高参政能力，体现自身价值；加强政党意识，发现优秀人才，以社员的专业知识为优势，为西城区的经济建设建言献策。九三学社西城区委向各支社下发《关于开展为“西城区‘十二五’规划献一言”活动的通知》，要求每个支社撰写1篇调研报告或提案，报送各类信息，调动广大社员的积极性，为参政议政工作多做贡献。年底，大部分支社上交了提案，虽然质量、篇幅有别，但社员都以认真的态度履行职责。在民主监督工作中，注意发挥党派作用，各级政府部门聘请的特邀监察员都能尽职尽责地履行职责。在区政协组织的明察暗访工作中，为保证工作质量，九三学社西城区委调整计划布置安排，完成了任务。注意发挥社员中的区人大代表、政协委员的作用，在区人大、政协两会召开之前，召开专门会议，要求人大代表、政协委员履行职责，积极撰写议案、提案，切实发挥作用。利用信息这一参政议政的快捷渠道，为政府工作建言献策，全年共上报信息99条，采用率48%，获中共西城区委统战部信息优秀单位称号，区委主委获优秀信息领导、专职信息员获优秀信息员称号。

（安　宇）

【组织建设】 年内，九三学社西城区委召开二届十次全体委员会议。中共西城区委统战部领导应邀参加会议。根据工作需要和相关规定，并经中共西城区委统战部和九三学社北京市委审批，经过选举完成届中驻会副主委的调整工作。九三学社西城区委在工作中注意发现培养渠道，建立后备干部队伍，对后备干部实施动态管理。年初，根据后备干部的变化进行微调，由上一年的32人调整为36人，调出4人新增8人。调出的4人中有3人超过53岁，1人因病去世；新增的8人平均年龄37岁。在日常工作中，九三学社西城区委为后备干部创造条件，搭建平台，大胆使用分派工作，通过让他们参与社务工作锻炼成长，逐步打造一支政治上成熟、业务上过硬的骨干队伍。年内，完成北京建筑工程学院支社的换届工作。九三学社国家医药管理局支社更名为“国家食品药品监督管理局支社”。在日常工作中，九三学社西城区委注意加强自身建设，定期对机关各项制度的落实情况、财务、固定资产等进行梳理、检查，使机关建设进一步规范化，为营造良好的办公氛围奠定基础。

（安　宇）

【加强基层建设】　年内，九三学社西城区委主委会研究制定基层活动经费使用管理办法，保证经费用于基层开展活动，各支社按要求开展了形式多样的活动，全年使用经费80余次。通过深入基层参加支社活动，注意对支社工作给予支持与帮助，促进基层工作的开展。加强参政议政队伍建设，为构建知识、年龄层次合理的参政议政队伍，九三学社西城区委一方面发挥老社员的作用，安排离任老社员继续在参政议政委员会工作；另一方面注重培养年轻社员，提供施展才华的机会，安排年轻社员撰写区政协研讨会发言稿，并代表九三学社西城区委进行大会发言。

（安　宇）

【思想宣传】　九三学社西城区委主委会认真学习中共十七大四中全会精神，领会精神实质。围绕政治交接开展学习教育活动，以此为契机加强自身建设，做好政治交接工作。九三学社西城区委利用各种机会，加强宣传工作。全年社员上报信息70余篇；九三学社西城区委向九三学社北京市委、西城区政协等刊物投稿60篇；九三学社西城区委出刊4期（含国庆专刊）。

（安　宇）

【社会服务】　4月7日世界卫生日，九三学社西城区委组织复兴医院支社心血管科、泌尿外科、内科、眼科、神经内科等科专家再次到德胜街道民族团结社区为居民进行义诊咨询活动，2名医务人员为居民测量血压。专家们义诊近2个小时，共为少数民族居民义诊200人次，发放家庭急救小常识手册、老年人医学知识图书等100余份。

（安　宇）

【庆祝新中国成立60周年】　为了迎接新中国成立60周年，九三学社西城区委动员广大社员积极参与庆祝国庆60周年系列活动。在“祖国在我心中”演讲比赛中，市政路桥支社1名社员代表九三学社西城区委参加比赛并获得三等奖，演讲文稿在九三学社中央举办的征文活动中获三等奖；在九三学社北京市委举办的各类征文活动中，11位社员受到表扬；参加“祖国在我心中”书画展，2名社员的书法作品获奖；参与“祖国在我心中”文艺汇演，音乐支社3名社员作为评委参加节目的遴选、评审，100余名社员观看演出。1名社员参加了中共北京市委统战部组织的文艺汇演。中共西城区委及统战部为迎接建国60周年组织书画展、文艺汇演、征文活动，2名社员书法作品、1名社员油画作品获奖；组织20余名社员观看演出；6篇征文被选入国庆征文文集。7月初，参加国庆晚会的集体舞方阵的社员开始排练，并出色的完成任务。为迎接新中国成立60周年，九三学社西城区委编辑刊印“庆祝中华人民共和国建国60周年”社刊专刊，祝贺祖国母亲60华诞。

（安　宇）

台盟西城区工委

【概况】　台湾民主自治同盟北京市委员会西城区工作委员会（简称台盟西城区工委）年内有委员7人，下设老年支部和中青年支部。年内发展新盟员4人，转出盟员1人，共有盟员63人，平均年龄53岁。盟员中有全国政协委员1人，北京市政协常委3人、委员1人，西城区政协常委1人、委员4人；西城区人大常委1人；西城区青联委员1人。盟员中有7人被分别聘为北京市政府特邀审计员、北京市政府特邀建议人、北京市城管监督员、西城区政府特邀监察员、西城区政协特邀信息员和西城区城管监督员。年内，台盟西城区工委开展坚持走中国特色社会主义道路学习教育活动，加强思想建设和组织建设；在西城区政协和中共西城区委统战部的各项政治协商工作中履行参政议政、民主监督职能，发挥台盟自身优势开展调研和对台工作；参加庆祝新中国成立60周年庆典和台盟成立60周年纪念等活动，参与为台湾救灾捐款等社会服务活动；围绕经济和社会发展中的实际问题建言献策。

地址：西城区辟才胡同宏英园17号楼
邮编：100032
电话：66137952

（叶　苓）

【自身建设】　年内，加强思想建设，组织学习会、座谈会。重点学习全国两会文件精神和中共中央总书记胡锦涛在纪念《告台湾同胞书》发表30周年座谈会上的讲话精神，领会中央政府对台工作的新政策。结合坚持走中国特色社会主义道路学习教育活动，着重学习和理解6个与社会主义核心价值体系建设密切相关的重大问题。1名盟员作为西城区学习科学发展观活动顾问团成员，参加中共西城区委第二批学习实践科学发展观全程活动。编辑完成《台盟西城区工委工作简报》4期（总第20至23期）。注重培养和锻炼骨干队伍，选派盟员19人次分别参加中央社会主义学院、台盟中央、中共北京市委统战部、北京社会主义学院、台盟市委、中共西城区委统战部举办的7个各类民主党派成员培训班、研修班的学习。

（叶　苓）

【参政议政】　1月，台盟西城区工委在西城区政协第十二届三次会议上提交团体提案《关于加强政府扶持　推动学前教育事业健康发展的建议》，提交委员提案2件；作题为《抓住深化改革之机　积极探索城区生态文明建设的内涵》的大会交流发言。其中团体提案被评为优秀提案。在西城区第十四届人民代表大会四次会议上，提交《关于建立社区公众对话机制　解决环境问题的建议》等3件议案。年内，台盟西城区工委调研小组围绕“化解人民内部矛盾，促进社会和谐稳定”议政主题开展调研，编制调查问卷并在什刹海社区召开居民座谈会，收集意见；在政协议政会上作题为《强化行政监督　畅通渠道　有效解决社会矛盾》的议政交流发言。调研小组还就食品安全问题开展调研，走访区质监局、区卫生局和西城区餐饮企业，查阅和学习相关法律法规等文件，重点了解西城区食品生产加工环节的安全管理状况，完成《关注食品质量安全　加强食品安全监管》调研报告，报告荣获中共西城区委统战部颁发的三等奖。年内，完成各项政治协商任务：参加西城区政协、中共西城区委统战部等组织的民主监督会、协商会、通报会和双月座谈会；对区政府4个职能部门进行明察暗访。年内，向台盟市委、中共西城区委统战部提交信息66条。2名盟员分别被评为区统战系统信息工作优秀领导者和优秀信息员。

（叶　苓）

【获奖情况】　7月，台盟北京市委在北京国际饭店召开北京台盟组织成立60周年“风雨六十载　同舟创未来”纪念大会，中共北京市委常委、市委统战部部长牛有成，台盟中央副主席黄志贤，台盟市委主委蔡国雄等出席大会并讲话。会上，台盟西城区工委30名盟员分别获得杰出贡献盟员奖、先进盟务工作者奖等奖项。9月，区台办举行“盼统一，迎国庆”台胞台属座谈会，表彰《改革开放30年与祖国统一大业》主题征文获奖者，台盟西城区工委3名盟员获一等奖，3名盟员获优秀奖。10月，台盟北京市委举办首届“同心杯”羽毛球赛，台盟西城区工委盟员分获男、女单打冠军，混合双打亚军和男单第三名，并获团体冠军。

（叶　苓）

【社会服务】　4月，第六次组织盟员与台盟海淀区工委共同参加由中华环保基金会与《地铁报》社主办的春季助学植树活动。年内，组织盟员继续为北京市第四中学1名家庭困难学生捐款助学。六一节前夕，台盟西城区工委委员代表全体盟员携带捐款和学习用品慰问孩子，并与学校沟通了解学生在校情况。7至9月，盟员中的2名小学教师，带领学生为新中国成立60周年庆典活动进行集训和演练。

（叶　苓）

【抗灾捐款】　8月，“莫拉克”台风造成台湾中南部地区巨大生命财产损失，台盟西城区工委响应台盟市委和北京台联为台湾中南部地区捐款抗灾的倡议，35名盟员共捐款2万余元。

（叶　苓）

【涉台工作】　发挥盟组织优势，做好台商和台生工作。6月，调研小组成员走访台资企业长寿保健品公司与台商座谈，了解中央惠台政策在台资企业的落实情况和企业经营中需要解决的问题。台盟西城区工委与区台办、区港澳联谊会联合召开台湾学生座谈会，邀请在护国寺中医医院实习的34名中医药大学台港澳班学生（其中27名台生）座谈。会后，利用党派信息渠道反映意见和建议5条。

（叶　苓）

人民团体

西城区总工会

【概况】 北京市西城区总工会（简称区总工会）机关设有7个部（室）。上半年，区总工会进行内设机构调整，成立宣教部、基层建设部、权益保障部，撤销女工文体部、法律工作部、民主管理工作部，组织人事工作部更名为组织人事部、经济生活工作部更名为经济生活部。在机关公务员中开展中层干部竞争上岗和科室人员双向选择工作，3名年轻干部进入中层干部队伍，3名中层干部轮换工作岗位。截至年底，基层工会618个，涵盖法人单位3968家、职工95385人、工会会员82225人。区总工会与区委组织部、区委党校共同推动工运理论进党校并纳入处级干部“1+X”培训课程。以街道组建工会联合会和市总工会重点目标考核为契机，加大与区有关部门的协调沟通力度，促成7个街道工会主席进入同级党工委班子。加大工会经费收缴力度，超额完成市总工会下达的工会经费收缴任务。在《劳动午报》、《工会博览》、市总工会信息等刊物刊登稿件近110篇。年内，召开西城区工会工作会议，部署区委新时期工会工作重点；召开西城区总工会十二届四次委员（扩大）会议，确定全年工作目标；召开区政府与区总工会第七次联席会，为工会争取更多资源。区总工会在区委和市总工会领导下，学习贯彻党的十七大和十七届三中、四中全会精神，落实市、区工会工作会议各项要求，以“强工会、暖职工、促发展”为工作目标，学习实践科学发展观，在应对国际金融危机、完成国庆任务、参与社会建设、服务职工群众中作出贡献。区总工会被评为“首都国庆60周年群众游行优秀组织单位”、“首都国庆60周年群众游行支持贡献单位”、“北京市厂务公开民主管理先进组织单位”，获得“庆祝国庆60周年群众联欢活动最佳组织奖”、“庆祝国庆60周年群众联欢活动最佳保障奖”等奖项。

地址：西城区阜外北营房东里12号楼
邮编：100037
电话：68338150

（桑小楠）

【迎新春劳模招待会】 1月14日，召开西城区迎新春劳模招待会。区委副书记刘跃平，区委常委、区纪委书记王祥杰，区委常委、常务副区长白云生与全区近60名在职劳模、先进工作者共聚一堂，喜迎佳节。会议由区总工会主席主持，刘跃平致词。北京市劳模、丰盛医院院长陈福林代表劳模发言。

（李　颖）

【十二届四次委员（扩大）会议】 2月6日，召开西城区总工会十二届四次委员（扩大）会议。区委常委、常务副区长白云生，市总工会农林区县部部长出席并讲话。区总工会委员会委员、经费审查委员会委员和各直属基层工会主管领导、工会主席、专职工会干部等200余人参加会议。会上，区总工会主席作题为《坚定信心 振奋精神 团结动员广大职工为促进经济平稳较快发展建功立业》的工作报告，总结年度工会工作，提出建设学习型、服务型、规范型、创新型“四型工会”的工作目标。

（于　兰）

【五一表彰】 4月24日，召开西城区庆祝五一国际劳动节大会。会议由区委常委、常务副区长白云生主持。市总工会副主席王玉英，区领导林铎、张建东、张国玉、张春平、刘跃平、王祥杰、许樾真出席。全区各机关、企事业单位党政领导、工会主席、先进集体和个人代表等300余人参加。会上表彰了西城区全国五一劳动奖状获得单位1个，奥运会残奥会先进个人5名、奥运立功全国“工人先锋号”获得单位2个、奥运立功全国五一劳动奖章获得者1名，北京市“工人先锋号”获得集体1个、首都劳动奖章获得者5名，北京市“安康杯”竞赛优胜单位3个、北京市“安康企业”1个、北京市“安康企业家”1名，西城区“工人先锋号”获得集体5个、“西城劳动奖章”获得者15名，西城区群众性经济技术创新工程优秀组织单位10个、优秀班组10个、优秀成果20项、优秀合理化建议30条、创新标兵60名。全国五一劳动奖状获得集体代表、西城劳动奖章获得者代表作典型发言。

（李　颖）

【政府与工会第七次联席会议】 5月7日，召开西城区政府与工会第七次联席会议。会议由区委常委、常务副区长白云生主持。区领导张建东、刘跃平、陈蓓、杨培丽及区政府办、区财政局、区劳动保障局、区体育局、区司法局、区国资委、区社工委、区编办等职能部门的领导出席会议。会上，区总工会提出的“支持工会承办第四届职工运动会”、“成立劳动争议调解中心”、“区职工服务（帮扶）中心职介职培与区职介职培的联动”等议题得到解决。明确将区、街两级工会服务机构纳入区政府主导的区、街、社区公共服务网络建设；分步骤为工会增加27名社会工作者，并将其纳入社会工作者序列的编制；“评选年”评出的劳模、先进集体以及每年评出的先进集体和个人奖励经费全部列入财政预算等重要事项。

（沙鸿海）

【西城区工会工作会议】 7月30日，召开西城区工会工作会议。会议由区委副书记、区长张建东主持。区委副书记刘跃平作工作报告，总结上一次西城区工会工作会议以来全区工会工作所取得的成绩和经验，部署新时期工会工作重点。市总工会党组书记、副主席韩子荣，西城区委书记林铎讲话。区领导张国玉、王祥杰、白云生、傅华、张兵、李江出席会议。

（沙鸿海）

【深入学习实践科学发展观活动】 3月始，西城区工会系统结合工会工作职能和年度工作目标，以学习实践科学发展观为契机，着力建设“四型”工会：坚持学习实践，建设学习型工会；坚持做好服务，建设服务型工会；坚持夯实基础，建设规范型工会；坚持开拓创新，建设创新型工会。各基层工会结合各自工作实际开展调研，上交调研报告37篇。活动期间，区总工会组织开展学习培训、座谈会、报告会等10余次，编辑简报11期、专报1期、学习材料15期，并向61个直属基层工会、48名在职及离退休工会干部发放征求意见函，征集意见、建议72条，分析整理出4个突出问题，并进行整改落实。

（王　萍）

【应对国际金融危机】 在全区企业中开展以“同舟共济谋发展 保障权益促稳定”为主题的“共同约定行动”和以“同舟共济保增长 建功立业促发展”为主题的竞赛活动。1月，区总工会向全区各企业发出“共同约定行动”倡议书，524家企业签字响应；在西城区第十七次协调劳动关系三方会议上，区总工会联合区劳动保障局等5家单位再次向全区企业发出倡议书7000余份。全区国有、集体企业和3403家非公企业积极响应，参与面达85.8%。开展“和谐劳动关系单位”创建活动，年内命名表彰198个“和谐劳动关系单位”。

（邓北闽）

【国庆60周年服务保障】 10月1日，区总工会组织400余名干部职工在长安街位于金水桥西侧指定位置围成长82米、宽70米的西城联欢区域，标兵以0.5米间距形成标兵线，保证联欢区域的安全、完整，圆满完成庆祝新中国成立60周年联欢晚会标兵任务。组织西城区工人文化宫干部职工参加国庆群众游行疏散工作。

（于　兰）

【工会组建】 通过召开西城区推进世界500强企业工会组建工作专题协调会、举办建会恳谈会、编发建会宣传资料、预约上门沟通商洽等形式，推动500强企业建会工作。年内，全区14家世界500强企业中有13家建立工会组织，建会率达到92.8%。西城区7个街道及148个社区均成立工会联合会和社区联合工会。同时，建立健全世界500强企业和工会联合会数据库。年内，全区工会组织净增62个，涵盖法人单位数净增1344家，工会会员净增11987人，同比分别净增11.35%、51.28%和17.07%，超额完成市总工会下达的建会任务。

（刘玉霞）

【信息采集】 5月，承担市总工会会员信息采集试点工作，先于全市其他单位启动工会会员信息采集录入工作。截至年底，共采集2697个基层单位和67367名工会会员的信息，分别占上一年度统计数据的102%和95.9%。

（刘玉霞）

【京卡·互助服务卡】 承担北京市“京卡·互助服务卡”发放试点工作，并承办“京卡·互助服务卡”首发仪式。截至年底，全区共有24825名职工办理京卡·互助服务卡，办卡率为36.85%。

（刘玉霞）

【职工书屋】 4月8日，西城区首家区级“职工书屋”——“国宏宾馆职工书屋”正式揭牌成立，标志着西城区工会系统推进“职工书屋”建设工作正式启动。年内，共有30家“职工书屋”通过验收正式挂牌。

（赵　睿）

【经济技术创新工程】 按照《北

京市总工会关于建立首席员工制度的意见》要求，区总工会制发《关于加强职工高技能人才工作的实施意见》。年内，全区32995人参加技术培训、岗位练兵、技能比赛，实现技术革新105项，提出合理化建议2627条，实施550条，为企业增效532万元。

（李 颖）

【职工服务（帮扶）中心揭牌】 8月13日，市总工会党组书记、副主席韩子荣，区委副书记刘跃平为西城区职工服务（帮扶）中心揭牌。年内，区总工会共投入资金200万元用于职工服务（帮扶）中心办公场所（500平方米）改造装修、人员配备及服务（帮扶）经费等。职工服务（帮扶）中心共设置5个业务科室、1个服务大厅（设置6个窗口），配备19名工作人员，服务（帮扶）内容涉及职业指导、就业培训、法律援助、帮扶救助、婚姻介绍、医疗休养等。

（刘玉霞）

【职工劳动争议调解中心】 以西城区职工服务（帮扶）中心为平台，联合区劳动保障局、区司法局成立职工劳动争议调解中心，制发《关于建立西城区劳动争议调解联动机制 进一步加强劳动争议调解工作实施意见》，完成调解中心制度的建立、劳动仲裁案件接转和街道工会服务站劳动争议调解信息员的设立等各项工作。年内，调解中心受理案件93件，调解成功18件，为57名职工解决法律疑难问题，解决其他各类问题20余件。

（邓北闽）

【"安康杯"竞赛活动】 开展《安全生产在我心中》有奖征文、安全警示语创作征集及"送安全知识到工地"活动。各级工会配合行政部门对674个企业和施工点进行安全检查,排查整治隐患点355个。全区43个直属基层工会所辖的企事业单位全部参加"安康杯"竞赛活动。辖区建会企事业单位未发生安全生产、职业危害或火灾死亡等较大事故。

（李 颖）

【厂务公开民主管理】 德胜街道召开"北广大厦楼宇工会联合会成立大会暨第一届一次楼宇职代会"，开创西城区职代会建制新模式。区域行业职代会覆盖企业3815家，覆盖职工55007人，建会企业职代会制度和厂务公开制度建制率达到70%以上。

（邓北闽）

【集体合同签订】 全区签订集体合同企业2983家，覆盖职工59991人，占建会企业的80%；签订工资专项集体协议企业2784家，覆盖职工57786人，占建会企业并已签集体合同的93%以上；签订女职工权益专项集体合同企业2372家，覆盖女职工35874人，占建会企业并已签集体合同的80%。

（邓北闽）

【送温暖工程】 为全区276户在册的特困、困难职工家庭发放救助金和粮油食品共计价值11万元；为87名全国和市级困难劳模发放慰问金和慰问品共计价值21万元；区总工会下拨1.5万元对8名符合助学条件的困难职工子女分别给予1000元至4000元的资助。年内，全区各级工会慰问、救助职工4138户，投入救助资金156.8万元。

（李 颖）

【职工文体活动】 6月9日，区总工会举办西城区职工"五月的鲜花"合唱比赛。西城公安分局获得一等奖，什刹海街道、西长安街道获得二等奖，金融街街道、区民政局、区城管大队获得三等奖。全区41个单位的2000余名职工参与歌咏活动。6月21日，举行西城区第四届职工运动会开幕式。运动会历时半年，共设田径、足球等7个大项、71个小项。全区48个单位的2万余名职工参赛，颁发37个奖杯、429枚奖牌、10个优秀组织奖、38个体育道德风尚奖。组织基层工会干部、职工参加西城区"六艺大比拼"活动，报送摄影、书法、绘画作品136件，其中18件作品获奖。

（赵 睿）

【职工素质教育工程】 利用基层职工学校、区职业院校、基层工会职工之家、职工书屋等工会自有阵地和培训基地开展各种培训。年内，共有727名职工参加通用能力培训，全区职工参与各类培训的比例达到50%以上。

（赵 睿）

【《劳动合同法》宣传月】 4月10日，区总工会联合区劳动保障局开展以"深入贯彻《劳动合同法》，维护劳动者合法权益"为主题的《劳动合同法》宣传月咨询日活动。活动主会场设在西单商场门前，分会场设在6个劳动保障工作站，免费发放各类宣传材料3万余份，现场接待群众咨询3000余人次。

（邓北闽）

【爱心捐助活动】 年内，开展"共产党员献爱心"捐款活动，捐款 5880 元；机关干部职工为甘肃陇南受灾群众送温暖、献爱心，募集资金 4450 元、衣物 68 件；区总工会向区红十字会捐款 20 万元，帮扶怀柔劳模山庄资金 8 万元。

（蔡红燕）

【专场招聘会】 9月3日，承办市总工会“困难职工家庭高校毕业生就业援助送岗位走进西城”专场招聘会。33 家用人单位提供 248 个就业岗位，300 余名有求职意向的人员参加，当场达成就业意向 139 人。举办拆迁区域专场招聘会、“三八”女性就业专场招聘会等多项“送岗位”活动。年内，职工服务（帮扶）中心就业指导窗口共接待登记 100 余人次，接待职工来电来访 65 人次。

（李 颖）

【职工互助保险】 年内，全区新增会员 3744 人，参保 25332 人次，投保总额达到 150.95 万元，同比增长 26%。对 458 人进行理赔，总额达到 124.99 万元，赔付力度加大，同比增长 8%。

（马燕红）

【工会经费收缴】 年内，实现本级工会经费收入 1146 万元，突破 1100 万元大关，补助下级支出 112 万元，上解市总工会经费 428 万元，同比增长 24%，超额完成市总工会下达的工会经费收缴任务。

（马燕红）

西城区妇女联合会

【概况】 年内，北京市西城区妇女联合会（简称区妇联）在区委区政府的领导和市妇联的指导下，学习实践科学发展观，围绕保增长、保民生、保稳定方针，解决妇女群众最关心、最直接、最现实的利益问题，团结带领广大妇女为西城区保持和谐稳定的良好局面作出贡献。年内被评为依法治区工作优秀达标单位。

地址：西城区北礼士路 12 号

邮编：100044

电话：88391792

（王虒菁）

【召开执委会】 1月16日，区妇联召开十届四次执委扩大会。区妇联主席作题为《深入学习实践科学发展观 努力推动西城区妇女事业创新发展》的工作报告，回顾上一年妇女工作，部署年内主要任务，向各位执委、街道主管书记、局处公司女工干部传达北京市第十二次妇女代表大会精神。区委副书记刘跃平到会并讲话。10月20日，区妇联召开十届五次执委会，26 名执委参加会议。会议补选西城区妇联十届主席，区妇联副主席薛湘丽当选为西城区妇联主席。

（王虒菁）

【三八活动】 3月5日，召开“西城因你而美丽”——庆三八女领导干部联欢会及《情动西城》诗集发行仪式。区领导林铎、张国玉、张春平、刘跃平等，和区属党政机关副处级以上女领导干部、“妇女之友”等 200 余人参加活动。3月6日，区妇联、区委组织部、区科协、区侨联等联合举办“庆三八——西城区各界知识女性联欢会”，全区近百名教育、卫生、科技界的女专家、女学者、侨界女代表出席。区领导刘永先、陈蓓等出席。3月2日，举办社区妇女工作者庆三八联欢会，来自街道、社区的 160 余名妇女工作者与区妇联领导、机关干部、离退休老干部参加活动。

（王虒菁）

【巾帼建功活动】 与区人事局、区卫生工委、区卫生局联合发文，在卫生系统开展“西城区十佳白衣天使”创建评选活动。确立以区域卫生系统从事一线教育教学、医疗诊治、临床护理的女医护工作者为评选范围。12月2日，“十佳白衣天使”评审委员会召开参评人选展示汇报会，区内 23 家中央、市、区医院的 38 名候选人进行汇报。评审委员会确定评选“十佳白衣天使”突出贡献奖 1 名、“十佳白衣天使”10 名、优秀女医务工作者 20 名。9月初，经推荐评选和网上公示，西西友谊酒店被评为全国三八红旗集体，区环保局环境保护监测站 1 名女副站长、西城交通支队 1 名女民警被评为全国三八红旗手，受到全国妇联表彰。

（王虒菁）

【妇女人才工作】 12月，完成区人才 2009 年重点工作项目《西城区女性人才队伍现状及未来发展趋势》调研，并撰写区妇联“十一五”人才工作总结暨“十二五”人才工作规划（草案）。

（王虒菁）

【维权活动】 3月2日，区劳动保障局和区妇联联合开展“春风就业行动”大型募捐宣传咨询活动，向妇女群众发放关于再就业的法律法规和政策，提供就业指导服务。3月5日，区法院、区司法局、区妇联等单位联合举办法律知识宣传和法律咨询活动。7月，组织 7 个街道 1000 余名妇女参与全国妇联举办的“亿万妇女学法律、家庭平安促和谐”法律知识竞赛答题活动。

(王庞菁)

【姐妹驿站工作】 2月10日，启动“姐妹驿站”心理援助进社区活动。此项活动于2至11月在全区范围内开展，服务对象是全区妇联系统统计在内的199名单亲特困母亲。完成西城区“姐妹驿站”经验推广材料，在全市“姐妹驿站”建设研讨会上做经验汇报。6月5日，参加市妇联举办的推进“姐妹驿站”建设研讨会，并作为先进单位在会上作交流发言。区妇联启动“关爱母亲，真情援助”项目，为贫困母亲提供创业援助，为5户贫困母亲发放2.5万元创业援助金。

(王庞菁)

【巧娘工作】 6月18日，组织所属巧娘工作室，带着百余幅作品参加北京国际旅游博览会。11月19日，组织4家巧娘工作室150余幅作品参加市妇联举办的妇女儿童博览会。

(王庞菁)

【信访工作】 全年累计受理群众来信来访来电406件，其中来访336件、来电70件。来信来访来电的问题类别:婚姻家庭204件,占信访总量的50.2%；劳动权益类33件，占总数的8.1%；人身权益类3件，占总数的0.07%；文化教育12件，占总数的2.9%；财产类12件，占总数的2.9%；综合类140件，占总数的34.4%，政治权益类2件，占总数的0.04%。信访调处率99%。

(王庞菁)

【特色家庭创建活动】 11月11日，区妇联举办“西城区特色家庭表彰交流会”，表彰100个学习型家庭示范户，100个节能减排家庭示范户，50名创建学习型家庭优秀志愿者，30个创建学习型家庭先进集体和21个优秀活动项目。7个街道社区妇联进行特色家庭创建活动交流展示。区妇联编辑《建学习之家 享绿色生活——西城区“学习型家庭”、“节能减排家庭”事迹材料选编》。

(王庞菁)

【节能减排家庭行动】 春节前夕，区妇联向社区家庭发放1500份“欢度新春佳节 不忘节能减排”倡议书和“家庭节能减排记帐台历”。在国际环境日，制作1.5万个节能环保布袋，发放给社区居民家庭。

(王庞菁)

【儿童工作】 5月31日，全国人大常委会副委员长、全国妇联主席陈至立带队，全国妇联和中央国家机关27个部委以及北京市委领导，到西城区奋斗小学看望孩子们，与他们一起欢度节日，并启动2009年全国家庭道德教育宣传实践月活动。区委书记林铎和区委常委、常务副区长白云生出席活动。参加活动的还有中宣部、工业和信息化部、公安部、文化部、国家体育总局、国务院妇儿工委办公室等有关部门的负责人，北京市妇联、首都文明办、共青团北京市委员会、北京市教委、北京市民政局、西城区委等部门负责人，地震灾区陕西省千阳县的同学和老师代表约800人。全国妇联、中宣部、中央文明办、中央综治委、全国总工会等24个部委共捐赠慰问金58万元和价值15万元的慰问品。其中28万元支持陕西省千阳县，20万元支持少数民族地区困境儿童，10万元和价值15万的慰问品资助北京困境儿童，主要用于地震灾区学校的建设、教学设施的改善，帮助困境儿童解决学习生活中的困难。在活动现场，陈至立向陕西省千阳县地震灾区师生代表赠送慰问金和物品，有关部委领导向北京儿童代表赠送节日礼物。

(王庞菁)

【妇儿规划】 3月19日，北京市“十一五”妇女儿童发展规划中期评估督导组到西城区督导检查。4月2日，西城区妇儿工委办公室召开“2009年西城区妇女儿童规划监测统计工作会议”，区妇儿工委委员单位联络员出席会议。4月14日，区妇儿工委召开妇儿工作会，通报市妇儿工委“十一五”中期评估督导组反馈的检查意见，听取委员单位对下一步妇儿工作的意见和建议。6月11至12日，召开2009年度西城区妇女儿童工作会。各委员单位成员、联络员，街道妇儿工委办公室主任以及规划咨询组专家近80人参加会议。会议由区政府办公室主任、区妇儿工委副主任俞强主持，区妇儿工委主任、常务副区长白云生及市妇儿工委副主任、市妇联副主席李彦梅到会并讲话。6月22日，下发市妇儿工委办公室《关于征求〈北京市区县“十一五”妇女儿童发展重点监测统计指标〉的意见和建议》。6月23日，召开相关委员单位联络员会议，传达市妇儿工委关于“十一五”妇女儿童发展规划重点监测统计项目意见与建议，要求各委员单位认真研究监测统计表中涉及项目内容，并及时反馈意见和建议。6月29日，向市妇儿工委办公室上报4家委员单位意见和建议。8月24日，向各委员单位下发市妇儿工委办公室关于征集优秀调研报告的通知，收集调研报告18篇，向市妇儿工委办公室上报4篇调研报告。11月27日，召开“西城区妇女儿童维权保障体系工作会”，区妇儿工委相关委员单位的委员、联络员和项目顾问组专家出席会议。

（王虒菁）

【外联活动】 6月30日，接待京津沪渝四直辖市联席会会议代表。四市妇联主席、副主席、办公室主任和相关处长25人参观恭王府，乘船游览什刹海。

（王虒菁）

【培训工作】 10月14至16日，区妇联、区委组织部、区委党校联合举办为期3天的女领导干部素质教育培训班，百余名副处级以上女领导参加培训。7月2至3日，区妇联举办社区妇女工作者培训班，区妇联机关干部、街道妇联主席及社区妇女工作者180人参加培训。

（王虒菁）

共青团西城区委员会

【概况】 共青团西城区委员会（简称团区委）是西城区先进青年的群众组织，下设办公室、基层部、社会部、综合部、青联部。区志愿者服务指导中心和区未成年人保护委员会（简称未委会）办公室设在团区委。年内，团区委突出“凝聚融合、志愿公益、成才创业、建设创新”的工作重点，继承转化奥运工作成果，团结带领全区广大团员青年，为区域科学发展、和谐发展、率先发展作出了努力。年底，全区共有团员31509人，其中学生团员26333人（含社会力量办学单位团员），青工系统团员5176人。全年发展新团员2420人，超龄离团408人；经推优入党的团员168人，团员流动人数3396人。全区有直属团组织37个，有基层团工委9个、基层团委51个、团总支54个、团支部1187个。全区有专职团干部79人、兼职团干部160人；其中中共党员128人，占团干部总数的53.6%；大学以上学历206人，占团干部总数的85.8%。

地址：西城区北礼士路12号

邮编：100044

电话：88391826

（陈　曦）

【学习实践科学发展观活动】 3至8月，团区委开展学习实践科学发展观活动，做好学习调研、分析检查和整改落实3个阶段各项工作。坚持领导干部带头、团干部为主体、全区团员青年广泛参与的原则，通过专题报告、参观走访、调研座谈等多种方式，系统地学习科学发展观理论。3月启动“西城共青团调研月”活动，完成《关于加强共青团“枢纽型”组织建设的探索与思考》等8个调研课题。以集中访谈、个案追踪、电话约访、发放问卷等方式，向区域、区属单位团组织和青联委员、志愿者等各类群体征求意见和建议30余条。动员团员青年参加“我为西城科学发展建一言”征文活动，收到征文100余篇，为区域经济社会又好又快发展建言献策。对照查摆出的突出问题和需要完善的制度，认真撰写分析检查报告并制定整改落实方案。

（陈　曦）

【国庆群众游行方阵工作】 6月19日至10月1日，团区委完成首都国庆60周年群众游行“春天的故事”方阵的组织工作。“春天的故事”方阵是首都国庆群众游行指挥部42个方阵中的第七方阵，隶属第二分指挥部，方阵规模2953人、51个横排面，参训人员来自为中央财经大学和北京建筑工程学院。方阵总队以区委书记为总队长，以区委常委、常务副区长白云生为常务副总队长，中央财经大学党委副书记、北京建筑工程学院党委副书记、团区委书记为副总队长；总队办公室设在团区委。团区委建立综合协调、后勤保障、组织训练、安全保卫、集结疏散、彩车运行等管理体系，组织训练109天，累计在昌平总参坦克基地、沙河阅兵村、良乡机场、密云机场和长安街完成各类合练72次。训练过程中，开展“我与祖国共奋进”主题教育活动，做好宣传思想工作，展示方阵典型人物、典型事迹和先进经验。10月1日，“春天的故事”群众游行方阵通过天安门广场，接受党和国家领导人的检阅。

（陈　曦）

【国庆志愿者工作】 8月26日至10月8日，团区委统筹协调首都国庆60周年志愿者工作。成立区国庆志愿者工作组，区委副书记刘跃平任工作组指挥。协调区综治办、西城公安分局、区旅游局等20家成员单位，动员社会各界力量，组织近6万名治安志愿者、城市志愿者、园区志愿者、协警志愿者、疏散志愿者上岗服务，并协助市相关部门开展志愿服务活动。发挥区志愿者联合会组织优势，动员驻区中央部委、金融机构、中央企业和区属志愿者资源2000余人参加城市志愿服务，累计提供各类服务超过70万人次。新华社、《人民日报》、中央电视台、《光明日报》及各市属媒体报道西城区国庆志愿者活动600余篇次。

（陈　曦）

【青少年思想政治教育工作】 4至5月，以纪念五四运动90周年等重大事件为契机，开展“传承五四精神 演绎华彩青春”系列主题活动，表彰155个先进集体和426名先进个人；组织专场演出、团史展览、参观访问、知识竞赛、交流座谈等。5月22日，启动“人文北京文化西城”进高校系列活动，聘请社会科学界专家学者在北京交通大学等高校开展系列讲座，强化青年对传统文化的认知和理解。6月1日，开展“童心如歌祝福祖国”主题活动，表彰荣获第十六届“十佳少先队员”称号的学生。

（陈　曦）

【志愿服务事业】 7月17日，召开西城区志愿者联合会成立大会，首批吸纳300余家成员单位，其中驻区单位60家，推进志愿服务工作的组织化、规范化。经过大会选举，区委副书记刘跃平任联合会主席，副区长陈蓓任联合会副主席。成立区志愿服务工作指导中心，完成其机构设置、职能设立和人员招募工作。与广州团市委、亚组委志愿者部、上海浦东新区团组织开展志愿服务交流活动。梳理“你来西城我来导游”等70个志愿服务公益实践项目，制作首批“西城区志愿服务公益实践项目”系列书签36万张向社会发放。鼓励团干部、志愿者骨干开发特困生英语口语培训、“用爱点亮希望”青少年成长护航基地、少儿英语俱乐部、“志愿暖童心”等项目。春节、“3·5中国青年志愿者服务日”、“3·11排队推动日”、“母亲节”、“12·5国际志愿者日”，以“服务展微笑志愿筑和谐”为主题，开展“青年健康使者火炬行动”、“邀您来排队”、“志愿深化感恩教育”、“清洁环境行动”、义务铲冰扫雪等志愿服务活动。

（陈　曦）

【区域团的建设】 加强团内民主建设，年初卸职团代表44名、增补团代表40名。推进团代表常任制，以论坛、交流、联谊、社区公益实践等形式，开展分团活动，不断推进团代表职能作用的发挥。3至6月，开展首届“五四杯”区域青年文化体育节、“牵手青春相约未来”青年联谊、“多彩青春魅力西城”征文摄影比赛、“祝福祖国——我们一起歌唱”文化部青年志愿者走进西城等活动，60余家单位5000余名区域青年参与其中。

（陈　曦）

【未成年人保护工作】 联合驻区高校开展社区青少年需求调查，找准服务社区青少年的切入点。1月，举办社区“青少年星光自护学校”寒假训练营，开展青少年自救自护活动。以“5·12”汶川大地震1周年纪念活动为契机，在中小学生中普及避灾自救常识。依托希望工程西城区工作站和区综合救助平台，做好“希望之星（1+1）奖学金”、“学子阳光助学金”、“爱心基金”、“综合救助基金”等助学项目，共为236名特困生捐助资金12万余元。实施“青联委员公益爱心行动”，5月24日，开展“畅游浩瀚宇宙快乐和谐成长”主题活动。继续丰富“七彩梦”青少年才艺资助工作项目内涵，帮助特困生身心均衡发展。6月16至18日，举办中小学法制校长培训班，加强对中小学德育校长队伍的整合和凝聚。

（陈　曦）

【青联统战工作】 做好青联委员增补工作，年内共增补新委员26名。开展“争优创先”活动，评选33名优秀青联委员。定期召开青联专题工作研讨会，增强界别组的自转能力。激活界别组活动资源，开展“走进北京新农村”、“三月女人天 健康妇女节”、“共植团结爱国树”、“青联委员走进西城”等活动。提升秘书处服务、联络、协调水平，以亲子活动、文化交流、走访座谈等方式，增进委员的交流和沟通。

（陈　曦）

【青年人才资源的开发和培养】 分别举办团干部、社区青少年工作者培训班，邀请中国青年政治学院、中央社会主义学院、中国人事科学研究院等单位专家学者为团干部、青少年工作者培训讲课。发挥青联委员智力优势，创立“西城青年讲坛”，邀请青联委员作《西城发展战略》《古典音乐欣赏》等专题报告。开展“首都大学生见习基地”工作,创立“西城共青团创业青年夜校”，为青年就业创业提供指导和帮助。继续塑造“社区学习中心”品牌，共为360名来京务工青年提供计算机培训。

（陈　曦）

西城区工商业联合会

【概况】 北京市西城区工商业联合会（简称区工商联），是由西城区工商业界人士组成的具有统战性、经济性、民间性的人民团体和商会组织。截至年底，私营企业、个体工商户、“三胞”（港、澳、台）投资企业等各种经济成分会员1357户。选举产生会长1人、副会长16人、常委27人、执委61人。会员中有市、区人大代表7人，区政协委员33人。年内，在区委区政府的领导和市工商联的指导下，深入贯彻落实科学发展观，围绕“保增长、保民生、保稳定”的工作大局，发挥工商联的组织优势。按照“充分尊重、广泛联系、加强团结、热情帮助、积极引导”的工作方针，履行参政议政职能，加强基层分会组织建设，坚持服务立会，活动兴会，做好非公有制经济企业中的党建工作，引导非公经济人士健康成长、促进非公有制经济健康发展。

地址：西城区月坛南街32号

邮编：100045

电话：68511544

（屈佳雯）

【参政议政】 在区人大、区政协会议上，区工商联会员中40名人大代表、政协委员，围绕全区工作目标、关注西城非公经济的发展、改善民生等方面建言献策、履行参政议政职能，提交高质量的代表议案、团体提案和委员提案，其中《关于区政府帮助民营企业渡过经济危机难关的建议》获区政协优秀党派团体提案，《调整社保交费办法扩大参保人群》等4份个人提案获区政协优秀委员提案。

（屈佳雯）

【八届九次会长会】 2月6日，区工商联召开八届九次会长会。会长，党组书记、常务副会长，副会长，秘书长等13人出席会议。会上，讨论区工商联本年度工作思路及国际金融危机对非公有制经济的影响。通过实行会长轮值制度和召开西城区民营企业第一届运动会并开展筹备工作的决定。

（屈佳雯）

【组织开展活动】 4月25日，举办西城区民营企业第一届运动会，来自92家民营企业的1776名运动员和1000余名观赛的企业员工参加运动会。入场式上53个方队展示了西城区非公经济发展的成果、民营企业自强不息的精神及民营企业员工良好的精神风貌。结合庆祝新中国成立60周年，5月下旬组织200名非公经济人士赴革命圣地西柏坡和革命根据地白洋淀参观，对会员进行爱国主义教育。7月14日，组织200家会员企业召开迎国庆安全稳定工作动员会。民营企业家在“迎国庆、保安全、为平安西城做贡献”的条幅上签字并作出承诺。组织300余名包括民营企业家在内的新阶层人士参加百姓宣讲团专场报告会及迎国庆文艺演出和书画展等活动。

（屈佳雯）

【座谈会及培训工作】 3月25日，组织非公企业家参加学习实践科学发展观、促进非公经济健康发展座谈会。西城工商分局、区发改委、区劳动保障局的领导参加座谈，为企业家介绍相关政策、答疑解难并听取企业家意见建议。6月14日，区工商联与锡恩培训中心合作举办“直面危机，审势应对”主题沙龙，40余名非公企业家们共同探讨面对国际金融危机企业的应对战略和方法，共享成功感悟与体会。7月3日，举办八届五次新会员培训，区工商联领导为新入会的55名企业法人代表颁发会员证书，组织新会员学习工商联《章程》，介绍工商联的历史和工作情况。区工商联常委、北京翰特艺术有限公司董事长结合自身企业的经营情况向新会员介绍企业经营发展的经验。年内，由于培训工作突出，区工商联获“北京市工商联系统教育培训工作奖”。

（屈佳雯）

【街道分会】 3月24日，区工商联召开街道分会（商会）工作会议。市工商联、区人大、区委统战部领导及区工商联会长，党组书记、常务副会长，副会长与各街道工委书记及街道分会（商会）会长、副会长、秘书长等120余人参加会议。会议首先由区工商联7个街道分会（商会）会长分别就分会成立以来所取得的成绩、历经的变化、存在的问题及今后工作的重点和要点等进行交流。区工商联副会长作工商联街道分会（商会）工作报告，总结区工商联（商会）各街道分会建设工作取得的成果，阐述做好工商联街道分会（商会）工作的体会，并对提高工商联街道分会（商会）建设工作提出意见。区工商联会长向与会人员宣读关于“坚定信心、应对危机、促进发展”的倡议书。7月16日，区工商联召开基层分会（商会）秘书长、工作人员座谈会，会上学习有关领导讲话及工作制度，就组织建设、制度建设、会员活动等方面工作展开讨论，相互交流经验。12月7日，召开街道分会（商会）工作经验交流会，各街道主管分会领导、各街道分会（商会）秘书长、各分会（商会）专职工作人员参加会议，会上各分会工作人员交流本年度的工作及下一年度的工作思路。

（屈佳雯）

【友好往来】　2月24日，区工商联党组书记、常务副会长带队到云南省昆明市西山区工商联（商会）进行学习交流。西山区工商联党组书记、常务副会长介绍西山区工商联情况，并就重点工作进行详细说明。两会就组织建设、参政议政、融资贷款、宣传培训等议题进行工作交流。4月2日，崇文区工商联党组书记、常务副会长一行到区工商联就开展深入学习实践科学发展观活动进行交流座谈。会上，两会就金融危机环境下工商联为企业服务的新举措、街道分会建设等方面进行交流。8月29日，区工商联与河北省张北县工商业联合会（商会）签署友好商会协议书，加强两会间的交流，携手合作，共谋发展，为张北县和西城区两地经济和社会全面发展作出贡献。年内，组织会员企业参加鞍山、张家口、迁西、吉林等地商贸交流活动，为企业寻求商机提供多方面的服务。

（屈佳雯）

【光彩公益事业】　区工商联金融街分会会长、口福居火锅城饮食集团董事长助养10名“5·12”汶川大地震中孤儿，并出资邀请他们来京参观游览。2月14日，区工商联西长安街街道婚纱摄影商会与区红十字会在西单大悦城举行困难救助金签约仪式，并向区红十字会捐赠5万元困难救助金。2月24日，“爱在西城2008颁奖盛典”在北展剧场举行，区工商联会员企业、北京幸福泉儿童发展研究中心主任由于无偿资助河北五胞胎的善举，当选为“爱在西城2008年度公益人物”。8月27日上午，区工商联月坛街道分会与街道民政科共同对辖区特困家庭大学生举行助学捐助仪式，分会会长与受助对象签订捐助协议，并将4000元人民币捐助给特困学生。区工商联获由北京西城慈善协会颁发的“慈善助学奖”。

（屈佳雯）

【表彰及获奖情况】　年内，区工商联会员企业北京正辰科技发展有限责任公司等4家企业获“北京市工商联系统文明单位标兵”称号，北京德易生物医学技术有限公司等27家企业获“北京市工商联系统文明单位”称号，北京和合谷餐饮管理有限公司等58家企业获“西城区文明单位”称号。北京湘水明珠餐饮有限公司等10家企业获“和谐劳动关系单位”称号。北京翰特艺术有限公司等50家企业获北京市工商联、北京市商会颁发的“抗震救灾工作先进民营企业爱心奉献奖集体”称号，区工商联获“先进组织奖”。北京和合谷餐饮管理有限公司等4家企业获“2008至2009年度北京市就业与社会保障先进民营企业”称号。区工商联机关创办的《西城非公经济通讯》、区工商联会员企业北京康科瑞工程检测技术公司创办的《康科瑞讯报》、北京麻辣诱惑酒楼有限公司创办的《麻辣诱惑报》、北京环友建筑技术发展有限责任公司创办的《今日环友》、北京和合谷餐饮管理有限公司创办的《和合谷》、金融街分会创办的《分会之声》和北京众和动物园服装批发市场有限公司创办的《众合市场商讯》被评为“北京市工商联优秀内报内刊”，区工商联获“北京市工商联内报内刊组织奖”。

（屈佳雯）

【非公有制经济党建工作】　区工商联非公党委注重加强非公企业党的建设，就《基层党组织工作手册》的管理和使用，发展党员工作等进行专题培训；在符合条件的非公企业中新建党支部2个。七一前夕，区工商联非公企业党委共表彰5个先进基层党组织、5名优秀党务工作者和23名优秀共产党员。倡议和组织“向身边困难党员献爱心”活动，为患尿毒症的党员筹集善款14510元。按照区委的部署，区工商联非公党委组织所属23个基层党组织开展第三批深入学习实践科学发展观活动，采取多种形式和方法，确保科学发展观学习内容的落实，做到党员全覆盖。区工商联非公企业党委于11月12日，组织100余名党员参加“西城区工商联非公企业党委学习实践活动宣讲会”。11月26日，组织党员在区文化活动中心参观“百姓生活60年变迁图片展”。

（屈佳雯）

【慰问原工商业者】　年内，共向原工商业者发放困难补助及节日慰问金160人次，慰问金慰问品折合人民币20余万元。6月2日，区工商联组织部分原工商业者参观新建成的前门商业街，乘坐铛铛车。9月28日，组织部分原工商业者乘车浏览北京城的新貌，参观鸟巢和水立方。

（屈佳雯）

西城区科学技术协会

【概况】　北京市西城区科学技术协会（简称区科协）是北京市科协在西城区的地方组织。年内有区级学会、协会、研究会15个，街道科协7个，会员2万余人。区科协围绕提高广大公众科学素养，组织实施《中华人民共和国科学技术普及法》和《全民科学素质行动计划纲要》，联系广大科技工作者，聚集科技团体力量，发挥科普主力军作用，抓好公众科学普及，为推进西城区经济社会科学发展、和谐发展、率先发展服务。年内，组织开展第十五届北京科技周活动；组织参加全国第二十四届、北京市第二十九届青少年科技创新大赛；组织相关学（协）会参加国内外专业技术交流活动；创新科普宣传模式，开展形式多样的社区科普活动；编辑出版各类科普读物。

地址：西城区马甸裕中西里28号楼
邮编：100029
电话：82283131

（樊士广）

【第十五届北京科技周】　5月16日，北京科技周西城区会场活动在北京动物园科普馆前举行。本届科技周的主题为“建设创新型国家——坚持科学发展建设科技北京”，现场进行甲型H1N1流感知识宣传、健康咨询、科普知识互动和废旧物品再利用展示等。科技周期间，全区各级各部门围绕主题开展科普宣传活动98项，受益群众近20万人次。

（樊士广）

【科普之夏】　7月18日，会同德胜街道在人定湖公园承办第十一届北京科普之夏活动启动仪式。中国科协、北京市相关部门、西城区政府领导出席，城八区科协相关负责人以及社区居民300余人参加。现场开展科普咨询、讲座、科普图书发放以及科普知识展示和互动。期间，各街道结合夏日文化广场活动，开展健康、节能等科普知识的宣传和推广。

（樊士广）

【社区科普益民计划】　经各街道推荐，区科协调研论证审核，报请市科协、市财政局批准，西城区6个社区、2个科普场馆和11名个人受到市“社区科普益民计划”奖励资助，获得费用共计75.5万元，其中优秀科普社区5个，各奖励10万元；廉租房社区1个，受资助10万元；优秀科普场馆各奖励5万元；11名优秀科普宣传员各获得奖励5000元。

（樊士广）

【科普阳光书苑】　年内，联合区财政局向市财政局申请的科普阳光书苑项目全部落实，为辖区所有社区建成标准化科普阅览室。

（樊士广）

【社区科普活动】　年内，区科协指导各街道围绕重点工作开展各具特色的科普活动。西长安街街道举办甲型H1N1流感防治知识讲座，提高居民健康知识水平和自我防护能力。什刹海街道举办“我的安全我做主——防震避险宣传体验活动”，让居民零距离接触地震，感受地震。新街口街道举办消除“数字鸿沟”培训，提高居民信息技术应用能力。金融街街道举行“城市无车日”活动，倡导健康环保的步行和自行车交通。月坛街道结合“社区服务科技应用示范区”试点活动，向居民发放“月坛数字便民卡”，建立社区多媒体视频活动室、信息驿站，服务居民。展览路街道组织“天文知识进社区”活动。德胜街道举办“废品再设计走进市民生活”互动科普活动，创新生活方式，提升环保意识。年内，全区共举办各类科普讲座270场，各种科普宣传活动130余次。

（樊士广）

【青少年科技竞赛】　年内，参加第二十四届全国青少年科技创新大赛，获得一等奖1项、二等奖4项、三等奖5项，北京师范大学附属实验中学1名教师被评为十佳优秀科技辅导员。参加北京市第二十九届青少年科技创新大赛，获得一等奖39项、二等奖32项、三等奖17项，北京市第四中学1名学生、北京师范大学附属实验中学2名学生分别获得第七届北京青少年科技创新市长奖，北京市西城区黄城根小学、北京市第三十五中学的科技实践获得十佳活动称号。参加第九届全国青少年机器人大赛，获得高中、初中和小学3个组别二等奖各1项。参加第九届北京市青少年机器人大赛创意作品竞赛，获得一等奖9项、二等奖4项。参加北京市青少年机器人竞赛（常规）竞技比赛，获得一等奖4项、二等奖5项、三等奖3项。

（樊士广）

【科技下乡】　年内，联系区内科技工作者及驻区单位到西藏、内蒙古、云南的乡镇村屯，进行对口科技支援，给当地群众送去健康防病、节能环保、农林技术等实用信息，给学生送去环保铅笔等实用产品。采取摆摊设点、赶大集等形式，开展健康防病诊疗咨询、田间地头讲解培训、网络演示授课等活动近40场，发放宣传手册近3万份。

（樊士广）

【学（协）会活动】　年内，区科协组织所属学（协）会关注经济社会发展形势，发挥各自专业优势为区域建设作贡献。区医学会、老卫协举办食品安全、防控甲型H1N1流感健康知识竞答活动，依托“健康运动科普大课堂”开展健康咨询和讲座50场。区人力资源协会举办“人力资源管理应对金融危机”对策论坛，邀请专家分析经济形势，共同研讨服务企业发展的举措。区统计学会2次召开经济形势分析会，研讨、解读经济形势。区土建学会应邀参加国际人类学与民族学联合会第十六届大会，荣获3项大奖，其中区科协副主席、区土木建筑学会会长获中国建筑文化杰出贡献人物奖，什刹海管理处获中国建筑文化杰出贡献机构奖，烟袋斜街特色商业街获中国建筑文化经典示范工程奖。区文化产业协会组织“网络科普夕阳红”活动，促进社区中老年人运用基本信息技能学习知识、了解社会、交流情感。区图书馆管理协会举办“后奥运时代的人体健康”讲座，倡导发扬奥林匹克精神，开展健康行动。区环保学会举办“低碳生活从我做起”宣传咨询，提高居民环保意识。什刹海研究会围绕“什刹海历史文化保护区可持续发展”研讨、论证，为什刹海历史文化保护、发掘以及区域发展建言献策。

(樊士广)

【科技协作】 年内，区科技协作中心开展高新技术推广应用，完成技术服务合同16项，技术交易额2520万元，获市科协“金桥工程”组织三等奖、项目三等奖和个人奖各1项，推荐的2名青年科技工作者被评为“北京市优秀青年工程师”。组织参加北京市优秀青年科技工作者论文评比，其中5篇论文分获二等奖1项、三等奖2项、鼓励奖2项。联系专家对《西城区劳动和社会保障局社保大厦节能改造》项目进行验收论证。组织科技企业参加第二届北京海智网交会和中意科技经贸周交流洽谈。

(樊士广)

【西单60年变迁主题展】 为展示西单商业区发展建设成就，向新中国成立60周年献礼，会同北京科技咨询中心、西长安街街道办事处承办“魅力西单——西单60年变迁主题展”。深入走访调研，全面查找、搜集资料，召开专家论证会研讨、修改形成展览工作方案。9月22日，该展览在西单文化广场举行开幕式，北京市委常委梁伟、西城区委书记林铎、西城区区长张建东、北京市科协常务副主席田小平等出席并剪彩，梁伟、张建东、田小平分别致辞，原区领导李炳华、王长连应邀出席活动，市科协机关、区属相关部门、西单地区商业代表300人参加活动。9月22日至10月20日，展览在北京西单科普画廊进行展示，共接待观众6000余人次。

(樊士广)

【刊物出版】 年内，联合相关学(协)会编印出版健康类、文化类等各种科普读物：展示中国古今著名数学家成就的趣味科普宣传品《智者游戏》扑克牌，宣传食品安全与健康的《2010年健康科普周历》，针对办公室工作人员健身需求的《办公室健身》手册和光盘，支持正版、抵制盗版的《漫话版权》，反映西城区乃至首都和国家建设发展巨大变化的《凝固的艺术》摄影集，反映区人事人才工作改革30年的《辉煌的历程》，什刹海人物丛书《什刹海滨状元谱》，什刹海小丛书《什刹海的学校医院文化场馆》。

(樊士广)

西城区归国华侨联合会

【概况】 西城区归国华侨联合会(简称区侨联)，下设三部一委一办：联络维权部、文化交流部、经济科技部、老龄工作委员会和办公室。年内有专职干部3人、侨联委员28人（其中兼职26人）。年内，区侨联在区委、区政府的领导下，在市侨联和区委统战部的指导下，学习中国侨联“八代会”精神，履行侨联职能，以服务凝聚侨心，广泛汇集侨智，主动发挥侨力，为西城区科学发展、和谐发展、率先发展做出贡献。在纪念汶川大地震1周年之际，组织全区归侨侨眷为援建新北川中学再度捐款5万余元。区侨联被北京市侨联评为第四届首都新侨乡文化节“最佳组织奖”和北京市侨联理论调查研究“三等奖”。

地址：西城区辟才胡同宏英园17号楼
邮编：100032
电话：66515072

(闫丽霞)

【参政议政】 年内，区侨联发挥侨界智力优势，履行参政议政职能。在区政协十二届三次全会上，提交《关于在中小学青少年中继续深入持久地开展“人文奥运”教育活动的建议》等2件团体提案和8件个人提案。其中1件团体提案和2件个人提案获优秀奖。2名侨界政协委员作为区政府特邀监察员，对政府部门的工作提出改进意见和建议。关心侨资企业发展，通过加强联络、信息沟通、政策引导、协调服务，会同区有关部门处理好企业的投诉问题，维护好侨资企业的合法权益，调动侨界人士的积极性，增强在西城投资发展的信心。在区委办组织的“我为西城科学发展建一言”征文活动中，2篇文章获优秀奖。

（闫丽霞）

【学习“八代会”精神】 年内，第八次全国归侨侨眷代表大会在人民大会堂召开，区侨联组织百名归侨侨眷代表参加开幕式。会上，区侨联被授予“全国侨联系统先进基层组织”荣称号；2名侨界人士荣获“全国归侨侨眷先进个人”称号。区侨联召开五届十一次全委扩大会，学习“八代会”精神，结合区侨联工作实际，按照“八代会”提出的奋斗目标，制定具体措施，使“八代会”精神能够在侨联日常工作中真正得到落实。

（闫丽霞）

【深入学习实践科学发展观活动】 年内，根据全区统一部署，区侨联参加区委统战部、区台办、区侨联联合党支部的第二批学习实践科学发展观活动。制订学习计划，统一思想认识，把开展学习实践活动与加强侨联自身建设结合起来，与推动侨联各项工作科学发展结合起来。区侨联领导班子在组织学习、调查研究、征求侨界群众意见的基础上，查找制约侨联发展的突出问题，明确侨联工作的发展思路，从工作职责、工作规范和重点工作流程等方面对侨联工作进行梳理，共健全完善14项工作制度，规范侨联换届工作流程，推动侨联工作的科学发展。区侨联领导结合工作实际，完成《以科学发展观为统领 推动街道侨联工作可持续发展》调研课题报告。

（闫丽霞）

【纪念新中国成立60周年活动】 年内，为迎接新中国成立60周年，区侨联在全区侨界开展“群众性爱国主义教育”活动和“迎国庆、讲文明、树新风”活动，召开“颂歌献给祖国，与祖国一起奋进”座谈会，来自7个国家的老归侨和区侨联委员30余人参加。区侨联组织区、街侨联委员参观由中国侨联主办的《华侨华人与共和国》图片展，图片展示了60年中广大归侨侨眷和华侨华人为祖国所做的历史贡献。由区侨联选送的36件书画作品被选入区委统战部和海外联谊会共同编印的《同心曲祖国颂书画集》一书。

（闫丽霞）

【首都新侨乡文化节活动】 年内，参加北京市侨联举办的“我与祖国——第四届首都新侨乡文化节”活动，区侨联成立活动组委会，制订实施方案，组织安排，报名参加桥牌、乒乓球和少儿围棋等活动，区侨联桥牌队选手获得三等奖。6月24日，区侨联与区侨办、致公党西城区委共同举办“赤子侨心颂祖国——第四届首都新侨乡文化节西城分会场”大型文艺演出，全区500余名侨界人士同堂欢聚，共同庆祝新中国成立60周年；承办“第四届首都侨界成人围棋邀请赛”，各区县侨联、大专院校侨联等7个单位的22名选手参加比赛，区侨联选手获得三等奖；月坛、金融街、西长安街、展览路等街道侨联结合本地区特色，分别举办以“月侨心”、“红墙文化”等为主题的第四届首都新侨乡分会场文艺演出。在市侨联召开的第四届首都新侨乡文化节总结表彰会上，区侨联选送的服装表演《家乡美》和舞蹈《世纪春雨》获北京市侨联系统一等奖，区侨联获“最佳组织奖”。

（闫丽霞）

【维护侨益】 年内，按照市侨联下发的《关于开展就业困难归侨侨眷和零就业家庭的专项调查》文件精神，区侨联在全区开展调研，建立就业困难归侨侨眷信息库，对特困家庭实行帮扶。按照“科学、主动、依法维权”的要求，加强侨联信访工作力度，依法维护广大归侨侨眷的合法权益。全年共接待侨界群众来信来访40人次，电话咨询涉侨法律及政策百余次。会同区有关部门，解决1家侨资企业的经营场地纠纷。全年协调解决归侨落户、房屋翻建、邻里纠纷等问题，为保一方平安、促进社会和谐发挥了作用。

（闫丽霞）

【联情联谊】 元宵节，组织千余名归侨侨眷参观国家游泳中心——“水立方”；10月20日，区侨联举办“九九重阳生日同乐会”，为逢“60、70、80”岁的11位侨界老寿星集体庆祝生日。年内，区侨联相继举办“西城侨界迎新春团拜暨电影招待会”、“庆三八各界知识女性联欢会”、“老归侨厨艺大比拼”、“走进什刹海·宣传新西城”、“亲近自然、收获健康”秋游采摘、侨界人士手工编织培训班等，丰富归侨侨眷的生活，弘扬中华优秀文化，增强侨联组织的凝聚力。进一步密切与侨联海外顾问的联系，接待美国移民律师协会会长、区侨联海外顾问吴子美先生，向他介绍西城区经济社会发展情况和地区侨情。

（闫丽霞）

【送温暖献爱心】 春节期间，北京市侨联副主席马坚等看望困难归侨曾华美、黄文华夫妇，并送去补助金。区侨联开展“送温暖献爱心”活动，投入专项资金2万余元，走访慰问孤、老、病、困归侨侨眷百余人次；开展定向帮扶活动，有2名侨联顾问常年资助侨界1名困难户。各街道侨联坚持定期走访制度，主动了解、反映地区归侨侨眷的困难，争取街道有关部门的支持。展览路街道侨联为1名归侨申请困难补助金，解决其生活困难。年内，区侨联向市人大民宗侨委调研组汇报西城区帮扶困侨的形式、方法和成效，得到调研组的充分肯定。

（闫丽霞）

【援建北川中学】 在纪念汶川大地震1周年之际，区侨联组织全区归侨侨眷为援建新北川中学再度捐款5万余元，参与募捐义演、帮助灾区来京学生，用实际行动奉献一份力量。六一儿童节前，区侨联开展“寄一份包裹，送一份关爱——‘5·12’灾区学生六一关爱行动”，为四川灾区的学生寄出“爱心包裹”。

（闫丽霞）

【加强基层侨联组织建设】 年内，区侨联领导重视对街道侨联干部队伍的建设。深入街道，对月坛、展览路等街道辖区范围内的社区党委书记、侨联小组长进行侨联工作知识培训。通过培训，使社区对侨联工作的认识得到提高，增强为侨服务的意识。各街道侨联相继建立和完善各项工作制度，围绕街道工作大局，主动开展活动，参与社区建设，增强基层侨联组织的凝聚力。

（闫丽霞）

西城区残疾人联合会

【概述】 北京市西城区残疾人联合会（简称区残联），机关设有办公室、群工康复科及下属事业单位：西城区残疾人劳动就业服务所和西城区残疾人综合服务中心。区残疾人工作委员会办公室设在区残联。年内，依法维护残疾人合法权益，加强组织建设，依法推行残疾人按比例就业政策，开展残疾人教育、医疗和职业康复、文化体育项目，改善残疾人社会生活条件，丰富精神文化生活，维护社会和谐稳定。区残联“希联圆梦”残疾人“手拉手”职业康复站被国务院授予“残疾人之家”称号。

地址：西城区西直门南小街国英园4号

邮编：100034

电话：66157254

（王　昊）

【基层服务网络建设】 年内，全区残疾人温馨家园总数达到25个，基本实现区域全覆盖。新建手拉手职业康复站4个，总数达到12个，近300名智力障碍和稳定期内的精神残疾人接受社区综合服务。鼓励社会机构开展残疾人居家服务项目，通过购买服务的方式，为86名中、重度残疾人提供日常家政服务，开辟居家助残服务的新模式。

（王　昊）

【残疾人就业工作】 应对国际金融危机的影响，实施促进残疾人就业的优惠政策，采取举办招聘会、就业指导服务、定岗式培训等措施，全年新安置残疾人就业760人。为167家用人单位发放岗位补贴和社会保险补贴325万元，审批岗位补贴申请270家，审计金额502万元；奖励415家安置单位835.5万元；做好残疾人就业保障金审核征缴工作。审核单位23708家，占应审核单位的87.28%，核定金额1.36亿余元。

（王　昊）

【残疾人康复工作】 “人人享有康复服务”目标逐步实现，年内完成白内障复明手术2872余例，偏瘫康复训练评估201例，康复训练800余人次。提供假肢和矫形器28具，小型辅助器具2465件。落实残疾儿童康复补助暂行办法，114名残疾儿童领取社区康复卡，为45名残儿免费配发儿童轮椅等辅助器具，为3名聋儿植入人工耳蜗，4人进行耳蜗升级。各社区卫生服务中心开展健康教育与康复咨询、康复诊断与评估、康复训练与指导等服务，并对长期卧床患者提供出诊服务。深入开展社区健康生育全程服务工程，加强对残疾人计划生育生殖保健知识的宣传教育。

（王　昊）

【残疾人教育】 年内，在3所特教学校及普通学校随班就读的残疾人学生共610人，另有在各高校就读的残疾人学生42人。完成全区0至18岁残疾儿童少年受教育情况入户调查。残疾人助学政策实现残疾人和生活困难残疾人子女学生接受中等以下教育“零学费”和基本解决大学学费的目标。残疾人职业培训补贴政策惠及残疾人近500人次，88名残疾人取得职业资格证书，基本实现残疾人接受职业培训全免费。举办聋人手语导游服务培训班，填补北京聋人导游服务的空白。

（王　昊）

【残疾人宣传文体工作】 年内，在市、区各类媒体上播发残疾人工作稿件38篇，完成6期《西城残疾人》的编辑出版工作，接待国内外主流媒体集中采访2次，中央电视台、新华网、日本NHK等媒体进行了报道。举办残疾人摄影作品展；培养基层残疾人文体工作者队伍，12人获得国家三级社会体育指导员称号，残奥会冠军杨森荣获“全国劳动模范”称号；成立全市首支残疾人门球队，组织参加市残联举办的残疾人文艺汇演；参加北京市残疾人乒乓球赛，获得聋人组男子团体金牌和银牌；举办西城区第七届残疾人运动会和首届西城区残疾人全民健身节；组织社区残疾人参加鸟巢千台万人乒乓球展示，鸟巢万人太极拳表演以及残奥会成功举办1周年纪念等活动。

（王　昊）

【残疾人社会保障工作】　整合区域内的各种社会资源，搭建残疾人事业社会化工作平台。区妇联继续启动“单亲特困母亲救助”项目，采取多项措施对包括残疾妇女在内的198余户单亲家庭进行帮助。区残联全年投入资金110余万元，走访慰问低保边缘和贫困残疾人家庭3825人次，对239名重残、大病的特困残疾人给予特事特办的救助；区工会健全工会服务体系，建立困难残疾职工档案，实施“送温暖”工程。区民政局、区劳动保障局、区红十字会、团区委等部门开展各类形式的助残活动，加大社会对残疾人事业的支持。

（王　昊）

【无障碍设施建设】　完成3条拓宽改造道路和53条大、中修道路中的无障碍改造，实施5所中小学、6家特色餐饮、商场无障碍设施改造工作；为100户老年人家庭和530户残疾人家庭安装无障碍设施，完成区域内具备改造条件的69栋楼93个楼门的高层居民住宅楼的无障碍设施建设和改造。

（王　昊）

【第二代残疾人证换发工作】　下半年开展第二代中华人民共和国残疾人证换发工作。受理办证申请1.7万余人件，残疾评定委员会共评定1.6万余人，受理残疾复议100余人，资料完整齐全进入基础信息采集录入人数，共计14916人，其中肢体7325人、视力1837人、精神2594人、智力1754人、听力598人、言语41人、多重767人，制证的人数共计13189人。

（王　昊）

西城区文学艺术界联合会

【概况】　北京市西城区文学艺术界联合会（简称区文联），是西城区各文艺家协会组成的人民团体，是北京市文联的团体会员。年内，区文联聘请顾问19人，有主席1人、副主席16人、秘书长1人、理事141人。区文联下属9个艺术家协会，常设办公机构工作人员5人。年内，区文联围绕区委区政府的中心工作，以庆祝新中国成立60周年、弘扬社会主义先进文化、构建和谐社会首善之区以及庆祝区文联成立5周年等重点工作和活动为切入点，开拓创新，扎实工作，取得较好的成绩。

地址：西城区北礼士路12号

邮编：100044

电话：88391730

（唐　冰）

【组织辖区单位书法展】　4至9月，区文联联合区文明办、区双拥办，与驻区中央和国家机关、驻区部队等共同组织“激情歌盛世　翰墨颂祖国”——西城区庆祝新中国成立60周年书法作品征集和展示活动，入选书法作品160件。9月21至26日，区文联在民族文化宫承办展览，并编辑出版书法作品集。

（唐　冰）

【组织第二届“月光下的诗会”】　9月4日，区文联策划、举办“为伟大祖国骄傲——西城区第二届月光下的诗会”，邀请艺术家和居民创作诗篇，以诗朗诵的形式表达对盛世的赞美和对祖国的热爱。《北京日报》一版、北京电视台《北京新闻》栏目和《中国艺术报》、《中国文化报》等媒体先后对活动进行报道。

（唐　冰）

【创作《公德礼赞》连环画】　5月，区文联承担并完成《公德礼赞》连环画系列丛书创作。此项活动以西城区10位“公德人物”平凡而高尚的事迹为题材，在创作活动中，区文联认真策划，缜密组织，邀请文学家撰写文学脚本，联络、协调画家进行美术创作，组织审校。系列丛书在全区中小学以及社区发放。

（唐　冰）

【创作《西城历史文化名人礼赞》】　年内，区文联与区书协、区美协、区作协策划、组织《西城历史文化名人礼赞》创作活动，组织有关文史专家研究考证，从元、明、清至近现代曾经工作、生活在西城区域内的历史文化名人中遴选出55位大师级人物，邀请当代美术家用中国画的表现形式重新造像，书法家用多种书体书写他们的诗文名言，作家以传记的体例撰写他们的功绩。

（唐 冰）

【西城区友城风情摄影作品展】 7月4日，区文联承办“友城手拉手 浓浓民族情——西城区友好城区迎国庆文化交流周”的重要活动之一——“西城区友城风情摄影作品展”，共展出各友好城区精心选送的佳作300余幅。

（唐 冰）

【文联成立5周年工作座谈会】 4月7日，区文联组织主题为“百花竞芳颂和谐”——西城区文联成立5周年工作座谈会。与会人员观看了区文联制作的主题为“百花竞芳颂和谐”的工作回顾专题片。区文联主席张世俊、宣武区文联常务副主席杨海森、区文联理事李国盛、市文联党组书记兼常务副主席朱明德、中国文联国内联络部主任夏潮先后致辞，区委书记林铎作重要讲话。区委书记林铎，区委副书记、区长张建东和区人大常委会主任张国玉分别题词祝贺。部分区文联理事、著名艺术家表演了节目。

（唐 冰）

【组织文学创作活动】 区文联与区妇联、区作协联合策划、组织“情动西城”文学创作活动，组织近百位诗人和书画家，历时5个月，以西城区的部分妇女领导干部以及她们所领导、工作的行业、单位和街道为创作题材，创作出语言优美的诗歌150余首，从多个侧面展现和赞颂西城人奋发向上、乐于奉献和热爱生活的精神风貌，并编辑出版《情动西城》诗集。

（唐 冰）

【举办鲁迅诗文书法作品展】 11月，区文联与区书协、区作协联合组织鲁迅先生诗文书法作品创作和征集活动，共收到书法作品40幅。11月25日，邀请作家、书法家赴浙江绍兴举办展览，开展两地间文化交流活动。

（唐 冰）

【“送欢乐下基层”活动】 春节前夕，区文联邀请书法家到月坛街道社会路社区为社区居民书写春联，组织艺术家到金融街街道文化活动中心，为社区居民送去文艺节目和节日的问候。新中国成立60周年前夕，区文联和月坛街道文联分会联合承办“2009北京欢乐社区行——‘和谐月坛 歌唱祖国’”迎国庆文艺演出。11月，区文联与中国广播艺术团联合为区环卫中心组织主题为“献给环卫工人的歌”文艺演出。

（唐 冰）

【为区属单位提供文艺资源支持】 3月11日，区文联邀请区文联理事、中国广播艺术团演员刘伟、刘全利、刘全和到南礼士路东行公交站台参加以“传承奥运精神 建设文明北京”、“请跟我排”为主题的“排队推动日”宣传活动。4月27日，区文联与区安置帮教工作领导小组办公室共同参与由北京市监狱组织的以“弘扬传统 热爱祖国 励志新生”为主题的“红五月”歌咏比赛。6月，按照区委宣传部要求，区文联动员影友踊跃参与“爱北京、照北京”摄影大赛活动。7月3日，区文联副主席杨洪基、于魁智，区文联理事李胜素参加“西城区友好城区迎国庆文化交流周”文艺演出。9月，区文联配合区委宣传部组织“魅力紫砂 人文西城”——庆祝新中国成立60周年紫砂文化展书法笔会组织和展览工作，邀请书法家到场挥毫泼墨、赋诗题词。11月1日，区文联邀请区文联理事、《人民文学》编委崔道怡作客第二届“西城·百图”阅读文化节论坛作讲演，向大家介绍读书体会，诠释对“爱读书、读好书、善读书”的理解。12月4日，区文联邀请区文联理事、区作协副主席王梓夫，区文联理事、相声演员李国盛，区文联理事陈玉先等参加“检察开放日”活动。

（唐 冰）

【成立2个街道文联分会】 4月22日，区文联月坛街道分会、金融街街道分会先后成立，这是区文联成立以来首次在区属基层单位设立分会。2个街道分会分别开展工作：月坛街道分会先后参与月坛地区“红五月红歌会”、“欢乐社区行”活动；金融街街道分会组织腰鼓队参加“白纸坊杯腰鼓邀请赛”，并组织“金融街街道喜迎新中国成立60周年笔会”。

（唐 冰）

西城区社会科学界联合会

【概况】 年内，北京市西城区社会科学界联合会（简称区社科联）履行对社会科学界团体和社会科学界人士的联络、协调、管理和服务职能，推动社会科学研究。完成“思想的力量”重点课题并汇编成书，出版发行；完成“什刹海文化研究”31个子课题并编印完成152册《什刹海历史文化研究资料汇编》；完成西城区专家队伍作用情况调研课题；完成区县创新报告《优化功能街区布局 促进区域产业发展》；完成西城区社会科学研究专家库一期工程建设；组织、邀请各级专家学者参与专题研究、理论研讨和课题论证等活动；组织“西城讲坛”及各种社科普及活动。
地址：西城区西斜街82号
邮编：100032
电话：66531462

（程 宇）

【召开一届三次全会】 1月22日，区社科联召开一届三次全会，区委书记林铎讲话，审议通过《关于增补西城区社科联委员的决定》，增补25名西城区社会科学界联合会委员。

（程 宇）

【参加学习教育活动】 组织区社科联工作人员参加区委宣传部组织的专题报告、研讨和参观活动，并撰写“我为西城科学发展建一言”；其中《准确把握各方需求 更加有效地发挥专家的作用》被西城区学习实践科学发展观领导小组评为优秀奖。

（程 宇）

【完成“思想的力量”课题研究】 年内，与区委宣传部、区文明办、区政研会等部门组织专家调研，通过典型案例，与理论专家和一线工作者的点评，配以图片，总结全区各条战线以科学发展观为指导、开展思想政治工作的成功经验，推动思想政治工作创新。完成“以思想的力量巩固科学发展的政治优势”课题研究，编辑出版《思想的力量——来自北京西城的实践与思考》。召开座谈会，在《北京西城报》设立专栏，在《北京日报》编发专版，推动研究成果转化。

（程 宇）

【推动“什刹海文化”研究】 年内，围绕什刹海地区的历史、地理、社会、教育、科技、文化等方面内容，分31个子课题进行研究，完成初稿。与首都图书馆地方文献中心合作，收集整理反映金代以来什刹海地区各类历史文化现象的文献以及对此进行研究的资料，完成152册《什刹海历史文化研究资料汇编》的编印工作，共收入各类资料10520条、老照片和地图1017幅。

（程 宇）

【完成专家队伍调研】 年内，完成“西城区专家队伍作用情况调研”课题。会同中央编译局和区属有关部门，对西城区区属部门有关专家队伍的管理模式、专家与西城区的合作方式以及专家作用发挥情况进行分析，完成调研报告并在年内第4期《北京社科联》上刊发。

（程 宇）

【启动重点课题管理工作】 年内，制定《西城区社会科学界联合会社会科学课题研究（学术活动）项目管理办法》，遴选各界知名专家担任评审组成员，及时发布本年度地区社会科学重点课题研究方向。收到中央、市属及区属单位和组织申报的“建设北京国际金融中心”、“进一步完善区域功能定位”、“努力发展社会经济”等16项课题。通过组织评审组专家立项审读、评审领导小组审议通过，各项课题研究已经启动，其中6个课题已经完成。

（程 宇）

【开展多种学术活动】 协助组织专家参与“西城区文化创意产业论坛”，探索西城区发展文化创意产业的方向和重点，提出解决问题的途径和措施；会同区属相关部门，总结近年加强功能街区建设的经验，探索西城创新之路，完成区县创新报告《优化功能街区布局 促进区域产业发展》。推动“李大钊党风思想研究”，与金融街街道、大钊学社、区党建研究会等部门合作，以李大钊故居为基地，组织开展“李大钊党风思想研究”，探索推动历史资源与现实需要“接轨”的途径。

（程 宇）

【与中央编译局开展合作】 6月9日，结合学习实践科学发展观活动，区领导林铎、张国玉、张春平、刘跃平等与中央编译局领导班子进行学习交流，邀请中央编译局专家为西城区的领导干部授课，初步形成双方定期会商重大事项的联系会制度。

（程 宇）

【推动“西城讲坛”进高校】 年内，与团市委大学部、团区委合作，在北方交通大学等7所高校开展“人文北京·文化西城”系列讲坛活动。会同区委宣传部、区文委、区成教学院等部门，先后邀请首都博物馆、中国收藏家协会书刊收藏委员会、北京市哲学社会科学规划办公室、西城区商务委员会等单位的专家和天安门专题军旅收藏家，在“西城讲坛”举办北京历史文化知识讲座。

（程 宇）

【开展“地方学”专项考察】 8月31日至9月7日，组织“什刹海文化研究”课题组专家赴中国泉州学研究所考察学习，编发《泉州地域文化研究考察专刊》，收录各类文章20余篇。落实《2009年社科联专家考察活动计划》，组织专家考察金融街地区、什刹海地区、繁星演出村、西城区非物质文化遗产展示中心。

（程　宇）

【推动“西城精神”征文活动】 年内，与区委宣传部、区文明办、区政研会等单位组织“西城精神”征文活动，共收到区内各街道、各系统、各企事业单位以及驻区中央国家机关和外省市的征文近300篇。组织专家对征文进行评审，在《北京西城报》开辟专栏，选登部分优秀征文。筹办“西城精神”论坛。

（程　宇）

【协办“北京社会科学普及周”】 10月17日，协助北京市社科联举办“人文之歌·2009年北京社会科学普及周”活动。组织社区群众参加开幕式，举办西城区社科联科普成果图片展，与展览路街道合作承办“人文之光”社科普及进社区活动，在西城区图书馆和文化中心举办“人文北京”专题系列讲座。

（程　宇）

【举办国庆展览】 9月，为庆祝新中国成立60周年举办“建国以来体育成就暨北京奥运会一周年联展”、“为祖国喝彩——国庆专刊暨天安门老照片联展”、“老战士镜头里的将帅风采暨庄严的庆典——国庆庆典请柬联展”等展览，拓展区社科联的活动领域。

（程　宇）

【完成社科专家库建设】 年内，完成西城区社会科学研究专家库一期工程建设，收录300余名专家信息，主要包括社科联委员专家、非社科联委员专家、社科联所属社团以及其他社科研究机构4个方面专家的相关信息。在遴选专家进行典型案例点评、参与“西城精神”征文和重点课题评审等活动中，初步显示出“智库”的作用。

（程　宇）

【规范各种管理制度】 实行重点课题研究招标制度，完善和加强对西城区社会科学课题研究、学术活动的统一管理，发挥各界专家和社团的积极性，提升西城区社科研究水平。制定实施《社科联重点工作定期调度制度》，按照工作计划，抓好各项工作的落实。落实《社团联席会制度》《信息报送制度》，引导社科研究社团及时了解政府需求，把握自身特点，开展活动，提升社科研究能力。

（程　宇）

（责任编辑　许桂茹　马恩慈）

政权 政协

北京市西城区人民代表大会常务委员会

【概述】 北京市西城区人民代表大会是西城区地方国家权力机关，区人大常委会是本级人民代表大会的常设机关，下设办公室（研究室）、代表联络室、财政经济工作委员会、内务司法工作委员会、教科文卫工作委员会、城建环保工作委员会6个办事机构。区人大常委会贯彻党的十七大和十七届四中全会精神，认真执行区十四届人大四次会议决议，以学习实践科学发展观为主线，围绕保增长、保民生、保稳定和国庆服务保障工作大局，依法履行各项职权。年内，共召开主任会议14次、常委会会议10次，审议议题88项。常委会任免"一府两院"工作人员和任免人民陪审员93人次。在履行各项职权过程中，常委会注重统筹兼顾，发挥人大优势，完成全年各项任务，提高人大工作的质量和实效，为推动区域科学发展、和谐发展、率先发展作出新的贡献。

地址：西城区二龙路27号

邮编：100032

电话：88064110

（李　锟）

【十四届人大四次会议】 1月6至9日，区第十四届人民代表大会第四次会议在全国政协礼堂举行。大会听取并审议批准了区长张建东关于西城区人民政府的工作报告；听取了区发改委主任吴向阳关于西城区2008年国民经济、社会发展计划执行情况和2009年国民经济、社会发展计划草案的报告，审查并批准了西城区2008年国民经济、社会发展计划执行情况的报告和2009年国民经济、社会发展计划；听取了区财政局局长周慧来关于西城区2008年财政预算执行情况和2009年财政预算草案的报告，审查并批准了西城区2008年财政预算执行情况的报告和2009年财政预算；听取并审议批准了区人大常委会主任张国玉关于西城区人民代表大会常务委员会的工作报告；听取并审议批准了区人民法院院长索宏钢关于西城区人民法院的工作报告；听取并审议批准了区检察院检察长顾军关于西城区人民检察院的工作报告；听取并审议批准了《北京市西城区人民代表大会议事规则》（修订稿）。会议期间，区政府职能部门和区法院、区检察院接受了人大代表提出的关于交通管理、城市建设、社会治安、劳动保障等方面的询问248件，共收到议案10件、建议124件。中共北京市西城区委书记林铎在闭幕式上作重要讲话。

（李　锟）

【常委会会议】 西城区第十四届人大常委会第二十一次会议于2月26日召开。张国玉主持会议。会议审议了区人大常委会2009年工作要点和会议议题预安排；审议了区人大常委会听取和审议区政府关于推进社区公共服务和居民自治专项工作报告并进行专项工作评议的实施方案；审议了区人大常委会关于安全生产法律法规执法检查的实施方案；会议同意以上3项草案，决定作适当修改后印发实施，并向社会公布；会议听取并审议了区人大常委会代表联络室主任吕晋发所作的关于区第十四届人大四次会议代表建议、批评各意见内容分析和办理意见；张国玉向会议传达了北京市第十三届人大二次会议的主要精神；根据区人大常委会主任会议、区法院和区检察院提请的人事任免议案，会议审议并表决通过了相关人员的职务任免。西城区第十四届人大常委会第二十二次会议于4月23日召开。张国玉主持会议。会议根据《中华人民共和国地方各级人民代表大会和地方各级人民政府组织法》的有关规定和闫傲霜向区人大常委会提出的辞呈，会议经过表决，决定接受闫傲霜辞去西城区人民政府副区长职务的请求，并报西城区人民代表大会备案；会议审议了区长张建东提出的《关于提请任命杨培丽同志职务的议案》，经无记名投票，决定任命杨培丽为西城区人民政府副区长；会议听取和审议了吴向阳所作的关于西城区国民经济和社会发展第十一个五年规划纲要实施情况的中期评估报告；区人大常委会财经委员会副主任王毓明报告了财经委员会对报告预先审议的情况；会议听取和审议了区残联理事长刘志京所作的关于坚持以人为本的科学发展观积极贯彻落实《残疾人保障法》的情况报告；区人大常委会内务司法委员会主任周子刚报告了内司委就此项工作开展视察活动的情况。西城区第十四届人大常委会第二十三次会议于5月27日召开。张国玉主持会议。会议听取了副区长苏东所作的关于贯彻实施安全生产法律法规的情况汇报；会议听取和审议了区科委主任黄勇所作的关于可持续发展示范区工作情况的报告；会议听取和审议了西城药监分局局长袁瑞玲关于保健食品安全监管工作情况的报告；会议表决通过了区法院提请的人事任免事项。西城区第十四届人大常委会第二十四次会议于6月25日召开。张国玉主持会议。会议听取和审议了副区长陈蓓所作的关于推进社区公共服务和居民自治专项工作报告。周子刚汇报了对区政府推进社区公共服务和居民自治工作开展专项工作评议的情况；会议分别听取了周慧来所作的关于西城区2008年财政决算草案的报告和区审计局局长田迪所作的关于西城区2008年预算执行和其他财政收支情况的审计工作报告。区人大常委会财经委主任石晓愚汇报了财经委对两个报告的预先审议情况；依据《中华人民共和国预算法》、《中华人民共和国审计法》和《西城区预算监督办法》的有关规定，会议经过审核，表决通过了《关于批准2008年财政决算的决议》和《关于批准西城区2008年预算执行和其他财政收支情况的审计工作报告的决议》。西城区第十四届人大常委会第二十五次会议于7月23日召开。张国玉主持会议。会议听取和审议了区人大常委会副主任吴元增所作的关于安全生产法律法规执法检查的报告；会议听取和审议了区卫生局局长边宝生所作的区政府关于完善区属医疗机构公共卫生建设规划与政策支撑的情况报告。区人大常委会教科文卫工作委员会主任赵英汉汇报了文卫体委员会对报告的初审情况；会议听取和审议了索宏钢所作的区法院知识产权审判专项工作报告。周子刚汇报了内务司法委员会对此项工作事先调研和视察情况；区法院10名审判员、区检察院8名检察员向会议提交了书面述职报告。周子刚就有关工作情况向会议作了汇报。西城区第十四届人大常委会第二十六次会议于8月27日召开。张国玉主持会议。会议分别听取和审议了吴向阳所作的关于区政府2009年上半年国民经济和社会发展计划执行情况报告和周慧来所作的关于区政府2009年1至6月财政收支预算执行情况报告。石晓愚就财经委对上半年计划、预算执行情况报告的预先审议情况向会议作了汇报；会议听取和审议了顾军所作的关于西城区人民检察院惩治与预防职务犯罪工作情况报告。周子刚就内司委对西城区人民检察院惩治与预防职务犯罪工作情况预先开展的视察调研情况向会议作了汇报。西城区第十四届人大常委会第二十七次会议于9月22日召开。张国玉主持会议。会议听取和审议了区市政管委主任姜立光所作的关于落实区人大常委会《关于环境整治和奥运景观布置工作的审议意见》的情况报告。听取了区人大常委会城建环保委员会主任刘金耀关于城建环保委员会跟踪视察环境整治专项工作审议意见落实情况的汇报；会议听取和审议了周慧来所作的关于西城区政府采购工作的情况报告。听取了石晓愚关于财经委员会视察政府采购工作和对报告预先审议情况的汇报。西城区第十四届人大常委会第二十八次会议于10月30日召开。张国玉主持会议。会议听取和审议了区审计局局长田迪所作的关于2008年西城区预算执行和其他财政收支审计查出问题整改情况的报告。听取了石晓愚关于财经委员会预先审议情况的汇报；会议听取和审议了区民政局副局长朱建民所作的关于加强西城区支撑居家养老社会组织建设议案办理情况的报告。听取了周子刚关于内务司法委员会对该项议案办理工作开展的视察情况的汇报；会议听取了区政府关于机构改革情况的报告，审议并表决通过了区政府提请的有关政府工作部门人事任免事项。西城区第十四届人大常委会第二十九次会议于11月26日召开。区人大常委会副主任解建军受张国玉委托主持了会议。会议听取和审议了区环保局局长章卫所作的关于全面开展平房保护区“煤改电”工程,进一步改善空气质量议案办理情况的报告,听取了刘金耀关于城建环保委员会对该议案办理工作开展视察情况的汇报；会议分别听取和审议了吴向阳所作的关于2009年1至10月计划执行及调整情况的报告,周慧来所作的关于对北京华融基础设施投资有限责任公司增加国家资本金的报告和关于2009年1至10月预算执行情况和调整预算的报告。听取了石晓愚关于财经委员会对计划和财政预算执行及调整情况报告预先审议情况的汇报；根据《北京市西城区预算监督办法》的有关规定，本次常委会表决通过关于批准西城区2009年财政预算调整方案的决议；会议听取和审议了区政府办公室主任俞强所作的关于办理区十四届人大四次会议代表议案和建议工作情况的报告；会议听取和审议了区教委主任田京生所作的关于区教委2010年部门预算编制情况的报告，听取了石晓愚关于财经委员会预先听取教委编制部门预算情况的汇报；会议审议并表决通过关于召开区第十四届人民代表大会第五次会议的决定。西城区第十四届人大常委会第三十次会议于12月17日召开。张国玉主持会议。会议听取并初步审议了关于2009年国民经济、社会发展计划执行情况和2010年国民经济、社会发展计划草案的报告（稿），关于2009年财政预算执行情况和2010年财政预算草案的报告（稿），会议同意将这两项报告（稿）提交各代表联组讨论。会议分别听取了区人大常委会、区政府、区法院、区检察院工作报告撰稿人关于各项报告起草情况、框架结构、主要内容的汇报，同意将这四项报告（稿）提交各代表联组讨论。会议听取了关于区人大代表的代表资格审查报告，决定将审查情况向区十四届人大五次会议报告。会议讨论通过了区十四届人大五次会议议程草案，主席团名单草案，秘书长名单草案，国民经济、社会发展计划和财政预算审查委员会名单草案，议案审查委员会名单草案，决定将以上各项名单草案提交各代表联组讨论。会议还决定了列席区十四届人大五次会议的人员范围。

（李 锟）

【主任会议】 西城区第十四届人大常委会主任会议第二十六次会议于2月11日召开。张国玉主持会议。会议研究了区人大常委会2009年工作要点和会议议题预安排、区人大常委会听取和审议区政府关于推进社区公共服务和居民自治专项工作报告并进行专项工作评议的实施方案、区人大常委会关于安全生产法律法规执法检查的实施方案，听取了区十四届人大四次会议代表议案、建议内容分析及办理初步意见，决定适当修改后提交区人大常委会审议；会议研究了召开区人大常委会主任、副主任、区长、副区长、区法院院长、区检察院检察长联席会议有关事项。西城区第十四届人大常委会主任会议第二十七次会议于2月23日召开。张国玉主持会议。会议听取了关于区人大常委会、区法院、区检察院有关人员任免事项的情况汇报；听取了区人大常委会办公室主任马炎关于常委会会议议题预安排调整情况的汇报，同意提交常委会审议。西城区第十四届人大常委会主任会议第二十八次会议于4月8日召开。张国玉主持会议。会议听取了吴向阳关于区政府投资情况的报告；听取了区民宗侨办主任张榕关于区政府民族宗教工作情况的报告；听取了常委会第二十二次会议有关议题准备情况的汇报，决定于2009年4月23日召开区十四届人大常委会第二十二次会议。西城区第十四届人大常委会主任会议第二十九次会议于4月15日召开。张国玉主持会议。会议听取了区政府有关人事任免事项。西城区第十四届人大常委会主任会议第三十次会议于5月14日召开。张国玉主持会议。会议听取了区法院政治处主任蔡英伟关于法院有关人员任免事项的汇报，决定将任免事项提请区人大常委会审议；会议听取了区人口计生委主任宋书彦关于出生缺陷预防工作情况的报告；会议听取了区民防局局长崔志刚关于民防工作开展情况的报告；会议听取了常委会第二十三次会议有关议题准备情况的汇报，决定于2009年5月27日召开区十四届人大常委会第二十三次会议。西城区第十四届人大常委会主任会议第三十一次会议于6月11日召开。张国玉主持会议。会议听取了西城公安分局政委陈德宝关于基层队所办公用房建设的情况报告；会议听取了区城市管理监督指挥中心主任王旭关于城市管理监督工作的情况报告；会议听取了顾军关于诉讼监督工作的情况报告；会议听取了常委会第二十四次会议有关议题准备情况的汇报，决定于2009年6月25日召开区十四届人大常委会第二十四次会议。西城区第十四届人大常委会主任会议第三十二次会议于7月9日召开。张国玉主持会议。会议根据《北京市西城区人大常委会关于实行审议意见书办法》的规定，讨论了《北京市西城区第十四届人大常委会第二十四次会议关于对区政府推进社区公共服务和居民自治专项工作报告的审议意见（初稿)》，听取了周子刚关于相关工作的情况汇报，决定对审议意见作进一步修改整理后，交区政府研究处理；会议讨论了区人大常委会执法检查组《关于安全生产法律法规执法检查的报告》（初稿），听取了石晓愚关于执法检查工作的情况汇报，决定对报告作进一步修改整理后，提交区人大常委会第二十五次会议审议；会议听取了常委会第二十五次会议有关议题准备情况的汇报，决定于2009年7月23日召开区十四届人大常委会第二十五次会议。西城区第十四届人大常委会主任会议第三十三次会议于8月20日召开。张国玉主持会议。会议听取了区文委主任张宏达关于西城区文化行政执法情况的汇报；会议讨论了区人大常委会第二十五次会议关于安全生产法律法规执法检查报告的审议意见，决定作适当修改后交区政府研究处理；会议讨论了区人大常委会第二十五次会议关于区政府完善区属医疗机构公共卫生建设规划与政策支撑报告的审议意见，决定作适当修改后交区政府研究处理；会议听取了蔡英伟关于提请人民陪审员职务任免议案的情况汇报，决定提请区十四届人大常委会第二十六会议审议；会议听取了区十四届人大常委会第二十六次会议有关议题准备情况的汇报，决定于2009年8月27日召开区十四届人大常委会第二十六次会议。西城区第十四届人大常委会主任会议第三十四次会议于9月8日召开。张国玉主持会议。会议听取了区社会建设办公室主任陈艳关于推进社区公共服务和居民自治专项工作审议意见的处理情况报告；会议听取了区房管局局长谭玉梅关于物业管理工作情况的报告；会议听取了区发改委副主任、功能街区办公室常务副主任王福俊关于护国寺街环境整治、业态调整工作方案的报告；会议听取了常委会第二十七次会议有关议题准备情况的汇报，决定于2009年9月22日召开区十四届人大常委会第二十七次会议。西城区第十四届人大常委会主任会议第三十五次会议于10月13日召开。张国玉主持会议。会议听取了区教育督导室主任杨江林所作的关于不断完善终身教育体系积极创建学习型城区情况的报告；会议听取了区国资委主任于学强所作的关于国有资产监管工作情况的报告；会议听取了区安监局局长姜兆春所作的关于落实区人大常委会安全生产执法检查审议意见情况的报告；会议听取了区十四届人大常委会第二十八次会议有关议题准备情况的汇报，决定于2009年10月30日召开区十四届人大常委会第二十八次会议。西城区第十四届人大常委会主任会议第三十六次会议于10月28日召开。张国玉主持会议。会议听取了区政府关于机构改革调整有关人员的任免情况汇报。西城区第十四届人大常委会主任会议第三十七次会议于11月12日召开。张国玉主持会议。会议听取了区卫生局局长边宝生关于《完善区属医疗机构公共卫生建设规划与政策支撑》审议意见落实情况的汇报；会议听取了区卫生局关于2010年部门预算编制情况的汇报；会议听取了区经济社会调查队队长许晓红关于西城区第二次全国经济普查情况的汇报；会议听取了副区长曹长胜关于西城区依法行政工作情况的汇报；会议研究了区人大常委会关于举行西城区第十四届人民代表大会第五次会议的决定草案，决定提请区人大常委会第二十九次会议审议；会议听取了区十四届人大常委会第二十九次会议有关议题准备情况的汇报，决定于2009年11月26日召开区十四届人大常委会第二十九次会议。西城区第十四届人大常委会主任会议第三十八次会议于12月8日召开。张国玉主持会议。会议听取了区委组织部副部长何焕平关于区政府有关人事任免事项的情况介绍，决定提交区十四届人大常委会第三十次会议审议；会议讨论了区十四届人民代表大会五次会议准备工作事项，决定提交区十四届人大常委会第三十次会议审议；会议听取了代表资格审查委员会关于代表资格审查情况的汇报，决定提交区十四届人大常委会第三十次会议审议；会议讨论通过了北京市西城区人大常委会行使职权情况向社会公开的办法草案，决定适当修改后印发试行；会议讨论了区人大常委会工作报告(稿)，决定修改后提交区十四届人大常委会第三十次会议审议；会议听取了区十四届人大常委会第三十次会议有关议题准备情况的汇报，决定于2009年12月17日召开区十四届人大常委会第三十次会议。西城区第十四届人大常委会主任会议第三十九次会议于12月28日召开。张国玉主持会议。会议听取了区十四届人大五次会议各代表团会前活动情况汇报；讨论修改了区人大常委会工作报告稿。

（李　锟）

【常委会工作】　常委会着眼于区域科学发展的全局，开展了对区

"十一五"规划实施情况的监督，听取和审议了区"十一五"规划中期评估报告，对规划实施3年来经济社会发展取得的阶段性成果给予了肯定，并建议区政府及综合经济部门要深刻认识金融危机的影响，统筹谋划，采取积极的应对措施，充分调动各方面积极因素，推进规划的实施，保持经济平稳较快增长，为全面完成规划目标奠定基础。按照实施积极财政政策的要求，支持政府加大投资力度，主任会议听取了2009年政府投资情况的报告，就合理安排、有效使用政府投资，推动解决关系发展和民生的突出问题提出建议。常委会加强了对计划预算执行情况的监督，审议并批准了区政府2008年财政决算、审计工作报告，督促政府及时解决审计查出的问题；听取和审议了区政府2009年上半年和1至10月计划、预算执行及调整情况的报告，并对区政府2010年计划、预算报告（草案）的主要内容进行了初步审议。开展对部门预算编制和执行情况的检查，常委会和主任会议分别听取了区教委、区卫生局2010年预算编制情况的报告，财经委员会检查了区民政局的预算执行情况。推进财政制度改革，常委会听取和审议了政府采购工作报告，对规范预算资金使用、提高政府采购工作水平起到促进作用。关注重点地区发展和区域经济资源状况，主任会议先后听取了区政府关于护国寺地区环境整治、业态调整和西城区开展第二次全国经济普查工作情况的报告。结合年内企业国有资产法的颁布实施，主任会议还听取了区政府关于国有资产监管情况的报告，为促进企业国有资产法的落实发挥了积极作用。常委会结合关系群众利益、社会普遍关注的热点问题开展工作，听取和审议了区法院知识产权审判工作报告、区检察院预防和惩治职务犯罪工作报告，接受了区法院10名审判员、区检察院8名检察员的书面述职，主任会议听取了区检察院关于诉讼监督工作的情况报告，进一步加强对司法工作和司法人员的监督。坚持把推进政府依法行政作为工作重点，主任会议听取了区政府依法行政工作报告。关注残疾人权益保障，常委会听取和审议了区政府贯彻落实残疾人权益保障法情况的报告，就发展残疾人事业、保障残疾人合法权益提出了改进工作的意见和建议。主任会议还听取了区政府民族宗教侨务工作、公安系统基层队所办公用房建设等报告，推动了相关工作的开展。

（李　锟）

【专项工作监督】　专项工作监督是常委会行使监督职权的主要形式。在2008年听取和审议区政府环境整治专项工作报告并开展专项工作评议的基础上，2009年着力加强跟踪检查和监督，听取和审议了区政府落实区人大常委会有关审议意见情况的报告，督促政府落实环境建设项目，加强日常管理，加大整治力度，为国庆活动创造了良好的城市环境。为巩固和提升环境建设成果，解决群众关心的突出问题，常委会听取和审议了区政府关于推进平房保护区"煤改电"工程、进一步改善空气质量议案办理情况的报告，提出了加强工程规划与监管、推广清洁能源使用等方面的建议。主任会议听取了区政府关于城市管理监督、民防及物业管理等工作情况的报告，推动了相关工作的深入开展。结合上年社区居委会换届选举，突出民主、民生两大主题，常委会从全年听取和审议的专项工作报告议题中，选择社区公共服务和居民自治工作，开展专项工作评议。注重创新工作方法，完善工作方式，召开专项工作监督动员会，向全体代表通报常委会全年专项工作监督计划，对评议工作进行重点部署，由区政府主管副区长向与会代表介绍社区公共服务和居民自治工作情况，并安排区政府相关单位列席会议。评议活动中，通过组织代表视察、召开选民座谈会等多种形式，听取驻区单位和群众的意见，127名市、区人大代表参加了评议活动，收集反映了60条意见和建议，交由区政府研究处理。在此基础上，常委会听取和审议了区政府主管副区长所作的专项工作报告，提出了加强社区体制机制建设、完善公共服务政策和运行体系等5个方面的审议意见。这些意见引起区政府的高度重视，结合审议意见认真梳理问题，列表督办落实，取得了明显成效。通过开展专项工作评议，支持政府加快推进社区建设，进一步提升了社区公共服务和居民依法自治水平。关注区域可持续发展，常委会听取和审议了区政府关于可持续发展示范区工作情况的报告，就推进可持续发展先进示范区建设、增强区域可持续发展能力提出意见和建议。围绕改进公共卫生服务，保障人的生命安全和健康，进一步加强对有关工作的监督，常委会听取和审议了区政府关于完善区属医疗机构公共卫生规划与政策支撑机制情况的报告，提出建立长效政策支撑机制、加大公共卫生建设投入等3个方面的审议意见。区政府研究决定，在"十二五”期间加大财政投人，逐步建立起长效政策支撑机制。针对群众关注的保健食品安全问题，常委会听取和审议了区政府关于保健食品安全监管工作情况的报告，就加大监管力度、确保辖区内保健食品安全提出要求。推进为老服务工作，常委会听取和审议了区政府关于加强支撑居家养老社会组织建设议案办理情况的报告，督促政府及有关部门通过整合社会资源、创新工作模式等途径，完善为老服务体系建设。主任会议听取了区政府关于出生缺陷预防工作情况的报告，就避免人口出生缺陷、提高区域人口质量提出建议。推进学习型城区创建、文化执法等工作，主任会议听取了区政府关于学习型城区及终身教育体系建设、文化执法等工作情况的报告。

（李　锟）

【执法检查】　常委会结合2009年保稳定、迎国庆的工作特点，加强执法检查和司法工作监督，促进“一府两院”依法行政和公正司法，促进社会和谐。推动安全生产法、安全生产条例的贯彻落实，提高区域安全生产水平，既是保障人民群众生命财产安全的需要，又是国庆保障的重要任务。按照区人大常委会检查法律法规实施情况办法，常委会重点围绕安全生产法律法规的实施情况开展执法检查。区政府主管副区长向常委会汇报了贯彻实施安全生产法律法规的自查情况，政府职能部门和各街道办事处等24个单位提交了自查报告。常委会成立了由常委会组成人员、财经委委员和各联组代表共80人组成的执法检查组，分成4个专题组，对涉及街道、商务、消防、文化、体育、旅游以及建筑施工等方面的27家单位进行明察暗访。在此基础上，常委会听取和审议了执法检查工作报告，提出了加强宣传教育培训、营造良好的安全生产氛围，完善监管体制机制、提高监管效率和执法水平，依法加强检查监督、减少安全生产隐患等5个方面的审议意见。这次执法检查促进了安全生产法律法规在西城区的贯彻实施，督促政府加强了安全生产监管工作，为确保国庆期间社会平安和谐做出贡献。此外，配合市人大常委会开展的执法检查，常委会有关委员会还组织代表就《农产品质量安全法》《水污染防治法》《绿化条例》等法律法规在西城区的实施情况进行视察，推动了相关法律法规的贯彻落实。

（李　锟）

【代表工作】　完善代表联络服务工作格局，注重发挥各委员会、各街道人大代表工委的作用，推动了闭会期间代表工作的深入开展。坚持把代表执行职务与提高常委会决策水平、强化常委会监督工作有机结合起来，组织代表参加执法检查、视察、专项工作评议等活动，促进了代表对常委会工作的深度参与。各委员会围绕常委会工作重点和会议议题，就推进德胜科技园建设、什刹海旅游发展、垃圾收集转运、高层住宅二次供水、中小学校长队伍建设、特殊教育发展等工作组织代表开展了各类视察、调研，全年共组织活动54次，参加代表1048人次。各街道人大代表工委结合地区发展和代表关注的热点问题，有针对性地组织开展代表活动，全年共组织活动57次，参与代表579人次。密切常委会与代表的联系，通过召开代表通报会，编发公报、代表通讯、《西城人大》等刊物，帮助代表了解区情政情。通过《西城人大》代表专访、代表笔谈栏目宣传代表事迹，加强了代表履职经验的交流。坚持代表列席常委会会议制度，共有76名（次）代表列席常委会会议，参与审议工作。为代表了解“两院”工作服务，组织代表参加法院庭审旁听和“两院”相关监督活动。密切代表与选民的联系，推进代表接待日、代表联系选民意见箱等工作，帮助代表了解民情。年内，代表参加接待日活动165人次，接待选民439人次，推动解决了134件群众反映的突出问题。

（李　锟）

【办理工作】　常委会高度重视代表建议办理工作，把促进建议落实解决作为工作重点，通过完善督办协调机制、集中研究处理难点问题、加强代表与建议办理单位的沟通联系等措施，推动建议办理工作。常委会对本届以来的代表建议进行分析，梳理出13个难点问题，与区政府共同研究，逐件提出解决方案，促使大部分问题得到解决和答复。注重加强对建议承办单位的工作指导，把建议督办工作与委员会活动相结合，内司委组织代表就交通支队办理代表建议和国庆交通安保情况进行了视察，促进了相关工作的开展。年内，区十四届人大四次会议期间受理的120件代表建议全部办结并答复代表，其中得到解决、取得进展或列入计划解决的建议90件，占75%。

（李　锟）

【市代表联络工作】　落实市人大

常委会的部署和安排，较好地完成了市十三届人大二次会议西城团的服务工作。改进闭会期间的市代表联络服务工作，与市人大常委会联通了市代表活动网上服务系统。组织部分市人大代表就首都经济社会发展、金融街拓展建设、社区治安管理、危旧房综合整治修缮及平房区“煤改电”工程建设情况开展视察和座谈，为代表提出议案建议提供了良好的服务。年内，共安排组织闭会期间市人大代表活动14次。完善市、区人大代表的联系沟通机制，邀请市人大代表参加区、街组织的代表视察、专项工作评议、代表通报会、代表联组活动等，密切了市、区代表的联系，凝聚市、区代表合力，使基层群众和代表反映的突出问题得到解决。

（李　锟）

【信访工作】　加强信访工作，畅通群众利益诉求的表达渠道。通过人大信访部门受理群众来信来访241件，已办复236件，办复率为97.93%，切实推动解决了一些群众反映的突出问题，群众的合法权益得到保障。

（李　锟）

【宣传工作】　年内，信息宣传工作较好地宣传了人民代表大会制度，宣传了人大工作，为领导决策发挥了作用。全年共编辑出刊人大简报40期、人大信息普刊21期、调研信息专刊2期、信息情况反映34期、《西城人大》6期、《北京西城报》专版2期，并充分利用人大常委会网站对人大工作进行宣传。

（李　锟）

【友好往来】　接待了日本东京都中野区议会代表团、日本相模原市议会友好访华团对西城区人大常委会有关工作的考察访问和交流。全年共接待外省市人大常委会到区学习考察50余批近300人次，介绍了西城区经济发展、城市建设、城市环境等区情，交流了人民代表大会及人大常委会的相关工作。参加全国20城市（区）人大工作交流会和北京市区县人大各委员会的相关联席会。

（李　锟）

【自身建设】　常委会结合人大工作实际，开展调查研究，广泛听取各方面意见。在学习实践科学发展观活动中，先后组织召开了区委和“一府两院”有关部门、街道人大代表工委、常委会机关干部参加的4次座谈会，向区人大代表、社区居民和部分区属处级干部发放调查问卷710份。常委会认真分析代表和干部、群众反映的意见和建议，研究制定了19条整改措施加以落实，切实提升了常委会及机关的工作水平。机关副处级以上领导干部围绕支持和促进区域科学发展、推进可持续发展先进示范区建设、加强和改进人大工作、深化专项工作监督、推进人大工作向社会公开等方面，完成了17项调研课题，为推进人大工作的创新和发展提供了参考依据。组织常委会及机关党员干部学习实践科学发展观，深刻理解科学发展观的科学内涵、精神实质和根本要求。围绕贯彻落实科学发展观、加强和改进人大工作，组织专题报告会、研讨会和解放思想大讨论，常委会组成人员和机关干部对人大及其常委会学习实践科学发展观的特定意义有了更加深刻的认识，对人大及其常委会贯彻落实科学发展观必须发挥的职能作用有了更加深入的思考，增强了贯彻落实科学发展观、做好人大工作的自觉性和坚定性，明确了在人大工作中贯彻落实科学发展观的着力点。常委会认真抓好听取和审议专项工作报告、执法检查以及实行审议意见书等办法的落实，结合工作实践，改进工作方法，规范工作程序，提高工作效能。推进常委会履职情况向社会公开，主任会议研究通过《北京市西城区人大常委会行使职权情况向社会公开的试行办法》。改进会议服务工作，研究细化代表大会、常委会会议服务工作，提升会议服务工作的规范化水平。坚持居民旁听常委会会议制度，通过各工作机构和街道代表工委组织安排部分居民旁听了常委会各次会议。加强对外交流，参加京津沪渝四市八区人大工作交流会、全国二十三城市（区）联席会议，组织常委会机关赴朝阳区学习考察，通过开展各类交流活动，扩大视野，开阔思路，促进了常委会工作的改进和提高。在抓好人大工作的同时，按照市、区国庆指挥部的统一部署，常委会各位主任和机关党员干部分别参加了国庆群众游行、游园、联欢、环境保障、信访督导等方面的工作，为国庆活动的顺利进行作出应有的贡献。此外，机关全体干部还积极参与各类社会捐助活动，为地震灾区、贫困地区和困难群众提供支持和帮助。

（李　锟）

北京市西城区人民政府

概　述

年内，区政府按照建设“人文北京、科技北京、绿色北京”的要求，围绕“保增长、保民生、保稳定”的目标，依靠全区各方力量，锐意进取，奋力拼搏，完成新中国成立60周年庆祝活动各项任务，全区经济社会发展水平进一步提升。

完成国庆筹办和服务保障任务。成立区国庆筹备工作领导小组和指挥部，利用城市管理信息平台和现代化通讯手段，完善联合办公、集体会商、部门联动、现场调度工作机制，各项活动衔接紧密、运行顺畅，赢得全社会的支持和参与。全区80余所学校、2.5万余名师生完成天安门广场中心区少先队员迎国旗、广场背景组字、七色光鼓号队行进表演等重要任务。驻区单位、高校、区属机关企事业单位和社区群众圆满完成群众游行、广场联欢和游园活动。广泛开展“迎国庆、讲文明、树新风”活动，举办西单60年变迁等系列主题展览和“西城区友好城区迎国庆文化交流周”等活动，展示西城区发展成就。顺利完成西长安街道路拓宽工程中473户居民、19家产权单位的拆迁任务，确保了项目用地按时交付。对西长安街及其延长线周边进行综合治理，完成北海等7个公园周边环境整治。加强区、街两级维稳专门机构建设，健全大维稳工作格局，完善多层次矛盾纠纷调处机制，强化专群结合、群防群控，落实各项防控措施，加强新中国成立60周年成就展等重大活动和焰火燃放的安全保障，确保国庆各项活动安全顺利，群众安全感不断提高，荣获全国社会治安综合治理“长安杯”。加强安全生产、食品药品安全集中整治，全面排查各种安全隐患，做好应急指挥、通讯保障、环境维护、交通疏导等工作，妥善处置各类突发事件，实现城市安全运行。

区域经济实现平稳发展。把金融主中心区建设作为促进区域经济发展的战略任务，全力推动月坛南街、北京市第三十五中学新址等拓展项目的拆迁工作，推动存量资源整合置换，吸引国家开发银行金融有限责任公司、国投财务有限公司、上海银行北京分行等26家股权类、资产管理类及地区分支金融机构入驻。落实德胜科技园产业定位，优化园区空间布局，制定文化创意产业发展规划，新认定102家资产千万元以上的高新技术企业，引进中国林权交易所等重点项目落户，德胜科技园承载高端产业发展的作用进一步显现。扩大政府投资，引导社会投资，利用市、区两级重点项目“绿色审批通道”，加大项目推进力度，全社会固定资产投资预计达到140亿元。重视消费对经济的拉动作用，广泛开展多种形式的主题促销活动，完成西单文化广场改造，加快护国寺街等特色街区建设，组织第八届什刹海文化旅游节活动，不断改善商业、旅游、文化休闲消费环境。加强对驻区中央、市属企业的服务，扶持非公经济和中小企业发展，在信贷担保等方面加大帮扶企业工作力度，做好税源挖潜，促进财政收入平稳增长。加强国有资产监管，推进华兴新业、华远集团改制，引导区属企业苦练内功、增强竞争力，确保国有资产保值增值，发挥区属国有企业在稳定职工队伍、服务区域发展和群众生活方面的重要作用。高质量完成第二次全国经济普查工作，为深入分析区情、科学谋划发展提供基础数据支持。年内，地区生产总值达到1509.5亿元，同比增长9.9%；三级收入达到2249.8亿元，同比增长19.5%；区级财政收入达到152.17亿元，同比增长6.33%；居民人均可支配收入达到30442元，同比增长8.5%。

城市环境面貌持续改善。着眼于优化城市功能、提升基础设施现代化水平，城市建设和管理水平进一步提升。全年实现开复工面积357万平方米，竣工68万平方米。推进34项重点工程建设和8大类59项环境建设任务，高梁桥路、东教场路建成通车，德内变电站投入使用，实施53条道路大中修和2条道路疏堵工程，完成缸瓦市教堂、地铁4号线站区和3个农贸市场周边的环境整治，改造北滨河公园西区等绿地，全区新增绿化面积4.3公顷，金融街片区绿化项目获得“中国人居环境范例奖”。实施2万户居民“煤改电”工程，实现文保区全部采用清洁能源取暖的目标，加快淘汰“黄标车”，区域空气质量持续改善，全年二级和好于二级的天数达到279天，空气质量良好率达到76.4%。按照政务活动区、金融商务区等7类区域的不同要求，探索城市环境分类分级管理的新模式。针对新生违法建设、施工渣土堆积等群众反映强烈的突出问题，优化工作流程，依法快速查处，治理城市环境痼疾顽症取得一定成效。组建西直门综合交通枢纽地区管理委员会，创新管理体制和工作机制，着力改善特殊区域的环境秩序。建立城市管理联席会议制度，改造信息化管理系统，引入社会评价机制，不断提高协调、处置和监督能力。加强道路交通管理，推行智能化停车管理模式，着力缓解交通压力。

各项社会事业取得新发展。落实《西城区国家可持续发展先进示范区建设规划》，在社区卫生、社会救助等领域实施39个示范项目，科技对经济社会发展的引导带动作用更加突出，荣获“全国科技进步先进区”称号。制定《关于进一步推进义务教育均衡发展的实施意见》，不断完善教育基础设施，推动小学规范化建设和中小学办学条件达标，树立先进的教育理念，全面实施素质教育，优化教育结构，深化课程改革，开展中小学生社会大课堂活动，创新校外教育方式和艺术、科技等教育形式，促进学生健康成长，在北京市素质教育综合督导检查中获得好评。完善学校、家庭、社会三位一体的未成年人思想道德教育网络，推进社会文化环境净化工程，荣获“第二届全国未成年人思想道德建设工作先进区”称号。建立全市首家区级学习型城区研究中心，学习型城区建设稳步推进。发挥区域文化资源优势，以群众喜闻乐见的方式宣传中国特色社会主义理论，推进社会主义核心价值体系建设。结合公共文明指数测评，开展“传承奥运精神、文明重在行动”主题教育活动，市民文明素质和城市公共文明程度进一步提升，月坛街道三里河一区成为全市首批社区级“全国文明单位”。完成“1121”文化设施建设工程，开展公益性讲座、演出、电影、展览、辅导等活动，丰富群众文化生活，社区公共文化建设工作经验在全国得到推广。建立全市首个区级非物质文化遗产展示中心，新增11个区级项目，保护和传承优秀传统文化。构建区域社会化防控甲型H1N1流感疫情工作体系，落实属地、部门、单位和个人的社会责任，加强防控知识宣传，全力做好疫情监测、医疗救治、疫苗接种等工作。加强公共卫生职能建设，加大中医药和精神卫生工作投入，推进医疗康复病区建设，将区属特色专科医院纳入医疗服务共同体信息平台，提高社区卫生服务能力，居民对社区卫生的认同感进一步增强。开展“全民健身日”活动，推进体育生活化社区建设，开展居民体质测试和科学健身个性化指导，引导居民建立健康文明的生活方式。

民生保障的针对性和实效性进一步增强。围绕就业、就医、养老、住房等与群众日常生活密切相关的重点问题，加强统筹协调，完善政策体系，扩大社会保障覆盖面。强化职业素质测评、职业指导、职业培训、职业技能鉴定、职业介绍和创业服务等公共服务职能，推动就业服务网络向社区延伸，完善适应区域就业人口特点的政策措施，开展多种形式的就业援助，做好大学生就业帮扶，实现零就业家庭动态“脱零”，全区登记失业率为0.9%。健全劳动争议预防和快速调处机制，化解劳动争议，促进劳动关系和谐稳定。加快推进社会保险领域改革，对困难群体参加大病医疗保险给予补助，建立城镇老年居民和灵活就业人员门诊医疗费报销制度，在全市试点推行门诊医疗费结算方式改革，全区60万参保人员实现持卡就医实时结算。加强对困难群众的综合救助，在全市率先实施低收入家庭临时救助，共投入救助经费1300余万元，实施各类救助2.6万人次。开展残疾人康复训练和职业技能培训，投入2000余万元残保金改造提升“温馨家园”服务功能。推进45项为老办实事项目，为高龄和生活困难老年人发放养老服务补贴，开展居家养老巡视和送餐服务，老年人生活更加方便、安心。推进老旧小区、平房院落居住条件和生活设施的综合改造，实施6285户居民房屋修缮，推进113栋老旧楼房通气工程，完成24条胡同街巷和44个老旧小区环境整治，推广平房院户厕集中保洁模式，群众居住安全性和舒适度得到提高。做好保障性住房配售工作，新增廉租房、经济适用房和限价房受益家庭6405户。投入专项资金，建设社区商业网点，新增1家社区菜市场、30家便利店，居民日常生活更加方便。

社会建设基础更加巩固。加大社会建设统筹力度，不断优化社会组织体系，完善社会服务功能，提高公共服务社会化、专业化、市场化水平。组建西城区企业联合会、社会组织联合会、社会工作者联合会和志愿者联合会，加强社会组织服务中心和志愿者服务指导中心建设，建立楼宇社会工作站，社会建设的组织体系和服务体系进一步完善。设立1000万元社会建设专项资金，对社会组织承担的公益类、便民类服务项目给予补贴，支持社会组织能力建设和社会工作人才队伍建设，成立社会组织孵化中心，促进各类社会组织健康发展。制定《关于推进社区规范化建设工作的意见》，明确社区居委会和社区服务站的工作职责，初步形成责任共担、协调共治的社区建设机制。完成居委会换届选举，公开招录社区工作者，选聘应届大学毕业生到社区工作，实行居民评议考核居委会制度，发挥楼门院长在深入了解社情民意、协调社区各方关系中的积极作用，社区自治水平和服务居民的能力不断提高。加强社区公共资源规划，推进资源合理配置，完成社区服务站标准化建设，大力推进“96156”服务平台建设，完善便民服务体系，获得“全国和谐社区建设示范区”称号。

（王　丹）

区政府主要工作和重大活动

【政府决策会议】 年内，区政府召开政府常务会议19次，研究议题57个。第十四次会议听取西城区甲型H1N1流感疫情防控等工作的汇报；第十五次会议听取政府信息公开、保健食品安全监管等工作的汇报；第十六次会议听取2008年度西城区财政预算执行和其他财政收支情况审计结果等汇报；第十七次会议听取西城区2009年防汛等工作的汇报；第十八次会议听取开展“小金库”专项治理等工作的汇报；第十九次会议听取调整完善西城区就业政策等工作的汇报；第二十次会议听取加强医疗机构公共卫生建设规划与政策支撑体系工作的汇报；第二十一次会议听取西城区2009年上半年国民经济和社会发展计划执行情况等工作的汇报；第二十二次会议听取精简与规范西城区政府议事协调机构和临时机构等工作的汇报；第二十三次会议听取西城区2010年部门预算、政府采购等工作的汇报；第二十四次会议听取三里河第三小学集中爆发甲型H1N1流感处置工作的汇报；第二十五次会议听取2008年西城区预算执行和其他财政收支审计查出问题整改等工作的汇报；第二十六次会议听取西城区国有资本经营预算改革等工作的汇报；第二十七次会议听取推进平房保护区“煤改电”等工作的汇报；第二十八次会议听取办理区十四届人大四次会议代表议案和建议等工作的汇报；第二十九次会议听取2009年1至10月份国民经济、社会发展计划执行情况和计划调整工作的汇报；第三十次会议听取建立完善各项区级制度、“十二五”规划编制等工作的汇报；第三十一次会议听取西城区2009年国民经济、社会发展计划执行情况和2010年国民经济、社会发展计划草案等工作的汇报；第三十二次会议听取西城区第六次全国人口普查等工作的汇报。

（王　丹）

【27件实事完成情况】 年内，区委区政府共确定在直接关系群众生活方面拟办的重要实事27件，年底已全面完成。具体完成情况如下：（1）加强城市环境整治，完成大拐棒胡同12号院等16个老旧小区拆违、绿化、道路整修、照明、立面粉饰等综合整治，对北营房西里等28个老旧小区实施甬路铺设、雨污水管线改造、清淤、修建挡土墙；北新华街等187条街巷门楼及院墙修缮完工；132栋楼房老化电线更新改造基本完成；实施平房院户厕集中保洁1656座。（2）推进旧城区保护工作，整治工作涉及11条街巷，完成952个院落、7725间房屋修缮，改善了6285户居民居住条件。（3）按照职业素质测评、职业指导、职业培训、职业技能鉴定、职业介绍、创业服务六位一体服务要求，打造区域统一的人力资源市场，区就业服务管理中心新址主体装修完工，已进入后期设备采购安装调试阶段。深化做好社区就业工作，开发岗位19878个，吸纳失业人员12757人；充分就业社区103个，占全区社区的69%，充分就业社区劳动年龄人口中有劳动能力和就业愿望人员94%以上实现就业，有劳动能力和就业愿望的就业困难对象89.4%以上实现就业。（4）落实参保城镇老年人和灵活就业人员门诊医疗费报销制度，为2782人次报销479万元。启动“社会保障卡”工程，西城区93家定点医疗机构启动参保人员持卡门诊就医实时结算，已发放社会保障卡60万张。（5）为18名60周岁以上、全口无牙低保老人免费镶牙；为5964名65周岁以上老人进行了眼底疾病免费筛查。年内全区有44个医保慢性病综合管理试点社区卫生服务站，高血压、冠心病、脑卒中、糖尿病等7种慢性病管理患者21.3万人。为32156名60周岁及以上老人和47480名在校中小学生(含中等专业学校)免费接种了流感疫苗。（6）加大健康教育力度，利用全区7所社区教育学校，免费为全区居民开设健康教育大课堂231讲，全年开展公共卫生、医疗服务、社区卫生大型咨询活动7次。开展健康“日、周、月”活动220次，制作展板宣传栏493块，开展讲座486次，接受咨询5.6万人次，发放宣传材料21.3万份。利用高血压俱乐部、糖尿病俱乐部、健走俱乐部、健康之家，组织开展各类讲座、活动2579次，接受咨询22.3万人次，发放宣传材料49.4万份。（7）按照自愿原则，为户籍地在西城区的

40至60岁、25至65岁妇女分别进行乳腺癌、宫颈癌免费筛查22325例和28488例。为1649名新入学初、高中男生和500名计生困难家庭男性进行了免费生殖健康体检。(8)免费为3981人次新生儿进行了先天性疾病筛查，免费为10706人次0至6岁儿童进行了健康体检。(9)完成148个社区服务站标准化建设，其中8个社区被授予"北京市社区服务站标准化建设示范单位"。(10)新建新华百万庄社区菜市场，在7个街道增建社区生活必需品供应点、售菜网点30个。(11)为户籍地28名残疾儿童、636名无业残疾人、202名在校残疾学生及23名劳动年龄内无业居民、181名城镇无医疗保障老年人中的三种"特殊病"(癌症放化疗、肾透析、肾移植抗排异治疗)人员免费办理大病医疗保险。为6名艾滋病患者免费进行定期病情监测检查。(12)深化为老服务，月坛公园自1月1日起对65周岁及以上老年人免收门票费。启动社区卫生服务机构为老"三优先"(出诊、就诊、建立家庭病床)服务，建立健全社区卫生服务首诊制工作制度和流程，无社会养老保障、参加医疗保险"一老"人员在社区首诊21205人次。为3204名无社会养老保障老人、65名独生子女死亡家庭60周岁以上老人免费体检1次。(13)完成14家养老机构和100户行动不便老人家庭无障碍设施改造；在玉桃园护养中心、大石桥护养院、银龄老年公寓、马甸军休活动中心老年护养站4处增加养老床位310张；为617户80周岁以上老人及符合条件军休老人安装了"医疗紧急呼叫器"；为218户有需求老人安装了邻里互助门铃；为有需求的行动不便空巢老人免费上门理发1838人次、送液化气1914人次。为70名65周岁以上低保特困和行动不便孤寡老人免费提供了配餐和洗浴服务。(14)为1400户低保家庭发放了爱心救助卡；为400户低保边缘家庭发放了博爱卡；为255名符合条件的在校困难学生发放了助学金。(15)建成84个社区公益法律服务室，提供律师法律服务1000人次，解答咨询3800人次，开展法律宣传讲座653场次；为148个社区低保及低收入家庭发放了10150张法律服务便民联系卡。(16)加大对残疾人就业的扶持力度，开发残疾人社区就业岗位587个，免费开展岗前及职业技能培训407人次。(17)巩固大气污染防治成果，开展扬尘联合检查35次，对重点地区餐饮西城油烟排放进行检查，临界天气启动应急预案。截至12月31日，西城区二级和好于二级天数279天，占已有天数的76.4%。完成涉及4个街道21个社区118条街巷2011个院落20287户文保区平房住户"煤改电"工程，实施房屋保温修缮3000余间。(18)进一步完善市政基础设施配套建设，改造五防井盖500处，为140座二类公厕安装了除臭设备。(19)落实平战结合工作，利用人防工程为居民提供了415个停车位。(20)德胜国际中心、熙府桃园小区、新盛大厦3家单位获得首都绿化美化花园式单位称号。(21)西城培智学校竣工交付使用，青少年科技馆项目在施，育民小学、第五十六中学、第三十九中学分校、研修学院东校、曙光幼儿园和后广平小学等6所学校正在办理相关手续。(22)推进义务教育均衡发展，柳荫街小学、五路通小学、西师附小、鸦儿小学、自忠小学5所小学达到《北京市中小学办学条件标准纲要》新颁办学条件标准。(23)继续开展社区科普活动，松树街、朝阳庵社区达到市级创新型科普社区标准，三里河二区、后海西沿、丰汇园、北草厂、展览路社区学校达到区级创新型科普社区标准。(24)开展群众性文化活动，组织开展公益演出、公益讲座、公益展览等活动204场；9个公益电影放映点免费为群众放映电影906场，流动电影放映车放映1287场。(25)完成什刹海、月坛、德胜3个街道区域内和人定湖公园已建成部分健身工程软地面改造，改善了居民健身环境。(26)加强流通领域食品安全管理，规范食品经营行为，强化行业自律和食品经营行政指导，定期召开辖区30家食品监测点单位联系工作会，要求监测单位实施食品"自检月报制度"，控制流动环节食品安全源头，对问题食品进行事前控制，降低食品安全风险。13家商场超市已配备食品快速检测箱，16家商场超市设立了食品安全信息电子显示屏；在涉外场所及外国消费者集中区域大型商场超市设置中英文双语信息公示栏，更换中小食品经营单位信息公示栏130余块，对小型食品店实施食品下架信息登记簿制度，印发《食品安全信息公示簿》2000余册。(27)开展"三品一械"(药品、保健食品、化妆品和医疗器械)专项整治，纠正违规行为41起，依法取缔无证经营药品、街头非法收药等22起；抽检药品、保健食品、化妆品及医疗器械655批次(药品550批次、保健食品40批次、化妆品35批次、医疗器械30批次)；开展非药品冒充药品专项调查、打击在保健食品中添加非申报成分、计生药械市场专项整治、甲型H1N1流感防控药械市场专项检查、国庆“三品一械”市场安全保障等行动。

（姚　杰）

区政府办公室

【概况】 北京市西城区人民政府办公室（简称区政府办公室）是协助区领导处理区政府日常工作的政府工作部门。年内，区政府办公室按照工作职责主要负责协助区领导起草或审核以区政府、区政府办公室名义发布的公文；负责区政府会议的会务组织工作；承接区政府各部门、各街道办事处以及其他机构请示（商洽）区政府的事项，提出审核意见，报请区政府领导审批；负责辖区内各类突发公共事件应急处置和日常管理、宣传教育和培训工作，组织修订西城区突发公共事件总体应急预案，督促检查预案演习；负责区政府政务信息和区政府大事记的编发；负责督促检查国务院以及市政府文件的执行落实情况，督促检查区政府文件、会议决定事项以及各级领导重要批示的落实情况，并跟踪调研，及时向区政府领导报告；负责便民热线电话以及区长信箱的管理工作，为区领导提供重要信息；负责组织区政府有关部门办理各级人大代表建议和政协委员提案，联系区人大、区政协，接待各级人大代表、政协委员视察工作；负责区政府系统综合事务的协调工作，协助安排区领导参加重要政务活动；负责政府办公室及部分部门的财务、公费医疗、固定资产管理和机要交换等工作；负责落实查抄政策界定善后工作及查抄办档案管理工作；负责对基层行政办公室的业务指导。较好地完成了全年各项工作。

地址：西城区二龙路27号

邮编：100032

电话：88064311

（王　丹）

【文秘工作】 年内，组织区政府政务工作会议1次、政府常务会19次，区长办公会6次、政府专题会35次，编发各种会议纪要60期。以区政府、区政府办公室名义制发正式公文237件。制发全区2009年度重点工作目标、为群众办实事计划、重要会议议题计划等，起草一系列区政府领导在全区会议上的讲话、报告等文字材料。年内，共收到并传阅中央、国务院、市委、市政府机要文件269件，收发一般文件10万余件；办理区有关部门请示963件。归档案卷2012件，清退销毁机要文件729件。

（王　丹）

【信息工作】 年内，共处理各类信息6469条。编发《信息参阅》93期，刊稿5578条，区领导批示19条，评选区优秀信息28条；刊发调研性信息31期，涉及区域经济、城建城管、流动人口、社会建设等方面；围绕“两会”、流感、国庆、城管等各类热点问题，刊发各类专题信息15期。向市政府办公厅报送信息798期，被市政府信息刊物采用148条，市领导批示信息2条。刊发《国庆专刊》44期，向市国庆指挥部报送国庆信息93条，采用41条，其中1条信息得到市委书记刘淇批示。

（许海龙）

【人大建议政协提案办理情况】 年内，西城区政府承办全国、市、区三级人大代表建议和政协提案共362件，其中全国政协委员提案1件，北京市人大代表建议10件，北京市政协委员提案7件；西城区人大代表建议130件，区政协提案214件，已全部办理完毕。

（张　晖）

【便民电话办理情况】 年内，区便民电话共受理群众来电14894余件，其中咨询服务12373件，西城分中心共交办2521件，其中：网络交办2025件，电话直接受理496件。反映问题中涉及“煤改电”工程287件、房屋管理278件、市政设施235件、下水堵塞问题229件、违章建设181件、环境卫生173件、自来水问题120件、树木管理101件、一户一水表99件、拆迁问题95件、施工扰民90件、供暖问题82件、噪音扰民81件、供电问题67件、经营扰民47件、孤老救助42件、安全生产问题29件、其他问题285件，交办率100%，结办率100%。市非经济救助服务中心电话转来972件，全部办结。

（陈树明）

【应急管理工作】 年内，为全力保障新中国成立60周年庆祝活动，成立了首都中华人民共和国成立60周年庆祝活动西城区总指挥部，组建国庆社会治安与安全警卫指挥部、国庆新闻宣传指挥部、国庆群众游行指挥部、国庆游园指挥部、国庆联欢指挥部、国庆环境保障指挥部。建立“西城区国庆庆祝活动保障指挥平台”，实现信息发布、汇总分析、GIS辅助决策、资源共享、指挥调度、现场处置、图像监控等功能，有效完成庆祝活动期间全区各委办局及现场指挥部的统一指挥、统一调度、统一协调。编制《新中国成立60周年庆祝活动西城区风险评估与控制》《西城区突发公共事件应急指挥手册》，组织完成61次各类型应急演练，完成“8·29”、“9·6”、“9·12”、“9·18”4次全市国庆活动演练的保障任务，圆满完成国庆60周年庆祝大会仪式和阅兵服务保障、群众游行、联欢晚会、国庆游园以及各项服务保障工作。上报国庆60周年保障综合情况60期、应急信息89份、常态信息407份，刊发了31篇，全年印制《西城值班快报》226期、《西城值班专报》12期、编排《西城区应急值守工作安排》12期、编辑《西城应急信息专刊》12期。针对甲型H1N1流感疫情，全面启动应急防控工作机制，成立甲型H1N1流感疫情防控领导小组，制发了《西城区应对甲型H1N1流感疫情工作方案》。实行每日会商机制和信息日报告制度，实行24小时值班和领导带班制度，重点强化“学校、医院、社区、涉外宾馆”的防控工作。制作健康教育宣传资料23种，共计24.5万余份，编发致全区居民的“一封信”。累计免费投药12180人份，收治甲型H1N1流感病人156人，并实施集中医学观察，对1093人实施居家医学观察，接种甲型H1N1流感疫苗35266人。制定《西城区应急演练工作计划》，对全区各级各类应急演练进行统筹管理。重点对民族宗教场所开展应急疏散演练工作。制定《关于在西城区公务员中开展应急系列培训的工作计划》，在全区广泛开展公共安全知识普及，对全区公务员进行系统的应急知识教育，在各单位选拔10%左右的公务员参加北京市红十字会急救员的培训，并取得证书。围绕全国第一个“防灾减灾日”，制定《西城区开展“防灾减灾日”》活动方案，开展“将预防付诸行动，让安全融于生活”为主题的“防灾减灾日”系列活动。针对有影响的典型案例，组织全区处级以上领导干部开展应急系列讲座培训。围绕如何提高西城区综合应急管理效能的主题举办了高级应急管理研讨班，形成《西城区应急管理效能研究报告》。不断完善应急管理工作的组织管理、应急预案、信息管理、宣教动员、技术支撑等五大体系。在预防与应急准备、监测与预警、信息报告与通报、防范和应对、社会动员、应急预案、应急宣教等工作机制方面不断规范完善。强化值守应急工作，重点做好重点时期、敏感时期及重点节假日的应急管理工作，保持值守应急值班工作24小时不断线。进一步完善信息报告和应急处置工作流程，建立反应灵敏、处置有力的应急联动工作机制，提高应急指挥处置和综合协调能力，最大限度地减少了突发事件、事故的发生。在处置突发情况时突出应急快速反应的工作特点，抓住事件的第一时间、第一地点，快速反应、快速处置，事件、事故的影响和损失程度明显减少，无次生或衍生事故发生。

（苏建新）

信息化管理

【概况】 北京市西城区信息化工作办公室（简称区信息办），既是西城区信息化工作领导小组的办事机构，又是负责本区信息化管理工作的区政府工作部门。年内，西城区信息化工作取得了一系列成绩，在中国优秀政府网站推荐活动（由中国信息化研究与促进网、工业和信息化部电子科学技术情报研究所组织）中获得“2009年度中国政府网站领先奖”，在第八届（2009）中国政府网站绩效评估（由中国软件评测中心、人民网、中国经济网共同举办）中，西城区政务网站获“综合创新奖”。西城区获2009北京市电子政务绩效考核优秀，并获北京市国庆60周年网络与信息安全保障先进单位称号。

地址：西城区二龙路27号

邮编：100032

电话：88064481

（陈秋怡）

【全球高级电子政务硕士班来访】 2月12日，由来自瑞典、瑞士、波兰、印度等10个国家的专家及政府官员组成的全球高级电子政务硕士班（由北京大学电子政务研究院主办）到西城区参观学习西城区信息化建设情况。学员们参观了西城区城市管理监督指挥中心，观看了网格化城市管理模式的演示流程，并就网格化城市管理模式的领域功能拓展、城市问题处治能力的提高等问题与区城管监督指挥中心领导进行交流。之后，区信息办主任介绍了西城区的信息化建设情况，重点介绍了西城区政务网站、交互式办公系统。全球高级电子政务硕士班学员就网站的整体设计、为公众服务以及行政审批等方面进行了交流，对西城区信息化建设工作给予高度评价。

（马振峰）

【国庆60周年无线电管理工作】 8月13日，区无线电管理委员会召开扩大会议，区无线电管理委员会成员以及相关单位和各街道办事处主管领导参加会议，会议部署了国庆无线电管理工作，区无线电管理委员会副主任、区信息办主任主持会议并介绍北京市国庆无线电管理工作情况和要求，以及西城区承担的无线电对讲机清查整顿、无线电管理法规宣传、无线电管控、防止恶意干扰和插播等任务。会议讨论确定区无线电管理委员会办公室制定的《西城区国庆无线电管理工作方案》，明确了国庆无线电管理的任务和各单位分工、职责、要求。副区长杨培丽对完成国庆无线电管理工作提出了明确、具体的要求：各承担任务的单位充分认识此项工作对国庆活动顺利举办的重要作用和意义，指定主管领导和具体工作人员，认真理解、落实工作方案；克服时间紧、任务重、人员少，以及无线电管理专业性强、涉及面广、基础薄弱等困难，全面完成任务，确保新中国成立60周年庆祝活动良好的空中电波秩序。区无线电管理委员会办公室和各相关单位，在8月底前完成对辖区单位和个人的无线电对讲机清查、整顿、规范，向全区单位和居民发放无线电管理宣传材料，建立无线电管理网络及重点控制部位无线电管控体系和机制。

（蔺海波）

【应急指挥部全体成员会议】 3月25日，召开西城区通信保障和信息安全应急指挥部全体成员会议暨西城区网络与信息安全协调小组会议。根据北京市筹委会国庆阅兵服务保障指挥部赋予市“通信与信息化安全保障组”的主要职责，西城区任务是负责协助有关部门做好本辖区通信保障、无线电监管和应急处置等所需资源的组织协调等工作。年内西城区信息安全保障的要点是：加强对计算机信息安全系统的监督、检查和指导，按要求做好等级保护。以信息安全零事故为目标，继续深入排查区和部门两级政务网络与信息系统的安全问题，加强安全管理，应用技术手段，消除隐患，严防网络泄密，做好庆祝新中国成立60周年网络与信息安全服务保障和应急处置工作。

（马振峰　陈秋怡）

【市信息办到西城调研】 7月28日，市信息办领导俞慈声率市信息办政务处和资源中心相关人员到西城区调研，了解西城政务信息资源建设与共享应用情况。西城区已初步建成了政务信息资源共享交换平台、政务信息资源目录和共享数据库一体化的信息资源体系，并取得很好的应用绩效。区国税局和区地税局通过区共享交换平台实现税源信息共享比对，增加了纳税户数量，解决了税源监控不到位的问题；通过营业税的共享提高了增值税等税种的纳税额。区地税局共享了市建委通过市共享平台提供给市地税局的开发商房屋销售数据，解决了开发商迟交税和少交税的问题。在调研中，税务部门还提出迫切需要纳税人的身份证信息和工商的企业注销信息，以便尽快改变企业未完税和未还清债务就注销的现状。俞慈声要求在电子政务工作中深入梳理业务需求，狠抓应用绩效，发挥信息资源共享为社会经济服务的作用。

（高凤荣）

【到中国移动北京分公司考察】 11月27日，由副区长杨培丽带队，率全区19个部门20余人到中国移动北京分公司（简称北京移动公司）参观，在菜市口移动通信大厦枢纽楼参观亚洲最大的监督控制中心，观看3G相关技术展示，北京移动公司技术负责人介绍移动办公和移动新业务，并就如何通过移动办公为电子政务提供新的办公手段进行交流。

（马振峰）

【新版西城区政务网站上线】 8月18日，新版的西城区政务网站上线运行。基于区政府实际工作开展需要及民众需求，结合北京市政务网站考核评价工作的有关要求，年内在网站内容建设方面开展了政务信息资源梳理，场景式服务策划，子网站建设等一系列工作；为提高网站政民互动影响力，开发区政风行风热线等新应用，并对一些旧应用进行升级和优化；为保障网站政务公开与政府信息公开栏目内容的同时同源，对2个内容维护平台进行数据整合及相应的改造；拓展多项网站新功能，包括WAP网站、流媒体播放平台和文本挖掘等功能，全面提升政务网站服务水平。

（高　飞）

【信息化项目专家评审会】 3月6日，区信息办、区财政局联合召开2008年区信息化项目专家评审会。出席评审会的专家有：北京软件行业协会会长华平澜、工业和信息化部电子信息中心陈伟建、国家信息中心国信总公司处长屈志强、文化部信息中心副主任杨晓东、北京大学现代教育技术中心陆子平。与会专家一致认为西城区2009年的信息化项目和资金总体安排合理、可行，体现了少花钱，多办事的原则。西城区在深化网上政府信息公开、扩大政务信息资源共享程度、提高公共服务水平和行政办事能力等方面做了大量细致的工作，同时充分发挥现有区级应用系统的作用和功能，避免重复建设。项目建设内容详实，覆盖了西城区的重点领域，符合国家和市信息化的工作要求。专家建议西城区要继续加大信息化项目资金的投入力度，确保项目实施达到预期效果。

（郁　卓）

【市信息办到金融街调研】 2月26日，市信息办党组成员、市信息资源管理中心主任彭凯带队到西城区金融街调研，区信息办主任、金融服务办主任、金融街商会副秘书长等参加调研座谈。调研主要了解了金融街的经济形势、金融街信息化基础设施建设情况、信息化如何促进金融街的发展、金融企业对信息化的需求等。在分析金融街经济发展形势基础上，围绕为街区服务、为入住公司服务，初步提出打造网上金融街、建设信息大屏幕、区域智能交通、信用建设、数字北京信息亭进楼等项目意向。双方商定：通过金融街商会，发放调查问卷；召集典型企业研讨具体需求，进一步调研金融街信息化建设情况。区信息办在调研后联系北京联通对金融街信息化服务做出规划，计划通过政务网站进行网上调查，了解金融街企业与国际接轨，在信息化基础建设方面需要提供的服务。

（陈秋怡）

【网络与信息安全联合检查】 8月13至18日，西城公安分局、区保密局、区信息办抽调相关人员组成联合检查小组对全区各有关单位的网络与信息安全状况进行检查。全区有关单位提交了应急预案、应急演练情况、安全管理制度、国庆值班制度、IP地址分配表、《安全等级保护备案表》和《公安监督检查表》等材料。联合检查小组针对全区各单位在管理方面是否有漏洞、网络方面是否按照有关要求进行自查和采取防范措施、个人应用和服务器应用方面是否符合要求等方面，检查了全区近90个单位的基本情况，对全区1000余台计算机进行逐个检查，对各部门自建的19个系统、13个自建网站进行深度检查，并对接入国际互联网的系统和网站模拟黑客进行渗透攻击测试西城区对外系统的安全性。对检查出来的问题，当即提出整改，并做好整改的复查和追究。各成员单位、各应急队伍全面进入应急状态，领导带班、干部值班、技术骨干一线运行维护保障，在每次演练中区信息办主任都亲自值班，确保网络、网站、重要信息系统和无线电安全，为国庆活动3次演练提供了安全保障。

（邢磊　陈秋怡）

【信息化基础设施提升工作】 5月27日，副区长杨培丽主持召开西城区实施北京信息化基础设施提升工作联席会议第一次会议。由区有关职能部门、各街道办事处等单位组成“西城区实施北京信息化基础设施提升工作协调小组”（简称协调小组），统一领导和协调基站和宽带建设协调工作。协调小组主要职责是：研究制定西城区推进北京信息化基础设施提升工作的原则、总体部署、工作制度、各单位分工，其他需要协调小组决定的重要事项。协调小组办公室设在区政府信息办。杨培丽就做好西城区实施北京信息化基础设施提升工作，完成基站和宽带建设协调任务，提出3点要求：一是要统一思想、提高认识，充分理解实施北京信息化基础设施提升计划的重要性、必要性和长期性；认识到这是一项必须做、必须做好的工作。对此项工作给予高度重视。二是要明确职责、加强协调，推动西城区北京信息化基础设施提升工作有序开展，确保在年底前完成第一批下达的协调任务。三是电信企业和歌华公司要发挥牵头单位、主责单位的作用，推进基站和宽带建设工作，为西城区各单位开展协调工作创造良好的条件，推进“三网融合”和基础设施共建共享，降低基站和宽带建设协调难度。

（蔺海波　赵红漫）

【举办在线访谈活动】 8月5日10至11时，西城区政府网站与首都之窗联合举办在线访谈活动，区人口计生委副主任、区残联副理事长、区信息办副主任、区妇保所副所长、区民政局婚登处婚姻家庭宣传服务专项工作负责人、北京幸福泉儿童发展研究中心教授参加在线访谈。访谈主题是西城区探索提高出生人口素质新模式，活动介绍了西城区全面启动“社区健康生育全程服务工程”，如何使用新技术，积极探索有效预防和实施出生缺陷干预、提高出生人口素质的社会化公共服务新模式；并就如何实现人口计生工作寓服务于管理之中，在服务中实现管理，建立“以服务对象为中心”的公共服务模式等方面问题通过网络与市民进行在线交流。

（高　飞）

【推进网上办事服务调研】 3月27日，区信息办主任带队与区经济服务大厅就推进网上办事服务工作与区国地税、质监、文委等窗口办事服务人员座谈。窗口工作人员介绍了使用网上办事功能的情况，并对网上办事服务急需解决的问题进行交流和探讨。为贯彻学习实践科学发展观活动，按照区信息办研究制定的深入基层第一线调研摸底的计划，改变以往单一的工作部署方式，深入到政府服务窗口，与一线工作人员进行当面交流，掌握了第一手材料，对网上办事服务推进方案的制订起到促进作用。

(蔺海波)

【电子政务绩效考核】 在北京市电子政务绩效考核中，西城区被评为优秀。完成了北京市年度电子政务重点任务：网上办事服务功能进一步扩展，提供了更多的快捷服务；综合信息服务延伸到区街居三级，街道办事处实现72项服务事项网上办理，提升了公众满意度；信息资源整合共享取得较大进展，实现市民政、区相关部门、街道、社区居委会四级人口信息的共享。西城区电子政务整体水平在北京各区县中处于领先水平。公众服务信息化建设更趋于以人为本，政民互动渠道应用更加深入，全部行政办事事项的办事指南和表格均提供了下载，各单位更加重视网络与信息安全工作，保障能力有了较大幅度提高，政务信息资源共享有了较大突破并推动了深层次应用。同时开展区级电子政务绩效考核工作，制定《西城区电子政务绩效考核管理办法（试行）》和《西城区电子政务绩效考核指标体系》，并组织宣传贯彻。

(顾嫣　陈秋怡)

【首届社区计算机技能大赛】 4月9日，由区信息办、区委社会工委、区残联主办，什刹海街道办事处承办的“首届社区计算机技能大赛”成功举办。副区长陈蓓，微软公司全球社区事务总裁艾科塔·贝德山，社科院社会所研究员、社区信息化研究中心主任王颖出席决赛并为获奖选手颁奖。大赛由微软“潜力无限”项目和西城区信息化互助项目提供支持，比赛内容包括网上办事、论坛发帖、电子邮件收发等。参赛的近百名选手由全区7个街道办事处选派，绝大部分是由信息化互助行动项目和微软“潜力无限”项目免费培训出的低保人员、残疾人、失业人员和外来务工人员。西长安街街道的“低保边缘户”冯新涛获得个人组一等奖，什刹海街道残联队获得团体组一等奖。北京电视台、凤凰卫视、《北京日报》、《新京报》、《妇女报》等多家新闻媒体对大赛进行了宣传报道。

(顾　嫣)

【网络管理员培训会】 7月23日，区信息中心举办全区网络与信息安全培训会，主要按照区领导关于加强全区网络与信息安全队伍建设的有关精神，结合全区信息安全知识培训计划的要求开展。主要目的是为强化全区各单位对网络病毒、信息安全方面的防范意识，提高各单位网络与信息安全部门相关技术人员的专业技术水平，特别是各类软件分析工具的应用水平。培训工作分别就网络与信息安全国内外的最新形势（资深网络安全专家授课）、区网络与信息安全管理制度的落实、安全管理工具的使用等3部分内容作了较为详细的讲解。通过对全区各单位网管员有针对性地开展技术培训和安全教育，为提高全区网络与信息安全队伍的技术管理水平起到推动作用。

(陈秋怡　邢磊)

【信息化互助志愿者服务队成立】 4月27日，由区信息办、团区委联合推荐的西城区信息化互助行动志愿者服务队通过北京志愿者协会资格审查，正式成为北京志愿者协会注册团体会员。西城区信息化互助行动志愿服务队由30名志愿者组成，其中20名为经过西城区信息化互助基础班培训自发加入志愿者队伍的社区居民，另外10名是北京农学院的大学生。

(顾　嫣)

【信息化互助行动网上预约平台】 8月，信息化互助行动网上预约平台开通，为居民提供网上信息化互助服务。参与信息化互助行动的人员可以通过此平台与相关部门进行更加便捷的交流。居民通过区政务网站（www.bjxch.gov.cn）访问信息化互助行动网上预约平台，就可以及时了解互助行动各培训站点的情况、最新培训课程、进行网上报名。在报名信息提交后3个工作日内，申请人会接到工作人员的电话通知，也可以在预约平台上查询到预约结果。

(顾　嫣)

【区信息中心对外服务台】 8月初，为提高西城区网络和信息系统的咨询服务水平，及时解决各单位在使用中遇到的问题，区信息办信息中心，开通对外服务台，通过电话语音、应答系统和人工坐席，实现7×24小时热线咨询，受理政府各部门关于对网络和系统的申请、意见、建议，及时解决网络故障，做好区政务网络和区级系统的日常管理工作，为区属委办局提供服务，为区各部门提供技术支持。

(马振峰)

【地理信息系统五期上线】 8月13日，西城区地理信息系统五期开通运行。系统实现对各种比例尺地形图、影像图以及专题图的查询、浏览、编辑、对比和分析功能，整合了区规划、统计、民防、教育、体育、卫生、药监、计生、城管、旅游、司法、园林、什刹海街道办事处等21个职能部门的数据，形成了236个业务数据图层和16类专题应用。同时还接入北京市资源管理中心提供的262个市级专题数据图层，为全区各业务部门提供应用支持。本期GIS系统还提供全文搜索功能，既支持对所有图层所有属性字段的跨图层全文搜索，也支持给定空间范围内的所有图层所有属性字段的空间全文搜索功能。并且开发了与区共享交换平台之间的接口，建立了与各委办局之间的空间数据交换网上通道。同时还提供西城GIS系统共享服务接口，即通过二次开发接口方式向有关单位提供最新的GIS地图和业务数据图层实时调用共享服务新模式。

（郁　卓）

【资源共享交换平台验收会】　7月28日，区信息办和区财政局联合组织专家对《北京市西城区政务信息资源共享交换平台》项目进行验收。参加验收会的有：北京市经济和信息化工作委员会副主任俞慈声、电子政务处长林绍福，北京市信息资源管理中心副主任黄晓斌，西城区副区长杨培丽，区信息办主任、区委区政府研究室主任，区国税局副局长，区地税局副局长，以及项目的承建方、监理方等。专家一致认为，北京市西城区政务信息资源共享交换平台是北京市第一个真正的区级共享交换平台，为区内各部门之间的信息共享交换提供了支持；建立人口、法人和空间地理共享数据库，提高了信息共享和综合利用水平。西城区交换平台已经在公众服务、综合救助、安全生产、税务监管、行政监察等多个业务工作应用中，取得了显著效果与成功经验。俞慈声指出，西城区电子政务建设在系统应用方面做得比较好，走在了全市的前列，希望继续创新，扩大应用。杨培丽强调：下一步的重点工作是要重视信息安全，信息共享谁使用谁负责，需要加强与区属委办局的沟通，在信息共享上继续下功夫。

（高凤荣）

【信息资源共享研讨会召开】　11月25至26日，区信息办召开区信息资源共享研讨会，46个委办局信息化工作主管领导、信息化科室负责人和应用信息资源的业务科室科长参加会议，副区长杨培丽出席并讲话。北京市信息资源中心副主任黄晓斌作专题报告，介绍北京市资源共享、交换的建设情况。区信息办介绍西城区政务信息资源共享交换平台、数字证书、地理信息系统（GIS）的建设情况，与会人员讨论了西城区信息资源共享需求、应用、推进以及信息化建设的情况等。杨培丽指出：信息化要做好规划；信息化建设要有紧迫感，要倍加努力，继续走在全市前列；信息化是国际化大都市的基础，西城更应该走在前列；要加强部门之间的沟通协调；信息化工作者要做好领导的参谋助手，提高信息化建设的影响力，让各级领导认识到信息化建设的重要性。

（马振峰　陈秋怡）

【区电子监察系统启动】　4月7日，西城区电子监察系统启动。区领导王祥杰、闫傲霜、陈蓓出席仪式并提出要求。陈蓓提出，要更新思想观念，充分认识电子监察这一创新载体的重要作用。电子监察系统成功将行政审批有关法律法规和规章制度固化于系统内部，实现以“电脑”监控代替“人脑”监控，具有传统监察手段不可比拟的优越性。电子监控自动性强，可以全天候24小时监控，做到自动记录、自动发现问题、自动发出督办指令和自动打分测评；电子监控工作量大，能对所有群众申请办理的事项一个不漏的进行监控,比传统人工监察工作量大大增加；电子监控公正性强，对所有单位一视同仁，不受人情、关系等人为因素干扰。同时，利用共享交换平台初步实现了区电子监察平台与交互式办公系统、区街居系统的对接，将区街居系统的街道办事受理事项信息（一共2类、34项）和区交互式办公系统的行政审批信息（一共4类、35项）实时交换给监察系统。监察人员足不出户即可看到服务大厅人员的办理情况和办结情况，及时将超时提醒利用手机短信和邮件发送至各单位监察科，加强对各部门办事服务的监管。

（高凤荣）

【开通学习实践活动报道专栏】　为配合全区开展学习实践科学发展观活动，区信息办在区政务办公系统上开通了“全国学习实践科学发展观活动报道”专栏。专栏利用西城区上年投入使用的北京新华社信息专供设备，每日采集全国各地开展此项活动的信息并汇总发布，由于信息内容源自新华社在全国各地的记者采访和信息汇编，信息量大且内容丰富，可为全区各部门开展学习实践活动提供参考。

（马振峰）

人事人才管理

【概况】　北京市西城区人事局（简称区人事局）是负责全区综合

人事管理的职能部门，设公务员管理科、专业技术人员管理科、工资福利和退休科、流动调配科、教育培训科、人事争议仲裁科、办公室。另设有人才交流服务中心、人才培训中心、金融人才中心3个事业单位。机构编制委员会办公室与人事局合署办公。年内，区人事局围绕区委、区政府的工作部署，把人事人才工作为经济建设和社会发展服务作为全部工作的重点，在落实《中华人民共和国公务员法》(简称《公务员法》)、优化人才发展环境、推进机关事业单位工资制度改革、为非公经济提供人才服务、深化行政管理体制改革等工作中，取得了显著成绩，完成了全年各项工作任务。

地址：西城区马甸裕中西里28号楼
邮编：100029
电话：82283075

（张　芳）

【公务员考核奖励】 在全区行政机关、参照管理单位和纳入规范管理单位中实行《西城区公务员考核手册》填报制度，加强日常考核和工作实绩的考核力度，保证考核的科学性。全年公务员参加考核5033人，确定优秀等次1004人、称职3923人、基本称职2人，新录用应届毕业生参加考核不定等次的99人；处于审查或处分期间参加考核不定等次的5人。获得奖励1761人，其中二等功14人、三等功337人，获嘉奖奖励1410人。

（张　芳）

【公务员培训】 年内，贯彻实施《公务员法》和《干部教育培训条例（试行)》，按照市教育培训总体要求，以提升公务员整体素质为重点，以增强公务员执政意识、提高执政能力为核心，大规模开展教育培训工作，扎实开展公务员的初任培训、任职培训、专门业务培训、在职培训。公务员的初任培训突出“实用”与“创新”，对全区283名参照管理人员定制相应培训课程。在对149名科级干部任职培训中，做到“以需求为导向、以质量为标准”。为使军转干部更快地适应地方工作，先后开展区情、廉政、电子政务等多种培训，108人参加参加培训，军转参训率、合格率均达到100%。为进一步提高领导干部和公务员的科学素质，组织区属公务员参加市人事局组织的“公务员科学素质大讲堂”活动。活动共分3次，501人参加。在全区范围内开展《突发事件应对法》培训，提高公务员整体应急意识，从而掌握突发事件的应对方法和操作技能。在北京市人力资源和社会保障局、北京市科学技术协会联合举办的“北京市公务员科学素质知识竞赛”中获一等奖，并结合每年一册的“健康科普周历”和2009年“智者游戏”数学家宣传扑克，将西城区“三个一”科普活动推向高潮。按照《关于在北京市公务员中开展新一轮信息化与电子政务知识培训的通知》（京人发〔2008〕28号）的统一要求，开展新一轮信息化与电子政务知识培训，先后有425名学员参加，为全区大规模培训积累了经验。

（张　芳）

【政府督查考核】 根据区政府制定的《北京市西城区人民政府关于从严治政实施工作目标督查考核意见》，对西城区37个政府职能部门的工作目标、专项任务、廉政建设、群众测评、依法行政、政务信息公开、信访办理等项目对各单位进行督查考核。工作中注重督查考核内容和考核程序的完善，注重提高督查考核工作的有效性和公正性。根据综合测评结果评选出“督查考核优秀部门”和“督查考核单项优秀部门”共计15个。

（张　芳）

【公务员考录】 根据《公务员法》和北京市关于公开招考公务员的有关规定，为确保招录公务员工作的顺利进行，制定《2009年西城区招录公务员实施方案》，成立以局领导和区委组织部领导参加的公招工作领导小组，区监察局负责对招录工作进行全程监督。招录工作严格按照公务员选拔“公开、平等、竞争、择优”的原则，做到“三坚持三公示”（坚持公开透明原则、坚持面试考官培训制度、坚持招考工作规范化、人性化；公招职位公示、面试成绩公示、拟录人选公示)，严把公务员进口关。上半年，区委、区政府所属委办局19个单位面向应届毕业生公开招收录用公务员34人。另外，区检察院招录5人，区法院招录20人。下半年，区委、区政府所属委办局21个单位37个职位面向具有北京市常住户口的社会人员招考64人。

（张　芳）

【机构编制管理】 提出《西城区人民政府机构改革方案》，按照市委市政府批准的改革方案，组织政府机构改革动员部署和部门“三定”规定的制定工作。围绕转变政府职能和理顺部门职责关系，探索实行职能有机统一的大部门体制，既注意与市政府机构改革相衔接，建立与市政府组织框架大体协调的行政组织体系，又注意从区情实际出发，因地制宜地推进改革，在机构设置方面体现出西城区作为首都中心城区的特色。严格执行市政府提出的“严控机构编制数量，总数不得突破”的硬性要求，通过优化结构、科学设置、建一撤一的方法，既严格控制内设机构数额，又适应新形势新任务的需要加强重点部门业务科室。经调整，区政府33个部门内设机构更名14个、增加8个、减少8个，做到内设机构、行政编制零增长。发挥事业单位年检对事业单位的监督管理作用，重点把好“三道关”（材料关、审核关、公告关），年内全区应参检单位380个，实际参检361个，有19个单位未参加年检，参检率为95%。

（张　芳）

【事业单位岗位设置】 事业单位岗位设置是在事业单位中建立符合事业单位特点的岗位管理制度，是事业单位人事管理的重大改革和创新，通过岗位管理转换事业单位用人机制，实现由身份管理向岗位管理的转变，西城区事业单位岗位设置工作在前期调研和试点的基础上，依据事业单位岗位设置相关文件，按照科学合理、精简效能、统一规范的原则设置了管理、专业技术、工勤技能岗位，同时研发使用了事业单位岗位设置管理系统，不断对岗位设置管理系统进行升级完善，全区事业单位岗位管理制度已基本建立，逐步实现了事业单位岗位设置工作的信息化、规范化管理。

（张　芳）

【事业单位人事制度改革】 落实《西城区事业单位公开招聘工作人员实施办法》，在事业单位招聘工作人员过程中，做到“三公开一严格”（公开招聘对象、公开招聘过程、公开招聘结果、严格招聘纪律），把好事业单位的“入口关”。年内组织18家事业单位面向社会公开招聘共计133人。根据《北京市事业单位工作人员考核试行办法》，结合区事业单位实际情况，下发《关于做好西城区事业单位年度考核工作的通知》，完成2009年度考核备案工作。据统计，全区事业单位应参加考核16786人，实际参加考核16153人，未参加考核633人。其中，共评出优秀等次2413人，占实际参加考核人数的15%，合格等次13407人，基本合格等次67人，不合格等次6人，未定等次260人。对于基本合格及不合格的人员，做到把握重点，摸清情况，逐个分析，专题研究，分别指导，处理得当，追踪落实，防止遗留问题，避免存在隐患。坚持人事争议仲裁“关口前移”的工作思路，坚持做好政策法规的宣讲与具体工作的指导，把避免和减少人事争议的发生放在首位，坚持“调裁结合、以调为主、预防在先”的工作原则。全年参与指导或协助机关事业单位解决人事纷争18起，开庭调解解决人事争议案件审理案件2起，接待仲裁来访120余人次，解答各类咨询80余人次，进行仲裁及相关培训90余人次。

（张　芳）

【专业技术人才队伍建设】 为促进区域协调发展提供人才支持，培养和造就一批适应建设创新型国家需要的中青年高级优秀人才，开展享受政府特殊津贴人员、“新世纪百千万人才工程”和“西城区杰出人才奖”的选拔推荐工作。选拔推荐3位专家参加2009年“新世纪百千万人才工程”国家级人选候选人的评选；推荐“西城区杰出人才奖”候选人11人。有研稀土新材料股份有限公司教授级高工庄卫东成为享受国务院政府特殊津贴的专家。指导区教委办理2009年出境培训立项工作，立项的《校长有效管理教育研修培训》出国（境）培训项目获北京市外国专家局批准，组织15人赴美国进行为期20天的培训。春节期间，开展高级专家慰问工作，给享受政府特殊津贴、百千万优秀人才等41位专家发放慰问卡、慰问信及慰问品，并走访慰问了部分专家，组织30位专家参加市委组织部、市人事局、市科委和市科协主办的2009年春节慰问首都各界人才专场音乐会。

（张　芳）

【人才资源统计工作】 截至年底，全区企事业单位实有25593人。按层次分，高级2006人(正高级77人)，中级8262人，初级15325人；按学历分，研究生1212人，本科10633人，专科5055人，中专及以下8693人；按年龄分，35岁以下9197人，36至45岁8451人，46至54岁6755人，55岁以上1190人。

（张　芳）

【军转安置及军转干部管理】 研究军转安置工作的特点和规律，贯彻落实军转安置政策，克服区划调整和机构改革给军转安置工作带来的困难，采取突出重点、预留岗位、考试考核、指令性安置与双向选择相结合等方法，确保安置工作的公开、公平、公正，逐步实现了军转安置工作由政策性安置向合理配置人才资源转变。年内继续把计划分配军转干部作为军转安置的重点，妥善安置好师团职转业干部的工作和职务，照顾安置好功臣模范和长期在边远艰苦地区服役以及从事飞行、舰艇工作的军队转业干部。全区实际报到146人，报到率达80.1%，安置报到率居城八区之首。

(张　芳)

【人才引进工作】　按照西城区“十一五”经济社会发展的总体目标要求，根据区域经济和社会发展对人才的需求，结合全面实施“经济强区、文化兴区、环境优区”战略，用好人才引进“绿色通道”，及时调整引进重点，把人才引进从重数量向重质量、从重学历和职称向重能力和业绩转变。年内为区属事业单位和驻区高新企业引进高层次人才6人，其中高级职称4人、硕士2人。办理调入手续645人次，其中外省调入68人、市属调入577人。共接收毕业生1801人，其中北京生源1535人、非京生源266人。办理《北京市工作居住证》286册，注册聘用单位117家。

(张　芳)

【工资福利与退休管理】　以“加强工资管理，巩固规范成果，深化制度改革”为中心，强化机关、参照管理单位和纳入规范管理单位的工资福利规范化管理，推进事业单位绩效工资改革与义务教育教师工资改革，配合事业单位岗位设置，认真落实技术工人培训考核各项政策规定。按照北京市总体要求和部署，不断完善工资制度改革的各项配套工作，贯彻落实机关事业单位工作人员正常晋升工资、机关工作人员职务变动和调动工作后工资确定等政策。严格执行北京市规范公务员工资和事业单位实行工资总额管理有关精神，把日常工资审批、年初正常晋升工资，年终各种奖励审批作为巩固规范成果的重点环节。认真处理冲突与矛盾，研究解决出现的新情况、新问题，理顺工资关系，继续加强退休管理，不断提高退休人员管理服务水平。年内以各大节日活动为主线，丰富退休人员的节日生活。组织退休人员春节团拜会约120人次参加；组织春节庙会活动，约5000人次参加；组织电影教育活动，约1.8万人次参加；组织京剧欣赏活动，约600人次参加；组织6批、223人赴外地疗养。

(张　芳)

政府法制工作

【概况】　北京市西城区人民政府法制办公室（简称区政府法制办），是西城区人民政府法制工作办事机构，内设综合科、监督指导科、审核科、复议科。年内，围绕“迎接新中国成立60周年”、建设高品质文明城区等重大活动和全区中心工作，进一步规范行政行为，强化行政执法监督，化解行政争议，完成各项保障任务，为全面推动依法行政工作，促进西城区可持续协调发展作出贡献。

地址：西城区北礼士路12号
邮编：100044
电话：88391751

(董若男)

【依法行政工作】　制定下发西城区《贯彻落实〈北京市人民政府贯彻落实国务院关于加强市县政府依法行政决定的意见〉的工作方案》和《2009年推进依法行政工作要点》，组织召开区2009年依法行政工作会，对全区推进依法行政工作进行部署。制定下发西城区《行政执法争议协调处理办法》《行政处罚案卷评查办法》《行政处罚执法资格管理办法》《行政执法依据动态管理办法》《行政执法责任追究实施细则》5项制度。接受区人大代表视察区依法行政工作，向区人大主任会报告区依法行政工作情况。开展对各行政执法部门上年度依法行政工作考核评议工作。组织召开全区依法行政经验交流会，共表彰2008年度先进法制机构19个、先进法制工作者35名。

(董若男)

【依法行政宣传教育】　组织全区相关单位开展法制宣传、信息报送工作。召开全区依法行政信息工作会，建立由46个单位共90人组成的信息员队伍，向市政府法制办报送稿件12篇，采用5篇。深入区环保局、区文化委、区物价局、区劳动保障局、区城管大队等部门开展法制培训，受训人员1000余人。接待行政执法部门电话咨询180余次，做到次次有答复。

(董若男)

【行政处罚执法资格管理】　编辑“公共法律知识”讲义共4讲，9万余字，在区政务内网上开办空中课堂。组织全区新增、轮岗的106名执法人员进行公共法律知识考试。建立全区行政处罚执法人员电子档案。全区共14个部门331人办理了行政执法证件，按照规定持证上岗。

(董若男)

【行政执法监督】　年内，抽查全区19家单位行政处罚案卷20卷。7月，组织开展全区行政处罚案卷评查，共随机抽取了16个单位的31份案卷，合格率100%，其中优秀卷20卷，占65%。8月，组织全区各部门参加市政府法制办组织的处罚案卷评查，共抽取10个单位的10份案卷，平均成绩为99.6分，连续2年获全市第一名。

（董若男）

【行政执法依据审核】　及时调整、更新区政府网上各行政执法部门的执法依据栏目，到区“执法依据”有变动的9个部门，依法、依程序进行会审、确认，并针对梳理过程中存在的问题进行研讨，审核字数648526字。截至12月31日，区属部门行政执法职权8类共计3051项，其中行政处罚2232项、行政许可106项、行政强制51项、行政征收3项、行政给付19项、行政确认27项、行政裁决7项，其他具体行政行为（包括表彰、奖励等）606项。执行法律、法规、规章共计641部。

（董若男）

【行政规范性文件审核】　实行区政府规范性文件前置审查制度，严格履行审核程序，确保政府出台文件的合法、有效。年内共审核区政府规范性文件草案75件（其中有30件是政府工作部门的“三定”规定），经区政府常务会、区长办公会审议通过制发26件。协助审核区政府行政部门规范性文件15件。在审核过程中，对文件的格式、文字及逻辑严格把关，对涉及公共利益具有普遍约束力的，要求召开征求意见会；对无法定依据超出职权范围的予以纠正；涉及重要事项决策的，建议由区政府行政办公会议决定。

（董若男）

【审查重大事项的合法性】　实行区政府行政部门报请政府会议审议事项合法性审查制度，为区政府重大决策提供法律保障。审查区政府常务会审议的文件和事项62件，采用查阅法律依据、询问事件过程、了解事态动向等方式，完成会前审查工作，为区领导决策提供法律依据。

（董若男）

【规范性文件备案审查】　依据《北京市行政规范性文件备案监督办法》的规定，实行区政府行政规范性文件向市政府和区人大备案，区政府行政部门规范性文件向区政府备案审查并向社会公示制度。按照市政府统一的文书格式和要求，对属于依法备案的7件区政府行政规范性文件，分别向市政府、区人大备案，并及时在区政务网上公布，同时送区档案馆，经市政府法制办审查均予以备案，未提出意见。对相关部门向区政府备案的23件行政规范性文件进行合法性审查。按时向社会公布备案文件目录。检查指导监督部门文件的制定和备案工作，先后检查13个部门，督促文件制定部门限期备案。

（董若男）

【规范性文件实施情况评估】　对区政府发布的《北京市人民政府关于鼓励支持和引导个体私营等非公有制经济发展的意见》《北京市西城区科学技术进步奖励办法》《西城区促进残疾人事业发展的若干意见》《北京市西城区电子政务网管理规定》进行实施满1年情况评估，认真审阅评估报告，分析了解实施后的效果及产生的社会反映。对以上4个文件未提出不妥和修改意见。

（董若男）

【规范性文件清理】　2008年1月31日前完成2007年底以前区政府发布的行政规范性文件的清理工作，经区政府常务会审议通过后向社会公布清理结果：1985至2007年底，继续有效39件、修改9件、废止13件、失效16件。按照市法制办要求对2008年1月1日后发布的6个区政府行政规范性文件进行第二阶段清理，于5月20日完成（均为继续有效）。按照《西城区2009年整治违法排污企业保障群众健康环保专项行动工作方案》，清理不符合环保要求的区政府行政规范性文件54件和部门备案的规范性文件79件，经审查未发现有违法排污的内容。区政府法制办制发《关于机构改革中做好区政府行政规范性文件交接和清理工作的通知》和表格，并召开会议，布置区政府机构改革中涉及政府行政规范性文件交接和内容变化的清理工作。在现行有效的57件中，有涉及9个部门的18件需要重点清理。

（董若男）

【协助市立法工作】　根据《北京市区（县）政府法制机构的设置及其任务》中“参与市政府的地方性法规、规章的起草、制定工作”的规定，完成立法草案征求意见稿14件。为解决行政部门在监管工作中的实际问题，研究市立法草案稿，及时征求主管区长和相关部门的意见。对涉及部门多、覆盖面宽、技术专业性强的草案，组织召开座谈会9次，向相关部门发书面征求意见5件。分析研究草案稿，充分听取管理人和相对人的意见，吸纳汇总后报主管区长批准，并按时向市政府法制办反馈。

（董若男）

【调研工作】 与市政府法制办立法处、什刹海街道办事处及专家学者，研究什刹海地区立法。参加什刹海地区的规划制定、交通管理、市场整治工作的研究，查阅相关的法律法规，组织召开协调会，提出解决问题的方案和建议。参加什刹海地区申报风景名胜区的工作，为政府决策提供法律参考依据和资料。开展推进街道办事处依法行政工作调研，完成调研文章《关于街道依法行政的实践与思考》。年内，对全区查处违法建设工作开展调研。通过走访区城管大队、西城规划分局等单位，研究总结出适合西城区查处违法建设工作的新方法与新思路，撰写题为《关于西城区查处违法建设工作的调查与思考》的调研文章，为完善查处违法建设操作流程提供帮助。

(董若男)

【行政复议工作】 严格执行《行政复议法》《行政复议法实施条例》，不断加强全区行政复议工作，提高复议审理的工作效率，及时结案，做好国庆期间的维稳工作。与申请人及被申请人沟通、协调，通过和解、调解方式解决行政争议，取得良好的社会效果。6月，市政府法制办联合市人力资源和社会保障局召开“北京市政府法制工作先进单位和先进个人表彰大会”，西城区被评为全市法制工作先进集体。年内，区政府行政复议接待室共受理行政复议案件29件，审结28件，其中复议申请人撤回申请3件，不予受理复议申请2件，驳回复议请求9件，维持行政机关具体行政行为14件。共接待咨询61件71人次，咨询内容涉及交通处罚、公安处罚、公房管理、房屋拆迁、信息公开、信访答复、劳动待遇、城管拆违、工商处罚、教师申诉等。

(董若男)

【行政应诉工作】 切实加强对具体行政行为的层级监督，减少行政诉讼案件的败诉率。年内，共发生以区政府为被告的行政诉讼69件，其中一审51件，二审17件，申诉1件。其中涉及公房管理行为的一审45件，二审12件；涉及拆除违法建设行为的一审5件，二审5件；涉及政府信息公开的一审1件。审理结果：一审裁定驳回20件，判决驳回6件，原告撤诉23件，中止审理1件，判决部分履行法定职责1件；二审驳回上诉16件，发回重审1件（重审结果：判决驳回），即行政机关败诉1起，占全年审结案件总数的1.47%。区政府法制办受区长委托代理出庭应诉69起。

(董若男)

【拆迁拆违工作】 年内，区政府法制办为保证拆迁工作严格依法进行，多次参加拆迁政策研讨、拆迁招投标的评标等工作，为拆迁工作提供法律服务。在西长安街拆迁工作中，派专人全程参与拆迁工作。区政府成立了“什刹海地区控制新生违法建设环境整治工作组”，区政府法制办参与了“查处违法建设操作流程”的制订，结合自身工作经验，提出修改、完善的建议，并作为“工作组”成员，做好对强制拆除违法建设申请的法制审查工作。全年共完成对新生违法建设强制拆除申请的法制审查工作2件，均在1个小时内完成。年内，共审查区城管大队报送的强制拆除申请34件。

(董若男)

【《行政复议法》实施10周年宣传】 10月31日，区政府法制办与西城公安分局、西城交通支队、区劳动保障局、区卫生局、区地税局、西城工商分局及区城管大队在金融街广场举办了纪念《行政复议法》实施10周年法制宣传活动，北京市副市长刘敬民、市政府法制办主任周继东、西城区副区长曹长胜参加活动，并向在场市民发送复议宣传材料。活动中制作并现场摆放宣传展板12块，制发宣传材料1200余套，活动现场还开展复议咨询活动。

(董若男)

民宗侨事务

【概况】 北京市西城区人民政府民族宗教侨务办公室（简称区政府民宗侨办）是西城区政府负责民族宗教侨务工作的职能部门，现有人员11人，其中公务员编制10人，事业编制工勤人员1人。设办公室、民族组、宗教组、侨务组。区政府民宗侨办以确保新中国成立60周年系列庆祝活动安全、维护民族宗教领域稳定为目标，继承和发扬奥运精神，宣传贯彻落实党的民族宗教侨务政策，为推动西城区科学发展、和谐发展、率先发展作出新贡献。

地址：西城区二龙路27号
邮编：100032
电话：88064187

(马　晶)

【民宗工作领导小组扩大会议】 6月12日，西城区召开民族宗教工作领导小组扩大会议，区领导刘跃平、杨培丽、姜昕华、区民族宗教工作领导小组成员单位及区民政局、区旅游局等25个单位参加会议。会议通过了西城区民族宗教工作领导小组成员单位调整方案，通报了民族宗教工作的形势，就专项治理工作进行了部署。区委副书记刘跃平结合新中国成立60周年工作任务，就做好民族宗教工作，维护社会稳定提出要求。

（马 震）

【调研活动】 2月11日，市委常委、市委统战部部长牛有成到基督教缸瓦市教堂、天主教西什库教堂调研，就宗教房产落实政策工作听取市发改委、市宗教局、西城区政府的工作汇报。5月11日，市人大民宗侨委一行4人到西城区调研扶助困难归侨、侨眷情况。市民宗侨委办公室主任席文启、区人大常委会主任张国玉等领导出席。区政府民宗侨办主任、区侨联主席分别就西城区扶助困难归侨、侨眷的工作，侨联凝聚侨心、加强侨联工作的情况作了汇报。7月13日，中央基督教专项调研工作领导小组一行11人，由国家宗教局局长叶小文、中央统战部二局局长周宁带队到西城区检查基督教聚会点专项治理工作。先后到基督教缸瓦市教堂、展览路融城家园聚会点进行调研，听取副区长杨培丽关于西城区基督教聚会点专项治理工作汇报，并与市、区领导座谈。区委书记林铎汇报了区委区政府高度重视民族宗教工作的相关情况,叶小文对西城区宗教工作和基督教专项治理情况给予了充分肯定。座谈会由市宗教局副局长申建军主持。北京市副市长程红，市政府副秘书长侯玉兰，市委统战部副部长周伯琦，市公安局副局长杨晓毅，区委副书记刘跃平，区政协副主席、区委统战部部长姜昕华等陪同调研。

（李广军 吕丛阳 杨波）

【接待天津市民族工作考察团】 3月6日，由天津市民委、天津市河北区民宗侨办及河北区5个街道办事处、社区负责人组成的天津市民委民族工作考察团一行19人，就民族团结进步创建工作到西城区全国民族团结进步先进单位三里河民族团结社区参观学习。区政府民宗侨办主任介绍了西城区民族工作总体情况；月坛街道、三里河民族团结社区负责人就开展民族团结创建工作等方面分别做介绍。天津市河北区民宗侨办主任介绍了河北区开展民族团结创建工作的情况。

（苏素珍）

【民族团结教育基地总结研讨】 2009年是西城区青少年民族团结教育基地成立15周年，区政府民宗侨办配合区教工委开展了“四个一活动”，即编写一本宣传画册、出一套宣传展板、举办一台大型演出、组织一次交流研讨会。6月26日，区政府民宗侨办、区教委召开庆祝西城区民族团结教育基地成立15周年工作总结研讨会，25所民族教育基地校、手拉手校的校长和书记参会。

（苏素珍）

【京鄂少数民族学生在京联谊】 7月22日，湖北省“走进北京手拉手、爱我中华心连心”夏令营的44名少数民族学生与西城区少数民族学生联谊。夏令营团员由来自贫苦山区的土家族、蒙古族、回族、苗族、白族等少数民族学生组成，为使大山里的孩子开阔眼界、增长见识，增强各族儿童的团结和友谊，西城区少年宫组织学生和湖北小朋友进行联欢，做游戏、表演节目等。

（苏素珍）

【“民族团结杯”健身操舞大赛】 6月27日，在西城区文化中心剧场举行第四届北京市“民族团结杯”健身操舞大赛西城预赛专场，西城区27支队伍参加比赛。宏庙小学等7支队伍获得A组金奖。北京市民族文化交流中心副主任王薇出席。

（柳 涛）

【三里河社区夏日文化广场】 7月24日，三里河民族团结社区在三建公司礼堂举行第八届夏日文化广场暨庆“八一”文艺演出。参加演出的有社区居民和社区共建单位职工以及武警战士，天津市河北区红光中学的27名藏族学生也应邀参加演出，他们第一次到北京，参观民族团结社区，体验各民族团结的和谐氛围。

（苏素珍）

【联合执法检查】 为贯彻落实《国务院办公厅关于严格执行民族政策有关问题的通知》和“国庆平安行动”工作，区政府民宗侨办上半年对区内清真网点进行全面检查，从5月开始对网点重新确认并更换新的清真食品生产经营许可证，新办清真食品许可8家，清真网点总数131家。9月4日，会同西城工商分局、区商务局联合对国庆游园重点地区北海公园周边清真网点进行民族政策检查。此后，全区7个街道办事处的民族政策监督员对辖区内的清真网点进行排查。9月10日，会同西城工商分局对清真饮食网点进行第二次专项检查。9月18日，会同区旅游局、西城公安分局、西城工商分局等部门就西城区宾馆执行民族政策进行自查和专项工作联合检查和重点抽查，开展宣传，确保庆祝新中国成立60

周年活动顺利进行。

（柳　涛）

【天主教、基督教节日】 4月11至12日，西城区天主教、基督教信教人士2.2万余人到教堂参加复活节活动。5月31日，是天主教节日圣神降临，约7200人前往宣武门教堂、西什库教堂、西直门教堂参加节日活动，其中外国宾客约220人。8月15日，是天主教节日——圣母升天，约12300人到西城区各教堂参加节日活动。

（杨　波）

【圣诞节平安夜活动】 12月24至25日是天主教、基督教重大节日圣诞节。部分天主教、基督教信徒到天主教宣武门教堂、西什库教堂、西直门教堂、基督教缸瓦市教堂参加庆祝活动，进堂人员约3.6万余人次。国家宗教局局长王作安，北京市领导牛有成、李昭玲、程红、赵文芝和市宗教局、西城区领导到各宗教活动场所看望宗教界人士和值勤人员，巡视安全保障工作。

（马　晶）

【佛教节日】 3月15日是佛教观世音菩萨圣诞日，约8500名佛教信众到西城区广济寺、广化寺、居士林参加法会。5月2日，西城区约22500名佛教信众分别到广济寺、广化寺、居士林参加浴佛节活动。9月3日是佛教盂兰盆会节日，近万名佛教信众到西城区佛教寺庙参加活动。

（李广军）

【伊斯兰教节日】 9月21日是穆斯林群众传统节日开斋节。西城区三所清真寺约1400人参加节日聚礼。副区长杨培丽，区政协副主席、区委统战部部长姜昕华到各清真寺向广大穆斯林群众祝贺节日。三里河民族团结社区部分居民参加了社区第八届“开斋节联谊会”和“清真厨艺大赛”。11月28日是伊斯兰教“古尔邦节（宰牲节）”，830名穆斯林群众在3座清真寺参加聚礼。

（柳　涛）

【宗教场所消防知识讲座】 2月20日，邀请北京市火灾防治中心主任教官马爱民在居士林就防火、灭火、逃生、自救等消防安全知识进行宣传、示范，并就如何应用消防灭火器材、识别伪劣消防器材等常识作了介绍。区属宗教团体和宗教活动场所负责人及安全人员参加学习培训。

（李广军）

【宗教场所应急桌面演练】 12月8日，西城区举办宗教活动场所应急处置桌面演练。市、区宗教团体，各宗教活动场所负责人参加演练。区应急办、区政府民宗侨办、专家指导各宗教场所制作了详细的演练方案，缸瓦市教堂就防恐防爆应急疏散、广济寺就火灾灭火疏散演练、广化寺就法会期间发生人员踩踏事故应急疏散分别进行了应急处置桌面演练。专家就演练方案中的问题进行提问和点评，并针对应急处置中的衔接问题进行互动答题。副区长杨培丽要求牢固树立安全意识，做到职责清晰、分工协作、关口前移、有备无患。

（李广军）

【宗教场所突发情况疏散演练】 5月9日,区应急办、区政府民宗侨办、西城公安分局等单位在缸瓦市教堂联合举行防恐防爆等应急演练。辖区内宗教团体、宗教活动场所负责人和安全主管到场观摩。西城公安分局巡查支队警官为大家进行了应急管理培训。缸瓦市教堂组织了现场应急演练。8月16日,区政府民宗侨办、西城消防支队等单位在广化寺联合举行火灾情况下人员疏散应急演练，并对落实《宗教活动场所突发情况下人员疏散应急预案》、启动处置程序、疏散相关人员和善后工作能力等进行评估。

（李广军）

【开展“和谐寺观教堂”创建活动】 按照中央领导指示和2009年全国宗教工作会议的精神，国家宗教局在全国范围内开展“和谐寺观教堂”创建活动。创建活动自2009年起，用5年时间，使全国所有宗教活动场所达到或基本达到“和谐寺观教堂”创建标准。5月25日，西城区召开“和谐寺观教堂”创建活动工作部署会，就创建工作进行部署，标志西城区宗教活动场所创建“和谐寺观教堂”活动全面启动；6月，区政府民宗侨办按照“和谐寺观教堂”创建标准进行调研；7月至年底，各宗教活动场所对照“四清一明确”（人员队伍清、活动特点清、制度建设清、财产底数清，对照标准查找出的差距明确）要求进行自查整改，取得阶段性成果。

（李广军）

【慰问及团拜活动】 春节期间，区党政领导分别走访慰问各宗教团体负责人和宗教教职人员赵建敏、刘永斌、杜凤英、赵续尧、怡学、演觉、黄信阳、辛绍志、王崇恩。1月7日，区四套领导班子领导与辖区内宗教团体负责人、宗教界教职人员一起举行新春团拜会。市民委、市宗教局领导申建军、程二雁、赵宏生，区领导林铎、张建东、张国玉、张春平、刘跃平、白云生、曹长胜、李江、姜昕华参加。团拜会由副区长闫傲霜主持，区委副书记刘跃平致词。

（杨　波）

【涉疆维稳工作】 7月7日全区涉疆维稳工作会后，区政府民宗侨办及时召开全体干部会议，通报“7·5”新疆乌鲁木齐严重打砸抢烧事件，传达市、区维稳工作会议精神，就做好涉疆维稳工作进行研究，制定方案，成立领导小组，启动应急预案，及时动员、掌握情况、了解动态、加强沟通、严格值班、强化工作；宣传政策理念，谴责暴力事件。期间共报送涉疆维稳信息专刊42期。

（柳　涛）

【举办民族宗教培训班】 区委统战部、区民宗侨办8月18至19日举办2009年民族宗教培训班。区教委、各街道、民族工作重点社区、各宗教场所、宗教团体及相关单位负责人100余人参加培训。区委统战部部长姜昕华以《维护五大关系和谐促进西城区统一战线事业可持续发展》为题，就西城区统战工作知识进行培训；区发改委副主任介绍了西城区经济发展形势；区政府民宗侨办主任结合西城民族宗教工作实际、“和谐寺观教堂”创建活动和“国庆平安行动”，强调民族宗教工作的重要性和特殊性，部署了《西城区“国庆平安行动”民族宗教维稳工作方案》2项重点工作。区委副书记、区政法委书记刘跃平要求继续发扬爱国爱教的光荣传统，以高度的政治责任感，努力维护社会的和谐与稳定；广泛开展民族团结教育，宣传党的民族宗教政策，努力营造良好的社会氛围；以“国庆平安行动”、创建“和谐寺观教堂”为契机，做好民族宗教工作，向新中国成立60周年献礼。

（杨　波）

【侨法宣传角授牌仪式】 4月28日，北京市侨办、西城区侨办、月坛街道民政科共同在社会路社区举行“月坛街道侨法宣传角启动仪式”，这是西城区第二处侨法宣传角，是侨法进社区、普法到基层的举措，是为社区归侨侨眷服务、维权开辟的平台。

（吕丛阳）

【市人大代表视察社区侨务工作】 11月25日，市人大常委会副主任李昭玲率领部分人大代表视察了西城区社区侨务工作。察看了展览路街道侨法宣传角，展览路街道归侨侨眷活动站、社区服务大厅，听取了社区侨务工作汇报，与参加活动的归侨侨眷代表座谈，对西城区重视侨务工作给予充分肯定，李昭玲强调侨务工作要按照中共中央的要求，最大限度地团结归侨侨眷和海外侨胞，调动他们的积极性，发挥他们的独特优势。不断总结经验，创新方法，探索规律，凝聚侨心、汇集侨智、发挥侨力、维护侨益。

（管　琳）

【首都新侨乡文化节】 6月24日，由区侨办、区侨联和致公党西城区委举办的“赤子侨心颂祖国——西城侨界庆祝新中国成立60周年”暨“第四届首都新侨乡文化节”西城区分会场文艺演出在西城区文化中心举办。500余名侨界人士共庆祖国60华诞。北京市侨联副主席苏建敏，西城区委副书记、区政法委书记刘跃平，区委统战部部长姜昕华等出席。

（吕丛阳）

【归侨侨眷参观水立方】 2月9日元宵节期间，西城区组织1100位归侨侨眷到奥林匹克公园，参观国家游泳中心——“水立方”。“水立方”是由海外华侨华人共同捐资建造的奥运场馆，体现了侨界人士的爱国热情。

（管　琳）

【数字统计】 年内继续开展民族团结文明院创建活动，区委区政府对全区16个民族团结文明院（楼门）给予表彰。第六届首都民族团结进步表彰会，表彰西城区先进集体6个、先进个人9人。办理恢复改正民族成分手续105人，其中回族23人、满族54人、蒙古族6人、朝鲜族7人、汉族1人、锡伯族1人、瑶族1人、壮族2人、土家族8人、侗族2人。办理归侨子女、华侨子女、归侨青年中考证明15份。办理华侨子女、华侨、港澳、外籍华人学生来京上中小学借读审批手续14人。确认归侨、侨眷身份8人。完成市、区人大代表建议、政协委员提案办理答复工作8件。

（马　晶）

对外事务

【概况】 北京市西城区人民政府外事办公室（简称区外办）是西城区政府外事归口管理部门和区委外事工作领导小组的办事机构，负责对区属各单位外事工作进行指导和协调，处理涉外事务。履行地方外事职能，为国家总体外交服务，为首都外事活动服务。按照中央和北京市的工作要求，继续加强和完善外事工作机制，加强因公出国(境)管理工作，妥善处理涉外事宜。对外交往继续以友好城市为主渠道，为推动西城区科学发展和谐发展率先发展服务。年内，西城区26个外事重点参观单位高质量、有特色地完成中央和北京市安排的境外来访团组接待任务120批共3300人。其中包括欧洲议会体育委员会主席斯托福·哈里斯一行；配合有关部门接待新加坡政府高级访问团对什刹海社区服务的参观考察活动；配合市友协举办“外国人看北京、照北京”摄影活动，组织50余名外籍专家拍摄金融街、区图书馆、历代帝王庙和白塔寺等；配合市外办友城工作，组派社区工作者代表团赴日参加“北京·东京结为友好城市30周年庆祝活动”；德胜街道配合世界卫生组织接待出席第五届亚洲安全社区会议160名代表参观该街道防震减灾民防宣教中心；金融街街道办事处接待塞浦路斯驻华大使马里奥斯·耶罗尼米蒂斯到西城区考察经济发展模式和发展方向；区教委成立对外合作与交流科，加大对涉外工作的管理力度，推动教育系统国际交流与合作的健康有序发展；区残联残疾人服务中心“以人为本”的服务模式和特色服务吸引美国犹他州中学生代表团、英国“轮椅之翼”残疾人参观团等多批境外团组前来参观学习；区少年宫创新校外教育体制及活动内容，与日本青年教育工作者代表团、摩洛哥中学生夏令营访华团进行专题交流；获得“全国文明单位”的月坛街道三里河一区接待拉美记者团实地采访，展示建设宜居社区的成功经验。

地址：西城区二龙路27号
邮编：100032
电话：88064353

(滕新华　高井健)

【涉外管理】　完善涉外突发公共事件处置预案，与区委宣传部、西城公安分局建立操作性较强的境外记者管理工作联动机制，贯彻落实国务院537号令。在新中国成立60周年庆典活动期间，满足境外媒体采访需求，配合区政府有关部门，应对公共突发事中的涉外工作。4至10月，配合区应急办和甲型H1N1流感防控办，动员辖区内来自7个国家10批32人次的境外患者或密切接触者前往指定地点接受医治或留观。

(余宗彩　汪辉)

【友好城市交流】　区长张建东率政府代表团于4月初访问美国帕萨迪那市，在市政厅会见市长比尔·鲍加德，出席帕萨迪那市姐妹城市委员会中国分会主席魏瑞琴主持的市民交流晚餐会，出席缔结友好城市10周年庆祝活动并签署旨在深化友城关系的《十周年纪念友好宣言》。区教委与帕萨迪那市学区签订《西城区教育委员会与帕萨迪那市学区友好交流与合作协议书》。金融街社区学校金声民乐团随团出访演出。11月，区教育代表团出访帕萨迪那市，与当地学区举行会谈，推动双方在教学领域中的合作与交流。出访期间北京市第一六一中学和北京市西城区黄城根小学分别与帕萨迪那市学区的中学和小学结为友好校。出席北京·东京结好30周年纪念活动的西城区社区工作者代表团一行20人于5月21日考察中野区社区工作，区长田中大辅等设宴欢迎代表团一行。金融街社区民乐团自费随团出访，在30周年纪念集会上演出。3月，会同区体育局组派西城区柔力球交流团访问日本，与中野区国际交流协会的柔力球爱好者共同练习，联袂参加东京都日中友协主办的“第三届国际柔力球交流大会”，获得集体表演二等奖，区长田中大辅等会见交流团一行。北京市西城区西单小学师生交流团访问中野区鹭宫小学。10月，西长街街道办事处组派社区文艺团体参加“中野节”演出活动。中野区国际交流协会、春秋会等友好团体代表到西城区进行工作访问。5月，西城区社区工作者代表团和金融街街道金旋民乐团在参加北京·东京结好30周年庆祝活动后访问东京都涩谷区，为该区政府职员演出，受到区长桑原敏武、日中友好议员联盟的欢迎。9月，涩谷区代表团访问西城区，与西城社区工作者进行座谈，共进晚餐。11月初，应涩谷区日中友好协会和日本太极拳友好协会的邀请，区外办与区体育总会共同组派西城区太极拳交流团一行36人在“涩谷文化节”上进行太极拳表演，在北海道参加中日太极拳交流活动，与当地居民密切接触，感受社区生活，北海道原知事、体育协会主席堀达夫出席交流活动。11月，以区政协主席张春平为团长的西城区友好代表团应邀访问涩谷区，桑原敏武会见该团一行，区议会、日中友好议员联盟和日中友好协会与代表团一行座谈交流。1月，西城外国语学校师生一行19人利用寒假，赴西班牙保素埃罗市的友好校“IES赫拉多·迭亚戈中学”进行师生间定期交流，开展语言教学、民宿体验和文化交流等活动。9月，区人大常委会主任张国玉会见应邀参加新中国成立60周年庆典活动的西班牙北京人会会长刘建馨女士。11月，张国玉率西城区友好代表团访问保素埃罗市，协商双方友好交流事宜，考察社区建设管理和社区安全体系。2009年是澳大利亚彭里斯市建市50周年，西城区友好代表团应邀出席庆典暨外国友好城市联谊活动。区文化馆京剧队随团出访并在当地演出4次。中国驻悉尼总领事出席相关活动并会见代表团一行。4月，西城区文化代表团访问该市，两地图书互赠活动继续进行。经市友协和印中友协介绍，区政协主席张春平率代表团出访印度，考察新德里市德里区的区情，尝试与其建立友好交流关系。

（高健　杜佳　汪辉　刘珂）

【因公出国（境）管理】 年内，因公出访实行全区统筹，规范因公出访审批程序，加强行前教育，遵守出访纪律。在总结严控因公出国（境）的有效措施的基础上，加大审核报批、监督的力度。按照全市统一部署，区纪委、区监察局和区外办成立“制止因公出国（境）旅游专项工作”领导小组，制订工作方案，完成因公出访经费和出访团组数量在过去3年平均数的基础上缩减20%的目标。

（郭树茂）

【市民讲外语活动】 西城区市民讲外语活动在北京奥运会之后继续贯彻落实《北京市民讲外语活动总体规划》，坚持普及性、实用性、群众性、趣味性的原则，以提高全区干部群众的外语水平、文化素质和参与国际交往能力为目的，为西城区创造国际化氛围。全区教育、商业、卫生、体育、旅游、公安、街道等系统努力规范英语标识，大力提倡双语服务。148个社区文明学校积极参与，区人事局“英语人才库”坚持活动，为外事接待工作提供翻译保障。6月，组委会和市民文明学校总校举办第二届社区外语节暨2009年市民讲外语成果展示活动，内容包括居民学习成果展示、青少年讲外语活动汇演、公务员英语角、少儿英语游艺专场等，为奥运后广大干部群众继续学讲外语搭建平台，区属单位的干部群众万余人参加活动。完善英语标识工作计划，规范区内文化、旅游、餐饮、商业、交通、金融等行业的英语标识，推进国际化城区建设步伐。

（余宗彩）

档案管理

【概况】 北京市西城区档案局（简称区档案局）是区政府负责档案事业行政管理的主管部门，档案局与档案馆合署办公。年内，在区委区政府的领导和市档案局的监督指导下，根据国家档案局和北京市档案局的部署，围绕中心工作，按照落实科学发展观，服务构建和谐社会大局，促进档案工作自身和谐发展的方针，档案工作在法制建设、业务建设、队伍建设等方面取得新进展。贯彻落实胡锦涛等中央领导的重要指示精神，开展向解放军档案馆征集整理处干部刘义权学习活动。围绕西城区工作大局，强化服务意识，创新服务机制，提高档案工作的公共服务能力，在服务中推进档案事业的发展，在发展中更好地为西城区各项建设提供服务；继续加强档案基础业务建设和管理，提高档案管理的现代化水平，重点加强档案信息化建设，以档案信息化带动各项基础业务建设，提高档案管理和提供利用的现代化水平；切实加强档案资源建设，调整档案资源增长的结构，优化归档文件材料的查考价值，深入开展调查研究，加强对专门档案管理的监督与指导，切实发挥好各类档案资源为民生服务的作用。区档案馆在条件保障、基础业务、开发利用、信息化建设等4个方面加强档案馆建设，集中进行了馆藏重要档案和婚姻登记档案数字化工作。2月，被国家档案局评为国家二级档案馆。

地址：西城区二龙路27号
邮编：100032
电话：66052975

（张文兵）

【档案法规完善与宣传】 年内，区档案局贯彻落实档案法制宣传工作，加大档案法制宣传力度，开展档案法制宣传活动，普及档案知识，开展依法治理活动。为加强依法行政，深化依法治理工作，推行档案行政执法责任制。修改完善《西城区档案局档案行政处罚法执法资格管理制度》《西城区档案局执法监督检查制度》等10项依法行政管理工作制度。修改完善《西城区档案局行政执法办理流程》，同时针对办理频率较高的《执法检查重点抽查工作》《监督指导工作》等9项行政执法事项，分别制作了工作流程图并配以相关文书范本及表格样表。按照《西城区“十一五”期间档案执法检查单位安排》和《关于在全区开展档案执法检查活动的通知》，于年内依照档案行政执法程序，开展档案行政执法检查，会同区人大、区法制办和区财政局等执法部门组成联合执法组重点对区体育局、西长安街街道办事处、北京金象复星医药股份有限公司等12家重点受检单位进行档案执法检查。重点检查各门类档案归档管理和安全保管、重大活动及重点工程档案管理、档案人员调整后履行交接手续情况、档案鉴定和销毁等档案工作薄弱环节。对重点检查单位进行检查意见反馈，并将档案执法检查工作情况在全区范围内进行通报。依法加强重大事件、重大活动档案的监管。重点监管、跟踪、检查2008奥运会指挥办公室、中华人民共和国成立60周年庆祝活动西城区总指挥部办公室等单位档案收集、整理、归档工作。以“12·4”全国法制宣传日为契机，开展档案法制宣传教育活动，并对全区档案执法联络员进行重新登记，换发新的执法联络员证。开展档案法制宣传报道，建立西城区依法行政信息联络员队伍，及时上报档案法制信息。年内，举办档案各类培训班5次，参加培训1645人次。其中档案专业知识培训班，深受新上岗的档案人员欢迎。10月16日为北京市首届“档案馆日”，活动的主题是“到档案馆来，送你开启历史的钥匙”。按照市档案局总体活动方案部署和要求，区档案馆制定了活动计划，主要包括参观观摩、查询体验、档案咨询、会议座谈等内容。社会公众可以参观档案库房和档案照片展览，体验档案查询和政府信息公开查阅服务，与档案零距离接触，亲身感受现代档案馆与公民生活的紧密联系，体验各类档案公共服务项目，领悟档案文化魅力。活动当天接待参观者125人次，10月19日，《法制晚报》对此进行了报道。

（张文兵 陈凤丽）

【监督指导工作】 年内，区档案局围绕全区重点工作进行档案业务指导。针对新中国成立60周年庆典筹备和保障工作，制发《西城区国庆指挥部办公室关于做好中华人民共和国成立60周年庆祝活动文件材料收集归档工作的通知》，对各个分指挥部档案人员进行培训，明确归档要求，保证工作的有序开展。主动指导和协调完成西长安街拓宽拆迁、月坛公园整治、西单商业街环境整治、永定河引水渠沿线拆迁整治等重点工程档案的收集整理工作。完成区国庆总指挥部办公室及各专业分指挥部和街道分指挥部国庆筹备和保障工作档案的收集、整理工作，为留存好新中国成立60周年的历史资料提供档案服务与技术支持。指导区科学发展观领导小组办公室完成第二批学习实践活动档案归档工作。主动与有关部门就社会救助、残疾人登记等涉及民生的档案进行业务调研，制定整理方法和保管方案。指导区文明办负责的“全国文明城区”复查工作和全国未成年思想检查工作档案资料的收集、归档工作。区档案局建立了征集档案服务需求制度，随时征集各单位的档案业务需求，建立台帐，及时主动提供档案业务指导和技术服务。贯彻执行国家档案局8号令，做好全区各立档单位调整文件材料归档范围和保管期限表指导、审核、批复、备案工作。

（张文兵 许雪鹰 魏新芳）

【档案开发利用】 整合全区档案信息资源，继续编辑出版《西城追忆》，本年度共出刊4期（第31至34期），8000余册。编印出版《北京西城往事》第四部，48万字。参与北京市科协、西城区委区政府为庆祝新中国成立60周年在西单文化广场举办的“魅力西单——西单60年变迁主题展”，并提供图片200余张。开展以展览为主的教育活动，发挥爱国主义教育基地作用，参与区委宣传部等单位举办的“芝麻开花节节高——西城百姓生活60年变迁图片展”，为展览提供100余张馆藏照片。参加市档案局主办的“北京市档案开发利用成果展”，向展会提供编研材料30余种、1000余册，制作展板9块。年内，制定《西城区档案馆特殊情况下查阅婚姻档案办法》及《利用档案声明书》，完善查档工作流程，方便档案利用者。全年共接待查档利用者4929人次，调档5109卷，217件次。出具证明3980份。接待资料利用者120人次，利用资料33册。接待查阅主动公开政府信息10人次。全年档案利用的特点，一是公民个人利用档案仍是档案利用的主体，占全年总接待人次的89%，二是婚姻档案的利用人次不断增长，同比增长14%。在提供主动公开政府信息利用的同时，做好非主动公开信息利用需求的解释和引导工作。为社会单位、公民个人提供档案利用需求咨询，拓展档案馆服务功能。

（张文兵 周海南 周维淑）

【档案馆室业务建设】 年内，共接收13个单位的档案进馆，接收以卷为保管单位的档案3734卷、以件为保管单位的档案8341件、会计档案24卷、照片档案14张、实物档案39件、归档光盘9张。向区属单位征集图书资料110册，光盘20张。全年共完成46万页馆藏档案扫描数字化工作，包括2个全宗24万页重要档案和22万页婚姻登记档案。馆藏档案数据库新录入案卷级目录311条，文件级目录7652条。完成对全区立档单位上年度归档电子数据接收工作，共计接收电子目录36924条，其中永久目录9763条、长期9345条、短期17816条。接收电子公文17826条。

完成《区县档案馆接收范围的研究》课题工作，并上报北京市档案局。该课题获得2008至2009年度北京市档案科学技术研究成果一等奖。全区58个档案室年内接收各类档案70357卷，39457件。音像档案29盘，照片档案3523张，光盘档案12136张。共接待档案利用者37279人次，利用档案45109卷次，20123件次。接待资料利用者293人次，利用资料159册次。

（张文兵）

【档案事业基本情况统计】 截至年底，全区档案行政管理部门1个，综合档案馆1个，机关、企事业档案室、处、科58个，专职档案人员100人，其中具有中级专业技术职务6人，初级专业技术职务8人。区档案馆保管93个全宗，馆藏以卷为保管单位的档案185357卷、以件为保管单位的档案29876件、音像档案323盘、照片档案21876张、底图档案2618张，馆藏资料4247册，当年形成编研资料，内部参考1种29万字。全区区属档案室室存以卷为保管单位的档案1066782卷、以件为保管单位档案276630件、音像档案20305盘、照片档案43487张、底图档案1923张，光盘档案19676张。全区档案室编研档案资料，公开出版6种152万字，内部参考45种240万字。区档案馆建筑面积3770平方米，档案库房面积1100平方米，档案技术用房面积700平方米，拥有服务器4台、计算机39台、复印机2台、去湿机5台、恒温恒湿设备2台、物理方法消毒设备4台。全区档案室总建筑面积4744平方米，档案库房面积为4053平方米，有计算机109台、复印机20台、空调机（分体式）57台、去湿机16台、物理方法消毒设备7台。

（张文兵）

信访工作

【概况】 北京市西城区委区政府信访办公室（简称区信访办）是区委、区政府受理人民群众来信来访的工作部门。年内共受理来信和接待来访3032件（批），比上年下降15%。其中来信1604件，比上年下降20.4%；来访1428批、2327人次，与上年相比，批次下降8%、人次下降19.8%；集体访50批、613人次，与上年相比，批次下降25.3%、人次下降42.4%；市级集体访2批、17人次,与上年相比，批次下降50%、人次下降79.5%。基层单位受理群众来信、来访9161件（批）。律师解答法律咨询271批、589人次。群众信访反映的主要问题有城市管理、住房、拆迁、批评建议、劳资福利、社会保障。年底在全市信访排查调处工作目标考核中获第一名；2月，被区政府评为“2008年度督查考核优秀单位”；3月，被区委区政府评为“西城区社会治安综合治理委员会先进单位”；10月，被北京市国庆社会治安与安全警卫指挥部、“国庆平安行动”指挥协调小组评为“国庆安保工作先进集体”；年底，被区委区政府评为“西城区文明机关建设标兵单位”。

地址：西城区二龙路27号

邮编：100032

电话：66037903

（刘宗民）

【信访排查调处工作会议】 3月2日，召开2009年西城区人民内部矛盾纠纷排查调处工作领导小组扩大会议，区委常委、副区长曹长胜传达了胡锦涛、温家宝等9位中央领导关于信访工作的批示，区委常委、区委办主任李江传达了周永康、刘淇以及王安顺等领导分别在中央、北京市维护稳定暨信访工作会议上的讲话精神，区信访办主任部署2009年信访排查化解工作，明确14件区级重点矛盾包案领导、责任单位、化解及稳控措施。全区40个单位的主要领导参加会议，区委副书记刘跃平出席并讲话。3月26至27日，召开信访排查调处工作会议。会议传达学习了中央、市、区领导关于维护稳定和做好信访工作的指示及要求，结合2009年信访工作，征求信访干部意见和建议，全区共有90余名信访干部参加会议。8月17日，召开西城区人民内部矛盾纠纷排查调处工作领导小组（扩大）会议，会议就如何贯彻全国、北京市维稳暨信访工作电视电话会议精神提出明确要求，对全区26件重点矛盾纠纷进行了分析和研究，并逐案提出稳控要求。

（刘宗民）

【排查化解重点矛盾纠纷工作】 围绕保全国两会安全、应对国际金融危机影响、新中国成立60周年庆祝活动，实现无重大重复上访户、无信访群体性事件、敏感时期无非正常上访工作目标，年内组织6次矛盾纠纷大排查和专项排查，共排查出重点矛盾243件，其中列为区级重点矛盾纠纷47件，落实稳控措施9件。

（刘宗民）

【复查复核督查督办工作】 办理市信访督查案件25件，受理信访事项复查信访事项16件，均按时限告知、办理、答复，按期结案率达100%。

（刘宗民）

【开展信访积案化解年活动】 年初，利用3个月的时间，对重信重访、久拖未绝的疑难信访问题（包括“三跨”、“三分离”信访事项），按照排查、梳理、化解、稳控4个步骤，在全区范围内开展了重信重访专项治理。

（刘宗民）

【信访部门办公自动化】 全区推广使用全国、北京市信访综合办公系统，年内全区70余个单位基本实现了网上录入、网上受理、网上回复处理结果。推行网上信访，区信访办全年共办理“市长信箱”邮件720件，实现“市长信箱”邮件无积压、无超时，按期答复率100%。

（刘宗民）

【人民建议征集工作】 全年办理人民建议69件，围绕西城区经济发展，群众生产、文化建设、医疗卫生、城市管理等方面与群众密切相关的问题，广泛征集人民建议，及时向领导及机关提供有参考价值的、可转化的人民建议。

（刘宗民）

【领导信访接待日】 区领导阅批群众来信428件，占来信总量的26.7%，比市委市政府规定的目标提高6.7个百分点；区领导接待来访群众271批、489人次。各单位处级领导阅批来信占来信总量90%，接待来访2600批次，解决重要信访问题5000余件。

（刘宗民）

【党政领导干部大接访】 国庆活动期间，区委区政府以两办名义下发《西城区党政领导干部调研下访工作意见》，要求全区科以上党政领导干部以专题调研、座谈走访、重点约访、带案督办、督促检查、工作回访等形式，深入一线了解社情民意，最大限度地把问题解决在基层，把矛盾化解在萌芽状态。

（刘宗民）

【信访宣传和信息调研工作】 4月18至24日，在7个街道开展了以“依法信访，共筑和谐”为主题的信访条例宣传日、周活动。根据西城区学习实践科学发展观活动安排，3月24日，由区委副书记刘跃平带领信访、政法、公安、统战、综治等部门负责人员到国家信访局走访、座谈。目的是通过调研走访活动，找准制约区域发展、城市建设管理、文化建设、改善民生、社会建设及党建方面存在的突出问题，研讨新形势下如何整合资源、创新机制、做好矛盾纠纷排查化解等工作。国家信访局副局长徐令义参加座谈。全年共报送《信访信息》89期、《信访月报》12期、《信访专报》10期、领导干部大接访日报和周报45期，信访排查调处工作情况通报4次、重点工作汇报及经验做法10篇、信访宣传稿件20篇、综合性情况报告24篇，其中区领导批示54条，区信息工作室和“国庆平安行动”分指挥部采用45条，市委、市政府分别采用1条、被评为区级优秀2条，《北京信访》采用8篇。

（刘宗民）

【信访工作基础建设】 借全市信访工作基础建设年以及政府机构改革之机，对区信访办内设机构进行调整，将原来的4个内设机构整合为3个内设科室。成立了综合科、办信科、接访科。

（刘宗民）

【完善信访排查调处工作制度】 一是结合学习实践科学发展观活动，完善5项工作制度：《西城区党政领导干部调研下访工作意见》《西城区党政领导干部信访接待日制度》《西城区信访办公室关于实现无重大重复上访户目标工作方案》《西城区联席会议关于重大决策信访风险评估工作办法》《信访事项首办责任制实施办法》。制定《西城区委区政府关于做好国庆期间党政领导干部接待群众来访工作方案》。9月1日至10月10日期间，在原有党政领导干部接待来访群众制度的基础上，增加接待次数，强化信访矛盾纠纷化解工作，为新中国成立60周年庆祝活动营造和谐稳定的环境。年内运用“信访救助资金”35.6余万元解决疑难问题5件，全部实现息诉罢访。重大活动和敏感节点期间启动信访应急处置工作机制。全国两会、“国庆平安行动”期间，区信访办启动信访应急处置工作机制，在全区实行矛盾纠纷日排查、日会商、零报告制度。区信访办实行了“一包式”工作法和全天候开门接访制度。“一包式”工作法即：为值班干部配备“作业包”，将《西城区信访办公室关于做好“十一”期间信访工作方案》、应急劝返工作路线图、值班工作日记、工作人员电话簿等放入“作业包”内，确保值班人员遇有情况能够及时、便捷、高效、准确无误地进行处置。每天安排2名干部值班，由处级领导带班，全天开门接访，确保来访群众随到随谈。

（刘宗民）

【信访干部学习培训】 根据中央、北京市维稳暨信访工作电视电话会议精神以及区委区政府“国庆平安行动”有关要求，通过以会代训形式，组织全区各单位主管领导和信访干部培训120人次。组织信访干部到人民大会堂参加“潘作良同志先进事迹报告会”30人次，组织全办干部到崇文区信访办学习交流。组织全区各委办局、街道参加北京市综合信访信息系统培训2批100人次，及时部署信访排查化解工作任务，明确工作目标和措施。

（刘宗民）

国资监管工作

【概况】 北京市西城区人民政府国有资产监督管理委员会（简称区国资委）是区政府直属特设机构，受区政府委托履行出资人代表职责，不承担其他社会公共管理职能。年内，区国资委组织机关党员和所属企业党组织按照区委区政府的部署，围绕区国资委全年工作重点，结合“保增长、保民生、保稳定”的目标任务，做好新中国成立60周年庆典服务保障工作；强化领导班子建设，加强企业领导人员和后备人才培训；稳步推动企业改制，完善企业法人治理结构，加强国资监管工作，确保国有资产保值增值。区国资委及所属企业应对国际金融危机对实体经济的影响，克服经营困难，基本实现“确保国有资产保值增值”、“确保不裁员保证职工队伍稳定”、“确保职工收入不降低，职工收入偏低的企业力争有所提高”的总体目标。截至年底，国有及国有控股企业资产总额809.8亿元，比上年增长37.2%；所有者权益152.1亿元，比上年增长30.4%；营业收入126.9亿元；实现利润总额31.1亿元；净利润9.2亿元；国有资产保值增值率达到108.1%。

地址：西城区华远北街1号

邮编：100032

电话：66116905

（莫 芊）

【召开国资委工作会议】 2月16至17日，区国资委召开2009年工作会议。区国资委党委书记作了题为《坚定信心振奋精神为国有企业持续发展作出新贡献》的工作报告，总结上年工作和取得的成绩，部署年内重点工作。会上，区国资委与9家企业法人代表签订《企业经营者2009年度经营业绩考核责任书》；区国资委领导和10家区属国有及国有控股企业的主要领导分别就年内主要工作思路及重点工作进行了交流与研讨。针对严峻的经济形势和企业实际，就如何调整企业发展战略、灵活准确把握机遇、全面加强风险管理、继续深化企业改革、着力转变增长方式、合理优化资产结构、切实抓好安全生产、努力凝聚职工队伍等方面，进行讨论和研究，提出一系列应对措施，为确保区属国有企业持续发展打下基础。

（莫 芊）

【业绩考核和收益收缴管理】 完成上年度国有资本收益收缴的测算工作，向区政府上报2008年度国有资本收益收缴方案，并向各企业下发了上缴2008年度国有资本经营收益的通知，完成国有资本收益入库5136.1万元，对以前年度安排的国有资本收益支出的使用情况进行检查。11月，区国资委会同区财政局、区审计局联合推动西城区国有资本经营预算的改革，印发《西城区国有资本收益收缴管理暂行办法》和《西城区国有资本经营预算管理暂行办法》，将国有资本经营预算工作纳入到财政预算中，进一步规范国有资本收益的收缴和使用的工作流程，明确了预算单位和申报单位的职责，使国有资本经营预算工作更加规范化，同时也对企业资金的使用起到监督作用。

（莫 芊）

【完善法人治理结构】 推进企业改革工作，完善企业法人治理结构。区国资委加大推动企业深化改革的力度，基本完成了对华兴新业商贸有限责任公司（简称华兴新业公司）和北京市华远集团国有独资公司的改制，同时还批准了2家重要子企业的改制方案。国有独资公司的改革，促进了现代企业制度建设，通过委派董事和监事，基本实现决策层与执行层的分离，使企业法人治理进一步规范。北京华利佳合实业有限公司于10月份顺利完成股权转让工作，由3家股东变为2家，未对公司生产经营活动造成影响。

（莫 芊）

【加大进入资本市场融资力度】 支持企业进入资本市场，拓宽企业融资渠道，发挥资本市场对企业发展的促进作用。华远集团所属华远地产公司3月更名为“华远地产”。金融街控股股份公司利用政府刺激经济发展的政策，尝试区属企业新的融资方式——发行公司债券。发行公司债券的申请于2008年11月21日获证监会发行审核委员会通过，2009年9月3日公司债券发行工作结束，发行总额56亿元，3年期品种发行规模为22.4亿元，5年期品种发行规模为33.6亿元，利率分别为4.7%和5.7%。发行公司债券的融资成本低于银行贷款，且期限较长，可以保证企业资金链的稳定。

(莫 芊)

【依法完善监管制度】 结合《企业国有资产法》的颁布和实施，区国资委聘请的法律顾问对区国资委成立以来出台的10个监管制度进行梳理，并提出了具体的修改意见。在参考专家意见的基础上结合工作实际，从市场化和规范化的角度对《西城区企业国有资产重大事项管理暂行办法》进行修改。按照《公司法》和《企业国有资产法》赋予的出资人代表权利和义务，对涉及国有资产监管的重大事项进行规范，着重强调国资监管部门依法监管、依法履职、国有企业经营者、股东代表依法享有在经营决策过程中相应的权利义务的管理原则。主要是将对企业的管理变为对股东代表的管理，探索出一条“通过管人实现管事、最终达到管资产”的国资监管道路。此外还出台了《西城区国有独资公司外部董事管理暂行办法》《西城区国有独资公司监事会管理暂行办法》，进一步完善了国资监管的制度体系。

(莫 芊)

【加强重大事项管理】 严格产权登记管理制度，规范国有股权转让行为，研究并规范国有土地使用权、国有企业持有上市公司股权情况，完成了上年度企业国有资产产权登记年度检查和数据汇总工作，共有197家企业参加年检。年内办理企业产权占有、变更、注销登记57户，办理国有资产评估项目审批和备案企业7户，为权属企业出具产权证明69件。加强重大事项管理，规范管理范围和程序。加强重要子企业管理，根据资产变化适时调整重要子企业。重要子企业由年初确定的39家增加到43家。严格审核企业上报的涉及国有资产管理的请示、报告和备案3类重大事项，加强重点监管。全年共收到企业请示、报告120余件，批复企业请示事项40余件。

(莫 芊)

【规范董事会、监事会工作】 为落实出台的《西城区国有独资公司外部董事管理暂行办法》，区国资委建立了以企业在职领导人员、部分退休的原企业领导人员和区国资委法律顾问为主的外部董事人才库，逐步扩大外部董事派出范围，并向北京市华远集团有限公司董事会、北京华利佳合实业有限公司(简称华利佳合公司）董事会派出3名外部董事。继续在北京华方投资有限公司（简称华方公司）开展董事互评和董事评价经理层的工作，促进董事会规范运行，发挥考核评价经理层的作用。出台《西城区国有独资公司监事会管理暂行办法》规范国有独资公司监事会工作，探索国有独资公司监事会履职新途径，区国资委委派的监事通过对企业的日常财务监督、重点项目的跟踪监督等方式，切实发挥监事会的监督作用，对促进企业依法合规经营，防止国有资产损失起到了积极作用。通过使用、借鉴会计师事务所审计成果，拓宽监事会的工作思路和视野，丰富监事会工作报告的内容，提高监事会的工作质量。

(莫 芊)

【加强党建工作和班子建设】 加强企业领导班子建设。完成了企业领导班子和领导人员调整、考察、测评等相关工作。根据工作需要和个别企业领导达到退休或离岗的实际情况，上半年区国资委党委着手对部分企业领导任职进行调整，下半年与区人才考评中心合作，对企业后备干部队伍进行调整。为推动《国有企业领导人员廉洁从业若干规定》（简称《若干规定》）的贯彻与落实，区国资委党委举办辅导讲座，邀请中纪委法规室参与《若干规定》起草工作的人员就条文进行解读。为纪念中国共产党成立88周年，根据区委组织部有关工作安排，区国资委党委采取自下而上、上下结合的方式，在区国资委系统2007至2008年度“争优创先”活动中公开推荐出先进基层党组织10个、优秀共产党员16名和优秀党务工作者10名。夯实党建工作基础，各企业已建立健全制度283项，待完善制度17项。同时，继续推行《基层党组织工作手册》，及时查找使用中存在的问题，切实加强企业党建工作的规范化、制度化建设。

(莫 芊)

【履行社会责任】 各企业勇于承担社会责任，以实际行动回报社会。区国资委系统响应西城区慈善协会“慈善情——百家企业献爱心”活动，10家企业共捐款360万元。在区慈善协会第三次会员代表大会上，有8家企业被授予慈善助学奖，10家企业被授予慈善奉献奖。在区红十字会组织的“博爱在京城——送温暖、献爱心”联合募捐活动中，区国资委的企业和职工捐出165万元善款。在“爱在西城”颁奖盛典上，区属10家企业被授予抗震救灾优秀单位，华融公司、华远集团、天恒集团和华方公司被评为“爱心公益团队”奖，区国资委获得“年度公益企业家团队”奖。贯彻落实党组织和党员密切联系、真诚服务群众的长效机制，在“共产党员献爱心”捐献活动中，区国资委系统2926名党员群众捐款17.18万元。关注离退休干部职工的生活，区国资委系统共走访慰问老干部、老党员、老模范、困难职工和患重大疾病党员1972人，发放慰问品及慰问金折合人民币约106.87万元。

（莫　芊）

【完成国庆游行疏散任务】　在新中国成立60周年庆典活动中，区国资委按照区国庆指挥部的工作要求，抽调231人承担群众游行疏散保障任务，其中区国资委机关13人，华融公司、华远集团、天恒集团、华利佳合公司、华兴新业公司、华天集团、金象复星公司218人，圆满完成5次在良乡机场、沙河机场的演练，4次天安门彩排演练和十一当天庆典活动游行队伍疏散的工作任务，累计工作时间长达100余个小时，确保国庆游行活动的顺利进行。

（莫　芊）

对外联络工作

【概况】　北京市西城区对外联络办公室（简称区外联办）主要职责是负责为驻区中央机关、企事业单位、市属单位做好服务工作；负责驻区外省市驻京机构的服务工作；负责与国内各地区、各友好市区间的交往工作；负责外省市到西城学习考察团组的接待工作；负责协调、安排区级领导赴外省市出访工作；负责西城区对口支援扶贫工作。年内，区外联办以新中国成立60周年为契机，以奥运工作为标准，推进外联工作向深入发展。贯彻中央对北京市提出的“四个服务”的指示精神，落实市、区领导的部署和要求，探索为驻区中央单位服务的新方法和新形式，创新服务机制，提升服务水平，为驻区单位提供个性化、精细化、综合性服务；坚持做好来访考察团组的接待和区领导出访的服务工作，促进地区间的友好交往，推动区域间的交流与合作；协调开展“友城手拉手，浓浓民族情”友好城区迎国庆文化交流周、“魅力紫砂，人文西城”紫砂文化展等一系列庆祝新中国成立60周年活动；搞好调查研究，结合对口支援地区的实际情况，在落实扶贫项目资金的基础上，拓展对口帮扶思路，继续加大对协议帮扶地区的支持力度。

地址：西城区二龙路27号

邮编：100032

电话：88064715

（刘卫红　闫冰）

【服务中央及外省市驻京机构】　年内，区外联办按照西城区经济发展的特点和要求，应对宏观经济形势的变化，贯彻中央和北京市宏观调控的各项政策措施，坚持以打造平台、强化服务为重点，主动提供优质、高效服务，深化服务工作，确保各项工作落实到位。参与北京市关于对外联络服务体制建立的研讨和调研，按照市外联办的统一部署，立足于西城区区情，从强化管理，完善制度，规范程序入手，探索建立服务驻区中央单位的新机制；及时了解驻区单位的需求和困难，为湖南省驻京办协调办公用房改造、南宁大厦开业、协调国家环保局等部委基站宽带建设等专项服务工作10余项；落实年内北京市服务中央单位重点事项折子工程，由西城区承办事项共12项，其中主办事项5项，协办事项7项，区外联办会同区委区政府督察室，将任务逐一分解到区发改委、区建委、区教委、区市政管委、区商务局等相关部门，并确定责任单位和责任人，协调相关单位按照职责范围与中央单位联络沟通，主动服务，截至12月31日，5项主办事项已办结3项，2项尚在办理中。

（刘卫红　闫冰）

【地区间友好交往】　年内，区委副书记、区长张建东率领西城区党政代表团赴西藏自治区拉萨城关区和青海省果洛自治州访问，考察两地经济社会发展情况，并就进一步促进地区间合作发展与两地进行交流。在拉萨期间，为由西城区援建的城关区市民服务中心奠基；协调区委宣传部赴拉萨市城关区开展文化交流活动。接待拉萨市、上海黄浦区、重庆渝中区、内蒙古呼伦贝尔市鄂伦春自治旗等30余个地区的近50个考察团组到西城区访问；区政府办、区教委、区民防局等单位赴上海市、四川省攀枝花市、黑龙江省哈尔滨市等地区考察交流20余批次。

（刘卫红　闫冰）

【新中国成立60周年庆祝活动】　年内，为了共庆新中国成立60周年，加强西城区与友好城区之间的交流合作，区外联办与区委宣传部组织了一系列文化交流活动。7月，西城区举办“友城手拉手，浓浓民族情”友好城区迎国庆文化交流周活动，区委区政府邀请山西省忻州市、内蒙古自治区呼伦贝尔鄂伦春自治旗、吉林省延吉市、河南省商丘市、广西壮族自治区南宁市和柳州市、四川省攀枝花市和绵阳市、云南省红河哈尼族彝族自治州和大理白族自治州、西藏自治区拉萨市城关区、青海省果洛藏族自治州、新疆维吾尔自治区乌鲁木齐市沙依巴克区和克孜勒苏柯尔克孜自治州14个友好城区代表团的91名党政领导和171名演职人员到西城区参加文化交流活动，各地演员与西城区的艺术家们同台演出富有民族特色的主题歌舞。9月，西城区在金融街国际会议中心举办“魅力紫砂，人文西城”紫砂文化展，展出了由5位国家级工艺美术大师和10余位江苏省工艺美术大师带来的121件紫砂工艺精品。

（刘卫红　闫冰）

【搭建合作交流平台】 1月13日，西城区召开2009年外省市政府驻京机构迎春联谊会，69家驻区外省市驻京机构及友好市区驻京机构主任应邀参加了联谊会。张建东、张世俊、王祥杰、白云生、许樾真、李江、刘永先、程刚等区领导出席联谊会。国务院机关事务管理局、市发改委、市外联办有关领导也出席了联谊会。张建东强调，各部门要从做好“四个服务”的角度出发，从服务西城发展全局的高度出发，强化“首都意识、首善意识、首创意识”，提高服务能力和水平，为各驻京机构开展工作创造更好的条件，发挥驻京机构的桥梁和纽带作用，加强与各地区的交流与合作。

（刘卫红　闫冰）

【对口支援工作】 根据京蒙东西扶贫工作安排，从2009年开始西城区京蒙对口支援地区由呼和浩特市和林格尔县调整为呼伦贝尔市鄂伦春自治旗，完成12年对口支援内蒙古和林格尔县工作。区外联办积极与鄂伦春自治旗联络，两地实现互访和工作对接。年内，在搞好调查研究的基础上，结合当地贫困实际，继续加大对协议帮扶地区的支持力度。按照《对口支援协议》，落实援藏项目“拉萨市城关区市民服务中心”先期资金1000万元；援助地处三江源头保护区青海省果洛藏族自治州经济支援款200万元。在充分了解需求的基础上，明确帮扶重点，注重可持续发展战略，有针对性地落实援助鄂伦春自治旗扶贫资金200万元，用于鄂伦春旗民族中学新建1960平方米学生餐厅用楼项目；援助河北省张北县50万元，用于二泉井乡敬老院改造、站海乡蔬菜交易市场建设、公会镇200亩水浇地建设等项目。此外，帮助河北省张北县在北京举办“北京·张北合作交流洽谈会”，协调区工商联、区商务局、金融街商会、区委宣传部等部门参加，并为会议的召开做好企业邀请和新闻报道。

（刘卫红　闫冰）

综合行政服务工作

【概况】 北京市西城区综合行政服务中心（简称区行政服务中心）于2008年12月30日成立，为区政府所属正处级机构，主要职责包括：负责全区行政许可事项办理的统一管理；负责研究拟定区行政服务中心办理事项的办理程序、运行机制的整合调整方案；负责全区行政许可和行政服务网络的规划、建设、组织、实施和监督、检查；负责有关行政服务工作的业务指导。负责进驻部门行政服务效能的监督评价，对进驻工作人员实施监督、考核、培训。包括跨部门审批事项和重大事项的协调会审、联审，管理服务。综合行政服务中心设主任1名、副主任2名，行政编制6名，事业编制8名。年内，围绕区委区政府重点工作目标，以“谋划发展，完善规范，强化服务，提升管理”为目标，以发扬团结、创新、务实、服务的精神为动力，加快推进各项重点工作的落实，较好地完成了全年各项任务。

地址：西城区金融大街丁26号
邮编：100140
电话：88087492

（赵宏　史海荣）

【进驻部门完成工作情况】 进驻部门办理企业登记20842户，企业变更64502户，发放证照25854户，企业迁出393户；查询接待6276人次。全程办事代理：为490户企业代理事项1723项，为652户企业返还工商登记注册费209万元。

（赵宏　史海荣）

【创新管理与优化服务】 建立会议、汇报、联系、信息反馈工作机制，调整区行政服务中心联席会、考核领导小组成员，加强对区行政服务中心建设的领导和科学决策。通过触摸屏、大屏幕、告知栏、区政务网对外公示办事流程等信息，落实许可事项和非许可事项“七公开”，发放告知单3万余份。制定《西城区综合行政服务中心日常管理巡查暂行办法》，建立由区行政服务中心与部门窗口联合巡查的管理机制。建立考核台帐、巡查周报、约谈窗口负责人、窗口负责人例会等管理手段，使部门窗口在提升服务质量上有了明显改进，全年收到表扬信20封，办事人满意率达98%。发挥4名特邀廉政监督员在提升窗口服务中的作用，通过召开廉政监督员座谈会，对窗口服务行为、办事效率、廉洁自律、服务设施等方面进行不定期的明察暗访，促进窗口服务软环境建设。深化全程办事代理，利用前台引导、屏幕告知、制作宣传单、部门窗口代发宣传资料等扩大代理服务。网络服务区功能不断拓展，开通了环保网上验收申报系统、个人所得税申报明细下载服务和办事人指导申报有关资料、流程、系统的使用。

（赵宏　史海荣）

【新址筹建工作稳步推进】 区行政服务中心筹建工作于2月启动，按照区委、区政府建设服务型政府的总体要求，力争在社会管理和公共服务上增强服务功能，拓展服务内涵，提升服务品质。围绕区委、区政府领导对中心筹建工作的总体部署和指示精神，提出建设性意见；学习借鉴成功经验和先进做法，搜集整理基础性调研参考资料，为领导决策提供依据；根据承担职能、功能定位、运行模式、服务方式的基本架构起草了相关规章制度；对全区具有行政许可事项和面向社会公众服务事项的部门进行摸底调查和梳理、调研与分析；完成“新址装修改造工程”整体方案设计工作；围绕“行政审批、公共服务、社会管理、效能监察”功能，确定信息化系统建设方案。新中心建设方案在第六十九次区长专题会上通过。

（赵宏　史海荣）

【综合行政服务中心机关建设】 区综合行政服务中心的成立，是区委区政府建设服务型政府的一项重要措施。11月10日，区综合行政服务中心党支部正式成立，党员更加有归属感，发挥出党员的带头模范作用，提高中心干部队伍战斗力、创造力、执行力。扎实推进服务型政府建设工作。强化主题教育，抓好学习型机关建设。通过学习实践科学发展观，开展“强素质、担重任、守法纪、促发展”主题活动，提高中心干部履职能力，促进干部队伍素质的提升，增强团队的凝聚力。加强内部管理，强化责任落实。机关内部各项管理和服务逐步走向正轨。内部分工和运行良好，形成责任清晰，分工明确，相互支持，相互配合的局面；经费预算、设备配备、后勤服务和管理基本到位有序；政府政务办公网建立门户运行办公；与区委区政府有关部门的横向联系、工作协调机制逐步建立；年度督察督办、提案工作任务落实完成。

（赵宏　史海荣）

中国人民政治协商会议
北京市西城区委员会

【概况】 截至年底，中国人民政治协商会议北京市西城区委员会（简称区政协）共有委员340人，常委67人。年内，在中共西城区委的领导和北京市政协的指导下，按照中共西城区委十届八次会议提出的2009年工作目标和任务要求，以“推动科学发展、关注改善民生、巩固奥运成果、促进社会和谐”为全年工作主线，以迎接新中国和人民政协成立60周年为契机，围绕全区工作大局谋划和开展政协工作，组织广大政协委员认真履行职能，积极建言献策，为推动首都和西城区经济社会又好又快发展，促进西城区科学发展、和谐发展、率先发展作出积极贡献。

地址：西城区二龙路27号
邮编：100032
电话：66534123

（庄　亚）

【十二届三次全会】 1月5至8日，召开区政协十二届三次全体会议，主席张春平主持。市政协副主席陈平，区领导林铎、张建东、张国玉、张春平等，区各民主党派、工商联、人民团体负责人出席会议。会议审议通过了区政协常务委员会工作报告和提案工作报告，表彰上年度优秀提案。区委书记林铎在闭幕式上讲话，张春平致闭幕词。全体委员列席西城区第十四届人民代表大会第四次会议开幕式，听取并讨论《政府工作报告》和其他四个报告；委员们围绕西城区经济和社会发展战略中的重大问题进行分组讨论和专题座谈。形成“协商意见”，供区委、区政府参考。

（庄　亚）

【常委会议】 1月6日，召开十二届十六次常委会议。会议听取区政协十二届三次会议各小组讨论区政协常委会工作报告和提案工作报告的情况汇报。1月7日，召开十二届十七次常委会议。会议听取区政协十二届三次会议各小组讨论《西城区政府工作报告》和其他4个工作报告的情况汇报。会议讨论《中国人民政治协商会议北京市西城区第十二届委员会第三次会议决议(草案)》,《政协北京市西城区委员会提案委员会关于十二届三次会议提案审查情况的报告(讨论稿)》。2月26日,召开十二届十八次常委扩大会议。会议审议通过《政协西城区第十二届委员会常务委员会2009工作要点(讨论稿)》。听取关于西城区人民法院开展便民诉讼工作的情况通报,并进行专题协商座谈。5月27日,召开十二届十九次常委扩大会议。会议审议通过《政协西城区第十二届委员会常务委员会关于进一步推进西城区中小学科技教育工作的建议案(草案)》。听取关于金融街发展和拓展工作进展情况的通报,并进行专题协商座谈。7月23日,召开十二届二十次常委扩大会议。会议审议通过《政协西城区第十二届委员会常务委员会2009年上半年工作总结及下半年主要任务(讨论稿)》、《政协西城区第十二届委员会常务委员会关于撤销曹白临委员资格的决定(草案)》。听取区长张建东关于2009年上半年西城区经济社会发展情况、存在问题和困难、下半年工作重点以及国庆筹办工作等情况的通报;区委常委、区委办公室主任李江《中共西城区委关于区政协十二届三次会议党派团体提案工作办理情况的报告》。7月30日,召开十二届二十一次常委扩大会议,就“进一步加强政协专委会建设”进行专题研讨。10月22日,召开十二届二十二次常委扩大会议。会议审议通过《政协西城区第十二届委员会常务委员会关于进一步加强西城区医疗保障体系建设的建议案(草案)》、《政协北京市西城区委员会关于加强提案办理工作检查督办的办法(草案)》。听取关于西城区贯彻实施《中华人民共和国劳动合同法》的情况通报,并进行专题协商座谈。12月28日,召开十二届二十三次常委扩大会议。听取关于区政协十二届三次会议以来委员提案办理情况的通报;关于西城区2009年党风廉政建设和反腐败工作情况的通报。会议审议《政协北京市西城区第十二届委员会常务委员会工作报告(讨论稿)》、《政协北京市西城区委员会常务委员会关于十二届三次会议以来提案工作情况的报告(讨论稿)》。会议审议《政协北京市西城区第十二届委员会第四次会议议程(草案)》、《政协北京市西城区第十二届委员会第四次会议日程(草案)》、《政协北京市西城区第十二届委员会第四次会议决议起草委员会建议名单(草案)》、《政协北京市西城区第十二届委员会第四次会议小组召集人建议名单(草案)》。会议审议通过《政协北京市西城区第十二届委员会常务委员会关于表彰2009年度优秀提案的决定(草案)》;《关于召开中国人民政治协商会议北京市西城区第十二届委员会第四次会议的决定(草案)》,决定区政协十二届四次会议于2010年1月11日下午至14日召开。会议审议通过《政协北京市西城区第十二届委员会常务委员会关于刘丽萍等6人不再担任委员的决定(草案)》、《政协北京市西城区第十二届委员会常务委员会关于增补委员的决定(草案)》,听取了关于十二届区政协届中调整委员的情况说明。

(庄　亚)

【提案委员会】　十二届三次会议以来,政协委员、各党派团体共提出提案273件,经提案委员会审查立案252件(其中,党派团体提案19件,委员提案229件,界别提案4件)。本次会议提出提案的委员共158名,占委员总数(339名)的46.61%。提案交由68个承办单位办理,截至年底,252件提案全部办理结束,办复率100%。其中,在办理方式上,面谈的213件,召开座谈会的29件,电话联系的8件,电子邮件联系的2件。在办理结果上,意见建议被采纳、问题已经得到解决和基本解决的32件,列入计划、正在逐步落实的178件,综合以上2项,所提意见建议被采纳的提案共210件,占全部立案的比例为83.33%;受条件或政策限制不能解决、向委员解释说明的42件,占立案数的16.67%。超出西城区职权范围的21件提案,已作为建议及时转送有关部门研究参考。区委区政府主要领导亲自批阅党派团体提案,区主管领导按照分工对主管部门承办的提案逐件研究和批示。区政协主席、副主席、秘书长对8件重点提案进行了督办,召开有关提案承办单位座谈会,组织现场办案会、联合办案会等,促进提案的办复和落实。研究制定《关于加强提案办理工作检查督办的办法》,加大检查督办力度。开展提案分析工作,发挥提案信息资源的作用。做好优秀提案的推荐、评选和表彰工作,共评选表彰党派团体提案和委员提案43件。

(庄　亚)

【学习指导委员会】　举办学习全国两会精神报告会,召开学习中共十七届四中全会精神、中共中央总书记胡锦涛在庆祝新中国成立60

周年大会上的重要讲话、胡锦涛在庆祝中国人民政治协商会议成立60周年大会上讲话座谈会。组织委员参加市政协举办的“当前宏观经济形势”、“新中国国庆大阅兵”、“全球气候变化与我国未来发展战略”等报告会，参观中国科技馆新馆、“中华人民共和国成立60年成就展”。编辑印发了6期《知学》，刊登有关学习资料、政协知识和西城讯息。庆祝新中国和人民政协成立60周年，开展了征文活动，编辑印发了《放歌60年——纪念新中国和人民政协成立60周年》征文选编，收集文章30余篇。

（庄 亚）

【经济科技委员会】 与民建西城区委联合开展“关于促进西城区旅游产业发展”的专题调研，形成专委会调研报告，报区委区政府研究参考。围绕区经济社会发展的重点和热点问题，开展9项视察、通报、座谈活动。召开“金融街建设和发展”、《西城区国民经济和社会发展第十一个五年规划纲要》实施情况的中期评估、“可持续发展示范区”建设情况、西城区商业发展情况、国有资产监管情况等通报座谈会。视察西城区质量技术监督工作、德胜科技园金融后台企业。参观中国科学技术馆（新馆）举办的以“坚持科学发展，创新引领未来”为主题的系列展览。召开2次财政预算民主监督小组会议。

（庄 亚）

【教文卫体委员会】 以“西城区中小学科技教育情况的调研”作为重点调研课题，与区教委、区青少年科技馆、西城外国语学校等部门座谈，形成常委会建议案报送区委区政府。就政协常委会“关于整合政府职能部门行政资源，有序推进社区卫生工作建议案”情况进行追踪视察。视察北京市第二医院老年医疗服务设施运转情况、西城区非物质文化遗产展示中心、学校体育设施对社会开放情况。组织对西城区健康教育和健康促进工作、西城区高中新课程改革工作情况的通报座谈。组织八大处公园登山活动、教师节联谊等活动。

（庄 亚）

【社会法制和民族宗教委员会】 与民建西城区委、民盟西城区委、民革西城区委联合组成调研课题组，就全区医疗保险体系建设情况进行调研，形成常委会建议案报送区委区政府。组织对2008年政协常委会《关于进一步加强西城区平安社区建设工作的建议案》办理落实情况进行专题通报。组织委员对西城区民族团结教育和民族团结社区建设工作情况、公益法律服务体系建设情况、社会治安以及突发事件处置工作情况等进行视察。召开西城区贯彻中华人民共和国《老年人权益保护法》、国庆安保工作情况通报会，西城区民族宗教工作情况通报会。组织特邀监察员、廉政监督员参加党风廉政建设和反腐败工作巡视检查等活动。

（庄 亚）

【港澳台侨委员会】 与区委统战部、区台办联合举办“近期两岸关系形势”报告会，召开对台工作情况通报会。与区海外联谊会共同举办庆祝新中国成立60周年“同心颂祖国”座谈会。组织部分委员就西城区台资企业发展情况进行通报视察。组织“庆三八”参观活动，举办欢度中秋喜迎国庆联欢会。

（庄 亚）

【城建环保委员会】 开展关于什刹海水质问题的调研，形成关于什刹海水质治理的调研报告。对白塔寺文保区有关问题调研形成调研报告，为协助区政府在解决文保区保护、整治、利用的问题上提出新思路。组织委员视察西城区主要街道城市管理情况，召开西城区环卫工作情况、安全生产工作情况、民防工作情况、城市建设和住房保障工作情况、平房“煤改电”工作情况等通报视察会。参观金融街西环置业有限公司在亦庄的房地产开发项目、北京天恒华意科技发展有限公司设在密云的太阳能电池生产车间和太阳能路灯示范点。

（庄 亚）

【文史资料委员会】 为保护并弘扬西城区的历史文化，编辑出版《金丝套》一书。召开《砖塔胡同》编辑工作总结座谈会。在北京市政协纪念市政协文史资料工作50周年的征文活动中，完成撰写《西城区政协文史资料工作50周回顾》。举办“蓟丘与北京”讲座。

（庄 亚）

【第六次议政会】 4月23日，区政协与区委统战部联合召开“化解人民内部矛盾，促进社会和谐稳定”议政会。各民主党派、工商联以及委员代表参加会议。10位各民主党派、团体及界别委员在会上发言，提出意见和建议。区委区政府有关领导及相关部门负责人到会听取意见。会后整理印发了《化解人民内部矛盾促进社会和谐稳定议政会发言汇编》。

（庄 亚）

【加强专委会建设研讨会】 7月30日，区政协召开“进一步加强专委会建设”研讨会。就进一步发挥好政协专委会基础作用，提高专委会整体活动质量，进行学习和交流。共有82位委员撰写了研讨文章，7位委员在研讨会上做重点发言。从做好专委会工作的方法和途径等各个方面，为加强政协专委会建设出谋划策，提出意见建议。会后将委员的研讨稿件选编成册，供委员们学习和交流。

(庄　亚)

【政协主席、常委集体视察活动】 4月16日，就西城区残疾人培训、就业、康复工作组织主席集体视察。与会人员视察了残疾人康复设施、北京希联圆梦手工艺品制作销售中心。听取近年来西城区在扶残助残、残疾人康复、就业以及“温馨家园”建设等方面的工作情况通报。8月27日，区政协常委集体视察了西城区迎国庆环境整治工程完成进度及国庆环境保障落实工作。市政管委主任在工程建设现场为委员介绍了情况。在随后召开的通报座谈会上，副区长王劭卿详细通报了相关工作情况。

(庄　亚)

【明察暗访】 组织部分政协委员和8个民主党派历时6个月对全区87个政法单位、政府职能部门及基层队、所进行明察暗访。委员们围绕建设“法制型、责任型、服务型政府”的目标要求，对暗访中发现的问题提出具体改进意见。相关部门非常重视，积极研究、制定整改措施，认真加以落实。召开明察暗访总结会，区委政法委、区直机关工委等单位领导到会听取意见。

(庄　亚)

【反映社情民意信息工作】 召开区政协信息工作会议。制定《关于加强和改进反映社情民意信息工作的意见》及信息工作奖励办法。围绕人民群众关注的难点、热点问题，及时准确地反映社会各界的意愿和要求，为市、区领导和党政有关部门提供信息和建议。年内委员共报送信息500余件，被市政协和区委《西城信息》等信息刊物采用的42件，一些重要信息引起市、区政府领导的重视，被市政协和区委区政府信息部门采用。

(庄　亚)

【委员区域活动】 召开委员街道区域活动小组负责人会议，对全年区域活动做出安排。各区域活动小组积极参与街道、社区的有关工作，为街道社区的建设和发展积极建言。重点就街道社区公共服务及居民自治工作情况，社区居委会工作，西长安街拓宽、改造工程以及南营房环境整治情况等开展通报、视察。组织“蓟丘与北京”专题讲座，宣传西城区悠久的历史与文化。年底，各街道委员区域活动小组分别组织委员专题座谈，对区政府工作报告进行讨论提出意见。

(庄　亚)

【庆祝政协成立60周年座谈会】 9月17日，西城区召开庆祝人民政协成立60周年座谈会。林铎、张建东、张国玉、张春平、刘跃平、白云生等区四套班子领导，历届区政协主席，区各民主党派、团体负责人、各专委会主任和机关各室负责人出席座谈会，各民主党派、团体，区政协主席在会上发言，区委书记林铎作重要讲话。

(庄　亚)

【友好交往】 做好接待北京市政协领导、本市区县政协以及外埠市区政协15个考察、参观团队到西城区的调研和座谈活动。参加上海“四直辖市八城区政协工作研讨会”和兰州“十一市区州政协工作座谈会”，就直辖市城区政协发挥委员主体作用、创造性地履行政协职能等问题进行研讨和交流。

(庄　亚)

(责任编辑　许桂茹)

政法 军事

政 法

政法委员会工作

【概况】 中共北京市西城区委政法委员会（简称区委政法委）是区委领导、管理全区政法工作的职能部门，并承担协调组织全区力量维护辖区安全稳定的重要职责。区委政法委的工作机制是委员会制，与西城区社会治安综合治理委员会办公室、区维护稳定领导小组办公室合署办公。年内，区委政法委及全区政法各单位在区委领导下，坚持以科学发展观为指导，提高履职能力，完成新中国成立60周年庆祝活动等重大安全保卫任务，巩固了全区政治稳定的局面。完善区、街两级维稳工作领导运行机制，党委领导、政府各部门参与、社会和群众支持的大政法、大维稳、大综治、大信访的工作格局逐步形成。政法维稳工作的触及点和参与面进一步拓展，在国庆安保工作和平安建设中，政法工作通过解决一系列涉及城市建设、企业改制等带来的不稳定事件，为区域改革发展事业扫清障碍。运用法律、政策、经济、教育等综合手段解决疑难矛盾纠纷的能力不断增强，规范使用“信访专项资金”35.6万元，化解矛盾纠纷和解决信访人实际困难问题20余起。以“面”保“点”的安保模式不断完善，信息化群防群控体系建设有了跨越性发展，信息化精确指导与群防群控动员组织优势结合更加高效，符合西城特色大型安保维稳工作机制初步建立。

地址：西城区二龙路27号

邮编：100032

电话：88064292

（王汉洲）

【维护稳定工作】 建立重大安保工作每日情况会商制度，调整完善全区维护稳定领导小组工作体系。全年召开各类维稳工作会议115次，加大对公安、交通、武警、街道以及相关职能部门力量的整合力度，推进信息化群防群控体系建设，承担全区维稳工作的组织、协调、督办等职责，保证了庆祝新中国成立60周年等重大活动的绝对安全。

（王汉洲）

【国庆安保工作】 在区委区政府的领导下，成立西城区国庆安保指挥部，建立安保指挥运行体系和责任体系，建立和完善信息会商和联席会议机制、动态预警联动机制、整体联动辅警协警机制、治安重点地区动态检测机制、督察督办机制以及联合整治机制等社会面控制战时工作机制，形成一套社会面控制和安保工作方案预案，圆满完成了国庆安保任务。

（王汉洲）

【处置突发群体性事件工作】 发挥情报预警功能，加强深层次、内幕性情报信息的收集研判，防范境内外敌对势力围绕新中国成立60周年、清明节等敏感期策划闹事活动的企图。加强重点地区上访处置能力，完善依法告知和规范处置机制，全面提高处置水平。全年共处置全国各地到辖区内中央机关上访人员99341人次，保证了中南海、中纪委、全国人大等重要党政机关的办公秩序，确保全区政治稳定和社会安定。

（王汉洲）

【涉法涉诉矛盾纠纷化解工作】 贯彻

落实“矛盾化解年”各项工作要求，设立“信访专项基金”，考虑群众实际困难与合理诉求，加大矛盾纠纷联合化解和督查督办力度。全年办结中央交办涉法涉诉案件10件，结案率91%。

(王汉洲)

【政法队伍建设】 年内，围绕国庆安保实战需要，加强政法队伍思想建设、能力建设和形象建设。以国庆安保为契机对政法队伍进行实战大练兵；建立政法新闻宣传应急机制；注重将“大学习、大讨论”活动，与做好各项国庆安保工作结合起来，采取各种措施，把“大学习、大讨论”引向深入。

(王汉洲)

【深化法治理念教育活动】 组织开展社会主义法治理念“以案析理”活动，组织编写了全区政法系统社会主义法治理念“以案析理”案例汇编，并下发全区政法单位，完成由集中教育转向经常性教育的过渡。

(王汉洲)

【重大疑难案件协调工作】 坚持党对政法工作的领导，发挥政法委员会、党内联合办公会和党内协调会的作用，对涉及全区和政法机关的重大疑难案件、涉及稳定的事项进行研究处理。全年组织召开各类协调会议37次，对疑难案件、涉法涉诉矛盾纠纷、治安难点整治等工作进行了协调处理。

(王汉洲)

社会治安综合治理工作

【概况】 北京市西城区社会治安综合治理委员会办公室（简称区综治办）是区委、区政府解决社会治安问题的办事机构。承担着维护社会稳定和社会治安综合治理“打击、防范、教育、管理、改造”工作任务。年内，贯彻“打防结合、预防为主、专群结合、依靠群众”的方针，以推进“平安西城”建设为主线，以新中国成立60周年庆典活动安全保卫工作为重点，加强社会治安综合治理“治安防控、服务管理、秩序整治、犯罪预防、社会动员、领导责任”六大体系建设，创新和完善综合治理体制和机制，夯实基层基础，推进“平安西城”建设。落实社会治安综合治理领导责任制，全区自上而下层层签订“平安西城”和“平安国庆”责任书，签订率达100%。继承奥运安保遗产，加强和完善60周年国庆安保社会面控制体制机制建设，组织实施“国庆平安行动”，按照“全面动员、属地管理、重点看护、守边把口”的工作原则，动员和组织社会力量参与国庆安保社会面控制工作，确保全区社会的和谐稳定，完成国庆安保社会面控制工作，实现“大事不出、小事减少、管理严格、秩序良好”的“平安国庆”目标。西城区荣获“全国平安建设先进县（市、区)”称号，并因连续三届获全国先进称号荣获全国社会治安综合治理“长安杯”，并获得“首都社会治安综合治理先进区”称号。

地址：西城区北礼士路12号
邮编：100044
电话：88391698

(倪玉强)

【综治工作培训】 4月8日，举办街道系统综合治理工作培训班，就群防群治队伍建设、科技创安、台帐管理、社会面控制等业务进行专业辅导。各街道主管综治工作的副主任及全体综治工作人员参加。

(倪玉强)

【“平安国庆”行动动员部署大会】 6月19日召开会议，动员部署“平安西城”建设和“平安国庆”行动工作，刘跃平、张兵、曹长胜、杨爱民、解建军、许伟等区领导及区属各单位主要领导参加会议。

(倪玉强)

【治安秩序整治】 在“平安国庆”行动中，组建联勤联动捆绑式综合执法队，运用“打、防、控、清、整、轰”六大工作手段，加强对治安、市场、旅游、交通、环境五大秩序的整治，辖区13处治安警情高发、“黑车揽客”、“号贩子”、“倒卖发票”、卖淫嫖娼等综治类反复的重点区域得到有效治理。

(倪玉强)

【下架限售刀具】 9月16至30日，组织公安、商务、工商等部门执法人员700余人次，对全区各大中型商市场、超市、小商品批发市场、集贸市场、街边门店销售的刀具进行检查，下架限售刀具17251把，消除因刀具销售不规范、把关不严带来的安全隐患问题。

(倪玉强)

【重点人排查掌控】 “平安国庆”行动中，加强对有危害社会稳定和公共安全可疑人员的排查掌控工作，坚持抓实排查重点、抓实建帐备案、抓实稳控措施，确保对重点人的发现和掌握。国庆期间，未发生重点人滋事事件。

(倪玉强)

【国庆安保社会面控制】 西城区在新中国成立60周年庆典活动中，

承担着天安门广场庆祝大会、阅兵、晚会的外围安全保卫和群众游行集结、疏散路线保卫等任务，并承担国庆游园、建国60周年成就展、十一黄金周等项重要安全保卫和社会面控制工作。9月18日至10月8日，全区累计投入社会面控制力量113万人次，加强社会面控制工作，确保全区社会面的稳定，实现了“平安国庆”的目标。

（倪玉强）

【“平安西城”建设】 以区委、区政府名义下发《关于深入开展“平安西城”建设的意见》，以全面推进、重点突破、立足当前、着眼长远的思路，以创新体制为抓手，以整合资源为核心，以建设多元化矛盾纠纷化解体系、具有西城特点的治安防控体系为支撑，以强化基层基础为工作保障，坚持重在整合、重在建设、重在基础、重在创新的工作原则，从加强和完善社会治安综合治理“六大体系”建设入手，搭建共创“平安西城”的平台，推进“平安西城”建设。

（倪玉强）

流动人口和出租房屋服务管理工作

【概况】 北京市西城区流动人口和出租房屋管理委员会（简称区流管委）是负责流动人口和出租房屋指导协调及综合管理工作的议事协调机构。下设办公室（简称区流管办）与区综治办合署办公，为区流管委的常设办事机构。年内，以推进“平安西城”建设为主线，以新中国成立60周年庆典安全保卫工作为重点，围绕流管工作面临的新形势、新任务，发挥流管工作职能，统筹推进保增长、保稳定、保民生任务，完成国庆安全保卫工作。

地址：西城区北礼士路12号

邮编：100044

电话：88391591

（王晓蕊）

【流管工作培训】 4月9至10日，举办流管工作培训班，就信息平台操作、流动人口的历史沿革、《北京市房屋租赁管理若干规定》的有关政策进行业务培训。各街道主管流管工作的副主任及全体流管工作人员参加。

（王晓蕊）

【整治非法经营旅店】 年内，西城区以展览路地区为突破口，针对阜外心血管病医院周边未经批准经营的“旅店”问题，按照区领导挂帅、区成立领导协调小组、属地成立指挥部的模式，采取流管协调、街道落实、公安保障的综合治理方式，运用调研、取证、动员、劝解、整治、帮扶的方法，对医院周边5个社区进行集中整治，取得显著成效。6月26日，市流管办会同有关部门组成调研组，由市流管办常务副主任苗林带队到西城区展览路街道实地调研“旅店式”群租房的整治情况。区委常委、副区长曹长胜参加调研。

（王晓蕊）

【为流动人口提供服务】 年内，共接待流动人口求职登记2447人，推荐就业6403人次，成功就业771人；为579名农民工依法维护了合法权益，为农民工挽回各种经济损失共91.9494万元；全区免费孕检8839例，建卡入机率达到100%；流动人口出生1487例，流动人口计划生育率为99%；建立12个流动人口计划生育图书角；9138名流动人口子女在区属中学、小学、幼儿园就读。

（王晓蕊）

【管理员培训班】 7月15至16日，举办西城区流动人口和出租房屋管理员培训班，就流动人口和出租房屋现状、管理员基础信息采集、登记等业务进行培训。各街道流管办主任及全体管理员参加。

（王晓蕊）

【流管业务知识竞赛】 8月19日举办“西城区流动人口和出租房屋管理员业务知识竞赛”，由7个街道的流动人口和出租房屋管理员组成代表队参赛。竞赛内容涉及流管信息平台操作知识、服务站及管理员工作规范、流动人口计划生育、个人出租房屋所得税征收等相关业务知识。采用现场竞赛、现场评比、现场颁奖的方式进行。经过竞赛，金融街街道获得一等奖。月坛街道、展览路街道获得二等奖。什刹海街道、德胜街道、新街口街道、西长安街街道获得三等奖。市流管办常务副主任苗林以及区属相关单位主管领导参加竞赛活动。

（王晓蕊）

【出租房屋安全检查专项行动】 9月27日至10月10日，在全区范围内开展出租房屋安全大检查专项行动。检查出租房屋21882户，排查国庆庆典会场及行车路线、新中国成立60周年成就展周边重点区域内以及存在问题难点的普通地下室360处；与重点地区、部位周边的出租房房主、施工工地及涉及流动人口用工的单位签订安全责任书5311份。

（王晓蕊）

【专项整治工作】 在“平安国庆”行动中，协调公安、房管、工商、城管等部门开展流动人口服务管理和出租房屋专项整治行动的工作。组织辖区重点地区综合整治行动16次，共出动民警2.2万人次，社区流管员、保安等协警力量3万余人；累计排查流动人口10万余人次；检查出租房屋34523户次，对出租房主发放整改告知书1121份，行政处罚出租房主240人，解决各类隐患505处。

(王晓蕊)

防范和处理邪教问题工作

【概况】 北京市西城区委防范和处理邪教问题领导小组办公室（简称区610办公室）是区委、区政府防范和处理邪教工作的办事机构，现有人员7人，其中主任1人（政法委常务副书记兼)、副主任1人、干部5人。年内，贯彻落实上级关于防范和处理邪教工作的一系列指示精神和工作部署，完成“国庆60周年”期间的防控工作任务，实现了“四个零指标”和全年工作目标，维护了西城区的社会政治稳定。

地址：西城区二龙路27号
邮编：100032
电话：88064202

(徐更新)

【完成安保工作】 年内，在元旦、春节、全国两会、五一、“国庆60周年”等重大节日及敏感期，西城区各级610系统干部按照市委和区委安保工作指示精神和要求，落实各项防范监控工作措施，实行“一把手”负责制和责任追究制，专群结合并动员社会各方面力量，顺利完成安保工作，确保西城区社会政治稳定。

(徐更新)

【召开无邪教创建活动大会】 为贯彻落实市委610办公室在全市社区（村）开展“无邪教创建活动”工作意见的精神和要求，区委610办公室于6月11日召开“西城区无邪教创建活动大会”，区委组织部、区委宣传部、区文明办、区综治办、区流管办、区社工委、区司法局、区体育局、区科协等区委防范和处理邪教问题领导小组相关成员单位主管领导及各街道610办公室主任参加会议。会上区610办公室副主任宣读市委610办公室关于在北京市开展“无邪教创建活动工作意见”；传达市委“5·6”全市创建活动会议精神；区委副书记、政法委书记刘跃平提出要求；下发区委防范和处理邪教问题领导小组《关于在西城区开展“无邪教创建活动”的工作意见》；结合西城区实际，对“无邪教创建”活动工作进行具体的工作部署，明确相关单位的任务，并提出工作要求。

(徐更新)

【反邪教干部综治培训】 4月8至9日，西城区全体610干部参加西城区综合治理工作培训会。区综治办领导通报西城区综合治理工作形势，并就本年度综治工作如何与反邪教工作密切配合、通力合作进行部署。与会人员结合西城区综治工作和反邪教工作实际，进行座谈讨论。

(徐更新)

【开展反邪教警示教育活动】 为贯彻落实市委防范和处理邪教问题办公室《关于开展反邪教教育主题党日活动的通知》精神和要求，由区纪委牵头，会同区委组织部和区委防范和处理邪教办公室在全区开展反邪教警示教育主题党日活动。为配合活动更好地开展，区纪委、区委组织部、区委防范和处理邪教办公室联合制定下发《西城区关于开展反邪教教育主题党日活动通知》。同时，区属各单位、各街道、社区党组织结合本单位、本地区实际，采取多种形式开展反邪教警示教育主题党日活动。

(徐更新)

【开展警示教育进校园活动】 为使反邪教警示教育活动在校园内深入地开展，并形成长效工作机制，区委防范和处理邪教办公室与区教育工委在调研的基础上，结合西城区教育系统实际，联合制定开展反邪教警示教育进校园活动的工作方案及“三个渗透”、“三个结合”的工作举措，推进反邪教警示教育进校园活动的深入开展。9月11日，区教育工委、区教委联合召开由全区各学校德育领导干部参加的专项工作部署会。教育工委副书记通报反邪教工作有关情况及形势，传达市委、区委关于开展反邪教警示教育主题党日活动的有关要求，并对反邪教警示教育进校园工作进行具体部署，做到“三个渗透”（将反邪教警示教育活动渗透到学校的德育教育之中，渗透到学校的社会实践大课堂活动之中，渗透到学校的教师队伍建设和师德教育之中）和“三个结合”（在开展反邪教警示教育进校园活动中，要结合学科教育，讲清邪教的反科学的邪教本质；要结合爱国主义教育，讲清邪教反党、反政府、反社会主义的卖国嘴脸；要结合法制教育，讲清邪教反社会、扰乱社会稳定的反动本质)。

(徐更新)

【召开社会面防控工作会】 为确保国庆60周年西城区社会面政治稳定和社会安定，8月19日，区委防范和处理邪教办公室召开西城公安分局国保支队、区城管大队、区环卫中心主管领导及各街道防范和处理邪教办公室主任参加的国庆60周年期间全区社会面防控工作会。会上，区610办公室副主任就西城区加强社会面防控工作进行部署并提出工作要求。

(徐更新)

【市领导检查社会面防控】 7月16日，市委政法委副书记、市防范和处理邪教办公室主任阎满成在西城区委政法委常务副书记、区委防范和处理邪教办公室主任等领导的陪同下，就西城区基层社区防控工作的落实情况进行检查指导。在西长安街街道北新华街社区，西长安街街道副主任、社区党委书记、治保主任汇报了西长安街地区的防控工作。

(徐更新)

公安工作

【概况】 年内，北京市公安局西城分局（简称西城公安分局）在区委、区政府和市公安局的领导下，以“平安北京”建设为主线，大力推进公安信息化、执法规范化、构建和谐警民关系“三项建设”，深化“整体防控、精确指导、精确打击”工作思路，运用奥运安保工作经验成果，确保新中国成立60周年庆祝活动安全顺利进行，实现了“平安国庆”目标，为构建社会主义和谐社会首善之区做出了新的贡献。年内，依托“大维稳”工作格局，精确研判维稳新情况、新特点，突出“防恐、防暴、防极端”，全面提升情报信息深度应用和预警能力，确保各类群体性、突发性事件预防到位、处置规范。分层次动态管控各类重点人，摸排出重大不稳定因素27项，坚持主动介入、提前化解矛盾、解决敏感问题，做到“零失控、零滋事”，阻止法轮功组织串联闹事活动企图，处置数万人次非正常上访，维护了全区安全稳定的政治环境。坚持“严之又严、细之又细、实之又实”的工作标准，建立健全组织指挥体系，制定总体、专项、支撑三个层面36个安保方案和62个工作倒排账单，规范固化专项安保模式，强化安全检查和监管，以超常规的组织、措施和力度，落实立体化封闭管控措施，确保党和国家领导人、观礼贵宾出席国庆庆祝活动绝对安全，确保全体受阅部队、数十万游行群众和联欢晚会人员及车辆疏散安全，完成新中国成立60周年成就展安保任务。围绕“平安国庆”工作目标，开展经营侦查，重点打击重大现行犯罪、涉黑涉恶犯罪和多发性侵财犯罪，破获刑事案件2098起，铲除电信诈骗、盗窃机动车等犯罪团伙76个，刑事拘留1137人。不断创新破解城市治安难题工作机制，形成局内、区内整体联动整治工作格局，用综合治理解决城市秩序类问题，查处治安案件2.34万余起，治安拘留2992人，涉黄、涉赌、涉毒以及偷盗自行车等治安顽症得到有力遏制，医托号贩子、非法营运、无照经营、黑开场所、流浪乞讨等综治问题得到有效解决，什刹海、西单、西直门外等人员密集区域的治安秩序得到有效保障。打造“民生警务”品牌，组织“百场消防宣传进万家”、创建“平安餐饮单位”、“倡导商户守望、创建平安市场”等主题活动，使辖区群众安全感达到94.5%，位列城八区第一。加强公安队伍建设，开展“三爱”和“守护和谐，服务发展”等主题教育，营造和谐警营氛围，落实从优待警措施，促进和谐警民关系，树立警察良好形象，激发全体民警参与、奉献国庆安保的热情和决心，使队伍始终保持处于最佳精神状态。年内，西城公安分局被市公安局评为“执法质量考评优秀单位”，国庆办等4个集体和9名个人被评为市级国庆安保先进，8个集体和15名个人分别荣立二等功、28个集体和303名个人分别荣立三等功，1027名个人荣获嘉奖。刑侦支队重案队、府右街派出所等5个基层单位，被市公安局、共青团北京市委命名或重新认定为北京市公安系统“青年文明号”。

地址：西城区二龙路39号

邮编：100032

电话：83995110

(闫同意)

【完成国庆安全保卫任务】 10月1日，西城公安分局按照区委、区政府和市公安局总体部署，由分局长张兵总负责，同步启动联勤、群众游行疏散、反恐处突等13个指挥部，共部署各方面安保力量及志愿者5.43万余人，严格落实立体化封闭管控措施，完成出席国庆庆祝活动的党和国家领导人及观礼贵宾行车路线警卫、阅兵部队及群众游行队伍安全疏散、联欢晚会外围控制和烟花燃放安全保卫、辖区社会面治安防控等各项安保任务。

(闫同意)

【完成国庆游园防爆安检任务】 国庆节期间，西城公安分局选派11名专职安检民警和经严格培训的126名保安员及50名志愿者组成防爆安检工作团队，担负保障北海公园、北京动物园等8处公园群众游园防爆安检任务。期间，日均安检5.4万余人次，检查物品2.5万余件次，查扣限带物品80余件，确保国庆节期间群众游园活动安全顺利。

(闫同意)

【提升情报信息预警能力】 年内，西城公安分局将春节、两会、敏感期、国庆节和年底划分为5个阶段，有针对性地开展维稳情报搜集和警情研判，对重大事件、敏感问题组织实时会商，对突出案事件和危害因素进行风险评估，不断提升情报信息预警能力。全年共上报各类风险评估报告200余期、维稳情报信息3434件（预警性252件），摸排出重大不稳定因素27项；对10612名参加国庆活动人员进行背景审查，发现不符合规定人员23名，确保辖区社会稳定和国庆活动安全顺利。

(闫同意)

【固化维稳处置工作机制】 年内，西城公安分局按照“事前信息反应灵敏，事中处置依法及时，事后处理精确稳妥”要求，重新修订《群体性事件处置工作规范》，并与区应急系统全面对接。在处置数万人次非正常上访和依法处理285名滋事闹访人员中，从言行举止、方式方法上规范民警基本动作，从指挥调度、警力投入、告知宣传、取证处理等关键环节上，始终突出理性、平和、文明和规范执法的要求，使维稳现场处置工作机制在实践中不断得以固化和完善。

(闫同意)

【严防法轮功组织串联闹事】 年内，西城公安分局在两会、敏感期和国庆节等重要时间节点，在切实掌握法轮功等邪教组织人员基本底数和现实表现基础上，组织开展多次专项整治行动，共计破获法轮功案件16起，抓获法轮功人员42人，打掉法轮功团伙5个，端掉法轮功宣传品制作窝点3个、收缴各种宣传品7000余份，防范和阻止了法轮功组织串联闹事的活动企图。

(闫同意)

【严密社会面治安防控】 年内，西城公安分局对中南海、西单、西外大街、什刹海、金融街5处重点防控区域、39个防控部位、135个巡控路段和3大公园景区、19个街心花园，始终保持超常规防控密度和震慑力度。通过警力最大限度上街、实名制上岗和定点守护、动态巡控，设卡盘查，推行“公共安全网格化管理”机制，严防重大案件、突发事件和外国人受侵害案（事）件发生，巡逻防控抓获各类违法犯罪嫌疑人3976人。

(闫同意)

【强化安全监管工作力度】 年内，西城公安分局以开展“防火、防盗、防抢、防爆”安全大检查为抓手，通过组织火灾隐患普查和1100余场次灭火演练，发现并消除突出隐患697件，依法责令170家单位限期改正；对特种行业、文化娱乐场所采取集中、突击检查和异地互查，依法处罚违法违规经营单位156家（次）；开展打击涉枪涉爆专项行动，收缴子弹55发；严格40余项社会大型活动安全许可审批监管，确保累计接待141.6万名群众参加活动的安全。

(闫同意)

【组织实施“净土”行动】 年内，西城公安分局在组织实施“净土”专项行动中，共组织出动2.2万余人次警力和3万余人次社区流管员、保安等协警力量，检查出租房屋、中小旅馆、留宿洗浴等场所2.8万余家次，处罚违法违规出租房屋业主240人。期间，审查流动人口10万余人次，新列管高危人员5560人，录入补充行为轨迹信息5889条，开展“拍肩膀”训诫教育1.24万人次；清查涉外留宿场所559家次，新登记散居境外人员5454人次。

(闫同意)

【打击医托号贩子专项行动】 年内，西城公安分局根据辖区各大医院警务工作站采集录入的“医托”、“号贩子”信息和前期侦查获取的证据，持续组织警力开展打击“医托、号贩子”专项行动。期间，共查处涉案违法犯罪嫌疑人1000余人，作行政、刑事拘留处理160人，使全区各大医院110警情总量下降，医院内部及周边治安环境得到改善。

(闫同意)

【开展防范电信诈骗宣传】 年内，西城公安分局为有效防范和降低电信诈骗案件造成的社会危害，依据真实典型案例摄制了“社区版”、“内部单位版”两部8集系列电视宣传教育片《线阱》，将不同类型事主的被骗过程和实施诈骗犯罪嫌疑人的作案手段进行还原展现，并针对具体情节嵌入民警提示，直观形象地向社会公众宣传防范电信诈骗常识。

（闫同意）

【着力打造民生警务品牌】 年内，西城公安分局以打造“民生警务”为载体，按照6项户籍管理便民利民新措施，受理有关户籍登记和迁移申请2000余件，完成1.15万名军队人员居民身份证集中申领发放，规范户籍派出所受理人事档案查阅和出具相关证明工作制度；集中开展防范电信诈骗入户宣传，发放防范读物10万份；成立金融街警务工作站，在西外地区大型商品批发市场启动“倡导商户守望、创建平安市场”主题活动。

（闫同意）

【创建平安餐饮单位活动】 年内，西城公安分局为推进“平安北京”建设，有效遏制餐饮场所拎包、扒窃多发案件，在全区225家、经营面积在500平方米以上餐饮单位中，开展“防范餐饮场所拎包、扒窃案件，创建平安餐饮单位”活动。年底，经区联合检查组按照《关于开展“平安餐饮单位”创建活动的实施意见》有关标准验收，峨嵋酒家等42个单位被评定为达标“平安餐饮单位”。

（闫同意）

【开展涉外养犬管理服务】 年内，西城公安分局结合“国庆安保”基础工作检查，组织外事和治安民警对居住在辖区的外籍养犬人，开展文明养犬入户走访宣传和管理服务活动。民警深入外籍养犬人住所，依法向养犬人宣讲北京市文明养犬管理规定，对其所养犬只登记注册情况进行检查核对，并向养犬人赠送文明养犬必备用具并讲解使用方法，使外籍养犬人增强了依法文明养犬意识，将涉外养犬管理纳入工作规范。

（闫同意）

【出入境办证大厅迁新址】 年内，西城公安分局为应对公民办理出入境证件数量与日俱增的实际需求，将出入境管理处办证大厅迁至辖区新壁街3号新址。为做好重要节假日和特殊时段群众办证高峰接待服务工作，采取为办证大厅增设座椅、饮水机、阅览架和配备取号排队叫号设备，对等候群众的申请材料进行先行审验等措施，日接待群众多次达到400余人，全年累计办理出入境证照10.88余万件。

（闫同意）

【强化警务督察工作力度】 年内，西城公安分局在开展廉政风险防范管理和纪律作风教育整顿基础上，研究制定《西城分局警示暂行规定》，全面加强警务督察工作力度。通过采取随警作业、现场录像、核对人数、即时纠正等措施，狠抓对业务不熟悉、工作不到位、措施不落实、环节有漏洞等问题的督察检查，并严格执行警示警戒规定，为提高队伍贯彻工作部署执行力、落实国庆安保工作措施提供有力保障。

（闫同意）

【坚持教育训练长效机制】 年内，西城公安分局在组织实施国庆安保工作中，坚持以内强素质、外树形象为目标，完善以“轮值轮训”、“战训合一”培训模式为核心，以“岗位练兵”模式为补充的教育训练长效机制。期间，继续组织巡逻民警轮训轮值培训班9期、轮训一线民警301人，组织基层办案单位负责案件审批领导“战训合一”班2期、轮训现职领导干部40人，组织43场共计1800人次计算机操作、公安信息网络应用测试。

（闫同意）

【执法质量考评获得优秀】 年内，西城公安分局在完善基层执法服务机制中，通过坚持重大行动法律政策先行，对重大疑难、团伙案件提前介入和加强指导督办，建立收案审批档案和“不良执法记录”，构建网上执法监督制高点，深化执法质量预警和警示机制。以清理伤害案件为突破口，整合执法依据、细化操作流程、统一执法用语，狠抓程序公开。开展专项执法检查11次，发现问题1148个，采取执法登记、责令改正等监督措施464次。经市公安局执法质量考评，西城公安分局被评为优秀单位。

（闫同意）

【推进警营文化建设】 年内，西城公安分局通过组织“爱国歌曲大家唱”活动，举办“爱岗敬业写忠诚，铸就平安保国庆”主题演讲比赛，在民警队伍中开展“爱祖国、爱首都、爱人民”主题教育；组建各种球类和游泳、登山、太极拳兴趣活动小组，开展警体锻炼和竞赛；组队参加“首届市政法系统运动会”和“西城区第四届职运会”，并取得多项团体和个人竞赛优秀成绩；举行国庆安保征文、摄影比赛作品展评，弘扬西城警察“忠诚、团结、理性、奉献”精神，将警营文化建设推向新的高度。

（闫同意）

【破获系列机动车盗窃案】 2月下旬，西城区连续发生3起机动车被盗案件，西城公安分局根据对其中一辆被盗轿车发生事故的查证线索，锁定以河北衡水籍人张某（男，27岁）、尹某（男，24岁）为首的盗车团伙。5月25日，专案组侦查员在北京、河北衡水和广东连江等地，先后抓获涉嫌盗车嫌疑人张某、尹某等4人和涉嫌隐瞒掩饰犯罪所得嫌疑人邢某（男，49岁，河北保定人）、陈某（男，46岁，广东东莞人）等7人，核实案件23起，追缴被盗汽车5辆。经审，上述嫌疑人对所实施犯罪事实供认不讳，为市公安局一举破获重大盗窃“途胜”牌汽车团伙案发挥了重要作用。

（闫同意）

【勤务指挥形成规范机制】 6月，西城公安分局勤务指挥处正式组建运行，并以“警情、指挥、警力”为主线，运用110警情常量浮动监测比对系统，实时监控全区警情走势；以电台通播及时将警力等级、防控部署及整改对策发布全区；以警情变化及时跟进督导检查，形成常量指导、警情通播、监督考核运行机制，实现警力、警情同步浮动和警力跟着警情走的最优效果。

（闫同意）

【整治什刹海酒吧经营秩序】 6月，西城公安分局会同区环保、城管等部门，在先期对什刹海景区50余家酒吧逐个进行告知宣传教育、发出文明经营倡议和签订守法经营责任书基础上，依法对群众举报和反映强烈的酒吧音响噪音扰民问题进行严格整治。对现场查获噪声超过测试上限峰值的8家酒吧，分别处以限期整改、停业整顿、暂扣音响设备或开具当场处罚决定书的处罚，维护了景区居民和谐生活和中外游客正常旅游秩序。

（闫同意）

【启动战时慰问机制】 9月，西城公安分局党委全面启动国庆安保“战时慰问机制”。党委成员按照分工相继深入到有关业务部门、基层派出所和民警家中，看望并慰问带病坚守岗位的领导干部、因本人或亲属患重病导致生活困难的民警及其家属，向全分局14名困难民警发放“工会帮扶救助款”共计12.5万元。

（闫同意）

【新型监控摄像机上岗】 9月，西城公安分局将首台具有200万像素、10倍光学变焦、360度旋转功能的数字高清电视成像效果摄像机和8台具有红外夜视功能摄像机，分别安装在国家大剧院北门路口和什刹海景区内，与全区原有1200个治安管理监控和从交管部门、社会单位调用的900余个安全监控摄像机，承担国庆安保及社会面治安防控任务。

（闫同意）

【西城区看守所对社会开放】 9月8日，西城公安分局看守所按照公安部、市公安局关于监管场所对社会开放的工作部署，首次接待22名留所服刑人员家属参观被羁押人员的生活起居场所，使她（他）们实地了解公安机关依法文明管理和保障羁押人员合法权益的情况。11月、12月，又接待30名中石化北京燕山分公司员工参观和公安部组织的10名中国作家、艺术家走进公安监所采风活动。

（闫同意）

【完成成就展开幕式警卫任务】 9月19日，新中国成立60周年成就展开幕式在北京展览馆举行。胡锦涛、温家宝、吴邦国、贾庆林、习近平等60余位党和国家领导人分别出席开幕式和专场参观活动。西城公安分局按照市公安局部署，成立现场指挥部并部署现场警力128人、路线警力295人，完成成就展现场清场控制、外围封闭、防暴处突、制高点及社会面控制和机动备勤任务，确保领导人出席各项活动的绝对安全。

（闫同意）

【推出预防煤气中毒新举措】 11月，区政府拨款38万元，西城公安分局组建120人的预防煤气中毒巡视员队伍，配备专用小型三轮车和工具器材设备，负责全区115个使用煤火取暖社区的巡视、检查和服务工作。在开展集中宣传活动中，分局机关、社区民警配合街道社区工作人员和巡视员，按照“逐户签订责任书”等5个规定动作和“炉具是否合格”、“烟道是否堵塞”等7个必查项目，完成对10176户居民预防煤气中毒的宣传及检查工作。

（闫同意）

检察工作

【概况】 北京市西城区人民检察院（简称区检察院）开展学习实践科学发展观活动，紧扣“强化法律监督，维护公平正义”的工作主题，围绕“保增长、保民生、保稳定”的工作要求，依法履行各项法律监督职能。全年共受理审查逮捕案件587件814人，批准逮捕549件765人。共受理审查起诉案件804件1110人，提起公诉720件1040人。查处涉林刑事案件，全年受理案件34件50人，提起公诉32件48人。反贪局全年立案侦查国家工作人员职务犯罪28件33人，大要案23件28人，共挽回经济损失

310万元。依法打击渎职侵权犯罪，全年立案3件3人。全年共向各级公安机关、人民法院发出《纠正违法通知书》6份、《检察建议》5份，向涉案单位及相关行业管理部门发出《检察建议》49份，收到整改回函38份。受理刑事立案监督7件9人，要求公安机关说明不立案理由3件，监督公安机关立案2件3人。依法追捕、追诉17人，改变侦查机关案件定性12件13人，增加犯罪事实12件16人。依法对法院刑事判决提请抗诉5件6人。落实检察长列席审委会制度，共列席审委会6次。受理民事申诉案件69件，立案17件。发出再审检察建议5件，其中4件法院启动再审程序；提请抗诉2件，均获得上级检察院支持。共接待当事人来访230余次，接听来电560余次，接受咨询430余人次。对监管场所提请的减刑、假释、暂予监外执行开展重点监督检查50余次。针对留所服刑罪犯、在押人员交付执行、监内安全、监外执行等情况开展各类专项检查1200余次。接待群众来访603件731人次，收到各类举报线索202件，初查202件。注重检察理论和实务研究，完成调研文章120余篇，公开发表29篇。全年共刊登对外宣传文章313篇次，在广播电台录制节目30次、电视台25次。

地址：西城区育幼胡同8号

邮编：100035

电话：66201900

（刘东辉）

【领导调研与观察】 1月，北京市人民检察院党组书记、检察长慕平携党组成员、副检察长高保京，党组成员、反贪局局长朱小芹，办公室主任蓝向东到区检察院，就“侦防一体化”工作机制进行调研。慕平对区检察院探索“侦防一体化”工作机制和取得的实际成效予以肯定，并提出要求：一是要统一认识，解放思想，转变观念。二是“侦防一体化”工作机制要紧紧扣住检察职能，围绕检察职能特点来创立和开展。三是要进一步总结经验，坚持改革创新，努力在“侦防一体化”的建设上走出新路子。5月，市检察院党组成员、副检察长卢希与市检察院监所检察处工作组一行5人到西城区看守所，对区检察院在“全国看守所监管执法专项检查活动”中的动员及自查情况进行检查，并提出六点要求：一是要摸清底数，二是要找准问题，三是要完善制度，四是要强化责任，五是要加强监督，六是要建设队伍。9月，最高人民检察院（简称高检院）巡视组到区检察院视察指导工作。高检院巡视组组长、高检院咨询委员会委员索维东肯定了区检察院近年来在市检察院领导下开展基层院建设取得的成果，并提出希望：围绕检察监督职能，重点加大诉讼监督工作力度，工作中要敢于监督、善于监督；要进一步加强职务犯罪侦查和预防职能，提高工作成效；要进一步提高监督意识，拓宽监督途径和手段。

（刘东辉）

【工作交流】 2月，区检察院副检察长、预防处处长及预防处全体干警与崇文区检察院反贪局长等人就“侦防一体化”工作机制进行座谈交流。双方就北京市检察机关职务犯罪预防工作所面临的共同问题和双方在职务犯罪预防工作方面的学习交流机制进行了座谈。3月30日，山东省邹城市人民检察院党组成员、纪检组长王建华等人到区检察院进行座谈交流。区检察院领导及办公室、政治处、监察处、研究室、行装处、技术处的部分中层干部参加座谈。邹城市检察院干警就队伍建设、检务保障、检察信息化建设、检察文化建设与区检察院干警进行了交流。8月3至10日，区检察院一对人到青海省果洛藏族自治州考察交流，并与州检察院签订合作协议。双方签署《北京市西城区人民检察院青海省果洛藏族自治州交流合作协议书》，约定要在工作联系、业务协作、人才培训、检察理论交流等方面加强合作和支持，考察组代表区检察院向果洛州检察院赠送了部分援助款。

（刘东辉）

【获得荣誉称号】 年内，区检察院荣获最高人民检察院颁发的“全国优秀基层检察院”荣誉称号，2月18日，在北京市朝阳区人民检察院召开新闻发布会，向社会介绍西城区人民检察院近几年的工作情况，接受首都新闻媒体的集中采访。2月19日，在北京市人民检察院政治工作会议上，区检察院获得北京市人民检察院“首都先进检察院”称号。

（刘东辉）

【开展涉检信访排查化解工作】 区检察院围绕“三个注重”开展涉检信访排查化解工作：加强领导、统一部署，注重发挥排查化解的合力；落实措施、完善机制，注重排查化解工作成效；深入分析、认真总结，注重提高涉检信访工作水平。

（刘东辉）

【完善行刑衔接机制座谈】 区检察院侦监处工作人员，就完善行政执法与刑事司法间的衔接工作机制和西城工商分局法制科、执法队等部门进行座谈，双方就完善行刑衔接工作达成三点共识：加强工商部门与检察机关的工作联系，及时沟通信息；对于检察机关办理的涉及传销认定、企业注册登记管理、假冒伪劣产品鉴别等方面的案件，工商部门要全力配合，提供专业支持和咨询服务；针对工商部门与公安机关在案件移送、立案、在押嫌疑人行政处罚手续送达等方面存在的沟通配合问题，由检察机关帮助协调解决并督促落实。

(刘东辉)

【完善“侦防一体化”机制】 区检察院从三方面入手，推进“侦防一体化”机制不断完善：加强理论探索，以理论研究带动机制发展；建立侦防联席会议制度，共同完善实施规则；加强学习交流，多角度征求意见。

(刘东辉)

【强化检察新闻宣传工作】 区检察院在坚持以往检察新闻宣传工作机制的基础上，以三项能力建设为着力点，强化检察新闻宣传工作，扩大宣传影响：一是加强检察业务理论学习能力，提高新闻亮点的识别力和判断力；二是加强检察新闻宣传工作的策划能力，扩大新闻宣传效果；三是加强与各职能部门及干警密切联系的能力，保证及时准确组织新闻宣传工作。

(刘东辉)

【检法交流再审检察建议工作】 2月26日，区检察院民行处处长及业务骨干到区法院，就3起符合抗诉条件的案件与区法院审监庭进行沟通，确保再审检察建议工作的开展。双方就加强诉讼监督，推动再审检察建议工作的开展达成共识：一是双方要加强联系协作，定期进行座谈交流，探索建立检法沟通协调的长效工作机制。二是双方要对案件信息加强沟通，定期相互通报收结案情况；对于长期缠访缠诉的申诉人，要协作配合做好息诉工作；对当事人有和解意愿和可能的，要做好和解工作，彻底化解矛盾纠纷。三是双方要共同努力，规范再审检察建议的适用程序，对符合再审条件并做出再审或不予再审决定的案件，法院均应将相关的法律文书及时送达检察机关。

(刘东辉)

【首次召开媒体联系会】 3月19日，区检察院首次召开媒体联系会，《检察日报》、北京人民广播电台等媒体应邀出席，公诉一处、公诉二处、控告申诉处、侦查监督处等相关处室领导参加会议并进行情况介绍。会议主要就“涉林案件办理情况、证人出庭经验总结、控告申诉举报知识、未成年保护工作”等内容向媒体记者进行介绍，并进行交流探讨。

(刘东辉)

【首次走进小学开展法制讲座】 4月13日，区检察院公诉一处未成年人犯罪办案组的检察官到西城区鸦儿胡同小学，为全校400余名师生举行法制讲座。这是区检察院干警首次走进小学开展法制讲座。检察官以《中华人民共和国刑法》《中华人民共和国预防未成年人犯罪法》为主要内容，为师生讲解刑事责任年龄、未成年人常见多发犯罪以及未成年人的不良行为、严重不良行为等内容。同时，针对小学生年龄小、容易成为犯罪侵害对象的特点，检察官结合办理的案件，对小学生进行了日常安全教育，提醒小学生要在学习、生活中注重自我保护。

(刘东辉)

【召开先进事迹座谈会】 5月，市检察院召开全市检察机关深入学习实践科学发展观学习宣传先进典型电视电话会，表彰获得“全国模范检察官”荣誉称号的西城区人民检察院副检察长、反贪局局长张京文。区检察院专门召开学习宣传先进典型座谈会，就学习宣传张京文先进事迹做出部署。

(刘东辉)

【开展举报宣传活动】 6月，按照市检察院关于“举报宣传周”活动的工作部署，结合金融街辖区内国家大型金融机构多的特点，区检察院联合市检察院第一分院依托金融街街道办事处打造的“金融街公共服务广场”平台开展举报宣传活动。市检察院党组成员、纪检组长吴同平，市检察院一分院党组成员、副检察长殷建，反贪局局长李卫国，区检察院检察长顾军等领导亲临现场解答群众法律咨询。

(刘东辉)

【特约监督员检查工作】 7月15日，1名特约监督员到区检察院检务接待室参加控申接待，听取并解答来访人反映的问题，了解控申接待工作的状况和接待人员的工作作风。同时，邀请4名监督员参观检务接待大厅，对控申接待工作和检务接待大厅的环境设施等进行监督检查。

(刘东辉)

【成立西检学术论坛】 9月，区检察院举行院级学术交流展示平台“西检学术论坛”成立仪式暨首次学术活动大会。院党组成员、全体论坛成员以及部分干警参加大会。

院党组书记、检察长参加活动并致辞。随后，“西检学术论坛”举办首次学术活动。

（刘东辉）

【分级保护方案通过专家评审】　年内，区检察院组织召开《北京市西城区人民检察院涉密信息系统分级保护方案》评审会，评审小组由国家保密局、高检保密办、区保密局等单位的5位专家组成。评审会上，专家听取区检察院的方案汇报，并就有关问题进行质询。经过评议，专家组认为该方案基本符合国家相关安全保密标准，同意该方案通过评审。

（刘东辉）

【举行图书发行仪式】　11月，区检察院举办《职务犯罪的理论与司法实践》发行仪式暨“职务犯罪的理论与司法实践”研讨会。最高人民检察院反贪污贿赂总局副局长徐进辉，北京市人民检察院副检察长甄贞，西城区委副书记、政法委书记刘跃平等领导出席会议并致辞。10家西城区预防职务犯罪网络成员单位的领导参加会议，并接受赠书。区检察院5名干警进行主题发言，北京大学教授陈兴良、中国政法大学教授于志刚、中国人民公安大学教授戴蓬、毕惜茜等专家学者应邀参加研讨会并做点评。

（刘东辉）

【举办“西检杯”知识竞赛】　11月22日，由区检察院、区教委联合主办，西城区青少年图书馆协办第十届“西检杯”西城区中学生思想道德法律知识竞赛举行。北京市检察院党组成员、副检察长方工，西城区委副书记、政法委书记刘跃平，西城区委常委、副区长曹长胜及区委政法委、区人大内司委、区文明办、区综治办、区妇联等单位的领导观看了竞赛。

（刘东辉）

【举办检察开放日活动】　区检察院于12月4日举行以“艺术家走进检察机关”为主题的“检察开放日”活动，特别邀请8名来自文艺、书画等领域的艺术家和40余名银行系统的职工参加了活动。在区检察院检察长的陪同下，艺术家和群众参观了预防职务犯罪展板及办案区、指挥中心等办公区域，观看了区检察院的检察职能宣传片，随后与区检察院党组成员及干警代表进行了座谈。

（刘东辉）

【举办“侦防一体化”研讨会】　年内，区检察院与市检察院、人民检察杂志社、清华大学法学院共同举办“侦防一体化工作机制”专题研讨会。最高人民检察院职务犯罪预防厅厅长郝银飞、国家检察官学院党委书记刘佑生、检察日报社社长张本才、北京市人民检察院检察长慕平和副检察长甄贞、高保京等领导出席研讨会。上海市、天津市、重庆市、山东省、广东省、江苏省、湖北省等地检察机关以及北京市部分基层检察院撰文并参加研讨。最高人民检察院检察理论研究所、人民检察杂志社、最高人民检察院司法改革办公室的专家学者参加会议。

（刘东辉）

【召开人大代表座谈会】　12月18日，市检察院与区检察院联合召开市、区人大代表座谈会，20余名市、区人大代表参加座谈。市检察院副检察长甄贞及市检察院法律政策研究室主任邹开红、区人大常委会主任张国玉、区检察院检察长及院党组成员参加座谈。甄贞向人大代表通报上一年北京市检察机关开展工作的情况，并现场解答代表提出的咨询。人大代表对两级检察机关开展各项检察工作的情况给予了肯定。

（刘东辉）

【非法收购、出售野生动物制品案】被告人夏雯雯，男，26岁，初中文化，安徽人。1999年因抢劫罪被安徽省淮南市潘集区人民法院判处有期徒刑1年6个月。因涉嫌非法收购珍贵、濒危野生动物罪于2008年12月30日经西城区检察院批准被逮捕。被告人张林冬，男，36岁，四川人。因涉嫌非法出售珍贵、濒危野生动物罪于2009年2月17日经西城区检察院批准被逮捕。被告人张华中，男，39岁，初中文化，安徽人。因涉嫌非法出售珍贵、濒危野生动物制品罪于2008年12月30日经西城区检察院批准被逮捕。被告人石正勇，男，39岁，四川人。因涉嫌非法出售珍贵、濒危野生动物罪于2009年2月17日经西城区检察院批准被逮捕。经依法审查查明：被告人夏雯雯在未取得国家重点保护野生动物制品经营许可证的情况下，于2008年10月间，与未办理过采集证、运输证等相关手续的被告人张林冬进行蝴蝶制品非法收购、出售联系活动，张林冬从四川省庐山县以邮递的方式发往北京市海淀区夏雯雯暂住地，向夏雯雯出售国家二级重点保护野生动物制品双尾褐凤蝶50只，经鉴定价值人民币53440元；国家二级重点保护野生动物制品三尾褐凤蝶东川亚种173只，经鉴定价值人民币184902.4元。被告人夏雯雯于2008年3月间，与未取得国家重点保护野生动物制品经营许可证的被告人张华中进行蝴蝶非法交易活动，张华中在北京市海淀区其经营的店铺内，向夏雯雯出售国家二级保护野生动物制品阿波罗绢蝶13只，经鉴定价值人民币43420元。被告人夏雯雯于2007年11月间，与未办理过采集证、运输证等相关手续的被告人石正勇进行蝴蝶非法收购、出售联系活动，石正勇从四川省芦山县以邮递的方式发往北京市海淀区夏雯雯暂住地，向夏雯雯出售国家一级重点保护野生动物制品金斑喙凤蝶2只，经鉴定价值人民币18000元。被告人夏雯雯于2008年1、2月间，从湖北省襄樊市炎豪昆虫标本有限公司非法收购国家二级保护野生动物制品彩臂金龟5只，经鉴定价值人民币3340元。2009年9月7日西城区检察院以夏雯雯犯非法收购珍贵、濒危野生动物制品罪，以张林冬、张华中、石正勇犯非法出售珍贵、濒危野生动物制品罪向西城区法院提起公诉。2009年11月5日西城区法院以非法收购珍贵、濒危野生动物制品罪判处夏雯雯有期徒刑11年，并处罚金人民币1.1万元；以非法出售珍贵、濒危野生动物制品罪判处张林冬有期徒刑7年，并处罚金人民币7000元；判处张华中有期徒刑1年6个月，并处罚金人民币2000元；判处石正勇有期徒刑1年，并处罚金人民币1000元。被告人夏雯雯不服判决提出上诉。2009年12月3日北京市第一中级人民法院驳回夏雯雯的上诉，维持原判。

(刘东辉)

【协和医院号贩子寻衅滋事案】 被告人于洪文，男，52岁，小学文化，无业，户籍地为吉林省梨树县金山乡金山村六组。被告人于占水，男，29岁，高中文化，无业，户籍地为吉林省梨树县金山乡金山村六组。被告人顾鸿钢，男，39岁，高中文化，无业，户籍地为吉林省通化市东昌区新站街中胜委九组。被告人夏吉福，男，48岁，初中文化，无业，户籍地为黑龙江省齐齐哈尔市铁锋区和平社区190组69栋4号。被告人曹延明，男，22岁，小学文化，农民，户籍地为吉林省榆树市广龙村北龙盛8组。被告人周洪君，男，36岁，初中文化，无业，户籍地为黑龙江省拜泉县永勤乡立功村5组。被告人韩宝文，男，47岁，小学文化，无业，户籍地为内蒙古自治区科尔沁左翼中旗内蒙古通辽市科左中旗公安局图布信派出所保康镇振兴社区07-154。被告人苗春风，男，22岁，小学文化，无业，户籍地为内蒙古自治区通辽市科尔沁区铁南二委5组31号。被告人闫晶石，男，29岁，初中文化，无业，户籍地为辽宁省沈阳市大东区和睦北三路8-1号7-3-2。因涉嫌犯寻衅滋事罪于2009年1月6日经西城区检察院批准被逮捕。经依法审查查明：2008年6月以来，在被告人于洪文、于占水的组织下，被告人顾鸿钢、夏吉福、曹延明、周洪君、韩宝文、苗春风、闫晶石在西城区协和医院（西院）倒卖协和医院就诊号，同时采取暴力、威胁手段驱逐其他倒卖就诊号的人员。在倒卖就诊号过程中，形成了明确的职责分工，严重扰乱了协和医院（西院）正常的工作秩序和社会秩序。被告人夏吉福于2008年10月9日在协和医院（西院）倒卖就诊号时，与对其进行管理的医院保安员刘国胜发生冲突，并对刘国胜进行辱骂、恐吓。被告人于占水纠集"大崔"等10余人于2008年10月19日，在西城区协和医院（西院）为争夺地盘，对被害人郭士军、王鹏进行殴打，经法医鉴定郭士军为轻伤，王鹏为轻微伤。被告人顾鸿钢于2008年10月底，为了阻止被害人宋金明在协和医院（西院）倒卖就诊号，通过于占水指使他人持械对宋金明进行殴打。被告人夏吉福、周洪君、苗春风、曹延明、顾鸿钢、闫晶石、韩宝文于2008年11月25日，在协和医院（西院）与前来争抢地盘的其他倒卖就诊号的人员发生冲突，双方持械对峙后，对方人员主动撤离现场。被告人周洪君、曹延明于2008年11月28日，在协和医院（西院）与排队等待挂号的就诊者商朋国、杜波发生冲突，并对该2人进行殴打，经法医鉴定杜波为轻微伤。2009年4月21日西城区检察院以于洪文、于占水、顾鸿钢、夏吉福、曹延明、周洪君、韩宝文、苗春风、闫晶石犯寻衅滋事罪向西城区法院提起公诉。2009年6月4日西城区法院以寻衅滋事罪分别判处于洪文有期徒刑二年六个月，于占水有期徒刑二年六个月，顾鸿钢有期徒刑一年六个月，夏吉福有期徒刑一年六个月，曹延明有期徒刑九个月，周洪君有期徒刑一年三个月，韩宝文有期徒刑九个月，苗春风有期徒刑九个月，闫晶石有期徒刑九个月。

(刘东辉)

【国家一级建造师试题泄密案】 被告人李道桂，男，34岁，大学文化，北京步云文化发展有限公司法定代表人，因涉嫌非法获取国家秘密罪，于2008年8月13日经西城区检察院批准被逮捕。被告人杨淑珍，女，33岁，大学文化，北京步云文化发展有限公司副总经理，因涉嫌非法获取国家秘密罪，于2009

年1月7日被取保候审。经依法审查查明：被告人李道桂伙同杨淑珍于2007年9月间，为获取非法利益，从深圳市中教培训中心龙涛(另案处理)处购买2007年度全国一级建造师执业资格考试试题及答案，后指使下属员工将考试试题及答案泄露给考试培训班的学员及各加盟分校，造成2007年度国家一级建造师执业资格考试试题及答案在全国多个省市泄露。经国家保密局鉴定，2007年度全国一级建造师执业资格考试各科目在启用前的试题、答案均属于绝密级国家秘密。2009年6月9日西城区检察院以李道桂、杨淑珍犯故意泄露国家秘密罪向西城区法院提起公诉。2009年7月28日西城区法院以故意泄露国家秘密罪分别判处李道桂有期徒刑2年，杨淑珍有期徒刑2年，缓刑2年。

(刘东辉)

【提起抗诉获得法院改判】　被告人曹强，男，40岁，大专文化，原系国家民族事务委员会机关服务局生活服务处副处长，因涉嫌犯贪污罪，于2008年4月11日被取保候审。经依法审查查明：被告人曹强伙同徐立（另案处理）于2005年5月间，利用其为单位及其所属单位租用公务车的职务便利，向为其单位提供服务的北京首汽（集团）股份有限公司商务车分公司第七车队负责人李文宁、朱士捷提出给予“回扣”。至2006年12月间，曹、徐二人采用多付租车费用的方式收取返还差价款，徐立多次收取朱士捷给予的差价款共计人民币28万余元，后徐将赃款与曹强伙分，其中曹强分得人民币3.9万元。被告人曹强还于2005年，利用在国家民委机关服务局任职的便利条件，通过他人职务上的行为，为北京富洁厨房设备有限公司中标民委翻译局厨房设备工程疏通关系谋取不当利益，后在2008年2月间，曹强收取北京富洁厨房设备有限公司法定代表人倪世江人民币5万元。2008年11月27日西城区检察院以曹强犯贪污罪、受贿罪向西城区法院提起公诉。2009年2月17日西城区法院以曹强犯贪污罪，判处有期徒刑1年；犯受贿罪，判处有期徒刑2年6个月，决定执行有期徒刑3年，缓刑3年。西城区检察院认为法院判决认定犯罪事实有误、对曹强量刑畸轻提起抗诉。2009年9月15日北京市第一中级人民法院作出终审判决，以曹强犯贪污罪，判处有期徒刑10年；犯受贿罪，判处有期徒刑2年6个月，决定执行有期徒刑11年。

(刘东辉)

【非法吸收公众存款案】　被告人陈青春，男，45岁，大专文化，原中鼎鑫创业投资有限公司总裁，因涉嫌非法吸收公众存款，于2007年5月29日经西城区检察院批准被逮捕。被告人乔仝童，女，33岁，高中文化，原中鼎鑫创业投资有限公司财务部经理，因涉嫌非法吸收公众存款，于2007年5月29日经西城区检察院批准被逮捕。被告人赵晓阳，男，59岁，大学文化，原中鼎鑫创业投资有限公司副总裁，因涉嫌非法吸收公众存款，于2007年5月29日被取保候审。经依法审查查明：2007年2、3月间，被告人陈青春、乔仝童、赵晓阳共谋使用虚假证明文件，采取欺诈手段虚报注册资本10000万元，欺骗公司登记主管部门，取得中鼎鑫创业投资有限公司登记注册。2007年3、4月间，被告人陈青春、乔仝童、赵晓阳以中鼎鑫创业投资有限公司的名义，以高额利息回报为诱饵，对外向20余名当事人吸收存款200余万元。2007年3月间，被告人陈青春利用担任中鼎鑫创业投资有限公司总裁的职务便利，将公司20万元用于交付其个人购置住房的首付款。2008年1月8日西城区检察院以陈青春犯虚报注册资本罪、非法吸收公众存款罪、职务侵占罪，以乔仝童、赵晓阳犯虚报注册资本罪、非法吸收公众存款罪向西城区法院提起公诉。2008年6月5日西城区法院以陈青春犯虚报注册资本罪，判处有期徒刑1年，并处罚金人民币100万元；犯非法吸收公众存款罪，判处有期徒刑5年，并处罚金人民币5万元；决定执行有期徒刑5年6个月，并处罚金人民币105万元。以乔仝童犯虚报注册资本罪，判处有期徒刑1年，并处罚金人民币100万元；犯非法吸收公众存款罪，判处有期徒刑4年，并处罚金人民币5万元；决定执行有期徒刑4年6个月，并处罚金人民币105万元。以赵晓阳犯虚报注册资本罪，判处有期徒刑6个月，并处罚金人民币100万元；犯非法吸收公众存款罪，判处有期徒刑4年，并处罚金人民币5万元；决定执行有期徒刑4年，并处罚金人民币105万元。被告人陈青春、乔仝童、赵晓阳不服判决提出上诉。2008年8月21日北京市第一中级人民法院驳回陈青春、乔仝童、赵晓阳的上诉，维持原判。经进一步审查查明：2007年3、4月间，被告人陈青春、乔仝童、赵晓阳以中鼎鑫创业投资有限公司的名义，以高额利息回报为诱饵，对外向4名当事人吸收存款100余万元。2009年4月28日西城区检察院以陈青春、乔仝童、赵晓阳犯非法吸收公众存款罪向西城区法院提起公诉。2009年12月17日西城区法院以非法吸收公众存款罪判处陈青春有期徒刑3年，并处罚金人民币5万元；与原判被判处的有期徒刑5年6个月，并处罚金人民币105万元并罚，决定执行有期徒刑6年，并处罚金人民币110万元。判处乔仝童有期徒刑3年，并处罚金人民币5万元；与原判被判处的有期徒刑4年6个月，并处罚金人民币105万元并罚，决定执行有期徒刑5年，并处罚金人民币110万元。判处赵晓阳有期徒刑3年，并处罚金人民币5万元；与原判被判处的有期徒刑4年，并处罚金人民币105万元并罚，决定执行有期徒刑4年6个月，并处罚金人民币110万元。

(刘东辉)

审判工作

【概况】　年内，北京市西城区人民法院（简称区法院）在区委的领导、区人大及其常委会的监督和市高级法院的指导下，践行“三个至上”指导思想，围绕“为大局服务、为人民司法”工作主题，发挥职能作用，化解矛盾纠纷，维护社会稳定，审判、执行和其他各项工作取得新的进展。贯彻宽严相济的刑事政策，维护社会稳定；建设网上便民平台，减轻当事人诉累；构建速裁速执大格局，提高审判执行效率；举办前沿论坛，为年轻法官提供成长平台；设立心理驿站、成立人民调解指导工作室，满足人民群众日益增长的司法需求。全年共受理各类案件24039件，同比上升6.7%；结案23160件，同比上升8.4%，案件结案率96.49%。在审结案件中，主要包括刑事案件709件、民商事案件15287件、行政案件结案341件、知识产权案件409件、执行案件6411件。年内，区法院荣获“北京市先进法院”、“北京市交通安全先进单位”、“北京市国庆安保工作先进集体”、“北京市法院固定资产管理先进单位”、“西城区全面实施素质教育先进单位”等称号。

地址：西城区后英房胡同1号
邮编：100035
电话：82299240

(韩君贵)

【贯彻宽严相济刑事政策】　年内，区法院贯彻落实宽严相济的刑事政策，共审结刑事案件709件，判处5年以上有期徒刑的罪犯72人。注重做好三方面的工作：一是突出打击重点。严厉打击故意伤害、抢劫、盗窃等侵犯公民人身及财产权利的犯罪，严厉惩处合同、信用卡诈骗等破坏市场经济秩序的犯罪以及寻衅滋事、毒品等妨害社会管理秩序的犯罪，为区域发展创造和谐稳定的社会环境。二是发挥刑事审判的教育挽救功能。对初犯、偶犯、情节轻微、主观恶性较小的犯罪分子，依法从轻、减轻或免除处罚。符合缓刑条件的，依法适用缓刑，全年共对254名被告人宣告缓刑，减少了社会对抗。三是加强未成年人犯罪预防工作。在中小学设立法制副校长，法官走进校园，通过法律讲座、模拟法庭等形式增强未成年人的法律意识；与区司法局合作开展社区矫正工作，采取召开缓刑未成年犯及其家属座谈会等方式，提出帮教建议，预防未成年犯再次犯罪。

(韩君贵)

【探索民事审判激励新机制】　年内，区法院推出民事审判激励新机制：创新法官工作的评价方式，在考核审判效率、结案数量的基础上，实行案件质量、调研宣传、信访投诉的双轨制考核，综合评价法官的工作业绩，体现多办案与办好案的双项工作要求；创新激励手段，对工作优秀的干警在学习研修、考察交流、岗位培训等方面优先考虑，在立功受奖、晋职晋级、评优评先等方面优先推荐，形成立体化的激励体系，满足法官多元化的需求。全年民事审判庭共审结案件11018件，同比增加1116件，增长11.1%。

(韩君贵)

【构建速裁速执大格局】　年内，区法院致力于“速裁、速执”大格局建设。一是完善民商事速裁三简化、三个一、三方便制度。“三简化”即简化庭审笔录的制作，简化裁判文书制作，简化当事人的证据交换手续；“三个一”即适用速裁模式审理的案件坚持由一名法官独任审理、一次开庭、一个月内审结；“三方便”即就地审理、夜间开庭、假日开庭三种方便群众诉讼的制度。年内确定民事案件70%、商事案件80%适用速裁程序的目标。全年采用速裁模式审理民商事案件12296件，占同类案件的76.51%，绝大多数速裁案件在15日内审结，使区法院全部案件的平均审理期限由49天减少到35天，结案周期缩短28.6%。二是扩大刑事案件简便审适用范围。在刑事二庭设置刑事简易程序审判组，全年共审理案件343件，占该庭收案数量的84.28%。三是执行速执。对能主动履行、自愿和解或通过常规措施就可执结的案件，由执行一庭在30日内执结。年内，采取速执模式共执结案件2174件，执结案款26091万余元。

(韩君贵)

【搭建网上便民平台】 年内，区法院借助门户网站为群众搭建网络诉讼服务平台。这个平台，既有以往网站的宣传教育功能，又开创了网上审判业务，主要包括网上查询、网上立案、法官在线答疑等7项功能。群众在网上查询案件进程、进行立案预约、与法官交流。年内，为15172名当事人提供网上案件查询，接待768起立案申请，成功立案708件，2164名当事人与法官进行在线交流。中央电视台、《法制日报》等16家媒体对该平台进行了集中采访报道。

(韩君贵)

【举办前沿论坛】 年内，区法院举办主题分别为“司法与保险业规范发展”和“医患纠纷案件的非诉讼与诉讼衔接”的两届前沿论坛。北京法院网、中国法院网对前沿论坛进行全程直播。第一届前沿论坛由区法院党组成员、副院长主持，北京市高级人民法院，中国保监会法律监督处、北京保险行业协会的领导以及西城辖区内的各保险代表、区法院干警共70余人参加。第二届前沿论坛由区法院副院长主持，市高级人民法院领导及区卫生局、中国医院协会、北京律师协会、医疗机构的代表、区法院干警共70余人参加。《人民法院报》、《法制日报》、北京电视台“法治进行时”等多家媒体进行采访报道。前沿论坛利用区法院的案件资源优势，研究司法审判实践中遇到的新问题，更好地服务于社会经济发展、和谐西城建设，更好地维护人民群众合法权益。同时为优秀法官的成长提供平台，提升和树立区法院的良好形象。

(韩君贵)

【设立心理驿站】 为了满足人民群众对司法的新需求，缓解当事人到法院打官司的畏难、急躁情绪，使当事人更加理性地对待自己的诉讼行为和诉讼预期，区法院在加强诉讼指导的同时，从关心当事人的心理健康、营造和谐的诉讼氛围入手，年内在法院立案大厅设立心理驿站，主要为立案、审判、执行阶段情绪波动较大的当事人提供心理咨询和相关心理辅导，同时也面向法官提供专业的心理咨询，帮助法院干警减轻工作压力。心理驿站每周一至周五全天为当事人提供心理辅导，周五下午向法院干警开放。

(韩君贵)

【成立人民调解指导工作室】 区法院为延伸调解职能、将以往司法行政机关和人民法院各自单独指导人民调解工作的模式统一，与区司法局协作，成立北京市西城区人民调解指导工作室。人民调解指导工作室的主要工作包括收集各街道纠纷信息及最新情况；每月召开1至2次例会，讨论研究各社区上报的有关案例，做出指导调处意见；开展法律宣传活动或进行调解技能培训；在工作室设立网上法律咨询和法律宣传；进入社区现场指导调处；监督各街道人民调解活动情况；搭建各方合作平台，推广先进经验等。

(韩君贵)

【建立警示教育基地】 11月16日，区纪委书记王祥杰与区法院院长索宏钢在区法院举行“西城区警示教育基地”揭牌仪式。建立警示教育基地的主要目的是充分发挥法院的审判职能作用，配合区委、区纪委开展反腐倡廉和依法行政教育，通过开展旁听职务犯罪庭审、观看庭审录像、法官以案释法等形式的警示教育活动，增强“教训就在身边、危机就在眼前”的教育效果，教育广大党员干部不断强化廉洁自律意识，自觉抵制诱惑，正确对待地位、权力、利益，规范行使职权，依法履行职责，预防和减少腐败案件的发生。

(韩君贵)

【贪污捐资助学款案】 被告人胡建华、王志刚在分别担任北京市西城区黄城根小学校长、副校长期间，在2004至2006年的招生过程中利用职务便利多次将所收的北大医院、解放军出版社等多家共建单位交纳的捐资助学款中的部分现金私自截留，并存入以王志刚姐姐王志敏个人名义开立的华夏银行存款帐户中，作为学校的帐外款支出使用。后二人经预谋，于2006年6月间，分别从该帐户中各提取人民币70万元，据为己有，用于购买基金、理财产品等。后被告二人向所在单位投案自首。法院经审理认为，被告人胡建华、王志刚身为国家工作人员，利用职务上的便利，截留公款据为己有的行为，已构成贪污罪，且系共同犯罪，依法均应予以惩处。西城区检察院指控被告人胡建华、王志刚犯贪污罪成立。区法院判决被告人胡建华、王志刚犯贪污罪，判处有期徒刑6年。一审宣判后，胡建华、王志刚皆未上诉。

(韩君贵)

【倒卖就诊号寻衅滋事案】 2008年6月以来，在被告人于洪文、于占水的组织下，被告人顾鸿钢、夏吉福、曹延明、周洪君、韩宝文、苗春风、闫晶石在西城区协和医院(西院)倒卖协和医院就诊号，同时采用暴力、威胁手段驱逐其他倒卖就诊号的人员，垄断倒卖就诊号的市场。在倒卖就诊号过程中，形成明确的职责分工，严重扰乱了协和医院（西院）正常的工作秩序和社会秩序。区法院经审理认为，在被告人于洪文的组织下，被告人于占水、顾鸿钢、夏吉福、曹延明、周洪君、韩宝文、苗春风、闫晶石在公共场所起哄闹事、造成公共场所秩序严重混乱的行为及随意殴打他人、情节恶劣的行为，扰乱了公共秩序，妨害了社会管理秩序，已构成寻衅滋事罪，且系共同犯罪，均应依法予以惩处。西城区检察院指控被告人于洪文、于占水、顾鸿钢、夏吉福、曹延明、周洪君、韩宝文、苗春风、闫晶石犯寻衅滋事罪成立。被告人于洪文、于占水在共同犯罪中起主要作用，系主犯，其他被告人在共同犯罪中起次要作用，均系从犯，且认罪态度较好，依法予以从轻处罚。被告人曹延明能够协助司法机关抓捕同案犯，具有立功表现，依法从轻处罚。据此，区法院根据9名被告人在共同犯罪中的地位和作用，判决被告人于洪文、于占水、顾鸿钢、夏吉福、曹延明、周洪君、韩宝文、苗春风、闫晶石犯寻衅滋事罪，分别判处于洪文、于占水有期徒刑2年6个月，顾鸿钢、夏吉福有期徒刑1年6个月，周洪君犯有期徒刑1年3个月，曹延明、苗春风、韩宝文、闫晶石有期徒刑9个月。一审宣判后，当事人皆未上诉。

（韩君贵）

【传播淫秽物品牟利案】 北京轻点万维电信技术有限公司下设无线互联网业务部，为提高联通WAP的点击率，增加公司收入，被告人罗刚指使被告人杨韬、丁怡、袁毅在本公司内通过联通WAP业务传播淫秽信息，经鉴定于2007年1月1日至5月9日共上传28张淫秽图片，实际被点击次数为82973次。后被告4人被查获。区法院经审理认为，北京轻点万维电信技术有限公司无限互联网业务部，以公司牟利为目的，利用互联网及移动通讯终端传播淫秽电子信息，情节严重的行为，妨害了社会管理秩序，被告人罗刚、杨韬作为该部门主管和产品经理，授意并指使下属上传淫秽信息，系单位犯罪中的主管人员；被告人丁怡、袁毅积极参与利用网络传播淫秽电子信息，系单位犯罪中的直接责任人员，均已构成传播淫秽物品牟利罪，依法应予惩处。西城区检察院指控被告人罗刚、杨韬、丁怡、袁毅犯传播淫秽物品牟利罪成立。区法院依照判决被告人罗刚、杨韬、丁怡、袁毅犯传播淫秽物品牟利罪，分别判处罗刚有期徒刑5年，并处罚金人民币5000元；杨韬有期徒刑4年，并处罚金人民币4000元；丁怡有期徒刑3年，并处罚金人民币3000元；袁毅有期徒刑3年，并处罚金人民币3000元；追缴北京轻点万维电信技术有限公司违法所得人民币2万元，犯罪使用的笔记本电脑2台、台式电脑主机2台，机架式服务器6台予以没收。一审宣判后，罗刚、杨韬、丁怡、袁毅提起上诉，二审裁定驳回上诉，维持原判。

（韩君贵）

【李双锁等诉市规划委案】 原告李双锁等298人原为海淀区万柳地区万泉庄村村民，因该地区进行绿化隔离带建设项目，原告通过房屋补偿方式在该地区购买万柳地区汇新家园1至4号楼的房屋。2008年6月18日，原告向被告北京市规划委员会提出政府信息公开申请，要求公开97—规选字—0102号《选址规划意见通知书》、办理该文件应当提交的全部材料目录及办理情况。原告填写了《北京市政府信息公开申请表》并确定获取信息的方式为“自行领取”。当日，被告受理原告申请，告知原告于2008年7月8日前作出书面答复，如需延长答复期限，将另行书面通知。2008年7月4日，被告向原告送达《延期答复通知书》，告知原告其申请的信息正在办理当中，需要延长工作期限，延长期限不超过15个工作日，于7月29日给予答复。后原告以被告不履行政府信息公开法定职责为由，诉至区法院。庭审中，被告辩称其在规定的期限内将拟向原告公开的信息备齐，并于2008年7月25日电话通知原告到被告处领取相关信息，但原告没有在该期限内前来领取。区法院审理认为，本案的争议焦点在于被告的行为是否构成行政不作为。原告在向被告提出申请时已经明确选择“自行领取”的方式，且被告明确告知原告于2008年7月29日答复；虽然原告对被告主张的“电话通知原告前来领取拟向原告公开的信息”不予认可，但是综合原告选择“自行领取”方式及被告明确告知原告答复时间等原、被告无争议的事实，可以确定被告对原告的申请已经履行相应的职责。区法院判决驳回原告李双锁等298人的诉讼请求。李双锁等298人不服一审判决提起上诉，二审驳回上诉，维持原判。

（韩君贵）

司法行政工作

【概况】 北京市西城区司法局

(简称区司法局）机关现有国家公务员46人、工人1人，设有办公室、政工科（监察科与其合署办公)、法制宣传科、基层工作科、公证律师工作管理科（法制科与其合署办公)、法律援助工作指导科、社区矫正和帮教安置工作指导科、信息科8个科室，同时承担西城区依法治区领导小组办公室、西城区刑释解教人员帮教安置领导小组办公室和社区矫正领导小组办公室的日常工作。下辖7个街道司法所、1个区法律援助中心、3家公证处、121家驻区律师事务所和6家基层法律服务所。年内，在区委区政府的领导和市司法局的指导下,西城区司法行政系统以局党组年初的整体部署和折子工程为主线，围绕区委、区政府的中心工作，立足区域发展实际，推进司法行政系统“四个体系”（维稳管控体系、化解矛盾体系、公益法律服务体系、法制宣传体系）建设，发挥法制宣传、法律服务、法律保障三项职能作用，为维护区域社会和谐稳定以及国庆安保工作的完成提供了法律服务。

地址：西城区西直门南小街20号

邮编：100035

电话：66206434

（王　楠）

【普法依法治区工作】　以法律“五进”活动为载体，深化普法工作效果。针对领导干部、青少年、企事业单位、驻区部队等“五五”普法重点对象的不同特点，加强法律宣传教育工作的针对性和实效性。发挥西城区法制宣传教育领导小组的职能作用，组建社区法制宣讲团，为国庆安保的宣传教育工作注入新的力量，为开展社区普法宣传活动提供师资和队伍保障。

（王　楠）

【人民调解工作】　依托人民调解工作室和人民调解指导工作室，推进人民调解与司法调解相衔接。自区司法局与区法院联手在法院立案庭设立独立于诉讼外的诉前调解形式——人民调解工作室以来，4月组建人民调解指导工作室，并于9月1日与区法院共同举行《关于进一步完善人民调解与诉讼相衔接的矛盾纠纷解决机制的意见》会签仪式，就“人民调解工作室的职能作用、加强巡回法官对人民调解工作的指导、建立健全指导人民调解工作联系协调机制以及人民调解与民事诉讼程序的对接”等方面内容进行有机对接，强化人民调解与司法调解的融合与促进。年内，全区各级调解组织共调解纠纷10331件，成功调解10146件，成功率98.2%，大量矛盾在基层得到及时有效的化解。

（王　楠）

【社区矫正和帮教安置工作】　从维护社会稳定的大局出发，围绕“大事不出、小事减少、管理严格、秩序良好”的国庆安保总体工作目标和“五不出三减少”的工作任务，从排查风险隐患、落实监管责任、强化教育帮扶等方面加强对社区服刑和刑释解教人员的管控，完成国庆安保各项工作指标，创造了全区列管1334名社区服刑和刑释解教人员无脱管、无漏管、无重新犯罪、无重大涉稳事件的“四无”佳绩。全年，全区在册两类人员1385人(其中社区服刑人员272人、接收刑释解教人员1113人)，经风险评估确定两类重点人17人（其中矫正重点人9人、帮教重点人8人)。

（王　楠）

【公证工作】　为贯彻《公证法》及其配套规章和市司法局有关部署，对国立公证处、中信公证处、方正公证处3家驻区公证机构及其负责人进行年度考核，在各公证处组织开展民主测评，加强对驻区公证机构和公证员的监督指导，促进公证管理和公证执业活动的法制化、规范化。区管2家公证处发挥公证职能，为长安街改造工程以及秀水街现场证据保全提供了公证法律服务。全年，区管2家公证机构办证量140052件（其中国内公证101704件、涉外公证38166件、涉港澳台公证182件)，接待群众来访283915人次。

（王　楠）

【律师工作】　根据市司法局关于律师协会换届选举工作的总体要求，组织完成第八届北京市律师代表大会西城选区代表选举工作，选举产生28名律师代表，提升了律师行业自律化管理能力和水平。依据修订后的《律师法》、司法部《律师事务所管理办法》及《北京市司法局关于开展全市律师事务所2009年度考核工作的通知》，加强对驻区律师事务所的管理，开展驻区律师事务所年度考核工作。调动广大律师为“平安西城”建设提供法律服务的积极性和主动性，组建西城区国庆期间维护稳定法律服务应急小组，协助政府妥善化解各类复杂问题。引导律师参与政府信访工作，为辖区群众和驻区企业提供公益法律服务。全年，西城律师共参与政府信访48人次，接待信访群众235人次，群体访55人次，得到区政府和群众的充分肯定。

（王　楠）

【法律援助及“148”专线工作】　加强对新颁布《北京市法律援助条例》的宣传力度，提高群众对法律援助工作的知晓率。编印《〈北京市法律援助条例〉问答》，向全区155个法律援助工作站点及5个法律援助分中心发放，增强法律援助的社会影响力。拓展法律援助领域，正确把握困难群众的法律援助需求，畅通诉求渠道，巩固和加强覆盖全区的法律援助三级网络建设，收集、掌握困难群众的法律援助需求信息，加强与工、青、妇、老、残等社会组织的沟通与配合，凝聚力量，发挥法律援助的整体效应，实现应援尽援。完善自身工作机制，指导各法律援助分中心、法律援助站点落实便民措施，在有条件的法律援助机构选择方便群众来往的地点办公，设立专门接待室，为残疾人设置无障碍通道。对行动不便的孤寡老人、残疾人提供上门咨询、申请和办理法律援助等服务。全年，西城区法律援助中心接待来电、来访8009人次；代写法律文书21份；非诉讼调解591件；办理法律援助案件189件，其中刑事法律援助案件43件、民事法律援助案件146件。

（王　楠）

【召开司法行政工作会】 为贯彻市政法工作会和市司法行政工作会议精神，2月10日召开西城区司法行政工作会。会议总结上一年全区的司法行政工作，部署了本年度的工作任务，对上一年度西城区司法行政系统先进集体和先进个人进行表彰。市司法局副局长王友江出席会议。区政法委员会成员单位的主管领导、各街道主管主任、局机关及司法所全体人员、区矫正中心、区调解协会工作人员、监狱干警、驻区律师事务所部分代表、公证处主任参加会议。

（王　楠）

【成立区人民调解指导工作室】 4月13日，区司法局与区法院会同区人民调解员协会共同组建人民调解指导工作室，在加强人民调解与司法调解衔接的同时，强化区人民调解员协会作为社会团体在规范行业、指导行业健康有序发展方面的积极作用，加大司法行政机关与人民法院对人民调解工作的指导力度，推动辖区人民调解工作的可持续发展。

（王　楠）

【《条例》施行20周年宣传活动】 6月17日，在国务院《人民调解委员会组织条例》颁布实施20周年之际，区司法局协同区人民调解员协会共同组织“您身边的人民调解”宣传活动。活动除在官园普法公园设立主会场外，7个分会场分别由7个街道调委会组织人民调解员、司法助理员在交通便利、人员流动量大的地区设立宣传站点，进行人民调解工作法律宣传和咨询解答活动。

（王　楠）

【成立区矫正帮教协调委员会】 为推进“平安西城”建设，发挥区综治委成员单位的职能作用，加强对矫正帮教工作的统筹协调。7月9日，成立由区综治办、区公、检、法、司、财政、民政、劳动等19个成员单位组成的区综治委矫正帮教工作协调委员会，并于7月20日前完成全区7个街道矫正、帮教组织的机构调整工作。

（王　楠）

【组建维稳法律服务应急小组】 为确保新中国成立60周年各项庆祝活动顺利举行，及时应对国庆期间可能出现的各类紧急涉法问题，维护西城区的社会稳定，国庆前夕，区司法局借鉴奥运期间的相关做法，组建西城区国庆期间维护稳定法律服务应急小组。应急小组由驻区的中同、英岛、中咨、铸成4家律师事务所的4名优秀律师和西城区2家公证处的部分公证员组成。国庆期间，应急小组就区域内紧急情况和突发事件的处理提供法律支持，协助政府妥善地化解各类复杂问题，预防和处置各类突发事件。

（王　楠）

【开展公益法律服务宣传周活动】 为落实北京市政府182号折子工程以及西城区为民办实事第15件工作，加强全区公益法律服务室建设工作。8月24至28日，全区7个街道开展为期一周的“您身边的公益法律服务——西城区公益法律服务便民卡发放周”活动。活动按街道共分七个会场，由各街道司法所组织公益法律服务室人员（司法助理员、人民调解员、律师和法律工作者及志愿者）在人员流动量大的11个站点开展法律咨询解答、法制宣传、纠纷调解、法律援助和公证业务咨询等内容的公益法律服务。活动中发放由区司法局统一制作的人民调解、法律援助、公证律师等法制宣传资料、公益法律服务宣传品，以及针对辖区低收入人群发放的1万余张公益法律服务便民卡。

（王　楠）

【举办“祖国颂歌”大型文艺汇演】 9月15日，由区司法局主办，区文委、区文联、区文化馆协办的“祖国颂歌”——西城区司法行政系统迎国庆大型文艺汇演在西城区文化中心举行，西城区司法行政系统的300余名干警载歌载舞，庆祝新中国成立60周年华诞。文艺汇演以“庆祝新中国成立60周年、展西城司法行政干警风采”为主题，以歌曲、舞蹈、小品、相声等文艺形式表达西城区司法行政干警力争以一流的工作标准做好国庆服务保障工作、为区域经济和社会发展提供优质高效法律服务的热情。

（王　楠）

【司法部领导视察工作】　10月14日，司法部基层司司长王珏、副司长李冰、人民调解处处长王学泽，在市司法局副局长王友江，市司法局基层处处长石光春，区委常委、副区长曹长胜的陪同下，莅临西城区检查指导人民调解工作。王珏对西城区基层司法行政工作给予充分肯定，希望今后西城司法行政工作紧贴当前形势，创新工作模式，服务发展，服务稳定，为党委政府当好帮手。视察期间，王珏一行到什刹海街道“和霞热线”调解中心了解其工作开展情况，查阅档案材料，并与人民调解员进行交谈。

（王　楠）

【中央部委领导进行专题调研】　11月30日，中组部部务委员兼组织局局长、中央学习实践活动领导小组成员、领导小组办公室副主任傅思和，在司法部党组书记、部长、律师事务所学习实践活动指导小组组长吴爱英的陪同下，到北京市德恒律师事务所就律师党建工作和第三批深入学习实践科学发展观活动开展情况进行专题调研。调研过程中，傅思和听取德恒律师事务所关于律师党建工作及第三批深入学习实践科学发展观活动开展情况的汇报，对北京市律师党建工作和深入开展学习实践科学发展观活动所取得的成果和经验给予充分肯定和高度评价。

（王　楠）

交通管理工作

【概况】　北京市公安局公安交通管理局西城交通支队（简称西城交通支队）是西城区道路交通安全管理的职能部门，下设7个职能科室和5个执勤大队，目前共有民警507人、职工12人，主要承担全区道路交通秩序管理、交通安全宣传、交通事故处理和特勤警卫等工作职责。全区道路总长度322公里，共有各类交通标志11133面，7米以上交叉路口345个，共设置信号灯138处。全区共有各类单位5086家，机动车36138辆，驾驶员32万人。西城交通支队所属5个执勤大队分别为府右街大队、西单大队、西四大队、西外大队、六部口大队，对西城交通管理工作实行属地管理。同时，西城交通支队在月坛南桥下设有执法站，在支队机关大楼一层设车管站。年内，交通管理工作公安交通管理以科学发展观为指导，贯彻落实公安部“三大建设”和市公安交通管理局党委打造“平安北京”工作部署，围绕“平安北京交通，微笑北京交警”奋斗目标和“五个确保”工作目标，按照“六个坚持、六个全面提升”、“六个强化、六个确保”的要求，本着“抓细节、重落实、求实效、促发展”工作原则，坚持奥运标准，弘扬奥运精神，把握“两个和谐、两个满意”，解决道路拥堵这条主线，以规范执法建设为依托，以信息化管理为主导，提升“科学管理、严格执法、高效服务”水平，增强队伍凝聚力和战斗力，确保秩序管理水平取得新提升、缓解拥堵工作取得新突破、规范执法建设取得新成效、和谐警民关系取得新进展，以各项勤务绝对安全、社会交通和谐运转、执勤执法形象明显改善迎接新中国成立60周年。全年，122报警服务台共接报警109643起，其中事故40338起、拥堵12145起、反映情况57160起，事故回访40338起，群众满意率100%。利用电视监控设备发现各类情况7155起，其中事故3152起、故障车1881起、临时拥堵1621起、其他501起。各级领导上路指挥3.6万余人次，上报路况信息8.5万余次，发布指挥调度指令6.3万余条。共接受特勤警卫任务6882起，其中一级勤务799起、二级勤务2647起、三级勤务3436起，日平均勤务22.9起，平均每起勤务加派警力25人次，出动警车7.88万余辆次。制定并完善新中国成立60周年庆祝活动安保各类方案、预案100余个。同时，针对应急处突、外围疏导、社会面控制等情况，制定个性化方案20个，并加强方案的落实与监督，强化并巩固国庆保卫交通指挥工作的权威性、精确性、动态性和服务性。制定包括拥堵点段、旅游景点、商业街区、交通枢纽、防汛、雪天等个性化疏导方案25个，在缓解拥堵工作中实现岗位部署与警情社情的动态管理。制定并申报优化方案130个，批准实施93个。累计增加各类交通标志168面，其中禁令标志增加56面，撤除6面；警告标志增加7面；指示标志增加83面；指路标志增加3面；交通安全宣传标志增加9面。设置隔离护栏共计3800米，施划网状线8处；调整路口信号灯2处，增设临时信号灯1处；设置便道隔离桩724个；增加人行横道6处；增加车位138个，撤除车位105个，协调政府落实项目资金300余万元。管界内共发生各类交通事故11814起，其中一般事故101起，伤101人，亡10人；重大事故10起，亡10人（含刑事案件7起，吊销驾驶证7人，终身禁驾3人）；按照简易程序快速处理事故11703起，占事故总数的99.1%。拘留违法驾驶人311人。办理交通肇事逃逸案件17起，含重大逃逸案件3起，协助外埠民警破获案件2起。在伤人交通事故中，启用绿色救援通道100余次，救助伤者100余人。年内，受理20起行政复议案件，较上一年下降71.6%；发生行政诉讼案件6起，较上一年减少2起；办理道路交通事故认定复核案件9件（均为伤人事故)。审核行政拘留311起、311人，比上一年同期减少339人，下降52.2%。审批各类交通事故117起，比上一年同期增加1起，上升0.9%，其中重大事故23起（含重大追刑事故)。换发驾驶证84897个，审验驾驶证47227个，办理电动车号牌8289个，残疾人三轮车号牌35个、小三轮号牌7个、临时号牌703个，进京证1100个。组织开展“倡导文明行车、文明出行”、“国庆安保交通志愿者启动仪式”、“国庆期间中心区域车位置换”、“车务手续进社区、进单位”、“共创安全和谐交通环境”等19次宣传日活动或主题专项教育活动，制作小学生反光标志、交通安全宣传页、国庆交通安全系列宣传折页、宣传严禁酒后驾车的打火机等实用宣传品30余种、5万余份。加大对交通违法严重超标和亡人事故单位的安全监管力度，对1211家违法超标、2301家严重违法单位给予严重警告，发放责令限改通知书790份。进行新闻宣传百余次，在全市50余家新闻媒体共刊登刊播稿件800余篇。年内，西城交通支队被评为市级“新中国成立60周年庆祝活动安全保卫工作先进集体”，六部口大队被市交管局授予集体二等功，5家单位荣立集体三等功，1人荣获全国三八红旗手称号，1人荣获公安部事故处理规范执法标兵称号，3人荣立个人二等功，76人荣立个人三等功，256人受到嘉奖。

地址：西城区赵登禹路303号
邮编：100034
电话：66162545

（李　航）

【完成国庆交通安全保卫工作】 西城交通支队针对国庆安保工作研究编制方案共四大类31个、近30万字，涵盖测试演练、核心安保、车场管理、外围疏导、应急处突等多个方面。国庆期间，完成新中国成立60周年成就展、全国政协60周年庆祝活动、“复兴之路”文艺演出、国庆招待会、国庆庆祝大会、国庆联欢晚会、天安门升旗、天安门广场观花观灯等八大活动交通安全保卫的指挥工作，指挥各类勤务675次，调动警力1.4万余人次，保障游行车辆的集结、疏散，彩车的停放、转场，首长、嘉宾及出席国庆活动的各界代表的交通出行。在西城交通支队负责的13处国庆安保停车场中，科学编排各车场警力、协管员比例，强化车场设计和停车管理，构建车场安全、畅通的交通防护网。同时，利用勤务间歇，科学指挥路面民警通过“1+1”的放行方式，精确卡控时间，放行社会交通，确保区域道路交通顺畅。10月1日，西城交通支队122接警服务台帮助群众解决交通出行咨询问题36件。

（李　航）

【参加全国集中夜查整治行动】 西城交通支队按照统一布署，于2月20日晚参加全国性集中夜查整治行动，加大对“四类”严重违法、超速、超员、超载及疲劳驾驶等严重交通违法行为的查处力度，使夜间交通秩序得到净化。夜查中，西城区委常委、副区长曹长胜，北京市交通管理局局长宋建国、政委李建华等到复兴门桥夜查岗检查指导工作。中央电视台、人民日报、中央人民广播电台、等30余家媒体对夜查行动进行跟踪采访，扩大严管声势。据统计：此次夜查共安排夜查岗126处（含局机关30处)，出动执法力量387人，查获酒后驾车22起，醉酒驾车1起、非司机1起、闯红灯13起、“涉牌”5起、大货车违法87起、残疾车违法12起，拘留2人。

（李　航）

【市领导慰问交通民警】 7月9日，受市长郭金龙委托，副市长黄卫、市政府副秘书长周正宇代表市政府到南长街路口慰问西城交通支队执勤民警，赠送清凉饮料，并叮嘱一线民警执好勤务的同时，注意身体健康。

（李　航）

【肇事司机投案自首】 1月5日零时23分，西长安街西单图书大厦门前东向西方向道路中央，一小客车将一女子撞伤后逃逸。受伤女子由于伤势过重，在送往医院途中死亡。根据以往办理致人死亡逃逸案件的经验，西城交通支队民警通过摸排、走访，将肇事嫌疑车辆锁定为一辆银灰色奥迪小客车，并迅速展开调查。了解到该车主姓冀（女)，并从冀某的母亲那里证实银灰色小客车一直是冀某的丈夫王某所驾。经过办案民警对冀某及其父母的耐心讲解工作，最终将冀某传唤至交通支队接受询问。1月5日，肇事司机在强大的心理攻势下，终于投案自首。至此历时10小时案件告破。这是西城交通支队7天内成功破获的第二起致人死亡的交通肇事逃逸案件。

（李　航）

【开展大走访爱民实践活动】　为扎实推进“公安民警大走访”爱民实践活动的开展，西城交通支队党委高度重视，以开展“五个三”活动为重点，立足本职岗位，紧贴群众所需，突出工作重点，转变工作作风，把群众呼声作为第一信号，人民满意作为第一标准，以实际行动自觉践行执法为民宗旨，树立微笑北京交警良好形象。西城交通支队结合区域特点，以深入人大政协、街道社区、商场学校等三类单位为重点，本着“走出去、请进来”的原则，采取现场咨询、召开座谈会、上门走访等形式，汇报工作，征求意见、建议，选准改进工作的着力点。以区两会为契机，支队长、政委等领导带领相关科室干部在会议现场咨询台向与会人大代表、政协委员征求工作意见和建议。据统计：开展爱民实践活动以来，西城交通支队共走访社会单位79个，走访群众560余人，征求意见和建议共198条。坚持以城镇失业下岗和低收入生活困难群众、鳏寡孤独老人和队伍内部的特困民警职工为重点关注人群，采取上门走访、入户调查、慰问帮扶等措施，了解他们的思想动态和生活情况，实事求是、力所能及地为他们解决实际困难。以交通管理工作中易发生矛盾的事故信访、执法投诉复议、122接处警等三类问题为重点，进行梳理和完善细化措施，减少不和谐因素。

（李　航）

【5个专项行动】　迎接新中国成立60周年各项保卫工作开展以来，西城交通支队本着“严、高、新、实”的工作原则，在抓好日常管控及夜查整顿工作的同时，开展对“货车、酒后、涉牌、非法营运、静态秩序”等5个方面的交通违法行为专项整治行动，使管界秩序环境得到了明显改善与提升。6至12月，共查处酒后违法1721起、醉酒54起、非司机40起，处罚货运机动车各类违法5065起，“涉牌”违法1134起，粘贴《违法停车处理通知单》26738张，暂扣残疾车、大小三轮车682辆次，拘留94人。

（李　航）

【组织驻区单位观看宣传片】　为强化交通安全宣传力度，结合重特大交通事故案例制作《血泪悲歌——重大交通事故警示录》专题宣传片，向社会群众发放，开展以禁止酒后驾车为主要内容的专题教育。西城交通支队在召开全区大会进行专题播放的基础上，结合驻区大型单位多、驾驶员多、交通组织完善的特点，先期集中在驻区中组部机关服务局、国家电网、国家广播电视总局等单位播放，并向部分驾驶员发放光盘，引起强烈反响。西城交通支队又自行复制光盘2000份，以驻区专业运输单位和大型单位为重点向广大驾驶员发放，并集中组织车管干部、驾驶员进行观看。在中组部机关服务局等单位，主要领导亲自组织单位员工观看警示片，扩大交通安全宣传的影响力。年内，西城交通支队在驻区大型单位组织集中观看30余场。

（李　航）

军　事

武装部工作

【概况】　中国人民解放军北京市西城区人民武装部（简称区人武部），受北京卫戍区和中共西城区委、区人民政府的双重领导，是中共西城区委的军事部和西城区人民政府的兵役机关。内设北京市西城区国防动员综合办公室、北京市西城区国防教育办公室、北京市西城区人民政府征兵办公室、北京市西城区预备役军官登记工作办公室。下辖7个街道人武部、47个企事业单位人武部，有专兼职人武干部225人。年内，按照北京卫戍区党委和西城区委、区政府工作部署，以学习实践科学发展观活动和迎接建国60周年庆典为主线，以保持先进荣誉、保持一流标准、保持自身安全为目标，狠抓能力建设，团结带领所属人员完成军地赋予的各项任务。1月，北京市国防动员委员会召开会议，区国防动员委员会被评为国防动员先进单位，区人民防空办公室、交通战备办公室和民兵“三战”办公室也同时被评为先进单位。3月，北京市和北京卫戍区召开年度民兵工作会议，区人武部连续第二十五年被评为“先进人民武装部”。9月，全国召开征兵工作会议，西城区被评为征兵工作先进单位。10月，北京市人民政府和北京卫戍区召开征兵工作会议，西城区连续第二十三年荣获征兵工作先进单位。

地址：西城区辟才胡同宏英园17号楼
邮编：100032
电话：88064194

（陈建新）

【民兵整组】 从2月上旬至5月中旬，区人武部围绕首都防空和维护区域稳定两大任务，加强民兵组织建设。全区共落实民兵1.2万人。组建2个应急营、7个作战分队和15类勤务保障分队。北京卫戍区首长和机关在5月12日对区民兵组织整顿工作和反恐应急连建设进行检查，给予充分肯定。

（陈建新）

【民兵政治工作】 年内，通过把武装工作纳入到全区党的工作之中，进行统一总结部署，结合工作任务抓落实、抓讲评，抽调民兵难的问题有所缓解。注重抓好民兵的思想教育，支持西长安街、展览路和新街口3个街道新建民兵之家。刊授教育效果明显，被北京军区政治部、《中国民兵》杂志社评为订刊用刊先进单位。全年在各类报刊刊稿60余篇。在卫戍区政治部和市委宣传部的高度重视下，区人武部和区委宣传部共协调13家新闻单位，召开宣传先进典型区人武部副部长陈洪远新闻发布会，13家新闻媒体同时播发先进事迹报道。

（陈建新）

【民兵军事训练】 上半年，参与北京军区和北京卫戍区组织的军事研讨，完成防范恐怖袭击研讨文章和首都核心区防卫作战等3篇理论文章的撰写工作。6月份，组织12名机关干部开展为期11天的首都防卫作战综合训练，参加了北京军区“铸盾——2009”战役指挥演习，拟制上报作战文书215份，较好掌握了战备转级、协同保障、信息攻防、防空作战、地面防卫和反恐维稳等不同战斗阶段的组织、协调和指挥等业务知识，积累了突发情况的处置套路。年内，根据民兵军事训练总体安排，结合西城区区位特点，采取以会代训、以岗代训和单位自训的形式，共落实1800余名民兵训练任务，组织街道专武干部召开2次总结培训会，指导7个街道分别抓好民兵基础科目训练，完成年度军事训练任务。

（陈建新）

【民兵参建】 两会、“4·25”、“6·4”、“7·22”和国庆期间，先后5次组织民兵执勤，动用105个民兵单位、19216人次，看护全区立交桥、过街天桥和地下通道。为了确保民兵执勤任务的完成，不间断地检查督促，做好保障工作。先后15次协助西城公安分局处理各类突发事件，抓捕违法分子7人。在防汛工作中，协调驻区部队和民兵单位，组建1000人的防汛抢险大队，坚持每天安排100名民兵值班备勤，担负应急抢险任务。

（陈建新）

【征兵工作】 全区本年度冬季征兵任务162人。在征兵工作中，开展宣传动员，严格体检政审，狠抓廉洁征兵，落实女兵征集方式改革，通过全区各级征兵工作人员的共同努力，完成了征兵任务。

（陈建新）

双拥共建工作

【概况】 北京市西城区双拥共建工作领导小组由军地54名成员组成，下设办公室（简称区双拥办），承担区委、区政府的参谋助手、军地关系的桥梁纽带和基层双拥共建工作的协调指导职能。年初，军地联合召开双拥工作会议，高标准谋划双拥共建工作。年内，全区军民围绕保增长、保民生、保稳定大局，以创建有特色、高品质全国双拥模范区七连冠为目标，普及全民国防教育，摸索推进“两新”组织（新经济组织、新社会组织）参与国防教育和双拥工作新思路，创新为基层官兵排忧解难新举措，总结推进双拥社会化进程新经验，实施拥军优属“五个百分之百”、拥政爱民“五个一”折子工程，军转干部安置、退役士兵培训服务、随军家属就业服务、部队子女入托入学落实到位，西城区第三次被评为全国军转安置工作先进单位。文化双拥活动扎实开展，重点优抚对象生活水平逐年提高，支持部队建设更加务实，军人军属合法权益得到维护。经市委政法委推荐，西城区被评选为北京市首个全国维护国防利益和军人、军属合法权益先进单位。拥政爱民工作更加贴近民生，急难时刻，驻区部队积极为地方排忧解难，军政军民关系融洽。

地址：西城区辟才胡同宏英园17号

邮编：100032
电话：66124993

（张贻发）

【双拥工作会议】　3月底，召开双拥工作会议，军民一起学习国务院副总理回良玉在全国双拥工作领导小组会议上的重要讲话，传达北京市双拥工作会议精神，部署全年双拥工作任务，区委常委、宣传部长傅华围绕双拥工作如何落实科学发展观，从理论与实践的结合上进行阐述，使与会人员深化了认识：一是军民关系引领社会关系，军政军民团结是西城区各项事业持续发展最大、最好、最根本的环境；二是为军队服务是价值观的体现，是天职，是系统行为，不只是做一、二件事，而是要系统规划，统筹安排；不仅要服务于现役军人，而且要服务于优抚对象。三是地方既要把拥军工作做到位，还要为部队开展拥政爱民工作提供条件。四是军地互动、互利双赢是双拥工作的基本规律和特征。

（张贻发）

【普及全民国防教育】　国防教育以爱国主义为核心，以全民为对象，以干部和中小学生为重点，整体纳入精神文明建设、先进文化建设和全民教育内容。年内，在进一步普及全民国防教育的同时，加大对“两新”组织国防教育和双拥工作的协调力度。年内全区有新经济组织1万余家、新社会组织800余家，是双拥工作创新发展的重要力量。为调动其参与国防教育和双拥工作的积极性，区双拥工作领导小组印发《关于在新经济组织新社会组织深入开展国防教育和拥军优属活动的意见》（简称《意见》），通过各种途径将《意见》连同《中华人民共和国国防教育法》发送到辖区“两新”组织。各街道采取召开座谈会、发调查问卷等形式，听取“两新”组织对参与国防教育和双拥工作的意见、建议，为协调、指导“两新”组织开展国防教育和双拥工作奠定基础。各街道选择有一定规模和基础、有实践指导意义的“两新”组织作为先行单位，总结推广其经验。年内，什刹海街道组织30余名“两新”组织人士到航天城参加“军营一日”活动。各街道本着循序渐进原则，协调“两新”组织与优抚对象签订帮扶协议，推动“两新”组织拥军优属活动的开展。

（张贻发）

【文化双拥活动】　全区军民以迎接新中国成立60周年为契机，开展以赞颂伟大祖国为主题、以合力打造社区文化双拥、文艺双拥、科技双拥、教育双拥和法律双拥5个板块为重点，组织内容丰富、参与广泛、形式多样的文化双拥系列活动。年初，7个街道分别组织3000余名新兵到长城开展向祖国宣誓活动。总参、总政、总装、二炮后勤部、中央警卫团、武警一支队发挥自身优势，参加“西城精神”征文和西城区“翰墨颂祖国”书画展览活动，创作36幅书画、撰写7篇论文并分别获奖。西长安街街道组织开展“中南海邻居的回忆”征文活动，辖区党政机关、部队官兵、居民群众广泛参与，历经4个月，收到征文500余篇，从不同角度赞颂伟大祖国翻天覆地的巨大变化，从中选出64篇汇集成册，成为群众性爱国主义教育的生动教材。驻区部队组织300余名官兵参加区委、区政府组织的“友城手拉手 浓浓民族情”文化活动，总政歌舞团作曲家义务为区委书记创作的“友城手拉手 浓浓民族情”歌词谱曲，并选派著名歌唱家谭晶演唱。国庆期间，全区共举行部队老英模、离退休老干部联谊会40余场，创作诗、书、画作品100余件，撰写征文3000余篇。街道双拥艺术团为军民演出10余场次，在全区形成了浓厚的文化双拥氛围。

（张贻发）

【落实优抚安置政策】　为落实北京市双拥办《关于在全市实施拥军优属“五个百分之百”和拥政爱民“五个一”折子工程的通知》，区委、区政府领导与区双拥办、区人事局、区劳动保障局、区民政局研究制定具体实施方案，修改完善退役士兵、随军家属就业服务办法，加大岗前培训力度，缓解就业安置困难。年内，接收军转干部174名，安置率百分之百。接收退役士兵197名，培训服务率百分之百。接受随军家属180名，就业服务率百分之百。部队子女入托入学率百分之百。协调社会单位调整142名老烈属、老革命伤残军人、在乡老复员军人的经济帮扶标准，由每人每年1200元调整为1800元。

（张贻发）

【支持部队建设】　西长安街街道推出非京籍退役士兵“就业技能、就业岗位、就业指导、扶贫帮困”四进军营活动，协调安排驻街180名非京籍退役士兵参加在京就业招聘会，其中120名与用人单位签订就业协议。区财政拨款600万元，支持部队改革建设。筹措150万元，慰问国庆阅兵部队。各街道共筹措80万元，奖励立功官兵、帮扶困难战士家庭生活、奖励被军校录取士兵。召开首届创评双拥“五好”表彰会，对9名支持子弟兵的好领导、7名关心子弟兵的好居民、7名培育子弟兵的好家长、14名体贴子弟兵的好军嫂、44名安心服役的好战士进行表彰，区领导与总装政治部秘书长为双拥“五好”获得者颁发荣誉证书。年内，区委、区政府及社会各界用于拥军优属经费累计超过3000万元。

(张贻发)

【开展拥政爱民活动】 年内，全区有军（警）民共建和谐社区共建点活动71个，占社区总数的48%。年初，各参建部队普遍与地方研究安排全年共建计划，开展以迎接新中国成立60周年为重点的共建和谐社区活动。年内，总参、总政、总装、二炮后勤部支持西城区开展科学发展观学习实践活动，围绕推进西城区经济社会又好又快发展，以主人翁姿态，热情出主意、提建议。驻区部队时刻关注民生，开展“帮困助残送温暖”活动，春节前筹措35万元，对西城区700户困难家庭进行慰问；捐款20余万元，支持慈善事业。选择柳荫街等10个社区为双拥共建示范社区，组织开展“迎国庆 讲文明 树新风”活动；坚持与全区88所中小学开展以国防教育为重点的双拥共建活动，就地就近参与和支持开展国防教育进社区、进院落、进家庭活动。总参政治部机关以及中央警卫团、伪装团、陆航团和武警一支队选派70名官兵参与西城区3000名大学生国庆游行训练任务。参训官兵冒着酷暑，历时3个月完成任务，受到区委、区政府和大学生的赞赏。驻区部队还派出千余名官兵参加植树日、职工运动会、学生军训和救灾物资打包、运输等活动。

(张贻发)

民防工作

【概况】 北京市西城区民防局（简称区民防局）是区政府人民防空和防震减灾工作的主管部门，是西城区国防动员委员会的常设办事机构之一，下设办公室、指挥通信科、工程管理科、法制宣传科、地震应急科5个行政科室和民防指挥通信中心、民防工程管理中心、民防宣传教育中心3个所属事业单位。年内，区民防局围绕国庆安保大局，坚持“以人为本、民防为民”宗旨，巩固和强化民防“五大体系”建设，推进民防指挥宣教场所、应急物资储备库和民防志愿者队伍建设，各项工作均取得新进展。区民防局被市民防局表彰为民防系统“国庆平安行动”先进集体，并连续4次获得市民防机关“准军事化”建设达标先进单位称号。

地址：西城区西单横二条2号华恒大厦4层

邮编：100031

电话：88064801

(肖 霄)

【“国庆平安行动”】 在“国庆平安行动”中，针对人防工程安全管理特点，制定“国庆平安行动”工作方案，成立领导小组，召开全区动员部署会，层层签订责任书，指导各工程管理使用单位制定和完善消防、防汛、治安、防恐和工程事故等应急预案。对工程管理使用人实行以会代训，组织防火、防汛应急演练。局领导组成6个督查组，分片包干，对全区人防工程实施督察检查。结合“雷霆行动”、“合围攻坚”、有限空间治理等专项行动，采取“捆绑式”作业法，组织对全区人防工程进行拉网式排查。将国庆庆典活动途经路线、车辆停车场、礼花燃放点等场所周边实施重点监控和专项巡查。通过“国庆平安行动”，拆除工程内“鸽子窝”34间，停用工程2处，处理各类隐患54处，其中查处违法案件10起，暂扣管制刀具等危险品16件，收取违约金2000元，确保人防工程的绝对安全。

(肖 霄)

【民防志愿者队伍组建试点】 依据《中华人民共和国人民防空法》建立民防志愿者队伍参与防空防灾和突发公共事件救援工作，宣传防空防灾知识，提高全民防灾减灾意识和防护技能，是“防空防灾一体化”建设的拓展和延伸。从8月开始，根据市民防局志愿者组建部署要求，与区社工委联合制发《西城区民防志愿者队伍组建实施方案》，明确西城民防志愿者队伍由区民防局、区社工委共同组建，区民防局负责日常管理和培训，同时制定与之配套的西城区民防志愿者队伍《工作章程》、《管理办法》、《培训方案》和《器材装备管理规定》等规章制度，并在局机关和金融街街道、展览路街道、德胜街道、西长安街街道的5个社区进行组建试点。经过报名、筛选、审核、登记，完成121人的民防志愿者队伍组建试点工作。12月18日，举行全区“民防志愿者队伍成立启动仪式”和培训会，并为每名志愿者统一配发志愿者服装和部分应急救援装具。北京市民防局副局长宗绪盛、西城区副区长陈蓓等领导到会，并为志愿者队伍授旗。

(肖 霄)

【接收应急移动指挥车】 8月28日，市民防局为区民防局配发1台民防应急移动指挥车（815D型奔驰车改装）。车辆接收后，区民防局及时制订《西城区民防局应急移动指挥车使用维护管理办法》，使用人员很快掌握了车情性能和操作技能。

（肖　霄）

【民防应急值守与勤务保障】 在区应急指挥中心改造期间，启用808工程作为全区应急指挥场所，确保区政府不间断的应急指挥；启动民防应急移动指挥车，先后4次参加国庆执勤备勤，完成庆典期间相关活动的应急移动保障任务；参加各种勤务活动，抽调60余人担负敏感期维稳、西城区文明城区达标迎检、国庆执勤、庆典晚会集体舞、新中国成立60周年成就展等勤务。

（肖　霄）

【人防工程规范化改造】 分别制定公用人防工程、住人工程和仓储工程《规范化改造标准》，督促各使用人按要求对工程进行装修改造。各公用工程使用单位共投入装修改造资金300万元，改善工程面貌；住人工程内部全部重新装修，改造电器线路，改善生活设施，实行1户1表，安装监控和应急报警装置；仓储工程全部做到货物规范上架。

（肖　霄）

【应急物资储备库建设】 根据市民防局利用人防工程建设应急物资储备库的工作要求，组织相关人员开展调研，向区政府呈报建设《初步设想》。在金融街街道、新街口街道、展览路街道、德胜街道选择4处条件相对较好的地下人防工程进行建设，同时对区“综合救助物资调配中心”进行升级改造，5处工程于年底前全部建成。

（肖　霄）

【人防工程维护】 把街道宣教场所、应急物资储备库建设与人防工程维护维修结合起来，同步规划、同步施工，同步验收，经过努力，全年完成工程维护维修17处、3万平方米，社会单位累计投入资金73万元。年底，全区达到战时防护标准的工程已超过总量的90%。

（肖　霄）

【防汛工作】 完成区人防工程防汛预案的修订工作；结合平房保护区危旧房改造、“煤改”电工作，做好处理人防工程“死洞”准备工作；结合人员调整，修订《2009年西城区民防局党政领导和各级防汛指挥员职责》；组建2支应急抢险队伍，备齐汛期抢险物资，并进行防汛演练。加强汛中巡查，及时处理险情，消除隐患，妥善处理雨后地面塌陷4处和透水事件1处，确保人防工程安全度汛。

（肖　霄）

【民防宣教培训】 利用已建成的4个街道民防宣教基地开展防空防灾宣传。接待来自国际民防组织，亚洲社区安全会，全国文明办和国内18个省市参观团，473家企事业单位，32所院校，包括中央电视台、北京电视台在内的多家新闻媒体3万余人学习考察、培训和录制节目。西城区区长，区人大、区政协部分代表、委员等，先后到宣教场所视察和调研。北京市副市长黄卫视察后，向区民防局赠送了《房屋抗震知识读本》。

（肖　霄）

【公共安全宣传“四进入”活动】 开展公共安全宣传“进机关、进学校、进社区、进企业”活动，扩大宣传教育面。先后组织月坛街道、德胜街道、金融街街道、展览路街道、西长安街街道的社区居民和部分机关、企业人员、在校学生参加地震、消防、居家安全、甲流防控等培训，进行应急疏散演练；组织“防震减灾家庭知识竞赛”、“国庆平安行动”知识问答和公共安全知识问卷调查等宣传培训活动；组织德胜街道和新街口街道45个社区的90位工作站长、书记到中国地震局搜救中心进行灾情速报培训。全区受教育面10万人。

（肖　霄）

【依法行政工作】 完善《行政执法责任制度》，组织执法人员培训，28人取得市政府颁发的《行政执法证》。全年办理人防工程拆除、改造、使用许可82件，核发《人防工程使用证》49件，没有新增住人工程，杜绝擅自使用、改造的问题。全年立案查处违法案件10起，结案8起，行政罚款1.65万元（其中一般程序1起，罚金1万元，简易程序7起，罚金6500元）。停用1处存在扰民问题的仓储工程；处理5起群众来信、来访案件；承办区政协委员关于“加强民防宣教工作”等5件提案。

（肖　霄）

（责任编辑　马恩慈）

工商　贸易

概　述

北京市西城区商务局(简称区商务局)是区政府主管全区内外贸易和对外经济合作的工作部门。年内，全区商务工作围绕“保增长、保民生、保稳定”目标，依靠“特色、形象、环境、氛围”的工作创新，全面落实“强服务、促消费、保民生”各项工作，完成推进商业重点工作建设、创造配置调整投资氛围、构建便民利民服务网络、狠抓市场监管基础建设等工作，保障新中国成立60周年庆典任务完成。全区社会消费品零售额稳定增长，实现零售额329.4亿元，同比增长12.4%。全区新增31家社区便民店（1家菜市场、30家社区便民服务网点)，6家商业企业无障碍设施改造通过市级验收。工业经济平稳运行，利用外资质量不断提高。全区新设外商投资企业53家，吸收合同外资6.11亿美元，同比增长79.06%；实际利用外资7.75亿美元，同比增长1.51%。随着投资环境不断改善和服务便捷周到，增资情况创近3年新高，吸收合同外资和实际利用外资保持稳定增长，新设外商投资企业中不乏世界知名企业落户西城区，繁荣现代的良好商务局面，推动了区域经济平稳健康发展。

（强晓燕　柴晓虹）

工业管理

【概况】　年内，西城区工业生产和销售平稳增长，能源供应业仍是辖区工业支柱行业。截至11月30日，区域92家规模以上工业企业(年主营业务收入500万元及以上的企业）完成现价工业总产值848.6亿元，同比增长8.9%；完成产品销售收入851.5亿元，同比增长8.7%；产销率为99.9%，同比增长0.1%。电力热力生产和供应业、燃气生产和供应业、水生产和供应业三大行业7家企业构成的支柱行业占区域规模以上工业企业工业总产值总量95.8%，工业总产值和销售收入增幅分别高于区域规模以上工业企业整体水平2个百分点和2.2个百分点，奠定了年内区域工业生产和销售平稳增长的基础。

地址：西城区真武庙六里甲6号

邮编：100045

电话：68013259

（潘亚会)

【国有企业】　年内，三大支柱行业中的主要企业均为国有及控股企业，辖区工业经济呈现国有及控股经济成分占主导地位格局。区域92家规模以上工业企业中，国有及控股企业有46家，占总数50%，其工业总产值和销售收入分别占规模以上工业企业总量88.7%和88.8%。

（潘亚会)

【行业发展】　年内，区域工业22个行业所有企业变化较大，与上年相比有8个行业企业增减，其中通信设备计算机及其他电子设备制造业减少3家，印刷业和记录媒介复制减少1家，塑料制品业减少1家；交通运输设备制造业增加4家，专用设备制造业增加2家，电气机械及器材制造业增加2家，仪器仪表及文化办公用机械制造业增加1家，工艺品及其他制造业增加1家。截至11月30日，完成现价工业总产值亿元以上行业12个，占区域行业个数54.5%；完成现价工业总产值在10亿元以上行业3个（电力热力的生产和供应业、燃气生产和供应业、水的生产和供应业），占区域行业个数13.6%；完成现价工业总产值在百亿元以上行业1个（电力热力的生产和供应业），占区域行业个数4.5%，其产值715.5亿元，同比增长10.6%，占区域规模以上工业企业现价工业总产值总量84.3%。

（潘亚会）

【都市产业】 年内，区域92家规模以上工业企业中，都市型工业企业30家，与上年相比减少1家，占区域规模以上工业企业总数32.6%。涉及行业8个，为食品制造业、纺织业、纺织服装鞋帽制造业、造纸及纸制品业、印刷和记录媒介的复制、文教体育用品制造业、塑料制品业、工艺品及其他制造业。与上年相比，都市型工业生产和利润均呈下滑态势。截至11月30日，30家规模以上都市型工业企业完成现价工业总产值9.4亿元，同比下降16.2%，占区域规模以上工业企业总量1.1%；完成产品销售收入11.8亿元，同比下降9.9%，占区域规模以上工业企业总量1.4%。

（潘亚会）

【加油站经营资格审核】 年内，根据北京市成品油及原油经营资格管理工作会议部署，依据《北京市成品油及原油经营企业指引手册》中相关工作程序和具体要求，受理辖区内展览路加油站、太平湖加油站、北二环加油站、金融街加油站、西便门加油站、平安大街加油站和北京润昌宏业石油制品有限公司、北汽出租汽车集团有限责任公司报送的年审资料进行验收审查，将初步审核意见及相关材料上报北京市商务局，完成区域成品油流通企业经营资质初审转报工作。

（潘亚会）

【整顿和规范市场经济秩序】 年内，西城区整顿和规范市场经济秩序领导小组各成员单位落实区委区政府指示精神，围绕新中国成立60周年“平安国庆”行动和强化公开、公平、有序的市场体系各项任务，开展火灾隐患排查整治、高层和地下建筑消防安全专项整治、全国两会消防保卫及“雷霆行动”、商业场所安全专项检查、无照经营集中取缔行动、假冒商标侵权行为整治、违法建设依法拆除、广告牌匾专项整顿、网吧市场集中整治、国庆期间文化娱乐场所整治、迎国庆建筑工地食品卫生整治、食品夜市街头无证照经营治理、“一日游”整治、辖区药品市场秩序整顿、“黑诊所、黑药店”及医疗机构周边非法收购药械和利用互联网邮政渠道销售假药以及流通领域知识产权联合执法行动等专项整顿规范。进一步维护和促进了区域经济和社会事业发展环境良好态势。各有关成员单位执法部门出动25718人次，检查各类生产、经营和建筑施工单位19968家次，共查处各类重大案件8025件，收缴盗版光盘3.5万张、盗版图书730余册、电子出版物3520张，拆除违法建筑948处，拆除违规户外广告246块。

（潘亚会）

【工业品市场建设】 年内，贯彻《商品交易市场设置与管理规范》要求，坚持日常督促和重点检查相结合，在两会、国庆60周年等重大会议和重要节日、活动期间，检查走访重点区域重点市场，督促落实相关规范要求，提出改进意见，确保市场经营安全和秩序稳定。重点推进3家工业品交易市场规范达标，下发规范达标对照检查表，推动计划规范达标市场对照规范标准开展自查和完善，突出制度建设和软件提升。3家计划达标市场通过区商务局、西城工商分局等部门的联合验收，工业品市场规范得到进一步提升。

（潘亚会）

国有资产经营管理

【概况】 北京市西城区国有资产经营公司（简称国资公司），有干部职工16人，设行政办公室、党委办公室、企业管理部、计划财务部、审计部及西城区企业离休干部管理服务中心，有下属企业10家：北京轻工印刷厂、北京自动化控制设备厂、北京市金属工艺品厂、北京市电讯工具厂、北京光电设备厂、北京市凤凰时装装饰品公司、北京市皮鞋厂、北京通盈建筑有限责任公司、北京市长城美术品厂、北京市雕漆工厂。年内，国资公司对经营运行状况尚好的企业，特别是国有企业，就如何构筑新型的产业格局，提出优化整合国有资产，促进发展的整体思路，开创西城区经济建设发展的新平台，并且完成公司自身职能的转变，从事务性管理过渡到资产管理为主的资产运营型公司，进而逐步过渡到国有资本运营的管理水平。

地址：西城区板桥头条19号
邮编：100035
电话：83229155

(杜京民)

【国资公司工作会议召开】 1月16至17日，国资公司召开2009年工作会议，公司所属10家企业党政领导班子成员近50人参加会议。会议总结了上年取得的主要成绩，宣布各企业考核评比结果，部署新一年主要工作任务，并签订完成目标责任书。

(杜京民)

【“职业经理能力训练沙盘”培训】 5月13至14日，国资公司党委从国务院国资委职业经理研究中心引进企业职业经理能力训练沙盘，举办为期2天的模拟培训，公司所属企业的36名中高层管理者和后备人才参加培训。此次培训采取学员亲自动手、动口、动脑方式。培训师把学员分成6组，组建了6家“虚拟公司”，通过总经理、财务总监等职位角色的扮演，从视觉、触觉和听觉等方面全面激发学员的学习兴趣。在培训师的指导下，学员通过亲身参与经营虚拟企业，在市场竞争中学习战略分析、产品研发、市场开拓、运营和产品销售，在经历企业的成功与失败中亲身体验管理者基于全局的系统思维过程，体验战略决策和管理技能，体验换位思考和相互沟通的重要，培养职业经理人以市场为导向的经营意识，实现管理理论与实际企业经营的密切结合，培养团队合作精神。

(杜京民)

【国庆安保工作】 国资公司建立了350人的国庆安保预备队，组织民兵预备役人员48人次完成地区安保工作。所属企业皮鞋厂党委组织30名职工参加国庆标兵演练，在国庆群众联欢晚会上，完成标兵任务。

(杜京民)

【“迎讲树”活动】 国资公司在系统内开展“迎国庆讲文明树新风”活动，下属企业在活动中开展了加强社会主义荣辱观、职业道德和诚信教育。属于窗口行业的企业开展了“迎国庆优质服务月”活动，倡导文明服务、礼貌待客，加强服务规范，为客户提供一流的服务；参加群众性迎国庆活动，完成上级下达的国庆任务。活动期间，公司所属企业组织参与文明礼仪普及活动5次130人次；参与社会志愿活动85次304人次；参加环境卫生整治活动4次520人次；参与社会文化活动33次240人次。

(杜京民)

【无偿献血活动】 1月10日，国资公司组织系统各单位积极响应市、区的号召，开展无偿献血活动。各单位克服人员少、年龄老化、退休人员多等困难，献血人员达到28人，超额完成献血指标的35%。

(杜京民)

【送温暖活动】 国资公司及各所属企业在两节期间走访慰问离休老干部、退休劳模、困难职工和困难党员共计311人，其中离休老干部83人、退休劳模12人、困难职工175人、困难党员41人，送去节日慰问品和补助金10.6万元。

(杜京民)

【离退休干部工作】 9月25日，国资公司在离休老干部活动中心会议室举行“庆祝建国60周年暨老干部纪念册《岁月如歌》首发仪式”。20余名离休老干部参加活动。国资公司党委副书记、副总经理等领导，及下属企业老干部管理部门的代表出席仪式。会上离休老干部代表即兴发言，祝福祖国60岁生日，对领导的关心以及为老干部制作纪念册表示感谢，表示继续发挥余热为祖国和人民作贡献。

(杜京民)

商业服务业管理

【概况】 年内，在国际金融危机对商业流通领域形成较大冲击的严峻形势下，以“保增长、促消费、保民生”为重点，推进行业布局调整，提升经营与管理水平，深入挖掘开拓消费市场，不断提高资源合理利用，抓重点工程建设，完善应急体系建设，稳固流通基础工作，全力指导服务企业，市场供应充足稳定，消费品市场保持平稳增长态势。

地址：西城区真武庙六里甲6号
邮编：100045

电话：68012353

（刘玉勤）

【保增长促消费繁荣市场】 年内，组织指导辖区重点行业、企业开展主题促销活动，让利于民，惠及百姓，繁荣市场，促进经济发展。年初，组织区域内28家商业服务企业参加“家家户户备年货、欢欢喜喜过大年”促销活动，春节期间大百货销售同比增长近一成，餐饮增幅13%以上。8月2至31日举办第八届什刹海文化旅游节，与区旅游局以商旅结合方式推出“商旅新天地、欢乐满西城”大型活动，据西单商场、大悦城、金融街购物中心、长安商场、百盛等14家商场统计，旅游节共实现零售额8.5亿元，同比增长19.4%，高于全区8月增幅12.5个百分点。8月8日至9月8日举办“西城区美食月”，重点推出“百店百味惠百姓”、“名厨进社区，教你学厨艺”两项活动，华天集团旗下20家老字号品牌、大悦城多家餐饮商户、顺峰金阁酒店、钻石大酒楼、金融街黎昌海鲜、和合谷等114个品牌的126家名店参加活动。据对聚德华天烤肉季饭庄、金融街黎昌海鲜等不同类型36家企业统计，美食月共实现营业收入0.37亿元，同比增长10%，与活动前1个月相比上升15%。组织区域内60个餐饮企业参加“水立方杯”北京国际美食盛典活动；组织什刹海、金树街等特色街参加北京市“消夏节”活动；组织西单商业街9家企业参加北京市商务局、市旅游局开展的吸引外地游客进京10万“消费伴侣”馈赠优惠等活动。

（刘玉勤）

【新增31家社区便民店】 年内，重点解决群众买菜买副食品等方面的不便问题，满足社区居民多层次生活需求，对辖区7个街道办事处逐个走访、专题调研、积极挖掘、努力推进。会同区社会办、区财政局、区民政局、西城工商分局等相关部门，出台《西城区完善社区商业设施建设的意见》，配套制定《西城区社区便民店扶持资金管理办法（试行）》等管理性文件。通过市场化经营机制和建立长效管理机制，完成新增31家便民店为民办实事折子工程，并将建设扶持资金及时拨付到位，使便民惠民工作落到实处。

（刘玉勤）

【甲型H1N1流感防控】 自5月初开展甲型H1N1流感防控工作，区商务局作为区后勤保障组牵头单位，落实组织机构，制定物资保障方案与应急物资调拨程序，完善应急分销网络，开展防护用品日监测，对隔离观察点需求物资进行采购、调拨，加大宣传力度，提高全民防控意识。确定金象大药房、好邻居便利店为物资保障供应企业，疏通货源渠道，建立市内政府实物储备库；组织区域内天锋宾馆、同春园饭店两个隔离观察点做好密切接触者接待工作，协同区流感办、区财政局对隔离观察点征用期间经营损失补偿进行核算。

（刘玉勤）

【早餐工程建设】 截至10月底，企业累计实现早餐收入3.8亿元，为社会提供早餐服务1.1亿人次。年内举办“早点品种制作技能”、“食品卫生安全知识”和“员工服务”等多期培训班，累计培训社会企业40余家、160人次，规范企业全年共推出60余种早点新品。对各企业经营早点品种数量、质量、卫生、服务、价目表等检查验收，70家企业规范达标，7家企业被授予西城区“早餐规范店达标先进单位”称号。区域早餐规范店总数77家，其中护国寺小吃、庆丰包子铺、和合谷等连锁企业54家，占70%；清真企业15家，占20%；中低档大众化企业占91%；早餐收入每天平均1000元以上企业65家，占84.4%。通过“顾客调查问卷”统计，百姓对政府实施早餐工程满意率95%以上。形成以华天品牌早餐为主体，社会规范企业早餐为骨干的早餐经营格局，取得经济效益和社会效益双丰收。

（邵自军）

【护国寺特色街建设】 年内，护国寺特色街是北京市商务局重点打造的特色街之一，被区委区政府列为重点工作。年内完成对沿街逐户摸底调查，登记造册；完成《护国寺特色商业街改造提升规划方案》；《护国寺特色街业态规划》根据特色街改造要求正在编制。成立护国寺特色街建设工作小组，在什刹海整治领导小组统一指导下，稳步推进特色街建设，做好项目入库等工作，协调督促牵头单位与项目单位抓紧追加立项，9月底完成财政审批项目入库工作。护国寺街的立面修缮、燃气入户、路面铺装、停车场修建、绿化改造和业态调整等各项工作在逐步推进。

（康　力）

【开展文明兴商活动】 年内，做好辖区商业服务业企业参加首都诚信经营示范店评比工作。组织西单商场、北京百盛两家原有示范店复验申报；组织长安商场、金融街购物中心两家示范店申报评比；会同区知识产权局和西城工商分局在长安商场联合举办保护知识产权座谈交流会；组织13家商场开展排队日活动，树立商业文明形象，倡导有序购物良好风尚。

（刘玉勤）

【推进科学消费】 年内，组织辖区6家商场参加北京市商业科技周活动，围绕“让生态商务走进市民生活”开展主题活动，各家商场结合经营特色开设科普专柜，举办消费讲座，积极倡导科学消费理念，提高民众可持续发展意识，以科技带动文明与消费发展。

（刘玉勤）

【控制大气污染减少排放】 完成辖区开启式干洗机更新改造工作。开展服装干洗行业开启式干洗机专项治理工作，辖区15家干洗行业完成更新改造，13家合格干洗店购买封闭式干洗机共投入资金112.35万元，按规定获得补助资金44.92万元。另有1家购买二手机器，1家购买机器型号未列入北京市公布名录之中。

（赵杰平）

【规范再生资源回收行业】 加强再生资源回收行业管理，促进循环经济，环境建设取得较好成绩。做好两会、国庆期间再生资源环境建设保障工作；集中换发西城区再生资源回收网点收购证；组织召开西城区回收网点工作人员培训会；配合北京市市政管委做好垃圾分类工作；落实再生资源回收日相关工作。通过实施规范站点、掌控资源，完善链条、物流配送，网格管理、加强监督，部门联动、执法到位等有效举措，再生资源回收量呈较大幅度上升，年内辖区共回收废旧物资21956.6吨、废报纸23055吨、废金属4556.4吨、废塑料1545吨、废玻璃1141.4吨、其他回收物资469.8吨，交易额2889.6万元。

（晁振安）

【典当行业管理】 年内西城区有典当行12家、分支机构7家，其中年内新增典当行1家、分支机构3家。按照市商务局关于对典当企业核查通知精神，组织辖区典当企业和典当分支机构开展核查工作，规范典当企业经营行为，提高典当行业发展水平。年内全区典当行业实收资本1.5亿元，业务笔数21427笔，同比增长64%；典当总额5.42亿元，同比增长90%；利息及综合收入2917.2万元，同比增长63%；绝当销售收入408.9万元，同比增长4倍；上缴税金443.3万元，同比增长1.6倍。典当业务笔数、动产、房地产等业务均有上升。

（晁振安）

【直销企业监管】 年内西城区有直销企业15家、25个网点，拟设直销企业6家。依据商务部颁发的《直销管理条例》及市商务局加强对直销企业监管工作部署，对直销活动加强监管，防止欺诈，保护消费者合法权益和社会公共利益。对年内取得直销经营许可证的1家企业进行核查，对拟设网点的1家直销企业出具认可函。区域设立的直销企业服务网点基本满足消费者和直销员了解产品价格、退换货及企业依法提供的其他服务。

（晁振安）

北京华方投资有限公司

【概况】 北京华方投资有限公司（简称华方公司）是国有独资公司，注册资本3.06亿元，主要从事国有资本投资、管理业务。华方公司拥有12家企业的全部或部分国有产（股）权，对其履行“投资、监督、调控、服务”职能。投资涉及连锁药店、物业管理、文化、房地产、特色餐饮、综合百货、旅游、金融证券等领域。截至年底，华方公司总资产为11.87亿元，净资产为4.56亿元。年内，华方公司紧抓“树立忧患意识、适时应对市场、扎实推进业务、强化规范管理”的年度工作主题，全年实现净利润2579.26万元，较计划增长56.03%、较上年同期增长10.37%；净资产收益率6.42%，较计划增长2.26个百分点；保值增值率106.54%，较计划增长2.29个百分点；普通职工年工资增长率11.25%，较计划增长3.25个百分点，超额完成年度经济指标任务。区委巡视组在华方公司开展了为期3个月的专项巡视工作，经过调研和测评，巡视组给出“总体良好”的评价，并肯定华方公司主要领导干部的廉政建设工作。华方公司被市国税局、市地税局评为“纳税信用A级企业”称号。

地址：西城区月坛西街乙2号5号楼
邮编：100045
电话：68037853

（王　涛）

【实业项目】 瞰都房产项目完成预定目标。瞰都房产项目于2008年4月18日开盘后，相继遭遇汶川大地震、国际金融危机影响，由盈利预期丰厚转向预亏。经与合作方洽商，确定“不亏本前提下变现为上”的基调，及时更换销售代理机构，确定“限时余额包销代理”的合作方式。截至年底，全部160

套住宅已累计销售159套（含2套未签约），完成预定目标。招商大厦B座项目取得新进展。上半年将全部112套商铺的产权证办理完毕，并办理了商铺接收和入住手续。御茗苑项目取得实质性进展。9月22日，与上海豫园商城房地产发展有限公司（简称豫园公司）签订《合作意向书》，豫园公司将受让北京御茗苑文化发展有限公司70%股权，华方公司保留30%股权。12月28日，履行完毕北交所公开挂牌手续。年内共接触洽谈新项目53个，其中9个项目纳入调研论证阶段，1个项目（北京国际老年康乐中心项目）已上报区国资委审批。

（王　涛）

【金融投资】 针对年内国际金融危机导致国内A股剧烈震荡局面，华方公司于年初确定了“控制规模、防范系统性风险、视机波段操作”的投资思路与策略。上半年抓住A股市场反弹机会，大幅减持证券投资基金和部分北京银行股票。8、9月份后，根据对未来宏观经济走势的判断，加大对开放式证券投资基金尤其是指数基金的投资力度。全年金融投资变现盈利近3000万元。

（王　涛）

【物业管理】 年内，一是继续按照华方公司改制后修订的《房屋租赁合同》范本履行合同换签手续，换签合同77份。二是通过法律诉讼方式处理3起历史遗留的房屋租赁纠纷，包括真武庙三条纠纷、百万庄大街7号纠纷、北京中实恒业房地产开发有限责任公司（简称中实公司）拆迁补偿合同纠纷。其中中实公司拆迁补偿合同纠纷于12月3日经区法院判定华方公司胜诉，被告应在判决生效后60日内给付华方公司停业损失补偿款、回迁安置货币补偿款等，共计人民币729.14万元及违约金等。三是规范房屋租金管理，制定并实施《华方公司房屋租金管理办法》。四是审计部积极配合物业部落实《房屋维修改造管理细则》所涉及的维修内容、程序和标准等技术细节，解决制度的“落地”问题。

（王　涛）

【团队建设】 组织领导班子成员学习《企业国有资产法》；利用区国资委搭建的培训平台，组织公司领导及后备干部参加学习，还分批组织项目经理参加关于经理八大能力和宏观经济形势的学习；组织投资部学习讨论公司投资发展战略，以及投资项目的选择原则、选择思路及策略等，为公司投资业务的进一步拓展作铺垫；推荐2名正职后备、3名副职后备和3名青年骨干后备参加区委组织部、区国资委党委联合组织的后备干部考评；借助公招平台招聘投资部部长1名，投资业务人员1名。通过公司单独组织的公开招聘活动，招聘财务2名和人力资源管理人员1名。

（王　涛）

【“春雨行动”捐款】 华方公司在西城区慈善协会开展的“春雨行动”中，捐款100万元，帮助北京市遭遇重大疾病、意外灾害等突发事件造成生活困难的个人和家庭，尤其是患有大病的少年儿童。

（王　涛）

北京华兴新业商贸有限责任公司

【概况】 年内，北京华兴新业商贸有限责任公司（简称华兴新业公司）面对复杂的经济形势，按照“保增长、促改革，保稳定、促发展”的总体要求，创新思路、细化措施、节约挖潜、迎接挑战。经营上突出主业，围绕“明”——统筹部署目标明确、“新”——广泛调研调整创新、“特”——切合实际突出特色、“文”——文化服务百姓追捧；管理上突出稳定为根本，探索精细化管理新途径，完成安全生产及各项指标任务。截至年底，华兴新业公司（含西西友谊商城）主要经济指标实际完成（因美能达注销，在户数减少的情况下完成）情况：实现销售额61089万元，完成年计划的101.82%；实现利润4960万元，完成年计划的141.71%；净利润完成2091万元，完成年计划指标的171.53%；净资产收益率达到4.81%，完成年计划的160.33%；国有资本保值增值率达到105.38%，完成年计划指标的173.54%。年末合并报表户数15户（撤销复兴泰和旅行社，增加京工友谊时装厂），其中利润上千万元的1户（复兴商业城），百万元以上的3户（公司机关、新街口百货商场、地安门百货商场）。8月12日，北京华兴新业商贸有限责任公司由原华方投资有限公司出资变更为西城区国资委出资，从一人有限公司变更为国有独资公司，设董事会7人、监事会5人。

地址：西城区华远北街1号楼7层

邮编：100032

电话：66184460

（曹　伟）

【复兴商业城】 年内从两个方面做了两件大事，着力打造“复兴百年老店”。一是经营管理方面：于8月25日全面实施购销分离改革，将原二级管理转变为一级管理，将购、销环节分离，管理与经营职能分开，打破原有8个经营部门各自为政的模式，统一购进、统一管理。避免重复经营与内耗，充分调动各方积极性。9至12月累计实现销售同比上升11.80%、利润同比上升67.61%。二是关心职工方面：以人为本，全面落实八大惠民措施。企业本着正视问题、认真整改、实事做好、好事做实的原则，为不能报销供暖费的正式职工每人发放400元取暖补贴，组建职工伙食委员会，设立便民应急医疗服务点，为一线单休员工在不增加工作时间的前提下每人每月补助200元等。

(曹　伟)

【新街口百货商场】 结合新街口区域商圈特征与企业实际，按照错位经营策略，调整业态，主打穿着类商品区域主题型商场。在为中老年服务过程中企业以品质服务理念为指导，突出细节服务。中老年顾客钟爱的侧开口女裤，棉衣、棉裤，加肥加大型、超瘦型、超短型等特体服装均可买到。暑天可机洗竹纤维凉席，定做结婚喜被等成为新百公司特色经营支柱。完善制度强化员工服务意识，年内出台《新百公司首问负责制暂行办法》，确保顾客问题不出专柜，不出责任区，不出企业。成立综合考评小组，延伸企业服务管理内涵，做到事事有人管、件件有答复。同时投资200万元改造货场用电、供暖等设施改善购物环境。全年实现利润同比上升8.39%。

(阴亚宾)

【地安门百货商场】 年内，以经营管理上水平为目标，围绕调整主题，主攻3项任务：改造经营环境，使货场的采光与商品码放明显改观；调整经营布局，使羽绒服经营面积扩大一倍，突出应季商品；调整经营策略，对金银珠宝、翡翠玉器类商品实行统一实价明码销售。通过全方位调整，企业经营效益明显上升。

(曹　伟)

【成文厚账簿卡片公司】 年内，重点开展了3项工作。一是发动全员进行市场调研，走市场、访客户；二是整合内部资源，综合利用，开办网络销售平台，加强完善送货服务手段和范围；三是创新经营思路，研究确定企业经营切入点。利用中华老字号“成文厚”品牌资源，自主研发出“成文厚牌复印纸”。

(曹　伟)

【北京市京工友谊时装厂】 年内，为盘活资产、解决职工出路，将长期闲置的厂房与办公地点共1500平方米场地出租经营，同时开发出200余平方米的荒地作为企业办公地点。这一举措，使场地资源得到合理开发利用，使企业81名员工摆脱无工可开的困境。

(曹　伟)

【华兴餐饮中心】 华兴餐饮中心（简称中心）的员工中，外地员工占85%以上，外地员工的素质和稳定，对企业效益至关重要。为改善外地工生活环境，中心为员工宿舍添置电视机、微波炉，为自主租房的外地工骨干每人每月增加400元租房补贴；为需要住院的员工捐款，为员工子女提供午餐，解决后顾之忧。合理调整外地员工上班时间，使外地员工成为企业争优创效的生力军。年内中心的销售同比上升4.5%、利润同比上升47.24%。

(曹　伟)

【109婚庆大楼】 年内经过多方努力，与戴希曼鞋城达成合作协议；以优惠价格成功收购商城四层原属香港华远公司的1320平方米经营房产，使华兴新业公司整体国有资产增厚、增值。再加上节能降耗等管理性效益，在全额支付个体回迁业主的返租租金前提下，企业实现了扭亏的目标。

(曹　伟)

北京华天饮食集团公司

【概况】 北京华天饮食集团公司（简称华天集团）是国有商贸集团公司，拥有重要子公司聚德华天控股有限公司（简称聚德华天公司）、北京万方有限公司（简称万方有限公司）以及其他各类全资、控股企业70余家，还拥有同和居、同春园、庆丰包子铺、鸿宾楼、砂锅居、烤肉季、烤肉宛、峨嵋酒家、西安饭庄、又一顺、曲园酒楼、西来顺、玉华台、延吉餐厅、大地西餐厅、护国寺小吃、天福号、桂香村、元长厚等老字号品牌资源。主要经营涉及餐饮饭店、副食粮油、糕点茶叶、食品加工、菜市场、珠宝市场、商业物业等领域，经营网点274个，在册职工5000余人，离退休人员8772人。年内，华天集团（含子公司聚德华天公司与万方有限公司）实现营业收入7.03亿元，实现利润1.19亿元。其中华天集团实现营业收入1.79亿元，同比增长6.7%；实现利润4396万元，同比增长12.15%；实现净利润2966万元，超过计划指标12.47%；国有资本保值增值率110.22%，超过计划指标5.22%；净资产收益率

11.68%，超过计划指标5.68%。聚德华天公司实现营业收入2.82亿元，同比增长2.15%；实现利润3540万元，剔除不可比因素，同比增长10%。万方有限公司实现营业收入2.42亿元，同比增长10%；实现利润4000万元，同比增长31.84%。

地址：西城区二七剧场路乙6-2号

邮编：100045

电话：68059875

（田丽华）

【发展餐饮连锁】 年内，华天集团所属北京庆丰包子铺（简称庆丰）在北京、河北涿州等地新开店铺43家，庆丰网点总数达到137家，其中直营店20家,加盟店117家。庆丰网点已覆盖除密云县以外的北京17个行政区县及河北省燕郊和涿州地区。3月，华天集团投资500余万元在顺义区李遂镇建设的庆丰馅料配送中心投入生产和配送，截至年底，该中心日均馅料配送量已达到15吨。庆丰电子信息管理系统已在58家门店使用，该系统涵盖前台点餐收费、后厨库存查看、生产数据登记、差额数据报警、信息报送、网上配送、成本核算、经理查询、辅助领导决策9个子系统，提高了庆丰连锁管理效率。华天集团及聚德华天公司继续推进旗下老字号餐饮连锁发展。截至年底，华天延吉餐厅连锁店发展到6家，香妃烤鸡快餐发展到5家，惠丰饺子和老北京涮肉馆发展到5家，以单位餐厅为服务对象的华天凯丰餐饮服务有限公司发展到11家，护国寺小吃店发展到12家，峨嵋酒家发展到2家，新川面馆发展到6家，烤肉宛发展到3家，砂锅居发展到2家，柳泉居豆包店发展到31家并进入超市销售。

（田丽华）

【企业菜品自主创新】 年内，华天集团与聚德华天公司联合举办春夏季和秋冬季流行菜品发布会以及迎国庆技师献艺展示活动。华天所属各餐饮企业推出创新菜肴120余款。各企业在做精做细传统特色菜的基础上，通过参加技术大赛、聘请名师进店指导和外出学习考察等措施，使菜品创新常态化，菜品创新方式也从“重观赏”转变为“重效益”，如烤肉季新增精品烤肥牛，在年内实现销售140余万元。

（田丽华）

【主题营销活动】 年内，华天集团与聚德华天公司联手，围绕节令、社会热点等策划主题营销活动。重点老字号年利润都超过500万元，鸿宾楼达到600万元，地安门小吃店、护国寺小吃店、阜桥小吃店年利润200万元以上，营业面积60平方米的新街口新川面馆年利润达到184万元。在国庆、中秋黄金周期间，华天集团公司及聚德华天公司旗下的大小餐馆就餐人数超过70万人次，其中鸿宾楼7天的营业收入为88万元，砂锅居、烤肉季、鸿宾楼、峨嵋酒家日销售额都超过16万元，烤肉宛单日最高销售额17.6万元。

（田丽华）

【非物质文化遗产保护】 为保护和传承华天餐饮老字号文化，华天集团及聚德华天公司、万方有限公司加大老字号非物质文化遗产申报工作力度。“鸿宾楼全羊席制作技艺”、“北京烤肉制作技艺”被认定为国家级和北京市级非物质文化遗产；“柳泉居京菜制作技艺”、“砂锅居全猪席烹制技艺”和“护国寺清真小吃制作技艺”入选市级非物质文化遗产名录；同和居的“鲁菜烹饪技艺”和鸿宾楼“老堂经”（王守谦）等11个项目入选西城区非物质文化遗产名录。鸿宾楼、砂锅居、烤肉宛和烤肉季等著名商标在美国、西班牙、韩国和中国香港的注册工作也取得成功。万方有限公司所属天福号“酱肉制作技艺”被认定为国家级和北京市级非物质文化遗产，“桂香村南味食品制作技艺”项目入选西城区非物质文化遗产名录。

（田丽华）

【人力资源管理】 为提高一线职工业务技术水平，华天集团与聚德华天公司联合推荐所属各企业技师参加中国烹饪（餐饮服务）名师、大师的认定，经过中国烹饪协会历时10个月的审查、现场实操认定和理论考试，共有42人被分别授予中国烹饪（餐饮服务）大师和名师。组织所属老字号餐饮企业参加烹饪重大赛事活动。在“水立方杯”第六届全国烹饪大赛总决赛中，老字号鸿宾楼、烤肉宛、地安门小吃店派厨师代表北京市参赛，获得大赛最高荣誉“最佳厨师”和“中国烹饪名师”称号。在扬州第十九届中国厨师节中，护国寺小吃公司获得“中华金厨奖”团体奖，烤肉宛厨师长获得“中华金厨奖”个人奖。

（田丽华）

【提高一线职工收入待遇】 华天集团采取多种方式提高一线员工收入，如调整一线员工的岗位工资标准，加大销售提成奖励，发放半年奖和年终奖，把企业经营者年薪收入与本企业员工收入挂钩，使一线员工与企业经营者收入同步提高。年内，华天集团一线在岗职工年人均收入3.65万元，同比增长

11.83%；外来务工人员年人均收入1.95万元，同比增长11.22%。聚德华天公司一线在岗正式职工年人均收入5.06万元，同比增长8.27%；外来务工人员年人均收入2.45万元，同比增长10.25%。万方有限公司原国有老职工年人均收入2.2万元，比上年增加3400元，同比增长18.3%。

（田丽华）

【宣传营销】 根据宏观经济环境和餐饮市场消费形势的变化，华天集团与聚德华天公司在年内继续围绕时令、年节和社会热点进行宣传营销，先后开展“华天老字号百道大众价位菜肴迎五一”、“什刹海文化旅游节华天老字号推出特价菜”、“2009年季节流行菜发布会”、“华天老字号30名中国烹饪大师名师推荐60道名菜”等活动；开展主动让利消费者活动，所属15家企业近100道菜肴价格下调10%至20%，有效拉动了餐饮消费；通过电视、广播电台和报纸等媒体刊发稿件500余篇，加强与媒体餐饮栏目和专栏合作，利用公交干线车身广告和公交车内北广传媒进行广告宣传，宣传企业文化和特色菜品。与中国工商银行签署协议，通过联合促销，利用银行的客户系统平台，在更大范围内宣传华天老字号品牌。

（田丽华）

【企业资产重组】 年内，华天集团对所属昌泰常食品中心、皇城商贸公司、德新粮食管理所等二级子公司实施撤并重组，二级经营性公司由17家减少至13家，全年节省费用开支500余万元。

（田丽华）

【同和居饭店】 4月，经区国资委批准，华天集团所属北京贵阳饭店改制为北京同和居饭店有限责任公司（简称同和居饭店）。年内完成企业工商登记变更手续等各项改制相关工作。同和居饭店以“同和居”老字号餐饮和饭店住宿为主营业务，经济效益继续保持平稳增长。

（田丽华）

【卫生管理】 8月，华天集团在“后厨开放”10周年之际，为所属餐饮企业统一安装“后厨开放”的灯箱，并举行新闻发布会，进一步宣传“食以洁为先，放心就餐到华天”的卫生理念，聘请10名社会卫生监督员，主动接受消费者监督。华天集团与聚德华天公司联手，在企业中宣传贯彻《食品安全法》，按照“6T”（天天处理、天天整合、天天清扫、天天规范、天天检查、天天改进）卫生管理要求进行日常卫生管理。

（田丽华）

【防控甲型H1N1流感】 9月，区政府指定华天集团所属北京同春园饭店（十月大厦）作为甲型H1N1流感密切接触者观察点。华天集团预先制定防控预案，并督促和指导同春园饭店做好对甲型H1N1流感密切接触者的接待工作。截至接待工作结束，同春园饭店共接待密切接触者5批30人，圆满完成任务。

（田丽华）

【万方有限公司投资物业】 万方有限公司调整投资方向，投资购置了华奥中心的部分商业物业项目、海淀黄庄商业楼等项目，总计超过1.5万平方米，投资额达到1.1亿元，年收益率达到9.64%。

（田丽华）

【人才建设】 年内，华天集团在学习实践科学发展观活动中，进一步健全党委各项制度的建设，完成干部述职述廉和党员民主评议工作，优秀和合格票在95%以上。向区国资委推荐公司级正职3人，公司级副职4人，年轻大学生6人作为公司优秀后备干部。华天集团及聚德华天公司所属31家企业上报后备人才50人。华天集团领导班子配备年轻副经理，年龄结构得到改善。继续开展“优秀华天人”评比表彰和外出考察活动，其中有33名外来务工人员被评为优秀岗位标兵和“优秀华天人”，并享有荣誉津贴。开办“职工书屋”，为职工开展业余文化学习搭建平台。

（田丽华）

北京华利佳合实业有限公司

【概况】 北京华利佳合实业有限公司（简称华利佳合公司）是国有控股集团企业。下设8个子公司、19个分公司，共有网点95个，主要经营业态涉及商业零售、物业管理、饭店住宿、珠宝市场、装饰装修、美容美发和婚纱摄影等。截至年底，企业总资产为3.96亿元，净资产为2.33亿元。年内，紧抓“创新发展、节约发展、精细发展”的年度工作主题，通过拓展主业、改善环境、调整结构、建立制度、降本增效、打造品牌等措施，实现危机之年员工“不下岗、不减员、不降薪”，公司经济效益稳步发展的目标。年内公司所属望潮苑度假村再次取得2010年至2011年北京市党政机关会议定点协议单位资格，望潮餐厅被市卫生局等单位评为“2009年百佳A级餐厅”。华利佳合公司全年实现销售收入1亿元，实现利润1617.66万元，同比增长11.4%；实现净利润1264.37万元，比区国资委下达的1238万元计划指标增长2.13%。在岗正式职工月人均收入达到3177元，同比增长8%。外来务工人员月人均收入达到1644元，同比增长8%，实现年初制定的双增长目标。华利佳合公司连续8年获得北京市税务局授予的“纳税信用A级企业”称号，连续5年获得“首都维护国家安全工作先进单位”称号。获得年度“北京市献血先进单位”、“西城区企业财务快报编制优秀单位”、“西城区慈善助学奖”、“西城区慈善奉献奖”。华利佳合公司安保部获得年度“北京市公安局集体嘉奖”。

地址：西城区月坛南街32号

邮编：100045

电话：68522551

（冯　蔚）

【“创新、节约、管理”年活动】 年初，为应对危机、创造机会、寻求发展，华利佳合公司将全年确定为“勇于进取创新发展年”、“艰苦奋斗厉行节约年”、“苦练内功精细管理年”。为确保在“三个年”活动中取得工作成果，配合开展了3项授奖项目申报活动，制定了《授奖项目申报实施意见》。围绕“三个年”活动，各权属企业，从经营、管理、日常工作3方面入手，创新营销模式，开拓市场空间，完善制度管理，建立激励机制，控制成本费用，减少能源消耗，收到较好效果。活动期间，收到集体申报项目32个，审核确认项目27个，其中“创新发展”项目16个、“厉行节约”项目5个、“精细管理”项目6个、实现经济效益59.19万元。收到个人申报项目11个，为企业创收19.18万元。

（冯　蔚）

【连锁饭店提升品质技能】 为增强连锁品牌的竞争力，提升员工的服务技能水平，年内华利佳合公司在连锁饭店开展了“坚持科学发展，巩固奥运成果，实现标准服务”主题活动。主题活动分三个阶段：第一阶段，组织连锁饭店经理开展市场调研，找出金融危机对饭店业的影响、制约公司主业发展的瓶颈和经营中遇到的主要困难，根据大家的意见建议，制定措施和整改方案。同时，对饭店一线员工进行岗位技能、服务规范、安全保卫、应急预案、管理制度、贯彻质量管理体系2008版新国标等项培训。第二阶段，组织饭店不同岗位的员工参观互动，学习交流，通过相互借鉴，增强员工自我改善调控能力。第三阶段，组织连锁饭店开展员工岗位技能比武大赛，评出4名岗位标兵，18名技术能手，岗位标兵全部实行戴牌服务。主题活动促进了企业各项管理能力和服务水平的提高。

（冯　蔚）

【扩大连锁饭店规模】 华利佳合公司充分利用现有资源，优化配置，聚集财力、物力、人力，发展连锁饭店，扩大主业规模。年内，以多样化形式打造出新街口快捷酒店和三里河商务酒店，在扩大市场份额、增强企业创利能力和竞争实力的同时，提高连锁饭店品牌的知名度和影响力。2家酒店新增客房90余间，在保留温馨、舒适等共性特点的同时，细分市场，突出差异性经营，提供个性化、特色化服务。截至年底，华利佳合连锁饭店已发展至12家，客房总数551间，日接待能力1055人。

（冯　蔚）

【建立安全应急响应覆盖系统】 围绕“安全第一，预防为主”的核心思想，完善预防和纠正措施，推进管理体系建设。年内，重新修订《紧急事件防范与处理预案》，并新增《预防甲型H1N1流感应急预案》。先后组织20家权属企业466人进行消防、电梯故障、发现可疑物、食物中毒、人员疏散、立体车库发生故障等专项预案演练，提高了全员安全意识和应急反应能力，使员工做到遇急不乱，沉着应对，熟练有序。在此基础上，加强企业内部和租赁网点的全覆盖安全检查，全面排除事故隐患。全年开展各类安全检查25次，发现各类安全隐患56处，落实整改56处。

（冯　蔚）

【投资环保节能减排】 从重投入、定措施、抓落实三方面入手，推进绿色企业建设。年内，投资74万余元，用于环境改造和节能降耗。其中投资20.9万元购置各种节能环保用品。为降低废气排放，投资29.58万元完成平安宾馆燃油锅炉置换燃气锅炉；为减少地表污染，投资9.5万元给望潮苑度假村供暖锅炉及辅机系统加装离子交换罐，免除锅炉除垢带来的废水排放污染；为减少高峰时期用电量，投资11.5万元为新街口快捷酒店安装蓄能式电暖气，利用低谷电蓄能，节约电费。投资3万元为望潮苑度假村安装8组太阳能路灯，每年节电3500度。鑫园浴池自制太阳能水袋，利用夏季日晒，加热洗浴用水。5至9月，日晒水10吨，节约资金万余元。

（冯　蔚）

【“甲流”留观接待任务】 5月13日，区政府决定征用天锋宾馆为区甲型H1N1流感密切接触者隔离观察点。接到任务后，华利佳合公司迅速行动，用一天半时间，完成宾馆原住店客人疏散、各项应急物资准备、隔离设施及污水处置安装、服务人员应急防疫培训等一系列医学观察启用前的各项准备工作。从5月15日至12月7日，共接待密切接触者和疑似患者128人，其中确诊病例5人。副区长陈蓓7次带领区商务局、区卫生局、区旅游局、区环卫局、区红十字会等有关部门到天锋宾馆指导、检查工作，并代表组织看望、慰问员工，华利佳合党政班子亲自指挥、协调各项工作，宾馆领导坚持带班制度，一线员工坚守岗位，严格操控。208天封闭工作实现“零感染”目标，为全区甲型H1N1流感的防控工作作出贡献。12月8日，区政府宣布结束征用，天锋宾馆恢复正常营业。

（冯 蔚）

【联合强企清除结症】 为摆脱权属企业华宾娱乐城经营困境，4月，华利佳合公司与区域知名品牌美廉美超市集团公司达成合作意向，并正式签订租赁合同。12月2日，美廉美第三十九号店正式营业，双方初步实现合作共赢。

（冯 蔚）

【股权转换工作】 年内，原华利佳合股东之一的德力西华北电气成套有限公司提出将所持公司内部股权一次性出让给区国资委和服装公司集体资产管理协会。在区国资委指导和华利佳合公司股权转让工作小组的运作下，股权转让工作于9月底完成。自9月29日起，华利佳合公司正式由3家股东变为2家。其中区国资委持有公司85%的股权，服装公司集体资产管理协会持有15%的股权。

（冯 蔚）

【网络平台改版升级】 年内，华利佳合公司投资2万余元，与专业制作公司合作，将公司原有网站改版升级，新闻发布系统使用数据库后台，时时更新大事要闻。在此基础上，为望潮苑度假村、天锋宾馆、西海饭店、银岛饭店、鑫园客栈、西单快捷酒店和新街口快捷酒店建立了企业独立网站。独立网站形象鲜明、个性突出，更可随时更新企业最新动态和商业信息，其中望潮苑度假村和鑫园客栈还制作了360度三维全景展示，以动画形式吸引访问者，增强访问印象。经过后台统计，截至12月，改版后的公司网站及7家权属企业网站不同IP的访问者为7739人次，来自14个国家和地区，总点击率达到62958次。在宣传推广企业的同时，对企业的创效能力起到促进和提升作用。

（冯 蔚）

【行业技艺技能认定】 年内，华利佳合公司泰夫人影楼高级技师周锦明在市商务委、市人力社保局、市国资委和市总工会共同开展的商业、餐饮、美发美容、洗染、摄影5个行业大师选拔认定工作中，被认定为首批北京市商业服务中华传统技艺技能大师。钟爱一生影楼高级摄影师关春明在市商业服务业员工岗位服务技能系列活动中，获“商业服务业岗位服务技能小能手”称号。华利佳合快捷酒店经理王伟获“2009年度西城区十佳女职工”称号。

（冯 蔚）

北京金象复星医药股份有限公司

【概况】 北京金象复星医药股份有限公司（简称金象复星公司）是一家大型医药流通企业，年销售额在12亿元以上。公司旗下有北京金象大药房医药连锁有限责任公司、金象爱乐舫成人保健用品有限公司、批发业务总部、地安门药品分公司、白塔寺药品经营分公司、白塔寺药店东单医药有限公司、宣内药品有限责任公司、四川广元（北京）金象复星医药有限公司、金象在线网络科技有限公司、河南新乡科技有限责任公司，主要从事医药零售、医药批发、社区医疗机构药品配送、区属医疗机构饮片配送、网上商城、家用医疗器械生产、中医诊所等业务领域。年内，金象复星公司增资扩股组建西村世纪商贸公司（中日合资），营销日本时尚美容护理产品。年内，金象复星公司认真分析医药流通市场的竞争发展趋势，坚持保增长、保民生、保稳定的方针，结合企业发展实际，提出“积极融资、跨越发展，整合资源、创新营销，精细管理、完善内控”的工作主题，细化各项经营管理工作要求。围绕企业战略发展目标，创新拓展经营业务范围，采取多角度的营销措施，加强企业内控管理体系建设，坚持职工集体劳动合同签订及职工集体工资协商，促进企业和谐劳动关系持续发展，结合创建学习型党组织建设，加强企业党的建设和企业文化建设。年内，金象复星公司荣获“北京市和谐劳动关系单位”、“30年中国品牌创新奖”、“北京市群众性经济技术创新工程活动先进企事业”、“企业信用评价AAA级信用企业”、“A级纳税诚信企业”、

"质量管理贡献奖"、"慈善奉献奖"等荣誉称号，金象大药房荣获"北京商业优质服务品牌"、"北京优秀特许品牌"、"全国（行业）顾客满意十大品牌"、"北京市著名商标"，白塔寺药店荣获"全国商业顾客满意企业"、"北京质量诚信企业"、"北京市著名商标"、"中华老字号传承创新优秀企业"。

地址：西城区阜成门内大街165号
邮编：100034
电话：66160159

（董 斌）

【第三届三次董事会】 3月11日，金象复星公司召开第三届三次董事会。会上，公司董事就市场发展的趋势和企业自身情况提出建议和意见。就在国际金融危机形势下和新医疗改革方案出台后，企业如何规避风险、抓住机遇及时调整经营策略；如何加快推进企业融资速度、加强战略合作、制订发展战略规划等问题进行深入探讨。其中重点对零售新店面的拓展、收购兼并，提高干部、员工的综合能力，加强对应收帐款周转天数、进一步优化存货周转天数的效率，以及继续推进OEM自主品牌的发展等提出详细要求。

（董 斌）

【开办自助还款服务】 年初，金象大药房与广发银行达成合作，在北京78家金象大药房店内设立信用卡自助还款服务。持卡人只需携带国内任何一家银行带银联标志的借记卡，无需任何现金，就可借助金象大药房店内专用的还款机进行刷卡转帐还款。

（董 斌）

【回收社会过期药品】 3月13日，金象大药房选派20家有一定影响力和代表性的门店，携手白云山医药公司和黄中药医药公司在北京市举办"过期药品免费更换日"活动。消费者通过以旧药换新药的方式，可获得10至20元药品消费券，该消费券在所换购药品的门店可购买30元以上任何品牌的药品。

（董 斌）

【年度工作会】 4月1至2日，金象复星公司2009年度工作会在白鹭园培训中心召开。会议针对年内经营工作中的各项经济指标提出具体要求，并紧密围绕"积极融资、跨越发展，整合资源、创新营销，精细管理、完善内控"的工作主题对各项经营管理工作进行详细部署。会议要求继续保持批发、零售业务稳健发展，完善批发企业与区属医院合作，拓宽零售企业在商场超市中开设店中店的模式；公司经营管理团队要明确工作目标，找准方向定位，坚持整体运作模式和较为稳妥务实的经营理念；不断增强金象品牌优势，培养群众对金象品牌的认知度和对金象复星公司诚信度的认可。会议强调要严控成本，压缩风险投资项目，创新经营模式，增强拉动吸引消费，力争提升人气，尤其是在养生品和保健品方面做好营销方案；加大力度促进企业融资，拓宽经营业务，大力发展养生业、保健业、特色中医疗养机构；推进金象连锁发展，使连锁药店在商场、超市中的比重不断增加，各企业要密切关注新医改方案出台对企业的影响，在批发业务方面加强与医疗机构的合作。

（董 斌）

【跨区特约合作单位】 为响应石景山区政府"保增长、保民生、保稳定"的号召，金象大药房将旗下的鲁谷、古城、老山西里、时珍堂、八角南里、古城北路等6家石景山区内的门店纳入石景山区总工会特约合作单位。以上6家门店对持石景山区工会会员证进店购药的顾客给予9折优惠。4月22日，在石景山区五一国际劳动节庆祝大会上，石景山区区委书记荣华、区长周茂非向6家金象大药房的代表颁发"石景山区总工会特约合作单位"铜牌。

（董 斌）

【参展全国药品交易会】 4月23至25日，金象复星公司所属批发企业及连锁公司组团参加在河南郑州召开的第六十一届全国药品交易会。这是金象复星公司首次以参展商的身份参加药品交易会。

（董 斌）

【参展首届地坛中医药健康文化节】 5月23至24日，由中国医药卫生发展基金会、市卫生局、市中医管理局、市药监局、市新闻出版局、市科协、东城区人民政府在地坛公园联合主办第二届北京中医药文化宣传周会展活动，此次中医药文化宣传周也是首届地坛中医药健康文化节。白塔寺药店在会展上向市民推出自制加工的预防流感、具有提神醒脑功效的中药香囊和代客熬制口味佳、便于服用的阿胶糕，以及7款不同种类的菊花和自制的清心润喉饮。会展期间发放中医药保健、治疗常识宣传页2000余份，药师还重点解答了消费者对中药泡脚保健药方等方面的咨询。

（董 斌）

【甲型流感防控工作】 6月29日，金象复星公司成立"甲型H1N1流感预防控制行动"领导小组。要求各企业要严格执行国家和本市关于甲型 H1N1 流感预防的指示和精神，健全防控工作责任和管理制度，明确防控工作责任人，配备必要的防护物品和设施，对员工开展必要的宣传教育，加强对本单位人员的健康监测，严格落实公共场所、人员密集场所的消毒、通风等防控措施，发现病例要及时报告，积极配合属地疾控机构，及时采取必要的消毒、隔离等措施，保证领导小组成员通讯畅通。

（董　斌）

【战略规划研讨会】　为应对市场环境发生重大变化，围绕国家新出台的若干与医药市场相关的政策和规定，9 月 4 日，金象复星公司召开 2009-2013 年战略规划研讨会。会议再次强调，公司融资后要将金象的品牌放大，在全国形成连锁规模效应，以金象连锁为切入点，带动企业整体效益的提升。

（董　斌）

【并购控股万维尔康药业】　10 月 10 日，经金象复星公司董事会批准，经过前期的调查和研究论证以及资产商品的清盘，万维尔康医药有限公司正式由金象复星公司入资控股并接管。

（董　斌）

【金象大药房 10 周年庆祝活动】　为庆祝金象大药房成立 10 周年，年内开展了一系列的营销庆祝纪念活动。金象健康大课堂走进西城各社区，举办百场公益健康讲座，为居民提供免费测量血压、血糖等便民健康服务，响应政府提出的《健康北京人——全民健康促进 10 年行动规划》。联合德国默克制药厂共同举办贝康安杯主题为“祖国强大我幸福”的金象员工家属儿童绘画大赛，收到参赛作品百余幅。举办历时 2 个多月的第三届员工技能大赛，有 50 支代表队参与比赛，经过初赛、复赛、晋级赛的层层筛选，8 支代表队最终进入决赛，通过必答题、互答题、题板题、抢答题、实战情景演练竞赛以及综合素质题决定名次。11 月 6 日，在西单文化广场举办第五届金象会员节，区委副书记刘跃平、区人大常委会副主任和区政协副主席等领导到场，金象大药房与区委老干部局、区卫生局以及区医学会等单位共同举办的“健康快乐老干部评选活动”同时揭晓，评选出健康快乐老干部 90 人，并向他们赠送由金象复星公司自产的 90 台爱乐芬牌电子血压计等健康礼品。

（董　斌）

【白塔寺药店养生滋补节】　第六届白塔寺药店养生节暨首届白塔寺药店阿胶滋补节于 10 月 24 日开幕，历时 1 个月。活动内容包括：现场熬制阿胶糕，引导消费者正确服用阿胶。活动中推出具有润肤养颜功效的桂圆阿胶糕、具有健脾养肝功效的枸杞阿胶糕和具有补血滋阴功效的大枣阿胶糕，并对现场熬制阿胶糕的顾客免费赠送，“鑫元”系列产品 1 袋；顾客可免费品尝阿胶糕、药粥、药酒、药茶，活动期间购买“鑫元”系列产品的顾客，均可享受 8.5 折优惠，消费满 500 元的顾客还可获赠家庭药箱 1 个等。

（董　斌）

【发展网上药店】　年内，金象网与丽家宝贝、乐友和糖尿病之友等 3 个精准营销渠道强强联手，推出“金象网常备药品订购目录”，面向 3 个渠道的母婴产品会员、糖尿病会员进行精准投递；加入西城区社区服务平台，让更多的人通过网上浏览、拨打电话就可以马上享受金象网这个新颖、时尚、方便的购药渠道。

（董　斌）

【成立内控小组】　年底，金象复星公司为了加强企业管理，规避风险，以建立和完善公司内部管理控制为重点，成立内部控制系统建设工作领导小组。公司内控小组主要制定和完善采购与付款业务、销售与收款业务、仓储业务、货币资金业务、投资业务、筹资业务、固定资产业务、人力资源管理、信息技术应用业务内部控制等 22 项公司内控制度。

（董　斌）

北京金泰集团有限公司西城分公司

【概况】　北京金泰集团有限公司西城分公司（简称金泰集团西城分公司）隶属于北京金泰集团有限公司。年底，北京金泰恒业有限责任公司更名为北京金泰集团有限公司。年内，金泰集团西城分公司在完成民用煤保供任务的基础上，不断强化饭店、写字楼、物业管理、便民市场、超市等专业化经营管理，全年实现销售收入 9374 万元，利润 1386 万元，企业经济效益和员工收入稳步提升。金泰集团西城分公司被评为首都文明单位。

地址：西城区大红罗厂街丙 2 号

邮编：100034

电话：66178343

（王　璀）

【学习贯彻科学发展观】　3 月起，金泰集团西城分公司开展了深入学习实践科学发展观活动。通过学习调研、分析检查、整改落实3个阶段的学习活动，两级领导班子对科学发展观有了新的认识和提高，在推进分公司科学发展上形成共识。确定以“全面落实金泰发展战略，强化执行，培育区域经营新特色，努力开创分公司科学发展新局面”为活动主题。结合区域经营特点，提出有序推进煤炭经营退出和转型，加快培育四合院宾馆开发建设，用3至5年的时间，打造出“金泰人家”四合院宾馆连锁经营，成为区域经营新的经营业态的发展方向和奋斗目标。

（王　璀）

【民用煤保供工作】　金泰集团西城分公司结合“煤改电”工程进度，积极适应市场变化，认真履行保供职责，科学制定煤炭供应方案，合理调整民用煤网点布局，有效保障煤炭供应任务的顺利完成。全年销售煤炭1.59万吨。

（王　璀）

【推进煤炭经营退工作】　金泰集团西城分公司在确保完成民用煤保供任务的基础上，依据“煤改电”工程进度，统筹规划，积极有序推进煤炭经营网点退出和开发改造，完成护国寺、太平湖2个煤炭经营网点的有序退出。

（王　璀）

【打造四合院宾馆连锁经营】　金泰集团西城分公司在有序推进煤炭经营退出和转型的基础上，加快推进产业结构调整步伐。上半年，以积水园旅馆改造为试点，探索培育四合院宾馆新的经营管理模式。5月8日，具有老北京特色的四合院式的积水园旅馆重张开业，生意兴隆，标志着金泰集团西城分公司在培育打造四合院宾馆连锁经营上迈出坚实的一步。护国寺宾馆、东街旅馆、三座桥等开发改造项目在推进中。

（王　璀）

北京贯通资源投资有限公司

【概况】　北京贯通资源投资有限公司（简称贯通公司）设立股东会、董事会、监事会机构，设置3部1室，计11人。有职工235人。贯通公司以项目开发、物业管理、宾馆酒店、餐饮娱乐为主业，注册资本金3000万元人民币,拥有华南大厦、贯通大厦、世通大厦、亿通大厦、贯通现代酒店前门店、和平里店等10家企业，具有资源利用广泛、开发经验丰富、资金实力雄厚、管理水平现代、发展后劲强劲的综合优势。全年实现销售收入5200万元,实现利润1501万元,实现利税1802万元。

地址：西城区百万庄大街8号中楼
邮编：100037
电话：68310511

（温　烈）

【采取措施应对金融危机】　面对国际金融危机的冲击，贯通公司组织各企业经理、销售人员及公司管理干部召开研讨会，研究对策和措施，用自身的特点抢市场、保效益，实现公司经济工作平稳发展。结合企业实际情况，制定7项措施，提出5个不放松的要求。7项措施是：要增强紧迫感和危机感，对经济危机要有清醒的认识和充分的准备，教育全体干部员工抓好落实；要有多样化的措施，要有特色，强调有效性；管理、服务标准要进一步提升，在树立口碑、品牌、信誉上下功夫；要狠抓节能减排、节能降耗，各单位要制定出具体指标，全面量化；要增强信心，克服困难和不利因素；要充分调动员工积极性，不裁员、不降薪；要坚持公司的发展战略，转危为机，择机发展。5个不放松是：经营管理不放松，安全工作不放松，教育培训不放松，执行规章制度和纪律不放松，开发新项目不放松。

（温　烈）

【规范体系文件】　年内，全面完成ISO 9000-2008换版升级工作。在提高企业管理水平上，从抓细节入手，重新识别服务过程，对作业指导书进行修订完善，规定作业时间、频次、完成标准、检查标准等量化内容，强化对不合格识别评审及持续改进的描述。酒店按照连锁经营管理要求，对作业指导书进行统一修订和规范，形成“经济型酒店服务管理标准”，为公司酒店业态发展提供管理服务依据。加强体系文件的执行检查力度，开展三级巡检、值班经理、内审、月考评等检查，对查出的问题开具不合格通知单，分析原因，制定整改措施，由企管部进行整改验收。通过考核，贯通公司确立的质量目标和环境目标均已实现，甲方合同履约率、维修及时率和合格率、费用收缴率、供水供电保障率均达到100%；房屋设备完好率达到95%以上,卫生保洁率达到96%以上；客户满意率达到98%以上；从业人员持证上岗率达到100%。

（温　烈）

【发展联合酒店】　贯通公司与天津友谊之家、大连都市之星等酒店签订合作协议，形成互相展放宣传册、会员优惠共享等合作方式，利用联合体扩大酒店销售区域，提升贵宾、会员卡的市场价值。

(温 烈)

【酒店结帐系统升级】 酒店结帐系统实现集团化升级，解决了公司远程查询、管理和贵宾会员在连锁酒店各家企业统一记分结算兑现管理，为连锁酒店的发展奠定了网络管理基础。

(温 烈)

【写字楼招商工作】 贯通大厦是散租写字楼，招商采取“三多三快”措施。“三多”即多与入住客户沟通，掌握客户经营状况，主动采取有效措施，防止出现损失；多留客户信息，对有租房意向的客户及有增减面积的客户，加强联系沟通，保证提供满意房型，减少写字楼的空房率；多了解周边写字楼市场，做到知己知彼，价格定位科学合理，吸引更多的客流。“三快”即对客户的需求反应快、沟通快、解决快。虽然因金融危机影响客户退租面积达到1031.3平方米，但仍能保持99.72%的出租率。

(温 烈)

【实行大宗物品集中采购】 贯通公司对单位保洁材料、卫生纸、维修材料及3个酒店的布草（床上用品）、小五件（配备卫生间）全部实行集中采购，对所有合格供方进行跟踪评审，按照2008版要求明确供方的法律责任，通过公开招标竞价、比较质量选定供方，重新签订供货维保合同，实现服务保障。

(温 烈)

【节能降耗】 贯通大厦为节能降耗对用电大户更换数字电表，将电表装在送电源头，防止跑漏电问题的发生；对楼内电热水器等进行调整，减少1个电热水器，共节电3万余度。和平里酒店安装节水装置186套，对空调室外机冷凝器全部进行清洗，能源资源实现定额控制管理。前门酒店客房空调加装定时器，改造客房内淋浴设施，加装节水装置，用电、用油实行严格管控。冬季根据气候变化随时调整供暖锅炉出水温度。

(温 烈)

北京市西城区校办产业管理中心

【概况】 北京市西城区校办产业管理中心（简称区校产中心）负责西城区教育系统中校办企业国有资产部分和经营性国有资产的监督管理；教育资产经营行为和部分教育内部消费服务行为的行政管理；教育风险管理服务；育荣国际教育园区的经营；非教育用房可出租规范管理，并保值增值；解决原校办企业历史遗留的相关事宜。截至年底，区校产中心资产总额为67735.56万元，全年实现主营业务收入10363.61万元，实现利润总额901.26万元，净利润873.50万元。

地址：西城区育强胡同1号

邮编：100034

电话：66179057

(崔 杰)

【解决154中学遗留问题】 因历史原因，北京市第一五四中学长期使用国务院侨办土地和房屋办学,据区教委学校布局有关规定和办学需要，北京市第一五四中学不能从现址迁出。1月,区教委与国务院办公室签订《关于解决154中学校舍遗留问题的协议》，区校产中心将白鹭园培训中心置换给国务院侨办使用。

(崔 杰)

【学校后勤社会化研讨会】 5月，为贯彻落实市教委《北京市教育委员会关于深化校办企业管理体制改革促进校办产业健康持续发展的意见》（京教办发〔2008〕4号）文件精神，以科学发展观促进西城区校办产业健康可持续发展，为办人民满意的教育服务，区校产中心召开“关于搭建学校后勤社会化服务平台”研讨会。会上，明确“校办产业是我市教育事业有机的重要组成部分”，强调校办产业要加大结构调整力度，从传统的第二产业（工业）转向第三产业（现代服务业）发展的理念。依据西城区中小学校的实际情况，明确区校产中心的任务：以教育服务为主要内容，逐步建立与完善为中小学师生、教育、教学后勤服务，为教育风险管理服务的保障体系。

(崔 杰)

【成立益生来科贸公司】 6月，区校产中心投资成立北京益生来科贸有限责任公司，负责西城区中小学校后勤保障服务平台及教育风险防范管理服务平台的搭建工作和西城区教育系统运动场馆的经营管理工作。

(崔 杰)

【育荣国际教育园区整体转租】 7月，根据区教委对育荣国际教育园区整体规划，北京市新至物业管理有限公司、北京市育荣实验学校作为甲方将育荣国际教育园区整体出租给乙方北京平康隆医药科技有限责任公司。租期自2009年8月21日至2014年8月30日。新至物业管理有限公司调整经营结构后，依法解聘分流员工24人。

(崔 杰)

【抓安全保增长】 年内，区校产

中心从“防火安全、地下空间、汛期安全、流动人口、日常检查”5个方面，层层签订安全责任书，使安全责任落实到各管理层，落实到人，同时建立各种事故应急预案。共签署各种责任书992份，检查地下空间2846平方米，确保年内无事故，保证教育系统非教育资产的正常经营与增长。

（崔 杰）

【物业管理】 根据区政府对教育资源的布局调整和区教委指示精神，育荣物业管理有限公司年内清理租户25家，现有租户165家，同比减少17.5%；收缴租金3800万元，同比增加5.5%；上缴国家税收344万元，同比增加78%；返还学校2015万元，同比增加0.8%。

（崔 杰）

【UIB西城营业部工作】 UIB西城营业部负责防范和妥善解决各类校园安全事故责任风险。年内，接校方责任保险案件48件,其中走理赔程序25件，走法律程序7件；解决难点案件9件（含上年遗留案件），追回赔款135336.65元;完成校方责任险赔付30件，赔付166488.28元；完成学生平安险赔付2617件，赔付金额1755840.29元；21个单位4090人投保短期意外险，赔付金额5594.94元；4个单位284人投保教职工责任险，赔付金额6070.43元。

（崔 杰）

北京市西单商场股份有限公司

【概况】 北京市西单商场股份有限公司（简称西单股份公司）是国内著名的大型股份制商业企业。西单股份公司以百货零售为核心主业，主要经营范围涉及百货业、超市、品牌代理、物流配送等领域，门店遍布北京、甘肃、四川、新疆等省市自治区，总资产近20亿元，2009年销售规模达到24.86亿元，是全国零售百强企业。年内，西单股份公司秉承“实铸商魂”的企业文化，坚守“诚实、务实、求实”的西单精神，精益求精做好经营，深入细致狠抓管理，励精图治谋划发展，经济效益实现大幅增长，资产质量创10年最好水平；内控建设成果初步显现，企业核心竞争力进一步提升，凝聚力和向心力不断增强，在“企业文化建设年”里向集团、股东和全体干部员工上交了一份满意的答卷。2月26日，西单商场被中国商业联合会中华老字号工作委员会授予“2007—2008北京稻香村杯消费者喜爱的中国老字号品牌”及“中国改革开放30年中华老字号传承创新优秀企业”荣誉称号。

地址：西城区西单北大街120号

邮编：100031

电话：66565588

（吴 江）

【市、区领导视察工作】 1月23日，副区长苏东及西城工商分局、西城药监分局有关领导到万方西单商场视察节日市场，就春节期间的食品安全、市场供应工作进行综合检查，重点查看了生鲜蔬菜、散称熟食、主食厨房等，对检查结果表示满意。3月15日，首都“百城万店青年文明号信用示范周”——全国统一行动日活动在西单商场启动。共青团中央书记处书记贺军科、城市青年工作部部长关海洋、国家商务部市场秩序司副司长温再兴、团市委副书记于庆峰等领导出席活动。在启动仪式上，西单股份公司团委、西单商场团委负责人就企业基本情况和青年文明号创建工作的情况进行汇报。9月24日，国家发改委副主任彭森、国家发改委价检司司长李雷、副司长陈长江及办公厅、新闻办负责人等到西单商场检查国庆、中秋两节市场，并提出希望。

（吴 江）

【启动内部控制建设工作】 5月5日，西单股份公司召开内部控制建设工作启动大会，京都管理顾问有限责任公司的负责人讲解《股份公司内部控制建设咨询项目建议书》并对内控建设工作方案进行讲解。执行《企业内部控制基本规范》，完成好内部控制的全面建设工作，是财政部等5部委对上市公司的要求，更是为公司健康发展夯实基础，是企业长远发展的迫切需要。

（吴 江）

【企业文化建设】 7月10日，西单股份公司召开企业文化建设成果发布暨宣传动员大会，企业文化手册《实铸商魂》发布。北京市社科联党组书记、企业文化理论及实践专家、西单企业文化顾问，受聘编制企业文化手册的北京捷盟咨询公司总经理，西友集团总经理、西单股份公司董事长应邀出席。西单股份公司总经理主持大会。《实铸商魂》由“实之商情”、“实之商道”、“实之商行”3个部分组成，囊括“民族商业典范”的企业愿景、“传承民族商业文化，引领大众时尚生活”的企业使命、“共创共享”的核心价值观、“诚实，务实，求实”的企业精神、“打造百姓心中金匾”、“融智，融情，融心”、“三实，三知，三如”等理念和行为准则，是西单股份公司的文化管理规范。

（吴　江）

【发布联名信用卡】 1月6日，西单商场举办兴业银行西单商场联名信用卡首发仪式。西单股份公司总经理、副总经理，兴业银行零售银行管理总部副总裁兼信用卡中心总经理、北京分行副行长等领导出席启动仪式。西单商场联名信用卡是兴业银行在北京地区推出的第一张百货联名信用卡，具有兴业信用卡和商场会员卡的全部功能，还可参加周六双倍信用卡积分、生日3倍信用卡积分等优惠活动。

（吴　江）

【法雅公司增资】 3月18日，西单股份公司第五届董事会第十五次临时会议通过决议，同意将法雅公司的注册资本由2000万元增至3000万元，本次增资的1000万元，全部用于注册法雅公司全资子公司，单独代理经营耐克品牌。

（吴　江）

【引进伊丽莎白·雅顿品牌】 4月29日，西单商场新引进的伊丽莎白·雅顿化妆品专柜在南楼一层亮相。伊丽莎白·雅顿是2006年世界500强品牌，该品牌的引进打破西单商场化妆品品类原有格局，促进商场整体形象和双方经营效益的提升。

（吴　江）

【促销活动】 6月12至30日，举办“2009年中庆典、超值惊喜”系列促销活动。活动期间，实现销售额4800余万元，最高日销售额达430万元。8月6日起，举办第五届旅游购物节，百货类商品低至3折促销。本届购物节恰逢区商务局举办“商旅新天地，欢乐满西城”西城区旅游购物推展活动，为配合此活动，西单商场向广大消费者发放由区旅游局提供的10余万元的商旅消费代金券。12月，举办主题为“79周年西单商场 打造百姓心中的金匾”店庆促销活动。10至15日的活动高潮阶段，6天实现销售额5000余万元。万方西单商场6月19至30日，举办以“一片真情，一心回报”为主题的11周年店庆活动。开展低价促销、惊喜换购、火热办卡等一系列活动，12天完成销售额400余万元，最高日销售额达61万元。

（吴　江）

【百货主业拓展】 8月21日，西单股份公司董事长与北京京港物业发展有限公司董事长，在“京港城市大厦”项目书上签字，十里堡西单商场项目正式启动。11月10日，西单商场股份公司召开十里堡西单商场招商大会，180名新老供应商代表参加会议。

（吴　江）

【爱购物网站重张营业】 6月30日，西单商场igo5（爱购物）网站(www.igo5.com)重张营业。改版后的igo5网站页面风格清新时尚，分类清晰明确，贴近西单商场大众时尚百货的定位。网站成功组织“i-go5重装新颜，燃动盛夏激情”、“雅顿8月超值优惠活动”、“专柜化妆品送券促销活动”等一系列应季促销活动，网站点击量节节攀升。

（吴　江）

【恢复工间操示范单位】 12月22日，西单商场作为恢复工间（工前）操、开展全民健身活动的示范单位，在西单商场一楼举办“开展健身活动，共建和谐企业”启动仪式。市总工会常务副主席韩子荣、市体育局群体处处长、市卫生局疾病控制处处长等领导参加启动仪式。启动仪式上，西单商场部分干部员工、厂家信息员共200余人参加了第八套广播体操展示。

（吴　江）

北京长安商场有限责任公司

【概况】 北京长安商场有限责任公司（简称长安商场）隶属于北京王府井百货（集团）股份有限公司。营业面积2万平方米，经营23个大类、10万余种商品，是以时尚服装、服饰用品为主，集超市、餐饮于一体的现代化综合性商场。年内，长安商场快速适应集团第二次业务体制调整，积极完善经营管理体系、创新工作，自创特色营销节日，在重大节日庆典期间实现良好的销售业绩。同时，倾力打造“具有时尚感的大众生活百货”，努力树立“人文服务、人性购物”的良好社会形象。年内被首都精神文明建设委员会评为“迎国庆讲文明树新风活动先进单位”和“首都诚信经营示范店”，获得“2008年度首都文明单位”、“纳税信用A级企业”、“2009年度消费者争议快速解决绿色通道先进单位”、“北京市爱国卫生先进单位”及“2008年度城市生活垃圾分类工作先进单位”等称号。

地址：西城区复兴门外大街15号
邮编：100045
电话：68010411

（董芸莹）

【业务体制调整】 年内，长安商场按照集团第二次业务体制调整工作的精神，对采购部和卖场进行职能对接，形成集中采购、销售及现场管理为一体的经营模式，建立完善的沟通体制，提高工作效率和销售业绩。

（董芸莹）

【品牌调整】 年内，长安商场在保证正常经营的情况下，进行春、秋两个阶段的调整改造，着重对经营品牌的引进和组合进行整合，树立商场全新形象，成为推动商场可持续发展的发力点，明确长安商场具有时尚感的大众生活百货的经营定位。

（董芸莹）

【挖掘营销潜力点】 年内，长安商场坚持“以重大节日为依托，以大力度营销活动为手段”的原则，以商场周年庆、公司周年庆、国庆和12月为营销点。借助品牌调整优势，对具有市场能力的品牌进行重点培养，逐步提高顾客对品牌价值的认知度。抢抓淡季营销市场，自创“生态节”、“体育节”、“淘宝节”等营销节日，逐步推进价格营销向价值营销转变。专注会员营销，推出每周四“荣誉顾客专享日”活动，做到“周周有吸引，月月有互动”，为顾客提供更多优惠及个性化服务，带动会员顾客的购买热情不断提升，推进宽泛营销向精准营销转变。

（董芸莹）

【完善管理体系】 贯彻集团公司“凝聚工程”的宗旨，深入精细化管理，建立和补充管理制度47项，完善工作流程，健全监督机制，强化制度执行力，召开部门沟通例会，实行工作月报制度，构建更具科学性和系统性的管理体系。年内长安商场加强供应商管理流程，制定《长安商场供应商管理条例》、《供应商撤柜流程》以及《供应商商业装修手册》，维护良好的合作关系和经营行为。实现费用定额管理向计划价格管理转变，做到费用支出公开、透明，效果显著。实施总监反映单电子化，提高工作效率，逐步推进无纸化办公。年内，长安商场顺利通过ISO9000质量管理体系第二次审核。

（董芸莹）

【人力资源管理】 年内，长安商场开展人员竞聘工作，充分体现能者上、平者退、庸者下的任用原则，为商场搭建结构合理、人才互补的经营管理团队，实现干部的复合型、年轻化。同时开展岗位定编工作，精简组长、收银员和后勤人员队伍。针对发展需要，对中高层管理人员、组长和导购员进行系统专业化培训，提高岗位工作技能。

（董芸莹）

【完善服务工作】 围绕集团公司“人文服务、人性购物”主题，展开各层级的市场调研、服务座谈讨论会，将“人文购物、人性服务”深植于全场员工的服务意识中。同时，增加和完善硬件服务设施，手机加油站、低位收银台等，为顾客提供更加贴心、满意的服务。年内长安商场开展供应商和顾客满意度调查，调研内容涉及经营布局、硬件设施、服务工作、购物环境等方面，为服务管理工作提供可靠依据。经调查，供应商和顾客对商场的满意度均较为理想。

（董芸莹）

【服务技能竞赛】 年内，长安商场参加北京市商务局组织的“商业服务业员工岗位服务技能提升系列活动”，有129名收银员参加超市收银和点钞两项比赛，获得西城区复赛超市收银前三名，点钞第二和第三名；获得市级收银决赛第二名、第五名和第六名。

（董芸莹）

【食品公示屏试点单位】 4月9日，长安商场作为西城工商分局指定的食品安全信息公示屏试点单位，接受市、区领导的检查。长安商场总经理接受北京电视台记者的采访。

（董芸莹）

【国庆服务工作】 长安商场以新中国成立60周年为契机，贯彻各项工作标准，落实各项制度，狠抓精细化管理，服务质量明显提升。制定并实施《长安商场迎国庆60周年特别行动方案》，提升全体员工综合素质、服务水平、售卖能力和制度标准执行力，做到国庆期间服务工作“零投诉、无事故”。期间，长安商场派出14名员工，参加新中国成立60周年晚会庆典的大型舞蹈表演，展现了“长安人”的风采。国庆安保工作万无一失，获得区商务局颁发的“国庆60周年商务安全先进单位”称号。

（董芸莹）

北京中友百货有限责任公司

【概况】 北京中友百货有限责任公司（简称中友百货），是一家拥有众多国际知名品牌，集时尚购物、美食天地、便利超市、美发美甲、洗衣快递等于一体的大型综合性百货公司。中友百贸位于西单商业核心区，地理位置优越，交通便捷。随着影响力不断提高，中友百货已成为西单商圈标志性企业之一。深受广大消费者青睐，销售额持续增长，店内众多专柜业绩位居全国前列。中友百货始终保持时尚敏感度，不断引进新品牌；同时改善硬件设施，美化购物环境，丰富服务项目，最大限度地提高服务质量，使顾客获得时尚、舒适、满意的购物体验。

地址：西城区西单北大街176号
邮编：100032
电话：66018899

（杨　健）

【提升核心能力】　年内，面对严峻的外部经济形势，中友百货内外出击提升核心能力以实现突破。优化内部组织结构，提高部门工作效率；注重培训及顾客服务；把握商业动态，拓宽合作领域，引进更新国际时尚品牌；推动商业促销，让利消费者，全年销售额和利润额稳步提升，取得良好的经济效益和社会效益。年内，中友百货还推出专业化妆品购物网站——买乐网（www.my-le.com）。依托电子商务平台，延续优势和特色，打造新鲜、时尚、便利的购物体验。

（杨　健）

【改装调整、引进新品牌】　年内，中友百货进行3次大规模装修调整，涉及面积3万平方米，卖场的面貌焕然一新。EVISU、卡利亚里女装等95家相继入驻，在品牌号召力、商品丰富性等方面明显提升。国际知名彩妆品牌BENEFIT全国首家眉吧3月登陆中友百货，由专业技师为顾客提供秀眉服务，倍受消费者青睐。

（杨　健）

【提升服务水准】　2月，对位于地下二层的顾客服务中心进行大规模改造。落成后的会员中心总面积450平方米，集会员卡业务，发票开立、饮料机、快递、干洗等于一体。“中友印像”数码冲印店也并入其中，提供照片拍摄、冲印、后期制作等影像服务。顾客等候区明亮宽敞，设有座椅供顾客休息。为保证业务办理的效率和秩序，安装了叫号系统。信息板上及时更新发布商品及优惠详情，方便顾客掌握最新动态。

（杨　健）

【特色促销活动】　中友百货独具特色的商业促销活动得到广大消费者的认同和支持。一年一度的店周年庆、化妆品节、大抢节和购物节，以及门前广场的圣诞许愿活动等主题鲜明的活动吸引了众多消费者参与。中友百货重视发展和稳固会员，截至年底，会员人数突破20万。诚实守信的促销活动，不但获得顾客和业内一致好评，更增强了企业的竞争能力。

（杨　健）

【荣获多项荣誉】　2月，中友百货获得“北京市国、地税纳税信用A级企业”称号；3月，由于对西城区财政收入增长贡献突出，获得区政府嘉奖；5月，获得西单“四节景观优秀组织奖”；10月，获得区武装颁发的“国庆60周年民兵执勤工作组织奖”。此外，中友百货还获得北京市银行卡联合宣传促销活动“商户优秀组织奖”及中国银行颁发的“2009年度受理人民币卡最佳商户”等多项荣誉称号。

（杨　健）

行业安全生产监管

【概况】　区商务局是西城区商务行业安全生产工作监管部门，负责指导、协调、监督、检查本行业安全生产工作。年内，为迎接新中国成立60周年，成立了商务行业维护安全稳定领导小组，制定区域商务行业“国庆平安行动”工作方案，明确工作职责、目标任务和工作要求。商务行业安全生产工作，坚持安全第一、预防为主、综合治理的方针，一手抓安全生产，一手抓市场繁荣，加强对企业安全生产宣传教育培训，强化安全生产责任意识，以“拉网式”安全检查形式，开展安全生产大检查，消除各种安全隐患，实现“大事不出、小事减少、严格管理、秩序良好”的工作目标。区商务局获得“2009年北京市安全生产月活动——最佳实践活动奖”。

地址：西城区真武庙六里甲6号
邮编：100045
电话：68012352

（廖海林）

【执法检查】 年内，加大对区域重点街区、重点部位、重点企业的执法检查力度和密度，进行安全生产隐患大排查，发现问题要求企业及时整改，消除各种不安全因素。开展商务行业执法检查680次，检查企业2044家次，出动执法检查人员4438人次，发现和消除隐患711处，下达检查通知书226份、检查情况记录458份、责令整改通知书9份、复查整改通知书9份，行政处罚6家。以执法检查体现预防，以执法检查消除隐患，确保区域商务行业规模以上企业生产安全稳定。

（廖海林）

【安全生产体系建设】 对区域规模以上商业零售企业、餐饮企业安全生产规范和服务进行指导，督导企业完善“三个体系”建设：一是完善安全生产制度体系建设，指导帮助企业建立规范、完整、有序的安全管理体系和10项安全生产制度，从根本上明确安全主体责任。二是完善安全生产环境规范化体系建设，严格规范，落实主、辅通道的宽度、疏散指示标志、应急照明、安全出口、应急广播、烟道清理等重点内容和重点部位。三是完善安全生产应急体系建设，制作各类应急预案范本，要求规模以上企业结合实际，制定完善企业各种应急预案，开展应急演练。夯实商务行业安全生产基础。

（廖海林）

【商业促销监管】 加大对商业零售、超市企业元旦、春节、两会、五一、十一等重大节日、重大活动期间和店庆日开业的促销行为规范管理，严格备案审核制度，开展商务行业零售促销执法大检查51次，检查企业118家次，出动执法检查人员246人次，确保消费环境运行有序。

（廖海林）

【治安志愿者招募】 年内，根据首综办〔2009〕27号“关于在商务行业开展治安志愿者招募登记工作的通知”精神，自5月始，在全区商务行业进行治安志愿者招募工作，全区共登记注册商务行业治安志愿者2410人。9月25日，在长安商场组织70余家代表300余人参加西城区商务行业治安志愿者启动仪式。治安志愿者为企业平安稳定发挥了重要作用。

（廖海林）

【国庆平安行动表彰】 10月30日，组织召开西城区商务行业“国庆平安行动”总结表彰大会，300余家企业参会，60家企业被评为“安全生产先进集体”，80人被评为“先进个人”；20家企业被评为“首都治安志愿者活动优秀组织奖”，50人被评为“先进个人”；16名联组长被评为“联组建设突出贡献奖”。通过表彰，为完成全年安全生产任务奠定坚实基础。

（廖海林）

【联组安全监管】 年内，通过安全生产联组网络平台，要求辖区各商业零售和餐饮经营单位，强化层级管理，责任到人，提高责任意识和安全意识，全面推行“网格化管理”、“邻里守望”、“双员制”等群防群治措施。督导28个商业零售、餐饮企业安全生产联组，开展联组、联动、互查80余次，按要求上报自查情况，有效消除促销和生产安全事故隐患。

（廖海林）

【安全生产培训教育】 年内，组织西城区第四期商业零售、餐饮经营单位安全生产培训班，80余家规模以上企业经理和安全生产主管参加培训；组织开展安全生产知识讲座9次、法规学习培训班8次，开展宣传教育活动50余次，发放安全生产系列教育片“首都商业安全生产重如泰山”光盘2400余份、安全生产宣传材料1.6万余份，培训企业614家次，培训人员1100余人次，2.6万余名员工接受安全法规教育。组织区域内规模以上近400家商业服务业企业开展“安全月”活动，组织辖区商务行业第二届安全生产知识竞赛，104家企业207人参加决赛，40家企业获集体奖，54人获个人奖，10个联组长获优秀组织奖。

（廖海林）

【专项整治行动】 年内，以“国庆平安行动”为主线，组织召开落实北京市安全生产“三项行动”动员部署大会，400余家餐饮生产经营单位，近600名企业法人、经理和安全生产负责人参加会议。会同区综治办、西城公安分局、区安监局等职能部门联合举行西城区“平安餐饮单位”创建活动启动仪式。全面开展安全生产宣传教育活动和“夏季火灾隐患大检查专项行动”、“合围攻坚”、“百日安全”、“护航行动”等各项专项整治行动，确保区域内商务行业运行平安稳定，实现促进首都商业繁荣与安全发展目标。

（廖海林）

【酒类流通管理】 年内，对西单商业街、什刹海酒吧街、长安街沿线及德胜街道、新街口街道、展览路街道、月坛街道重点街企业酒类经营企业进行整顿规范，完成488

家中小型企业酒类疏通备案登记工作。组织执法检查137次，开展各种宣传活动80次，受理咨询1000人次，发放“不向未成年人售酒”标识牌1300块，举办各种培训50次，培训酒类经营管理人员1000人次。

（廖海林）

【全国粮食清仓查库工作】 3月底启动粮食清仓查库工作，根据区域特点制定全国粮食清仓查库工作实施方案，组织召开辖区涉粮企业法人及统计人员会议，以会代训，布置企业清仓自查工作，培训40人次。领导小组督导企业自查10次，粮食企业组织自查30次。清查结果显示，辖区6家重点粮食企业，均有专人负责统计、保管粮食流通统计台帐，全部做到帐、报相符。上年度轮换任务18.8万吨，其中小麦10.5万吨、玉米8.3万吨，分别由20个轮换批次执行，每个轮换批次都严格按照文件规定，按时、按质、按量完成，业务、保管、财务3方票据帐实相符、票据完整、验收合格。截至3月25日，辖区内负责管理的政策性粮食总量为76万吨，分8个责任区由监管员实施24小时驻库管理，实物测量数与分仓保管帐面数核对，差率均在±3%以内，认定帐实相符。

（廖海林）

【粮油市场监督管理】 年内，开展粮油市场监督检查24次，出动执法人员181人次，检查区域涉粮企业53户次，综合检查16次，清仓查库专项检查5次，统计专项检查3次，涉粮企业法制培训3次。被查企业包括辖区内国有、非国有粮食经营企业、粮油转化企业、收购企业、集贸市场以及超市。所查范围涉及粮油食品安全、价格、经营规范、统计报表和台帐记录等方面。全区无粮油流通领域安全事故，维护了正常粮油流通经济秩序。

（廖海林）

对外经济贸易

【概况】 区商务局负责全区经济的对外交流与合作；负责进出口贸易的促进与管理；负责辖区内外商投资企业的审批与管理，及全区投资促进工作。年内，面对国际金融危机给促进对外经济贸易工作发展带来的不利影响，区商务局立足区域功能定位和区域发展自身特点，在提高服务质量、促进企业发展、扩大投资促进、创新工作内容等方面扎实有力地推进各项工作的开展，全年对外经贸工作取得显著成效。

地址：西城区真武庙六里甲6号
邮编：100045
电话：68033198

（王　凡）

【利用外资】 年内，辖区新设外商投资企业53家，同比下降37.65%；吸收合同外资6.11亿美元，同比增长79.06%；实际利用外资7.75亿美元，同比增长1.51%。吸收合同外资按行业位列第一的是租赁和商务服务业，合同外资为4.97亿美元，比重为81.48%；按国别和地区位列第一的是香港，合同外资为5.33亿美元，比重为87.32%。实际利用外资按行业位列第一的是制造业，实际利用外资为5.22亿美元，比重为67.38%；按国别和地区位列第一的是英属维尔京群岛，实际利用外资为5.55亿美元，比重为71.59%。

（徐　聪）

【知名企业落户金融街地区】 年内，新设外商投资企业中不乏世界知名企业直接或间接投资。著名主权财富基金新加坡淡马锡控股公司间接投资的淡马锡投资咨询（北京）有限公司落户金融街，非洲最大商业银行南非标准银行投资设立的标银投资咨询（北京）有限公司入驻凯晨世贸中心，2家企业均从事投资咨询及商务咨询，旨在为其母公司在亚洲和中国区的投资提供战略咨询服务。

（徐　聪）

【引资规模上新水平】 年内，外商投资企业的投资总额达9.88亿美元，同比增长46.7%；其中投资总额达500万美元以上新设企业和增资企业20家,增加投资总额9.58亿美元，占累计投资总额的96.9%，增幅显著，引资规模保持了一定的水平。

（徐　聪）

【现代服务业主导地位巩固】 年内，新设外商投资企业中50家企业从事现代服务业，占94.4%，吸收合同外资5.99亿美元，占累计合同外资的98.18%。引资比重逐年递增，区域外资产业引导取得很好成效。

（徐 聪）

【增资扩股】 年内，增资情况创近3年新高，增资企业68家，同比增长172%，增加合同外资4.64亿美元，同比增长1888.3%，增资额占累计合同外资75.9%，改善投资环境，服务现有企业工作取得明显成效。

（徐 聪）

【海外投资】 年内，辖区内4家企业分别以独资和合资方式到美国、蒙古、中国香港等国家和地区投资办企业，投资总额约2110万美元。

（章建平）

【区域影响力提升】 年内，运用多种投资促进方式，宣传区域发展环境与经济品牌。牵头组织北京市首家商务楼宇协会——“北京市西城区金融街商务楼宇协会”成立大会各项工作，进一步提高金融街区域经济发展和综合管理水平；及时维护与更新全面反映西城区投资促进形势动态的西城投资服务网；完成区域外资企业统计分析系统三期改造开发，提高外资经济宏观引导能力；配合京港洽谈会项目册，编写西城区投资环境介绍；争取第十三届京港洽谈会中“金融论坛”等多项重要活动在辖区举行的机会，做好各项筹备与配合工作；加强金树街户外餐饮外摆活动管理，提升金树街品牌影响。

（马 岩）

【项目目标促进】 年内，新收集区域招商项目12个，扩充了写字楼租售、商业租售、文化创意等重点项目资源；包装推介重点项目加入北京市招商引资项目库、第十三届京港洽谈会和第十三届中国国际投资贸易洽谈会招商项目册；促成金象大药房融资、云起时珍宝花园、天美时尚商场等多个项目对接。调查收集国内外知名中介咨询机构信息，形成会计师、律师事务所，咨询机构目标信息表，更新外资金融机构信息表，掌握知名外资金融与服务业目标企业信息116家，为重点吸引高端生产性服务业企业奠定基础。

（马 岩）

【帮扶企业应对金融危机】 年内，面对国际金融危机，强化服务帮助企业积极应对。开展“跨国公司总部项目调查”工作，深入实地了解企业状况和需求；组织区域企业参加科博会、京港洽谈会等国内外重要投资促进活动，扩大合作渠道，参加“第105届广交会内外贸企业对接洽谈会”，促进出口商品内销，刺激消费需求；宣传北京市对中小企业以及科技企业、服务外包、金融业等有关支持政策，及时提供传达共渡危机的各种信息、资讯；做好南非标准银行、澳洲宝泽金融集团等重大项目跟踪服务，促进项目落户辖区。

（王 凡）

【交流活动】 1月12日，区政府在梅兰芳大剧院举行港澳台及外商投资企业座谈会和“2009慰问外商投资企业新春招待会”，邀请200余家外资企业观看第五届中国京剧节优秀剧目展演《丝路花雨》，密切政府与企业之间的关系；区外商投资企业协会在华彬高尔夫庄园举行首届“今创杯”高尔夫邀请赛，驻区外资企业代表和活动赞助方共70余人参加，加深辖区企业间的沟通和交流。

（王 凡）

旅游业

【概况】 北京市西城区旅游局（简称区旅游局）是区政府的职能部门，主要职责是宣传贯彻国家、北京市及西城区关于旅游工作的方针、政策，研究制定西城区旅游产业开发战略，编制西城区旅游业发展的总体规划；推进旅游公共服务体系建设，构建旅游公共服务平台；负责西城区三星级（不含）以下旅游饭店的管理和星级评定；3A级(含3A级)以下景区、景点的评级和4A级以上景区的资格初审。对区内住宿业和景区、景点的服务质量等进行监督检查，与区相关部门配合管理规范旅游市场；通过文化挖掘、资源整合、产品开发、宣传促销等活动，丰富西城区的旅游产品，树立西城区的旅游形象，打造西城区的旅游品牌，推进旅游产业发展。年内，全区纳入统计的509个旅游单位实现旅游综合收入117

亿元，同比增长13.2%，占全市旅游业综合收入的10.4%，其中旅游商业、住宿业、旅行社成为旅游业收入的主要来源，分别实现旅游收入50.8亿元、33.9亿元和19.9亿元，同比分别增长12.4%、14.2%和15.1%，这3项收入之和占西城区旅游综合收入的89.4%。接待旅游者3894.2万人次，同比增长19.7%，占全市接待总人次的11.9%，旅游总收入和接待总人数2项指标均位居全市第四。

地址：北京市西城区北礼士路12号
南楼8层
邮编：100044
电话：88391720

（周　婧）

【国庆游园工作】　根据市国庆游园指挥部工作要求，按照西城区委、区政府的国庆60周年总体工作部署，成立区国庆游园活动指挥部，由1名副区长和区人大副主任任总指挥，实行双总指挥制。区国庆游园活动指挥部下设办公室、游园活动组、环境布置组、安保交通组、群众组织组、后勤保障组。区旅游局为游园指挥部办公室，负责根据区领导的工作安排，统筹、协调各组进行国庆游园相关工作。区国庆游园指挥部组织开展对区域内公园进行风险源查找、风险源控制、风险应对工作。将北海公园、动物园、景山公园、恭王府、人定湖公园等列为重点公园，分别组织评估公司对北海公园和人定湖公园进行风险评估，特别是对“十方乐奏”公园之一的北海公园进行重点评估，加强安全防范。由西城公安分局国保支队牵头，治安、巡警、刑侦、属地北海派出所等单位配合，从面临的暴力恐怖安全风险、社会政治安全风险、社会治安风险、公园内部和周边风险、交通安全风险等5个方面开展风险因素评估。针对北海公园辐射200米社会面、400米制高点的安全问题组织沿线派出所进行调查摸底，并对风险因素（威胁源）划分为低、中等、高、极高4种风险等级进行分析评估。委托北京金箭鸿雁科技发展有限公司安全防范技术咨询中心对北海公园瞬时最大容量和活动举办区的游客接待量实行测算评估。同时，协调有关部门，在人定湖公园和北滨河公园增加监控探头各12个；在北海公园盲点地区加装监控探头5个。10月1至7日，全区共组织安保力量9243人，其中民警3381人、武警1070人、交警456人、消防192人、保安1897人、公园内保2247人，确保了群众旅游便捷、顺畅、安全，公园景区治安秩序良好。参加北海公园国庆游园活动的志愿者520人，10月2至8日，志愿者服务达1440人次。志愿者饱满的精神状态，细致周到的服务得到游客的赞赏和欢迎。10月6日，1名志愿者代表受到中共中央总书记胡锦涛的亲切会见。另外，区国庆游园活动指挥部在保障北海公园志愿者服务的同时，协调组织千名志愿者，保证动物园和什刹海地区志愿者服务需求。国庆期间，西城区各景区以优质的服务接待国内外游客163.8万人次，圆满地完成国庆游园各项工作任务。

【第八届什刹海文化旅游节】　8月2日，第八届什刹海旅游文化节开幕。本届旅游节改变以往的运作模式，以“加大营销力度，促进经济增长”为中心，结合西城区域特点，利用旅游产业的连带效应，广泛动员区内企业积极参与，着力把什刹海旅游节从单一节庆活动向商旅结合的方向延展，成为西城区发展都市旅游的一次有益尝试。旅游节期间，发放餐饮、娱乐、购物、旅游等种类的面值约1370万元的消费代金券50万张及各种折扣券约4万套。借助本届旅游节平台，实现商旅结合，打造消费新亮点，使旅游产业在拉动消费方面的重要作用得到充分发挥，带动了区域内商业、餐饮、住宿、景区销售整体增长。据统计，参加旅游节活动的14家大中型商场实现营业额8.5亿元，同比增长19.4%，36家餐饮企业实现营业额3647.03万元，同比增长10%，环比增长15%，26家一、二星级宾馆实现营业额2071万元，环比增长15.6%。区内14家A级及主要景区接待人数和收入位列年内前8个月之首，接待国内外游客335.7万人次，同比增长70.6%；实现营业额6764.5万元，同比增长62.7%。旅游节期间什刹海景区，接待游客人数46.4万人次，环比增长14.4%，收入环比增长74.4%，其中三轮车及游船收入较7月份增长75.9%。8月份西城区社会商品零售额达到26.5亿元，同比增长6.9%。

（周　婧）

【历代帝王庙拜谒活动】　11月8日，举办第六届“相聚历代帝王庙、拜谒三皇五帝”——社会各界人士拜谒活动。海内外华人200余人参加活动。活动中再现清代祭祀三皇五帝场景；百名小学生诵读《百家姓》《三字经》，表达炎黄子孙对中华历史文化源远流长的崇尚和敬仰。

（周　婧）

【景区管理】　启动“十二五”规划前期研究，确定旅游发展的主导思想——发展都市旅游，主要模式——打造整体旅游目的地。完成金融街和阜景街旅游规划编制。建立旅游景区统计直报制度。全区A级以上旅游景区每月向区旅游局报送旅游接待人数和旅游收入。5月1日国家大剧院被纳入到假日旅游监测系统中。加强对旅游统计数据的分析，统计工作基本做到月月有统计，季季有分析，判断旅游发展态势。利用技术手段加强旅游统计工作。五一期间，与中国移动合作，利用其手机定位技术在西单、什刹海地区进行旅游客流量统计，取得较好的效果。

(周 婧)

【甲型H1N1流感防控工作】 区旅游局分别与区政府和一、二星级饭店签订《西城区甲型H1N1流感防控工作目标管理责任书》，落实“四方责任”。协助区政府紧急征用二星级饭店天锋宾馆为流感防控指定饭店。多次组织召开旅游行业甲型H1N1流感防控工作部署会，为区内500余家旅游单位免费发放温馨提示卡2.2万余份、甲型H1N1流感防控宣传材料1万余份、体温计1200支、口罩2.5万个、消毒液1200瓶，并储备了部分防护用品。各住宿单位每日向区旅游局汇报流感防控情况。

(周 婧)

【旅游饭店行业培训】 3月19日，区旅游局组织召开旅游饭店行业工作培训会,区内130余家星级饭店、住宿达标单位和规模较大的社会旅馆的主要负责人参加培训。会上，聘请国际主题休闲产业协会驻华首席代表、雅图顾问公司总裁庞礼良先生就“文化销售附加值与差异化竞争力提升策划”进行授课。

(周 婧)

【旅游景区建设】 加强景区游客中心建设、景区标识系统建设、景区基础设施建设和景区监控系统建设。重点是对主要景区加强中英文标识导览牌和无障碍设施建设。恭王府管理中心、景山公园等景区投入资金100余万元，配备自助语音导游机和无线无噪音讲解器1500台（套），主要景区全部完成中英文导览牌工作；部分景区如什刹海和海洋馆已完善5种文字的导览牌；实现主要景区无线导游和多语种自助导游机服务。北京市旅游局为西城区景区建设补助资金159.4万元。

(周 婧)

【质量等级复核工作】 除中国科技馆因搬迁外，区内13家等级景区均通过审核。完成推进恭王府晋升国家5A级景区、天文馆晋升国家4A级景区工作，恭王府被列为年内首批5A级景区候选单位；什刹海景区、北海公园、国家大剧院被评为“新北京十六景”。同时配合市旅游局协调好区内各景区对残疾人免票工作。区内31家一星、二星级饭店全部接受了等级复核。敦煌大厦、鑫宇万得福商务酒店、中俊酒店3家二星级饭店因转产、搬迁、服务品质降低等原因被取消星级饭店资格。德胜饭店从二星级升至三星级饭店。

(周 婧)

【整顿规范旅游市场秩序】 主动与相关单位联合执法，加大对北京旅游集散中心、北京急救中心周边和什刹海景区、景山西街等周边地区散发“一日游”小广告、尾随兜售、黑车、黑导等整治力度。开展专项整治行动16次，出动执法人员360余人次，出动车辆120余车次。处罚违规车辆20余辆，处罚导游5人次，收缴盗版地图13600余份，铲除一个藏有大量盗版地图的窝点，收缴盗版地图60包、1.2万张。为社会旅馆发放正规“一日游”宣传折页6万余册。要求社会旅馆将“一日游”宣传折页放展架、摆前台、入客房，方便游客需求。健全处理旅游投诉机制。受理投诉70件，其中住宿单位投诉13件，景区投诉57件；有效投诉61件，无效投诉9件。

(周 婧)

【旅游宣传营销工作】 借助“城乡互动和谐游”，向西城居民派送郊区旅游门票，落实“惠民旅游，便民旅游”工作。通过组织社区居民参与“旅游体验活动”的形式响应国家旅游局倡导的提升国民休闲意识的号召。如六一儿童节前夕，组织开展“旅游服务进社区”活动。在街道社区首发北京市512张“爱心旅游卡”，受到居民的欢迎。挖掘文化内涵与旅游市场紧密联系，制作推出“在这里与名人对话——走进西城名人故居”优惠套票2000份。强化市场服务意识，联合商户制作《什刹海消费伴侣》手册，提供商户优惠信息吸引境外及外地消费群体，提高他们在重点旅游景区的消费能力。参加各种旅游交易会和推介活动，宣传推广西城区旅游资源。开展“天地生”科普进校园活动，联合区教委与北京天文馆、地质博物馆、古动物馆等博物场馆商谈，筹备发放“天地生”校园卡，进一步强化旅游产业的公共服务职能。在首都之窗、乐途网、《北京西城报》等媒体上对西城区旅游资源进行广泛、深入的宣传报道。选送优质资源的相关材料纳入市旅游局印制的《北京请您来过年》等资料进行统一宣传；动员景区加入市旅游局大力推进的“北京欢迎您——200万张旅游景区门票免费奉送”活动。

（周　婧）

【旅游咨询站建设】 完成动物园、景山公园和后海咨询站建设。截至年底，西城区已有5个旅游咨询站点，站点数量位居全市首位，覆盖西城区主要旅游街区的咨询网络基本形成，“一中心多站点”的管理模式初步成型。全区旅游咨询站年内共接待中外游客329628人次，（其中外宾26382人次，客源国包括英国、美国、法国、印度等53个国家）发放资料2690437份。区旅游局的“中心管理站点，站点服务游客”旅游咨询工作的模式得到市旅游局的认可，并拟将西城区作为试点，在全市推广。完善旅游咨询服务中心站点管理标准工作。继续深化站长负责制度，明确站长工作职责、强化站长责任意识和管理能力。咨询员队伍建设提升到新的层次，通过周简报、周工作报告等方式反馈咨询服务一线存在的问题，及时调整工作。丰富考核手段，在信息管理平台上建立西城旅游咨询服务知识试题库和网上考试功能。

（周　婧）

安全生产监督管理

【概况】 年内，西城区安全生产监督管理局（简称区安监局）坚持“安全第一、预防为主、综合治理”方针，采取多项措施，加大综合监管力度，以新中国成立60周年安全生产保障为中心，围绕开展安全生产“三项行动”，强化宣传教育、强化执法检查、强化专项整治，促进责任制落实，全力排查隐患，加强事故防控，使全区安全生产工作继续保持稳定发展态势。年内全区共发生交通肇事、生产安全、火灾事故100起，死亡18人。事故起数同比减少28起，下降21.88%；死亡人数同比减少6人，下降25%。其中发生交通管界死亡事故10起，事故起数同比减少1起，死亡10人，同比减少1人；发生交通宣传死亡事故7起，同比增加1起，死亡7人，同比增加1人。发生生产安全死亡事故1起，同比减少5起，下降83.33%；死亡1人，同比减少6人，下降85.71%。发生火灾事故82起，同比减少23起，下降21.90%，无人员死亡。各项指标均在市安委会下达的控制范围之内。

地址：西城区裕中西里28号楼

邮编：100029

电话：82283113

（孟振彪）

【国庆安全生产安全保障】 4至10月，区安监局延续奥运保障的成功经验，结合安全生产执法“护航”行动，集中开展安全隐患大排查和专项执法检查，圆满完成新中国立60周年安全生产安全保障任务。在组织保障方面：成立全区安全生产保障分指挥部及各成员单位领导小组，制定联席会议会商制度，启动日报告和“零报告”等制度。在预测预警方面：从3月份开始，对北二环、西二环、平安大街、西长安街、北京展览馆周边和北海公园等重要路线和场所周边200米范围内的生产经营单位进行细致排查，建立动态基础台帐，增强保障的针对性。在危险化学品监控方面：大力压减经营使用单位的危险化学品使用量和存储量，对经营从业单位进行专项检查；督促全区加油站对储油量建立重大危险源信息管理系统并完成HAN阻隔防爆技术改造；对全区99个危险化学品使用经营单位，全部实行网上登记管理；对121种非药品类易制毒化学品、剧毒化学品实行全过程控制，强化流向监控。在监督检查方面：从6月初开始，对国庆活动路线周边单位进行“拉网式、实名制”安全执法检查，进一步完善基础台帐。在开展“护航”行动期间，对庆祝新中国成立60周年活动场所周边200米范围内的生产经营单位，进行不间断、无缝隙、全天候检查，及时消除事故隐患。在重大活动保障方面：承担4次国庆演练安全生产保障工作，完成国庆焰火礼花燃放阵地和庆祝活动场所周边的隐患排查及安全监管任务，并与相关部门建立联动机制，对烟花爆竹临时存放库棚进行风险评估和验收，严格存放期间安全监管。在风险评估和应急管理方面：制定《“国庆平安行动”风险评估与控制工作方案》，针对评估出的事故风险，及时向周边单位进行风险告知，逐一制定应急预案，明确责任单位、责任人，落实防控措施。

（孟振彪）

【安全生产隐患排查治理】　年内，区安监局在继续落实上年隐患排查治理专项行动的基础上，突出以新中国成立60周年安全生产保障为中心，围绕安全生产宣传、执法、治理“三项行动”，先后开展3次安全生产“拉网式、实名制”隐患大排查专项行动，严密监控高危行业和重点领域的安全生产状况。排查行动按照“动态分类排查、动态评审挂帐、动态整改销帐”、“三动态”工作机制，突出“三结合三为主”，即明察与暗访相结合，以暗访为主；专业检查与综合督查相结合，以专业检查为主；一般检查与重点检查相结合，以重点检查为主。明确排查内容、排查范围、排查方式，全年共查出各类隐患2362项，并全部整改完毕。

（孟振彪）

【“六小”单位专项整治】　10月17日，西城区召开会议决定从10月下旬开始，开展“六小”单位（小餐饮、小旅馆、小歌厅、小发廊、小百货、小作坊）专项整治工作。此次专项整治，分集中整治和全面整治两个阶段进行。年底前，先在金融街街道、什刹海街道进行试点。在总结经验的基础上，翌年在全区全面展开。整治目的一是通过全面检查，梳理出一批不具备经营条件、存在重大隐患的“六小”单位；二是通过整治，规范提升一批基本具备经营条件的“六小”单位，提升经营的安全状况；三是通过强化服务，提高“六小”单位的预警能力，对符合条件的小餐饮单位推广安装燃气浓度报警装置，预防事故发生。截至年底，2个试点街道共检查“六小”单位369家，发现和消除隐患78个，停业1家。

（孟振彪）

【危险化学品安全监管】　年内，区安监局为进一步加强监管，采取6项措施：一是严格控制危险化学品从业单位的数量和规模，全年无新增剧毒化学品生产经营单位的许可，压减危险化学品从业单位危险化学品使用量和实际存储量。二是按照各行业主管在危险化学品管理中承担的职责，牵头开展对危险化学品生产、经营、运输、储存、使用、销毁等6个环节安全隐患的排查治理。三是对加油站开展专项整治，完善全区加油站各种审批手续，健全管理制度，完善事故应急救援预案；加大对从业人员的培训教育。四是进一步完善西城区危险化学品事故应急预案，对防范和处置危险化学品事故，增强应急反应能力。五是督促从业单位开展应急演练，提高预案的针对性、实用性和操作性。六是按照现存危险化学品的品种、储量、分布和危险级别，初步建立危险化学品事故应急救援物资储备库。以上措施为防控危险化学品事故起到重要作用。

（孟振彪）

【作业场所职业卫生安全监管】　区安监局按照全年工作部署，建立职业安全联席会议制度，适时召开成员单位会，协商解决工作中的问题。完成职业危害申报、全区有限空间数据汇总和企业基础台帐的收集工作，为全面掌握全区职业安全情况、增强执法的针对性奠定基础。加强职业卫生宣传，4月25日，在区公共卫生行政大厅举办以“工作、健康、和谐”为主题的职业卫生知识答题、知识展览等宣传活动，现场发放有限空间安全作业宣传折页5000份、光盘500张。开展职业安全专项检查，先后对餐饮炭火涮肉企业、有限空间作业场所和家具制造业、书刊印刷企业开展专项检查，消除了一批安全隐患。年内共检查涉及职业卫生安全的生产经营单位48家，行政处罚5家，罚款7.1万元。

（孟振彪）

（责任编辑　佟瑞云）

综合经济管理

经济和社会发展

【概况】 北京市西城区发展和改革委员会（简称区发改委）有职能科室13个。下设4个中心1个检查所，现有人员110人。西城区功能街区建设管理委员会办公室、中关村科技园区德胜科技园管委会办公室、西城区金融服务办公室设在区发改委。年内，区发改委落实区委区政府的各项决策部署，分析“保增长、保民生、保稳定”所面临的形势，应对危机挑战，挖掘发展潜力，立足区域特殊的经济结构、税源结构，加强形势分析和研判，找准科学发展的着力点，积极推进各项工作，努力促进区域经济平稳较快增长。全年地区实现生产总值1510亿元，同比增长10%；完成三级收入2249.84亿元，同比增长19.49%；完成区级财政收入152.2亿元，同比增长6.33%；居民人均可支配收入累计实现30442元，同比增长8.5%。被西城区人民政府评为督查考核优秀单位。

地址：西城区西直门南小街国英1号楼
邮编：100035
电话：58561205

（刘海红）

【经济社会形势分析会】 年内，分别于4月29日、11月4日，召开2次全区经济社会形势分析会。区四套班子领导出席会议，区委区政府各综合部门的主要领导、主管领导参加会议。会议对经济社会发展的内外部环境进行深入讨论，特别在国际金融危机影响下，如何顺利完成区内各主要指标、发展中的重点难点问题等进行全面细致分析，确定次季度重点任务及对策措施。区委区政府的主要领导根据经济发展的形势，提出下一步工作的重点和要求。

（王　蕾）

【优化环境服务企业】 按照《2009年经济增长指标任务分解》的要求，协调相关科室及部门，组建西城区优化环境服务企业工作小组，不断提升企业服务的质量和水平，与财税部门共同应对组织税收工作中的新情况，及时解决新问题，促进税收尽快形成。抓住西城区总部经济特点，增强工作的主动性，为驻区企业总部做好服务。建立部门间信息动态交换和衔接机制，协助税务部门开展工作，及时组织联席会议向区领导汇报税收情况。结合区域特点和经济发展态势，研究制定落实措施。

（王　蕾）

【区县合作】 按照全市开展区县合作的总体要求和部署，西城区与门头沟区正式签署《西城区与门头沟区合作发展框架协议（2009—2013年）》。确定未来5年间按照“政府主导、市场运作、扎实推进、共同发展”的总体思路，在产业发展、公共服务、生态建设等方面开展密切交流与合作，加快实现区域资源互惠、优势互补和共同发展。为加快推进合作发展取得实效，为促进生态涵养发展区协调发展作出贡献，西城区积极采取措施，成立由区长任组长、常务副区长任副组长，相关部门主要领导任成员的西城区区县合作工作领导小组；制订《2009年度西城区与门头沟区合作发展任务书》，明确4个方面12项具体合作任务。同时，按照全市促进区县合作产业共建基地建设的要求，推进西城区与门头沟区合作取得积极成果。在与门头沟区协商后，将位于门头沟区的北京石龙经济开发区所属的四期部分及五期征地园区作为全市区县合作首批产业共建基地进行了申报。

（王　蕾）

【税源奖励政策兑现】　年内，完成对上年度税源奖励兑现工作。根据《关于促进税源发展和鼓励吸引资金的试行办法》，上年度西城区在奖励资金和代交工商注册费方面累计支付4497.15万元。其中，奖励对西城区域经济发展作出突出贡献的309户企、事业单位共计4294.47万元，为776户企业代交工商注册费202.68万元。根据《关于鼓励支持和引导个体私营等非公有制经济发展的意见》，奖励上年度对区财政贡献排名前100名的个体私营企业，奖励总额为287.2万元。

（董培丽）

【固定资产投资】　年内，全区累计完成固定资产投资额145.3亿元，比上年增长7.4%，其中房地产开发投资额48.8亿元，占全区固定资产投资额的33.6%。全年开复工面积328.4万平方米，比上年下降18.9%，其中房地产开发开复工面积为228.8万平方米，比上年下降24.3%，占全区开复工总面积的69.7%。全年竣工面积104.7万平方米，比上年下降9.8%，其中房地产开发竣工面积为59.3万平方米，比上年下降46%，占全区竣工总面积的56.6%。

（兰明宇）

【危旧房改造】　年内，全区危旧房改造开复工面积273万平方米，竣工65万平方米，完成拆迁居民8516户。

（兰明宇）

【事业发展用房】　以提高公共服务能力为重点，坚持以人为本，统筹区域资源，完善服务体系。全年社会事业发展用房项目完成投资8.67亿元。完成什刹海街道、月坛街道、展览路街道、西长安街街道4个社区卫生服务中心及45个卫生站建设。北京肛肠医院进入内部装修和设备安装阶段。优化教育资源，调整教育产业布局，推进落实校舍抗震加固工程，完成北京市第五十六中学等9所中小学的抗震加固改造；青少年科技馆项目进入二次结构加固阶段；启动北京市第三十五中学迁建工程和北京市第一六一中学初中部扩建项目的拆迁工作。改善办公用房，提高区域服务水平，完成区社区服务中心改造项目、机关服务中心附属用房项目；消防队站建设按计划实施，进展顺利。开展援藏项目建设，拉萨市城关区市民服务中心建设项目已结构封顶，取得阶段性成果。

（吴　姗）

【行政事业性收费年审】　年内，开展西城区2008年行政事业性收费年审工作。共接待持证单位114户，审查收费许可证正本114本，副本291本，累计405本。审核行政事业性统一收费票据和专用收费票据7568本，涉及收费资金1.9亿元，通过年审，全区核准收费项目265项。

（李　松）

【价格审批】　年内，在规定时限内完成机动车停车收费标准的核准，核准机动车停车场收费标准37户；完成民办非学历教育收费标准备案及变更101户。

（周　倩）

【市场价格监测】　年内，对区域内农副产品、日用消费品、天然气、成品油、居民服务收费等一系列重要商品及服务价格开展监测。重点加强特殊时期的监测预警工作，先后开展了粮食、禽蛋、猪肉、消毒卫生用品等商品价格的应急监测。全年共监测15大类、8万个品种次商品价格。定期对市场价格行情、走势进行分析、预测，编辑《每旬价格走势》36期、《季度、年度西城区市场价格水平监测分析》4期，报送价格动态信息40篇，向区委、区政府领导报送价格专报11篇。

（周　倩）

【市场价格监督检查】　年内，共检查各类企事业单位和个体工商户1258户，查处各类价格违法案件37件，实现经济制裁总金额31.46万元。其中没收违法所得10.59万元，退还消费者金额14.36万元，罚款6.51万元。上缴财政金额17.10万元。

（安轶静）

【受理价格咨询投诉】　年内，共受理群众来信、来访、来电458件，其中有关部门转办50件、来信1件、来访9件、来电398件，在规定时限内办结455件，办结率为99.34%。在接到的458件中当场答复各类咨询365件，占全部总数的79.69%；需调查核实的93件，占全部总数的25.48%。通过价格举报共查处价格违法案件13件，没收违法所得0.04万元，退款0.43万元，罚款0.23万元。

（安轶静）

【构建中小企业融资服务体系】　年内，为有效缓解中小企业贷款难问题，区政府整合财政担保资金，不断完善信用担保体系建设，融资平台成效显著。首创担保公司西城合作机构对9家中小企业贷款担保，担保金额4185万元；小额担保贷款项目19笔，担保金额134万元。

（初正选）

【公益性系列培训】 年内，组织开展以“金融危机下的中小企业发展”为主题的中小企业公益系列培训，旨在提高中小企业经营管理水平，促进非公经济和中小企业健康可持续发展。培训共3次，12课时，内容涉及高科技企业如何做好项目申报、中关村园区高新技术企业认定政策及相关情况介绍、政府扶持资金相关政策、高新技术企业的治理发展和转型等。来自德胜科技园区内外150余家科技企业相关人员参加了培训。

（初正选）

【涉案财产价格鉴定】 年内，完成涉案财产价格鉴定案件919件，其中刑事案件506件、治安案件413件，鉴定数量居城四区之首，鉴定金额共计1834万余元，未出现1例复核裁定案件。

（石 英）

【政府采购】 全年完成政府采购立项金额19252.45万元，实际采购金额17257.90万元，节约金额1994.55万元。购置北京市自主创新产品共计1309.8万元。在西城区行政事业单位办公设备定点招标中，西城区有4家供应商成为西城区定点采购供应商。

（王 峰）

统 计

【概况】 北京市西城区统计局(简称区统计局)是区政府负责管理全区统计工作的职能部门。年内，全区统计工作按照全市统计系统工作要求和区委区政府总体工作部署，围绕“保增长、保民生、保稳定”的目标，转变发展理念，创新发展模式，提高发展质量，为全区经济社会又好又快发展提供坚实的统计保障。完成2009年年报工作、庆祝新中国成立60周年各项任务等一系列重点工作，其中第二次全国经济普查工作取得阶段性成果。年内区统计局被授予“全国统计系统先进集体”、“在首都国庆60周年联欢晚会工作中做出突出贡献”和“首都国庆60周年群众游行支持贡献单位”称号。2008年9月，区统计局由西城区白云观街北里6号迁到西城区太平桥大街107号。

地址：西城区太平桥大街107号
邮编：100140
电话：66523531

（韩 冬）

【提升统计服务水平】 年内，区统计局、调查队围绕“保增长”，做好统计监测工作。建立月度数据监测分析体系、加大重点领域的跟踪监测、密切关注驻区单位变动情况，通过预警专报的形式及时向区委区政府提供区域经济社会发展的形势变化。围绕“保民生”，开展统计专项调查。全年开展劳动力、医疗、教育等涉及民生的专项调查30余项；定期监测居民收入、消费变化情况；加强民生数据解读力度，发挥统计监测职能。围绕“保稳定”，做好统计数据的发布工作。加大调研力度，全年撰写调查报告和统计分析60篇、统计调查资料122期、区委区政府领导专报20篇、各类信息893则，编制《西城区情》《统计年鉴》《珍藏奥运》《纵横西城改革开放三十年》等统计资料，为区领导和两会代表等提供数据服务146万笔。

（夏沅慧）

【经济普查】 年内，西城区第二次全国经济普查工作顺利开展。全区先后成立了由相关委办局和街道办事处等45个成员单位组成的经济普查领导小组，制定详细的工作制度，在各街道成立普查机构。先后制定普查工作方案10余项，选聘普查员和普查指导员千余人，发放普查物资百余吨，克服困难完成入户普查任务，清查各类单位53685个。普查准备阶段，完成各类培训布置会191场，全区单位参培率达到97.2%。普查登记阶段，区、街普查机构完成8.7万张普查表的收、审、录入工作，在国家和北京市经济普查办公室的质量抽查中，未发现漏报、虚报现象及填报、录入差错情况。11月，区统计局、调查队结合工作实绩，在全区范围内组织开展经济普查先进集体和先进个人的评选，并召开总结表彰大会，对100个单位和400名普查工作人员分别授予“西城区第二次全国经济普查先进集体”和“西城区第二次全国经济普查先进个人”荣誉称号。西城区被国务院经济普查办公室授予“第二次全国经济普查先进集体”称号。

（夏浣慧）

【统计信息化建设】 依照“便民利民，宣传统计”的原则，区统计局、调查队对西城区统计信息网进行改版，全面提升网站服务能力，让社会公众享有统计信息知情权、统计执法监督权、工作质量评判权。一是围绕发展抓建设。紧扣科学发展的主题，围绕“宣传统计、宣传西城”的宗旨，整合网站栏目，通过“魅力西城”、“和谐机关”、“走进统计”等栏目作为宣传统计工作和西城社会经济发展情况的重要窗口。二是围绕重点抓建设。结合“保增长、保民生、保稳定”的工作目标，新开设“数据发布”栏目，公开年度内统计数据定期发布计划。对群众最关心、与群众切身利益相关的统计资料内容进行重点公开，为社会公众提供翔实的统计信息。三是围绕便民抓建设。发挥网络宣传优势，进一步加强统计信息网站平台的建设和管理，通过开设“综合数据查询”、“统计咨询”、“信息查询”、“网站导航”等栏目，加强与百姓的在线交流与互动。

（夏浣慧）

【政府信息公开】 为推进政府信息公开工作，发挥统计信息在服务西城经济社会发展、满足社会需求的职能作用，区统计局、调查队确立“大服务”理念，变被动服务为主动服务、变服务领导和部门为服务全社会、变滞后服务为超前服务、变数据服务为主为决策咨询服务为主。以此为导向，区统计局、调查队加大信息公开力度，一方面做好数据咨询服务，年内共受理各类查询129人次，对外提供数据31.1万笔，是上年同期的10倍；另一方面做好信息公开工作，在西城统计信息网定期公开月度、季度、年度数据及相关的文字资料，便于公众浏览查询；此外还加强行政权力的公开透明度，严格规定统计从业资格认定及统计调查项目审批工作时限和工作程序，网上公示办事规定及流程，为社会公众提供明确的办事指南。

（尤笑宇）

【新《统计法》宣传】 年内，区统计局、调查队面向统计人员开展新《统计法》宣传。为统计人员继续教育讲授“一法一规”及统计执法检查应当注意的事项共11期，1190人次参加；为新增单位宣讲新《统计法》共6期，452人次参加；对社会调查队队员宣讲重点法条2次，174人次参加；在企业座谈会中讲法6期，169人次参加。年报工作布置会期间，制作8套共32张宣传展板摆放在会场，并制作1.3余份新《统计法》宣传折页、5000份新《统计法》明信片，各项宣传工作取得良好效果。

（尤笑宇）

【西单商业区动态监测体系】 年内，区统计局、调查队建立西单商业区动态监测体系，以全面反映西单商业区的运行动态，同时综合反映特色商业街的商业、旅游业态以及历史街区的城市管理、业态引导和公共服务。西单商业区是西城区重点发展的特色街区之一，是区领导关注的重点，西单商业区动态监测体系的建立对评价区域的发展水平具有重要意义。继什刹海开放式旅游景区监测体系建立后，区统计局、调查队再次建立功能街区动态监测体系，并首创部门协作机制，共涉及区内10余个有关委办局的数据情况，还需要辅以抽样问卷调查。该监测体系不仅利用目前统计系统的数据指标，还涵盖区发改委、区国税、区地税、区工商局、区商务局等12个政府部门，是统计方法制度的又一次创新。

（李　晶）

【第六次全国人口普查启动】 年内，区政府印发《关于开展第六次全国人口普查的通知》（简称《通知》），12月，正式启动西城区第六次全国人口普查工作。《通知》对普查工作作出安排部署，成立了以副区长苏东任组长，以区政府办公室主任、区统计局局长、西城经济社会调查队队长、区委宣传部副部长、区民政局副局长、区人口计生委副主任、西城公安分局副局长、区流管办副主任为副组长，区发改委等42个有关部门的负责人任领导小组成员的西城区第六次全国人口普查领导小组。各街道设立相应的人口普查领导小组及其办公室，区普查领导小组各成员单位将人口普查列入年度重点工作。

（李　晶）

【专项调查和调研】 2009年是消费价格调查在地统计工作正式启动之年，消费价格在地统计由摸索前行向逐渐完善细化发展。区统计局、调查队协助国家做好消费价格调查CPI手持数据采集系统的试点工作，在优化工作流程、减轻工作负荷、及时掌握市场价格波动情况等方面提供了技术保障。为及时反映就业形势变化，并为政府制定和调整就业促进政策提供服务，加强月度劳动力、人口变动和劳动力调查数据采集工作。年内共完成国家级、市级、区级、局级调查任务20余项。

（刘　洁）

【部门统计工作】 为进一步理顺和规范政府综合统计和部门统计关系，建立统计资料渠道畅通、数据发布规范、调查管理科学的综合协调机制，实现政府和部门统计的功能互补和信息资源共享，年内，区统计局、调查队建立部门走访机制，先后走访了区体育局、区环保局等部门，在交流中加深彼此了解，数据共享更加顺畅。同时，加大部门统计管理力度，年底组织召开部门统计工作会，对70余家区委区政府部门就如何做好全区部门统计工作进行现场培训，全面提高部门统计工作水平和统计数据质量；及时了解各部门的指标变化，协调解决部门统计中存在的矛盾和问题，对整合统计信息资源、构建统计数据智能平台起到推动作用。

（刘　洁）

劳动和社会保障

【概况】 北京市西城区劳动和社会保障局（简称区劳动保障局）现有干部职工301人，全局设19个行政科室、8个事业单位。年内，区劳动保障局认真落实国家、北京市和西城区“保增长、保民生、保稳定”的工作要求，以改善民生为核心，实施积极的就业政策，着力推动就业管理服务体系化建设，加快推进社会保险改革，不断扩大社会保障范围，提高社会保险待遇水平，加大劳动关系调解力度，深入开展保稳定促和谐工作，多项重点工作取得新突破，超额完成各项重点任务指标，被区政府评为督查考核优秀单位。

地址：西城区西直门南小街20号

邮编：100035

电话：66206036

（王　波）

【就业服务】 在落实北京市各项就业政策的基础上，结合西城区实际，调整完善区域就业政策，出台岗位补贴、社会保险补贴、培训补贴等18项就业政策，扩大就业政策覆盖面，加大对困难群体就业的政策扶持力度，形成全方位、有重点的就业政策体系，年内市区两级财政投入促进就业资金达到1.02亿元。职业介绍机构广泛收集市场用工信息，开发岗位需求信息87348个，开展职业指导32876人次。就业信息网络延伸到全区148个社区，累计开发社区就业岗位20796个，促进13614名失业人员实现就业。落实北京市降低企业社会保险缴费费率政策，直接减轻企业负担5.6亿元，稳定了在职职工就业。在与延庆县、密云县、大兴区、房山区、门头沟区建立“手拉手”就业协作关系的基础上，与平谷区建立统筹城乡就业协作关系，与15家驻京办和60家劳务基地建立劳务输出输入协作机制，促进农民工有序流动。进一步完善与区发改委、区财政局、团区委、银行的创业服务联动机制，加大创业服务力度，累计发放小额贷款22笔183万元，帮助1455人实现自主创业，带动3980人实现就业。同时，通过开展“再就业援助月”、“春风行动”、“送温暖”慰问等活动，促进失业人员就业。年内，帮助6483名“4050”人员实现就业，累计帮助262户、328名“零就业家庭”成员实现就业，社区公益性就业组织累计安置就业特困人员2770名，新认定的184名就业特困人员100%得到安置。城镇登记失业率为0.9%。

（王　波）

【职业技能培训】 调整完善区域职业技能培训政策，加大高技能人才培养力度，对参加高级工（含）以上培训的在岗职工，培训经费补贴50%；提高对失业人员培训的补助经费额度，失业人员参加职业技能培训经考核合格取得结业证书的给予每人100元培训补助，取得职业资格等级证书的给予每人200元培训补助。巩固职业技能培训服务平台，发挥西城区职业技能开发集团的优势，为失业人员提供多层次、多项目的再就业实用技能培训。与区总工会联合，推进企业职工素质教育工程，支持和鼓励企业开展在职职工职业技能培训，提高职工就业稳定性。根据农村劳动力的职业素质特点，为农村劳动力提供与转移就业相结合的技能培训服务。为提升创业培训服务质量，与北京出版集团有限责任公司创业服务机构合作，邀请有理论水平、有创业经验的专家授课，开展互动式、启发式教学，提高学员的学习兴趣和培训的实用性。加强对辖区内25家民办职业培训学校的日常监督检查，规范学校的办学行为。年内，全区共培训各类人员15584人，其中培训失业人员2114人，在职职工8669人，来京务工人员和农村劳动力1628人，其他人员3173人。

（王 波）

【社会保险基金运行】 综合运用社会保险稽核、专项审计和执法监察手段，规范参保行为；以非公企业和农民工参保为重点，扩大社会保险覆盖面。截至年底，全区养老保险参保职工56.6万人,收缴基金684149万元，为19.8万名离退休人员发放养老金459068万元；基本医疗保险参保人员85.3万人，收缴基金314563万元,为76.5万人次报销医疗费用151669万元，支付个人账户103870万元；工伤保险参保职工62.7万人,收缴基金11102万元,支付工伤保险金3935万元；失业保险参保职工62.8万人，收缴基金34632万元，支付失业保险金11241万元；生育保险参保职工37万人，收缴基金16039万元，支付生育保险金11338万元。养老、医疗、工伤、失业、生育5项社会保险基金征缴合计106.05亿元，收缴率达到99%；5项社会保险支出合计74.11亿元。

（王 波）

【社会保险制度改革】 落实北京市城乡居民养老保险制度，将本市女55周岁以下、男60周岁以下的无业人员纳入城乡居民养老保险，落实北京市将无社会养老保障的56至59岁城乡女性一次性纳入老年保障制度，年内全区共有1865名无业居民参加城乡居民养老保险，9751名无社会保障老年人纳入养老保障范围，实现养老保险制度覆盖全体居民。建立无医疗保障老年人和灵活就业人员门诊医疗费报销制度，进一步减轻群众的医疗费负担。推进社区慢性病综合管理工作，加强对医护人员慢性病综合管理业务培训，对疗养退休人员进行慢性病综合管理，向区科委申请专项课题，把慢性病综合管理工作作为西城区可持续发展项目之一。7943名退休人员参加社区慢性病综合管理。

（王 波）

【社会保障卡试点】 社会保障卡是市政府为群众办实事工程。西城区作为北京市社会保障卡改革试点区，针对试点任务涉及面广、难度大、环节多等特点，制定了详细的试点方案，并选择北大医院、人民医院、积水潭医院和二炮总医院作为社会保障卡试点医院。通过建立完备的保障机制，改造医院信息系统，健全医疗费报销模式和工作流程，培训参保单位人事劳资干部，发放社会保障卡，10月，在4家试点医院率先启动参保人员持社会保障卡就医实时结算。截至年底，西城区95家定点医疗机构全部实现持社会保障卡就医实时结算，60万名参保群众领到社会保障卡。通过实施社会保障卡，参保人员就医更加方便，医疗费报销更加便捷，也减轻了用人单位的事务负担。

（王 波）

【公费医疗改革】 西城区承担北京市“公费医疗纳入基本医疗改革”试点任务。在充分调查研究的基础上，结合西城区实际，制定西城区公费医疗改革方案，出台西城区公费医疗改革办法，启动了区属机关事业单位公费医疗改革。全区4万余名机关事业单位工作人员和退休职工纳入基本医疗保险。

（王 波）

【企业退休人员社会化管理】 全面开展退休人员档案标准化管理工作，组织各街道社保所对退休人员档案进行整理，实施退休人员档案微机信息化管理，年内共接收退休人员档案2260份。进一步规范退休人员管理、登记和走访慰问制度，完善工作制度与退休人员自我管理互助小组之间的衔接机制，使退休人员的管理融于各项服务工作之中，年内全区148个社区共建立退休人员自我管理互助小组1408个，参加人员达到29980人，基本形成区、街、社区相连，管理与服务相结合的社会化服务模式。为丰富老年人生活，利用社区资源，组织乒乓球比赛、相声小品比赛和歌唱祖国演唱会，在退休人员中推广健骨操，开展有奖征文活动，举办身体健康和心理健康讲座。年内分5批组织1160名退休人员到金海湖进行休养。

（王 波）

【劳动关系协调】 加大劳动政策法规宣传和指导力度，举办200余场次近万家企业参加的培训会、座谈会，针对企业不同情况进行分类指导，帮助企业规范用工。编印《企业劳动规章制度范本及重要法律法规选编》，免费向企业发放2万册。为建筑施工企业、餐饮服务等劳动用工密集单位量身定制劳动合同书，免费向用人单位发放3万余份。针对困难企业组建“劳动保障顾问团”，把各项就业优惠政策、社会保险政策送进企业，帮助企业走出困境。推进集体合同制度和工资集体协商制度，新签订集体合同1465份，涉及职工39805人。引导用工单位争创和谐劳动关系单位，对评选出的198家和谐劳动关系单位进行表彰奖励。发挥信访调解、劳动保障监察、劳动争议仲裁、社会保险稽核“四位一体”的综合接访作用，加大行政调解力度，通过调解方式快速调处劳动纠纷，引导“息诉停访”。全年接待劳动保障方面的来信、来访、来电28630件次，信访行政调解登记案件363件。与区法院建立联动机制，年内通过行政、司法联合互动调解方式共调解劳动纠纷106起，涉及金额90余万元。发挥政府、工会、企业的作用，在企业中发起“共同约定行动”，引导企业“不停产、不裁员、不减薪”。继续推进建筑施工企业工资预留帐户工作，年内共签订建筑施工企业工资预留帐户协议23份，预留帐户资金747万元。

（王　波）

【劳动保障行政执法】 加强日常巡视检查，全年完成对4547家用人单位的巡视检查工作，涉及劳动者15.52万人次。加大专项执法检查力度，开展春节前农民工工资支付情况专项执法检查，清理整顿人力资源市场秩序专项行动，劳务派遣单位贯彻执行《劳动合同法》情况专项执法大检查等3项专项执法检查活动，共检查用人单位638户，涉及劳动者75855人，解决343名劳动者工资160.85万元。继续开展“劳动用工规范一条街”工程，以书面审查方式检查453家单位，涉及劳动者10386人，补签劳动合同3325份，为101人补缴社会保险16.47万元。实施用人单位监督检查网格化管理，全区划分为25个单元管理网格，对用人单位劳动用工情况进行动态监控。继续落实建筑业、餐饮业、服装加工业及其他行业农民工“签合同、上保险、保工资”工作，对情况复杂、发生举报案件相对集中的单位重点进行检查，及时消除拖欠农民工工资的隐患。在辖区内新开工工地的显著位置悬挂“劳动保障权益告示牌”，为农民工维权提供方便。开设农民工维权“绿色通道”，对拖欠农民工工资案件，做到快立、快审、快结。年内，共解决涉及农民工工资的案件120件，涉及农民工1086人，解决工资总额405万元。全年受理群众举报、投诉案件714件，案件查处率100%。

（王　波）

【劳动争议仲裁】 进一步优化案件审理程序，改进办案方式，不断提升劳动争议案件的办理质量。加大案件审前、审中、审后的调解工作力度，将调解工作贯穿于案件审理的全过程，案件调解率达到46.7%。建立劳动争议案件速裁小组，对小标的额案件和争议不大的案件实行速裁程序，保证在30日内审结，大大缩短案件审理周期。年内速裁劳动争议案件370余件。继续落实半期介入制度，定期召开半期介入会议，对疑难案件进行会商。加强对审理程序的监督，对复杂案件坚持“合议庭”制度，重大、疑难案件必须在半期介入会议上讨论通过，确保裁决的公平、公正。年内，共受理劳动争议案件5009件，同比上升24.23%，结案率达到100%。

（王　波）

工商行政管理

【概况】 北京市工商行政管理局西城分局（简称西城工商分局），设有办公室、登记注册科等15个科室，金融街工商所等7个工商所、1个执法检查队，直属管理事业单位有信息档案中心、机关后勤服务中心、西城工商行政管理学会，代管单位有西城区私营个体经济协会、西城区消费者协会、西城区食品安全监督协调办公室综合科，有公务员、工作人员404人。年内，围绕中央提出的“保增长、保民生、保稳定”的政策部署，做到监管与发展、服务、维权、执法“四个统一”；加强工商行政管理工作制度化、规范化、程序化、法治化建设“四化建设”；推进监管领域由低端向高端延伸，监管方式由粗放向精细，监管方法由突击性、专项性治理向日常规范监管，监管手段由传统向现代化转变的“四个转变”；实现建设高素质队伍、运用高科技手段、实现高效能监管、达到高质量服务的“四高目标”要求。为新中国成立60周年大庆营造良好市场秩序环境，完成各项工作任务。被北京市工商行政管理局授予“北京市工商行政管理系统2009年度先进分局”荣誉称号。

地址：西城区金融大街丙26号
邮编：100033
电话：88087657

（刘晓京）

【工商登记注册】 坚持以社区为基础关注民生，鼓励合法经营，遏制无照经营，引导投资，促进创业带动就业。召开由区政协委员和相关政府部门、企业、商户代表参加的《关注民生、引导投资、帮扶就业——西城工商分局社区便民工商服务手册》发布仪式，撰写《发展社区服务，构建和谐社区——西城区社区百姓生活需求调查报告》，就辖区市场主体数量升降、业态构成、发展趋势以及社会经济发展中的重点、热点和政府、百姓重点关注的经济工作进行分析预测，为区政府经济决策提供参考意见。对区内的大型国有公司，如金融街控股公司等有经济拉动性的大型企业进行帮扶，对于企业合作伙伴之间、公司间关联交易问题等需要提交的法律文书等方面给予帮助，收集30余条意见，做到件件有回复，拉动主流支柱型的国有企业发展。以金融街地区投资的外商投资企业为切入点，发放《金融街外商投资企业行政指导手册》，为外商投资企业在办理登记注册手续之前提供咨询服务，使其方便快捷地领取营业执照。建立登记部门定期向劳动部门提供企业用工基本需求信息、利用求职网络建立对接通道、实现无障碍为下岗失业人员进行就业信息提供的工作模式，为下岗失业人员再就业提供帮助，为大学生创业就业出谋划策，已提供200个岗位的用工信息。年内全区市场主体首次超过6万户，达到60127户，其中内资企业10493户、私企13802户、个体工商户34426户、外资企业1406户。有外商代表处834户。年内新设立内资和私企2018户，新设立企业主要集中在批发和零售业、租赁和商务服务业、科学研究和技术服务等三大行业。企业变更登记6318户。注册资本500万美元的外资企业从6月份下放西城工商分局后，设立59户。

（刘晓京）

【企业及个体、私营经济监管】 通过健全监管制度，量化层级考核，严格年检流程，完成企业年检和个体工商户验照工作。应验户数32570户，已验照数31350户，其中通过数31932户，吊销398户，强制注销288户。开展国庆维稳及保障工作，对影响新中国成立60周年庆祝活动的市场秩序风险隐患问题进行全面排查，确定风险点，组织专门力量，对风险点逐一进行整治和监控，实现“风险控制到位、市场秩序稳定”的总体目标，保障新中国成立60周年庆祝活动期间市场秩序万无一失，营造安全稳定和谐的庆典氛围。强化电子商务监管，完成5968户次网站的巡查工作，立结案126件，罚款196.88万元。对辖区内投资、融资性企业进行专项清理。以信息化为手段，管理区内600余家全国性金融机构总部和大企业总部，110余家股份制银行、证券保险公司总部和分支机构。支持拉动经济增长作用最大的产业，以银行业、保险业、信托业等为主的金融业，促进金融街地区发展。走访50余家外资企业，发放调查表300余张，召开20余户外资企业参加的座谈会，对63户外资企业的轻微违法行为进行行政提示或责令改正，在年检期间及年检结束后对10余户企业反复提示和催办年检，柔性的执法手段收到良好效果。加强对违反国家外资产业政策的查处力度，结案14件，罚没款42.58万元。开展多项整治工作，春节期间开展烟花爆竹安全管理工作，对辖区内34家烟花爆竹专卖销售点进行检查，签订安全经营承诺书，发放各类宣传材料2万余份，在大型市场通过广播宣传，教育群众。开展火灾隐患排查整治和安全生产管理、规范手机经营行为、净化社会文化环境整治、控制大气污染、安全生产“三项行动”、整顿外派劳务市场秩序、计生用品专项整治、养犬管理专项整治、地理信息市场整治、流动人口和出租房屋整治、发票犯罪专项整治、合围攻坚行动工作、刀具下架整治、销售涉及“89”文化衫的整治、小型航空器具专项检查等活动，为新中国成立60周年庆祝活动提供有力保障。

（刘晓京）

【商标监督管理】 实施商标战略，服务地区经济发展，做好著名商标培育工作。以现代服务业和高科技企业为重点，不断拓展领域，引导企业参加申报工作，年内共推荐新华社参考消息、北京银行、金融街控股公司、小红帽股份有限公司、和合谷、烤肉宛6家企业申报北京市著名商标。加大商标行政指导工作，为辖区企业提供“零距离”服务，引导企业自觉运用商标品牌策略参与市场竞争。建立以商标注册建议制度、商标策略提示制度、商标法律告知制度、跟踪服务联系制度为主的创新发展品牌战略指导项目，通过发放“三书一卡”，即商标注册建议书、商标策略提示书、商标法律告知书和跟踪服务联系卡，引导企业增强品牌意识，提高竞争意识和能力。深化商标授权经营制度，商标监管服务电子体系初具规模，对西城工商分局开发的“商标授权经营系统”进行升级，完善商标授权的信用监管，建立市场信用和商标信用数据库，实时掌握有形市场内商标动态，对有形市场内商户实行分类管理，增强监管的主动性、预见性、精确性。区内企业现有注册商标15129件，占全市注册商标总数的9%，居第三位，其中商品商标9268件，服务商标5861件。申请过程中待批准的商标15495件。有北京市著名商标20件，中国驰名商标5件。商标案件结案315件，罚没款693.9万元，没收侵权商品70509件，案值548.22万元，其中查处销售假冒伪劣食品、烟酒、化妆品案件93件，查办市工商局两期《通告》内商标侵权案件27件，取缔窝点23个。移送案件6件，向公安机关移送犯罪嫌疑人17人。

（刘晓京）

【广告监督管理】 建立广告长效监管机制，实行广告监管分类分级管理，对广告发布单位、户外广告经营单位、网络广告发布主体等按不同发行量、街面等级和行业特点实施分类分级，各工商所按网格划分，加强巡查，按主体动态规定巡查指导频次，实现监管工作精细化管理、监管人员合理化配置，提高监管工作效能，降低违法广告发布率。年内，共监测西城区媒介发布广告230887条（其中市工商分局监测129826条，西城工商分局监测101061条），发现违法广告358条（其中市工商分局监测343条，西城工商分局监测15条）。违法率为0.155%。对取得户外广告经营权的广告经营单位44处经营性户外广告核发了户外广告经营许可登记证。开展整顿网上非法“性药品”广告和性病治疗广告的工作，共检查经营性、自设性网站800余户，对国家工商局、市工商局转来的4户涉及发布上述违法广告的网站开展调查，上报市工商局协调信息产业部对4户链接网站实施关闭措施。对中央人民广播电台、新华社等8家广告发布单位进行法律法规培训，共培训广告经营负责人、广告审查员260余人次。查处广告违法案件94件，罚没款183.2245万元。重点办理涉及医疗、药品、保健食品、医疗器械类重点商品服务类违法案件7件，罚没款11万元，受理各类投诉举报21件。

（刘晓京）

【合同监督管理】 配合区建委、公安等5个部门开展出租房屋中介机构专项整治行动，参与流动人口和出租房屋专项整治，重点打击无照经营和超范围经营出租房屋中介机构。和区房管局与区内300家房地产经纪机构签订《平安国庆行动诚信守法责任书》。对房地产经纪机构开展行政提示18次，约见1次，立案查处经纪机构违法案件6件。年内，办结合同案件80件，罚没款93.11万元。开展合同争议行政调解47件，涉及合同金额19.22万元,解决争议金额19万元。开展合同行政指导112人次。办理拍卖企业会前会后备案147场次，检查委托合同2151份，检查成交确认书2145份，确认成交金额18.17亿元。从解决企业实际问题出发，宣传《动产抵押登记办法》，向社会有关公众发放介绍资料100份，办理抵押登记7件，变更登记1件，注销登记1件，涉及抵押物价值38.04亿元，主债权金额28.49亿元。为企业盘活资产36.37亿元取得良好的效果。现有各类经纪人473户，经纪执业人员1052人，备案率79%，办理经纪人登记备案及变更登记备案手续202人次。指导北京京电公司、复兴商业城等20家企业完善合同签约、履约制度，指导签约538份，涉及合同金额1517万元。在商场超市建立37个调解站，调解合同纠纷12件，涉及合同金额20万元。在西单109婚庆大楼一层举办《北京市婚纱摄影服务合同》示范文本正式使用的推行、宣传活动。

（刘晓京）

【市场监督管理】 按农副产品日用百货等类型划分，共有45个有形市场，注册资金17081万元，共有商户16635户，市场经营人员32863人，其中外埠经营者28429人，占86.5%。年成交额378540万元，市场主办单位和商户上年全年纳税额11611.9万元。按照市工商局建立商品交易市场信用分类监管制度的实施方案，针对市场设施、管理水平以及经营主体信用状况发展不平衡的现状，要求到2013年所有商品市场均达到C级B类以上，年内已达标30个，占全区市场总数的66.7%，其中A级市场达到市场总数的33.3%。完成新中国成立60周年庆祝活动保障工作，汲取6月西单购物中心内的育青食品店发生火灾的教训，认真做好有形市场安全生产工作。同期还完成在北京展览馆举行的“新中国成立60周年成就展”、北海公园国庆游园保障工作。年内，对出售管制刀具，不良文化衫，伪劣果汁、茶叶、鲜肉、计划生育药械，限制销售使用的塑料袋和一次性塑料餐具，养犬管理等进行专项治理。继续严密监控禽流感疫情，做好甲型H1N1流感防控工作，发放“甲型H1N1流感可防可控不可怕”宣传招贴画和卡片13200张。与区卫生局健康教育所联合在市场内发放《致广大商户的一封信》5000封。开展“文明市场、诚信商户、健康市场”评选活动，评出市级文明市场7家、区级文明市场14家、健康市场2家。

（刘晓京）

【经济检查】 解决社会需求和市场秩序突出问题，完善标准、流程和方式，提升行政指导工作效能，共开展行政指导7181次，其中行政提示3788次、行政告诫396次、行政约见2094次、行政建议48次、责令改正855次。打击传销规范直销，查处不正当竞争行为，制定《西城工商分局新中国成立60周年庆祝活动期间市场秩序风险控制工作方案》，采取各项措施，使各个风险点处于控制之中。查办各类大要疑难案件12件，与西城公安分局协作查处假冒美国花旗银行名义从事投资银行业务的违法行为。完成各类专项整治工作24项，两节、两会期间查扣盗版光盘1500张。全年西城工商分局共办结案1190件，实际入库金额1512万元。行政诉讼案件14件，行政复议案件10件。

（刘晓京）

【消费者权益保护】 开展工商信息电子化公示工作，实行工商信息电子化发布，区内20家大型商场、超市、市场实施了电子化信息公示制度，共设立电子化显示屏173块。电子化公示实现了双语提示，即电子显示屏部分内容设置为中英文双语信息提示，体现了和谐、友好、国际化的时代特点。开展“3·15国际消费者权益日”宣传活动。调动理性消费者自我维权意识，引导消费者提高自我保护能力。开展系列宣传活动22次，发放宣传材料1.8万份，各大媒体也对各项活动进行详细报道，宣传报道达46篇。采用定向监测、不定向监测相结合的方式，扩大抽检范围，细化抽检项目。5月，对群众反映集中的卫生杀虫用品（卫生球）可能含有有毒有害成分的情况及时向市工商局汇报，并组织对此类商品进行抽检。对儿童服装、玩具、文具、肯德基使用的食品包装纸、纸质容器等进行专项抽检，对什刹海地区的旅店销售的卫生用品进行抽检。年内，抽取样品344组，抽检商品涉及服装鞋帽、家用电子电器产品、燃气具、通讯器材、电动自行车、家装材料、纸制品以及家庭卫生用品8大类。检测报告的商品合格率72.8%。本年度西城区商品质量总体良好，合格率较上年度同期提高16.7%。在被检商品中涉及可能危及人体健康、人身财产安全的商品质量检验项目合格率较高。商品不合格率较高的仍集中在服装鞋帽等针织产品，其中以缩水率、色牢度等非核心项目不合格为主。对于检测的不合格商品，依法予以查处。同时对其他销售假冒伪劣商品以及侵害消费者合法权益的违法行为，加大打击力度。办理申诉1213件，成功调解704件，为消费者挽回经济损失944088.07元。接举报1091件，查证立案334件，罚没款总额1106123.61元。

（刘晓京）

【食品安全监管】 制定《食品监测工作规范》,根据流通领域食品风险性及人们对食品危害的敏感程度将食品分为3类；按照本年度内发生食品安全事件的危害程度、消费者申诉举报属实情况，并参考经营者的信用度进行分级抽检，将被监测单位分为4个级别。将37家一级监测单位和13家二级监测点及多次被消费者举报的单位列为重点风险源，强化日常抽检工作。共抽检样品总数1697个,不合格样品总数150个，总体合格率91.2%。不合格食品中，申报全市下架的33个，区域下架的117个。开展为期4个月的食品添加剂专项整治工作,检查食品经营单位1941家，对销售食品添加剂的3家经营单位进行摸底调查，围绕确定的重点食品、重点区域开展有针对性的快速检测工作，加强对瘦肉精、甲醛、亚硝酸盐、甜味剂、着色剂、防腐剂等成分的检测。期间共抽检样品407个，合格数371个，合格率91%。开展食盐市场专项检查,对32个食盐样品进行快速检测，主要检测项目是碘含量、亚硝酸盐含量，合格率100%。对夏季食品冷链销售情况开展专项检查活动。使用非接触式红外测温仪，加强冷链销售环节的监控。对28户未严格执行冷链销售的个体户实施限期整改的措施。发放食品流通许可证795份。立案查处食品类违法案件329件，移送公安机关2件，罚没款1263622.5元。9月17日，国家工商总局副局长王东峰视察西城国庆期间食品安全工作，对西城工商分局食品安全监管工作给予充分肯定。

（刘晓京）

【信息化建设】 对中心机房进行安全检测，对网络设备、服务器、精密空调、不间断电源等设备进行维护，对指挥中心的传输设备进行综合巡检，确保国庆期间网络设备的畅通及安全运行。配合德胜工商所、执法检查队的迁址，对全局的外网网络环境进行改造，将原驻外部门的外网通过联通公司汇聚后接入西城工商局中心机房，改造成点对点式的接入，减少数据的中间交换环节，以保证外网数据的传输安全及速度，使网检及网上办公的相关工作顺利进行。6月起开始接收市工商局下放的企业档案，共接收658户内资企业纸质档案和电子档案，1007户外资企业电子档案。对每户内资企业的纸质档案进行逐份核对，确保已接收的企业档案材料准确。档案库房存有内资档案60808户，个体档案50623户，扫描档案材料共计24156户，含32523卷，累计扫描475051页。开发出档案电子印章打印功能，解决了原手工盖骑缝章造成的印章模糊而引起的纠纷。接待档案查询8190人次，打印档案文件112598页。设立电教室，安装计算机24台，完成综合类练兵比武培训考试保障工作。

（刘晓京）

质量技术监督

【概况】 年内，北京市西城区质量技术监督局（简称区质监局）以保障新中国成立60周年庆典活动，服务区域经济发展、维护企业及消费者合法权益为重点，落实“质量安全年”的各项工作，确保食品与特种设备两个安全，在产品质量监管、计量监管、标准化基础和特种设备安全监察、检验检测机关的行政管理工作上都取得了较大的成绩。年内检查企业846户次，办理行政执法案件106件，其中立案42件，当场处罚64件。办理12356热线投诉案件39件，办理结案率100%。受理投诉咨询600余起，均已答复。计量检测所共检定强检计量器具28858台件，计量标准34套，强检计量器具完成数量是全年任务的102.8%。特检所完成锅炉内部检验243台，压力容器全面检验247台，压力管道全面检验332.5米，电梯检验5982台，起重机械检验51台，共完成特种设备检验6523台，为全年总任务量的104%。办理行政许可注册登记505起。电梯新办理使用登记许可375起，锅炉新办理使用登记许可9台，压力容器新办理使用登记许可73台，起重机械新办理使用登记许可20起，厂内机动车新办理使用登记许可14起，在用电梯办理变更信息193台。解答咨询服务128起。

地址：西城区展览馆路8号

邮编：100044

电话：52618080

（朱　宇）

【质量监督管理】 加强对食品生产企业的监督管理，强化对食品生产企业生产过程和检验过程的管理。按照市质监局及区政府食品安全办公室总体工作要求，完成全年食品监督抽查任务。由质量科牵头组织执法人员参与乳品生产企业的驻厂监管工作，从上年9月19日开始到3月13日结束，共出动执法人员344人次，出动172车次，行程将近2万公里，监督生产企业对其生产的102批次奶制品逐批进行出厂检验，实现出厂产品100%合格的目标。开展了为期4个月的打击违法添加非食用物质和滥用食品添加剂专项整治工作。按照市质监局的统一部署，完成了全部生产许可证的年审工作。

（朱　宇）

【标准化管理】 完成年度北京市技术标准制修订补助受理工作。共受理7家企业的34份技术标准制修订补助申请，申请补助资金459万元。经市质监局评议，5家企业的19项标准获得64万元资金补助。与德胜科技园管委会办公室配合，对德胜科技园区内参与标准化示范区活动的第二批3家试点单位进行走访和调研，指导企业开展标准化示范活动。备案企业标准144份，登记标准72份。完成市质监局关于区县承办集团公司标准备案的属地管理和与信息所对30家、327份企业标准的交接工作。参与《企业标准化工作指南》DB1000系列标准的制定。

（朱　宇）

【计量监督管理与检测工作】 按照市质监局、市商务局、市工商局《关于在本市社区菜市场（农贸市场）推进诚信计量体系建设开展计价秤统配统管的通知》精神，西城区13家标准化菜市场全部实现了计价秤的统配统管。统配公平秤和计价秤1571台件。完成能源计量工作，新加装能源计量器具113台件，检定能源计量器具249台件。

能源计量工作的开展，为节能减排战略目标的实施提供了重要的数据。“关注民生、计量惠民”专项行动取得实效。开展了诚信计量进市场、健康计量进医院、光明计量进镜店、服务计量进社区“四个走进”服务活动，确保集贸市场、医疗卫生单位、眼镜店在用计量器具准确，检定率达到100%。对在西城区注册的600余家医疗卫生机构逐一进行排查。开展了医疗机构在用计量器具普查工作，普查在用计量器具14203台件。开展行政许可证后监管，检查计量认证实验室23家，计量器具生产企业6家，修理企业1家。开展电子计价秤、定量包装商品、月饼包装等专项监督抽查。完成了市质监局下达的定量包装监督抽查任务。抽查了本市内9个区县共12类定量包装商品。完成抽样总数296个批次检验任务。

（朱　宇）

【法制工作】 全面推进依法行政和行政执法责任制工作，制订并实施《2009年行政执法责任制年度任务目标分解方案》。依据“五五”普法工作计划，以《食品安全法》《特种设备安全监察条例》为重点，协调组织“3·15”、“5·20世界计量日”、“质量安全年”等宣传咨询活动，开展法律进“机关、企业、学校、社区”四进活动，培训企业人员1600余人次，发放各种宣传材料8000余份。对区质监局内干部职工进行法治宣传培训教育；组织局内2次案卷评查，结合行政许可和行政执法案件案卷中存在的主要问题，集中对全局执法人员和技术机构检定人员进行4次专题培训，培训人员300余人次。全面推进行政执法信息管理系统的应用工作，提高行政执法和监督管理的有效性。受理12365热线投诉举报39起，其他各种投诉举报和咨询600余起，并及时处理和解决。年内，被评为区依法普法治理先进单位。

（朱　宇）

【特种设备安全监察检测】 年内，以新中国成立60周年庆祝活动为中心，以国家质检总局“三项行动”为主线，开展了以两会、节假日等重点时期的特种设备安全保障为重点，按照国家质检总局“质量和安全年”及国务院安委会“安全生产年”活动总体部署，落实市质监局2009年北京市特种设备安全监察工作要求及区安委会安全生产工作目标，完成各阶段工作。按照《北京市电梯安全隐患预警工作程序》要求，年内，对使用年限12年以上的电梯进行安全技术分析，对其中纳入预警范围的电梯进行安全评价。完成20台电梯现状评估工作。开展“特种设备安全进企业”、“特种设备安全进社区”和以“为了孩子，为了孩子的明天”为主题的“特种设备安全进校园”活动。针对西单购物中心（北京华威大厦）火灾事故，开展专项检查和现场宣传活动。为确保地铁4号线顺利运行，明确专人负责各站特种设备，开辟、畅通特种设备安全监察和检验检测“绿色通道”，采取一站式办公方式，做好监察和服务工作。共办理特种设备注册登记112台，保证了地铁4号线9月28日试运行。开展了液化石油气瓶专项整治工作。配合区市政管委、区建委、区商务局等行业部门开展专项检查工作。液化石油气瓶专项整治工作中，参加整治的人员累计160人次，检查各类企业近80家次，将发现的问题及时反馈给相关行业主管部门。下发《液化石油气瓶安全使用常识》6000余份。修改后的《特种设备安全监察条例》自5月1日起实行。贯彻落实《节约能源法》，对在用锅炉能效状况进行普查。召开近百家锅炉使用单位参加的能效普查动员会，收回普查登记表100余份，初步完成全区锅炉能效普查工作。完成了国家质监总局下达的12家工业锅炉房安全与节能管理达标活动考核工作。截至12月31日，共检查特种设备生产、使用单位197家，出动执法人员435人次。检验特种设备6565台件。办理各类特种设备开工告知280份，涉及特种设备805台。特种设备注册登记行政许可194件，注册登记设备652台。

（朱　宇）

【代码管理工作】 截至年底，新办理代码证书2649份，变更4717项，共发证书6662套，办理代码年审394份。制作IC卡4389张，完成区政府全程办理事项358项。为区组建的综合信息平台提供准确的企事业基础信息，为西城区经济发展和区领导的决策提供重要的参考数据。上交档案7264份，没有发生退档的质量事故。配合区政府、区质监局各部门和区劳动保障局等相关部门做代码数据协查2万余条。

（朱　宇）

【行政许可监管】 办理行政许可注册登记505起。电梯新办理使用登记许可375起，锅炉新办理使用登记许可9台，压力容器新办理使用登记许可73台，起重机械新办理使用登记许可20起，厂内机动车新办理使用登记许可14起。在用电梯办理变更信息193台。解答咨询服务128起。

（朱　宇）

审 计

【概况】 北京市西城区审计局(简称区审计局)现有干部职工63人，内设8科2室。年内共完成审计(调查)项目47个，审计(调查)延伸单位167个。查出违规金额3247万元，管理不规范金额27202万元。应调帐处理金额6130万元，已调帐处理金额6130万元；应上缴财政610万元，已上缴610万元。全年审计出百万元以上问题单位4个，违规金额3120万元，占全部违规金额的96%。提出审计建议162条，被审计单位采纳79条，促进被审计单位制定整改措施、建立健全规章制度18项。

地址：西城区复兴门外真武庙四条六里6栋

邮编：100045

电话：68014042

(宋 楠)

【预算执行审计】 年内，区审计局以促进基本公共服务均等化和加快形成统一规范透明的财政转移支付制度等内容作为审计目标，结合西城区区情和预算执行情况开展审计监督。审计结果实现了“三个促进”、“两个突出”、“一个加强”(促进财政部门和有资金分配权的部门规范预算管理和资金分配行为，提高财政绩效水平；促进预算单位依法履行职责，完善政策制度，推进内控管理；促进规范重点专项资金使用管理情况，揭露挤占挪用、损失浪费等重大违法违规问题。突出对资金分配权力部门的审计监督；突出对专项资金的审计监督。加强从体制机制、政策制度、内控管理等层面发现、分析、研究问题，有针对性地提出审计意见和建议)。对2008年预算执行审计过程中发现的问题，按照区人大和区政府的要求，督促有关部门认真落实整改，根据区人大对预算执行结果报告提出的要求，对问题进行梳理，对被审计单位的整改情况进行后续跟踪和检查核实，确保审计意见(决定)的落实。在《北京西城报》全文刊载西城预算执行审计整改工作报告，加大审计意见落实和整改的监督力度。

(宋 楠)

【经济责任审计】 受区政府委托，年内完成对区教育研修学院院长、什刹海街道办事处主任等5名领导干部的经济责任审计工作。在工作中，区审计局坚持经济责任审计与财政财务收支审计相结合，经济责任审计与重要专项资金、重点建设项目相结合的形式，突破传统审计方法，健全动态的经济责任审计工作模式，增强经济责任审计的时效性。此外，积极探索对部门负责人经济责任审计的新视角，从财政财务收支(预算执行、专项资金管理、领导决策等)的真实、合规，内控制度的完善以及领导干部廉洁自律3个方面进行审计评价，对审计中发现的管理方面的问题提出切实可行的审计建议。10月，经济责任审计科成立，作为专门负责经济责任审计工作的机构，为进一步加强经济责任审计提供保障。

(宋 楠)

【固定资产投资审计】 年内，围绕重点工程建设，重点开展3方面审计工作：一是为确保建设资金安全、有效，加大基础设施、社会公益设施项目审计力度，开展对德胜门内大街市政道路改造工程、西城区老年医院改扩建工程等竣工项目决算审计；二是为保障扩大内需、促进经济增长政策措施贯彻落实，开展对西城区街巷综合改造修缮工程和居民保障性住房建设工程全过程跟踪审计；三是为迎接新中国成立60周年，开展区重点工程西长安街道路拓宽拆迁审计工作，并针对西长安街道路拓宽拆迁工程政府重视、社会关注的特点，采取“提前介入、事中监督”的模式，充分发挥审计的“免疫”功能。

(宋 楠)

【专项资金审计和审计调查】 年内，区审计局加强对专项资金的审计力度，在对区教育专项资金的审计中，重点延伸审计16个学校及部门，抽查资金为9416万元。区审计局连续对社区卫生服务机构开展审计工作，特别是从政府投资效益审计角度，评价社区卫生服务的整体效益。同时，加大社保资金中的就业补助资金，保险补贴资金、职业技能培训资金等民生资金的审计力度。此外还尝试对区教委系统有专项资金管理分配权的4个部门履职情况、内部管理制度和执行情况进行审计调查。调查涉及区教委、会计核算中心等4个管理部门，对9个学校进行制度执行情况的测试。通过调查，对反映出的问题从体制、机制等方面进行分析，审计结果引起区教委领导高度重视，特邀审计人员对教委系统的财务人员、新任学校总务主任进行培训，并从内控制度上进行补充完善，已修订财务、财产管理内控制度16条。

（宋　楠）

【“小金库”、国庆资金治理检查】 为配合反腐倡廉工作深入进行，7月，区审计局对西城区确定的34个重点单位中的19户开展“小金库”专项治理重点检查工作。同时，将“小金库”等问题的清理工作纳入日常审计工作范围内，做到结合日常审计开展专项审计。根据区政府的要求，区审计局对国庆60周年庆典活动资金跟踪审计，对审计中发现的问题，向区国庆总指挥部发出2份审计建议函，区长张建东、常务副区长白云生分别作出批示。

（宋　楠）

【计算机辅助审计】 区审计局年内以审计信息化为依托，探索现代审计方式，扎实推进计算机辅助审计工作，逐步完善原有的辅助审计软件，大力推进AO2008的使用，通过与AO软件开发商反复协商，解决新中大软件辅助账的数据导入问题，修正程序中出现的漏洞，为进一步推动AO2008的使用扫清技术障碍。选派优秀审计干部参加审计署的计算机应用中级培训，全方位提升审计人员的计算机辅助审计应用水平和能力。

（宋　楠）

【内部审计协会工作】 年内，西城区内部审计协会围绕服务区域经济发展的大局，开展内部审计指导工作。一方面构建内审交流平台，定期组织全区内审人员学习考察、召开交流会和座谈会等形式多样的活动，各内审机构互通内审信息、介绍工作情况、交流经验和探讨不足，达到与内审单位加强沟通的目的，同时又利于内审人员工作水平的提高。另一方面做好内审人员培训，先后组织管理审计培训、业务专题培训，专业知识培训及内部审计的工作方法、技能等培训，全年共举办各种培训6次，参与人数近400人次。

（宋　楠）

（责任编辑　佟瑞云）

财政 税务

财政管理

【概况】 北京市西城区财政局(简称区财政局)，有干部职工129人，设有16个行政科室、6个事业单位。年内，区财政局坚持以科学发展观为指导，以“保增长、保民生、保稳定”为重点，以深化改革、强化监督为手段，不断提升财政聚财、用财、理财能力，突出服务水平和保障效能，提高财政运行质量和效率，为全区各项事业的发展提供有力的资金保障。全年，区财政收入累计完成1521706万元(以2008年财政收入为基数)，同比增加90556万元、增长6.33%；财政支出累计完成1222486万元，同比增长24.02%。

地址：西城区丰盛胡同39号

邮编：100032

电话：66218006

(王　燕)

【财政收入】 年内，受经济增长速度放慢、企业效益下滑、税收政策减收、同期高基数无法消化等因素的综合影响，区财政收入形势十分严峻。为此，区财政局创新工作机制，坚持财源建设与收入组织两手抓，全力落实各项保增长措施。一是加强财源建设。落实各项产业促进政策，支持金融产业和高新技术产业、文化创意产业发展；以功能街区建设为依托，加强区域基础设施建设，改善区域投资环境，提升区域的吸引力和承载力。二是加强收入分析。密切关注收入动态，加强日报、旬报和月报统计分析制度，提高收入分析预测水平。三是抓好收入组织工作。强化收入目标责任制，对国、地税部门下达收入任务指标，督办任务进度，协调相关工作；制定《西城区“保增长、抓组收”工作方案》，建立区财政、国税、地税、工商4部门联动组收工作机制，妥善部署，分阶段实施，齐心协力组织收入；组织街道开展协税护税工作，抓好小税种征管，堵塞管理漏洞，应收尽收。在一系列组收措施带动下，财政收入形势逐步向好。全年累计完成财政收入1521706万元，同比增加90556万元、增长6.33%。

(王　燕)

【国庆保障】 年内，区财政局全力做好国庆筹备的资金保障工作。投入6223万元，保障新中国成立60周年庆典活动的筹备和安全保卫工作；为营造喜庆祥和的节日氛围，投入2000万元，支持城市景观布置工作。为严格资金监管，区财政、审计、监察部门联合制发《关于加强对国庆60周年活动资金管理与监察的通知》，对国庆专项资金和资产物资实行统一管理和统一调配，建立全程审计的跟踪监督机制。制定并严格执行《西城区国庆活动资金、资产处置工作方案》，合理有效地利用国庆资产和物资。争取市财政支持，多渠道筹措资金85436万元，确保西长安街道路拓宽及特殊用地工程顺利实施。同时，向该项目派驻财政和审计部门的专业人员，加大资金监管力度。

(王　燕)

【促进和改善民生】 年内，投入教育保障经费135108万元，落实教育依法增长要求，促进教育均衡发展。投入教育基本建设资金54800万元，重点推进北京市第三十五中学新址迁建、区青少年科技馆建设、校舍抗震加固工程。投入77598万元，完成地铁4号线站区周边整治，推动地铁6号线和8号线站区拆迁。投入107130万元，实施文物保护区居民“煤改电”、老楼通气改造、胡同街巷综合整治，改善居民居住环境。投入12113万元，建设清河龙岗路保障性住房，落实廉租房租金补贴。投入3706万元，免费开放西城区非物质文化遗产展示中心，确保历代帝王庙、月坛体育馆等文化体育场所正常运转。投入55184万元，健全社区卫生服务体系，强化预防保健、重大疾病防治等公共卫生工作，全力保障甲型H1N1流感防控经费。落实各项社会保障政策，完善西城区社会保障政策体系，投入社会保障和就业资金133803万元，落实无社会保障老年居民养老保障政策，对区域内符合政策的无社会保障老年居民实现应保尽保；加大扶贫助困力度，向城乡困难群众发放一次性生活补贴，落实各项临时救助政策资金；将帮扶困难企业与稳定就业岗位相结合，提高补贴标准，扩大补贴范围，将低保边缘人员、大学毕业生等纳入到重点帮扶范围中。

（王 燕）

【厉行节约工作】 年内，按照中央、北京市开展厉行节约工作精神，在全区范围内开展厉行节约工作。在按照全市统一要求对全区因公出国（境）经费、车辆购置及运行费用、公务接待费用支出压缩的基础上，根据中纪委要求，结合西城区实际，增设“油水电”经费压缩指标，提出全区节电、节油、节水指标在上年基础上降低5%。在压缩方法上，对不同类型经费采取不同的压缩方法：车辆购置费和出国经费由全区统一控制压缩；车辆运行费、“油水电”费的财政拨款经费由区财政局按照预算安排情况进行压缩；车辆运行费、“油水电”费的预算外资金和其他资金运用情况，以及业务招待费均由单位自行控制压缩。全区240家行政事业单位共压缩财政拨款经费1647万元。严格控制一般性支出和消费性支出，公务用车的购置仅限于更新。在筹备国庆中强化厉行节约的理念，制定出台《关于加强对国庆60周年活动资金管理和监督的通知》，对国庆专项经费和资产物资实行统一管理和统一调配，提高资金使用效益和资产使用效率，为以后临时机构的资金资产管理奠定了基础。

（王 燕）

【强化预算管理】 完善部门预算管理制度，制定《西城区基本支出预算管理办法》，完善定员定额指标体系，规范和加强基本支出预算管理；修订《西城区项目支出预算管理办法》，建立项目两级分类体系，细化项目申报要素，开展项目滚动管理，提高项目支出预算管理的精细化水平。完善财政支出标准体系，对西城区公用经费定额体系进行调整，将信息化运行费、差旅费、招待费等纳入定额管理，使公用经费定额更加真实、透明地反映预算单位基本支出的实际。完善政府预算体系，推进国有资本经营预算改革，制定《西城区国有资本经营预算管理暂行办法》和《西城区国有资本收益收取管理暂行办法》，实施西城区国有资本经营预算改革工作。

（王 燕）

【完善财政管理体制】 根据市区财政管理体制调整事项，按照“三确保、三不变、三结合、三加强”原则（“三确保”原则，即确保下划资金全额纳入预算管理；确保下划事项支出责任的充分落实；确保相关社会事业投入依法增长。“三不变”原则，即不改变下划资金的支出科目；不改变下划资金使用方向；不改变下划事项的资金补助标准。“三结合”原则，即资金安排时要结合北京市发展规划和要求；结合区委、区政府的重点工作和发展战略；结合西城区自有财力统筹安排。“三加强”原则，即要加强下划资金的指标管理、绩效考评和监督检查），落实市区财政管理体制，管好用好体制下划资金。紧密结合基层实际情况，调整完善区街财政管理体制。调整后的区街财政管理体制，重新核定了各街道新的财力基数，完善了激励和调节机制，建立了基层公共服务动态转移支付制度。

（王 燕）

【深化国库集中支付制度改革】 年内，对财政授权支付代理银行重新招标，通过公开招标最终确立交通银行、北京银行、光大银行3家代理银行。推进教委事业纳入授权支付改革工作，完成改革前期的调研，确定改革方案和具体实施步骤，并开展对试点学校的培训和零余额账户开立工作。全年财政授权支付共下达额度189948万元，比上年同期的127549万元增长49%，实际支出171326万元，结余额度达到18622万元。不断扩大公务卡制度改革覆盖面，将公务卡改革范围扩大到全区所有纳入授权支付的一、二级预算单位。政府采购直接支付量趋于稳定，全年西城区共实现政府采购直接支付22966万元；全区共有139个预算单位10306人纳入工资统发范围，全年累计工资统发137524人次，发放工资金额71269万元。

（王 燕）

【政府采购管理】 夯实政府采购工作基础，对办公设备、空调和办公家具定点供应商进行重新招标，完善《西城区定点供应商管理办法》，对定点供应商实施综合评价管理；加强评标专家管理，设立北京市评标专家库系统终端，实现与北京市评标专家的资源共享。着力提高政府采购效率，将西城区政府采购限额标准、“绿色通道”限额标准由10万元提高到30万元。年内，区政府采购实际完成采购金额56588万元，节约资金4447万元，节约率6.42%；政府采购市场化水平稳步提高，公开招标率达到74%。

（王 燕）

【绩效考评】 年内，在考评项目的选取上，与财政预算管理的重点、财政监督检查紧密结合起来。突出对“民生”项目的考评，创新考评形式，引入“专题考评”方式，按照项目支出的性质选择考评项目；创新考评机制，改革专家打分机制，建立分行业的指标体系，提升绩效考评的工作质量。年内区财政支出绩效考评项目共计27个，涉及单位25个，考评金额合计18159.5万元，其中考评结果为优秀的17个，优秀率为63%。加强绩效考评结果与预算管理相结合的结果应用，为提升西城区部门预算编制的标准化和精细化水平，提供重要参考数据。

（王 燕）

【政府投资项目管理】 年内，区财政局进一步完善政府投资项目管理制度体系，制定出台《西城区财政局关于加强财政性投资基本建设项目竣工财务决算工作的通知》等6项制度。推进财政投资评审工作，本着“不怕增、不求减、只唯实”的理念，按照“先评审，后下预算”、“先评审，后招标”、“先评审，后采购”、“先评审，后拨款”、“先评审，后批复决算”的工作机制，对新建基建、整治及大型修缮项目开展投资评审工作。全年共评审建设项目150个，评审额235048万元,审减24924万元，审减率达到10.64%。在建设资金领域开展财政直接支付工作，通过直接支付方式拨付工程资金10486万元，有效保证财政资金的使用效率，减少工程在途资金沉淀，资金到达最终收款人的时间减少一半。

（王 燕）

【财政监督】 围绕财政改革和财政管理的中心工作，年内组织实施了市级专项补助资金管理及使用情况、奥运资产处置与管理情况、重点部门2008年度预算编制及执行情况、会计信息质量情况、“小金库”专项治理、跟踪厉行节约压缩经费落实情况、落实财政“扩内需、保增长”情况与国庆资金使用情况跟踪检查等多项监督检查，涉及被查单位98户次，检查督导和纠正违规事项涉及金额5576万元。密切关注财政资金安全问题，从组织领导、制度建设和内控管理、岗位设置和人员配备、资金收付管理、帐务处理、对帐管理、财政资金专户管理、印鉴和票据管理、代理银行管理、信息系统管理等10个方面对西城区财政资金安全状况进行检查，并制定完善资金安全管理工作方案。

（王 燕）

【资产管理】 按照“依法依规、核实权属、效益优先、公平公开”的原则，完成北京奥运会（残奥会）资产处置工作。西城区奥运会（残奥会）固定资产购置支出2227万元，购置资产1874件，已全部批准留用。建立资产配置标准体系，制定出台《西城区行政事业单位固定资产配置管理暂行办法（试行)》和《西城区行政事业单位日常办公设备配置标准（试行)》。加强资产处置管理，严格执行资产处置“入场交易”制度，规范资产处置流程及各环节时限，不断提高资产处置工作效率。

（王 燕）

【深入学习实践科学发展观活动】 按照全区的统一部署，围绕深入学习实践科学发展观，全面践行三大理念，着力推进西城科学发展、和谐发展、率先发展，以构建“公共财政、民生财政、效益财政”为目标，扎实推进学习实践科学发展观活动，圆满完成“学习调研、分析检查、整改落实”3个阶段6个环节的工作任务。在学习活动过程中，坚持将学习实践活动与财政业务工作相结合，突出实践特色和财政特色，着力在转变思想认识、解决突出问题上下工夫。一是加强学习，深化对科学发展观的认识。通过收看专题讲座、研讨参观、开展大讨论、领导专题报告、知识答题等多种形式，使广大干部增强对科学发展观的认识，进一步明晰科学发展观对财政工作的要求，从而在落实科学发展观上达成新共识。二是集思广益，查找工作中的问题。通过发放调查问卷、召开座谈会、征文、开展调研等多种形式，向预算单位、广大干部、基层财务人员问计问策，共收集各类建议意见40余条。局领导班子对各项意见建议高度重视、认真分析，着重围绕群众和社会所关注的“效益”问题，找到制约财政科学发展的主要问题，剖析问题存在的原因，提出了改进工作的思路。三是着力解决制约科学发展的突出问题。针对分析检查中发现的问题，制定具有针对性和可操作性的整改方案，提出拟集中解决的问题为6个方面16个问题，并明确整改目标和整改时限。区财政局已解决突出问题5个，修改完善制度19项，为群众办好事办实事6件。

（王　燕）

国家税务

【概况】 北京市西城区国家税务局（简称区国税局）有干部职工398人，设办公室、政策法规科、货物和劳务税科、所得税科、大企业和国际税务管理科、进出口税收管理科、征收管理科、收入核算科、纳税服务科、财务管理科、人事科、教育科、监察室13个科室；设有机关党委办公室、离退休干部科；设有信息中心、机关服务中心、票证中心3个事业单位；并设有副处级单位稽查局，稽查局内设综合科、综合选案科、案件审理科、案件执行科、检查一科、检查二科、检查三科、举报中心；设有10个派出机构税务所。另在局机关一楼设办税服务厅，在西城区经济服务大厅设国税局税务登记窗口。截至年底，区国税局共管辖各类纳税户3.5万余户，各类集贸市场56个。共组织各项税收收入1992.71亿元，同比增加318.51亿元，增长19.02%，超年度计划11.08个百分点，提前126天完成年度税收任务，圆满完成各项税收工作任务。

地址：西城区二龙路己33号

邮编：100032

电话：66027660

（王　超）

【组织税收收入】 年内，区国税局对区域国税税源构成作了调研分析，形成近4万字的《西城区国家税务局税源结构调研报告》，以及7个街道独立的税源结构调研分析报告。对2008年度所得税入库1000万元以上企业进行全面调查，对109户企业全部实行按月定额与按月据实缴纳税款相结合的征收方式，全年预缴三级所得税685.09亿元，占全部当年预缴所得税的93.4%；当年共享所得税123.21亿元。对年内取消合并纳税的110余户成员企业实行全额就地预缴的政策；对100余户高新技术企业的“身份”进行逐户确认，对不符合减免税规定的企业恢复征税共计1亿元；密切关注增值税转型对税收收入的影响；掌握非居民企业预提所得税和关联企业等相关国际税务涉税政策的影响，全局入库非居民企业扣缴预提所得税36.53亿元，比上年同期的13.31亿元增加23.21亿元，增长1.74倍。

（王　超）

【优化纳税服务】 在纳税人中开展纳税服务需求和质量调查工作，问卷涉及了解纳税人服务需求、听取纳税人服务反馈两大类28个问题，纳税人参与调查500余人次，调查有效率达98.6%。此外，在区国税局办税服务厅设置纳税服务监督台，制定《纳税服务监督台管理办法》，第一时间收集、处理纳税人的涉税问题。面向企业多次召开涉及企业所得税年度申报、关联交易申报、增值税转型、出口退税政策等内容的辅导会；多次深入高新技术企业、再生资源回收行业等特殊行业企业了解企业生产经营情况，提供政策咨询。结合税务稽查，召开企业自查辅导会11个批次360余户次，讲解和提示金融行业营业税、企业所得税、预提所得税等重点税收政策，帮助企业规避税收风险。将企业缓交税款审批、私营企业定期联系、小规模纳税人降率政策落实、所得税新旧政策衔接作为帮扶重点举措，切实满足企业涉税事项办理过程中的合理需求。11月，区国税局纳税服务站正式成立，服务站按照统一组织、定期活动、分类服务的工作原则，将各类涉及纳税人的宣传辅导、政策培训、宣传资料发放等工作进行统筹规划。为提高办事效率，优化纳税服务，12月，区国税局研究并形成最新的《办税服务厅征管工作实施方案》。

（王　超）

【打造征管平台】 年内，区国税局创建《税收征管质量月度报告》，对全局每月征管基础数据和异常数据进行分析、提示，通报五率完成情况，反馈征管动态信息；制定《税收工作模板与案例实施意见》，通过对税收工作实践经验的总结，深挖对于某一工作中独具特色、具有指导意义、体现税收工作规范性要求的工作模板和工作案例，汇编成《税收工作模板案例选编》定期刊发；建立政策效应分析团队，按政策类型分行业进行解读和研讨，邀请企业代表加入分析团队，借助外脑确保政策的有效落实与执行；开辟《政策导读周报》，为干部提供权威性与及时性兼具的政策参考；建立政策效应分析团队和政策分类制度，对一般性政策、重要政策、重大政策采取不同的处理方式。加强与区地税局、西城工商局、区统计局、街道等区属部门的协作沟通，召开区国税、区地税协作会议4次，局领导带队走访了德胜、什刹海、展览路等7个街道，最大限度地发挥协税护税组织作用，堵塞征管漏洞。

（王　超）

【税种管理特色】 年内，区国税局对78户企业开展有针对性的企业所得税纳税评估；根据跨省市总分机构所得税汇算清缴政策变化，对分支机构亏损弥补、分支机构单独享受优惠、总分机构计算税款等特殊问题进行归纳，将管理关口前移。在外网增加“新所得税”模块，发布涉及新申报表、核定征收、汇算清缴等方面的涉税事项办理指南60余项，扩展了所得税政策宣传覆盖面。在增值税管理方面，针对增值税转型，区国税局两次深入企业开展政策辅导，涉及企业近200户次，发放资料近万份。同时注重分析政策变化对税收收入的影响，归纳7项增收因素和3项减收因素，加强收入预测；安排对12户农产品企业，35户供暖企业，14户商业零售企业，16户音像制品、电子出版物、文化出版企业的纳税评估，其中对音像制品、电子出版物、文化出版企业的纳税评估共补缴增值税199万元；对商业零售企业售卖购物卡、购物券等购物凭证的纳税评估补缴增值税938万元、滞纳金5.33万元。

（王　超）

【税务稽查工作】 实现企业全面自查与重点评估稽查相结合的模式，在大型企业集团及重点行业企业全面自查的基础上，有针对性地开展综合纳税评估、行业稽查和专项稽查，提高结案率和查补税款入库率，做到服务全局、以查促管，年内通过税务稽查和企业自查，区国税局共入库税款51.11亿元，同比增加49.25亿元，查补税款入库占当期三级税收的2.56%。此外，区国税局与区地税局、西城公安分局联合开展多次打击制售假发票活动，捣毁犯罪窝点6个，收缴作案工具4台，缴获印章261枚，抓获犯罪嫌疑人27人，查获涉案发票3800余份。利用发票协查系统开展专案协查，筛选出购票量大、收入申报低的企业进行全方位评估，对确实有问题的企业开展专案检查。“2009年税收宣传月”期间，区国税局联合区地税局、西城公安分局，在西直门西环广场开展打击发票违法犯罪宣传活动，向纳税人宣传发票使用的相关规定。

（王　超）

【涉外税收管理】 根据国家税务总局关于企业关联业务往来报告的要求，及时向纳税人进行宣传辅导，通过互联网讲解公布填报说明，使上年度关联业务报告表的申报率实现100%。继续落实非居民税收管理的文件政策，加强日常管理力度，根据非居民税收管理的相关文件及指导性意见，及时向企业宣传新的文件政策，并调整售付汇工作流程，区国税局和区地税局联合召开非居民企业扣缴义务人税法宣传辅导会，对新文件进行宣传讲解，并安排现场答疑，实现税企互动。同时深入代扣企业大户宣传税收政策，进一步了解企业需求，有针对性地做好纳税服务。

（王　超）

【出口退税管理】 区国税局加大实施出口退税网上申报力度，加快各项信息、数据反馈速度，年内审核企业退税申报资料3047批，为746户次企业办理退税，完成退税约27亿元，同比增加近16亿元，增长145%。重点加强征退税衔接工作，对出口应征税货物、开具代理证明等情况进行核查，仔细清分各类数据，对各类问题按企业归类；将各类数据分别与企业比对，进一步查找各类疑点数据出现的原因，作出相应处理。进一步强化退税服务工作，采取多种措施帮扶出口企业度过金融危机，切实将国家有关退税政策落到实处，包括以多种形式将退税政策及时提供给企业，推广网上预审、网上申报，科学简化申报程序，减少纳税人负担。

（王　超）

【创新大企业管理思路】 年内，区国税局以《西城国税大企业管理工作实践指引》和《西城区国家税务局大型企业管理实践工作制度》为引导，通过启动大企业“学习服务”主题实践活动，推广驻厂调研模式，开通大企业税企e家非官方博客，加强税企间的有效沟通，实现税务机关与大企业之间互信、互学、互通、共赢的良性格局。区国税局重点完成对81户大企业及成员企业的自查督导及自查补税税款入库工作，查找企业低税负、零税负的形成原因。

（王 超）

【信息化建设】 年内，区国税局所管辖的企业税库银联网通过验证11991户，占全部开业企业登记户的55.53%；有488户企业成功使用远程抄报税进行纳税申报；办理网上申报比例已达94%，网上认证量达到近91%。对税收征管信息系统（CTAIS）外挂完成84次升级，并结合组收工作开发分级税源管理软件。与区信息办合作，利用区政府网络资源，在原区交互式办公项目的基础上，开发专门针对区国税局网上办税的子系统。引进ARM I型和ARM II型自助办税终端，受理纳税人发票抵扣联认证、增值税专票领购等事项。全年，对1200户纳税人发行身份识别卡，受理专用发票认证8000余份，受理征期和非征期抄报税400户次，完成纳税申报110户；完成发票验旧73344份，发售增值税机打发票1187户次314025份。

（王 超）

【个体集贸管理】 对个体集贸市场坚持“抓大、扶中、控小”的管理理念，促进市场良性发展。全年，区国税局对个体集贸市场共组织各项税收收入6382万元，完成全年税收计划指标5700万元的111.9%；有33个集贸市场实现机打发票。此外，全力做好市场直征工作，对达到文件规定标准的“天意市场”采取“市场直征、集中管理”的工作方式；做好集贸市场纳税人在CTAIS系统内实现明细申报的试点工作，将个体集贸纳税人的基础信息全部录入到CTAIS系统中并实现明细申报，增值税和消费税的征期申报率均为100%。

（王 超）

【深入学习实践科学发展观活动】 3月17日，区国税局正式启动学习实践科学发展观活动。活动期间，局党组利用4次党组会进行了专题学习，7名局领导参加了区委组织部举办的7场处级领导学习实践科学发展观报告会；组织全局党员开展各类学习培训、专题报告会共7场。此外，区国税局开展了“学习实践科学发展观献计献策完成组收任务提升服务水平作贡献”特色活动。全局干部共提出组收、服务方面的措施建议1130条。局领导深入54户金融、保险、证券、电信、电力、采矿等大型企业进行调研，形成8篇调研报告。各部门在调查研究的基础上，形成34篇调研报告。

（王 超）

地方税务

【概况】 北京市西城区地方税务局（简称区地税局）有干部职工452人，设12个科室、11个基层税务所、1个稽查局（下设5个科），内设机关后勤服务中心（属事业机构），工会组织，共计32个部门。此外，成立了西城区地方税务学会。在局机关设有办税服务大厅，在区经济服务大厅设有地税局服务窗口。年内，区地税局有正常税源户44119户，其中包括市场内摊商6920户。纳税额百万元以上企业有1607户，同比增加139户，入库税款236.2亿元，占整体税收比重的92.6%。全年完成各项收入255.2亿元，同比增收35亿元，增长15.9%，完成市局计划任务245亿元的104.2%，超收10.2亿元。其中地方一般预算收入完成199.5亿元，同比增收30.5亿元，增长18.0%，完成计划任务188.2亿元的106%；区级收入完成98.5亿元，同比增收20.5亿元，增长26.3%，完成区政府年度计划任务95亿元的103.7%，超收3.5亿元。

地址：西城区新街口珠八宝胡同23号
邮编：100035
电话：62272820

（黎 阳）

【税收分析】 利用回放数据和外部数据搭建数据分析框架，实现数据即时监控和深层次的挖掘分析，并将分析信息全局共享，提高了组收效率；将分析内容拓宽到税源管理层面的应用，使数据分析的作用得到进一步发挥。结合实际建立重点税源户层级管理模式，将年纳税额在百万元以上的企业列为监控的重点税源户，在税收管理员加强日常分析的基础上，坚持局领导大户走访、税务所所长定期逐户分析制度，形成“局领导——科室管理人员——税务所所长——重点户管理员”四级管网的监管模式，利用层级管理模式进一步加强税源监控，用强大的管理合力推动重点税源管理高质高效开展。对在西城区注册资金过亿元的新办重点税源户进行走访，针对新办户容易忽略印花税、房产税等税收问题，积极宣传，讲解政策，进行培训。

(黎　阳)

【分税种管理】 将“小税种、大管理”的组收思路贯穿全年，以小税种的征管挖潜为突破口，推动全税种细化管理，特别是印花税、土地增值税2个小税种的增长因素在组收工作中收效显著。成立印花税专项税种管理小组，设计开发印花税管理软件，最大限度地控管企业购花渠道。年内实现印花税入库7.7亿元，同比增收3.7亿元，增长幅度92.5%，有力带动三级收入同步稳定增长。充分利用市局地方税税源监控平台，对符合开展土地增值税清算条件的企业，逐户逐项登记、分析，核查了113家企业的156个房地产项目，并实施清算。全年土地增值税共计入库9.1亿元，同比增收5.3亿元，增长143.4%。契税征收部门将房地产开发商、辖区内外企业购房信息及时传递给各税源管理所，通过窗口信息反馈渠道，有效堵塞征管漏洞，完善后期征管。针对年底房地产交易营业税优惠到期业务量大量增加，区地税局及时制订应急预案，并在相关科室抽调人员组织预备队支援窗口，保障契税征收工作顺利开展。

(黎　阳)

【评估工作】 建立起分行业评估模式。针对医院纳税情况，特别评估选取8家三级甲等医院，征管牵头召开政策辅导专题会，进行政策辅导，并发放纳税情况统计自查表，督促企业自查补税，入库税款35.2万元。针对行业管理、零申报企业以及印花税等小税种在征管中存在的薄弱环节，以纳税评估工具软件为支撑，进一步推进日常评估工作有效开展。全年日常评估2732户，有问题876户，补缴税款及滞纳金、罚款7690.2万元。组织企业开展自查、复核工作，对复核企业的自查督导率达到100%，共复核53户，复核要点2073个，入库税款、滞纳金共计2.5亿元。

(黎　阳)

【帮扶企业】 高度重视帮扶工作，主管税政科室在该项工作开展期间定期向局长办公会汇报工作进度。全年，区地税局共办理减免税373户，退税282户次；帮扶企业应对国际金融危机，走访困难企业99户，受理企业帮扶需求21项，其中已办结20项，正在着手解决的1项。

(黎　阳)

【信息化支持】 加强信息数据利用，开发针对上市公司股票期权的管理软件，实现信息录入、信息查询、信息提醒等功能；强化管理，开发印花税票销售管理系统，方便各税务所和局服务大厅印花税票售卖工作，实现对印花税税务环节的进一步监管；利用区政府数据交换平台，初步完成与区国税局登记信息、申报信息的交换和对比，进一步加强税源管理；开发新办企业所得税税种核定系统，自动完成税收管理员平台中企业税种基本信息标记，不仅完善了企业所得税征收范围登记环节的初始核定，同时也简化了税源监控和税种核定方面的工作程序。

(黎　阳)

【个人所得税管理】 在多渠道数据比对寻找征收疑点的基础上，以向企业发送《致纳税人的一封信》的形式，组织企业自查，掌握详细资料，推进精细化管理。结合市局反馈的个税明细申报比对数据，向536户重点纳税户发信，对企业工资费用支出与个人工资薪金所得对比数据进行确认，反馈比例53%，补税单位11家，涉及税款31万余元。

(黎　阳)

【稽查检查】 加强辅导式自查与涉税重大案件查办，坚持自查辅导和专项检查相结合，不断完善税务查前告知制度。按要求完成5批税收专项检查和自查辅导工作，完成国际涉税情况交换和税收协查核查工作，完成涉税举报中心的受理等各项工作。全年，稽查组织收入4.92亿元，同比增加4.32亿元。与西城公安分局、区国税局配合，开展严厉打击制售假发票和非法代卖发票专项整治活动，共捣毁7个贩卖假发票窝点，抓获嫌疑人17人，收缴假发票3600余张、印章423枚。

(黎　阳)

【纳税服务】 统一办税服务厅标识，更新、完善办税服务厅软硬件设施。在纳税服务窗口开展“树、评、查”活动，树立窗口服务先进典型，在全局开展“服务之星”评选活动。坚持做好日常咨询受理工作，通过12366热线全年受理咨询电话20500人次，局纳税服务大厅服务台接待上门咨询10907人次。

按月向年度纳税百万元以上企业免费提供《北京市地方税务公告》以及业务科室为其量身定制的主题宣传材料，全年共寄送各类资料2.5万份。通过地税网站上的纳税人免费邮箱及时发送税收新政，纳税人免费邮箱累计设置户数42598户，发送通知114条，接收问题及答复55条；成功组织“TAX861网站在线答疑活动”，即时解答纳税人问题。依托中国移动平台，利用手机短信形式向纳税人及时发送申报提示、政策传达和会议提醒，全年通过信息平台向纳税人发送信息55287条。通过邀请财税专家为“纳税人之家”成员举办财税系列讲座6场次，辅导纳税人6000人次；以定期召开税企见面会、制作《纳税人之家》电子刊物、编印《办税人员手册》等多种形式，宣讲新税收政策，解答纳税人疑问，征求纳税人意见。

（黎 阳）

【税收协作】 强化政府部门联合监管，逐步建立并扩大同区发改委、区房地中心、区建委等相关部门的信息共享，完善与区国税局、西城工商分局三方协作机制，提高税源管控能力，申报率、入库率指标均超过市地税局要求的实现目标，平均申报率99.9%，平均入库率99.95%，平均登记率99.7%。发挥街道协税护税体制的作用，填补征管漏洞。通过对辖区内楼宇、建筑施工、房地产企业进行排查，全年共为35家企业办理了临时税务登记，入库税款达1.8亿元。

（黎 阳）

（责任编辑 佟瑞云）

金 融

概 述

年内，国家开发银行营业部本外币贷款余额为1747亿元,全年实现营业利润22.61亿元。中国农业发展银行北京市分行资产余额为604.8717亿元，同比增加495.2087亿元;全年实现利润3.48亿元。中国工商银行股份有限公司北京市分行本外币资产总额为1.8万亿元,较上年增加3348.4亿元；实现拨备前利润211.2亿元,拨备后利润208.1亿元。中国农业银行北京市分行本外币总资产3818.38亿元,比上年增加1487.5亿元；实现全口径拨备前利润42.78亿元、拨备后利润33.5亿元。交通银行股份有限公司北京分行本外币资产总规模4854.74亿元,较上年增加815.57亿元；全年实现本外币经营利润52.30亿元。北京银行股份有限公司资产总额为5334.69亿元，较上年增加1164.48亿元；全年实现利润总额71.62亿元,实现净利润56.34亿元。中信银行总行营业部本外币资产总额2983亿元，较上年增加597.67亿元;全年实现帐面利润27.17亿元。中国光大银行股份有限公司总行营业部资产总额为2000.2亿元,较上年增加302.6亿元；全年实现资本收费前利润22.36亿元，资本收费后利润17.44亿元。华夏银行股份有限公司总行营业部本外币资产余额1299.78亿元,同比增加31.74亿元;全年实现利润10.97亿元,同比减少2.66亿元。中国民生银行股份有限公司总行营业部本外币资产余额为3050.66亿元，较上年增加810.12亿元。招商银行股份有限公司北京分行资产总额为2501.5亿元,较上年增加540.8亿元;全年实现利润36.3亿元。中国银行股份有限公司北京市西城支行全年实现经营利润5.2亿元，人均创利102.77万元。中国建设银行股份有限公司北京西四支行全年实现本外币帐面利润11.43亿元。中国建设银行股份有限公司北京西单支行全年实现拨备前利润1.71万元。广东发展银行股份有限公司北京月坛支行资产总额55.50亿元，全年实现利润8288万元,人均创利267万元。

中国证券监督管理委员会北京监管局监管北京地区206个证券营业部，证券公司总资产3098.67亿元,营业收入316.33亿元。

中国平安财产保险股份有限公司北京分公司全年实现保费收入25.72亿元。中国平安人寿保险股份有限公司北京分公司全年实现保费收入115.69亿元。中国太平洋财产保险股份有限公司北京分公司全年实现保费收入22.1亿元。中国太平洋人寿保险股份有限公司全年实现保费收入32.24亿元。泰康人寿保险股份有限公司北京分公司全年实现保费收入57.22亿元。中国人民财产保险股份有限公司北京市西城支公司全年实现保费收入40298万元。

(华大友　郝慧芳)

银 行

国家开发银行北京市分行

【概况】 国家开发银行北京市分行内设处室18个，在职员工175人。按照国家开发银行总行部署，贯彻国家“保增长、扩内需、调结构”的方针政策，配合北京市委市政府“保增长、保民生、保稳定”各项任务落实，紧密围绕城市建设、产业发展、城乡经济一体化、改善民生和促进社会和谐等重点领域开展工作，发挥开发性金融引领作用。截至年底，本外币贷款余额1747亿元，比年初增长36.8%；其中人民币贷款余额1092亿元，外币贷款余额96亿美元；实现利润22.61亿元。

地址：西城区复兴门内大街158号

邮编：100031

电话：66493029

（臧雅婷）

【业务发展】 年内，国家开发银行北京市分行认真贯彻中央经济工作会议精神和总行年度工作会议要求，加大对铁路交通、农田水利、环境保护、居民住房、卫生文教等的投资，推进企业兼并重组、加快自主创新和产业升级、扶持中小企业、推动节能减排等，发挥在优势领域的重要作用。同时坚持规划先行，积极关注政府热点，以开发性金融理念和方法解决加快发展中面临的问题。支持北京现代产业发展。与首钢总公司签署了500亿元综合授信框架协议，发放贷款70亿元。承诺北汽福田新能源汽车项目信用贷款5亿元，发放贷款4亿元。积极促成京东方五代线和中芯国际到期贷款期限重组。发挥传统优势，加大对基础设施建设的支持力度。对金融街西拓、丽泽商务区一期、丰台科技园三期项目评审承诺113亿元，已发放贷款26.3亿元。对地铁7号线、14号线、15号线、房山线、昌平线累计承诺贷款600亿元。协助市土地储备中心制订融资方案，承诺贷款50亿元，已发放40亿元，另承诺朝阳、石景山、通州土储项目贷款577亿元。加大对棚户区改造、保障性住房项目建设等民生领域的支持力度。通过采取委托代建协议项下的应收账款质押方式，成功实施了门头沟棚户区贷款项目融资方案，同时带动了通州、丰台棚户区项目的启动。截至年底，累计承诺北京市三片棚户区改造项目贷款58.2亿元，发放34.5亿元。另向北京市3个经济适用房项目累计承诺贷款10.2亿元。探索文化创意产业等新领域。对影视类企业首次采用版权质押方式作为担保，为北京华录百纳影视有限公司承诺贷款3000万元。

（臧雅婷）

【改革创新】 推动农村金融改革创新和基层金融发展。研究推进农户小额贷款，推出了项目贷款与法人贷款相结合的方式；对500万元以下项目建立风险补偿机制和互助联保机制后发放信用贷款的模式。与担保公司合作对符合贷款条件的涉农项目按1∶9的比例提供担保。全年共发放农村基础设施贷款15.8亿元、农户小额贷款2085万元、发放中小企业贷款13.46亿元。进行科技金融改革创新。配合中关村科技金融改革试验区建设，发展科技金融，专门设立科技金融处。与北京中关村科技创业金融服务集团签订开发性金融合作协议。参与信用保险及贸易融资、信用贷款等科技金融业务试点。研究制订支持昌平区区域科学发展规划，与昌平区、未来科技城签订战略合作协议。

（臧雅婷）

中国农业发展银行北京市分行

【概述】 年内，中国农业发展银行北京市分行（简称农发行北京分行）共辖13个支行（部），覆盖了北京市城8区和10个远郊区县的整个范围。截止年底，在岗员工352人。资产余额604.8717亿元，同比增加495.2087亿元。支农贷款余额达到143.3亿元，同比增加23.8亿元；其中政策性贷款余额97.3亿元，同比增加23.8亿元，增长32.38%；商业性贷款余额45.9亿元，同比增加14.4亿元。各项存款余额占同期总负债的4.99%。全年实现利润3.48亿元，人均利润同比下降11.48万元；资产利润率3.02%，同比提高1.75个百分点。

地址：西城区月坛北街甲2号

邮编：100045

电话：68081842

（林佳佳）

【政策性信贷业务】 截至年底，

确保了政策性粮油贷款的足额供应，支持粮食部门轮换粮油和夏秋两季收购的资金需求，确保首都粮油库存充足、物价稳定。

（林佳佳）

【商业性信贷业务】 银企合作，全年累计发放商业性短期贷款522450万元、商业性中长期贷款149510万元；累计发放产业化龙头企业贷款156300万元，提供农村就业岗位10.8万个，带动25.74万户农户增收。

（林佳佳）

【中间业务及国际结算业务】 年内，农发行北京分行积极开展同业存款、票据交易、代理汇兑，加大中间业务的创收力度。截至年底，人均中间业务收入7600元，同比增加2149元。全行累计实现国际业务量5339万美元，国际业务收入67万元。

（林佳佳）

【信贷资产质量管理】 年内，农发行北京分行信贷资产结构持续优化，商业性贷款由原来单一粮油流动资金贷款品种，扩展到涉及农业领域多品种的流动资金和固定资产贷款品种，贷款结构不断优化。同时强化管理，严控和化解风险，资产质量进一步提升。

（林佳佳）

【电子化建设】 年内，农发行北京分行筹备建立审计电子档案，创新审计管理模式，做好各项应用维护、系统升级和技术支持，开展信息系统应急演练，举办技术培训，确保网络及信息系统安全稳定运行。

（林佳佳）

中国工商银行股份有限公司北京市分行

【概况】 中国工商银行股份有限公司北京市分行（简称工行北京分行）下设36家二级分行（含分行营业部），558家营业网点（含自助银行35家），在岗正式员工13353人。截至年底，本外币资产总计1.8万亿元，增加3348.4亿元，增长22.88%；实现拨备前利润211.2亿元，拨备后利润208.1亿元，分别增长22.6%和19.8%；本外币存款余额17452亿元，增加3258亿元，增长23%；本外币贷款余额3197亿元，增加672亿元，增长26.6%；中间业务收入45.32亿元，增加8.9亿元，增长24.4%。辖内设长安、新街口、南礼士路、金融街4家支行，经营情况分别为：

长安支行在工商银行总行年度城区支行经营40强中排名第十七，获工行北京分行年度经营绩效综合考核第五名。支行下设1个营业室、10个网点支行、1个分理处、2个储蓄所、1个附属机构，在岗员工479人。截至年底，实现拨备前利润19.32亿元；本外币各项存款余额719.81亿元；本外币各项贷款余额403.49亿元，增加143.75亿元，增长55.34%；实现中间业务收入2.3亿元，增加0.40亿元，增长20.99%。

新街口支行在工商银行总行年度城区支行经营40强中排名第十二，获工行北京分行年度经营绩效综合考核第二十名。支行下设1个营业室、11个网点支行、1个分理处、5个储蓄所、1个附属机构（现金中心），在岗员工642人。截至年底，实现帐面利润16.78亿元，较上年末增加3.69亿元、增长28.19%；本外币各项存款余额762.53亿元，增加155.45亿元，增长25.61%；本外币各项贷款余额175.12亿元，增加5.66亿元，增长3.34%；实现中间业务收入16494万元，增加3047万元，增长22.66%。

南礼士路支行获工行北京分行年度经营绩效综合考核第二十三名。支行下设1个营业室、17个网点支行、1个储蓄所，在岗员工717人。截至年底，实现帐面利润10.69亿元，较年初减少2.15亿元；本外币各项存款余额999.50亿元，较年初增加49.48亿元、增长5.21%；本外币各项贷款余额249.74亿元，增加81.20亿元，增长48.18%；实现中间业务收入16068.93万元，增加2984.97万元。

金融街支行在工行北京分行年度经营绩效综合考核中名列第二，被评为分行经营绩效十佳支行。支行下设1个营业室、3个网点支行，在岗员工189人。截至年底，全行实现经营利润84028万元，同比增加12030万元，增幅16.71%；本外币各项存款余额1136亿元；本外币各项贷款余额90亿元，增长124.16%；实现中间业务收入5860万元，增加2422万元，增长70.45%。

地址：西城区复兴门南大街2号
邮编：100031
电话：66410579

（李世昭 杨燕英 何士春 付洁 郭凌）

【公司金融业务】 工行北京分行严格贯彻国家宏观调控政策，合理把控信贷投放总量和进度，拓展集团总部和北京本地两个信贷市场，跟进和支持铁路、公路、机场等国家4万亿投资重点项目和行业龙头骨干企业，积极满足北京市重点基础产业和大型项目的资金需求，全年新增AA－级（含）以上客户173户，总量达450户；AA－级以上客户贷款余额1971亿元，占全部公司贷款余额的78.23%，同比提高2.45个百分点。适应国家产业政策和北京产业发展方向，推进信贷结构调整，加大对小企业、新兴现代服务业领域的信贷支持力度，全年新增小企业客户250户，总量达467户，投放小企业贷款47亿元，净增22亿元；新兴现代服务业贷款新增51亿元，余额达132亿元。贯彻“有保有压”的信贷要求，坚持“绿色信贷”政策，实施“环保一票否决制”，严控“两高一剩”和低水平重复建设项目的贷款投放，全年退出潜在风险贷款66亿元。实施信贷扩户计划，开展链式营销，围绕核心客户资金链、产业链和项目链，将集团上下游企业、下属子公司纳入重点营销对象，全年新增有贷客户275户，总量达到1032户。

（李世昭）

【机构金融业务】 工行北京分行进一步完善机构存款营销管理机制，推进机构存款业务平稳快速增长，实施分层营销服务机制，以军队、财政、社保、公积金等核心系统客户为直销重点，加大高层走访力度，实施专职客户经理负责制，推进公务卡、理财、电子银行等优势产品的捆绑营销，着力提升优质客户服务层次，稳定重点机构客户的贡献度。完善大额资金动态监测和对公存款定期分析通报制度，研究重点客户资金变动规律，针对性地提出解决方案，确保关键时点存款规模的稳定。巩固与券商、保险、财务公司等同业客户的合作关系，提升银信、银银、银期合作层次，促进同业存款稳定增长。全年机构存款（含同业）增加2062亿元，同比多增1682亿元，对公存款（含同业和保证金）增长均衡度达65.03%。挖掘潜在客户资源，加大新开户营销及考核力度，进一步提高新增客户存款贡献度，全年新增对公客户39737户，存款余额361亿元，占全部新增对公存款的13.72%。

（李世昭）

【个人金融业务】 工行北京分行全面实施从“大个金”向“强个金”转变的经营发展战略。实施优质客户发展战略，坚持公私联动，以公带私，积极向优质机构、公司客户和政府机关批量拓展个人目标客户，实现优质客户数量和资源规模的快速增长。截至年底，全行财富帐户和理财金帐户客户分别新增2.22万户和25.7万户，总量分别达7.53万户和83万户；金融资产5万元以上的中高端客户资产6175.5亿元，在全部客户资产中占比91.44%，同比提高19.95个百分点。实施“抓源头、扩高端”的揽储策略，强化客户结构优化对储蓄存款的支撑作用，推进代发工资、第三方存管等业务，促进储蓄存款批量化增长，全年人民币储蓄存款新增713亿元。强化主动负债管理，加大高成本负债转化力度，深化储蓄存款与基金、保险、国债、个人理财四项理财类产品的“1+4”捆绑考核，全年实现四项理财类产品销售额1846.15亿元。发展个人信贷业务，全年个人贷款增加72亿元，余额达493.58亿元。

（李世昭）

【中间业务】 工行北京分行加强与货币、资本等市场相连接的理财产品的研发推广，深入挖掘信用卡消费市场潜力，提升电子银行业务价值贡献度，巩固投资银行、人民币结算、代客资金交易等业务核心地位，积极拓展资产托管和企业年金业务市场。全年实现中间业务收入45.32亿元，同比增加8.9亿元、增长24.4%。销售对公理财1760亿元，同比增加1056亿元、增长150%。新增信用卡162.67万张，保有量455.72万张；实现直接消费额249亿元，内外卡收单交易额749亿元，同比分别增长67%和57%。实现电子银行交易额40万亿，同比增加11万亿、增长37%，个人和企业网银客户总量分别达496万户和10.73万户。新增现金管理客户5120户，新增企业年金客户77户。资产托管规模达到3455亿元，同比增加1264亿元、增长57.7%。

（李世昭）

【内控和风险管理】 工行北京分行坚持业务发展与风险防范统筹兼顾、有机统一，持续强化全面风险和内控管理。建立“全面监测、突出重点、分层管理、逐级报告”的信贷风险监测预警机制，严把贷款准入关，持续加强贷后管理，严肃查处违规操作行为。开展新增贷款、政府融资平台贷款、涉房类贷款、表外业务、票据业务合规检查，确保全行资产质量稳定，风险整体可控。全行不良贷款率降至0.75%，连续10年实现不良贷款余额及不良率双下降。全力防范操作风险，规范全行帐务核算行为，加强业务权限管理，丰富风险技防手段，堵塞风险漏洞。加强全面风险管理，对信用、市场、操作、法律、商誉风险实行综合控制，积极开展突发事件应急演练，加强信息科技系统检查，坚持实施内控“一把手”工程，扎实推进反洗钱工作，有效杜绝各类案件事故的发生。

（李世昭）

【改善服务】 工行北京分行围绕“服务品质提升年”的各项工作部署，开展“为工行添彩、为国庆献礼”服务大提升活动，全方位改进金融服务，提升服务工作整体水平。加大服务渠道建设和优化力度，全年新建网点（含迁建）59家，撤并18家，升格70家，对外营业网点达到558家（含自助银行35家）；新增自动柜员机331台，总量达2340台；电子银行离柜业务占比达到45%。高端客户服务能力不断增强，出台高端网点运营管理办法和考核办法，组建个人直销团队和理财专家团队，举办个人客户经理“金牌理财训练营”培训，提高客户经理综合服务水平，全年新建财富管理中心15家、贵宾理财中心57家，贵宾理财中心层级以上网点达265家；新增客户经理747人，总量达3009人。提高服务管理标准化和规范化水平，理顺服务工作机制，强化服务产品供给，优化服务工作流程，开展服务技能培训，加强服务外部监督，持续开展服务第三方测评，加大客户投诉管理，形成分工协作、齐抓共管的大服务格局。

（李世昭）

【改革创新】 工行北京分行深化机构管理机制，实施区域发展战略及“百强网点”提升工程，提升经营机构效率和竞争力。截至年底，全行利润过亿元的网点达56家，同比增加11家。深入推进流程银行建设，优化个金和对公业务流程，全面启动监督体系、远程授权、业务集中等业务运营3项改革，以及报表、法律、对公结算帐户审批等集中管理改革，实现风险集中控制，人力资源效率大幅提升。加大产品服务创新力度，完善业务创新管理机制，加强产品服务创新的统筹性、针对性和有效性，研发推出“一贷通”、“房屋抵押贷款”、“自由行”、“同名贷”、“易房贷”等个贷新产品，推出满足大型优质客户的个性化银行卡收单产品，研发歌华有线电视银行缴费、企业网银缴纳水费、企业网银查询支票密码等网银新功能，增强电子渠道分销能力。

（李世昭）

中国农业银行股份有限公司北京市分行

【概况】 中国农业银行股份有限公司北京市分行（简称农行北京分行）共有营业机构325个，其中分行营业部营业室1个，处级支行营业部21个，二级支行89个，分理处153个，储蓄所61个；在岗员工7787人，其中，合同制员工5813人，派遣制员工1974人。截至年底，全行本外币总资产3818.38亿元，比上年增加1487.5亿元，增长63.82%。实现全口径拨备前利润42.78亿元，同比增长2.2亿元，实现全口径拨备后利润33.5亿元。本外币各项存款余额3498.7亿元，比上年增加1348.67亿元，增长62.73%，其中人民币各项存款余额3397.42亿元，比上年增加1315.28亿元，增长63.17%；本外币各项贷款余额1418.15亿元，比上年增加403.62亿元，增长39.78%，其中人民币各项贷款余额1282亿元，比上年增加276.9亿元，增长27.55%。

中国农业银行股份有限公司北京西城支行（简称农行西城支行）下设14个分支机构：1个营业室、9个二级支行（含境外一个）、3个分理处（均在境外）、1个储蓄所（在境外）；在岗员工358人，其中合同制员工272人，劳务派遣用工86人。截至年底，农行西城支行本外币存款147.65亿元，较年初增加41.44亿元；全口径本外币日均存款126.40亿元，较年初增加6.56亿元；本外币各项贷款余额70.77亿元，较年初减少1.9亿元；实现帐面利润4.7亿元，同比增加1.3亿元。

农行北京分行
地址：西城区展览馆路5号
邮编：100037
电话：68358266
农行西城支行
地址：西城区西直门内大街118号
邮编：100035
电话：66001286

（任晓军　刘艳）

【公司金融业务】 农行北京分行贯彻落实国家“扩内需、保增长、促销费”的宏观政策，加快信贷有效投放，服务首都经济发展。全年累计投放贷款1796.65亿元，前十大客户贷款投放金额占总投放金额的57.24%。新增贷款主要集中在房地产业，采矿业，信息传输、计算机服务和软件业，电力、燃气及水的生产和供应业，租赁和商务服务业五大行业，五大行业新增贷款占全部新增贷款的90.83%。调整优化信贷客户结构，AA级及以上法人客户贷款比上年增加426.91亿元，占全部贷款增量的111.33%。加强银政合作，截至年底，已与通州、顺义、开发区、丰台、门头沟、大兴等区县政府签署银政合作协议，累计意向性授信额度695亿元；并与北京市投资促进局、海淀、石景山、房山、延庆等政府达成合作意向。支持优质中小企业发展，中小企业贷款当年累计投放326.7亿元，余额305亿元。以服务新农村建设为核心，落实与市农委签署的新农村“五项基础设施”合作协议，涉农贷款当年累计投放26亿元，余额31亿元，新农村“五项基础设施”建设贷款投放6亿元。控制对产能过剩行业的信贷投放，加大不良资产清收力度，退出潜在风险客户，不良贷款余额和占比实现“双降”。

（任晓军）

【个人金融业务】 年内，农行北京分行推进以网点转型为重点的经营战略转型，以客户为中心，完善中高端客户服务体系，在服务导入、流程再造、营销队伍建设等方面成绩显著。完成104个网点的精品化改造，100个网点的标杆服务导入。在网点转型的带动下，本外币储蓄存款比上年增加269.66亿元，增长29.13%，同比多增51.54亿元。其中人民币储蓄存款比上年增加268.54亿元，同比多增49.8亿元。扩大个人高价值客户群体，提高优质客户占比，全年新拓展个人高价值客户14.69万户。加快个人信贷业务发展，截至年底，个人贷款余额146.25亿元，比上年增加20.16亿元。其中个人住房贷款余额139.96亿元，比上年增加18.03亿元，扭转了个贷业务负增长局面。完善个人业务产品线，销售本利丰理财产品132.09亿元，销售额是上年的4.84倍；代销开放式基金32.34亿元,比上年增加17.31亿元，代销凭证式国债和储蓄国债35.03亿元；推广农行自有品牌“传世之宝”实物黄金买卖业务，并在9月份推出“建国六十周年纪念金条”，全年销售实物黄金182.33公斤。

（任晓军）

【中间业务】 截至年底，农行北京分行完成中间业务收入9.45亿元，同比增加0.79亿元，增幅为9.08%。代理保费收入30.71亿元，同比增长26.33%。代理财政授权支付、非税收入收缴业务19.87万笔，金额231.72亿元；第三方存管在线客户21.25万户；开办企业年金业务31户，到帐规模3.81亿元；现金管理交易金额达57181亿元，比上年增长244%；发展票据承销、信托理财、帐务顾问等投资银行业务，投资银行业务收入同比增长113%。

（任晓军）

【银行卡与国际业务】 农行北京分行以信用卡与收单业务为重点，细分客户群体，实施差异化经营。截至年底，总发卡量为768万张，因清理睡眠卡，总发卡量同比减少27.5万张；银行卡消费额382.58亿元，同比增长112.13%；实现银行卡业务收入3.21亿元，同比增长3.21%；新增特约商户1393家，特约商户总量达到8566家。积极发展联名卡业务，推出金穗喜羊羊与灰太狼联名卡、金穗蓝色港湾联名卡和金穗汽车C卡等新产品；推广军人保障卡和军队单位公务卡业务，累计发卡6207张和933张。丰富银行卡产品功能，推广贷记卡分期付款、无磁无密收单业务。强化对外宣传，提升金穗卡品牌形象，首次以国内金融行业的形象赞助车手周勇出征2009年达喀尔拉力赛。顺应经济金融形势变化，调整产品营销导向，发展贸易融资、“付汇宝”等业务，国际业务实现平稳发展。国际结算量、贸易融资、代客理财同比分别增长27.02%、53.74%和112.67%，结售汇业务同比下降14.34%。

（任晓军）

【电子化建设】 农行北京分行围绕客户分流，加强电子渠道建设。截至年底，新增电子银行个人注册客户151.32万户，企业注册客户1.04万户，支付通商户20415户，电子渠道交易量占全部交易量的比重由上年的56.68%上升到59.53%。加大电子渠道的整合创新力度，完善客户服务中心功能，实现了总行版电话银行和座席系统的上线；自行设计研发企业外币结汇、汇出汇款等功能，支付通渠道新增缴费、惠农卡、网银来账显示等功能；实现消息服务签约和电话银行签约的批量开通；优化整合网点柜面业务流程，开发网上银行落地业务自动处理系统；优化落地业务处理流程。加大自助设备投放力度，扩大自助设备覆盖面。全年投放存取款一体机381台，取款机123台，自助缴费机121台。加强自助设备运营管理，完成自助设备监控管理系统改造，提高了自助设备监控管理系统的准确性、可操作性和界面的可视性，自助设备正常运行率达到99%。

（任晓军）

【内控及管理】 农行北京分行强化风险管控机制建设，理顺各部门的风险管理职责，推行信贷审批体制改革，强化授信执行管理，加强风险经理、会计监管员、授信审查员3支队伍建设，完成信贷资产十二级分类系统的测试、推广、应用工作，顺利实现分类体系由五级分类向十二级分类的转换。注重资产监测和风险排查，推进基础管理达标工作。组建集中对账中心和会计后督中心，启动后台作业中心建设，提升操作风险的集中管控能力。强化业务部门的尽职监督管理，组织开展案件风险集中“百日大排查”活动，加大案件专项治理力度，全年实现安全稳定运营。农行西城支行对网点的内控管理以“三化三铁”（“三化”：劳动组合科学化、业务操作规范化、基础管理制度化；“三铁”：铁帐本、铁算盘、铁规章）创建活动为主要内容；加强信贷基础管理，以“三化三无一退出”（“三化”：信贷业务经营和管理的制度化、程序化、规范化；“三无”：年末无法人当年新增逾期贷款和垫款、年末无法人不良贷款、年末无不良信贷资产余额；“一退出”：潜在风险客户的退出）创建活动为主要内容提升信贷管理水平；以创建内控管理一类行为目标，认真做好内部风险控制管理的相关工作，不断提高支行的风险防控管理水平。

（任晓军　刘艳）

【负债业务】 年内，农行西城支行存款工作以加强存量客户深度挖潜、积极拓展增量客户资源为中心展开，各项存款快速增长。截至年底，本外币存款余额为147.65亿元，较年初增加41.44亿元；其中储蓄存款53.89亿元，较年初增加10.46亿元，年增量突破10亿元大关，为支行历年储蓄最高水平；对公存款93.76亿元，较年初增加30.98亿元。实现全口径本外币日均存款126.40亿元，较年初增加6.56亿元，增幅5%。

（刘　艳）

【贷款业务】 年内，农行西城支行信贷资产质量、结构得到进一步优化，个贷投放进展实现突破。截至年底，累计发放各项贷款130.2亿元，同比增长50.32亿元，其中累计发放法人贷款128.7亿元，累计发放个人贷款1.5亿元。本外币各项贷款余额70.77亿元，较年初减少1.9亿元。

（刘　艳）

【零售业务】 年内，农行西城支行实现中间业务收入4651万元；净增个人优质客户27368户；银行卡业务收入1423万元；代理保险手续费616万元；基金销售额达10203万元；国际结算3.22亿美元；新增第三方存管业务开户数为4989户；办理西联汇款1984笔，因私购汇922万元。新增支付通1115台；新增名单内POS商户31户；个人网银开户27625户，企业网银开户408户；新增个人电话银行28090户，新增企业电话银行2615户，完成个人手机银行17727户。

（刘　艳）

【网点转型】 结合网点转型要求，农行西城支行明确网点四项核心工作：一是网点转型，软硬件发展并重；二是围绕个人产品营销，打造个人客户管理服务平台；三是抓内控，以“三化三铁”为核心，抓操作风险防范；四是抓服务，做到“网点转型，服务优先”。截至年底，完成对7个网点的装修改造工作，统一视觉形象、统一功能布局、统一服务标准，实现“服务分层、功能分区、客户分流”，环境舒适优雅，客户秩序井然，有效提升了网点综合竞争力。

（刘　艳）

中国银行股份有限公司北京西城支行

【概况】 中国银行股份有限公司北京西城支行（简称中行西城支行）下辖1个营业部、19个经营性支行（西城区境外6个），在职员工506人。截至年底，支行人民币存款余额212亿元，外汇存款余额4.45亿美元，金融机构人民币存款余额31.9亿元，金融机构外汇存款余额5318万美元。全行实现利润5.2亿元，人均创利102.77万元。

地址：西城区阜成门外大街5号
邮编：100037
电话：68001360

（金春英）

【零售贷款】 年内，中行西城支行契合市场经济变化，调整消贷队伍建设，带动经营性支行办理消贷业务，在大力发展一手房贷款业务的同时，发展二手房贷款业务，支行零售贷款业务取得较快发展。截至年底，累计发放零售贷款8.4亿元，贷款余额25.69亿元。

（金春英）

【公司业务】 年内，中行西城支行与总、分行密切联动，深入挖掘客户资金需求，进一步加大对总分行级重点客户的维护和营销力度，公司贷款规模不断扩大。截至年底，公司贷款余额为141.54亿元，比年初增长99.63亿元，当年累计发放贷款199.70亿元。坚持存款立行原则，深入挖掘现有客户资源，加大对亿元以上存量客户群的营销力度。截至年底，公司人民币存款日均余额为90.90亿元，比上年日均增长33.56亿元，人民币公司存款余额119.32亿元，比年初增长

52.03 亿元。人民币同业存款 31.86 亿元，比年初增长 8.35 亿元，外币同业存款 5318 万美元，比年初增长 4396 万美元。

（金春英）

【企业业务】 年内，中行西城支行密切关注金融市场发展趋势，积极配合国家金融政策及时推出金融服务产品，发展企业年金项目。配合总、分行成功中标国投集团企业年金项目，成为分行年内成功中标的第一家特大型国有独资企业年金项目。配合辖内各经营性支行开展中小企业贷款业务，获得突破性进展，为支行中小企业贷款业务奠定良好基础。截至年底，达成贷款意向的中小企业客户 4 户，获分行批准贷款授信额度共计 4395 万元；已实现放款 2 户，共计放款 2000 万元。

（金春英）

【行政事业存款】 中行西城支行以存款立行为指导原则，巩固大盘重点突破，大力吸纳行政事业存款。年内，中行西城支行加强与北京住房公积金管理中心、中央国家机关住房资金管理中心合作。截至年底，行政事业存款共计 48.72 亿元。

（金春英）

【个人金融业务】 年内，中行西城支行紧紧围绕北京分行“两个达标”和“一个中心”的工作重点，积极开展各项工作，不断提高管理能力，指导经营性支行集合有效资源大力营销高收益业务，吸收高质量的客户，确保各项业务持续健康发展。截至年底，个人金融业务条线营业收入为 17614.20 万元，较上年同期增加 708 万元。

（金春英）

中国建设银行股份有限公司北京市分行

【概况】 中国建设银行股份有限公司北京市分行在西城区设立西四支行、西单支行、月坛支行。年内，西四支行下设 5 个部室，6 个升格支行；有中长期劳动合同人员 510 人，劳务人员 147 人。截至年底，实现本外币帐面利润 11.43 亿元；本外币全口径存款时点余额 746.43 亿元；本外币各项贷款时点余额 106.07 亿元；中间业务净收入 1.30 亿元；五级分类不良贷款余额 0.42 亿元，不良率 0.40%。西单支行下设 5 个部室，2 个升格支行；有中长期劳动合同人员 122 人，派遣制人员 31 人。截至年底，实现拨备前利润 1.71 亿元；本外币各项贷款余额 86.21 亿元；中间业务净收入 2385 万元；五级分类不良贷款余额 0.58 亿元，不良率 0.68%。

西四支行
地址：西城区阜成门外大街甲 26 号
邮编：100037
电话：51999931

西单支行
地址：西城区西单北大街 34 号
邮编：100032
电话：66011802

（骆岚　李烨）

【西四支行对公业务】 年内，西四支行巩固并发挥传统对公业务优势，加快对公业务战略转型。一方面，继续扩大资产负债规模，以规模优势抵消存贷款利差缩小的不利影响，传统业务优势得到了巩固和提高；另一方面，努力发展中间业务，实现收入来源多元化。以年初的“三早”活动（早谋划、早储备、早发展）为契机，加大对公司及机构客户营销力度。截至年底，企业存款 542.77 亿元，较年初新增 92.16 亿元；同业存款 91.40 亿元，较年初新增 41.03 亿元；本外币公司类贷款 84.84 亿元，较年初新增 18.29 亿元。全年共完成评级 100 余项，其中近 60 项均为 AA 级以上评级。成功办理总行系统第一笔隐蔽型福费廷业务。

（骆　岚）

【西四支行个人业务】 年内，西四支行确定个人业务的发展重点为存款、黄金、电子银行、个人贷款、信用卡，在此基础上继续做好黄金业务与网上银行的持续营销。理财中心顺利完成总行二代转型项目验收，转型后理财中心月均销售额、合格白金卡新增量、服务 VIP 客户时间占比等关键指标增幅超过 30%。截至年底，储蓄存款 112.26 亿元，较年初新增 17.96 亿元，储蓄存款日均 106.78 亿元；个人类贷款余额 21.23 亿元，较年初新增 5.91 亿元，完成分行新增计划的 1603.69%；通过核销降低不良贷款余额 3398 万元。

（骆　岚）

【西四支行内部管理】 年内，西四支行以“从严治行，精细化管理”作为基础管理工作的核心，按照“三个从严”（经营管理从严、费用管理从严、操作管理从严）的工作要求，扎实推进分行各项改革。配合分行完成职能部门上收分行集中管理和升格支行直管前的各项准备工作，办理其员工转往分行的相关手续。按照 ISO9000 贯标工作，推进质量体系认证各项工作并顺利通过认证。做好支持类客户营销与退出类客户退出工作，全年共退出贷款 28966.4 万元，计划完成率 100.35%。加大服务培训力度，落实优质服务责任制，与各营业网点签订柜面优质服务承诺书，加大服务监督考核力度。引导树立优质服务理念，推广优质服务经验，创新优质服务举措。营业部大堂经理的优质服务事迹在全系统得到推广表扬。

（骆　岚）

【西单支行个人业务】 年内，西单支行通过加强买单激励、开展系列营销活动、调整考核策略等，促进个人业务发展。本外币储蓄存款增长率领先，余额新增 3.55 亿元，达到 14.27 亿元，网均新增 9022 万元；个人理财产品销售 6240 万元；全年累计销售基金 4953 万元。全行 AUM20 万元至 300 万元客户数量新增 559 名；个人网上银行活跃客户净新增 2491 户；AUM300 万元至 1000 万元客户数量新增 11 名；AUM1000 万元以上客户数量新增 3 名；AUM50 万元至 300 万元客户在全部个人中高端客户中占比达到 39%，较上年增加 2 个百分点。

（李　烨）

【西单支行公司及机构业务】 一是大力增加贷款投放。落实总分行关于“加强营销，抢夺市场”的要求，抓住国家加大 3G 基础建设的时机，积极营销，做好服务，实现向重点客户整体授信 570 亿元，年末贷款时点余额达到 69.65 亿元，较上年增长 54.45 亿元。截至年底，西单支行全口径对公贷款余额达 82.37 亿元，较上年增长 55.79 亿元，增幅 209.89%。10 月 31 日，支行全口径贷款余额超过 100 亿，实现历史性突破。二是调整优化贷款结构。实施不良类客户退出，全额回收 2500 万元退出类贷款，公司类不良贷款额下降为零。个人房贷不良额 5870.05 万元，较上年减少 1315.9 万元。继续加大对其他优质客户贷款投放，提高优质客户贷款占比，向优质客户新增发放贷款共 4.15 亿元。三是稳定并增加对公存款。克服宏观经济不利影响，在企业用款增加、机关预算开支资金零余额改革等不利情况下，通过积极与其它客户沟通，保证了对公存款不下降，并较上年增加 3 亿元，并开立多个有潜力的新帐户。四是拓宽业务收入来源。对公鑫存管、专业版企业网上银行客户、国际业务结算量 23315.28 万美元。办理 4 笔投行理财产品业务,金额 11.14 亿元；办理贷款转为理财产品，实现中间业务收入 47 万元；与基金管理公司合作，开办电子银行网上直联申赎业务。

（李　烨）

【西单支行内部管理】 年内，西单支行开展“信用风险精细化管理系列主题月活动”和系列业务培训，开展“监管政策进基层行”的学习宣传活动，并在分行组织的测试中获第一名。开展责任认定与追究工作，对柜面业务违反禁止性规定的多名人员进行了严肃处理。完成新中国成立 60 周年“保安全、保服务、保运营”任务。组织实施支行 ISO9000 贯标相关整改工作；开展员工和客户满意度测评及整改。

（李　烨）

交通银行股份有限公司北京分行

【概况】 年内，交通银行股份有限公司北京分行（简称交行北京分行）下设 1 个营业部、103 个支行，共有员工 4123 名，平均年龄 31 岁。在境内设 1 家营业部、11 家支行。截至年底，本外币资产总规模 4854.74 亿元，较上年增加 815.57 亿元，增长 20.19%。本外币全口径存款 4705.87 亿元，较上年增加 786.54 亿元，增长 20.07%。本外币各项贷款 2000.5 亿元，较上年增加 510.02 亿元，增长 34.22%。全年实现本外币经营利润（财务口径）43.35 亿元，同比减少 13.78 亿元，减幅 24.12%。实现本外币拨备后利润（财务口径）44.66 亿元，同比减少 11.77 亿元，减幅 20.86%。按照财务会计与管理会计加权口径计算，全年实现本外币经营利润 52.30 亿元，实现本外币拨备后利润 53.61 亿元。人均本外币经营利润 148 万元、拨备后利润 151.24 万元。

地址：西城区金融大街 33 号

邮编：100140

电话：66101616

（徐　丹）

【公司金融业务】 交行北京分行坚持“助客户渡难关，与企业共成长”的工作思路，落实“区别对待、有保有压、共渡难关、综合开发”的信贷策略，以一揽子金融服务方案、创新产品等为突破口，提高优质客户综合贡献度，实现客户开拓与业务规模的快速提升。以蕴通账户为核心，整合企业网银和银企通产品，积极营销客户结算资金，深化与集团客户的业务合作，有效提升现金管理品牌影响力；建立“以市场为导向，以客户为中心”的多元化营销模式，以综合服务推动客户全面合作，全方位、多角度挖掘市场资源和客户潜力。年内，交行北京分行成为亚太地区 IPO 融资总额前三甲中国建筑、中国中冶、中船重工的募集资金存管行，共营销募集资金394.6亿元，占A股市场IPO融资总额近20%；先后主承销21期中票、6期短券和5期财务公司金融债，主承销发行金额2238.14亿元。截至年底，人民币对公存款2908.71亿元，较上年增加825.02亿元，增长39.59%。

（徐 丹）

【个人金融业务】 年内，交行北京分行进一步提高产品研发能力和整体营销意识，整合个金板块组织构架，创新特色金融产品，完善客户管理体系，丰富渠道交易功能，建立优质高效服务机制。以理财、保险、黄金等业务为抓手，通过对不同层次客户的分层次、差异化服务，重点加强私人银行、沃德财富（个人高端客户）、交银理财（个人中端客户）客户开发力度，提高个金客户交叉销售率；积极开展公私联动，将公积金、企业年金、代发工资客户作为个金业务发展的核心客户，形成“以公促私、批量开发、握紧客户、持续营销”的发展局面；深入挖掘个人出国、留学、移民服务市场，丰富“留学通”系列产品，为客户提供集人民币理财、外币理财、“外汇宝”、本外币结算于一体的“一揽子”服务；加强渠道建设，丰富网上银行、电话银行和自助设备功能，为个人客户提供全面、及时、便捷的金融服务。截至年底，人民币储蓄存款余额585.48亿元，较上年增加159.21亿元，增长37.35%；个贷余额219.04亿元，较上年增加89.67亿元，增长69.31%。

（徐 丹）

【国际业务】 年内，交行北京分行积极应对国际金融危机影响，加强与外资银行、境外机构的业务联动，不断优化业务结构，扩大业务规模，设计本外币联动的综合服务方案，进行多项产品整合营销，满足优质客户多样化需求；依托企业贸易链条，向贸易链的上、下游企业延伸拓展，将境内外客户和内、外贸易有机结合；关注“走出去”企业业务需求，提供综合服务方案，通过外商投资企业发展非居民海外业务；在国际结算市场大幅下滑的情况下，推动内保外贷、外保内贷共同发展。年内，交行北京分行国际结算量540.51亿美元，在北京地区五大行中占比15.56%，较上年提高6.28个百分点。截至年底，累计完成国际结算业务量540.51亿美元，贸易结算量325.31亿美元，非贸易结算量215.2亿美元。

（徐 丹）

【基础管理】 年内，新建网点5家、迁址网点3家、改造网点5家，建沃德财富中心10家。完善收单系统及POS机具功能，实现内外卡收单收入3.43亿元，同比增长80.53%。新建离行式自助网点42家，全行离行式网点总数达到659家，共有自助机具1192台。全年共举办各类培训班187期，人均培训58学时，培养AFP425名、CFP49名。

（徐 丹）

【电子化建设】 交行北京分行运用科技手段，推进电子化建设。建立中间业务平台、数据分析平台等五大特色开发平台，为业务发展提供系统支持；开发支付通“T+0”实时支付系统，实现缴费功能渠道全覆盖，并向个人客户推出网银结售汇新渠道；开发黑名单过滤筛查软件，进行柜面外汇业务办理“三机合一”改造，在简化手工操作的同时有效防控业务风险；完成核心帐务系统前端整合工作，优化商业承兑汇票贴现、挂销帐处理、成品卡下发等流程，配合业务发展需要进行业务凭证整合，切实提升工作效率。

（徐 丹）

【阜外支行业务】 阜外支行在境内下设1个营业室、6个支行，在职员工165人。截至年底，阜外支行人民币存款余额188.27亿元，较上年增加84.17亿元，其中对公存款余额154.41亿元，较上年增加74.39亿元，储蓄存款余额33.86亿元，较上年增加9.78亿元，人民币对公存款平均余额139.22亿元，较上年增加82.08亿元；人民币贷款余额101.62亿元，较上年减少28.92亿元，贷款平均余额100.76亿元，较上年减少22.76亿元；外币存款余额22495万美元；全年完成国际结算量28.95亿美元，较上年减少14.02亿美元；全年实现本外币利润51231万元，人均创利310.49万元,全年实现各类中间业务收入11334万元。

（王 萱）

【西单支行金融业务】 西单支行下设1个营业室、2个支行，在职员工94人。截至年底，西单支行人民币各项存款余额97.61亿元，较上年增加23.26亿元，增长31.28%；人民币各项贷款余额106.44亿元，较上年增加23.5亿元，增长28.33%；实现中间业务收入11502万元，全年实现利润4.92亿元。

（赵 欣）

北京银行股份有限公司

【概况】 截至年底，北京银行股

份有限公司（简称北京银行）资产总额5334.69亿元，较年初增加1164.48亿元，增幅27.92%；存款总额4469.39亿元，较年初增加1310.99亿元，增幅41.51%；贷款总额2734.81亿元，较年初增加804.07亿元，增幅41.65%。全行资本充足率14.35%，核心资本充足率12.38%；不良贷款比例1.02%，较年初下降0.53个百分点，不良贷款余额27.96亿元，较年初减少1.91亿元，继续保持“双降”，资产质量持续提升；拨备覆盖率215.69%，抵御风险能力进一步加强。全年实现利润总额71.62亿元，同比增加2.17亿元，增长3.13%；实现净利润56.34亿元，同比增加2.17亿元，增长4%。实现手续费及佣金净收入6.50亿元，比上年同期增加1.61亿元，增长32.96%。在英国《银行家》杂志最新公布的全球1000家大银行排行名中，北京银行一级资本排名第一百五十八位，竞争力在亚洲银行业排名第十三位，盈利水平在中国上市公司排名第二十二位，品牌价值排名中国银行业第九位，荣获“中国上市公司百强企业”、“中国社会责任优秀企业”、“中国最佳城市商业零售银行”、“全国文明单位”等称号。北京银行股票已进入沪深300指数，成为北京市第一家市值超过千亿元的上市公司。

地址：西城区金融大街丙17号北京银行大厦26层

邮编：100140

电话：66225178

（周　博）

【公司银行业务】　截至年底，北京银行公司客户存款总额3725亿元，占全行存款总额的83.4%，较上年增长1108亿元，增幅42.3%。本外币公司贷款总额2475亿元，占全行贷款总额的90.5%，较上年增长720亿元，增幅41.0%；其中中小企业人民币贷款总额897亿元，较上年增长352亿元，增幅65%。全年实现公司中间业务收入4.4亿元，较上年增长1.8亿元，增幅69.2%。累计发放文化创意企业贷款600笔，总计80亿元；“创意贷”文化创意产品审批通过26亿元，占北京市90%以上市场份额。向14个区县政府提供授信1000多亿元；为市发改委198个重点项目放贷100多亿元。在业务创新方面，推出全能管家多银行资金管理系统，发放首笔并购贷款和牵头银团贷款。

（周　博）

【零售银行业务】　年内，北京银行贯彻国家“扩内需、保增长”的战略决策，以服务民生、保障民需为重点，加大对居民金融需求的支持力度，零售业务发展态势良好，战略转型持续推进。截至年底，本外币资金量余额947亿元，较年初增加188亿元，增长24.7%；本外币储蓄存款（含保本理财）余额744亿元，较年初增加203亿元，增长37.5%；个人贷款余额254亿元，较年初增加80亿元，增长45.8%。在业务创新方面，推出个人授信业务——“循环金库”、住房公积金贷款业务，并开发工会互助卡、京卡富民卡、生源地助学贷款、农户贷款等新产品。

（周　博）

【金融市场业务】　年内，北京银行国际业务实现较快发展，完成国际结算规模108.52亿美元，非息收入合计19882万元，其中中间业务手续费收入7911万元、国际结算手续费收入2504万元，本行债券投资面值余额为1227.34亿元，较年初增长230.69亿元。成功开发并上线代理客户黄金交易（T+D）业务，并与北京产权交易中心签订黄金交易代理业务战略合作协议，提升黄金交易市场品牌。

（周　博）

【中间业务】　年内，北京银行加快实现经营转型，大力推进中间业务的发展，提升中间业务收入占比，投行业务、理财、银行卡、保险和基金代销业务成为支撑中间业务发展的重要支柱。实现投行业务收入7055万元，同比增长113%；承销短期融资券和中期票据21期，承销总金额229亿元，同比增长149%。本外币理财销售222亿元，实现收入6544万元。保险业务销售7.39亿元，实现销售收入3019万元。银行卡业务首次突破亿元大关，达到1.16亿元，同比增长37.6%。基金代销合作基金公司达到35家，代销基金产品356个，全年实现基金代销手续费收入1030万元。托管资产规模达到145亿元，实现托管业务手续费收入577万元。

（周　博）

【信息科技业务】　年内，北京银行正式启动新型核心系统建设项目、数据仓库建设项目和网银渠道升级工程三大科技发展攻关工程，稳步推进账户逻辑化项目、现金管理项目、灾备中心建设等一批重大项目，加强电子银行建设，企业网银与个人网银业务体系日趋完善。同时，建立健全信息风险管理和信息安全保障体系，完善信息科技智力结构，确保业务发展与科技建设形成良性互动。启动数据仓库建设项目和网银渠道升级工程等，推进账户逻辑化项目、个人 CRM 三期项目、现金管理项目、灾备中心建设等一批重大项目。健全信息风险管理和安全保障体系，确保业务与科技形成良性互动。

（周　博）

【风险管理】 年内，北京银行继续加大拨备覆盖力度，增强风险抵御能力。全面启动反洗钱检查工作和案件风险“百日大排查”活动，开展计算机安全大检查，形成案件防控高压态势，提升全行内控管理水平。同时，深化垂直风险管理体系建设，全面构建风险防范和案件治理长效机制。

（周　博）

【区域布局】 年内，北京银行加快推进跨区域经营布局，分行网络进一步延伸到长沙和南京。截至年底，全行共有 170 家网点，其中在京网点 150 家、分行网点 20 家。分行资产总额占全行总资产 12.85%，较上年同期提升 3.49 个百分点。

（周　博）

【综合化经营】 北京银行继续推进综合化经营战略，业务范围涵盖银行、保险、消费金融等多个领域，初步形成综合金融服务平台。同时，积极推进金融租赁、基金等业务，传统银行业务和新兴业务相互促进。北京银行成功获批入股首创安泰人寿保险公司，成为获准进入保险行业的 4 家银行中的唯一一家中小银行。作为全国组建消费金融公司的首批试点单位，北京银行筹划独资设立首家消费金融公司——北银消费金融有限公司。

（周　博）

中信银行股份有限公司总行营业部

【概况】 中信银行股份有限公司（简称中信银行总行营业部）下设 1 个营业结算部，39 家支行，员工 1644 人。截至年底，本外币资产总额 2983 亿元，比上年增加 597.67 亿元，增幅为 25%。本外币存款（含金融机构存款）折计人民币 2911 亿元，比上年增加 617.33 亿元，增幅为 27%，其中人民币存款余额 2613 亿元，比上年增加 666.95 亿元，增幅为 34%。本外币贷款折计人民币 1502 亿元（含贴现），比上年增加 566.54 亿元，增幅为 61%，其中人民币贷款 1403 亿元（含贴现），比上年增加 531.83 亿元，增幅为 61%。实现帐面利润 27.17 亿元，较上年减少 11.96 亿元，降幅为 31%。不良贷款余额 3.12 亿元，不良率仅为 0.21%，同比下降 0.1%，达到历年最低水平，优于北京地区中资银行 1.12%、股份制银行 0.43%的平均水平。

地址：西城区金融大街甲 27 号投资广场 A 座
邮编：100033
电话：66293513

（陈　盈）

【公司银行业务】 年内，中信银行总行营业部企业年金托管规模增量超过 5 亿元，在北京市属企业年金市场份额跃居第一，新增客户占比超过 80%；托管全国文化演艺行业第一家转制单位——北京演艺集团年金，支持首都文化创意产业；荣获北京市“2009 年度中小企业信贷机制创新奖”，成为获此殊荣的三家银行之一。在资产业务方面，把握住宏观经济政策调控的契机，战略客户营销取得新突破。截至年底，人民币公司一般性贷款余额 993 亿元，同比增加 283.4 亿元、增长 40%。负债业务方面，严控负债成本、优化负债结构，截至年底，本外币公司一般性存款余额达 2126.2 亿元，比上年增加 422.3 亿元、增长 24.8%；在同业负债方面，开辟了“以资产运用带动同业负债”的新模式，初步搭建起北京辖内银行同业渠道，实现金融机构本外币存款日均余额 236 亿元人民币。在投资银行业务方面，以银团及项目融资、外币贷款、债券承销三类产品为重点，以产品创新、渠道创新、服务创新为手段，实现了扩规模、调结构、保增长的目标。截至年底，投行信贷资产余额 186 亿元，比上年增加 98 亿元、增长 111.4%；投资银行业务实现利润 4.51 亿元，比上年增加 0.75 亿元、增长 20.11%。在票据业务方面，截至年底，实现票据直贴业务 331 亿元，比上年增加 19 亿元、增长 6%；全年票据直贴、转贴（买断）业务规模达 2025 亿元，比上年增加 1131 亿元、增长 126.5%，占北京地区市场份额近 19%。

（陈　盈）

【零售业务】 年内，中信银行总行营业部调整零售主线的组织架构，实行前、后台分开的业务运营模式，组建一手房和二手房的专业团队，优化零售资产业务流程，初步形成负债业务从资产业务渠道中延伸、获益的局面。零售资产业务方面，将一手房按揭贷款业务纳入房地产金融部，实现了开发贷款和按揭业务的有效衔接和联动；推出直客式二手房按揭业务专属网站——无忧购房网（www.51house-buy.com），二手房按揭业务市场占有率快速提升。截至年底，一手房按揭贷款71.9亿元，增量在北京同业排名第一；二手房及其他个人贷款共79.1亿元。其中二手房按揭贷款77.1亿元，比上年增加73.35亿元、增长1956%，累放量市场占比达14.48%，在北京股份制商业银行中排名第一。零售负债方面，形成了以理财、基金、保险、国债为外延的全方位财富管理体系，当年本外币储蓄日均余额227.9亿元，比上年增加101.5亿元、增长80.3%；管理资产余额375.5亿元，比上年增加88.1亿元、增长30.7%。此外，继续保持出国金融品牌优势，成功开发了以色列、希腊使馆代传递和代缴费业务。截至年底，代理使馆业务实现手续费收入607.1万元，同比增长26.7%。不断优化用卡环境和保障自助机具稳定运行，根据中国银联借记卡跨行交易成功率统计数据显示，中信银行卡跨行交易成功率排名北京市第一。成功中标地铁4号线ATM布设项目，首次跨入了地铁ATM运营领域。

（陈　盈）

【国际业务】　年内，中信银行总行营业部在北京市场外贸进出口额大幅下降的情况下，继续巩固市场份额，保持了稳健发展的态势。截至年底，完成国际业务收付汇量454亿美元；贸易项下结算份额连续6年位居北京市场第一位，市场份额达20%。

（陈　盈）

【中间业务】　年内，中信银行总行营业部加强了中间业务平台建设，在计划考核、产品引导、激励机制、统计分析和信息系统建设等方面加大了力度，推动了中间业务快速发展。截至年底，实现中间业务收入7.33亿元，在股份制商业银行中排名第一，同比增长0.48亿元，增幅7%，在利润总量中的占比提高至25%。其中实现资金产品利润1.2亿元，外汇交易量继续保持北京地区银行同业第一名。

（陈　盈）

【营业结算部业务】　营业结算部内设零售营销部、营业一部、营业二部、综合部等部门，共有在职员工38人。截至年底，营业结算部一般性存款达950.97亿元，其中公司一般性存款939.09亿元，储蓄存款11.88元；各项贷款361.78亿元，其中公司一般性贷款301.91亿元，对私贷款20.99亿元。

（陈　盈）

【阜成门支行业务】　阜成门支行内设营业部、公司营销部、零售营销部、综合部等部门，共有在职员工35人。截至年底，阜成门支行一般性存款达13.09亿元，其中公司一般性存款8.08亿元，储蓄存款5亿元；各项贷款99.32亿元，其中公司一般性贷款95.19亿元，对私贷款4.13亿元。

（陈　盈）

【西单支行业务】　西单支行内设营业部、公司营销部、零售营销部、综合部等部门，共有在职员工25人。截至年底，西单支行一般性存款达32.58亿元，其中公司一般性存款25.86亿元，储蓄存款6.73亿元；各项贷款57.42亿元，其中公司一般性贷款43.56亿元，对私贷款13.86亿元。

（陈　盈）

【凯晨广场支行业务】　凯晨广场支行内设营业部、公司营销部、零售营销部、综合部等部门，共有在职员工13人。截至年底，凯晨广场支行一般性存款达13.76亿元，其中公司一般性存款9.14亿元，储蓄存款4.62亿元；各项贷款6.97亿元，其中公司一般性贷款4.23亿元，对私贷款2.74亿元。

（陈　盈）

中国光大银行股份有限公司北京分行

【概况】　截至年底，中国光大银行股份有限公司北京分行（简称光大银行北京分行）设有1家营业部、45家支行，员工1927人。资产总额2000.2亿元，比上年增加302.6亿元、增长18%。一般存款时点余额1576.7亿元，比年初增加254.7亿元、增长19%，其中储蓄存款时点余额159.8亿元，比年初增加27.2亿元、增长20%；一般存款日均余额1596.9亿元，比年初增加276.9亿元、增长21%，其中储蓄存款日均余额150.7亿元，比年初增加25.21亿元、增长20%。一般贷款余额758.4亿元，比年初增加201.7亿元、增长36%。全年实现中间业务净收入4.79亿元，比上年多增加0.77亿元、增长22.5%；实现资本收费前利润22.36亿元，资本收费后利润17.44亿元。

地址：西城区宣武门内大街1号
邮编：100031
电话：66567699

（陈冠西）

【公司银行业务】　年内，光大银行北京分行坚持“存款立行”的基本发展思路，借助光大金融控股集团合力，整合资源，分层营销，稳定并增加了一批战略客户，不断巩固核心客户基础，实现增存300余亿元。在贷款方面，新增贷款主要投向公共管理、电力、通讯、交通运输等行业，重点支持政府主导、事关经济发展和国计民生的基础项目，支持兼具社会效益和经济效益的重点项目。在大力发展重点客户的同时，光大银行北京分行加大业务结构调整力度，累计发放贸易融资536.2亿元；中小企业金融业务发展迅速，成立分行中小企业部，新增特定中小企业授信客户348户，较年初增加67户，搭建中小企业融资平台17个。

（陈冠西）

【零售银行业务】 光大银行北京分行加快零售业务发展速度，将扩大零售业务规模和提高网点销售能力作为工作重点，通过营销模式整合、渠道拓展、内部挖潜等手段，不断扩大零售基础客户群和资产负债规模。通过批量营销代发业务、开展二手房交易资金托管、大力推动出国金融、发展私人银行等特色业务和服务，扩大基础客户群，丰富收入渠道，推动储蓄存款快速增长，业务结构进一步优化。在银行卡业务方面，光大银行北京分行充分发挥信用卡直销团队作用，拓展发卡渠道，不断丰富银行卡品种，通过发放社区维修资金卡和公务卡，增加了有效用卡客户数量。

（陈冠西）

【中间业务】 年内，光大银行北京分行中间业务增长迅速。短债、中期票据业务继续领跑同业，企业年金业务市场占比达到15%。在中间业务规模扩大的同时，中间业务收入已成为利润的重要增长点，收入结构继续改善。

（陈冠西）

【风险管理及合规建设】 面对复杂多变的内外部经济环境，光大银行北京分行实施积极主动的风险管理策略，着力培育和打造风险合规文化，以“控风险、降不良、促发展”为核心，坚持“合规优先、风险优先、效益优先”的原则，全面夯实业务基础，深化风险管理体系建设。在信用风险方面，光大银行北京分行积极探索风险控制与业务发展的有效契合点，加强授信后管理，不良资产持续双降，对公贷款实现零不良；在操作风险方面，按照总行和银监局部署要求，开展案件风险排查工作，时间跨度为9个月，排查各类业务26.9万笔，涉及金额1375亿元。年内，光大银行北京分行被北京银监局评定为“B+级银行”，即风险管理最好的分行之一。

（陈冠西）

【服务管理】 年内，根据总行统一部署，光大银行北京分行开展了“阳光服务年”活动。通过此项活动，全行牢固树立了“后台为前台服务，分行为支行服务，领导为群众服务，全行为客户服务”的理念，建立健全客户服务体系，全面提升服务品质和服务价值。光大银行北京分行在“阳光服务年”工作综合评比中名列前茅，分行营业部被评选为“中国银行业百佳服务示范单位”。

（陈冠西）

华夏银行股份有限公司北京分行

【概况】 截至年底，华夏银行股份有限公司北京分行（简称华夏北京分行）下辖43家支行、7个营销部，正式员工1390人。本外币资产余额1299.78亿元，同比增加31.74亿元，增长2.50%。本外币存款余额1081.67亿元，同比增加97.98亿元，增长9.96%；其中人民币存款余额1063.15亿元，同比增加139.12亿元，增长15.06%。本外币贷款余额597.97亿元，同比增加42.51亿元，增长7.65%；其中人民币贷款余额577.97亿元，同比增加36.65亿元，增长6.57%。全年实现中间业务收入20950万元，同比增加1960万元，增长10.32%。全年实现利润10.97亿元，同比减少2.66亿元，减少19.52%。

地址：西城区金融大街11号

邮编：100034

电话：58598600

（卢　萍）

【公司金融业务】 年内，华夏北京分行成立市场规划中心，负责营销组织推动、重点客户开发及市场信息调研整理工作；先后与中国节能投资公司、中国五矿集团等集团公司正式签署了银企合作协议，并加强与各级政府单位的合作；对“重点关注、潜在风险”客户进行实地贷后检查，提高贷后检查质量。

（卢　萍）

【个人金融业务】 年内，华夏北京分行开展“春耕华夏”和“双百”营销竞赛活动；举办“安居乐业易生活，‘贷’来精彩人生”主题营销活动，与民间组织、大型商品市场、二手房中介机构搭建合作平台，初步建立了小企业信贷管理模式；开展“VIP150”活动，形成以贵宾俱乐部为主的客户开发与服务平台；成功推出6期理财产品，托管了8款集合资金信托计划；自助设备布放总量为432台，累计开发商户8060户，安装POS终端8878台。

(卢　萍)

【国际业务】　年内，华夏北京分行国际业务收入7130万元，同比增加1662万元，增幅30%，贸易融资授信客户达99户，贸易融资授信总额19.5亿美元，同比增加6.3亿美元，增幅48%。

(卢　萍)

【金融服务】　年内，华夏北京分行成立金融服务领导小组，出台金融服务检查与评价制度；建立日常检查小组，采取网点自查、日常巡查、专业检查与神秘客户暗访等相结合的方式，加强对金融服务工作的检查监督力度。针对重点项目和大型客户，通过建立专门团队、提供一揽子综合服务方案，着力提升服务的专业化水平。

(卢　萍)

中国民生银行股份有限公司总行营业部

【概况】　截至年底，中国民生银行股份有限公司总行营业部（简称民生银行总行营业部）下设支行46家（含营业部），在岗员工1685人。本外币总资产余额3050.66亿元，比上年增加810.12亿元，增长36.16%；各项存款余额2578.25亿元，比上年增加574.83亿元，增长28.69%；其中人民币存款余额2514.04亿元，比上年增加603.64亿元，增长31.60%；各项贷款余额1253.52亿元，比上年增加245.24亿元，增长24.32%；不良贷款余额（五级分类法）3.17亿元，比上年减少2.17亿元；不良贷款率0.25%，比上年下降0.3个百分点；全年实现税前利润14.11亿元。

地址：西城区复兴门内大街2号
邮编：100031
电话：58560088－6010

(姜　灿)

【经营管理策略】　年内，面对复杂多变的国内外宏观经济金融形势以及市场竞争带来的严峻挑战，民生银行总行营业部及时制定调整经营管理策略，一是制定并实施积极的业务政策，出台二线服务支持一线业务发展的指导意见，在全辖范围内形成“全员拓展业务、全员推动业务、全员服务业务”的良好氛围。二是优化授信政策，搭建资产业务支持平台，策划“百日竞赛”等专项业务推动活动以及“幸福民生 礼享生活”、“贵宾有礼”、“四节同庆”等零售促销活动，推动资产业务在逆势中实现较好发展。三是响应国家支持中小企业融资的号召，全面加强中小、小微金融业务发展，推出了易捷贷、组合贷、循环贷、动产贷、订单贷、中小企业e管家等中小企业金融产品以及以“商贷通”为品牌的中小企业主、个体工商户融资服务，担保方式灵活，审批简洁高效。四是加快业务结构调整，不断提升中间业务占比，大力推动发债融资、公司理财、资产托管、企业年金等重点业务，中间业务净收入比上年增长19%。

(姜　灿)

【公司银行业务】　年内，民生银行总行营业部组织开展细分市场专项调研，制定了公司业务三年发展规划。优化中后台服务流程，完善大客户授信管理模式，开辟“绿色审批”通道；实施“承兑＋贴现”大集中业务操作，有效缩短业务办理时间，打造票据业务“一日成”品牌。不断丰富公司业务产品线，推出“赢·家·计划”订制服务，为重点客户提供综合金融解决方案，强化公司业务产品渗透能力。参与市政基础设施建设等民生工程，银政合作、银企合作均有新突破；与顺义区政府、昌平区政府签署战略合作框架协议，与中国企业500强单位中国中材集团公司签署战略合作框架协议，成功中标“北京市轨道交通建设工程2009年度贷款银行招标项目”06标段。

(姜　灿)

【零售银行业务】　年内，民生银行总行营业部围绕以客户为中心，以市场为导向，以产品为依托，以渠道为平台，逐步提升零售银行业务北京地区市场认知度的发展思路，推动实施零售银行“一二三”战略，即固化提升一套标准（SOP流程），建立营销规范和服务规范两个规范，强化财富管理功能、产品创新功能、渠道运营功能三大功能。建立统一的市场营销平台，针对重点业务，整体策划、立体推广、系统营销。

(姜　灿)

【风险管理与不良清收】　民生银行总行营业部不断加强全员风险意识教育，培育全行风险管理文化，主动接受监管，合规审慎经营，风险控制前移，法律服务前置，有效提升风险识别与风险把控的技术手段，注重风险管理机制建设与流程优化，不断加强信贷全流程精细化管理，积极构建全面风险管理体系。加强分支联动、部门联动，使反洗钱工作落到实处。不良清收工作系统分析、对症下药，一案一策、稳步推进，节约了大量诉讼费用，多笔老大难贷款清收取得实质性突破。年内，累计收回不良贷款（含部分收回）103笔，收回贷款本息合计10045.64万元。

（姜　灿）

【特色业务】　民生银行总行营业部立足首都经济特点、产业结构特点和北京18区县区域特点，结合自身发展实际，尝试开发特色业务。立足北京总部经济特点，对战略客户实行名单制管理，开设专项审批通道，保证产品交付效率；加强银政合作，开拓政府融资平台市场，出台《2009年北京市重点建设项目推动方案》，重点支持市政基础设施建设等民生工程。立足北京高科技民营企业发展迅速的特点，与昌平区政府达成中小企业融资合作意向，有重点地开拓优质成长型中小企业客户；主办“后危机时代”的战略思考——银行业与中小企业高峰论坛。立足北京全国文化中心的特点，开发文化创意产业，通过“商贷通”业务为国内优秀电视剧导演集体授信，开辟个人经营性贷款业务新领域，创新国内影视文化产业融资新模式。

（姜　灿）

招商银行股份有限公司北京分行

【概况】　年内，招商银行股份有限公司北京分行（简称招行北京分行）共设有营业机构48家，其中年内新建成开业5家，员工2619人，同比增加248人。截至年底，招行北京分行总资产2501.5亿元，比上年增长540.8亿元，增幅28%；本外币自营存款余额2130.6亿元，比上年增长413.7亿元，增幅24%；其中人民币自营存款余额1949.0亿元，比上年增长471.8亿元，增幅32%；本外币自营贷款余额929.4亿元，比上年增长178.9亿元，增幅24%；按“五级分类”口径不良贷款率0.19%，不良资产拨备覆盖率821.7%。全年实现利润36.3亿元。

地址：西城区复兴门内大街156号

邮编：100031

电话：66427121

（田　泽）

【经营战略调整】　年内，招行北京分行在做大做强基础业务、保证规模效益稳步增长的同时，继续推进经营战略调整，业务结构、资产结构、收入结构不断优化，各项业务全面协调健康发展。中间业务实现逆势提升，实现收入13.9亿元，净收入占比达23.2%；零售业务方面，实现了储蓄、零售中间业务、财富管理、新客户拓展、信用卡等各项指标的全面协调增长，储蓄存款同比增长150.7亿元；个人资产业务快速发展，余额同比增长93亿元；中小企业业务加速发展。

（田　泽）

【批发银行业务】　年内，网上企业银行、现金管理、企业年金、资产托管、商务卡、公司理财、短期融资券和中期票据承销等都成为招行北京分行批发业务的拳头产品，新增重要企业年金客户14户，销售公司理财产品超过1000亿元；国际业务方面，单证结算量、对外担保、贸易融资、外汇资金管理、离岸业务等持续健康发展，全年国际结算量达218亿美元，实现对公国际中间业务收入1.8亿元；同业业务方面，针对资本市场波动，紧扣理财市场需求设计销售各类信托类理财产品221亿元。

（田　泽）

【零售银行业务】　截至年底，招行北京分行管理零售客户总资产达2503.5亿元，同比增长597.7亿元，增幅达31%；金葵花客户达12万户，同比增长2.6万户；金卡客户达33万户，同比增长8.3万户。继续做大做强财富管理业务，累计销售各类理财产品336支、金额476亿元，基金代销和保险代理业务稳步前行。

（田　泽）

【辖区内各支行基本情况】　截至年底，招行北京分行除分行营业部外，在西城区内共设有展览路支行、首体支行、金融街支行3家支行，业务运行平稳，经营状况良好。3家支行累计自营存款余额达163.2亿元，比上年末增长5.1亿元，自营贷款余额达82.8亿元，比上年末增长27亿元；其中展览路支行自营存款余额达46.3亿元，自营贷款余额达15.1亿元；首体支行自营存款余额达58.0亿元，自营贷款余额达66.1亿元；金融街支行自营存款余额达58.9亿元，自营贷款余额达1.6亿元。

（田　泽）

广东发展银行股份有限公司北京分行

【概况】　广东发展银行北京分行（简称广发北京分行）在西城区境内下设月坛支行、甘家口支行、新外支行、金融街支行。月坛支行有正式员工30人，总人数33人，资产总额55.50亿元，其中信贷类资产31.47亿元，中间业务收入986万元，全年实现利润总额8288万元，人均利润267万元。人民币一般性存款日均37.65亿元，其中储蓄存款日均2亿元。截至年底，人民币一般性存款余额47.20亿元。贷款收息率100%。各项经营指标在广发北京分行辖内名列前茅。月坛支行发挥员工的积极性与能动性，实现全年服务零投诉。年内，金融业案件频发，面对“做大做强”的趋势，各项业务规模的急速扩张是必然的，但月坛支行始终坚持遵循“内控先行”的原则，所有业务始终围绕“风险防范”这一重要前提来开展，除严格按照总分行相关要求执行外，还密切关注受市场影响大的敏感行业，真正做到“了解你的客户”，以确保为客户提供最优质的服务及银行资产的安全性。

月坛支行

地址：西城区月坛北街2号

邮编：100045

电话：68083556

(史长虹)

证　券

中国证券监督管理委员会北京监管局

【概况】　年内，中国证券监督管理委员会北京监管局（简称北京监管局）辖区有16家公司实现IPO(公司首次发行上市)，共募集资金1081.31亿元（其中创业板发行上市8家，募集资金55.78亿元)；有9家公司进行增发，共募集资金426.84亿元。全年辖区公司合计筹资1508.15亿元。截至年底，北京辖区上市公司126家，占全国A股上市公司1696家的7.43%，排名第三位。辖区上市公司总股本14584.39亿股，占全国上市公司总股本的55.88%；市值128026.81亿元，占全国上市公司总市值的44.15%。辖区有证券公司17家，比上年年底增加两家，证券营业部206家；证券公司总资产3098.67亿元，营业收入316.33亿元。辖区有基金管理公司11家，共管理基金119只，新发基金20只，年内发行份额1162.81亿元。辖区正常经营的期货公司有17家，资产总额188.03亿元；期货营业部57家，较上年新增营业部9家；证券投资咨询机构18家；外资代表处57家。

地址：西城区金融大街33号

邮编：100032

电话：88088060

(贾园春)

【上市公司监管工作】　年内，对26家上市公司分别进行现场检查，对发现的问题及时采取了相应的监管措施。开展内控管理调研和推进公司治理问题整改工作，对辖区上市公司逐家排查公司治理问题，督促公司按期限完成整改工作。加强审计及评估业务监管工作，充分发挥中介机构的社会监督作用。几年来上市公司财务信息质量明显提高，审计执业质量进一步规范，会计师事务所进一步做强。加强培训工作，对辖区800余名董事、监事进行了信息披露、内控、会计、法律等内容的培训。开展监管协作，加强与北京市政府、证监会各部门、证券交易所沟通，有序推进监管工作。

(贾园春)

【证券市场监管工作】　加强对证券经纪业务营销活动监管，建设辖区证券营销人员管理信息系统，督导辖区证券公司建立和完善经纪人管理制度，提升客户服务和客户管理水平。将现场检查与非现场检查有机结合，有重点地开展现场检查工作，共进行现场专项检查工作15项，参与协同配合现场检查工作12项，检查证券公司71家次、证券营业部及分公司112家次、证券投资咨询机构及资信评级机构18家次，对违规行为及时采取了监管措施。认真开展证券公司分类评审工作，年内，辖区共有3家A类公司、11家B类公司、3家C类公司。

(贾园春)

【基金行业监管工作】　根据基金经营环境、法律法规的变化以及日常监管经验，强化基金公司监管，提高行业规范运作水平。做好基金年报审计跟进工作，发挥中介机构作用，对重点问题和重点事项实施现场审计督查。紧紧抓住基金投资和基金销售两个核心业务环节，积极开展各类检查。做好非现场监管工作，加大责任追究力度，全力督促基金公司合规化运作。

（贾园春）

【期货市场监管工作】　加强公司治理专项监管，督促期货公司严格按照法规要求修订章程、配备人员、规范“三会”运作；全面推行期货公司首席风险官制度，加强培训和指导，提高公司规范运作和风险防范能力。坚持开放理念和严格管理的原则，做好营业部监管。完成期货公司分类监管试点和初评工作，3家期货公司被评为A级。

（贾园春）

保　险

中国人民财产保险股份有限公司北京分公司

【概况】　中国人民财产保险股份有限公司北京分公司在西城区境内下设西城支公司。西城支公司设综合部、业务部及6个营销部，有正式员工74人、劳务派遣人员49人。年内，西城支公司实现保险费收入40298万元，比上年增加1198万元，增幅3.1%。承担各类风险金额1037.52亿元；全年支付赔款2.59亿元，全险种赔付率83.28%；上缴税金2142万元。

西城支公司

地址：西城区德胜门外大街73号

邮编：100088

电话：62370120

（严娟娟）

【保险业务】　年内，西城支公司的机动车辆保险承保机动车101450辆，车险保额329.78亿元。承保企业财产风险金额566.32亿元。承保家庭财产风险金额2.04亿元。承保责任险风险金额43.33亿元。承保工程险风险金额9.25亿元。承保短期意外险风险金额86.80亿元。

（王　彬）

【业务发展】　年内，西城支公司通过挖掘业务潜力，整合客户资源，强化对政府采购项目的服务，积极拓宽经纪人公司、4S店等渠道业务，促进业务发展。公司全年保费收入达到4.02亿元。截至年底，机动车辆保险保费收入34330万元，较上年增长4371万元。在非机动车辆保险业务方面，企财险、货运险、责任险都有较大增长，全年完成保费收入5079万元，较上年增长2881万元。

（严娟娟）

【理赔工作】　年内，西城支公司加强理赔管理，理顺工作流程，细化规章制度，严把理赔工作5道关口，制定8项具体理赔管控措施，并由一名经理室成员深入理赔业务部监督贯彻执行。业务部全年共接报案件91014件，支付赔款2.95亿元，分别较上年增长6050件和3000万元。同时，业务部狠抓新员工技能培训、服务规范培训和全体理赔员的岗位责任制的落实，进一步提高理赔工作效率、质量和服务水平。

（严娟娟）

中国平安财产保险股份有限公司北京分公司

【概况】　中国平安财产保险股份有限公司北京分公司（简称平安产险北分）成立于1994年5月27日。截至年底，有在职员工887人，其中前线员工528人，后线员工359人。实现保费收入25.72亿元，承保利润总额1.53亿元。车险保费收入17.41亿元，同比增长38.22%。财产险保费收入7.54亿元，同比增长23.76%。意健险保费收入0.77亿元。

地址：西城区金融大街23号平安大厦15层

邮编：100033

电话：59700010

（罗　然）

【团体业务】　年内，营销规划方面，制定中心、机构、团队三个层面的全年营销行动案，通过年中和年底的检视以及定期的团队走访，强化营销行动案的跟踪落实。销售管理方面，重新修订基本法；组织团体中心团队主管培训；成立分公司明星俱乐部，组织各种明星激励活动，推动业务发展。综合金融方面，建立综合金融精英培训班，邀请各产品方以及公司外有实力的讲师授课；在精英培训班的基础上成立综合金融专家俱乐部，吸引有学习能力、有客户资源的业务员成为长期会员，让综合金融理念得以延续。

（罗　然）

【个人业务】　为了持续稳固与各车行之间的合作深度，车行资源支持部牵头在原有基础上花费两个半月时间，重新研发了“定量派工系统二期”项目。个人中心制定行动方案，改善车险业务品质，全年整体业务续保率得到提升。严格控制车行渠道人力编制，实现有效增员。截至年底，车行渠道正式员工169名，试用员工7名，外包员工16名，编制控制在年初计划的195名之内。

（罗　然）

【运营中心工作】　车险意健险理赔部响应总公司提倡的向客户提供转帐支付服务的号召，协助公司财务减少现金流；强化客户服务管理，在平安总公司推出的“万元以下，材料齐全，三天内赔付”服务承诺活动中系统排名第一，并在全系统客服节承诺服务技能时效比拼中获得一等奖。财产险理赔部配合产险运营改革要求,推广运行新流程，严格内控管理，落实专项培训，服务一线并进一步提升客户满意度；从部门架构、服务方式、沟通渠道等多方面进行有针对性的调整，在部门内部进行了一系列的流程改造；妥善处理“拉法基”地震案件等重大赔案。客户服务部根据分公司架构调整的情况制定内勤集中方案，成立团个集中出单中心；为保证各项运营指标的提升，重新制订了坐席的考核标准；年度后期随着调度集中项目的上线，与总公司相关部门积极沟通，优化调度集中系统，最大限度地保证电话中心的正常运行。

（罗　然）

【资源支持中心工作】　年内，组织分公司“你的平安，我的承诺”征文，参加北京保险业“迎国庆爱国歌曲大家唱”文艺汇演活动，均获最佳组织奖。完成渠道差异化销售费用预算的安排，按月进行预算执行情况分析及考核，预算考核结果在总公司排名前列。在单证管理方面根据新保险法出台更换财产险保单、条款、投保单工作。开展绩效“号角行动”活动，组织策划绩效大讲堂、绩效晨会、问责进行时、自选项等一系列版块，使得平安绩效理念进一步深入人心，帮助直线经理在实际中更好地进行绩效管理。改进报表跟踪制度，从内容上完善日报、周报、月度经营快报，继续保持简报“快速、简洁、连续”的特点。开发了绩效测评系统、信息发布系统、周计划小结系统等多套应用系统。

（罗　然）

【重大承保与赔付】　年内，承保CONOCOPHILLIPS CHINA INC石油开发勘探险，总保额141.3亿元。承保CHINA NATIONAL OFFSHORE OIL CORPORATION（CNOOC）石油开发勘探险，总保额138.7亿元。首次参与承保北京市轨道交通6号线、15号线建筑工程一切险的共保，保额达60.2亿元。就拉法基瑞安水泥有限公司在“5·12”汶川大地震及后续系列余震中遭受的损失，在保单保障范围内赔付总赔款人民币7.2亿元，并与拉法基瑞安水泥有限公司签署了到2013年的一揽子保险协议。这笔赔案，不仅是中国平安财产保险股份有限公司成立21年来的单笔最大赔案，也是截至目前“5·12”汶川大地震中最大的一笔保险赔案，赔付中外运股份有限公司物流责任保险人民币251万。

（罗　然）

中国平安人寿保险股份有限公司北京分公司

【概况】　中国平安人寿保险股份有限公司北京分公司（简称中国平安人寿北京分公司）共设有33个营销服务部，在职内勤员工761名，临时返聘人员5名，银行专管员214名，续期收费员84名，个人代理人17956名。辖内设新街口北大街、阜成门2个营销服务部。截至年底，中国平安人寿北京分公司实现规模保费收入115.69亿元，同比增长30.99%，成为目前首都唯一实现年度保费过百亿的寿险分公司。个险实现规模保费收入77.83亿元，同比增长21.21%，市场份额44.14%；其中新单规模保费23.80亿元，同比增长57.92%，市场占比43.56%，均位居北京市场首位。团险规模保费收入4.63亿元,同比下降28.71%（自7月1日起，平安寿险帐套下原团险产品全部转移至平安养老金公司，故团险系列无在售产品，保费收入为原团险产品的部分续期保费收入，新单保费收入已全部转移至平安养老金公司）。银保实现规模保费收入33.22亿元，同比增长88.71%。截至年底，中国平安人寿北京分公司拥有客户340余万名，保单470余万件。全年累计办理理赔51888件，为客户提供预约上门服务38783次，完成“95511”首问受理件81043件；理赔及死伤医疗给付金额4.98亿元，同比增加11%，年金及满期给付17.81亿元。

地址：西城区金融大街23号

邮编：100140

电话：95511

（崔　娜）

【个人营销业务】 年内，中国平安人寿北京分公司先后开展“开门红”、“四五连动”、“七八连动”和“收获金秋”四大业务竞赛活动。开展“金牛接福喜迎春、平安福到万事顺”、“魅力女人、相约三月”、“用心守护、承诺到家”、“快乐暑期、玩转惊喜”、“记忆中国、幸福承诺”、“金虎迎春交福运、选美北京庆福年”、“虎旺财年、畅响新春”等多项主顾开拓活动，搭建了完善的主顾开拓活动平台。4月，正式上线“金领电子投保单上传自动核保”项目，成立并完善公司E化行销导师团队，积极推广电子投保书的使用，E化行销逐渐在销售队伍形成使用习惯。

（崔　娜）

【银行代理业务】 年内，中国平安人寿北京分公司银行代理业务不断推出新举措，产品方面坚持稳定的万能产品销售策略。渠道建设方面，持续深化与中国工商银行、中国银行、中国建设银行、中国交通银行、中国邮政储蓄银行、中国农村商业银行等渠道合作，并开拓汇丰银行、中信银行、招商银行等新渠道；人才培训方面，开展新人入司培训、新人衔接培训、新人晋升培训、新人腾飞培训等一系列培训项目，建立“银保学苑”及“导师培训体系”，进一步完善现有培训体系。提前四个半月完成21.25亿元的全年保费任务，并在全年实现总保费33.22亿元，同比增长88.71%。

（崔　娜）

【新《保险法》宣传】 10月1日起，新《保险法》正式施行。为贯彻落实新《保险法》精神，确保经营管理依法合规，中国平安人寿北京分公司开展了一系列学习新《保险法》的活动。主要包括：全员学习新《保险法》并组织学习征文；举办新《保险法》培训讲座，邀请中国保监会法规部领导授课；进一步规范业务实际操作流程，在多个流程、单证、条款上都有修改，重点突出保护投、被保险人的利益；下发新《保险法》宣传手册；参加中国保险学会和《中国保险报》联合举办的“学习新保险法知识竞赛”活动等。

（崔　娜）

【客户服务】 年内，中国平安人寿北京分公司继续倡导P-STAR五星级服务理念，全心全意为客户提供主动（P）、简单（S）、及时（T）、方便（A）、有效（R）的五星级服务，开展多项服务项目运作，包括保单E服务、窗口服务等服务支持，客户满意度不断提升。5月至8月，开展“你的快乐我的承诺”客户服务节活动，包括开幕式暨大型游园活动、放映社区电影60场、举办少儿知识竞赛，与北京电视台《快乐起飞》合作举办少儿才艺大赛，客服节闭幕式暨夏令营活动。举办了“玩转疯狂 亲子同乐”开门红亲子活动、“健康中国 平安中国”大型健康讲座、“祖国的华诞 平安的祝愿”系列活动及“平安亲情绽放水世界”年底大回馈活动，2.1万余名VIP客户参与活动。中国平安人寿北京分公司为8000余名VIP铂金及钻石客户赠送了生日礼物，为380余名VIP客户提供了住院探视服务。

（崔　娜）

【社会公益】 在新中国成立60周年之际，中国平安人寿北京分公司作为保险业的唯一代表队，组织22名员工参加“首都群众国庆60周年联欢晚会活动”。组织“迎六十大庆劳动竞赛”活动，参加北京市保险行业协会“迎国庆爱国歌曲大家唱”文艺汇演活动，参加北京市金融工委组织的“迎国庆祖国在我心中”征文活动。在北京市西城区金融街街道组织的向地震灾区捐款活动中，中国平安人寿北京分公司积极组织，两天内员工个人捐款16420元。

（崔　娜）

【个险重大理赔】 王某疾病身故案：王某于2008年8月因心肌梗塞身故。王某于1997年投保平安长寿保额5万元，2002年投保世纪理财保额105万元，2003年投保平安鸿利保额25万元，2006年投保钟爱一生保额23万元，投保平安鸿祥保额40万元。经审核受益人获得身故保险金2563722.81元。刘某疾病身故案：刘某于2005年11月因肾癌身故。刘某于1997年投保平安永乐保额40万元，平安长寿保额10万元，2001年投保千禧红100份，2003年投保平安鸿祥保额37112元。经审核受益人获得身故保险金833406.48元。程某某疾病身故案：程某某2008年5月因十二指肠壶腹周围癌身故。程某某于1997年投保重大疾病保额2万元，1998年投保递增养老保额6万元，1996年投保平安长寿保额40万元，1999年投保平安康泰保额3万元。经审核受益人获得身故保险金630732.77元。

（崔　娜）

中国太平洋财产保险股份有限公司北京分公司

【概况】　中国太平洋财产保险股份有限公司北京分公司（简称太平洋财险北京分公司）下设支公司8家、营销服务部3家，公司正式员工总数764人，在西城辖区内设西城支公司。截至年底，保费收入达到22.1亿元，完成年度预算的111.53%，比上年增长22.75%。全年累计赔款支出共计10.89亿元，简单赔付率为49.23%。非车险保费收入4.59亿元，比上年增加14.98%。车险保费收入达到17.53亿元，比上年增长24.97%。

地址：西城区复兴门内大街158号

邮编：100031

电话：66428888

西城支公司

地址：西城区展览馆路3号

邮编：100037

电话：68361774

（刘锦忠）

【基础管理】　年内，太平洋财险北京分公司把认真提升管理水平，全面降低经营管理成本作为应对全球金融危机的主要措施。一是做好经营成本的控制工作。控制经营成本的核心是控制车险的理赔成本。太平洋财险北京分公司落实中国保监会开展的“打三假”工作，加大核损力度，提高现场查勘率，进一步完善理赔制度，优化定损理赔流程，使定损理赔的各个环节达到优化、标准化、规范化的要求，最大限度控制跑、冒、滴、漏；从承保入口提高业务质量，为后期成本控制奠定基础。二是做好管理成本的控制工作。严格执行和落实各项费用开支的管理规定，加强对固定资产和维护运营的固定开支费用的动态监控，开展厉行节约的活动。三是坚持规范经营不动摇，继续提高抵御风险的能力。把合规风险的控制关口前移，动态监测和评估合规风险，并加强非车险应收保费管理，防范信用风险。

（刘锦忠）

【客户服务】　年内，太平洋财险北京分公司认真抓好理赔服务，降低理赔成本。在服务上搞好两个创新的工作，一是服务观念创新。通过宣传教育，让全公司员工从传统观念“营销产品”转变到“营销客户”的观念上来；从注重“营销保单”转变到注重“经营客户的心”上来。二是服务方式创新。在转变观念的基础上，从过去的一般性服务方式，逐步转变到符合客户个性需求的“定制化”服务上来。在提升规范化服务方面，公司客户服务督导考核小组在员工着装、环境设施、服务礼仪、服务标准等细节着手，加强检查督导，并根据检查结果和客户投诉情况进行评比和通报。

（刘锦忠）

中国太平洋人寿保险股份有限公司北京分公司

【概况】　年内，中国太平洋人寿保险股份有限公司北京分公司（简称太平洋人寿北京分公司）下辖7个支公司、3个营销服务部；在职内勤员工272名、个人代理人3264名、银行保险系列外勤员工328名、团体业务系列外勤员工65名。全年共实现保费收入32.24亿元。其中个人营销业务实现新保保费收入为2.27亿元，同比增长23.37%。银邮业务实现保费收入20.46亿元；银邮业务全年期缴保费3.34亿元，同比增长142.03%。团体业务实现保费收入为1.9亿元,其中意外险保费收入0.58亿元，同比增长3.57%；续期业务实现保费收入7.61亿元，同比增长31.43%。

地址：西城区复兴门内大街158号

邮编：100031

电话：66418855

（王　悦）

【个人营销业务】　年内，太平洋人寿北京分公司个人营销业务坚持推动基础活动管理；以基本法宣导为核心，实施人才增募新突破；以培训支持为核心，持续推动绩优成长；积极调整产品结构，以传统保障型产品为销售重点，为消费者提供具备充分保障功能的保险产品。截至年底，个人营销业务实现新保保费收入为2.27亿元，同比增长23.37%。

（王　悦）

【银邮业务】　年内，太平洋人寿北京分公司银邮业务渠道加强业务推动创新，推进产品结构优化，加大期缴产品推动力度，强化培训与辅导，重点提高期缴产品销售技巧，推出各类新颖多样的营销方案，十年期、五年期产品保费收入占比显著提高。全年共实现保费收入20.46亿元，其中期缴保费3.34亿元，同比增长142.03%。

（王　悦）

【团体业务】　年内，太平洋人寿北京分公司团体业务渠道强化基础活动管理，加强法人客户积累及质量甄选，奠定公司团险业务基础平台的同时提升公司团险承保质量，实现规模和效益平衡发展。通过建立专业的中介销售队伍，充分利用公司品牌效应，大力推进中介渠道开拓，全面发展中介业务。截至年底，团体业务渠道实现保费收入1.9亿元，其中意外险保费收入0.58亿元，同比增长3.57%。

（王　悦）

【客户服务】　年内，太平洋人寿北京分公司加强柜面标准化建设，在中国质量万里行促进会的明察暗访中，太平洋人寿北京分公司柜面服务质量被评价为最高级别A类，并得到“唯一一家能够做到以人为本的公司”的特别评语。开展“服务无止境，创优我争先”为主题的营运明星团队和服务明星、技术能手评比活动，通过PDCA训练、技能比武、微笑之星评选等形式提升营运队伍服务技能。在《新京报》举办的“第二届金保单”评选活动中蝉联“年度综合实力十强”，同时获“最受信赖保险公司”称号。在《中国保险报》与《北京娱乐信报》联合举办的“首届首都保险业服务创新大赛”中获“2009年最具市场信赖的保险公司”称号。

（王　悦）

泰康人寿保险股份有限公司北京分公司

【概况】　截至年底，泰康人寿保险股份有限公司北京分公司（简称泰康人寿北京分公司）下设立17个支公司，22个营销服务部，在职内勤员工357人，营销持证业务员4373人，电话销售329人，团险107人，银保339人。全年共实现总规模保费收入57.22亿元，同比增长25.88%；个险保费收入9.52亿元，同比增长24.05%，其中新契约保费3.64亿元，同比增长29.03%；团险保费收入9.00亿元，同比增长1.79%；银保保费收入38.70亿元，同比增长33.72%。

地址：西城区复兴门内大街156号
　　　泰康人寿大厦
邮编：100031
电话：66428816

（宋雯雯）

【业务发展】　截至年底，泰康人寿北京分公司个险价值标保突破1.7亿元，同比增长40%。业务员绩效和收入大幅提升，实动月人均产能2.57万元规模保费。团体业务实现员福规模保费9亿元，年金签约规模保费14亿元。银行保险实现全年规模保费38.70亿元；期交业务历史性突破1.3亿元；渠道建设和组织发展稳步加强，年末网点数量856个，较年初增加135个，成功开拓北京银行、深圳发展银行、中信银行、华夏银行等新渠道；风险管控、品质管理卓有成效，平稳度过金融危机下的投连险风波。

（宋雯雯）

【快速理赔】　泰康人寿北京分公司长期开辟绿色通道，实行快速理赔机制，同时实施小额理赔当场给付服务举措，让客户真正感受到“理赔不难，服务无忧”，保证出险客户及时得到赔付。9月17日，运营中心理赔科柜面简易案件处理岗快速审结了泰康人寿北京分公司首例甲型H1N1流感赔案，仅用10分钟时间便完成了整个案件从受理到给付赔款的全部过程。

（宋雯雯）

【客户服务】　泰康人寿北京分公司客户服务部在“客户附加值服务”专项会议精神指引下，与各业务部门配合举办了丰富多彩的活动，三八节健康大讲堂系列讲座——关爱女性心理与健康，六一少儿爱牙护齿活动、爱牙护齿进社区活动，第九届客户服务节之第四届全国少儿书画大赛等都取得丰硕成果；5月12日值“汶川大地震”一周年之际，向业务员和客户发放《地震救助服务手册》，手册从地震常识、自救与互救、震灾预防、应急措施等方面，介绍了地震中的各种常见情况及处理办法。

（宋雯雯）

【社会公益】　泰康人寿北京分公司秉承“服务公众，回馈社会”的宗旨，响应总公司积极参加社会主义新农村建设、改善农民精神文化生活的“爱心图书室”励志公益行动，9月25日，向房山区窦店中学捐赠了泰康人寿北京分公司首家“泰康图书室”，包括千余册学习书籍。11月1日，由共青团北京市委员会等单位主办的“2009秋季北京国际长走大会”在昌平十三陵水库沿线举行，首都群众近万人冒雪参加了全程16公里的长走活动。泰康人寿北京分公司独家捐赠了保险，为所有参与者提供了温暖的保障和有力的支持。

（宋雯雯）

（责任编辑　华大友　郝慧芳）

城区建设

规划管理

【概况】 北京市规划委员会西城分局（简称市规划委西城分局）有公务员28人，大学本科以上学历人员占93%，4人具有国家注册规划师资格。内设机构一室四科：办公室（政工办、纪检监察科），综合业务科、规划科、建设用地管理科（建设工程管理科）、市政交通工程管理科。局属机构：北京市西城规划监察执法队。局属事业单位：北京市西城规划管理信息中心。年内，市规划委西城分局创新工作方式，在规划综合服务、规划调研、规划审批管理、规划监督检查和信息化建设等方面取得新成效。为确保“三保任务”的完成，促进项目落地，市规划委西城分局坚持依法审批，加快办理“绿色通道项目”，建立重点工程协调督办和监督检查工作机制，成立“绿色通道”领导小组，制定《关于加强对扩大内需促进经济增长政策措施落实情况进行监督检查的工作方案》，主动服务、动态跟踪，提前做好审批准备工作，确保项目即报即办。深化规划前期研究工作，积极推进功能街区建设，完成西城区上报近期建设计划年度实施计划。落实市、区下达的拟办实事，积极推进“煤改电”工程，做好信访、建议提案和信息公开等工作。通过推进“数字西城”地理信息空间框架试点工作，信息化建设取得新成效。年终考核得到市规划委的肯定，被评为“优秀分局”，荣获市规划委系统先进集体7项；区级先进集体4项；各类调研课题获得1项一等奖、3项三等奖；获得市规划委系统督察督导案卷优秀卷6件；获得市规划委个人嘉奖2人；获得区级先进个人6人次；获得区级征文优秀奖3人；参加新中国成立60周年庆祝活动13人。

地址：西城区西直门南小街国英园5号楼

邮编：100035

电话：66182866

（李　丹）

【“煤改电”工程】 “煤改电”工程是市政府第十五阶段控制大气污染任务之一。市规划委西城分局在“煤改电”工作中主要承担了1座110千伏变电站、3座开闭站的选址及部分规划审批工作。工作中加强与市、区相关部门沟通、配合，充分发挥组织协调作用。同时按照“绿色通道”要求，完成什刹海开闭站及佟麟阁路等5条道路电力管线的建设工程规划许可证审批工作，保障了闹市口、白塔寺、灵境胡同以南、西什库4片地区约2万户居民的“煤改电”工程进度。

（崔　达）

【金融街拓展工作】 市规划委西城分局作为金融街拓展指挥部重要成员单位，立足区域发展需求，负责开展规划相关的组织协调及技术服务工作。加强与市规划委、区政府之间的沟通协调工作，多次就金融街拓展工作向市、区领导进行专题汇报，并邀请市、区相关部门进行现场办公；协助金融街拓展指挥部开展金融街控规修订工作；指导拓展指挥部修改和完善月坛南街、北京市第三十五中学迁建等规划设计方案；推进月坛南街、北京市第三十五中学迁建等重点项目的启动，协调市规划委取得月坛南街、北京市第三十五中学项目的规划意见书，同时，按照“绿色通道”要求从快办理了月坛南街、北京市第三十五中学迁建项目的建设用地规划许可证。

（王智强）

【窗口服务及数据统计】 市规划委西城分局开展“创文明单位、树行业新风”活动，强化窗口全程代理服务理念。年内，受理各类建设项目申报911件，核发各类建设项目920件：其中《规划意见书》145件，建筑规模11.02万平方米；《规划意见书》（市政）33件，各类管线及道路长度0.6万延长米；《建设用地规划许可证》8件，用地规模20.49万平方米；《建设工程规划许可证》（建筑）255件，建筑规模21.73万平方米；《建设工程规划许可证》（市政）107件，各类管线及道路长度7.43万延长米；《临时建设工程规划许可证》2件，建筑规模0.18万平方米；规划验线154件，规划验收136件，公共服务事项14件，各类退件66项，提前率均为100%。坚持规划审批数据统计分析，每半月向区领导、7个街道办事处及区城管大队通报规划审批情况，及时为领导决策及城市管理提供规划信息。

（贾淑华）

【规划调研工作】 结合区域发展实际，开展规划调研工作，全年完成区领导调研课题1篇、处级领导调研课题4篇。工作中，采取领导把握全局、多个部门联合、专家学者合作、时间节点控制等工作方法，对西城区空间资源配置利用、危旧房可持续发展改造模式及社区公共配套服务空间资源利用等问题进行重点研究，为领导解决发展中的重点难点问题提供决策参考。其中《西城区社区公共配套服务空间资源规划研究》课题获得市规划委调研课题一等奖，《西城区可利用空间资源规划研究》等3项课题获得市规划委调研课题三等奖。

（袁晓芳）

【近期建设规划年度实施计划】 为把握城市发展的主导方向，发挥规划对城市发展空间布局安排的引导作用，年内开展了西城区近期建设规划年度（2009至2010年）实施计划工作。在区属多部门的协作配合下，综合考虑土地开发储备、基础设施项目和重要功能区的规划实施与建设时序等因素，整理上报全区拟建、在建建设项目共10大类172项，为区领导掌握全区建设项目计划，保障城市建设有序开展提供了重要依据。

（王智强）

【绿色通道审批项目】 以保增长、扩内需为中心，以规划落实为重点，本着依法行政、特事特办的工作原则，采取提前服务的措施，促进项目落地。年内办理市级“绿色审批通道审批项目”9项，其中办理完成大乘巷危改、德外F1、月坛南街、51条道路整治等6个项目，北京市第三十五中学新址、国务院第二招待所周边“城市边角地”、南闹市口消防站等3项取得阶段性进展；办理区级“绿色审批通道审批项目”14项，其中办理完成白云观B地块地下停车场、西城区青少年科技馆等7项目，德胜门对景仿古建筑、后广平及曙光幼儿园、育民小学等7项目取得阶段性进展。所有项目全部在3个工作日内完成，部分项目实现当日受理、当日办理、当日核发。

（李　绮）

【地名管理】 继续按照《北京市地名规划编制导则》《北京市建筑物名称核准技术格式文本》的规定，坚持“符合历史、照顾习惯、体现规划、好找好记”的地名命名原则，完成航天金融大厦、吉第嘉园、金盛嘉园、车公庄北里中街等7件建筑物及地名核准、命名、变更事项。在市规划委组织开展的地名数据库数据更新工作中，通过踏勘现场、调阅地名管理档案，对西城区的35条道路、1座桥梁、16栋建筑的存疑问题逐一进行校核和落实工作，确保地名的真实性、全面性和现势性。

（许　洁）

【规划监督】 规划监督工作针对西城区建设项目实施特点，对建筑面积超过300平方米的项目采取全程跟踪模式，及时了解项目进度，协调建设过程中涉及规划的各类问题；在施工繁忙期及汛期加强服务，对平房建设工程采取规划监督验线“日进日办”机制，将验线办理周期从3个工作日缩短为1个工作日；依据现有规定，通过对施工技术、建设时间及居民需求的研究，细化工作，制定《平房建设工程规划监督的内部操作规程》，提升监督的针对性、合理性。年内，规划监督工作共踏勘建设施工现场800余人次；规划验线154处，建筑面积20.6万平方米；规划验收136处，建筑面积27.1万平方米。

（张　亮）

【胡同整治】 西城区2009年旧城历史风貌保护区胡同整治工程是市政府绿色通道工程，覆盖西城区辖区范围内5个街道办事处的51条胡同。年内，市规划委西城分局完成西城区51条胡同整治项目的2件规划意见书和10件建设工程规划许可证的审批工作，涉及道路建设规模19681延长米、排水管线规模18517延长米，均按即报即办的要求完成。

(崔　达)

【查处违法建设】　结合西城区老旧平房区面积大，违法建设情况复杂、产生速度快，居民反映强烈的情况，市规划委西城分局确立“以人为本、疏堵结合、统筹管理”的违法建设查处工作原则，积极搭建违法建设查处长效工作平台，尝试建立违法建设联合查处工作机制，建立了违法建设快速认证机制，确保在4小时内完成接收信息、查询材料、勘查现场、汇报审核，制作文书的全部认证工作。通过采取定期巡查，快速反应、主动协调等工作方式，有效遏制新生违法建设产生。年内，重点处理什刹海、新街口、宫门口等地区违法建设20余起，配合城管完成违法建设认证136处，完成行政处罚案件2件，罚款148万余元。

(张　亮)

【施工暂设排查】　年内，市规划委西城分局对辖区范围内51个施工工地、153栋施工暂设房屋进行了排查。针对其中部分施工暂设未经过规划部门批准的情况，撰写了《北京市规划委员会西城分局2009年施工暂设安全大检查调查报告》，并针对检查出的未取得《临时建设工程规划许可证》的施工暂设，研究提出“施工单位需在规定时间内向规划部门出具施工暂设相关的设计图纸，使用说明及安全证明，并确保使用安全”的处理建议。

(张　亮)

【信息化建设】　年内，西城区被列为数字城市地理空间框架建设试点。区政府与国家测绘局、市规划委合作构建数字西城地理空间框架，形成西城区权威的、唯一的和通用的地理信息公共平台。市规划委西城分局是“数字西城”地理空间框架项目的牵头单位，按照“城市主导，统筹规划；需求牵引，科技推动；统一设计，资源共享；突出应用，注重服务”的原则，完成需求调研，确定技术实施单位及典型应用示范单位，建立数据更新长效机制，编制完成项目实施方案和设计书，启动平台建设支持国庆安保。框架建设在拓展工程应用技术、整合基础信息、挖掘实效性功能服务、构建领导协调机构、推动项目组织实施等方面取得实质性进展。

(刘明增)

【督查工作】　年内，围绕“三保”工作任务和新中国成立60周年各项筹备工作加强督查工作。全年督查市、区重点工作45项（其中主办任务18项，协办任务27项）；领导交办任务83件，其中市规划委领导交办8件，区领导交办75件。在市规划委组织开展的督查督导工作中共有6件案卷被评为优秀案卷，其中建设工程类2件、市政基础设施类4件。市规划委西城分局制作的行政处罚案卷在全市统一组织的2009年度行政处罚案卷评查中取得99.5分的成绩。

(任保云　韩浩　崔达　张亮)

【代表委员建议提案办理工作】　在办理市、区人大代表建议、政协委员提案的过程中，积极落实“一把手”责任制，及时制定办理方案，完善办理制度，确立办公室及时督办、承办科室定期汇报制度，加强督促和协调，提高办件透明度，强化责任意识，坚持“四访”原则(办理前主动联系、掌握意图；办理过程中积极沟通、交流意见；办后撰写报告、达成共识；对承诺解决的问题及时反馈进展及落实情况)。年内，完成市、区人大建议、政协提案30件（其中主办7件，协办23件），全部提前办结，满意率达100%。

(潘秋桂)

【信访工作】　为迎接新中国成立60周年大庆，确保维稳工作有效开展，市规划委西城分局将信访工作作为重点，全面做好日常信访接待答复工作。将重点地区、重点项目重点信访件和信访人进行梳理，并制定工作预案。对重点项目，积极协同相关部门，以依法行政为原则，结合居民的合理诉求，从中找出解决居民矛盾和问题的思路及办法，通过深入工作，得到居民的理解和支持，在庆祝新中国成立60周年活动期间未出现重大信访和群访事件。年内，受理人民群众来信来访135件，全部依程序按要求给予答复。

(李绮　任保云)

建设管理

【概况】 北京市西城区建设委员会（简称区建委），是西城区政府的职能部门，代表区政府行使城市建设的工作职能，负责全区城市建设工作。机关设职能科室7个，4个直属事业单位：安全质量监督站、城市房屋改造发展中心、建筑行业管理处、机关建房管理处，在编干部职工95人。年内，区建委贯彻科学发展观，应对国际金融危机，加大投资力度，“保增长、保民生、保稳定”，各项工作均创下历史较好成绩。年内西城区城市建设开复工总面积308.72万平方米，新开工16.81万平方米，竣工74.34万平方米。危改项目开复工273.77万平方米，危改竣工65.55万平方米，改善居民居住条件7469户。实施地铁4号线建设、地铁6号线、8号线车站周边拆迁工作，高梁桥路、东教场路等市政建设。其中地铁4号线实现竣工通车，东教场路完工。

地址：西城区西直门内南小街国英园5号楼

邮编：100035

电话：66182480

（王学礼）

【西长安街道路拓宽】 西长安街道路拓宽工作自3月6日公告拆迁，至6月16日全面完成拆迁任务，完成居民拆迁500户，拆除房屋约3万平方米。

（王学礼）

【危旧房改造】 年内，危改开复工273.77万平方米，新开工14.57万平方米，竣工65.55万平方米。全区动迁居民共8516户，签约居民1366户。解危排险工程动迁居民143户；危改工程动迁居民3791户，签约居民312户；市政路及城中村改造动迁居民1851户，签约居民663户；其他工程动迁居民2692户，签约居民391户。

（王学礼）

【房屋修缮】 年内，签约修缮协议居民6103户；开工房屋7518间，10.1万平方米，涉及居民6103户；完工房屋7271间，9.8万平方米，涉及居民5776户。

（王学礼）

【市政基础设施建设】 年内，西城区安排地铁4号线建设和地铁6号线、8号线车站周边拆迁工作，高梁桥路、东教场路等市政建设项目。地铁4号线建设已按计划9月28日正式竣工通车。地铁6号线车站周边于5月14日开始公告拆迁，涉及西城界内车公庄西站、车公庄站、平安里站、北海西站4个车站，拆迁涉及居民526户、单位16家，拆迁房屋建筑面积16861.82平方米。地铁8号线车站周边于6月7日开始公告拆迁，涉及西城界内安华桥站、鼓楼大街站（西侧）、什刹海站3个车站。拆迁涉及单位24家、居民155户，拆迁房屋建筑面积13728.64平方米。

（王学礼）

【重点工程建设】 年内，西城区共安排重点建设项目34项，包括五大项内容：市级重点工程9项、基础设施及环境建设8项、改善民生环境建设4项、产业区建设2项、公共服务设施建设11项。截至年底，完成竣工项目11项：地铁4号线建设工程，长安街拓宽工程，东教场路、西单地区整治工程，长安街沿线整治工程，长安街道路大修工程，清河龙岗路51号定向安置用房建设工程，平房区“煤改电”改造工程，高层住宅无障碍设施改造工程，既有建筑节能改造工作，校舍抗震加固工程。实现预期目标未竣工项目15项：北京儿童血液肿瘤中心建设工程，全国人大办公楼建设工程，阜外心血管医院扩建工程，高梁桥路及北礼士路、德内11万变电站和丰盛11万变电站工程，51条胡同市政管线及道路改造工程，街巷综合改造修缮工程，金融街西扩月坛南街项目，北京肛肠医院项目，西城区职业介绍服务中心项目，西城区青少年科技馆项目，地安门派出所项目，西城区社区服务中心项目，消防站所建设，北京市第三十五中学建设。未完全实现年初目标项目5项：北京图书大厦二期工程、地铁6号线和8号线车站周边拆迁工程、桃园22万伏变电站建设、非物质文化遗产馆建设。正办理前期手续3项：中央办公用地拆迁、华嘉小区项目、后广平小学及曙光幼儿园项目。

（王学礼）

【无障碍设施建设】 按照2009年工作计划，为民办实事工程全部完成。区建委、区市政管委完成3条拓宽改造道路和53条大、中修道路中的无障碍改造任务。区教委实施5所中小学校的无障碍设施改造工作。区商务局实施6家特色餐饮、商场无障碍设施改造工作。区老龄委和区残联为100户老年人家庭和350户残疾人家庭安装无障碍设施，为69栋楼、93个楼门的高层居民住宅进行无障碍设施建设和改造。

（王学礼）

【既有建筑节能改造】 按照北京市既有建筑节能改造工作安排，西城区年内计划完成7万平方米的既有建筑节能改造任务，截至年底，西城区完成既有建筑节能改造10万平方米，超额完成改造任务。区建委被评为“北京市村镇建设与既有建筑节能改造工作专项奖”和“北京既有建筑节能改造工作优秀组织奖”。

（王学礼）

【建筑市场监管】 全年在监注册工程项目总数187个，总建筑面积520.22万平方米。通过竣工验收项目46个，竣工总面积63.03万平方米。新注册项目80个，总面积89.2万平方米。年内，检查工地1439次，出动人数7121人次。排查出各类安全隐患3109个，被责令限期整改工地1438个，停工整改78个。处罚工地63个，其中立案处罚29个，简易处罚34个，罚款总额27.65万元。配合市建委、上级各部门组织的重点工程检查以及西城区组织的建筑工地各类专项检查38次。

（王学礼）

【招投标管理】 全年办理招投标121项，其中完成公开招标71项，邀请招标17项，直接发包33项，总建筑面积22.59万平方米，总中标价4.82亿元。完成信息发布158次，资格审查、开标、评标180场次，完成合同备案121项。

（王学礼）

【房地产、建筑业企业资质管理】 年内，审理申请延续暂定资质公司6家，办理资质等级核定8家，办理房地产资质变更9家；办理新成立房地产企业资质5家，新办建安企业资质16家，企业资质升级10家，办理建安企业资质变更45家；完成295名二级建造师注册工作。

（王学礼）

房地产开发与建筑业

北京市华远集团有限公司

【概况】 年内，北京市华远集团有限公司（简称集团公司）应对国际金融危机的冲击，加大内部人员调整及投资管控力度，严格控制不符合集团整体战略发展的项目投资，有效规避了潜在风险。继续加大对权属企业进入公开资本市场的支持力度，推进并完成支柱企业的资本规模化进程，为国有资产保值增值奠定了基础。年内完成华远集团公司改制更名工作，原北京市华远集团公司由全民所有制企业改制为国有独资有限责任公司。改制后，公司更名为北京市华远集团有限公司，建立了董事会、监事会。完成甬成功重大资产重组工作。华远地产公司完成ST摘帽、更名工作，股票简称更名为“华远地产”。截至年底，集团公司资产总额105.14亿元，净资产35.48亿元，营业收入13亿元，净利润1.73亿元，实际开复工面积48.7万平方米。

地址：西城区南礼士路36号华远大厦

邮编：100037

电话：68037022

（李南南）

【集团公司完成改制】 经区国资委批准，集团公司由全民所有制企业改制为国有独资有限责任公司，8月28日取得变更后新的营业执照。改制后，北京市华远集团公司更名为北京市华远集团有限公司。企业注册资本由100097.1万元增加到121074.678594万元。9月18日，北京市华远集团有限公司揭牌仪式在北京西西友谊酒店6层会议室举行。出席仪式的领导有区委常委、常务副区长白云生，区国资委党委书记、主任等。区国资委党委书记主持会议并宣布向集团公司委派的董事、监事名单。区国资委任命任志强为北京市华远集团有限公司董事长；委派监事3人，经集团公司职工大会选举产生职工董事1人，职工监事2人。区国资委领导向2名外部董事颁发了聘书。区国资委主任、外派董事、企业代表签订了履职协议书。全体董事签订了履职承诺书。区国资委主任宣读了监事工作规则。常务副区长白云生和集团公司董事长为北京市华远集团有限公司揭牌。9月18日，集团公司第一届董事会第一次会议在北京西西友谊酒店召开。会议通过集团公司总经理、副总经理、总经理助理、财务总监和董事会秘书的人选。

（李南南）

【华远土地开发中心完成改制】 为了配合集团公司整体改制工作，北京市华远土地开发中心由全民所有制企业改制为一人有限责任公司。7月3日，完成工商变更登记工作，领取新的企业法人营业执照。改制后，公司名称变更为北京市华远土地开发有限公司，注册资本19694.761354万元。

（李南南）

【完成“甬成功”重组】 9月1日，重组收购宁波成功信息产业（集团）股份有限公司资产的宁波荣安地产股份有限公司（简称“荣安地产”）收到深圳证券交易所（深证上〔2009〕77号）《关于同意荣安地产股份有限公司股票恢复上市的决定》，批准荣安地产股票自2009年9月11日起正式恢复上市。华远集团下属企业宁波成功信息产业（集团）股份有限公司重大资产出售暨以新增股份购买资产的重组工作全部实施完成。9月11日，深圳证券交易所恢复上市交易，并撤销退市风险警示，公司证券简称由“*ST成功”变更为“ST成功”，证券代码为“000517”，保持不变。该上市公司原名宁波成功信息产业股份有限公司，系集团公司间接控股公司，自2006年3月6日起停牌，停牌前收盘价为2.00元。经过重大资产重组，由宁波荣安集团控股并更名为荣安地产股份有限公司，集团公司成为第二大股东。9月11日恢复上市当日该上市公司股票以14.88元开盘，最高14.95元，以12.30元收盘。集团公司持荣安地产股票约6478.06万股，按上市第一天的开盘价14.88元计算，增加资产约9.6亿元。至此，历时3年的“甬成功”重组工作圆满结束。9月15日，区国资委书记、主任和集团公司总经理应邀出席荣安地产上市庆典活动。

（李南南）

【九都汇项目】 华远九都汇项目地处北京著名的燕莎商务中心区和正在建设中的北京第三外交使馆区核心位置，项目西邻城市主干道东三环路和北京国际机场高速公路市区入口，南临美国驻华大使馆等17个国家的驻华大使馆，并紧靠北京最大的城市绿化公园朝阳公园。项目是集高端住宅、酒店式公寓、商场及相关配套于一体的大型综合性项目，由3座住宅、多座花园式酒店公寓及商场组成。3月20日，取得市规划委核发的《建设工程规划许可证》。8月4日，取得市规划委核发的《建筑物名称核准证》，正式命名为九都汇中心。11月19日，取得《商品房预售许可证》。

（李南南）

【汤米公馆（青岛）项目】 华远·汤米公馆（青岛）项目位于青岛市北区东部，福州北路东，依兰路南。由3栋高层塔楼和2座多层板楼以及地上2层裙楼构成，是集高档公寓、精品商业为一体的综合项目。4月23日，该项目取得青岛市建设委员会核发的《建筑工程施工许可证》（370203200904230201）。截至12月22日，项目结构全部封顶。12月29日，取得变更后《房地产权证》（青房地权市字第2009100856号），即《国有土地使用权证》。

（李南南）

【君城（西安）一、二期项目】 华远·君城（西安）一、二期项目位于大明宫国家遗址公园东侧，太元路（原马旗寨路）与景东路交汇处，是陕西省首个国家住宅工程中心认证的健康住宅。2月19日，项目二期方案通过西安市规划局审批。3月6日，取得西安市规划局（大明宫）《关于项目一期满足70–90政策的复函》。4月26日，华远集团总裁兼华远地产董事长与新加坡爱儿坊大中华区总裁共同签署在华远·君城社区建设幼儿园的合作框架协议。8月22日，华远·君城后宰门小学分校奠基仪式在项目施工现场举行。8月28日，项目南区全部封顶。11月18日，项目二期取得《建筑工程施工许可证》。11月29日，项目开盘周年之际，华远西安城市公司在项目售楼处举办庆祝开盘1周年暨华远会西安分会成立主题活动。12月24日，项目小学及幼儿园取得西安市建委核发的《建筑工程施工许可证》。

（李南南）

【金外滩（长沙）项目】 华远·金外滩（长沙）项目位于长沙市湘江东岸老城区，地处湘江风光带核心地段，项目包括住宅、酒店式公寓、商业、写字楼和酒店，结合湘江观光带，形成以旅游、观光、办公、住宿及休闲娱乐为一体的城市综合体，成为长沙的新地标。4月

8日，取得《长沙市重大投资项目审批办事绿色通道卡》，项目进入绿色通道审批程序。5月14日，项目立项主体华远地产旗下长沙市橘韵投资有限公司取得《南湖片区·北部棚户改造项目（一期）房屋拆迁许可证》。5月15日，长沙市副市长、天心区委区政府、拆迁指挥部等领导与华远长沙城市公司总经理，在天心区坡子街社区居民委员会召开华远·金外滩（长沙）（南湖片区·北部棚户改造项目）第一期拆迁动员大会。

（李南南）

【地产上市经营管理工作】 3月26日，华远地产根据上海证券交易所《关于撤销对公司股票实行的其他特别处理的批复》，华远地产股票简称正式由“ST幸福”变更为“华远地产”。4月17日，华远地产控股股东北京市华远集团有限公司将在4000万元分红款回赠华远地产。8月28日公司股改后第一批限售股解禁计9784万股上市流通。9月29日和10月15日，华远地产分别召开第五届董事会第十一次会议和2009年第二次临时股东大会，审议通过了公司控股子公司北京市华远置业有限公司向关联方北京银行股份有限公司贷款10亿元的议案。10月30日，华远地产召开董事会、监事会，审议通过了公司非公开发行股票预案等相关文件。此次非公开发行股票计划向不超过10名特定投资者以不低于9.36元每股的价格发行不超过1.1亿股（股票发行需经北京市国资委、公司股东大会及中国证监会等审核通过方可实施）。11月18日，公司收到北京市国资委《关于华远地产股份有限公司非公开发行股票有关问题的批复》（京国次〔2009〕387号），批准公司非公开发行股票方案。11月26日，华远地产召开2009年第三次临时股东会，审议通过了公司非公开发行预安等相关文件。

（李南南）

北京天恒置业集团

【概况】 北京天恒置业集团（简称天恒集团）坚持“住宅产业化”、“科技地产”等开发理念，提升“天恒”品牌形象，不断加强集团投资决策和风险管理。年内，着重调整完善项目管理体制，进一步健全项目公司法人治理结构，充实项目操作平台，提升项目操盘能力；继续完善全面预算管理，强化预算对集团各项管理工作的指导地位，同时结合实际完善目标成本管理体系和成本控制相关流程，强化目标成本管理责任制，全面带动各项工作的开展，并取得明显成效。应对房地产市场调整和变化，准确把握房地产市场阶段性回暖的时机，实现全年主要任务和各项预算目标。年内天恒集团开复工面积29.8666万平方米，完成全年指标的76.8%；房屋销售面积7.7893万平方米，完成全年指标的111.1%；房屋销售签约总额7.1354亿元，完成全年指标的110.4%；回款总额16.3619亿元，完成全年指标的106.3%；财务融资9.15亿元，完成全年指标的134.6%；归还贷款10.1亿元，完成全年指标的109%；实际完成建设投资9.1529亿元。

地址：西城区阜成门外大街31号天恒大厦

邮编：100037

电话：52609100

（张小弟）

【获房地产诚信企业称号】 天恒房地产股份有限公司（简称天恒股份）凭借一贯秉承的“诚信治企”的经营理念，赢得消费者对开发项目的认可，在市场中树立了良好形象，得到行业和社会的肯定。在由中国房地产业协会组织的“中国房地产诚信企业”评选活动中，天恒股份获2007至2008年度中国房地产诚信企业称号。2004年以来，天恒股份连续4年被评为守信单位。

（李　森）

【丰盛东区项目】 为贯彻落实中央扩大内需的各项政策措施，进一步增强投资和消费对经济增长的拉动作用，北京市政府提出努力扩大内需，保持首都经济平稳较快发展的要求。丰盛东区项目凭借“煤改电”工程的政策优势，被列入第二批市政府“绿色审批通道”项目。

（关　玮）

【参与“慈善行”活动】 4月，北京市慈善协会联合相关单位及企业共同举办“慈善行——百家企业献爱心”活动，天恒集团积极响应，筹措善款送交西城区慈善协会。年内，天恒集团各公司及全体员工为各类慈善、公益活动捐款共计73万余元，捐物535件。

（孙　翔）

【创建“园林式居住小区”】 天恒集团鼎泽物业公司本着“以人为本”的服务宗旨，对龙泽园小区环境进行总体布局，营造绿色家园生态环境，创建“园林式居住小区”，给业主创造良好的生活环境。重点对该小区东区中心花园的乔木、花卉进行调整，并开辟新的绿地，增加小区绿化面积，进一步改善了小区的生态环境。

（燕　妮）

【华意公司加入“瞪羚企业”行列】 年内，天恒华意公司积极应对金融危机，规范企业管理，不断提高企业核心竞争力和市场化运作水平和能力，在光伏、光热等领域取得一系列成果。完成印尼项目和在北京城乡地区施工项目，通过质量管理体系认证和环境管理体系认证，取得SGS证书，顺利加入由中关村科技园区管理委员会组织推动，由银行、担保公司、信用中介机构和企业共同参与的“瞪羚计划”。

（徐　宁）

【经济技术创新工作】 天恒集团经济技术创新工作在原基础上加大力度，进一步扩大涉及领域，直属单位参加率达到100%。全集团上报的经济技术创新项目（含合理化建议）为集团带来数百万元的效益。集团经济创新工作开展得扎实有序，在工作的推进上，重视有机结合，层层选拔，得到了领导部门的充分肯定，天恒集团获得区总工会颁发的西城区经济技术创新优秀组织单位荣誉称号。

（李　莉）

【推进成本控制工作】 为推进和加强集团房地产目标成本管理工作，提升内部管理水平，提高企业经济效益，天恒集团借鉴行业先进企业成熟的成本管理制度，结合自身项目的开发管理经验，将房地产目标成本细分为300余个科目，逐项明确责任人、控制办法和措施。通过完善成本控制体系，强化目标成本管理责任制，初步完成目标成本向责任成本的转化，真正做到全员、全过程的成本管理，确保集团战略目标的实现，使集团的成本管理走上制度化、规范化、精细化、专业化的轨道。

（刘凤香）

【天恒别墅山工程获奖】 天恒别墅山工程凭借优异的地理位置、稀缺的山地资源以及住宅环境高品质的规划设计，在由中华全国工商业联合会房地产商会、北京精瑞住宅科技基金会组织的第六届（2009）年度精锐科学技术奖评比活动中荣获“房地产开发创新优秀奖”。

（刘　宁）

北京华融综合投资公司

【概况】 年内，北京华融综合投资公司（简称华融公司）抓住房地产和资本市场回暖复苏的有利机遇，积极拓展市场，全面加强基础管理，及时调整经营策略，主营业务快速扩张，利润和资产规模实现大幅增长，公司的综合实力进一步增强，整体发展实现新的跨越。全年实现营业收入111.50亿元，完成年度计划的103%。实现净利润20.85亿元，完成年度计划的114%。截至年底，总资产达到600.18亿元，同比增长39%；净资产达到211亿元，同比增长15%，国有净资产达到127亿元，较年初增长6%。全年上缴税收17.5亿元。年内华融公司获“全国五一劳动奖状”、“北京市‘安康标’竞赛优胜单位”等称号。

地址：西城区金融大街33号通泰大厦B座11层

邮编：100033

电话：88086152

（邱　婧）

【房地产开发业务】 年内，房地产开发业务重点是商务地产，突出扩大规模，全力推动销售。全年实现开复工面积219万平方米，其中新开工面积119万平方米，竣工面积44万平方米。实现收入74亿元，开发业务销售额首次突破百亿元。实现利润16亿元，连续9年高速增长。北京以外地区的销售额首次突破40亿元，自2005年开始的全国性业务布局终见成效。房地产业务确立3年发展战略。实施系统内开发业务的整合，开发业务全部统一在金融街品牌之下，资源、专业力量进一步集中。发挥金融街优势，重点落实与政府合作获取土地项目的拓展模式，并以此方式获取天津南市项目，综合体拓展模式初获成功，天津津门津塔单个项目实现销售签约25亿元，超出年初计划的51%。年内，住宅项目累计实现销售收入40亿元，比上年增长600%，超过年初计划的58%。积极落实大客户策略，通过重庆、南昌写字楼销售，初步实现向金融机构定向销售的模式。把握有利时机，顺利发行公司债，开辟了新的融资方式，融资56亿元，公司资产规模进一步壮大。同时，不断提升业务管理能力，成本管理水平显著增强。产品前期研究得到加强，绿色地产开始启动，商务地产的优势进一步巩固，市场竞争力稳步提升。

（邱　婧）

【金融街拓展等政府重点工程】 2009年是华融公司政府重点工程业务的突破之年。北京华融基础设施投资有限责任公司（简称基础公司）积极探索土地开发的创新思路，全力推动拆迁，同时启动了月坛南街项目、北京市第三十五中学新址项目、地铁6号和8号线周边拆迁等项目。华融公司积极争取政府相关部门支持，成立了由政府相关部门组成的拆迁工作小组，入驻拆迁现场办公。完成居民拆迁510户，单位拆迁30家。根据区政府部署，加大收购优质办公楼以吸引金融机构落户西城的力度。签订了首都时代广场项目的收购协议，完成金融街1号项目和北京国际金融中心C座项目收购的准备工作，并积极推动引入金融机构的工作，为金融街拓展开创了新的途径。

(邱　婧)

【金融保险业务】 经过调整稳固，金融保险业务走出低谷恢复增长。年内，华融公司控股的长城人寿保险有限责任公司（简称保险公司）贯彻执行董事会“价值增长”的工作思路，调整业务结构，积极扶持个险和银保期交等价值类业务，压缩、控制银保趸交和团险等规模性业务。强化投资管理，加强产品规划和开发工作，完善产品线，加强总部管理，改进业务管理体系，加强对一线机构的督导和支持。下半年调整经理班子和部分机构负责人，建立了党委系统。调整经营策略，推行规范运作，重心下沉。截至年底，保险公司总资产达57.24亿元，营业收入达18亿元，实现投资收益率7.6%，高于行业水平，偿付能力充足率达275%。华融公司控股的恒泰证券股份有限公司（简称证券公司）强化公司治理，完善董事会、经理班子责权明晰的治理结构，首次制订公司战略发展规划和专项业务规划，合并长财证券有限公司，收购永大期货经纪公司，实现公司经营规模和经营领域的扩张。证券公司新增10家营业部，总数量达到45家。投行业务抓住政策机遇，积极推进承销保荐工作，完成与麦格理成立合资证券公司的谈判。在投资管理方面，严控风险，稳健操作，投资管理能力进一步提升。截至年底，证券公司实现净利润5.02亿元，超额完成经营指标，在分类评级中被评为BB级，较上年评级提升。

(邱　婧)

【物业经营业务】 年内，面对低迷的市场环境，华融公司物业经营业务积极提高市场营销能力，编制《自持物业发展战略规划》，制定中长期发展基本策略。自持物业经营项目继续增加，金融街A5写字楼项目完成出租签约工作。推进美晟项目、津门津塔项目、惠州天后宫项目的建设，金融街区域以外的自持物业项目不断增加。酒店经营调整客源结构，将国内客源的比例从30%调整到50%至80%，弥补了金融危机带来的客源缺口。采取相对灵活的价格策略，保持在竞争组别中的相对优势。金融街公寓、金融家俱乐部、顺成饭店经营表现突出，购物中心加快调整，专业管理得到加强。物业经营业务全年实现营业收入8.42亿元，完成年度计划的87%，实现上缴业主利润4.01亿元，完成年度计划的91%。

(邱　婧)

【物业管理业务】 年内，华融公司物业管理业务重新明确在华融公司整体业务中的定位和作用，并以此为根据制定了新一届董事会未来3年的发展战略规划。物业管理业务全年实现收入2.05亿元，顺利接管北京金融街中心、德胜凯旋广场、金色漫香林一期等项目，为天津津门津塔项目提供前期物业管理咨询服务，签约重庆融城华府和金融中心项目，继续扩大服务领域。开展能源评估和节能降耗工作，年内完成通泰大厦、新盛大厦热力循环泵变频及金阳大厦、西环广场和融泽府地下车场照明节能改造工程，节电率达到20%。在做好高端商务地产物业管理核心业务的同时，为集团公寓和住宅类业务提供良好的物业服务，支持各开发公司完成房屋交付1558套。

(邱　婧)

【完善拓展文化产业】 华融公司控股的北京华融文化投资有限公司（简称文化公司）借助文化产业发展繁荣的有利时机，进一步完善各项管理，编制完成《北京华融文化投资有限公司企业管理及发展战略研究报告》，将建设现代化多厅影院确定为重点发展方向。年内文化公司通过ISO9001质量管理体系认证和五星级影院的评定。首都电影院观影人次累计达150万人次，累计实现票房收入5800万元，平均上座率达到45%，票房收入在全国影院排名第一。文化公司广告业务积极拓展服务领域，完成金融街中心区增设39个户外广告灯箱和金阳大厦3面翻广告牌建设工作，扩大了广告资源。

(邱　婧)

【资产结构调整】 根据公司战略和业务发展需要，及时调整资产结构。调整和理顺金融街集团、基础设施公司和西单公司的出资关系，区国资委直接出资的一级公司由原华融公司1个扩展至4个。资产调整项目共计27个，涉及金额总计约54亿元。加大投资清理力度，完成鸿运置业股份、天坛股份的清理工作。启动了天安天地的股权退出和金易公司的清理工作。

（邱　婧）

【财务和资金管理】 拓宽融资渠道，强化总部资金管理。全年完成融资近190亿元，其中发行公司债56亿元，银行中长期借款70亿元，短期借款12亿元，信托借款51亿元，重点解决了金融街集团所属公司和基础公司的资金问题，支持敬远公司归还了国家开发银行贷款。继续坚持月度财务工作例会制度，动态分析研究现金流状况，及时化解资金风险。重新制定统一资金管理制度，规范管理流程，保障资金安全。

（邱　婧）

【品牌管理体系建设】 完善品牌管理体系，规划品牌发展战略。基本确立了品牌管理架构和规范，确立了系统内房地产开发类产品的命名规则，实现对住宅及商务开发产品品牌的统一管理。制定《北京华融综合投资公司品牌管理办法》，对系统内品牌管理和品牌授权进行了规范和研究。

（邱　婧）

【信息化建设】 年内，华融公司开发了综合分析系统一期和二期、单点登录及应用门户系统、全面预算系统一期、审计管理系统和档案管理系统。建立了信息安全保护体系，有效维护系统安全。

（邱　婧）

【公益活动】 年内，华融公司向西城区慈善协会捐款100万元。组织"共产党员献爱心"活动，全系统340名党员、51名群众共捐款30574元。积极参与新中国成立60周年大庆演练工作，近百名党员、群众参加国庆演练疏导工作和国庆晚会庆典的表演活动。23名党员、群众无偿献血，华融公司被评为西城区无偿献血先进单位。

（邱　婧）

【金融街区域持续发展】 年内，金融街区域实现三级税收1707.2亿元，同比增长36.8%，占西城区三级税收的75.9%，创造税收总额约占全市税收的三分之一。金融街区域继续保持了全国最高端金融产业聚集区的领先地位。年内金融街区域新入驻多家知名金融机构：摩根士丹利亚洲有限公司、星展银行北京分行、韩国未来资产证券株式会社等外资金融机构，以及中债信用增进投资股份有限公司、宏源证券、齐鲁证券等内资金融机构。

（邱　婧）

北京华康欣和建筑工程有限责任公司

【概况】 北京华康欣和建筑工程有限责任公司（简称华欣公司）为房屋建筑工程施工总承包二级资质、建筑装修装饰二级资质企业。具有独立承揽28层以下、36米跨度以下的建筑工程和高度120米以下的构筑物工程、管道工程、送变电工程及拆除工程施工的能力和水平。企业注册资金3000万元；资产总额1.18亿元；从业人员300余人，拥有工程技术、经济管理人员150余名。年内，华欣公司获得质量、环境、职业健康安全管理体系认证注册资格，获得北京市建筑业联合会颁发的"2008年度北京市建设行业诚信企业"证书，被北京质量协会推荐为"用户满意企业"。全年承建完成建筑施工、装饰装修、安装改造等大小工程140余项，实现营业收入11386万元，实现利润16.8万元，上缴国家税金419万元，工程合格率100%，合同履约率100%，实现安全生产和文明施工。

地址：西城区西直门内后半壁街11号
邮编：100035
电话：66160591

（王　珊）

【股东大会暨工作会】 3月4至6日，在昌平凤山温泉度假村召开2009年股东大会暨工作会。会议主要内容是：审议通过2008年董事会工作报告、监事会工作报告、财务工作报告、《公司章程》修正案报告；听取党委工作报告；华欣公司与各基层单位签订生产经营承包合同及安全生产、综合治理、计划生育责任书。

（王　珊）

【安全生产工作会】 6月16至17日，在香山卧佛山庄召开2009年安全生产工作会，学习区建委有关文件并对安全生产提出要求，华欣公司的法律顾问讲解如何规避挂靠经营风险。会议下发了安全生产相关文件及《安全员手册》、"建筑施工安全生产隐患排查治理指导丛书"、《北京市建筑业企业违法违规行为执法手册》。

（王　珊）

【临时股东会】 由于原董事长辞职，10月26日，华欣公司召开临时股东会。会议通过《公司章程》

修正案，选举出新一届董事会及新一届监事会成员。

（王　珊）

【践行科学发展观】　华欣公司新一届董事会认真履行《公司法》和《公司章程》所赋予的职责，以“以人为本，促进社会和谐”为主旨，解决了退休职工股份回购、退休职工统一管理、内部承包机制转换等问题，在第三批学习实践科学发展观活动中，坚持理论联系实际，以实际行动践行科学发展观。

（王　珊）

【完成工程任务情况】　年内，华欣公司完成北京昌航精铸技术有限公司扩建、京港商城餐厅装修、西城区19条胡同整治、西城区地铁4号线站口周边整治、海淀公安分局下辖6个派出所房屋设施改造等土建和装饰装修工程140余项，工程合格率100%，合同履约率100%，实现安全生产和文明施工。质量追踪服务也达到甲方要求。

（王　珊）

供气　供热　供电　供水

燃气供应与管理

【概况】　北京市燃气集团有限责任公司（简称市燃气集团）承担着北京市各类用户的燃气销售服务工作，注册资金19.8亿元，总资产160亿元。年内，北京燃气供气量达60.6亿立方米，天然气用户达到382万户，液化气用户135万户，全年实现天然气销售收入106.6亿元，净利润15.7亿元。北京燃气运行的天然气管线达1.2万余公里，供应区域覆盖北京各城区和大部分郊区县。天然气的应用范围也从民用炊事发展到工业、采暖、制冷、发电、燃气汽车等诸多领域。

地址：西城区西直门南小街22号

邮编：100035

电话：66205589

（曲慧明）

【境内燃气供应与管理】　市燃气集团第一分公司（简称第一分公司）成立于2009年6月11日，6月16日举行揭牌仪式。经营范围包括燃气供应与销售，销售燃气设备用具、燃气专用设备和施工材料，检测、检修、安装燃气设备，燃气、热力技术开发、技术转让、技术咨询、技术服务。担负着市场开发管理，新用户发展管理，用户服务管理，燃气销售管理，区域内管网的运行、维护、带气作业及急抢修作业（中压A级以下压力级别）、外线拆改迁工程以及部分外线技改工程管理等职能。管辖范围为北京市二环以内地区。第一分公司西城所设企管、政工、核算、统计、技术、图档、安全和材料8个职能岗位，下设西直门用户服务站、椿树园公服营业站、北城急修班、施工班共4个班站，职工74人。承担二环以内西城区48713户民用户和742个公服用户的燃气设备维报修、巡检、通气、计量任务，和二环以内公服用户的收费业务以及二环以内东、西城区的突发抢修任务。7月，第一分公司接到市燃气集团分配的老楼通气任务20581户，截至12月底，完成12433户。由于西城区经济发展较好，年内，只在什刹海地区完成老楼通气113户，发展公服用户16个。在2008年11月至2009年12月的巡检周期里，完成西城区内33885户安全巡检工作，更换胶管88根，发现问题292个，发放巡检告知单1325张，现场维修213个。

地址：西城区黄城根北街5号

邮编：100034

电话：66111777

（田　欣）

【服务与营销】　西直门用户服务站负责区域为二环以内西城区49455户管道燃气用户的安全巡检工作。地址：西城区西直门南小街16号院，电话：66183948。椿树园公服收费站负责分公司二环以内区域共3927户公服用户的查表收费业务，年内销售天然气共计251930772.65元。地址：宣武区椿树园小区4号楼甲1号，电话：63106132

（田　欣）

【安全检查与服务】　8月16日，西城所开展“迎国庆保安全”主题党日实践活动，对国庆重点保驾地区的公服用户进行安全巡检后的质检活动，检查安全隐患。共质检公服食堂43个，发现1处油任漏气，现场修复。发现其他违章11处，督促各单位进行整改。10月25日，西城所员工到西直门内大街170号院的总政老干部服务管理局开展“重阳燃动夕阳红，安全点亮乐融融”活动，向院内参加过长征的老红军及遗孀们提供燃气安全服务，现场维修12户，换胶管7户，换表1块。发放宣传资料80余份。巡检用户共计41户。

（田　欣）

【国庆60周年服务保障】　十一期间，西城所共投入安全保障职守人员65人次，其中9月30日至10月1日23人次，10月2日至8日42人次；10月1日至8日巡检人员16人次。9月30日17时至10月9日8时30分，急修班共处理各类报修37个（次），其中民用户32个、公服户5个，换胶管7个、阀门3个、表2块，接灶1台，处理漏气10个，其他14个。

（田　欣）

【液化石油气供应】　截至年底，北京市液化石油气公司在境内有3个供应站。六铺炕站年供应户数22449户，供气量1120.695吨。太平街站年供应户数15518户，供气量1151.325吨。西直门站年供应户数48403户，供气量3256.525吨。全年境内液化石油气总供应户数86370户，总供气量5528.545吨。

（金　峰）

【免费送气服务】　12月8日，市燃气集团为液化气困难用户免费送气服务启动。西城区符合免费送气条件的用户约3100户。截至年底，完成档案登记用户604户，其中西直门供应站365户、太平街供应站149户、六铺炕供应站90户。年内，承担为液化气困难用户免费送气任务的北京市液化石油气公司，对已登记的困难用户开始免费送气。

（金　峰）

热力供应与管理

【热力站管理及服务】　北京市热力集团有限责任公司销售分公司负责西城区内热力站管理及用户服务。年内，西城区内有统管站29座、面积190万平方米，代管站89座、面积564万平方米，自管站352座、面积1465万平方米，分别由服务二所、运行二所、创合、黄龙、开诚、特力昆和创源公司负责。

（宋晓楠）

【热力管网管理及供热管网】　北京市热力集团有限责任公司输配分公司管网第二管理所主要负责境内热力管网的运行、维护、抢修、检修等工作。管网第二管理所位于宣武区莲花池东路3号，电话63367001。截至年底，设在境内的供热管网管径500毫米以上管线总长度91.33公里。

（宋晓楠）

电力供应与管理

【概况】　北京市电力公司（简称市电力公司）是国家电网公司所属省级电力公司，以建设“国内一流、国际水准”现代电力企业为发展目标，负责北京电网的规划建设和运营管理工作，为北京地区602万用电客户提供电力供应和销售，同时承担保障党中央、国务院等首脑机关及首都各类重大政治、文化交流活动安全可靠供电的任务，供电面积1.64万平方公里。共有全民员工9053人。全年累计完成售电量646.11亿千瓦时，同比增长7.61%。年内获得“全国文明单位”、“全国五一劳动奖状”、全国“安康杯”优胜企业等荣誉称号。

地址：西城区前门西大街41号

邮编：100031

电话：63129201

（王思敏）

【电网建设】　冬季供暖前投产地安门220千伏、大栅栏、什刹海110千伏，投产配电变压器、开闭器1140台，确保7.8万户文物保护区平房居民的电采暖。年内新投35千伏及以上变电站24座，其中220千伏变电站4座，110千伏变电站18座，35千伏变电站2座，主变容量494.435万千伏安，输电线路311公里，电缆线路116公里。

（王思敏）

【国庆60周年供电保障】　第二十九届北京奥运会后，北京电网启动新一轮电网建设，以满足国庆60周年供电要求。累计投产18项110千伏及以上输变电工程，提升供电能力193.3万千瓦，专项实施天安门广场临时供电工程和14项可靠性提升工程，满足527处临时用电点共1.1万千瓦负荷的需求。市电力公司为确保国庆60周年供电保障“万无一失”的工作目标，成立国庆供电保障筹备工作领导小组，组建国庆供电保障工作办公室，成立总指挥部、广场指挥部和各二级单位指挥部。组织实施阶段，对涉及国庆60周年供电的重要站、线全面排查整治，消除498处电网设备安全隐患和517处环境隐患。将45个国庆重要客户和1072个城市运行重要客户内部电力设施纳入保障范畴，开展拉网式排查和专家评估，督促整改安全隐患243处，编制100余万字的保障工作方案，先后6次对全部重要供电设施开展实际传动演练，保证设备健康运行，采用信息化、自动化先进技术，提高核心区电网运行管理水平。国庆期间，817名核心区保障人员、13017名电网保障人员和5778名安保人员，对庆典用电设施、重要站线、重点场所逐一进行24小时看护，240支应急抢修队伍、4266名抢修人员和31部发电车，随时准备处置各类突发事件。10月1日，北京地区最大负荷743万千瓦。天安门中心区供电保持“全接线、全保护”运行方式，各类保障人员全面监控，重点看护，确保天安门广场核心区和重要客户的安全可靠供电，满足了国庆期间首都城市运行对电力供应的需求，取得“电网零闪动、设备零故障、供电零差错”的成绩，荣获首都中华人民共和国成立60周年庆典活动筹办工作最佳保障奖。

(王思敏)

【安全生产】 开展“安全生产月”、“百日安全”、“反违章活动”、“保国庆专项监督检查活动”等系列安全活动。年内，市电力公司荣获“全国安全生产月活动优秀单位”称号。推进市调层面的调控一体化融合及受控站接入工作，截至年底，北京电网控制中心实现对39座220千伏变电站、2座500千伏变电站的实时监控，朝阳、城区、门头沟调控中心投入运营。启动不停电作业基地建设，75%的配网检修工作实现不停电作业，用户平均停电时间同比下降40.43%。年内，累计城网综合供电电压合格率99.865%，同比提高0.105个百分点；城网供电可靠率RS-1为99.9805%，同比增长0.0267个百分点，户均停电时间减少141分钟。中压城网累计完成带电作业6943次，减少停电时户数44.21万时户，增加供电量5242.6万千瓦时。全口径用户平均停电时间为每户5.05小时，同比下降40.43%。

(王思敏)

【电力营销】 11月，完成北京地区非居民电价调整工作，销售电价全口径调整3.97分。年内，北京地区推广热泵应用项目38项、应用面积188万平方米。从5月开始开展“保热点、压结存”专项工作，按照需求热度和客户类别，定期公布需求热点和结存难点区域分析报告，服务北京市重点项目和客户重大工程，提高报装效率。全年完成接电49218户，累计接电容量566.37万千伏安；客户累计结存（含往年结转）123.01万千伏安，同比降低71.67%。制定报装工程进入市电力公司绿色通道的促进机制，全年实施绿色通道项目40项，设备装接容量4.96万千伏安，应用面积162万平方米。抄表结算客户电费银行代收实现由小票代收向银电联网实时代收的变革，开通中国工商银行、中国农业银行银电联网实时代收业务。继续实施19项涉及现场60.8万个计量点计量改造工程。市电力公司100kVA及以上高压用户采集实用化率达到99.7%。全年北京地区全社会用电量739.1亿千瓦时，同比增长7.2%。新增接电户数31万户。

(王思敏)

【优质服务】 策划实施“阳光报装、诚信服务”活动，3月组织成立专项监督检查专家组，分轮次、分重点，通过抽调资料、集中评检、现场核验等方式，对643户业扩报装工程资料进行专项检查，6月开始对所有10千伏及以上报装客户开展服务质量100%回访。继续开展大客户差异化服务，组织召开金融系统大客户论坛、国庆重要客户论坛、地铁联合应急演习等一系列服务活动。加强与重要客户的联系沟通，建立与轨道交通、医疗卫生、旅游饭店、移动通讯四大集团客户交流合作机制。从7月开始，开展以“迎祖国60华诞，展供电服务风采”为主题的供电优质服务活动，实施“迎国庆，保供电”等10项活动，完成27项工作任务。继续开展市电力公司示范窗口建设，年内创建完成规范化服务A类窗口、B类窗口41个，规范化服务窗口数量达到186个。全力做好居民供电服务工作，全年完成低压“一站式”报装接电39908户，平均接电时间1.46天，同比缩短1.02天；完成应急送卡8454次。10月与中国银联北京分公司签署业务合作框架协议，在北京市率先开通政府公共事业缴费“三通”售电功能，全市470万卡表客户和13.6万网络表客户实现跨行购电。履行社会责任，全年完成7.8万户平房居民“煤改电”接入工作。继续解决历史遗留的“临时代永久”问题，全年共为12个小区、8930户居民接入了正式电源。市电力公司连续第二年在北京市行风、政风测评中取得桂冠，继续保持首都文明单位标兵荣誉，并被“北京影响力”组委会评为“影响首都百姓经济生活的十大企业”。

(王思敏)

【境内市电力公司下属单位】 市电力公司在境内的下属公司有3个。城区供电公司地址：西直门内南小街174号，电话：63128741，邮编：100034。通信自动化公司地址：前门西大街41号，电话：63127777，邮编：100031。客户服务中心地址：前门西大街41号，电话：95598，邮编：100031（3月迁出。保留客户服务中心服务大厅地址：前门西大街41号，电话：95598，邮编：100031）。

（王思敏）

【城区供电】 城区供电公司是北京市电力公司的直属供电企业，共有职工749人，担负着东城、西城、崇文、宣武4个行政区，93平方公里，244万人口的供电任务。负责110千伏、35千伏变电站的运行，负责10千伏及以下架空线路、电缆线路、电缆架空混合线路和开闭站、配电室的调度、运行、检修及事故处理；负责辖区内的业扩报装、用电检查、营业电费抄核收及日常杂项营业工作。年内，实现3个百日安全周期；供电可靠率99.986%，综合电压合格率99.951%。全年实现售电量81.99亿千瓦时，销售收入58.77亿元，当年电费回收率100%，线损率可比口径下降0.1个百分点。

地址：西城区西直门南小街174号

邮编：100034

电话：63128718

（张泽慧　郑磊）

【境内供电及用电量】 西城供电所是城区供电公司的下属单位，负责辖区内30余平方公里的供电任务。全年售电量33.5亿千瓦时，其中工业用电量1.09亿千瓦时，商业用电量4.14亿千瓦时，交通用电量2.67亿千瓦时，建筑业用电量0.42亿千瓦时，信息传输、计算机服务用电量1.06亿千瓦时，金融业用电量10.94亿千瓦时，公共事业及管理组织用电量7.91亿千瓦时，居民电量5.27亿千瓦时。

（张泽慧　郑磊）

自来水供应与管理

【概况】 北京市自来水集团有限责任公司（简称市自来水集团），担负全市自来水的供应任务及地下供水管网的安装、维修，管件器材、水表的生产供应，管道维护及水费的查收等工作。截至年底，市区日供水能力295万立方米，全年供水量81564万立方米，供水管线总长度7800余公里，供水服务面积660余平方公里，市区用水普及率100%。年内，市自来水集团完成各项经济技术指标，在自来水的生产供应方面，保证了全市水压、水质的正常平稳。

地址：西城区宣武门西大街甲121号

邮编：100031

电话：66411828

（白　桦）

【主要经济指标完成情况】 年内，市自来水集团完成自来水销售量76544万立方米，其中市区完成67507万立方米，郊区完成9037万立方米；完成再生水销售量3739万立方米，污水处理量2275万立方米；销售收入、综合水质合格率、投资计划完成率、管网压力合格率、管网抢修及时率等主要经济指标全部达到或好于年度计划；市区营销收费率达98.11%，为近年来新高；实现市区销售收入15.89亿元，追缴跨年陈欠3052万元，稽查收入998.4万元，均超额完成年度计划。

（白　桦）

【应对夏季供水历史高峰】 年内，北京市供水高峰的特点是来得早，来势猛，增幅大。由于居民用水等基本需求快速增长、气温持续升高等因素共同作用，市区日供水量连续出现260万和270万立方米以上的记录，7月3日达到278.8万立方米。为应对供水高峰，3月底前，市自来水集团提前完成全部200余项检修改造任务，保证供水能力在高峰期间的正常发挥。市自来水集团从组织领导和技术手段等方面采取有效措施，确保全市供水正常。供水调度中心每日进行综合会商，及时调整调度方案，指挥调度系统高效有序运行。各水厂严格服从调度，听从指挥，水质部门加强监测，管网管理部门加强巡视，做好应对突发事件准备。通过合理优化管网运行、充分利用现有清水池调蓄能力等一系列综合措施，实现供水高峰期间水压、水质合格，平安度夏。

（白　桦）

【国庆供水服务保障工作】 国庆前，市自来水集团主要完成了7个方面的工作：一是利用道路整治的契机，实施长安街管网19处、3公里的改造优化，对重点保障区域内的279.5公里管线、4395座闸门全部进行风险评估，制定详细预案。二是组建专门的警戒区保障大队，发扬奥运“点对点”经验，应用网格化管理理念，把保障区域划分为39个值守岗位。三是把应对庆典活动期间水量剧烈变化、确保水压合格作为调度重点，制定详尽完善的预案，实现供水调度有序、可控。四是完善从源头到龙头供水链的水质管理措施，利用生物预警和在线监控系统，加强对原水水质的监测预警。五是对维稳工作进行缜密部署，深入细致排查，对发现的重点人都落实了岗位监护人和管控措施，建立与公安部门的联动机制，进一步完善了预案。六是把液氯等消毒药剂安全管理和要害部位作为反恐安保重点，落实人防、物防、技防措施，确保消毒药剂在运、储、管、用各环节和水厂等要害部位的绝对安全。七是通过开展经营用房管理“迎国庆、保安全百日行动”和加强甲型流感防控，保证国庆期间经营用房安全，实现职工无疫情的目标。在市国庆服务保障统一指挥框架下，市自来水集团充分借鉴奥运成功经验，加强组织领导，缜密部署，统筹指挥，全体职工忘我奉献，确保了国庆供水安全。年内，被首都国庆60周年北京市筹备委员会环境整治指挥部授予“新中国成立60周年庆祝活动筹办工作最佳保障奖”，被首都国庆60周年群众游行指挥部授予“首都国庆60周年群众游行优秀组织单位”。

(白　桦)

【完成河北水取用计划】　按照上级统一调度，市自来水集团4月起逐步调增取用河北水量，高峰期间始终保持140万立方米每日。市自来水集团制定专项调度方案和应急预案，建立计划、水质、客户、营销等多部门的联动机制，采取逐步调增河北水量的措施，密切关注水厂运行和管网水质状况，加强信息反馈，努力克服对供水生产、调度、水质等方面带来的影响，按计划顺利完成2亿立方米河北水取用计划，确保了供水水质安全。

(白　桦)

【安全生产工作】　年内，市自来水集团继续坚持“安全第一、预防为主、综合治理”的工作方针，严格执行上级关于加强安全生产的指示精神及各项安全生产责任制，抓好全员安全教育培训工作，推进安全文化建设，开展各项安全生产检查，使广大职工实现从“要我安全”到“我要安全”再到“我能安全”、“我会安全”的跨越。通过严格落实安全生产责任制，深入持久地开展安全工作，市自来水集团实现安全生产和交通管理无死亡事故，工伤频率控制在2‰以下的年度目标。

(白　桦)

【西城区自来水营销情况】　市自来水集团市区营销分公司西城营业所位于西城区真武庙路，主要负责西城区用水户的查表、收费、咨询工作，以及相关业务的办理。截至年底，西城区计费水表数量约22万只，全年区内售水量6191万立方米，其中生产运营售水量381万立方米，居民家庭售水量2142万立方米，公共服务售水量3668万立方米。

(白　桦)

【境内管网维修】　市自来水集团禹通市政工程有限公司西城维修所位于境内宣武门西大街113号。主要负责西城区的自来水管网抢修、维修及大小口径管线安装的工作。年内完成零活修理2547户，解决居民无水、水微问题259处，抢修供水管线发生的明漏、暗漏和工程漏464处，更换故障换表670户；大小在施安装工程210户，安装长度合计16386米。

(朱海静)

(责任编辑　佟瑞云　陈艳)

交通　　邮电

交　通

交通行政执法

【概况】　北京市交通执法总队（简称执法总队）是北京市交通委所属副局级行政执法机构。主要负责全市公共交通、公路及水路交通运输行业的综合执法工作。截至年底，全市共出动交通行政执法人员16.08万人次，查处违法违章6.6万起，分别比上年增加26%和52%。6月，北京市交通执法总队首都机场执法大队成立。年内，执法总队在全市行政处罚案卷评查中被评为优秀单位。

地址：西城区北礼士路22号
邮编：100044
电话：68351150

（陈朝晖）

【整治长途客运市场秩序】　1月20日，执法总队会同北京市公安局公安交通管理局集中出动150名余执法人员，对八达岭等6条主要进出京道路的省际长途旅客运输市场秩序进行了规范整治。3月19日，执法总队会同交管部门共出动170余名执法人员，开展以规范省际长途客运市场秩序为主要内容的全市集中统一行动。在9个点位对过往车辆开展执法检查，共查处长途客车违章31起，查扣非法从事长途客运经营行为车辆4辆。7月16日，执法总队组织9个执法大队的60余名执法人员，到11个重点路段，集中整治省际长途客运市场秩序。

（陈朝晖）

【出租汽车行业管理】　2月17日，执法总队会同运输管理局、市公安局公共交通保卫总队召开了北京市出租行业服务质量情况通报会，对年内出租汽车行业服务违章高发的10家企业、发生严重侵害乘客利益的14名出租汽车驾驶员进行通报。5月25日至6月7日，执法总队共出动执法人员3050余人次，检查运输车辆4.1万余台次，查处运输车辆违章919起，查扣非法运营车辆426辆。

（陈朝晖）

【两会交通运输环境秩序保障】　2月16日至3月13日，执法总队共出动执法人员7226人次、执法车辆2319台次，检查运输车辆11万余车次，查处违章2541起，查扣非法运营车辆1185辆。

（陈朝晖）

【节日交通运输环境秩序保障】　4月3至5日，执法总队共出动执法力量830余人次，检查运输车辆9150余台次，查处运输车辆违章146起，查扣非法运营车辆44辆。五一假期，出动执法人员510余人次，检查运输车辆1.1万余台次，查处违章89起，查扣非法运营车辆26辆。国庆假期，共出动人员3800余人次，检查运输车辆1.52万余台次，查处违章184起，查扣非法运营车辆20辆。

（陈朝晖）

【公开销毁非法运营车辆】　4月14日，北京市非法运营车辆公开销毁仪式在北京市联合解体厂举行，共销毁非法运营车辆251辆。市政府副秘书长、市打击机动车非法营运领导小组组长周正宇，市交通委副主任刘缙，市公安局副局长于泓源，市公交保卫总队总队长孙伟年，市交通执法总队副总队长黄建军等出席仪式。9月16日，447辆长期不接受处理的非法运营车辆在北京市联合汽车解体厂被公开销毁，执法总队、市公交保卫总队、市城管执法局和市交管局车辆管理所相关领导，各区县打黑办人员、出租企业代表参加公开销毁非法运营车辆仪式。

（陈朝晖）

【专项整顿旅游市场“一日游”】 5月25日，执法总队完成旅游市场“一日游”专项整顿工作，为期10天的专项整顿工作，执法总队累计出动执法力量720余人次，查处旅游客运车辆违章8起；配合相关执法部门查获非法散发小广告人员68名、非法导游9人、收缴小广告6.1万余张，打掉违法团伙3个，治安拘留25人。

（陈朝晖）

【旅游市场秩序集中整治行动】 6月16日，执法总队牵头组织对全市旅游运输市场的集中统一整治行动，共出动执法人员386人次，查处旅游客运车辆违章5起，查扣非法从事旅游客运业务的中型面包车4辆，转运乘客2批次，查获散发小广告人员9人，行政拘留3人，将3家违规租用车辆的旅行社信息抄报市旅游局作进一步处理。

（陈朝晖）

【危险化学品运输市场集中整治】 7月10日，执法总队组织开展规范危险化学品运输市场秩序、消除运输安全隐患的集中统一行动，共出动10个执法大队的120余名执法人员、30余辆执法车，对城八区及机场地区的危险化学品生产、销售企业和餐馆、工地等使用业户周边开展集中执法检查。

（陈朝晖）

【开展《道路运输条例》培训】 11月19日，执法总队组织全体执法人员和远郊区县交通局部分人员，参加《北京市道路运输条例》的脱产培训和考核。

（陈朝晖）

【运输安全监管联合执法行动】 12月16日，执法总队会同市交管局开展运输安全监管联合执法集中行动，出动100名执法人员，设立7个检查点，共检查运输车辆380余辆次，查处省际长途违章20起，查处化危运输车辆违章7起，查扣化危非法运营车辆4辆。

（陈朝晖）

境内交通执法

【概况】 北京市交通执法总队第二执法大队（简称二大队）是北京市交通执法总队下设的执法大队，主要负责西城辖区内交通行业执法的具体工作。截至12月31日，二大队共出动执法人员5272人次，检查各类车辆57805车次，查处违法违章4574起，同比增加107.53%；查处各类非法机动车经营案件1537起，同比增加91.41%。

地址：西城区南礼士路44号
邮编：100037
电话：68013973

（王平海　李海涛）

【出租汽车行业监管】 年内，严肃查处私改计价器、拒载、议价等严重违章行为，规范出租汽车车容车貌和驾驶员仪容仪表。联合西直门管委会、区综治办对北京北站开展调查研究，维护北京北站地区客运秩序，切实方便旅客出行。

（王平海　李海涛）

【打击非法营运行为】 年内，二大队巩固“打黑”成果，继续加大打击北京北站、动物园公交枢纽以及积水潭、德胜门等交通场站周边“黑车”的力度。全年二大队共查处机动车非法经营案件1537起，其中“黑出租”1141起，“黑货运”370起，“黑旅游”4起，“黑长途”11起，“黑化危”11起。巩固闭环协作机制，全年共开展联合整治行动25次，向公交保卫总队移交“黑车”18辆，向西城交通支队移交“黑车”2辆，案件3起。采取定点检查和流动巡查等相结合的方式查处非法营运行为，并加强科技手段取证工作，做到精确打击，确保打击工作取得实效。

（王平海　李海涛）

【客运行业监管】 二大队结合春运工作，联合运输管理部门加强对北郊长途站运营秩序的管理，严防发生安全事故；严查超员载客、站外揽客等严重违章行为，规范省际客运市场秩序；联合公交保卫总队打击“黑长途”，净化省际客运市场秩序。为营造国庆期间良好的旅游客运市场秩序，二大队联合旅游、公安、交管等相关部门，对天安门、恭王府等旅游景区开展执法检查，辖区旅游客运市场秩序明显好转；要求旅游客运企业加强管理，堵住非法“一日游”用车渠道，提升旅游客运服务水平。

（王平海　李海涛）

【化学危险品运输专项整治】 年内，二大队组织开展危险化学品运输专项整治工作。一是会同区安监局、运管处对危险化学品运输企业进行入户检查，规范经营行为；二是加强对化学危险品运输的检查力度，查处安全措施不到位的行为；

三是深化与公安、交管等部门的协作机制，营造辖区安全有序的危险化学品运输市场环境，严防安全事故的发生。

（王闰海　李海涛）

【重点区域重点时期监管】　年内，二大队协调西直门管委会、西城公安分局以及交通支队等相关部门加强对北京北站客流高峰时段的市场监管，严厉打击非法运营，严查拼车、议价等违章行为，净化该地区客运市场秩序。在春运、两会以及旅游黄金周期间，重点做好出租汽车市场秩序的监管工作，加强对北京北站高峰时段以及天安门等重点旅游区的监管，切实做好区域管控、应急处置和协调配合等方面的工作。加强对北京北站、动物园公交枢纽以及积水潭等轨道交通场站的勤务工作部署，做到全方位、全时段监管。

（王平海　李海涛）

【巩固闭环协作机制】　巩固与相关部门的协作机制，加强与公安、交管及城管等部门的协作，及时通报相关情况，开展阶段性整治。建立行业监管协作机制，加强与各单位的信息沟通，借“平安北京”取得的整治成果，切实维护好场站秩序。建立健全与运管部门的联席会议制度，每月联合市交通委运输局西城管理处召开工作联席会，相互通报情况，及时堵塞监管漏洞，确保辖区道路运输行业健康可持续发展。

（王平海　李海涛）

交通行业管理

【概况】　北京市交通委运输管理局西城管理处（简称西城处），是受北京市交通委运输管理局委派，负责西城区境内公共交通、公路和水路运输管理的专门机构。年内，西城处围绕国庆运输保障等中心工作，强化行业监管，推进信誉考核；狠抓安全生产，提升服务水平；维护行业稳定，构建和谐行业；强化队伍建设，促进精神文明；夯实基础工作，深入调查研究，比较圆满地完成了市运输局部署的各项重点工作任务。

地址：西城区玉廊东园5号楼1单元

邮编：100034

电话：59701075

（徐海波）

【国庆60周年运输服务保障】　按照市运输局轨道4号线筹备工作部署，承担轨道4号线全线24个地铁车站接驳方案的调研论证工作。在1个月内，西城处对所有地铁车站周边500米范围内公交车站换乘、出租车停靠站点、机动车停车场地、非机动车停车场地以及周边交通环境进行调查，获取第一手资料。同时协调北京市市政设计总院等部门，在轨道4号线原有接驳方案的基础上，结合实际需求提出完善方案。国庆前轨道4号线试运行期间，西城处每日出动执法人员16人次，对西城境内轨道4号线7个地铁车站进行不间断巡视，确保国庆节期间新线路运营秩序良好。此外还完成多项重点任务：二里沟东口公交车站站台扩建实地勘察，轨道交通地铁1、2号线缩短行车间隔现场巡查，涉及4路长安街沿线、914路德胜门地区、937支7路月坛地区共计24个车站的公交线路调整情况调查以及甘雨桥断路施工周边居民调查等。开展国庆游园活动前期调研，对西城辖区游园活动中重点景区及周边公交疏散环境进行调查摸底，提出国庆期间游客疏导方案。落实国庆期间交通运输保障工作任务，成立以西城处处长为组长的国庆黄金周运输保障工作领导小组，制定黄金周运输保障工作方案。9月，按照国庆3次演练部署和市政府道路交通管理措施，出动执法人员60余人次，对辖区涉及公交运营调整车站周边（重点是长安街沿线和地铁与公交对接站点）和承担轨道交通国庆运输保障的重点轨道交通车站进行巡查。9月20日至10月10日，西城处每天派出4个检查小组，出动检查人员400余人次，对辖区交通运输运营安全进行巡查，期间辖区交通运输秩序正常，安全运营情况良好。国庆黄金周期间，辖区轨道交通复兴门换乘站日换乘量32至35万人次，西单换乘站日换乘量23至25万人次，西直门换乘车站日换乘客流约为18万人次；动物园公交枢纽日均运送乘客3.2万人次，同比下降30%左右；德胜门919路公交车发往八达岭景区1164车次，运送游客6.4万人次；旅游客车投放781辆，完成客运量17.80万人次；北京旅游集散中心月亮湾发车中心发车132车次，运送游客5893人次；北京北站日到达列车22列，其中节日加车3列（开往延庆），到达旅客39773人次。

（徐海波）

【交通运输行业监管】　截至11月15日，西城处出动执法人员1665人次，对辖区各交通行业进行安全监管检查，共检查779户（站）次，签发限期整改通知书40份。具体工作包括：一是开展隐患排查，突出监管重点。贯彻落实“平安北京”各项工作任务，在辖区运输企业采取各种形式宣传普及安全生产知识及相关的法律法规。按照市运输局要求，在重点时期、重点活动期间安排多次综合性和专项性安全生产监督检查，确保“春运”、五一、十一以及全国两会、6月安全月期间安全稳定。同时，做好辖区交通运输行业火灾隐患排查工作，未发现火灾隐患问题。二是加强矛盾排查，维护行业稳定。对业内重点行业和敏感问题每月进行排查上报，结合出租年审换证检查，按照标准规范企业内部管理制度。查看辖区18家出租汽车企业管理制度、“知情卡”、燃油补贴登记造册和发放情况、履行合同情况、为驾驶员缴纳社会保险情况，未发现违规收费、二次罚款现象，企业制度健全，政策落实到位，出租汽车驾驶员队伍基本稳定。三是督促落实好甲型H1N1流感防控工作。召开辖区交通运输行业紧急会议，传达有关文件精神，督促企业做好甲型H1N1流感疫情防控保障应对工作，实行每日零报告制度；做好甲型H1N1流感排查工作；督促辖区企业按卫生防疫部门消毒标准，对客、货运行业车辆、运营场所以及水运游船、码头、售票窗口等重点部位坚持每日消毒制度，配备相应消毒物品，保持营运场所、车辆等空气通风。

（徐海波）

【车辆技术管理】 加强客运车辆安全性能的日常检查，重点抽查旅游客运企业旅游车的安全设施设备，确保运营车辆安全设施齐全，车门逃生、安全出口畅通。加强车辆技术管理，推行科学化管理。年内继续在全行业宣传贯彻落实《道路运输车辆日常维护作业技术规范》（试行）和《关于贯彻道路运输车辆日常维护作业技术规范的通知》要求，抓好货运车辆日常维护的检查监督工作，落实车辆“一日三检”的技术措施，确保车辆运营的技术安全，发放《道路运输车辆日常维护作业技术规范》（试行）150册，入户检查指导运输企业落实《道路运输车辆日常维护作业技术规范》30户次。4月，依据《中华人民共和国道路运输条例》《道路危险货物运输管理规定》《危险化学品安全管理条例》及国家、地方技术标准、规范，对辖区5家危险货物运输单位的35辆运营车辆、投保承运人险情况开展专项检查，100%在有限期内。利用危险货物运输车辆GPS监控系统，加强危险货物运输车辆的动态管理，特别是重点时期及节点期间的监控，未办停驶的车辆需保证24小时在线监控，确保运输安全。按照市运输局有关要求开展车辆抽检工作，在北重检测场现场组织指导辖区6辆企业车辆进行检测，全部合格。

（徐海波）

【行业内教育培训】 6月初，在什刹海管理处举办非机动船船员新增、换证培训班，培训分为理论培训与实操培训，参加培训的22名船员全部通过考试。9月，西城处分3批组织辖区危险货物运输企业88名从业人员报名参加集中培训考核，考核合格86名，不合格2名，合格率97%。组织汽车维修行业71名技术管理人员和持证检验员，参加区县组织的四项地方标准培训班，为确保国庆期间运输行业的稳定和运输安全提供保障。

（徐海波）

【开航前非自航船舶检验】 3月初，西城处分2次完成对北海、什刹海所有非自航船舶的开航前安全检验工作。其中，北海申请投入运营400艘非自航船舶，经检验达标并批准350艘投入运营，其余50艘作报废更新和不具备开航运营条件处理；什刹海申请185条非自航船开航运营，经开航前船舶检验，批准投入开航运营。

（徐海波）

【机动车维修喷烤房专项治理】 年内，西城辖区汽车维修企业共有16户单位拥有喷烤漆房19座，其中电加热2座、油加热17座，8座不进行烤漆作业。为防止喷烤漆房发生火灾事故，西城处制发了《关于加强喷烤漆房安全管理的通知》，要求在用喷烤漆房使用单位开展自检自查，签订和履行“设备安全使用承诺书”。在近80天的安全专项治理行动中，16户拥有烤漆房单位按通知要求，对照“在用汽车喷烤漆房现场安全检查项目表”开展自检自查，由专人负责喷烤漆房使用管理工作，按期填写上报承诺书、喷烤漆房清单和自查报告。经对所有喷烤漆房使用单位情况抽查，未发现重大安全隐患。根据市运输管理局《关于开展在用汽车喷烤漆房使用安全综合评价工作的通知》和北京市地方标准《道路危险货物运输安全技术要求》，西城处制定西城区安全综合评价工作方案，分别组织召开辖区汽车维修经营企业和危险货物运输企业工作会议进行部署，重点对使用期限超过10年的烤漆房使用单位进行提示。年内，3座使用期超过10年的喷烤漆房使用单位以及危险货物运输企业中油首汽石油销售公司和北京师大加油站2家企业已完成安全评价申报工作。

（徐海波）

【应急预案落实与演练】 构建西城辖区道路运输突发公共事件应急体系，修订完善应急预案。2月17至19日和10月10至12日连续降雪，西城处及时制定和启动客货运雪天应急保障预案，并派出执法人员在客流密集场所巡查；3月12日，地铁2号线外环列车因故障停止运行，西城处副处长带队立即赶往积水潭车站现场办公，调查了解，组织疏导乘客。根据汛期特点，加强轨道交通车站防汛工作，督促各车站制定防汛工作预案，层层签订防汛安全责任书，做好防汛备品储备，在排查中发现7个车站下大雨时存在渗漏现象，督促车站采取应急措施。加强应急运输队伍建设，完善应急运输机制，成立西城处防汛抗旱工作领导小组，上汛前分2批次召开防汛工作专题会议传达部署防汛工作，重点明确组织机构、工作职责、工作流程、保证预案的可操作性和应急响应的落实到位，落实运力储备，确定6家货运企业、45辆货运车辆，装载质量345吨，涵盖辖区所有车辆类型，确保应急运输任务的快速反应有效实施。6月12日和8月20日，西城处按照市地方海事部门的部署，在什刹海前海和北海公园分别举行迎国庆、保平安水上救生消防应急演练，特别是什刹海前海救生演练首次启用了水域网格化应急抢救预案。

（徐海波）

【交通运输行业安全宣传】 年内，对辖区客运行业、化危行业、水运行业和停车行业开展“雷霆行动”大检查，确保《消防法》在行业的贯彻落实。5月5至12日，对辖区交通运输行业进行防灾减灾活动的宣传。同时结合“5·12”汶川大地震周年祭奠活动，组织辖区重点交通运输企业开展多种形式宣传教育活动，宣传普及公共安全常识和应急安全避难技能。6月14日安全生产月高潮日，在什刹海野鸭岛码头和前门旅游集散中心设立2个宣传站点，共拉横幅8条，布置展板12块，张贴宣传画10张，发放宣传材料800份，前来咨询人数300余人次。

（徐海波）

【全程办事代理工作】 截至10月30日，共完成日常行政许可（服务）事项570件次，其中：货运290件次，维修67件次，出租59件次，旅游111件次。另外还完成停车位核减、变更、年度审验等备案事项28件次。完成辖区106部出租汽车更新申报、信息录入和证件发放；完成辖区39户机动车维修经营者许可证件有效期届满换发工作；完成辖区19家出租汽车企业4964部运营车的年审换证，其中核发普通运营证4038张、包车证926张、免喷证924张。完成辖区11家旅游企业1139部运营车旅游包车证的换发。

（徐海波）

【组建绿色车队】 根据市运输局的安排，依据绿色车队条件标准，西城处分2次在辖区货运行业中召开组建“绿色车队”工作宣传动员会。年内，北京四通搬家有限公司、北京金冠方舟纸业物流有限公司等8家运输单位完成城市货物运输“绿色车队”的申报工作，并得到市运输局的批复，涉及车辆200辆，占辖区车辆总数的30%。

（徐海波）

【行业基础管理】 组织开展辖区旅游客运、货物运输、汽车维修行业质量信誉考核活动，经过材料收集、现场核查、评审打分等环节，完成对辖区10家旅游企业、20家货运企业和86家汽车维修业户信誉等级初步评定，旅游企业达到3A级的5家，达到2A级的1家，另有4家企业由于车辆规模不达标只打分，不评级，但分数已达到3A级企业标准；货运企业达到3A级的10家，2A级的10家；汽车维修企业达到3A级的15家，2A级的26家，A级以上的45家。注销7户长期未经营、未办理歇业手续的汽车维修企业，另有6户单位地址已拆迁，不具备经营条件，未申请上年度质量信誉考核，拟报公示注销手续。对5家危险货物运输单位的驾驶员、押运员的资质进行核查和登记备案。年内辖区共有危险货物运输驾驶员52名、押运员48名，所持证件齐全有效，符合标准规定的驾驶员、押运员与运输车辆的数量不少于1：1的比例配备。配合市运输局制定道路危险货物运输行车日志统一式样，为下一步完善危险货物运输统计工作打下基础。组织西城汽车维修行业71名技术管理人员和持证检验员参加区县举办的四项地方标准培训班。3月和4月，对辖区10家重点汽车维修业户四项质量管理制度执行情况进行抽查。年内，西城处参与了市运输局水运处组织的游船规范达标评比验收工作，西城辖区的北海公园管理处和什刹海旅游开发有限公司被评为年度全市水域游船安全服务规范达标先进单位。4月，完成对北海8艘、什刹海34艘自航运营船舶的签证工作。每月定期检查西城辖区6户市管占道停车企业及停车场泊位，审核停车企业申请核减变更停车泊位相关材料。年内受理停车企业申报的核减及变更备案申请40余件次，按照有关规定要求和程序完成审核完善企业上报材料、现场核查签署核查意见等程序。

(徐海波)

【规范依法行政】 3月底前，西城处完善了《西城管理处执法责任制文本》，将执法责任层层分解，落实到每个部门和执法岗位，自上而下层层签订执法责任制。完善了《西城管理处执法责任制评议考核办法》，履行内部人员月考评、科室季评议、半年互查、年终综合评价制度，把测评结果与年终人事评议相结合。执行市运输局《运输行业监管程序暂行规定》及配套文书，组织系统的学习培训，让每名执法人员熟练掌握法律法规、程序和文书，逐步规范执法行为，完善监管档案。截至11月15日，西城处对辖区各交通行业进行安全监管检查，共出动执法人员1665人次，检查779户（站）次，签发限期整改通知书40份。均填写《现场检查笔录》，开具《限期整改通知书》，所有监管文书均符合规定要求，未发生行政执法复议和诉讼案件。年内，西城处还参加市运输局组织的各运输部门互检互查工作。

(徐海波)

【境内交通运输行业情况】 截至10月30日，西城境内出租行业在册户数19户（含个体1户），营运车辆5002辆；旅游行业在册户数10户，营运车辆877辆；汽车租赁行业在册户数26户，车辆2072辆；公共交通电车客运分公司下辖20个运营车队，35条线路，营运车辆1457辆；货运行业在册户数205户，营运车辆630辆；汽车维修行业在册户数80家，从业人员900人；水运游船行业在册户数2户，运营游船637艘；停车行业在册户数6户，停车场地45个，停车泊位近3000个。

(徐海波)

地下铁道管理

【概况】 北京地铁运营有限公司（简称地铁公司）负责对所辖8条地铁线路运营进行统一调度、指挥和经营管理，确保地铁安全运营，降低地铁运营成本，实现地铁系统安全高效运转。年内，全线网8条线共开行列车1160365列，加开临客3796列，总开行列车1166144列，同比增长14.67%。全线运行正点率为99.87%，同比增长0.63%；运行图兑现率为99.96%，同比增长0.2%。列车走行公里17720万车公里，同比增长20.62%。6月26日，地铁公司正式执行《北京市城市轨道交通安全运营管理办法》（213号令）。10月，地铁公司首次参加国际地铁协会（CoMET）关键绩效指标（KPI）综合测评，在CoMET全部27个成员单位2008年关键绩效指标综合测评中排名第二，安全、能耗、培训等指标名列前茅。

地址：西城区西直门外大街2号

邮编：100044

电话：62293820

(戎丽娜)

【完成更新改造工程】 年内，完成更新改造工程68项尾工，各项功能已实现。与北京市运输局地铁改造监管小组共同完成1、2号线消隐改造车辆（车辆段）、供电、通信、信号、线路、机电6个专业系统工程的系统验收及市级挂账隐患销号工作。工程结算累计完成77个子目，结算资金41.21亿元，对应投资44.28亿元，完成计划投资59%。

(戎丽娜)

【节假日客运】 春运期间（1月11日至2月19日），地铁公司共安全运送乘客12565.65万人次，日均314万人次，同比上升19.6%；客运量最高日418万人次；共开行列车124937列，加开临客680列；列车运行图兑现率99.97%，正点率99.90%，运营组织安全有序。其中春节黄金周期间（1月25日至31日），共安全运送乘客1342.7万人次，日均191.8万人次，同比增长20.16%；共开行列车19388列，同比增长54.88%；加开临客19列；列车运行图兑现率达到100%。暑运期间（7月15日至8月31日），共安全运送乘客1.97亿人次，同比增长12.91%，日均客流410万人次，最高日客运量达460万人次；共开行列车15.2万列，日均开行列车3173列，加开临客355列，列车运行图兑现率99.92%，列车运行正点率99.83%。

(戎丽娜)

【行车间隔时间调整】 4月18日起，地铁1、2号线使用新编双休日列车运行图，其中1号线中午客流平峰时段列车间隔由5分钟调整为4分钟，运力提高25%。2号线中午客流平峰时段列车间隔由8分钟调整为6分钟，运力提高33.3%。4月21日，地铁1、2号线缩小高峰时段最小行车间隔，其中1号线高峰时段最小行车间隔缩短为2分15秒，运力提高11%；2号线高峰时段最小行车间隔缩短为2分钟，运力提高25%。

(戎丽娜)

【国庆60周年运输保障任务】　“9·6”首次国庆庆典彩排，地铁公司共开行集结、疏散列车196列，运送演练人员12.3万人次。其中开行集结列车112列，运送7.3万人次（1号线开行61列，运送3.9万人次，2号线开行28列，运送1.5万人次，5号线开行23列，运送1.9万人次）；开行疏散列车84列，运送5万人次（1号线开行63列，运送3.9万人次，2号线开行21列，运送1.1万人次）。8月15日至10月15日，列车运行图兑现率达到99.98%，列车运行正点率达到99.91%。特别是黄金周期间，共运送乘客2624万人次，开行列车28248列，列车运行图兑现率为100%，列车运行正点率为99.99%，创造了历史最好水平（10月1日，全线网共运送乘客133.7万人次。共开行列车3505列，加开临客35列；列车运行图兑现率100%；正点率100%），得到中共中央总书记胡锦涛的表扬和市委市政府、市交通委以及国庆群众游行指挥部的高度评价。11月5日，地铁公司获得首都“迎国庆、讲文明、树新风”活动组织奖。

（戎丽娜）

【市领导检查工作】　9月16日，副市长黄卫到地铁西直门交通枢纽，检查地铁13号线和2号线换乘站国庆期间安全工作。市政府副秘书长周正宇，市交通委主任刘小明、副主任刘缙等陪同检查。9月17日，市委常委、组织部部长、市国庆筹委会志愿者工作组指挥吕锡文到地铁西单站检查交通服务志愿工作。市国庆筹委会志愿者工作组副指挥张志伟，市交通委主任刘小明、副主任迟坤丽，首都文明办主任舒小峰等陪同检查。12月30日，副市长黄卫到地铁西单站检查节日运输保障工作并慰问地铁一线工作人员。市交通委主任刘小明等有关领导陪同检查。

（戎丽娜）

【胡锦涛考察北京地铁】　10月7日上午，中共中央总书记、国家主席、中央军委主席胡锦涛考察国庆期间北京安保、交通、旅游工作，并专程到北京地铁慰问地铁员工。胡锦涛说，交通问题是关系群众切身利益的重大民生问题，也是各国大城市普遍遇到的难题。北京作为特大型国际城市，要解决城市交通问题，必须充分发挥公共交通的重要作用，为广大群众提供快捷、安全、方便、舒适的公交服务，使广大群众愿意乘公交、更多乘公交。中共中央政治局委员、北京市委书记刘淇等一同考察。

（戎丽娜）

【在“北京影响力”评选中获奖】　年内，地铁公司坚持以顾客需求为导向，以世界一流水平为参照，持续改进服务设施和管理，提升各项服务指标，运营服务水平明显提升。全年列车正点率为99.87%，运行图兑现率为99.96%；地铁乘客满意率96.4%，比上年提高2%。在第四届“北京影响力”大型社会评选活动中，获得“影响百姓经济生活的十大企业”称号。

（戎丽娜）

【被评为全国企业文化建设先进】　12月，在中国企业文化研究会组织召开的“金融危机背景下的企业文化建设与创新——中外企业文化2009年南昌峰会”上，北京地铁公司被授予“2009年度全国企业文化建设先进单位”，以表彰北京地铁公司在践行科学发展观、加强企业文化建设、建设人文型地铁方面所作的贡献。

（戎丽娜）

【企业管理现代化创新成果获奖】　年内，地铁公司在第二十四届北京市企业管理现代化创新成果评审中取得较好成绩，共获得1个一等奖、7个二等奖、5个三等奖，并再次获得优秀组织奖。其中一等奖为监理公司的“地铁车辆制造监理管理体系的构建”成果，二等奖分别由改造办、物资部等部门和单位获得。

（戎丽娜）

铁路管理

【概况】　北京北站(西直门车站)位于西城区北滨河路1号，处于西城区与海淀区交界处，东临学院南路，西以高梁桥路东侧为界，南起西直门地铁站，北与清华园东站相临，为京通、京包线的起点。按等级为西客站下属二等客运站，其中车场有到发线10条、牵出线1条、专运线3条。站内道岔64组，专运线道岔3组。闭塞方式采用的是单线半自动。联锁为JD-IA计算机连锁，车站总面积为21442.2平方米，设有旅客候车室8244.5平方米、售票室973平方米。全年发送旅客17万人，运输收入1.5亿元。行政管理机构为综合室、客运部、运输部、物业部和科贸公司。年末职工总数298人，其中干部23人。
地址：西城区北滨河路1号
邮编：100044
电话：51866852

（刘津京）

【安全生产】　推进6项安全生产整治工作，安全生产持续稳定，坚持“高标准、讲科学、不懈怠”的方针，围绕人身、行车、消防、车机联控、防溜、进路等环节，加强职工素质培训，提高全员安全意识，落实安全逐级负责制。制定和完善车站安全教育的制度；学习人身安全卡控措施和事故案例，开展“安全生产月”大检查、“防非控非”等活动，进行安全检查289次，发现问题305件，解决305件，防火防暴检查72次，发现问题69件，解决65件，保证安全运输的有序可控。截至12月31日，实现无一般行车事故7168天，无重大、大事故19751天，无险性15765天，无轻伤事故4377天，无重伤事故8716天，无死亡事故10949天，无火灾事故22016天，无事故苗子3933天，无特种设备事故2922天。

（刘津京）

【党团工作】 抓住生产力布局调整后全力打造北京北站树立“一流客运站”的机遇，安排北京建筑段合并来站职工，成立物业部，实现了职工收入不下降的目标。截至12月31日，实现党员安全生产9354天。为配合路局劳动竞赛，于暑运期间组织团员开展营销活动，带领团员利用北京北站开行旅游车的优势为旅客及各大专院校发放营销传单；组织团员在春运期间到售票处维持治安，协助售票员工作；组织各团支部开展学习活动。

（刘津京）

【工会工作】 继续做好职工安康互助保险的投保和储蓄工作，年内北京北站共有安康会员239人,占职工总数的80%，储蓄金额达92万元。年内，会同行政部门为女工进行防癌普查。开展“送凉爽”和“送温暖”活动，在“送凉爽”活动中自筹资金2000元，购进白糖1500斤、绿豆1500斤、矿泉水400箱，由工会主席带队送到各车间、岗点慰问职工。看望、慰问劳模及困难职工5人，并坚持看望生病职工。

（刘津京）

北京北站列车时刻表

始发			到达		
车　次	终到站	到　点	车　次	始发站	到　点
Y561	延　庆	7:27	2560	赤　峰	6:00
6453	滦　平	12:30	1458	通　辽	6:50
1455	呼和浩特	19:50	2622	赤　峰	次日7:21
Y563	延　庆	8:45	Y562	延　庆	7:40
Y565	延　庆	9:29	K274	呼和浩特	次日8:48
K275	满洲里	次日13:35	Y564	延　庆	9:02
Y567	延　庆	11:02	Y566	延　庆	9:57
Y569	延　庆	11:49	2102	阜　新	次日10:17
2621	赤　峰	20:19	Y568	延　庆	10:47
Y571	延　庆	12:35	Y570	延　庆	11:32
Y573	延　庆	13:19	1802	齐齐哈尔	次日12:35
Y575	延　庆	14:48	Y572	延　庆	12:59
1801	齐齐哈尔	次日12:58	Y574	延　庆	13:46
Y577	延　庆	15:34	Y576	延　庆	14:29
Y579	延　庆	16:30	4450	隆　化	14:58
2101	阜　新	次日6:20	Y578	延　庆	15:16
Y581	延　庆	17:13	Y580	延　庆	16:28
4449	隆　化	23:59	Y582	延　庆	17:29
Y583	延　庆	18:09	Y584	延　庆	18:30
Y585	延　庆	19:44	1456	呼和浩特	19:29
Y587	延　庆	21:01	Y586	延　庆	19:59
1457	通　辽	次日9:15	Y588	延　庆	20:57
Y589	延　庆	21:49	6454	滦　平	21:41
2559	赤　峰	次日6:38	Y590	延　庆	22:02
Y591	延　庆	22:41	Y592	延　庆	22:41
K273	呼和浩特	次日10:53	K276	满洲里	次日23:14

（刘津京）

邮　　政

【概况】　北京市西区邮电局（简称西区局）是北京市邮政公司直属的二级通信企业。服务范围东起天安门，西至石景山五里坨，南接莲花池北路，北到西直门北下关。服务区域包括西城区、石景山区、海淀区南部和丰台区部分行政区域，服务面积156平方公里，服务人口230余万人。承担着为党中央、国务院、全国人大、政协、中央军委、各军兵种司令部等重要的党政军机关，及金融街众多企业总部提供邮政通信服务的重要职责。西区局机关设局长办公室、党群工作部、人事教育部、计财基建部、通信运营部、市场部、监察部、安全保卫部、科技设备部、工会10个职能部室；下设商函分局、邮票公司、报刊公司、代理业务分局4个专业公司。全局下辖19个邮电支局、84个邮电所。经办国际国内函件、包裹、汇兑、报刊发行、电报、长话、传真和集邮等传统业务，以及国际国内特快专递、同城礼仪、邮政储蓄、物流、代发工资、代收电话费、代理保险、商业信函及企业明信片等业务。年内，西区局全体干部职工以“团队和谐、主动创新、科学发展”为指导思想，以科学发展观统领全局，以为员工办实事为出发点和落脚点，坚持把发展作为第一要务，创新经营，强化管理，加大市场开发力度，提高邮政经营运行质量和服务水平，全年实现业务收入6.42亿元，实现了全年的各项任务指标。

地址：西城区南礼士路头条5号

邮编：100820

电话：68023282

（刘凌云）

【境内支局】　年内，西区局在境内的11个邮电局为中南海邮政局（17支）、复外大街邮电局（30支）、西长安街邮电局（31支）、西单邮电局（32支）、金融街邮电局（33支）、西四邮电局（34支）、新街口邮电局（35支）、百万庄邮电局（37支）、西外大街邮电局（44支）、三里河邮电局（45支）、阜成门邮电局（47支）。

（刘凌云）

【两会邮政服务】　两会期间，西区局承担京西宾馆、铁道大厦、职工之家等11个代表驻点的邮政服务任务，涉及6个支局和邮票公司。在驻会服务点，8个支局的60余名干部职工每天直接为代表服务12个小时以上。西区局以优质的服务水平，良好的敬业精神，细致有效的多项服务举措，取得了服务效益与经济效益的双丰收。两会服务期间，西区局获表扬信22封、感言41件。

（刘凌云）

【国庆60周年邮政通信服务】　为维护好国庆60周年期间寄递物品的经营秩序，西区局按照“精心组织、周密部署、严格措施、狠抓落实、确保安全”的总体要求，保证邮政通信服务工作万无一失。西区局对辖区内各邮电支局的支局长、营业大宗班班长、邮电所所长、系统管理员以及司机班长等进行了以“国庆60周年”为主题的邮件收寄以及车辆交通安全工作培训；抽调专人对各营业网点的邮件验视、收寄、服务、车辆交通安全工作定期检查，对各单位执行不到位的地方进行具体指导，对存在的安全隐患责令限期整改。国庆庆典演练期间，北京市内部分路段实行交通管制，西区局为确保邮件按时出口、交寄，多次调整相关支局、邮电所的邮运路线，对涉及邮件进、出口作业组织按要求统一行动，确保演练期间邮件收寄工作安全运行。国庆前夕，为确保金融资金安全，杜绝恶性案件，西区局与公安内保部门配合，分别对辖区内主管安全的相关人员进行系统培训，并针对开展网点防抢演练提出具体要求。同时，西区局连续组织邮政储蓄一类行、二类行进行金融安全预案演练活动。通过实际演练，提高网点负责人应对突发事件的能力。

（刘凌云）

【市场营销】　7月，西区局发起“祝福祖国”大型寄语活动。“祝福祖国”寄语活动最早的创意来自于国务院总理温家宝的“中国信心”新年祝辞，西区局把总理温家宝的讲话和共和国60华诞紧密结合起来，参与活动的民众可以借新中国成立60周年大庆的契机，以明信片为载体，通过中国邮政的“传递”形式，抒发爱国之心，弘扬中国传统书信文化，同时回应了总理温家宝关于“中国信心”的号召。活动历时300余天，收到社会各界回函138万件。该活动已成功申报“参与人数最多的主题邮寄活动”和“由明信片组成的最大寄语墙”吉尼斯世界纪录。5月18日，为加大北京金融街各项邮政业务的开发力度，西区局组建金融街营投团队，对金融街10座大厦242个客户实行个性化投递服务，投递时限提前了近1.5小时。10月12日，西区局成立金融街邮电局，以满足金融街商厦高端客户用邮需求。自12月1日起，西区局对金融街地区35座大厦全部实行直封，拓宽了金融类报刊的服务深度，提高了用户满意率。

（刘凌云）

电　信

中国联合网络通信有限公司北京市分公司

【概况】 中国联合网络通信有限公司北京市分公司（简称北京联通）隶属于中国联合网络通信有限公司，是北京地区的全业务电信运营商，长期致力于北京市信息化基础设施建设，在全市范围内为公众客户、商企客户和政府机构等客户提供包括固定电话、移动电话、数据传输、互联网、宽带接入等基础电信业务和增值电信业务，以及与上述业务相关的行业应用、系统集成、技术开发、技术服务、信息咨询、工程设计施工等相关服务。固定电话客户、移动电话客户、宽带客户超过1000万。其网络能力、服务水平、产品性能逐步提升，拥有成熟的第三代移动通信网络(WCDMA)，并已投入正式商用。

地址：宣武区骡马市大街9号

邮编：100052

电话：66197776

（贾书欣）

【主要业务】 年内，中国联通以3G业务为契机，树立了以活力、进取、开放、时尚为特性的全业务品牌——“沃”，为个人客户、家庭客户、集团客户和客户服务提供全面支撑，在3G时代为客户提供精彩的信息化服务。北京联通同时拥有“亲情1+”、“宽带商务”、“世界风”、“如意通”、“新势力”、“电话导航”等知名业务品牌。国内、国际长途电话可通达世界所有开通长途电话的国家和地区；移动电话实现了与全国各省、市、自治区的国内漫游以及200余个国家和地区的国际漫游业务；各类宽带接入、智能通信、数据、互联网、信息等类业务持续增长。北京联通公司不断积累运营经验，形成为市场所认可的多种形式的服务体系。客户可以通过客服电话、互联网、营业厅、社区经理、客户经理等多种方式咨询业务、办理业务并享受完善的售后服务。

（贾书欣）

【学习实践科学发展观活动】 3至8月，北京联通党委按照中央关于在全党开展深入学习实践科学发展观活动的统一部署，组织各单位党委（总支）、支部和全体党员、领导干部及群众分学习调研、分析检查和整改落实三个阶段深入开展学习实践活动，制作成学习光盘，总计1000余张；5194名党员在网上回答了科学发展观自测试题；有6万人次上网观看科学发展观辅导报告及相关内容；各支部组织集中学习1650次；各单位领导班子成员159人撰写调研报告159篇，总计48万字；形成分析检查报告42篇，整改落实方案43个；公司共有339个党支部、5118名党员参加了专题组织生活会。组织开展“做科学发展排头兵，为企业发展献一策”主题活动，共征集1099条意见建议。在对意见建议进行归纳分类整理的基础上，转发给相关单位和部门，作为学习实践活动整改落实阶段制定措施、解决问题的重要参考，并对其中切合实际、有利于北京联通科学发展的好建议进行专题研讨，逐项落实。

（贾书欣）

【新中国成立60周年通信保障】 庆祝新中国成立60周年期间，北京联通为阅兵队伍、游行队伍、联欢晚会、新闻宣传等各大指挥系统提供了全面、细致的通信服务保障，不仅为焰火晚会量身订制了交互式会议电话指挥系统，而且用数百部电话和专线周密配合了游行队伍的调度指挥。同时，围绕天安门用光纤打造了全光图片传送网络和高清电视传送通道，将盛典的每一个瞬间迅速传向全球。从9月30日至10月1日国庆联欢晚会结束，北京联通共为政府、传媒、交通、金融等65家行业大客户提供重要通信保障服务73次，重点保障电路2886条。其间，本地基础数据网络、集团大客户、酒店宽带互联网通信网络运行平稳，通信设备运转安全，国庆重保专线故障为零，网络故障为零，小交换机故障为零。网络预警系统、大客户预警系统发挥了出色作用。北京联通整个通信保障，共涉及固定电话通信、宽带通信、移动通信等11大类1700余项业务，开通主用光纤300余芯、安装各类电话千余部、安装ISDN和ADSL及各类专线数百条。使用了11组电话会议系统，从控制中心的13个控制点延伸到103个烟花燃放点，不仅通信质量要求高，而且数量大、布线复杂。北京联通在指定时间完成了全部会议电话的安装、调测，并派出由150人组成的专项保障团队在各烟花燃放点值守。此外，北京联通和行进指挥部建设了游行指挥系统。该系统设在总指挥部内，通过广场灯杆上的感应设备，将各队伍行进的信息用联通光网络传至指挥部，再用游行软件进行修正，指挥者用专线电话调度各队伍的集结、疏散和行进的时间等，保证精准无误。北京联通还配合军方在天安门广场为阅兵指挥部建造了通信枢纽，还在外围架设了多个基站，敷设多条光缆，用于队伍行进和飞机导航。所有阅兵所需要的通信设施都是一备一（一套主用一套热备用），保障万无一失。北京联通同时为新闻媒体提供通信保障服务。以天安门为中心，在全城60余个点构建了光传输网络，为新华社的实时照片传送提供了高速带宽平台，使数万张现场图片能够以最快速度传到人们眼前；为中央电视台提供了几十条高清电视信号通路，使得全世界都能看到广场上的高清电视画面。

（贾书欣）

【绿色上网校园行活动】　5月，北京联通、北京网络媒体协会、北京青少年权益保护中心等多家单位联合主办“呵护孩子、健康上网——保障青少年权益、绿色上网校园行”活动。活动于5月14日正式启动，5月15日举办了专家讲座，北京联通志愿者走进校园，向学生们捐赠了“宽带绿色帐号”和未成年人上网导航手册《网脉导图》，并组织学生参观北京通信电信博物馆，向广大家长和学生介绍健康上网、自我防护的知识，还有计算机演示、参观体验等互动活动，起到了较好的宣传教育作用。

（贾书欣）

（责任编辑　陈　艳）

城市管理

市政管理

【概况】 北京市西城区市政管理委员会（简称区市政管委）是西城区政府主管本区市政基础设施、公共事业、环境卫生和城市市容综合整治的职能部门，下设10个职能科室。所属事业单位2个，为西城区人民政府节水防汛办公室和西城区个体出租汽车管理站。年内，区市政管委适应新形势、新任务的要求，围绕“人文北京、绿色北京、科技北京”建设，按照年初制订的工作目标与计划，推进各项环境整治工程，完成国庆环境保障工作，抓好日常环境综合治理，城市环境建设与管理水平进一步提升。

地址：西城区北礼士路12号
邮编：100044
电话：66066633

（郭彦博）

【地铁4号线周边整治工作】 地铁4号线在西城区区域内共设有8个站点，区市政管委承担其中4个出站口周边的环境整治工作。共进行墙体外立面粉饰4150平方米，其中贴外墙砖184平方米，更换设置商户牌匾9块，灯箱8.8平方米，格栅条282平方米，为地铁周边居民新做门窗33套，其中防盗门9樘、彩钢窗23樘、铁衣大门1樘，修整房顶107平方米，新砌仿古围墙1935延长米，设置城市织补用地临时围档536.8米，绿化约3500平方米，地面铺装约3000平方米，清除渣土800余立方米，增设80平方米以上二类公厕3座，增加城市街心绿地休闲及科普宣传广场2处（宣武门广场、地质博物馆广场）。

（郭彦博）

【西单文化广场二期工程改造】 新建全国首个公益献血屋，结束了在公共场所临时采血的历史；对4个出入口的结构进行改造；新增3部自动扶梯、1部供残疾人使用的升降平台；对科普画廊原有结构进行改造，将原有150平方米扩大到500平方米；开展绿化景观建设，新增1处由91棵银杏树组成的树阵，绿化种植覆盖率达42%；安装石材座椅24个，广场铺装石材2万平方米。整个广场充满现代、文化、时代气息，成为西长安街上的新地标。另外，在宣武门内大街便道两侧新安装便道景观灯66盏、照树灯236个。

（郭彦博）

【垃圾分类工作】 研究制定《关于全面推进西城区生活垃圾处理的工作方案》《西城区2009年推进生活垃圾处理工作折子工程》，对开展垃圾分类创建工作的小区、大厦分阶段进行考核验收，32个小区开始试点生活垃圾全过程分类处理。同时，加强垃圾分类工作宣传，制作200余块宣传展板及若干宣传手册，发放分类垃圾布袋1000余个、可降解垃圾袋10余万个。

（郭彦博）

【老旧小区整治工作】 年内，区市政管委对万明园等16个多产权老旧小区的环境进行整治，以招投标的方式确定设计单位、监理单位和施工单位。拆除违法建设1500

平方米，整治破损绿地8014平方米，铺装道路19935平方米，粉饰楼体、墙体23950平方米，新建及翻建自行车棚17个，新修大门12个，完善休闲桌椅、晾衣杆、分类垃圾桶等便民设施若干。

（郭彦博）

【缸瓦市教堂及周边整治工作】 拆除缸瓦市基督教堂前的西四家具店，其面积为4层1600平方米。建教堂工作用房3间、40平方米，同时完善了上水、下水、雨污水、暖气管道及院内的绿化，并建大门2个。将基督教堂门前整治成1处广场，广场前方建造石碑1块。

（郭彦博）

【老楼通气工程】 开展对西城区全部拟通气住户前期调查及通气管线改造工程现场协调等工作。完成老楼通气的报装、立项、勘测、设计等前期工作。年内老楼通气工程已设计完成113栋楼，涉及7228户居民，正在施工100栋楼，涉及居民6875户。

（郭彦博）

【国庆环境保障任务】 国庆期间，区市政管委设立国庆环境保障分指挥办公室，分指挥办公室下设9个专项保障组。对区域内209座污水井、16座化粪池，以及烟花燃放区域内单位内部自管污水井、化粪池等进行可燃气体和有毒有害气体的释放、检测，确保达到安全标准。对地下管线、市属公厕进行检查、验收；对长安街沿线等重点区域的136条道路进行全面巡查、看护，在辟才胡同、德胜门、北新华街设立了3个市政应急抢险点，确保市政基础设施的安全运行。启用西单大悦城等3处公益广告设施发布宣传广告，征用部分商业广告媒体、LED显示屏、部分工地围档发布国庆宣传口号，组织协调夜景照明工程更新，建成西二环西侧等3处公益广告设施，投入到庆祝新中国成立60周年的公益宣传中，保障重点地区悬挂灯笼彩旗，营造喜庆的国庆氛围。

（郭彦博）

【市政基础设施建设】 年内，区市政管委实施完成新文化街等53条道路大中修及市属红线外5万平方米便道修复。完成护国寺大街等15条无障碍设施道路改造。基本完成11条架空线入地、路灯改造工程及2007年、2008年90条道路架空线入地的撤旧工作。完成阜内大街南侧拓宽工程，拓宽道路14米、步道510平方米，绿化2100平方米。完成双旗杆“堵头路”工程，双旗杆“堵头路”是2001年列入区政府拆违整治项目，由于产权、拆迁等各种原因未能有效解决，年内区市政管委解决了历时8年的历史遗留问题。投入资金93万元，解决了德外大街乙12号院7号楼居民住宅污水倒灌问题。推进五栋大楼西侧“断头路”工程，已完成规划路床上的自行车棚及其他违章建筑物拆除工作，拆除道路西侧违法建筑2处；异地新建140平方米自行车棚已启用。

（郭彦博）

【西长安街及延长线综合整治】 对木樨地北里13号楼等14栋住宅楼分5个标段全面展开施工。共更换塑钢双玻璃895户、5475平方米，规范空调室外机1290台，加装装饰护栏1650个，外墙粉饰40181平方米，安装首层防盗护栏198个。对新华街等12条街巷底商牌匾进行整治或规范，涉及商户568户；完成外立面粉饰13549平方米；拆除违法建设和违法广告3894平方米。完成东安福、西安福、东文昌等胡同环境景观提升整治方案，更换屋顶瓦面263平方米，加装玻璃钢仿古瓦450平方米，油漆门窗320平方米，拆砌围墙80立方米，更换仿古窗50樘，立面整修粉饰2800平方米，空调移机5台，加装空调篦68个、整治底商牌匾4户。

（郭彦博）

国土资源管理

【概况】 北京市国土资源局西城分局（简称市国土局西城分局），为北京市国土资源局（简称市国土局）的派出机构，负责组织实施西城区内土地矿产资源行政管理工作，全局编制51人。内设办公室、财务科、纪检监察科、综合科（加挂执法监察科）、地籍科、国土资源利用科6个职能科室，下设2个全额拨款事业单位，即北京市土地整理储备中心西城区分中心和北京市西城区土地权属登记事务中心。

年内，市国土局西城分局不断加强领导班子建设和党员干部队伍建设；认真贯彻中央“保增长、保民生、保稳定”的方针，积极落实市政府1000亿土地储备投资计划，继续加强土地管理的信息化、数字化、精细化、科学化建设，努力提高服务意识、业务素质、行政能力与管理水平，为国庆60周年作出积极贡献。

地址：西城区真武庙头条甲8号
邮编：100045
电话：68020198

（刘如　燕彦）

【国有土地管理工作】 年内，西城区土地供应计划共19个项目，总用地14.70公顷。其中基础设施用地8宗，用地面积3.39公顷；科教文卫体和行政办公用地5宗，用地面积5.56公顷；商业服务业用地6宗，用地面积5.75公顷。年内实现供地14个项目，占地16.48公顷，完成计划的112.11%。其中基础设施3个，占地1.25公顷；住宅1个，占地0.64公顷；科教文卫办公8个，占地8.67公顷；特殊用地2个，占地5.92公顷。全年办结建设项目用地预审14件，总用地约14.97公顷。其中基础设施用地2宗，用地面积0.36公顷；科教文卫体和行政办公用地7宗，用地面积7.49公顷；商业服务业用地4宗，用地面积6.71公顷；住宅用地1宗，用地面积0.41公顷。开展地热采矿权年检工作。完成对2007年国有土地使用权出让情况专项清理工作进行“回头看”的检查，对西城区上年办理的45宗国有建设用地进行专项清查。完成基准地价更新基础资料调查收集整理工作，开展地质找矿改革发展大讨论工作。

（刘如　燕彦）

【绿色通道项目用地审批工作】 按照市政府和市国土局要求，加快重点工程、重大项目用地审批，开辟绿色通道，按照“原有审批时限减半”的原则，做到“特事特办，急事急办”；完善和优化审批流程，主动服务，提早介入，专人负责。全区纳入市扩大内需重大项目31个，按照市国土局统计口径，已办结和不需要办理的用地预审26个，占总数的83.87%，已实现供地项目和不需要办理供地项目29个，占总数的93.5%。

（刘如　燕彦）

【第二次全国土地调查工作】 全面完成西城区第二次全国土地调查工作（简称二次调查）。共完成调查面积31.33平方公里，宗地12627宗。根据最新调查，西城区宗地面积为31.33平方公里，其中商业服务业用地2.75平方公里，占全区总面积的8.8%；工矿仓储用地0.38平方公里，占全区总面积的1.2%；住宅用地9.65平方公里，占全区总面积的30.8%；公共管理与公共服务用地10.19平方公里，占全区总面积的32.52%；特殊用地0.90平方公里，占全区总面积的2.9%；交通运输用地7.33平方公里，占全区总面积的23.38%；水域及水利设施用地0.13平方公里占全区总面积的0.4%。西城区二次调查工作有以下特点：一是领导高度重视，制度落实到位，精心组织部署。成立以主管副区长为组长，市国土局西城分局局长为副组长的西城区第二次土地调查领导小组，区各委办局领导为小组成员，形成全区统一协调的工作机制；建立西城区第二次土地调查领导小组办公室，下设若干工作组，并对各组职责进行明确分工；制定《西城区第二次土地调查工作实施方案》，明确西城区第二次土地调查的工作目标、总体任务、技术路线与方法、进度安排、组织机构及工作原则等内容；建立例会制度、监督检查制度。二是区政府大力支持，全局上下形成合力，层层落实责任。区领导多次到市国土局西城分局视察工作，对调查工作提出指导性意见，并在各方面予以支持。市国土局西城分局按照区政府的指示精神，把二次调查作为重点工作来抓，抽调其他科室人员充实二次调查队伍，举全局之力搞好二次调查。三是密切结合西城区实际，采用不同方式进行多角度、全方位宣传。在办公场所及分局行政服务大厅张贴二次调查宣传画、发放宣传资料，安排专人负责解释，同时将宣传工作与党团活动结合起来，组织党员代表、青年团员到西单文化广场等公共场所向公众发放二次调查宣传资料，讲解有关土地调查的知识，并采取“走出去”的工作方式，深入到单位中加强宣传。四是依托综合业务系统与房屋档案，完善统计制度，提高工作效率。并自行设计制作西城区《二次调查明细表》，将每宗地的基本信息和调查结果通过A3报表的形式反映出来。

（刘如　燕彦）

【地籍管理工作】 在第二次全国土地调查工作的基础上，探索土地登记发证新模式，利用已建成的地籍管理信息系统和第二次土地调查的最新成果，采取“条块结合”的模式为西城区驻区企事业单位服务，全年完成总登记发证229个，办理国有土地使用权登记发证309宗地，出具地籍调查成果确认单56个。办理土地使用权抵押登记86宗，面积为52.69万平方米，贷款金额共计2159187.76万元。全面启动西城区土地证换发工作，采取“致用地单位的一封信”等多种方式，说明换证意义及优惠政策。

（刘如　燕彦）

【1000亿土地储备投资工作】　年内，为贯彻落实中央“扩内需、保增长、促发展”的方针，努力完成全市1000亿土地储备投资计划。市国土局西城分局先后召开动员会、项目协调会、调度会、项目统计分析会、个别特殊项目调研会等一系列会议，帮助项目开发企业分析形势、树立信心、扩大投资，并解决一些实际问题，从而提高项目开发企业投资的积极性，促使项目开发企业尽快落实投资计划。另一方面，抽调人员充实储备中心队伍，做到每个项目都有专人负责，随时掌握项目进展情况。为进一步督促项目开发企业落实投资计划，市国土局西城分局由局领导带队、相关人员参加的项目督促检查小组对全区的所有项目进行逐一的现场调研，掌握详尽的第一手材料。并就项目的手续申报情况、资金落实情况、项目进展情况、存在的问题进行现场分析和解答，取得良好的效果。全年累计完成土地储备投资14.85亿元，完成计划的91.7%。

（刘如　燕彦）

【土地储备开发】　年内，市国土局西城分局办理了以储备分中心为主体的西长安街新华门段拓宽项目的前期手续，按区政府要求参与动迁指挥部工作，完成道路红线内的全部拆迁共2.4公顷，实现投资7.92亿元，为新中国成立60周年大庆作出贡献。完成德胜F1项目的入市交易工作；完成了西直门小区南区土地一级开发项目实施方案审核；签署了新兴盛、西直门小区南区土地一级开发项目监管协议和资金监管协议；完成原马连良故居部分拆除并向西南迁建工程；完成新华门路南中央警卫局围墙保护南移各项申报审批手续；受市储备中心的委托，办理了西城区“城中村”改造后的国有土地使用权证书。

（刘如　燕彦）

【国土资源执法监察】　采用多种方式在“4·22”世界地球日、“6·25”土地日和“12·4”全国法制日等时间段，开展法制宣传咨询活动，共发放宣传册1730余份、环保购物袋1000余个，接待群众咨询60余人次。在《国土资源报》上刊登《为了更新更准确——北京西城国土分局“二调”工作掠影》《条块结合推进二次土地调查北京西城区土地权属测绘实现全覆盖》2篇文章，宣传相关政策；组织机关干部参与“百家网站法律知识竞赛”，掀起全局普法活动的高潮。

（刘如　燕彦）

【电子政务与信息化建设】　根据实际情况明确政府信息公开的责任部门，制定相应的工作制度及办法，实现政府信息公开工作的规范化、科学化和标准化。全年主动公开政府信息200余条，受理依申请公开事项2件，接待各类咨询2000余件。完成综合业务系统功能优化扩展工作。将原登记发证及抵押类共13项业务统一整合为登记及抵押（注销）2大项业务流程。优化后的系统业务流程既满足了国土部登记流程新要求，又降低了申报人填写申请表难度，同时为日后电子申报打下基础。完成综合业务系统历史案卷更新核心库工作和功能扩展工作。总计更新2007年10月后档案552卷；搭建小业主登记发证、土地登记卡梳理、法院协执模块、涉外产入库及空间化挂接、办公自动化系统、多种结果查询的业务模块。

（刘如　燕彦）

【调查研究】　市国土局西城分局重视信息、调研工作，制定《关于加强信息报道工作的意见》，就报送内容、报送要求、报送方式、报送数量明确提出具体要求。为实现以信息化带动管理现代化，促进工作效能和工作质量的提高，真正达到以图管地、动态管理的目标，撰写了《以信息化带动土地管理现代化的探索与实践》一文；完成《关于什刹海地区平房四合院改造模式的探索》《金融街西拓土地利用问题研究》《加强土地一级开发市场管理努力实现扩内需保增长的目标》等8篇调研报告。其中《关于什刹海地区平房四合院改造模式的探索》被市委办公厅采用，刊登在《北京信息》（第514期）。《加强土地一级市场开发管理努力实现扩内需保增长的目标》刊登在《西城信息》的“一把手论坛”上。《地籍测绘市场化问题初探》被评为市国土局优秀调研信息。

（刘如　燕彦）

房屋管理

【概况】 北京市西城区房屋管理局（简称区房管局）是西城区建设委员会部门管理的本区房屋行政管理和住房制度改革工作的行政机构，负责区保障性住房和限价商品住房等政策类住房的资格审核和分配管理等工作。内设科室15个，全额拨款事业单位4个。年内，区房管局落实市、区政府和市住建委的工作部署，围绕实现“保增长、保民生、保稳定”的工作目标，依法行政，按职履责，完成国庆保障和服务工作任务。全年办理行政审批139项，行政事项646件，行政检查8287次，行政处罚3起，接待群众来访9104人次，办理各类信访件554件，办理市区领导批件208件，办理人大建议、政协提案8件，处理矛盾纠纷排查调处9件，通过法律顾问妥善处理涉法涉诉问题20件。完成网络结构调整，优化档案加工流程，合理有效运用档案信息资源。完成拆迁房屋的产权审查19.7万余平方米；接收房屋档案20135卷，数字化处理房屋档案20296卷，为社会面提供查询11581人次，为内部科室业务工作提供查询136494次。

地址：西城区西安门大街115号

邮编：100034

电话：66175570

（李　冉）

【拆迁管理】 年内，区房管局抽调人员协助西长安街道路拓宽及特殊用地项目拆迁办开展动迁工作，奖励期结束后配合进入行政调解、裁决程序，推动该项目工作进度。协助地铁6号线、8号线拆迁项目取得房屋拆迁许可证。组织召开各类行政裁决听证会8次，发挥依法推进、以点带面的积极作用，推进重点工程拆迁进度。防汛期间，向全区所有在施拆迁工地下发《关于加强汛期拆迁工地房屋安全工作的通知》，对全区各在施拆迁工地开展巡查工作。冬季，向全区涉及成套楼拆迁的工地下发《关于做好成套楼拆迁工地冬季供暖工作的通知》，开展对居民供暖、用电、用气、用水设施的检查，确保在拆项目的冬季供暖工作顺利进行。年内，完成6项1611户居民的拆迁任务，进行行政调解谈话365户，做出行政裁决197份，依法申请司法强制执行38户。

（李　冉）

【住房保障和制度改革】 年内，指导建立健全各街道办事处住房保障机构，把住房保障工作延伸至全区148个社区。完善协同配合机制、“三级审核二次公示”准入把关机制、廉政风险防范机制、定期会商机制、“走出去、请进来”调研指导机制。构建住房保障体系，完善管理制度，进一步细化市、区、街三级住房保障部门工作流程，制作《北京市西城区住房保障工作手册》，规范西城区住房保障工作。召开住房保障工作培训会10余次，其中2次培训覆盖了全区7个街道办事处、148个社区的300余名从事住房保障工作的专兼职人员。通过“三级审核、两次公示”备案累计13044户，累计解决6824户家庭的住房困难，完成1678户公共租赁保障性住房家庭意向登记工作。为70个单位办理房改售房审批，涉及房屋近千套，建筑面积近6.8万平方米。为市、区属单位交纳住房公积金和房屋维修办理售房款使用审批1098万余元。制定《居民购买旧城历史文化保护区四合院房屋试点办法》，为需求者提供政策依据。

（李　冉）

【标准租私房腾退】 年内，突破固有思路，通过产权互换、公房收购、利用已封房屋作为特困户安置房等方式，有效解决部分腾退问题，维护标私房腾退各方当事人合法权益。共完成标私房腾退26户，累计完成腾退3794户，累计使用资金7.4亿元。

（李　冉）

【房地产市场管理】 加大行业规范化服务整治力度，召开西城区房地产经纪机构国庆平安行动专项整治誓师大会、专项整治协调会、恳谈会、通报会等会议，在全区房地产经纪机构中开展“参加全市诚信守法主题活动”和“房屋租赁、诚信守法”主题宣传活动，做好备案和巡查、执法工作。办理房地产经纪机构各类备案527件次；巡检房地产经纪机构128家，发出巡检记录78份；受理并解决房地产经纪机构投诉192起、房地产开发企业投诉20起，查处追回经济损失20余万元。

（李　冉）

【房产登记发证管理】 年内，区房管局房屋交易服务大厅实现平行式受理一站式服务的工作模式，管理上有新突破、业务上有新提高、服务上多项便民措施并举。工作人员坚持老、中、青合理配备，以青年骨干为主；设立一正四副科级领导轮流值班制，负责大厅内巡查、纠纷处理和疑难解答；定期开展业务集中培训，带领业务办理人员参加市住建委房屋登记知识竞赛，注重综合素质提高；开设绿色通行窗口，为老、弱、病、残、孕人士提供快捷服务；为行动不便的老年人提供上门服务；为有特殊需求的人员提供当天受理当天发证服务。年内，共颁发房屋所有权证书和房屋他项权利证书15983本；完成各类房产转移登记2.1万余件，涉及金额达278.2亿元人民币。

（李　冉）

【物业行业行政管理】　年内，开通“物业服务企业资质网上审批系统”，催办200余家物业服务企业完成信息录入工作。办理资质审批31件，办理住宅专项维修资金审批4件。落实市、区关于物业服务企业安全生产整治工作要求，对100余家物业服务企业的安全生产工作进行检查，通过分析典型事故案例对物业服务企业负责人开展警示教育，提高安全服务意识。完成物业小区业主大会、业主委员会组建职能转入街道办事处的交接工作，丰富对物业服务企业的监管手段，增强街道办事处和社区组织对辖区内物业服务企业的监管力度。处理针对物业服务企业的投诉，妥善化解物业矛盾纠纷40余起。

（李　冉）

【房屋及设备安全管理】　年内，以城镇私有危房和单位自管危房为重点，督促产权单位和私房产权人完成单位自管产、物业管理房屋安全检查2220.6万平方米，占实际需要检查房屋数量的97.2%；直管公房检查198.4万平方米，房屋检查率100%；私人房屋检查41.2万平方米，占应查私人房屋的79.4%；标准租房屋检查0.53万平方米，占应查房屋的95.5%。根据对辖区内单位自管产和私产进行摸底排查掌握的区内危房情况和相关汇总数据，完成271户、459间、6799.94平方米的“无城镇危险房屋”年度工作目标。编写《西城区房屋管理局2009年防汛工作预案》《防汛工作安全隐患清册》等方案，组建30人房屋防汛抢险队，建立抢险队员紧急通讯网络。向辖区内1000余家自管房单位印发《关于做好2009年汛期房屋安全管理工作的通知》，分发3500份《致居民的一封信》。严格落实防汛应急值班制度，强调加强夜间、雨中巡查，尤其加大对重点部位、重点房屋的巡查监督力度，提高防汛现场处置能力，实现年度防汛工作任务目标。开展城市白蚁防治工作。

（李　冉）

【普通地下室安全使用管理】　年内，借鉴奥运保障工作经验，国庆期间抽调8人加强普通地下室安全使用管理。重新核定全区普通地下室1320处、320万平方米，对涉及国庆重要活动场所周边500米范围内360处、135.06万平方米普通地下室进行拉网式巡检排查和联合执法，对其中属于经营类的307处、130万平方米的普通地下室进行重点、反复地执法检查，确保国庆期间普通地下室安全使用。全年排除安全隐患50处、26万平方米，发限期整改通知书102份次，约谈相关单位负责人40余人，关闭停业5处、4305平方米，行政处罚8起，罚款1.2万元。

（李　冉）

【房屋租赁市场管理】　年内，办理非居住性质房屋租赁登记备案81件，建筑面积为71147平方米，月平均租金为每平方米94元。其中作为办公用途使用的房屋租赁备案72件，备案建筑面积52569平方米，月平均租金为每平方米95元；作为商业营业用途使用的房屋租赁备案9件，备案建筑面积18578平方米，月平均租金为每平方米50元。

（李　冉）

直管公房经营管理

【概况】　北京市西城区房屋土地经营管理中心（简称区房地中心）属于区政府自收自支（企业化管理）的事业单位。机关设11个部室，定编50人。下属7个房管所及房地产开发、房地产经营等共16个基层单位。主要从事国有资产的经营和管理，担负着西城区直管公房的经营、管理、服务工作，负责夏季防汛、冬季供暖，保证居民的住用安全，负责房地产开发、物业管理、房地产交易、房屋租赁、房屋置换和危旧房改造工作。年内，区房地中心围绕政府“保增长、保民生、保稳定”的工作目标，推进改善民生的重点工程，加强各项基础管理工作，推进基层党组织建设和党风廉政建设，完成各项经济指标和重点工程建设项目，完成维护社会稳定和国庆服务保障任务，经济效益和社会效益显著提升。

地址：西城区平安里西大街10号
邮编：100035
电话：66168099

（葛菁　王媛）

【直管公房管理】 继续推进房屋管理信息平台建设，完成西城区房屋管理信息系统二期研发，利用新技术、新方法，将原房屋基数和租金数据进行整合，同时在租金计算、凭证处理等环节上进行创新，全面提升直管公房管理的科技含量和基础数据管理的水平。进一步加强直管公房经营管理，全面完成租金收缴任务。严格直管公房承租人变更手续，严把审批关。进一步加强自有房产和直管经营性用房的管理。规范转租合同样本，规范合同签订审批程序。围绕重点工程，下大力量抓好“工管配合”，协调解决工程推进中出现的历史遗留问题和难点热点问题，主动化解群众的矛盾纠纷，为居民群众提供有针对性的服务。为减少经营活动中的法律风险，聘请专业法律顾问，为区房地中心及各单位提供日常法律事务咨询及服务。举办公房管理人员业务培训以及法律知识培训，不断提高管理人员职业道德素质、业务素质和依法办事能力。

（葛菁　王媛）

【直管公房安全度汛】 以确保大庆之年直管公房的住用安全为工作重点，全面推进重点工程。认真分析冬季房屋普查结果，将三类、四类房屋及简易楼列为防控重点，汛前再次对这部分房屋进行检查，汛中进行时时监控。完善区房地中心和房管所两级防汛预案，梳理防汛重点，分解重点防汛目标，制定3个等级的值班抢险方案，成立10支防汛抢险队，储备抢险物资、落实紧急避险场所，向住户发放便民服务卡，公布防汛电话，做到随叫随到。将管辖范围内的房屋状况绘制成防汛抢险监控图，列表上墙，对重点房屋进行时时监控，坚持每条街巷、每个院落、每间房屋都责任到人。坚持雨前检查、雨中巡查、雨后复查，做到组织落实、人员落实、物资落实和责任落实。继续落实首问责任制度。合理安排修缮计划，对直管公房进行安全普查。汛期共出动4140余人次投入值班抢险工作中。在12次较大降雨中，接报险电话493个，出动抢险人员399人，雨中苫盖房屋402间，排除积水、疏通下水129处。实现平安度汛的工作目标。

（葛菁　王媛）

【供暖工作】 坚持以大局为重，克服近60年未遇的寒冷极端天气造成的不利影响，狠抓运行管理，确保室温合格率达99.8%。扩大供暖面积，新接管区建委住房管理处约2万平方米的供暖任务。供暖管理所被评为北京市“市级供热应急抢险抢修单位”和“2008至2009年度供热优秀单位”，取得较好的经济和社会效益。

（葛菁　王媛）

【拆迁拆除工作】 坚持依法拆迁、文明拆迁、友情拆迁，从解决居民实际困难出发，多渠道筹集房源信息，提供各种形式的拆迁服务，主动疏导情绪，化解矛盾。西长安街道路拓宽工程是市、区重点工程，拆迁工程时间紧、任务重、难度大，参与拆迁工作的干部职工出色地完成18个院落160户的动迁任务，确保项目用地按时交付。中央档案馆拆迁和安德路77号院拆迁等重点拆迁项目，按期顺利完成。中央警卫局四期拆迁、景山西街拆迁、西安大院1、2号简易楼解危排险腾退工作处于收尾阶段。地铁6号线拆迁工程正在加紧实施。

（葛菁　王媛）

【旧城房屋改造修缮工程】 按照市政府提出的“修缮、改善、疏散”总体要求，采取政府主导、财政投入、居民自愿、专家指导、社会监督的方式，在总结街巷综合改造修缮工程经验的基础上，以旧城内平房院落为重点，实施旧城房屋改造修缮工程。整治后，不但保存胡同街巷的传统风貌，也改善了平房区居民的生活质量。年内计划整治11条街巷、293个院落、6941间房屋，共涉及居民5000户。实际整治11条街巷、952个院落、7725间房屋，改造面积达11万平方米，涉及居民6285户。

（葛菁　王媛）

【平房院厕所保洁管理工作】 为确保西城区平房院厕所保洁与管理工作顺利开展，促使院内厕所管理逐步实现标准化、规范化，促进服务水平不断提升，针对住户反映突出的已改造完平房院落厕所的保洁与管理问题，区房地中心组建北京丽雅安佳保洁服务中心专门负责该项工作。1月1日，西城区平房院内公厕保洁工作正式启动。丽雅安佳保洁服务中心开始对1652座平房区院内厕所实施保洁。为强化城市管理，完善公共服务职能，提高文保街区品质作出贡献。

（葛菁　王媛）

【老旧小区、楼房设施改造工程】 西城区辖内的直管楼房，大部分使用年限都在30年以上，为确保老旧楼房的使用安全、优化居民居住环境，按照区政府要求，对132栋老旧楼房进行室内电线更新，确保居民用电安全；对28个老旧小区实施甬路铺设、雨污水管线改造、清淤及各类管道井长高和挡土墙修建。

（葛菁　王媛）

【街巷街景整治工程】 市建委、市规划委、市文物局联合发布的《北京旧城房屋修缮与保护技术导则》中，明确提出“要保护古都风貌的改造方法及工艺”，根据市、区政府工作要求，对187条街巷中残损破旧的门楼、院墙进行改造。在改善西城区整体景观效果的同时，也进一步改善居民的居住环境。

（葛菁　王媛）

【“五类危房”解危排险工程】 继续落实市政府“五无”工作目标，对上年已实施加固、尚未翻建的421间房屋进行翻建或挑顶，全面消灭安全隐患，工程涉及居民251户。

（葛菁　王媛）

【“煤改电”工程】 根据《第十五阶段控制大气污染措施西城任务》中的相关要求，区房地中心配合区环保局做好“煤改电”工程，安装电表20324块，涉及居民2万户。改造后，一律采用清洁能源进行冬季供暖，减少大气污染，确保全区空气质量二级和好于二级的天数达到70%。为确保“煤改电”的改造效果，区房地中心在对改造范围内直管公房进行全面调查的基础上，对2412间存在纸顶棚、干挂瓦和门窗不严的房屋实施保温改造工程，解决供暖期居民住房保温性能不够，散热过快问题。另外，为配合“煤改电”施工，完成开闭站拆迁2处，箱变站拆迁6处、复建4处。

（葛菁　王媛）

【综合治理与创建安全单位】 年内，开展社会治安综合治理和创建安全单位活动，全年召开各类各级安全会议及活动75次，采取讲课、知识竞赛、举办培训班等形式对干部、职工进行安全生产、治安宣传教育。组织1620人开展安全知识竞赛12次，悬挂安全条幅190幅，张贴标语3100余条，出板报630块、简报69期。开展“五五”普法教育，举办法律咨询、法律知识竞赛活动。加强内部单位及节假日、两会以及国家重大活动期间的安全保卫工作，开展安全大检查240余次，及时纠正安全隐患272处。针对火灾等突发事件组织演习。加强对外来人员的管理教育，优化生活环境，并适时进行安全常识培训。签订安全责任书，建立和完善各类安全措施。进一步加强对管理人员和农民工的安全生产教育，不断提高安全生产意识和落实安全生产制度措施的自觉性。举办农民工安全生产教育培训班，共培训3900余人；举办“专职安全员培训班”，培训安全员28人。

（刘　刚）

【信访接待、建议提案办理】 坚持信访、督查工作一把手负责制，对群访和一些重大信访，主要领导亲自协调解决。认真落实党政领导干部大接访工作，严格责任追究制度。坚持实行信访预案制，积极预防，有效化解；坚持信访会商制，对一些重大信访事项，相关部门一起研究解决。建立信访工作通报制度，定期召开信访工作协调会议，分析处理来信来访工作中存在的突出问题。全年接待群众来访119件次、156人次，受理便民电话782件，接收普通信访件96件，接收领导批办件58件，受理市长信箱117件，信访综合办公系统转来各类来访、来信共66件。主办人大代表建议5件、协办1件，主办政协委员提案1件、协办3件。

（葛菁　王媛）

【职工素质教育培训】 继续推进职工素质教育工程，为基层单位培养实用型人才。对参加“老旧楼房电线改造工程”、“四合院及街巷整治工程”及“煤改电工程”等政府惠民工程施工的管理人员和民工队骨干共798人，分10个教学班开展岗前安全技术培训；为做好全国第三次文物普查工作，针对测绘工作特点，开办古建筑工程基础培训班，30余人参加培训；对98名财务管理人员进行继续教育培训；为完成《首都职工素质教育工程》培训任务，开办“实用文体写作”讲座，69人参加培训；举办“施工工长培训班”，培训30人；举办“房屋管理员培训班”，培训20人；开办“专职安全员培训班”，培训27人；举办各种类型农民工安全生产培训班，培训3900余人；组织安全生产教育活动8次，1000余人参加；发放安全生产材料1200余份，区房地中心各单位用于安全生产宣传教育活动经费共29.87万元。

（葛菁　王媛）

园林市政管理

【概况】 北京市西城区园林局(简称区园林局)，为全额拨款事业单位，行使西城区园林绿化行业管理职能，同时行使西城区绿化委员会办公室职能，并承担区域市政综合巡查职责。机关内设科室9个，职工总数62人。8月，根据《北京市西城区人民政府关于机构设置的通知》（西政发〔2009〕19号），组建北京市西城区园林绿化局（同时挂区绿化委员会办公室牌子，简称区绿化办），为区政府工作部门。月坛公园、人定湖公园为区园林局下属差额拨款事业单位，职工总数58人，临时工总数58人；西城区园林市政工程服务中心（简称中心）为区园林绿化局下属自收自支事业单位，管理德外绿化队、月坛绿化队、市政工程队、苗木园艺队、奇石馆、北京三海投资管理中心和北京什刹海旅游开发有限公司7个单位，职工总数282人，临时工总数1581人，承担区管园林绿化和市政道路养护作业、施工等任务以及什刹海经营性资产管理和专业作业的监管工作。年内，完成绿地建设10.99公顷，其中新增4.30公顷，改造6.69公顷，植树7600株，铺草坪3万平方米；完成大修路工程53条、道路建设维护258万平方米；金融街片区绿化建设项目荣获国家住房和城乡建设部颁发的“中国人居环境范例奖”。截至年底，全区实有园林绿地面积683.28公顷，树木148.56万株（含古树2785株），草坪311.34万平方米，宿根花卉34.35万株，绿地率21.61%，绿化覆盖率31%，人均绿地面积8.61平方米，人均公园绿地面积3.79平方米，道路绿地面积91.66公顷。区园林绿化局固定资产总值6072.84万元。

地址：西城区南礼士路乙9号院2号楼

邮编：100045

电话：68025953

（范慧英）

【全民义务植树】 在4月4日首都第二十五个全民义务植树日，市政协副主席唐晓青，市园林绿化局党委副书记刘宝军、区委书记林铎、区人大主任张国玉、区政协主席张春平、副区长曹长胜等领导，总参、总政、总装、第二炮兵等部队领导，与机关干部、部队官兵150余人，参加了西城区新街口四条、东校场胡同主题为“同建绿色家园，共享生态文明”的义务植树活动。全区各机关单位、社会团体、企事业单位以多种形式参与植树日活动。区绿化办和各街道办事处设立宣传咨询站9个，悬挂横幅标语138幅，出动宣传车8辆，发放宣传材料1.34万份，向群众普及义务植树、建设生态园林城市、保护生物多样性及病虫害防治等方面的知识。各街道办事处以社区为单位，发动社区居民清理绿地卫生。区绿化办在延庆县八达岭荒山、西卓家营荒滩设置植树点，接待社会单位和市民个人植树。春季义务植树活动期间，全区共有30万余人参加，植树4.89万株，清扫绿地76万余平方米，养护树木37万余株。

（范慧英）

【国庆60周年环境保障工作】 针对国庆60周年服务保障工作的特殊性、严密性和高标准，按照市、区国庆保障工作的统一部署，参照奥运服务保障工作架构，重点从两方面做好环境保障工作：一是精心设计布置花卉景观。按照“高质量、有创新”的目标和“隆重、喜庆、节俭、祥和”的总要求，制定《国庆60周年西城区花卉景观布置规划纲要》，以五一为序幕、夏季为过渡、十一为重点，采用地栽花卉、花钵、立体花架等多种形式布置花卉。国庆期间，在城市主要节点摆放主题花坛17个，在15条道路摆放花钵2200个，在11处公园绿地、9处道路绿地和8个桥区栽植地栽花卉3.5万平方米，在西单北大街摆放了“高跟鞋”、“手提包”、“化妆镜”等8组特色花艺小品，在城市重要节点摆放特色花钵120个，共使用花卉83个品种、350万盆，营造出普天同庆的浓烈氛围。二是高效率做好国庆城市运行保障工作。针对城市管理中的难点问题和城市运行中可能出现的突发问题，完善工作机制，制定各类安保及应急抢险方案，做好园林市政环境和设施的风险隐患排查，采取必要预防措施，减少树木倒伏和路面塌陷等情况发生，并加强应急抢险队伍建设。国庆演练期间、庆典期间，在官园公园等9处地点设立现场应急抢险工作点，共出动抢险人员4588人次、各种机械车辆2031台次，处理园林市政险情473起，修剪、处理危险树木383株，修复道路1600平方米，打造了良好的城市运行环境。

（范慧英）

【什刹海景区综合管理】 以促进什刹海景区的可持续发展、不断提高服务保障水平为目标，进一步加大综合管理力度。一是加强水域游船安全管理。强化对全体从业人员的安全培训与考核，与各游船经营单位签订安全责任书；各游船经营单位严格执行各项安全管理规定，坚持安全检查和安全生产例会等制度，及时发现并解决安全隐患和苗头性问题；针对夜航船只密度较大，前、后海结合部银锭桥下狭窄、通行能力有限等实际情况，制定突发事件应急处置预案，并开展消防救生演练；会同市、区两级海事部门对船舶进行检验，加大安保设备投入，合理配备救护巡查人员，提高安全运营水平和巡逻救生率。二是加强物业管理。做好街区形象、保安、消防、卫生和设备设施等管理工作，为经营者创造良好的经营环境；加大对外投资项目监管力度，严格监督控制股份制公司经营收入与资金的使用状况和房屋租赁单位协议的履行情况，实现对外投资项目全部盈利，保证国有资产保值增值；加快烟袋斜街业态调整，对街区的商业定位和管理模式进一步论证，拟搭建文化创意产业发展服务平台，为提升什刹海品牌打造特色配套设施。三是加强景观管理。做好水面保洁、荷花种植、养鱼及夜景照明系统、旅游标识、岸边围拦、环湖座椅等公共设施的管理维护，提升景区环境质量和景观水平。年内，配合市、区政府，顺利举办由北京师范大学附属实验中学和区体育局承办的“名校龙舟赛”及市体育局承办的“全民健身龙舟比赛”，国庆节、中秋节期间，出动船只2300余艘次，接待中外游客近万人，实现全年无安全责任事故、游船服务质量零投诉的目标。

（范慧英）

【屋顶绿化】 为改善生态环境质量，不断增加绿化面积，区园林绿化局深入挖掘可绿化屋顶资源，并积极做好屋顶绿化的宣传推广、服务和指导工作。年内，完成屋顶绿化建设5480平方米，其中北京市机械工业自动化所2700平方米、北京嘉年华大厦500平方米、大红罗厂大街22号580平方米、盛辉嘉园小区1700平方米。全区屋顶绿化已经纳入有序管理体系，形成长效管理机制，屋顶绿化面积逐年增加，管护质量稳步提高，创造出优美的绿化俯瞰景观，有效发挥了缓解热岛效应、净化空气、降尘减噪等生态作用。

（张皓婧　范慧英）

【园林绿化资源普查】 根据市政府办公厅和市园林绿化局的工作要求，经区委、区政府研究同意，于5月至11月在全区范围内开展园林绿化资源普查。普查遵循统一组织、分级负责、部门协作、多方参与的原则，成立由区园林、财政、市政、统计和街道办事处等多部门组成的普查工作领导小组，并制定了普查工作方案。普查采取专业化、科技化、网格化的手段，以全区148个社区为基础调查点，对绿地资源的种类、数量、质量与分布进行全面调查，聘请专业测量公司进行面积测量和图斑勾画，安排专业学校学生进行植物数据采集，保证普查数据的真实性和准确性，为园林绿化数据动态更新、资料提取提供详实的依据。

（张皓婧　范慧英）

【绿地树木认建认养】 按照首都绿化委员会办公室（简称首绿办）的统一要求，广泛动员社会单位和市民参加树木绿地认建认养活动。制定《西城区绿地认养办法》，推出人定湖公园、月坛公园、玫瑰公园和西便门城墙遗址公园供市民认养树木，推出德胜公园和顺成公园供社会单位及个人认养绿地。4月3日，在金融街大绿地举办的“同建绿色家园，共享生态文明”树木绿地认养活动中，中国工商银行、中国移动通信集团公司和华夏基金管理有限公司等11家大型单位参加。年内，阳光保险集团股份有限公司、华夏基金管理有限公司、北京巴黎春天摄影有限公司和中国工商银行4家单位认建认养绿地4.1万平方米。截至年底，全区累计认建认养绿地面积达7.3万余平方米。

（张皓婧　范慧英）

【花园式单位和花园式社区创建】 首都绿化美化花园式单位创建工作是西城区2009年为民办实事内容之一。在区绿化办和各街道绿化办的组织、宣传和监督指导下，区内有关单位和社区发挥各自优势，加强绿化建设管理，积极参与创建工作。年内，德胜国际中心、熙府桃园小区和新盛大厦3个单位被评为首都绿化美化花园式单位。截至年底，全区花园式单位达到243个。在首都绿化美化花园式社区的创建中，区绿化办本着早准备、早组织、早落实的工作思路，深入研究工作特点，积极探索工作方法和模式，并实地了解社区情况，加大服务力度，从社区绿化养护管理和植物种植等多方面给予技术指导，全力帮助社区解决绿化工作中存在的问题和困难，提高了社区绿化水平。年内，月坛街道南沙沟社区和金融街街道丰汇园社区被评为首都绿化美化花园式社区。

（张皓婧　范慧英）

【"城乡手拉手，共建新农村"活动】 区园林局和各街道办事处继续与延庆县郊区村庄进行结对帮扶、对口支援。德胜街道办事处与北京市旅游局、延庆县旅游局、延庆县政府联合组织"我家彩薯在妫川"认养甘薯地活动和"我与小苗一起长"等系列活动，并对沈家营镇西王化营村的彩薯产业和植树造林给予资金支持；什刹海街道办事处在延庆大榆树镇小泥河村订购孔雀草、非洲凤仙和彩叶草等国庆花卉4万余盆，装点地区环境；西长安街街道办事处与旧县镇盆窑村举行"携手共建、绿色家园"石碑揭幕仪式；新街口街道办事处在康庄镇东官坊村建设温室大棚2个；展览路街道办事处在张山营镇张山营村开展"送文化、送科技、送医疗"下乡活动。年内区园林绿化局和各街道办事处向延庆县提供帮扶资金17万余元，植树1900余株，绿化面积6000余平方米。

(张皓婧 范慧英)

【国庆60周年游园保障工作】 严格落实市、区游园指挥部的各项工作要求，从4个方面抓好庆祝新中国成立60周年的游园保障工作。一是健全完善保障机制和方案，成立环境保障领导小组，制定公园环境保障方案、应急预案。二是加强文化建设。在区属公园举办排队推动日、节水和保护生物多样性等主题宣传活动，开展各类文化休闲活动20余次，丰富、扩大和提升公园的文化内涵。三是搞好环境布置。重点对参加"百园展示"活动的南礼士路公园、顺成公园、玫瑰公园、北滨河公园、月坛公园、人定湖公园和参加"千园添彩"活动的什刹海景区、白云公园和官园公园进行花卉布置，营造欢乐、祥和、热烈的节日气氛。四是强化园工培训。除进行服务、礼仪、英语等基本培训外，重点加强安全防范和应对突发事件能力的培训，进一步提高园工的综合服务水平。国庆期间，区属公园共接待游人62万余人次，实现了"健康、安全、秩序、质量"四统一的目标。

(王明明 范慧英)

【绿化养护管理】 在管理机制方面，坚持建管并重、重在管理的原则，将工作标准从单纯达标转为"立足本区、面向全市、争创一流"，严格执行作业标准和等级考核制度，充分发挥专业统领和区街两级绿化办的监督、服务、指导作用，对绿地规模、植物配置、绿地设施和管理措施提出具体要求，严格标准，落实责任，形成长效管理机制。在日常管理方面，实施精细化作业，对绿地内的各种设施进行全面检查和维护，及时维修、更换果皮箱、座椅和无障碍设施，进一步完善绿地的服务功能；加强金融街、什刹海和西单等重点区域的绿化养护管理，优化品牌街区的发展环境。在科技创新方面，对园林绿化废弃物进行资源化处理，生产加工出土壤改良基质，并应用到绿地施肥、屋顶绿化及花卉栽植中，实现绿化废弃物的再利用；应用新型花卉、新优植物材料，使公园和道路绿化景观更加丰富、靓丽；广泛应用喷灌、微喷、滴灌和渗灌等节水技术，建设节约型园林。年内通过对专业道路绿地的自查、自评，向市园林绿化局申报了11块特级和4块一级道路绿地，并通过全市等级绿地核查。截至年底，全区特级绿地达到83块、面积108万余平方米，占全区专业绿地总面积的40%以上。

(张京 范慧英)

【道路绿地改造】 根据《西城区2009年环境建设任务书》的要求，3月25日至4月18日对德外大街中心隔离带绿地进行改造提高，栽植大叶黄杨4万株，替换老化桧柏篱，提升该街整体绿化水平。3月26日至4月20日对月坛北小街道路绿地进行改造，更新绿地护栏，栽植金银木等耐荫花灌木、月季、宿根花卉和丹麦草等，提升该街整体景观效果。3月28日至4月30日对裕民中路原有遮挡行车视线的分车带绿化进行改造，调整桧柏的位置和植物配植，栽植攀爬月季2000株、丹麦草1500平方米，消除了交通安全隐患。

(程晋川 范慧英)

【公园综合改造】 6月25日至9月9日，对北滨河公园西区进行环境综合改造，依照"功能分区"理念，利用公园园路对儿童活动区、球类运动区、跳舞区、休闲健身区和棋牌活动区进行动静分隔，减少相互影响；增设下沉活动广场、羽毛球场，更换乒乓球围栏，增加乒乓球桌3个，铺装防滑、弹性好的彩色沥青地面，围墙上安装方便游人悬挂物品的挂钩，重新摆放健身器材，更换老旧座椅，安装监控设施及太阳能路灯，改造总面积2.17万平方米。改造后的北滨河公园，人性化服务水平进一步提升，成为全市首个"分区健身"公园。7月1日至9月18日，对南礼士路公园进行综合改造，新建自行车停车场，在公园东、西入口处设置回形门，设置无障碍坡道；更换园内破旧栏杆、公共设施，整合园内健身场所，并安装监控设备；调整部分绿化布局，增设景观石，提升了"曦园春早"景点的景观效果。

(程晋川 范慧英)

【地铁4号线站口绿化】 针对地铁4号线特定的功能和地理位置，经与相关单位多次协商研究，按照开放式绿地模式，对宣武门站3号站口和西四站西南口广场进行绿化。共新建绿地9952平方米，新建厕所2座，安装自行车架、照明灯、栏杆、果皮箱和文明椅等服务设施。其中，位于地质博物馆东侧的西四站前广场建成了具有渐变铺装的地核广场，并立有地质学家李四光雕像，体现出“地质”的内涵。工程于7月10日开工，9月30日竣工，在美化地铁站口环境的同时，也为周边居民提供了休闲场所。

（程晋川　范慧英）

【公园防灾避险设施建设】 为增强公园的公共安全服务功能，根据《西城区2009年环境建设任务书》要求，结合区属公园实际情况，委托中国风景园林规划设计研究中心作规划设计，经区市政管委、区地震局、区园林绿化局及相关专家的调查论证，在西便门城墙遗址公园和白云碧溪公园建设应急避险场所。新建棚宿区、指挥部、厕所、给水系统、排污系统、供电系统和监控系统等应急设施，使可用避难用地面积达到1.54公顷，长期避难可容人数约7700人。

（程晋川　范慧英）

【古树名木保护】 针对辖区内古树数量多、分布散、管理难度大和破坏较为严重等特点，制定古树保护管理复壮计划和施工方案，完善古树档案，加强日常巡查，加大人、财、物投入和保护宣传力度，切实打牢工作基础。年内重点对什刹海、西长安街和新街口等辖区内濒危、长势弱、病虫害和易出危险的35株古树，采用补洞、修剪、除治病虫害、支撑和更换安装围栏等措施进行复壮，保证古树良好的生长环境。补洞工作全部使用PU（聚安酯）发泡剂，填充完毕后，在树体表面覆盖树皮，并进行防腐处理，较好地恢复了古树原貌。

（李强　范慧英）

【病虫害防治】 为确保生态安全，进一步加强对美国白蛾等危险性林木有害生物的防控，年内在全区范围内设置诱捕器116个，通过动态监测、网幕普查、普遍防治和重点防治相结合的多种防治方法，遏制了美国白蛾疫情在西城区的发生。同时加强对国槐尺蠖、国槐小潜蛾、国槐叶柄小蛾、蚜虫、红蜘蛛、草鞋蚧、斑衣腊蝉、天幕毛虫、梨桧锈病和草坪褐斑病等10余种园林植物常规病虫害的防治。全年共使用生物防治药剂12吨，出动防治车辆3500次、防治人员1.6万人次，完成年度防治任务，保证了全区的生态安全和完好景观。

（槐静文　范慧英）

【道路大中修工程】 围绕优化交通、创造顺畅便利的出行环境，全面开展道路大中修工程。对全区道路逐一排查、统计和分析，精心制定施工方案，做好与区市政、交通、环保、路政等相关部门的协调工作，并邀请施工所在街道办事处、社区、居民代表召开配合协调会，听取各方面意见和建议，争取民众的理解与支持。年内，市政工程队克服工期紧、任务重及作业环境狭窄等不利因素，按时保质完成了双寺、石板房和小石桥等53条街巷胡同大中修工程，共铺沥青7.2万余平方米、步道2.9万余平方米、路缘石2.7万余延长米。

（阎颜　范慧英）

【市政基础设施管理维护】 在道路维护方面，及时清除鼓楼大街、二七剧场路和大六部口等重点区、街的路面障碍；协助区市政管委完成市属红线外道路的调查和资料整理归档工作，并维修道路5万平方米；完成什刹海等地区70余条胡同街巷“煤改电”管线综合入地掘路、鼓楼等地区13条街巷老楼通气掘路和147项审批掘路的修复任务。全年共维护道路258万平方米，道路完好率保持在95%以上。设施管护方面，为清秀巷和灵境胡同等市政管线缺失、老化、堵塞严重的街巷，新建管线，更换井盖、雨水箅子，并修改雨水口；做好西单商业街和金融街地下交通的路面养护、电梯、廊桥、天桥的日常管理和维护工作；加强对北京北站新建广场和附属道路内石材铺装、沥青路面和路灯等设施的巡查管理；做好西二环夜景照明远程监控管理系统和西二环、前三门、北二环54栋住宅楼夜景照明设施的管理维护工作，更换照明灯2400余盏套，清洁、修缮灯具2万余次，更换维修各类设施350余个，完成两会、春节、新中国成立60周年庆典等重大节日和活动期间的夜景保障任务。

（阎颜　孙庆祥　范慧英）

风景区管理

【概况】　北京市西城区什刹海风景区管理处（简称管理处）为什刹海街道办事处下属副处级全额拨款事业单位。年内，按照西编字〔2007〕42号《关于同意什刹海管理处增加编制的批复》等文件，人员编制暂定为81人。根据西编办〔2007〕6号《关于什刹海风景区管理处职能配置内设机构和人员编制规定的通知》及2009年规范管理事业单位科级职数审批表，管理处副处级领导干部2名，科级领导职数24人（正科12名，副科12名），科级非领导职数12人（主任科员6名，副主任科员6名）。年内，管理处完成“西城区2009年环境建设任务”中景区发展与保护的相关环境建设项目，推进护国寺特色街工程，完善4A景区管理建设，公布景区旅游投诉电话，规范旅游经营行为和服务标准。2月，什刹海风景区正式挂牌国家旅游局4A级景区。10月，入选“新北京16景”。什刹海风景区载入《2009中国旅游年鉴》，并作专版介绍。与区功能街区办公室、什刹海研究会等相关单位共同研究，完成《什刹海历史文化保护区五年(2011—2015）保护发展规划纲要》，11月，正式启动《什刹海历史文化保护区五年（2011—2015）保护发展规划》编制工作。完成景气指数前期基础数据统计、景区监测工作、旅游统计及对景区内旅游商品销售企业的摸底调查，完成2008工程项目审计工作。完成深入学习实践科学发展观活动，新中国成立60周年安全、服务保障等各项工作任务。各级报刊有关什刹海报道89条。完成汇报工作及接待北京市及各城区、外省市单位到什刹海学习、考察等工作。同时，配合什刹海街道办事处，做好人大议案、政协提案等相关工作。

地址：西城区德内大街羊房胡同甲23号
邮编：100009
电话：83223882

（白福君）

【挂牌国家4A级景区】　2月份，什刹海风景区通过国家旅游局审核、公示，成为国家4A级景区。根据国家旅游局对景区前端探头的技术要求，对景区探头情况进行自查，找出7项不足，并按A级景区规范要求提出整改方案，增加ups(不断电电源供应器)、电子地图和门禁系统，增加对讲机6台，监控中心增加500G存储硬盘22个及配套设备，完成监控中心软件升级。完成什刹海风景区5种语言全景牌改造工作，按照规范A级景区5种语言（中文、英文、日文、韩文、俄文）全景牌建设工作要求，更换全景牌共8处。按照国家4A级景区管理要求，经前期实地考察，确定前海北沿15号东侧绿地广场和好梦江南船台前增加3处无障碍坡道。在景区公布旅游投诉电话，规范旅游经营行为和服务标准，在景区内解决游客的意见，控制在市旅游局的投诉率（年内，市旅游局接到关于什刹海景区的投诉2次）。开展景区日常旅游统计工作：景气指数前期基础数据统计工作（月统月报），包括景区内旅游商品销售企业和个人、旅游项目经营企业的游客接待量和收入；景区监测工作(季统季报)，包括景区所有商家的营业收入，统计对象为景区内2000余商户。前三季度接待总人数为3621692人次，其中境外人数335967人次。利用监控探头和手机信号时时监测客流量，探头客流量监测选择景区出入口和特色商业街共计设置21处，探头选用可夜视的红外技术，昼夜监测景区客流量；移动手机监测客流量利用手机信号出现频率甄别出驻地居民、工作人员和游客。年内，完成2次针对景区内旅游商品销售企业的摸底调查，并根据商户的变化及时调整调查数据库。

（白福君）

【护国寺特色商业街打造】　年内，完成护国寺街及周边的商户调研工作，包括店面名称、经营内容、有无无障碍刷卡及门前坡道等，为街区规划编制提供翔实数据。推进西城区2009年环境建设任务之一——护国寺特色商业街的工程建设任务，针对护国寺整条街巷进行整体改造升级，使街巷的基础设施、经营业态等方面达到一定水准和规模。工程项目包括7个方面：建筑外立面整饰，户外广告、牌匾字号、橱窗整饰，夜景照明改造，建设标识标志引导系统，整体景观改造，完善配套基础设施建设，对现有业态进行规划调整。年内，完成该项目的大部分工程。

（白福君）

【旅游产业发展】　启动“十二五”保护发展规划。依据区政府第67次区长办公会关于“做好什刹海地区产业规划，加强产业引导，不断提高该区域业态品质和环境品质”的会议精神，结合奥运会后的景区管理，管理处与区功能街区办公室、什刹海研究会等单位共同研究，就《什刹海历史文化保护区五年（2011—2015）保护发展规划纲要》（简称《纲要》）召开政府相关24家委办局单位参加的座谈会，征求意见，请区委研究室对《纲要》进行修改，组织专家和相关部门召开专题研讨会，对《纲要》进行研讨并报区委区政府审定。11月，启动什刹海历史文化保护区的新一轮保护发展规划——《什刹海历史文化保护区五年（2011—2015）保护发展规划》的编制工作，细化到各专项、专业部门，进入各分项规划编制程序。多角度推进旅游产业发展。配合区商务委开展以“文化休闲”为主题的什刹海消夏节，拉动地区消费。参加“新北京16景”评选活动并于10月入选。完成《郭守敬纪念馆》和《什刹海历史文化展》的布展与开放等各项工作，开发什刹海旅游文化产品，制作《什刹海》纪念邮册2000本。

（白福君）

【景区景观综合整治】 年内，完成“西城区2009年环境建设任务书”相关工程任务，进行景区景观综合整治。5月，完成监控系统架空线入地工程。6月，完成广福观山门、三清殿、天王殿、三官殿及东西配殿的油漆彩绘工程。年内，完成广福观西跨院工程的各项前期手续及招投标工作及院内土建工程、自来水、天然气工程。完成鼓楼西大街管理用房建设工程的可行性研究及论证工作，9月通过市文物局项目方案审批，12月底进行工程招投标。完成汇通祠东侧建设工程房屋情况的前期调查及方案设计，11月底完成工程招投标。完成景区胡同（大小金丝胡同）整治工程相关数据整理，为设计提供依据，并进入项目招投标工作，11月正式开工。景区第二轮整治规划（广化寺放生池、一桥两庙）进入方案论证阶段；金秋园敬老院工程经实地调查及对周边房屋情况摸底，进入方案设计阶段；水域监控建设工程经对景区水域进行详细现场查看和分析，根据游船、码头及水域状况，结合现有监控，对水域监控点的布设制定相应方案，工程招投标已完成，进入施工阶段。

（白福君）

【烟袋斜街完善工程】 年内，完成烟袋斜街试点项目用地的地质勘测及勘测结果报告。根据区长办公会的会议精神，完成烟袋斜街试点项目建设施工设计方案的调整，委托清华大学深化设计方案，6月底前完成建设施工图。年内，对三角地部分紧临广场的房屋立面进行改造，以符合保护区风貌的要求。完成方案设计，进行前期的投资审计工作。根据区委区政府有关会议精神，烟袋斜街社区活动服务用房项目方案经过优化，改为西城区2010年重点建设工程，已进入方案设计及规划申报阶段。12月，烟袋斜街特色街通过市商务委员会验收。

（白福君）

【景区监督管理工作】 年内，通过严防死守，杜绝新违法建设、私搭乱建行为等破坏景区风貌的行为；督促责任单位及时清理环海绿化改造施工中产生的施工渣土，对施工围档进行监管、对其施工完成后的绿化养护情况进行监督；严格要求商户在规定的时间和区域摆放桌椅，全年共查处500余次门前、沿湖道路和湖岸栏杆乱堆、乱放、乱挂行为；加强烟袋斜街的日常巡查管理，专人值守，确保特色商业街的整体风貌；配合公安、工商、城管等执法部门对酒吧夜间噪音扰民问题进行整治；协助执法部门和民政部门救助沿街流浪乞讨人员40余人；配合查处沿湖非法垂钓、捕捞、游泳等现象，对钓鱼、游泳人员进行批评教育和劝阻工作130余次；配合执法部门重点取缔后海、西海私自出租冰车盈利的行为；协助执法部门对景区无照游商、商户店外经营、店外叫卖等现象进行重点打击，全年处理无照游商200余人，纠正各种商户不当经营行为300余次；充分利用监控系统配合日常巡查管理工作，发现问题及时通报相关部门。全年为派出所、交通大队、城管大队等部门调取资料110余次。

（白福君）

【景区安全保障工作】 2月，联合区园林局、地安门派出所、厂桥派出所、什刹海工商所、什刹海城管一分队等执法部门对什刹海环湖酒吧、餐饮业等经营单位进行安全大检查，共检查环湖经营单位145家，对存在消防安全隐患问题的经营单位下达整改通知书。起草什刹海风景区安全责任书和房屋装饰装修安全管理要求，与环湖经营单位签订安全责任书174份，房屋装饰装修安全管理要求18份。节假日（元旦、春节、五一、十一等）期间，提前1个月对什刹海环湖经营商户进行安全检查。6月，对什刹海景区内的文物保护单位进行消防安全检查（共检查41家）。对水上生产经营单位进行安全隐患检查监督工作，包括冰上安全、游船及码头下水运营前的安全。与区园林局有关部门共同在前海进行水上消防、救生演练活动。年内，现场实地考察确定安全标识牌地点24个。开展安全生产宣传工作，发放消防教育光盘60盘，消防安全宣传册50册，发放《致酒吧商户一封信》计87家，发放《致居民一封信》200份。开展基础资料收集调查工作，建立景区经营单位台帐、什刹海游船台帐，完成什刹海环湖酒吧平台及屋内二层调查工作、什刹海环湖经营单位有限空间的调查工作。

(白福君)

环境卫生管理

【概况】 北京市西城区环境卫生服务中心（简称区环卫中心），为处级事业单位，承担西城区内环境卫生方面的服务性、事务性、技术性工作，并负责下属环卫作业队伍的管理工作。区环卫中心直属企业11个，新组建城市之洁中心负责月坛地区的街巷保洁和垃圾收运。年内，区环卫中心进一步树立和实施“人文环卫、科技环卫、绿色环卫”三大理念，按照西城区落实区域功能定位的要求和“十一五”规划目标，立足科学发展，着力自主创新，为环卫事业的全面、协调、可持续发展积累了经验，奠定了基础。

地址：西城区北营房中街7号

邮编：100037

电话：88378410-4071

(李　玮)

【国庆环境保障任务】 区环卫中心承担了新中国成立60周年庆典的阅兵表演、群众游行、背景组字、联欢晚会以及公园游园、庆祝活动演练、北京展览馆国庆60周年成果展和“黄金周”期间的道路清扫、公厕保洁和粪便清运工作。在《西城环卫奥运服务模式》的基础上，制定《西城区环卫中心建国60周年庆祝活动服务保障工作总体方案》，成立服务保障工作指挥部和工作组，逐级建立和落实责任制，加强协调配合。9月30日至10月2日，共保障活动沿线道路34条，出动作业人员664人，清运道路垃圾10吨；保障固定厕所70座、厕位680个，出动作业人员116人；保障沟槽厕所8座、厕位61个，出动作业人员55人；保障单体厕所12处、厕位218个，出动作业人员40人，清运粪便16吨。10月2至8日“黄金周”期间出动作业人员10115人次、保洁公厕560座、保洁道路143条，清运垃圾6638吨、粪便2800吨，确保十一期间的市容环境卫生状况良好。

(李　玮)

【道路清扫保洁】 年内，区环卫中心共完成清扫保洁面积485万平方米、机扫面积303万平方米、喷雾降尘面积240万平方米、道路冲刷面积108万平方米。全区主要道路可机扫率达到98%、机械化保洁率达到90%、喷雾降尘率达到90%，道路污物滞留时间普遍缩短到15分钟以内，特殊区域达到8分钟以内。对全区改造后的主要大街道路，在夜间机械化清扫的基础上实行洗地作业，洗地面积由151万平方米提高到195万平方米，洗地作业率由50%提高到64%。对路沿石普遍进行清洗，清洗率达到95%。加强道路隔离带喷刷清洗作业，新增撒布机14台，提高冬季融雪除雪机械化作业能力。改造树坑、绿篱、雨水口、过街桥和巷口、果皮箱保洁方式和工艺设备，提高环卫作业的机械化程度。在总结和完善金融街、中南海及国家大剧院周边地区和西单商业街保洁模式的基础上，在西直门交通枢纽和动物园地区、西长安街延长线、德胜科技园区等重点区域探索和创立新模式。同时，继续探索和创立街巷保洁新模式，提高街区作业一体化整体效果和水平。环兴中心在新街口地区西四北一至八条形成平房区保洁新模式：在不同区域，不同地段配备新型垃圾收集容器。在胡同、居民院门前和院内合适的地方放置固定垃圾容器，结合地区特点，垃圾容器因地制宜，在适用性和性能方面突出特色，垃圾容器具备环保、耐火、耐用，与居民住所环境相匹配。用小巧机动、环保、无噪音的电瓶垃圾清运车替代传统保洁三轮车进行垃圾清运并负责周边环境卫生。裕远达中心在西长安街地区实行街巷保洁和垃圾收集分开作业的办法，提高工作效率和质量。晟月洁中心在展览路阜西社区创新垃圾收运方式，设置移动密闭式组合垃圾房，使用环保清洁车取代人力手推车，实现生活垃圾从源头收集到存储转运全过程的密闭化和机械化。城市之洁在月坛地区采用“两箱一筐”快速保洁的做法，减少道路污物滞留时间，提高了作业质量。

（李 玮）

【公厕设施建设与保洁服务】 年内，区环卫中心贯彻落实《北京市公共厕所管理办法》，创新管理和服务模式，进一步提升环卫服务品质和城市公共服务整体水平。环清中心以三海旅游区、西直门交通枢纽等区域为中心，对周边辐射200米的公厕加强保洁和服务管理。西杰物业中心针对发泡型免冲公厕发泡系统不畅，厕内有异味的问题，成立一支清理免冲公厕发泡水箱的维护保养小组，利用潜水泵对发泡水箱进行清理，效果良好。西杰中心进一步研究粪水分离的清运方式，粪便清运达到机械化、密闭化，粪便无害化处理率达到100%。全年完成粪便清运12万吨，改造五防井盖500处，翻新二类公厕21座，改造老旧污水管线40条。

（李 玮）

【清洁站设施建设与管理】 年内，区环卫中心完成修理油饰垃圾集装箱60余个，对辖区45座清洁站的下吊架进行粉刷、喷漆。对20座清洁站吊装设备进行全面检测和更新，确保设备安全运行。将46座清洁站垃圾集装箱全部更新为不锈钢箱，增强抗腐耐磨的实用性和观瞻性。加大清洁站的监督检查力度，健全区环卫中心、业务科和检查科联合抽查组、基层检查组三级网络监督监察体系，为各项工作的顺利开展提供保障。全年完成垃圾清运35万吨。

（李 玮）

【作业方式和技术设备创新】 区环卫中心环丽中心建立实时监控室，实现对月坛南桥和航天桥两大停车场的远程监控，在业务检查车上安装道路清扫保洁远程移动监控系统，通过3G无线网络进行实时监控，成为全市首家拥有实时监控系统的环卫作业单位。环雅中心针对西直门外地区人员稠密、业务量大的特点，在“机械清扫保洁为主，人工保洁为辅”的基础上，实施“三全、三清”的保洁作业模式，在作业时间与空间上，做到全天候、全方位、全时段；在作业手段上实行清扫、清洗、清刷相结合的新模式，达到主路及步道污物滞留时间不超过5分钟的作业标准，提升了西直门外旅游商务区的环境卫生质量水平。西杰物业中心自行研发了电动垃圾清运三轮车，用于西单商业区及繁华路段的垃圾清运工作；自行研发了多用途移动式工程作业车，并配备应急照明设备，能够在人群稠密的商业区和空间狭小的胡同等地区进行高空清洗作业。区环卫中心根据北京市第十五阶段控制大气污染措施的要求，在区政府的支持下，淘汰黄标车71台，更新补充尾气排放符合国4标准的作业车辆59台。根据市政府提出的推广新能源车辆计划，与北京理工大学及有关生产厂家共同努力，完成电动环卫车试点工作，年内达到30辆，为绿色北京建设进行了有益的探索和努力，市政府在西城区召开了“电动环卫车示范应用启动仪式”。

（李 玮）

【甲型H1N1流感防控工作】 区环卫中心制订了《防控甲型H1N1流感工作方案》。各单位积极筹备、发放防控物资，宣传防控保健知识，坚持每日按时上报防控情况，切实保证职工身体健康和队伍稳定。西清中心、裕远达中心防控甲型H1N1流感突击队分别于5月11至15日、5月23至27日承担了西城区甲型H1N1流感二代密切接触者医学观察人员的生活垃圾清运工作。

（李 玮）

【业务长效管理机制】 年内，区环卫中心总结和推广奥运服务保障和“西城环卫奥运服务模式”的实践经验，将成功经验和行之有效的做法转换成为长效管理运行机制，并完善和充实了各项检查制度和管理措施。根据《北京市环境卫生专业作业考核办法》，区环卫中心制定了新的业务检查标准，对作业情况实行更加科学、合理地监督检查，促进作业质量整体水平的提高。制定《西城区渣土消纳、运输管理联动机制工作方案》，细化和明确职责任务，保证联动机制的有效执行。继续完善渣土审批网络审核程序，进一步提高渣土审批工作效率。及时为群众解决难题，建立和完善居民群众意见征集、处理、反馈工作制度和机制，提高群众满意度，促进和谐城区建设。完成业务事件7760件，完成率100%。区环卫中心摸清了GPS硬件设施配置（定位精度、定位时间），解决了以前运行中的一些问题，使GPS监控系统在功能上更趋于合理。环丽中心、环雅中心、西杰中心、地杰中心继续完善以GPS为平台的信息化管理系统，利用GPS监控系统，提高作业质量，提升了环卫管理的精细化、规范化、科学化、数字化水平。庆祝新中国成立60周年系列活动期间，GPS系统为及时高效地完成各项环境保障任务提供了有力支撑，实现“第一时间发现、第一时间解决”的工作目标。

（李 玮）

环境保护

【概况】 北京市西城区环境保护局（简称区环保局）是西城区政府在环境保护方面的职能机构，设有行政科室5个，全额拨款事业单位3个。现有人员121人。年内，以保国庆60周年环境质量为中心，以完成二级天、“煤改电”工程、淘汰黄标车3项任务为重点，加强各类污染防治，深化环境污染治理，区域环境质量实现持续改善。空气质量优良天数持续增长，达到279天，占全年天数的76.4%，比上年增加4天，提高了1.3个百分点，提前28天完成空气质量任务。

地址：西城区西直门南小街20号

邮编：100035

电话：66206461

（周　莹）

【“煤改电”工程】 按照北京市控制大气污染第十五阶段措施的要求，西城区在什刹海、新街口、西长安街、金融街4片地区实施“煤改电”工程。改造范围涉及21个社区、118条街巷、2011个院落、20324户居民。新建1座变电站、3座开闭站，新增52台箱式变压器和95柱变，铺设高低压电缆约11万米，安装墙箱1629个，地箱687个，做房屋保温修缮3000余间，有16158户居民订购电采暖设备25881台。2003至2009年，累计完成近6.6万户居民的电采暖改造，标志西城区核心文保区平房“煤改电”任务全面完成。

（周　莹）

【扬尘污染控制】 以“五个100%”（工地沙土覆盖、路面硬化、车轮冲洗、洒水压尘和不开发土地绿化都达到100%）为标准，对各类工地严格检查，严格执法，发现问题及时要求整改。按街道、施工阶段、工地类型进行划分，对7个街道所有工地进行检查。全年出动检查人员1510人次，检查工地1296个次。组织扬尘办成员单位联合检查35次。向区城管大队移交扬尘案件11件。要求新开工工地进行施工申报。发放《施工现场环境保护法规选编》等宣传材料。编制《扬尘简报》25期。

（周　莹）

【黄标车淘汰】 成立由区环保局、西城交通支队、区商务局、区财政局4个部门组成的黄标车淘汰补助资金发放联合服务窗口。利用西城政府网站刊登《致西城区机动车车主朋友的一封信》及政策解读，发放宣传材料6万余份，形成街道、社区、加油站等社会力量广泛参与的氛围。与西城交通支队密切配合，逐一筛查核实市环保局提供的黄标车信息。采用路检、夜查、遥感监测等方式，加大对上路行驶车辆检查。召开150余家单位参加的黄标车淘汰推进工作会议，制定黄标车淘汰更新具体计划。对19家重点单位逐一核查，签订黄标车淘汰目标责任书。年内，联合服务窗口办理淘汰黄标车补助发放704辆，其中报废483辆，转出221辆。

（周　莹）

【环境保护委员会扩大会议】 5月8日，西城区召开2009年环境保护委员会扩大会议。会上，区环保局局长代表区环境保护委员会作了题为《坚定信心迎难而上推动区域环境保护工作再上新台阶》的报告，对年内环保工作进行部署，发布《西城区人民政府关于落实〈北京市第十五阶段控制大气污染措施〉的实施意见》。区长张建东与31个责任单位的主管领导签订了第十五阶段控制大气污染责任书。

（周　莹）

【环保专项行动】 针对群众反映强烈的环境污染问题，开展整治违法排污企业保障群众健康环保专项行动。专项行动以群众权益为根本，以环境综合整治为重点，解决一批群众投诉的环境污染重点、难点问题，打击环境违法排污行为，治理一批超标排污污染源。主要有7个方面工作：大气污染治理执法检查；防护区重点污染源排放整治；闲置和废旧放射源管理；污染源在线监控设备执法检查；超标噪声源治理；空气质量应急保障措施落实监督检查；以巩固整治成效为目标，集中开展后督察，解决3件挂牌督办案件环境问题。

（周　莹）

【污染源监管】 开展餐饮环境安全专项整治，加大监督检查力度和密度，查缺补漏，降低环境污染风险。专项整治范围涉及天安门、什刹海景区等重点区域和国家机关驻地、大型交通枢纽及周边地区。年内，出动执法检查人员1331人次，检查单位1530个次，查处违法违规单位243个，限期安装污染防治设施162台，修复污染防治设施57台，取缔小煤炉65台，督促安装高效油水分离设施20台。对30家使用开启式服装干洗机单位下发限期治理通知书，确保挥发性有机污染物排放达标。

（周　莹）

【建设项目监管】 年内，共审批建设项目608件，其中登记表类项目565件，报告表类建设项目42件，报告书类项目1件。对10件建设项目下发不予审批或不予受理通知书。验收建设项目144个，其中报告书类项目2件，报告表类项目65件，登记表类项目77件。完成市环保局建设项目专项集中验收任务，集中验收2007年7月至年内审批的填报报告表项目共107家。国庆环境保障期间，配合区工商部门，对89家无照经营的企业逐个筛查，对未取得环保审批的单位追查原因，对具备审批条件的补办审批手续。

（周　莹）

【环境监测】 年内，对区域4个监测点进行降尘检测，对辖区内地表水的10个断面进行常规检测，对市区建成区29个网格、区县建成区106个网格、建成区48条道路进行声环境质量检测；对91个单位和22个一级以上医院的废水进行检测；对冬季燃煤采暖锅炉监督性检测24台次。西城区环境保护监测站通过“实验室资质认定”的复查及扩项评审，检测能力达到54项。专家组对监测站检测能力进行考核，仪器设备覆盖率和人员覆盖率均为100%。完成《2008年西城区环境质量报告书》的编写工作。

（周　莹）

【机动车尾气检测】 加大对机动车尾气排放监管力度，延长检查时间，增加黄标车、单双号车检查内容。针对施工工地渣土车和施工机械等高排放、高频次使用的高污染车辆进行多次专项检查。对邮政、环卫、公交、城市配送、客运等柴油黄标车的改造进行督促和监管。年内，出动执法人员4000余人次，检查机动车300394辆（遥感监测机动车288760辆），其中检查上路黄标车790辆，查处尾气超标车46辆，核查举报车辆10辆。

（周　莹）

【危险废物及放射辐射源管理】 加强放射性同位素与射线装置的安全监管工作，停止经营放射源单位在国庆期间销售经营放射源的活动；对医疗单位及不能停止放射源使用的单位实行“零报告制度”；与涉源单位法人签订保证书。开展汽修行业危险废物执法检查，区域内12家二级及以上汽修企业产生危险废物的铅酸蓄电池、矿物油等均按规定贮存、处置。开展对区域内各大专院校、科研院所化学实验室产生的废化学试剂、危险废物废弃包装、容器等危险废物的逐一检查。

（周　莹）

【国庆环境保障】 成立国庆60周年庆祝活动生态环境保障领导小组和办公室，制订《西城区国庆60周年庆祝活动生态环境保障方案》。根据西城区下达的任务，对直接参加服务保障活动的人员进行动员选拔和政审，先后抽调7人参加国庆联欢、4人参加人员疏散、10人参加安保、10人参加北京展览馆国庆60周年成就展开幕式活动，圆满完成服务保障任务。各科室结合各自工作，按照国庆环境保障方案，坚持从细节做起，突出重点区域，加强污染源监督检查。7月16日至10月8日，共组织执法力量1600人次，对491家餐饮单位的排污情况进行了整治；路检机动车33518辆；查处群众信访案件324件；对1家甲型H1N1流感定点医院和1家甲型H1N1流感隔离场所进行了污染监测和执法检查；对区域内的8家加油站油气回收系统每半月全面监督检查一遍；对20家单位的危险废物、9家科研院所实验室、36家单位辐射源、49家医院的医疗废水、19家干洗店进行全面执法排查，对区域内7处河湖水系进行巡查；对32家单位的污染源进行重点监测，完成重点废气、废水污染源半年监测数据和天安门广场演练期间噪声监测，确保区域内环境质量达标。针对区域生态环境特点，先后组织2次应急演练。10月1至8日，辖区二级和好于二级的天数达到8天，同比增加3天。

（周　莹）

【防控甲型H1N1流感疫情】 向驻区一级以上医疗机构下发《西城区环境保护局关于甲型H1N1流感疫情防控期间加强对医疗废物和医疗废水处置处理的通知》，对医疗单位提出对医疗废物、医疗废水处置要求，对全区33家医院、1家隔离场所进行监督性监察，对15家医院医疗废水进行监督性监测。督促北京市第二医院按期安装余氯在线监测设备，为天锋宾馆隔离场增设了临时污水处理设施。

（周　莹）

【建议、提案及信访办理】 实行24小时值班制度，确保联络畅通；重大会议和节假日，实行局领导带班、双人值班和应急小分队在岗带班制度；接到群众投诉后，在第一时间赶赴现场进行处置。年内，受理群众投诉1058件，信访处理率100%，未发生集体上访案件。办理人大建议15件，其中主办件8件，协办件7件；政协提案5件，其中协办件3件。全年完成驻西城区经济服务大厅窗口和环保局社保大厦本部约2000人次的接待服务工作。

(周　莹)

【环境宣传教育】　年内，联合区市政管委、区科协、区教委面向全区40余所小学开展“参与垃圾分类保护地球妈妈”活动，并选送3篇优秀文章参加北京市演讲比赛，分别获一、二等奖和优秀奖。5月17日，与区科协、西长安街街道共同承办由北京市环境科学学会、北京市环保宣教中心主办的“低碳生活从我做起”主题活动启动仪式。通过悬挂横幅、展出宣传板、设置咨询台、开展问卷调查、开展碳排放量计算、播放环保宣传片等活动，营造浓厚宣传氛围，进一步推动节能减排，提高居民的环保意识，唤起居民对全球变暖的危机意识和责任意识。与区科委、区图书馆开展环保与可持续发展系列讲座之“北欧生态旅游胜地——瑞典”以及“走进海洋馆——保护水生野生动物”等讲座，通过向辖区居民宣讲科普知识，倡导居民关爱大自然，关注环保。6月3日，联合4个街道办事处，开展以“减少污染——行动起来”为主题，以推进文保区“煤改电”工程、减少机动车尾气排放等为内容的宣传咨询活动，动员公众关注生存环境，保护环境，共同促进节能减排。“六·五”世界环境日期间，向驻区企业、工地发放宣传材料及宣传品，共发放环保袋1万余个、各类宣传册12万余份，布置展板80余块、条幅15条。

(周　莹)

【信息报送】　年内，报送信息189篇，新闻通稿3篇，环保部约稿1篇，调研信息2篇，被刊用稿件195篇次，报纸刊登环保新闻37篇。全年编制《西城环保信息报》12期，编报深入学习实践科学发展观活动的信息简报32期，拍摄各类图片776张。区环保局被国家环保部评为2008年全国环保系统政务信息工作先进单位。

(周　莹)

信息化城市管理

【概况】　北京市西城区城市管理监督指挥中心（简称区城管监督指挥中心）是区政府负责城市管理监督评价与指挥协调工作的行政机构。机构规格为正处级，内设6个职能科室，行政编制47人。年内，全力做好各项城市服务保障工作，加大对常态和非常态城市管理及运行问题的处置与研究，加强城市运行总体数据分析，促进信息化城市管理工作全面协调可持续发展，为全面提升城市运行效率和服务保障能力奠定了坚实基础。

地址：西城区二龙路27号

邮编：100032

电话：88064954

(邵　冰)

【信息化城市管理平台改造】　为解决市、区两级信息化城市管理系统平台案件业务处置流程中出现的对接流程不顺畅等问题，年初启动平台升级改造工作。完成10个流程、53个场景的业务改造工作。完成190个图层、38万余个数据的处理及部分数据修正工作。完成1.7万余个城市部件的外业数据普查，38万余个数据的属性字段修正工作。增加监督履职检查新业务流程，完善与市级平台的接口服务程序，实现与市级平台案件跟踪、数据统计、监督评价等功能的对接，确保12319热线案件和市、区领导交办案件能够得到及时处理。为后续业务发展和系统完善打造一个完整、合理且易于扩展的架构基础。

(邵　冰)

【完善城市运行监测功能】　树立城市运行管理理念，加大预测预警力度，搭建城市运行管理决策分析平台，对高发类案件和重点区域建立专题分析，建设大街外立面可视化、监控探头编排展示等辅助分析专项功能，实现数据的多维组合并结合地理信息系统进行多效果展现，为领导决策提供科学化支撑手段。搭建城市管理运维保障平台，建设统一认证中心、审计系统、系统维护管理系统。搭建空间资源共享交换平台，接入市资源中心和区政府地理信息系统的空间资源，实现对各相关专业部门的空间资源共享。

（邵 冰）

【开发城管业务BI分析系统】 建立城市管理基本信息分析、无照游商专题和案件数量预测3个模型，设立案件数、承办单位、街巷等11个基础维度和重点区域（重要会议保障区域）、什刹海地区、西长安街沿线，日均立案数等7个特殊维度，实现对系统数据的深度挖掘和分析。年内，该系统已成功运用于城市管理工作联席会及国庆保障等各项重点工作。

（邵 冰）

【城市管理工作联席会议】 年初，为加强部门间信息共享、沟通协作，完善部门联动机制，制定《西城区城市管理工作联席会制度》。年内，共组织召开4次联席会议，对阶段性案件办理情况进行综合分析，采取协作配合、多方协商的方式确定案件派遣方案和处理原则，先后就积存垃圾渣土、废弃闲置机动车、私自安装地桩地锁以及广告牌匾等问题进行了深入研究并提出相应解决办法，推动专业部门的责任落实。

（邵 冰）

【专项整治】 年内，联合区属各相关部门组织开展针对洗车业、闲置（废弃）机动车辆、积存垃圾渣土、地锁及快速拆违等5项专项整治和联合检查工作。完成对全区65辆废旧机动车的核查工作，组织督办160余处、96吨垃圾渣土的清除工作，针对338处违规地锁问题落实登记、建帐、清查工作，切实解决长期影响城市景观及居民日常生活的季节性城市管理突出问题。

（邵 冰）

【城市管理履职评价】 在广泛征求意见建议的基础上对内部评价方案进行适当调整，完善市容环境巡查和履职情况检查2项指标，进一步加大对部门履职情况的检查评价力度，全年完成履职情况检查55次。完善评价指标体系，分级设置评价结果，使履职评价结果更加科学化、直观化。全年共有4200户居民参加西城区居民满意度问卷调查工作，收到居民对城市管理工作信息反馈1613条。年内，部门履职内部评价工作正式纳入区委组织部部门年终考核体系。

（邵 冰）

【城市管理案件业务办理】 坚持以建立健全城市管理联动及长效机制为核心，紧密围绕庆祝新中国成立60周年环境服务保障工作，全面提升工作标准。年内，完成《西城区信息化城市管理案件办理指挥手册》（2009年版）修订工作，细化优化办案基础。全年受理各项城市管理信息159526件，立案151708件，立案率95.10%，结案153915件（含上一年接转案件）。问题内容涉及街面秩序、市容环境、宣传广告、公共设施、道路交通、施工管理、园林绿化、突发事件等11个大类、131个小类，案件派发涉及20余个职能部门。

（邵 冰）

【国庆环境服务保障】 主要对新中国成立60周年系列庆祝活动地区周边城市管理问题进行综合协调处理。重点分析西长安街地区特别是阅兵路线周边的案件情况，做好突发敏感性城市管理问题预警工作。借助地理信息技术及数字视频技术，实现对西长安街沿线周边重点区域重要目标的主要指标数据、现场动态视频和应急预案的展现，实现全天候监控和预警。完善视频监控图像排序及轮动功能，实现阅兵路线沿途视频的自动切换，集成西城公安分局及西长安街街道人流量监控系统相关数据，通过监控预警统计分析，基于地理信息系统进行展示。

（邵 冰）

【组建专家顾问组】 聘请高等院校及科研院所具有实绩的专家学者组成专家顾问组，通过定期举办专题讲座、参与城市管理调研研究等形式为城市管理提供理论咨询服务。同时，组织开展与北京市科学技术研究院、市城市运行监测平台进行座谈，召开课题研究调度会，聘请专家进行工作指导，深化城市管理理论知识的学习、丰富社会实践。

（邵 冰）

【城市管理规律性问题研究】 围绕全区城市管理工作重点、难点、弱点开展调查研究工作，年内形成《西城区城市运行监测指标体系研究》《建立城市管理、作业、执法、监督“四位一体”有效机制的思考》《西长安街地区积存渣土问题研究》《什刹海景区城市公共环境问题的分析与思考》等多篇调研报告。坚持典型案例分析制度，针对季节特点、案件规律及时分析城市管理问题，全年完成6期《典型案例》撰写工作。其中《把“煤改电”及危房改造等暖民心工程好事办好》《剔除城市痼疾，长期闲置（废弃）机动车问题亟待治理》2篇文章中涉及的问题研究引起区领导高度重视，对在全区范围内开展的垃圾渣土、废弃机动车辆集中清理和摸排整治工作起到推动作用。

(邵　冰)

【城市管理前沿问题研究】　完成西城区城市运行监测指标体系研究工作，重点加强对各系统之间的关联影响和趋势预警的研究，初步建立包括9项基础体征指标、20项特色体征指标在内的监测指标体系。完成《城市运行管理“十二五”规划》编制工作，明确以信息资源化、数据信息化、管理协同化、决策智能化为目标，以“四个平台”（预测平台、指挥平台、决策支持平台和移动支持平台），“一个中心”（综合数据挖掘分析中心）和“一个综合模型库”（决策支持模型库）为建设重点的发展思路。强化信息化管理模式拓展应用研究，着力对城市管理领域向公共服务领域、经济服务领域等方面的功能拓展研究，将食品安全、安全生产、综合整治、部门履职检查等纳入信息化城市管理工作之中，扩充系统业务外沿。

(邵　冰)

【发挥城管监督员作用】　在各街道城管监督队推行“五加强一保障”工作方式，即加强对生活垃圾问题的及时上报，加强对施工渣土以及新生违法建设的重点监督，加强对无照游商的季节性监督，加强对违章停放机动车与非机动车现象的整治，加强对监督员履职情况的检查，严格做好节日及重点活动期间环境保障工作。除做好日常城市问题信息上报工作外，自行解决城市管理问题3390件。完成全区范围内废弃机动车等集中整治基础普查工作，累计出动监督员710人次，查处废弃机动车55辆，核查废弃闲置机动车102辆，地桩地锁普查306处，摸查统计黄标车476辆；协助区商务局开展“酒类流通行业备案登记”专项普查工作，出动监督员980人次，完成全区“酒类流通行业备案登记”商户1100余家。年内组织开展突发事件应急演练工作，效果显著。

(邵　冰)

【质量管理体系认证】　2008年10月启动ISO9001:2000质量管理体系认证工作。完成质量手册、18个程序文件、6个科室作业文件的编写工作，梳理规范文件45个、适用性法律法规文件43个、规范流程名词术语78个、确定履职评价指标20项，形成各类质量管理记录表格85个。完善岗位目标责任书，加强对目标完成情况的监测和反馈。运用质量管理技术手段，建立起一套以服务为中心，强调持续改进、强调过程管理、强调管理可追溯性的管理理念、管理体系和文件体系三位一体的完整工作架构。8月，顺利通过外部审核取得认证证书。

(邵　冰)

城市管理监察

【概况】　北京市西城区城市管理监察大队（简称区城管大队）有执法人员391人，机关设置为6科3室，下设11个辖区分队、2个特勤分队。年内，区城管大队贯彻“人文北京、科技北京、绿色北京”的理念，围绕“科学发展、和谐发展、率先发展”的目标，坚持“科学、严格、精细、长效”工作方针，落实“五定一查”工作法，深化“八个理念”转换，认真履行城市管理综合行政执法职能，不断提高城市管理水平，全力保障庆祝新中国成立60周年环境建设和区域城市管理执法工作，各项工作都取得了新进展，较好地完成了区委、区政府和市城管执法局交办的各项任务。年内，区城管大队获得“区督查考核先进单位”、“国庆安保工作先进集体”、“西城区先进基层党组织”等荣誉称号30余项。

地址：西城区官园胡同8号
邮编：100034
电话：66527022

(张丽杰)

【主题教育活动】　根据北京市城管执法局执法队伍作风建设年的部署安排，结合区委、区政府“深入学习实践科学发展观，弘扬北京奥运精神、加强领导干部作风建设年”工作，制定了《主题教育活动意见》。主题教育活动分3个阶段：宣传动员阶段、组织实施阶段和总结提高阶段。召开主题教育动员大会，通过问卷调查、调研走访等形式征求各方面意见建议，组织分队召开领导班子民主生活会和党支部组织生活会自查自纠、查摆问题。4至5月开展“加强纪律作风教育、促进廉洁从政”主题教育月活动，组织机关及科队长以上人员到北京市警示教育基地开展警示教育，开展“加强纪律作风教育、促进廉洁从政”主题征文比赛，其中4篇征文获得区纪委年度优秀征文奖。组织干部到区廉政教育基地观看“领袖风范、廉洁楷模”——老一辈无产阶级革命家廉政故事展。

（张丽杰）

【完成国庆60周年环境保障任务】 国庆期间，区城管大队成立了以大队党委书记、大队长为总指挥的“平安国庆”环境保障指挥部，各个分队设立分指挥部。集中开展“国庆平安行动”、“整治非法一日游”等20余项联合执法行动。坚持领导24小时带班制度，大队全员停休，全员上岗，机关干部全部到一线盯守点位，使国庆环境保障全天候、全方位高效运转。国庆期间，区城管大队出动执法干部2520人次、执法车辆659台次，检查单位4734家，查处无照经营行为230次，查处非法小广告130起，没收非法小广告3万余张，查处店外经营46起，查处占道经营14起，纠正不符合要求外挂和使用国旗行为5起，圆满完成国庆60周年环境保障任务。

（张丽杰）

【综合整治工作】 根据《西城区2009年环境建设任务书》，制定《西城区城管大队2009年环境建设任务书》。加大违法建设的拆除力度，遏制新的违法建设，发现一处拆除一处。加强对重点大街、重点地区违法广告牌匾的整治，并向小街巷延伸。截至年底，拆除违法建设1260处，面积18732.18平方米；拆除违法广告牌匾295块，面积4129.74平方米。为完成市政府提出“2009年市区空气质量二级和好于二级天数达到71%”的工作目标，开展以“绿色施工，共守蓝天”为主题的“护卫蓝天”专项执法行动，向西城区所有在施工地发放《绿色施工，共守蓝天——致施工单位的一封信》，宣传动员所有施工单位严格按照绿色施工标准和“5个100%”工作要求进行施工作业，做到文明施工、规范施工；同时协调建委、环保等部门，建立健全联动机制，定期对施工工地控制扬尘工作进行联合检查，联合交通队、渣土所夜间设卡检查过往渣土运输车辆泄漏遗撒、车轮带泥等问题，严格控制扬尘污染，通过共同努力提前28天完成工作目标。行动中，区城管大队查处扬尘案件46起，罚款195300元；查处车轮带泥及泄漏遗撒类案件37起，罚款78500元；查处施工工地未按规定围档问题3起，罚款15000元，共计288800元。

（张丽杰）

【依法行政】 为提高队员办案能力和文书制作能力，年初开始，采取随机抽取名单，现场制作文书的方式进行现场执法考核。坚持案件四级审核制度，严把案件质量关，防止行政复议、行政诉讼败诉案件的发生，制作的执法案卷在全市城管执法系统案卷评查中优秀率100%，在全区38个行政执法部门案卷评查中获得第一名。与区法院建立行政案件立案前沟通制度，即法院在收到起诉状后，先与业务科室联系，通报案件情况，力争在诉前有效化解矛盾。年内发生18起诉讼案件，通过诉前沟通原告主动撤诉4起。与区法制办、区法院建立会商制度，制定《新生违法建设快速强拆办法》《新生违法建设办理流程》等配套规定，提高办案效率。与区公安、交通、规划、建委、工商等部门建立协调制度，不定期召开协调会，充分发挥各部门的职能作用，协调解决疑难问题，推进依法行政工作的开展。全年办理案件4829件，罚款总额3058009元。其中一般程序案件3753件，罚款额2661739元；办理简易程序案件599件，罚款375110元；小票罚款477起，罚款21160元。没收三轮车331辆，没收自行车278辆；处罚“黑出租”118起；处罚“黑摩的”43起；处罚人力三轮车37起，没收20辆；拆除违法建设1260处、面积18732.18平方米，拆除违法广告牌匾295块、面积4129.74平方米。

（张丽杰）

【建立健全城管机制】 建立公众城管机制，以“城管一日”活动为依托，开展公众参与体验执法活动。要求每个分队都设立固定的城管开放日，邀请廉政监督员、专家学者、新闻媒体、市民群众走进城管、了解城管，形成互动，为城管执法工作顺利开展提供强大的社会支持。建立捆绑执法会商制度，针对城市管理工作中的重点难点问题，定期召开由公安、交通等部门参加的捆绑执法会商会议，共同研究解决问题的对策，增大执法力度，破解执法难题。建立城市管理行政指导制度，采取“送法上门、温馨提示”等做法，变事后处罚为事前指导，有效规避违法行为的发生。建立拆除违法建设综合执法机制，由街道、社区先期做好居民的思想劝解疏导工作，再执行拆除工作，减少拆违过程中不必要的困难和摩擦。协调规划等部门建立拆除违法建设快速通道机制，缩短拆违审批时间，遏制违法建设。

（张丽杰）

【数字化城管建设】 充分发挥区城管大队指挥中心的作用，利用现有车载取证、GPS车辆定位、无线通讯、PDA执法终端等执法装备及业务系统，形成实时监控、热线受理、指挥调度、及时查处和解决的四位一体指挥体系，强化城管执法快速反应能力。

（张丽杰）

【城管宣传工作】 为进一步提高宣传员的业务素质和能力，区城管大队每月召开一次信息员例会，进行信息工作培训和讲评。全年刊发西城城管信息161期，情况反映17期，简报8期，参阅信息15期，刊载信息1758条，被市执法局采用100条，被西城信息工作室采用138条，96310公交电视、广播、报纸等媒体刊登外宣稿件379条，网站更新文字信息432条。

（张丽杰）

【假日文明服务站】 3月8日，区城管大队在动物园门前设立假日文明服务站，这是区城管大队设立的第3个以志愿者参与为主体的城管服务站。该服务站点的80余名志愿者主要由中国青年政治学院学生会和展览路街道青年志愿者服务协会招募。这也是展览路街道团工委第一次全面介入城管志愿者招募活动，标志着西城区公众城管建设进入良性互动阶段。9月，区城管大队在西单商业区、什刹海景区、北京动物园3个假日文明服务站点的基础上设立了“城市文明加油站”。作为假日文明行动的延续和深化，“城市文明加油站”以“为城市文明加油”为口号，以原有的奥运“蓝立方”为依托，以城管志愿者和城管队员共同为市民提供文明引导、指路、简单医疗救护、语言翻译等为主要活动内容，在新中国成立60周年庆典期间受到社会各界好评。

（张丽杰）

【勤政廉政工作】 年内，召开廉政监督员座谈会，为大队的中心工作问诊把脉；开展廉政监督员意见征集会，征求意见和建议；加强与廉政监督员互动交流，给廉政监督员邮寄区城管大队内部信息和情况通报8000余份；组织廉政监督员开展交流研讨等活动；接受市区廉政监督员随机检查和问卷评分。区城管大队结合城管执法队伍行政处罚权相对集中、面临腐败风险相对较大的特点，借鉴区试点单位实行廉政风险防范管理工作的经验，突出“早学习、早宣传、早预防”，全力“抓源头、抓警戒、抓惩治”，重点“讲落实、讲保障、讲效果”。区城管大队384名干部共查找潜在风险点近100条，并逐级对应制定了防控措施。全年区城管大队纪委收到上交的现金5.2万元、购物卡购物券28220元、高档香烟39条、名酒15瓶等。在组织开展的“扶贫济困献爱心、温暖过冬促和谐”捐助活动中，全体执法干部捐款31900元。

（张丽杰）

节水 防汛

节水工作

【概况】 北京市西城区人民政府节约用水办公室（简称区节水办），有工作人员20人。区节水办依照《中华人民共和国水法》、《北京市实施〈中华人民共和国水法〉办法》及《北京市节约用水办法》，对全区年用水10万立方米以下的非居民用水单位实行定额管理，宣传国家节约用水政策，制定全区科技节水规划，指导用水单位和居民小区开展节水型创建工作。4月，区节水办变更法人代表。

地址：西城区平安里育德胡同7号

邮编：100035

电话：66511869

（刘淑娟）

【节水计划管理】 区节水办对辖区内所有用水单位建档立库，将用户基础信息录入“节水信息管理系统”，按要求及时上报统计报表，做到台帐健全、报表准确，为日常用水管理提供依据。年初，区节水办采取定额和非定额的方法，完成

2313个计划单位1702万立方米的用水计划指标下达工作，对86个单位的临时用水进行了核查、审批。全年对单位用水情况全程监控，进行8次用水预警，出现超定额用水2646户次，其中红色预警956户次，并对以上单位发放书面预警通知，指导单位改善不良用水习惯，建立科学合理的用水机制，从而降低超定额加价的发生几率。为把服务用水单位落实在具体行动上，区节水办重新调整内部职责分工，充实节水管理岗位的力量，由4名计划员管理7个街道，充实为每个街道都有1名计划管理人员，并且呈现年轻化、知识化态势，每个人工作既有相同点又有侧重面，相同点包括：用水计划指标的测算、核定、下达，临时用水指标的登记、核定、审批，用水指标执行情况考核、分析，超计划水量预警和超计划加价考核通知的下发以及超定额加价水费的收缴；所管辖区的节水宣传、用水单位的日常管理、节水技改项目的落实等工作。侧重面涵盖节水"三同时"登记和竣工验收，节水型单位和小区的创建，水平衡测试、中水管理等工作。分工更明确，管理更到位，便于更好地为用水单位服务。

（刘淑娟）

【用水定额调查】 按照与市节水办签订的节水管理目标，对四种行业用水进行调查，调查范围涵盖除西长安街以外的6个街道办事处，共查洗车站点17个，旅馆、招待所17个，餐馆12个，洗浴中心9个。从调查资料来看，由于各单位规模和地理位置不同，用水情况也存在差异。

（刘淑娟）

【科技节水】 结合城区老旧小区改造，年内完成科技节水项目4项，分别在护国寺西巷57号院、大拐棒胡同1号及14号院、航空胡同22号院4个小区铺设透水地砖，实现雨水回收利用。共铺设透水地砖2330平方米，总投资129万元，年节水900立方米。按要求，区节水办对2007年、2008年度雨水利用项目进行自查，并将自查结果及时上报市节水中心。9月，市节水中心验收组对西城区6项雨水利用项目进行验收，监督落实专项资金拨付使用。验收小组听取了6项雨水利用项目的情况介绍，查看了雨水利用档案材料及来往帐目明细，对北大医院宿舍及景山公园雨水利用项目进行了抽查，与景山公园节水负责人座谈了雨水利用的实施情况和所产生的效果，最后验收小组对项目和资料的不完善之处提出改进建议。区节水办按照市节水管理中心的要求，完善雨水利用项目材料，完成雨水利用项目的评估。

（刘淑娟）

【节水器具换装工作】 为低保户免费换装节水器具，是市政府为民做的实事之一，西城区的换装工作在换装领导小组统一调度协调下，做好群众的宣传解释工作，及时解决安装过程中的问题，基本完成低保户家庭节水器具改造工作。但是由于低收入家庭格局不断发生变化，截至2008年底改造结束，尚有部分改造资金没有用完。为把政府的关怀落到实处，年内，区节水办继续做好低保户节水器具安装的扫尾工作，共计为225户低保及残疾人家庭安装节水龙头477件，换装节水型便器水箱132套件。通过对504个社会用水单位和6个居民小区7238户居民家庭的用水器具进行调查，社会单位节水型器具普及率达到99%，居民家庭节水型器具普及率达到100%。

（刘淑娟）

【再生水使用】 年内，对洗车站点中水使用情况检查3次，大部分洗车站点使用中水洗车，全区虽有1个不具备条件的洗车站点还在使用新水洗车，但能够做到循环用水，全区年使用中水约1万立方米。为落实在施工地须使用中水降尘的精神，区节水办加强对在施工地的用水检查，完善了在施工地用水审批手续，对施工工地使用中水降尘进行大力宣传，并对部分施工现场进行抽查，由于运输成本过高及中水储存困难，施工工地使用中水降尘状态不太理想。

（刘淑娟）

【节水"三同时"验收】 对区内新建、改建、扩建工程按节水法规进行监控管理，对2个单位进行了节水"三同时"（同时设计、同时施工、同时投入使用）验收。为配合节水型单位创建工作，在解放军出版社等6个单位进行了水平衡测试。

（刘淑娟）

【创建节水型单位和小区】 区节水办年初制定创建计划，5月，组织为期2天的创建培训班，区、街节水管理人员及创建单位和小区的代表40余人参加了培训。由于新节水员占一定比例，不同程度地存在业务不精、法规不熟等问题，为使其尽快进入角色，熟练开展工作，在节水创建培训的同时，区节水办工作人员与参会人员一起学习节水法规，还就单位的五项量化指标、五项基础指标及小区的六项指标以及统计台帐进行讲解。考虑到水平衡测试是创建工作的重要环节，同时对创建单位进行水平衡测试的培训。9月，区节水办召开创建汇报会，着重解决创建过程中的问题，创建单位和小区分组进行汇报。11月，西城区拟定创建验收方案，对30个区级节水型单位及1个区级居民小区进行验收。全区30个创建单位和1个居民小区达到区级节水型标准。同时，对创建市级的7个单位和6个小区进行初审。初审小组对照验收标准逐项查验、严格把关，对查出的不足和问题提出整改措施和建议。

（刘淑娟）

【节水宣传】 根据市水务局《关于开展全国城市节水宣传周活动的通知》要求，西城区制定了节水宣传活动方案。5月9日，在人定湖公园、灵境胡同社区、月坛公园及展览路街道办事处门前设立4个节水咨询宣传站。宣传活动以“加强节水减排，促进科学发展”为主题，把节水知识和宣传品送到居民群众手中，同时采纳居民节水的好建议，为搞好节水工作奠定基础。宣传咨询活动共悬挂节水横幅16条，发放节水法规及宣传材料1800余册、节水纪念品3万余份，展示节水展板及板报56块。为贯彻北京市水务工作会精神，加大节水宣传力度，做好节水宣传周各项工作，5月13日，区节水办组织区、街节水管理人员到密云水库参观学习，了解生命之水从源头到居民家中的全过程，体验生活用水来之不易及紧缺状况。市水务局为参观学习提供了方便，密云水库管理处从水库初建时期国家领导人的决策，到历任国家领导人对水库的高度重视，并结合水库的战略地位以及防汛、供水职能做详细讲解，使节水管理人员接受了一次水资源危机教育。

（刘淑娟）

防汛工作

【概况】 北京市西城区人民政府防汛指挥部办公室（简称区防汛办）是西城区政府领导下的防汛工作职能部门。年内，西城区迎汛工作围绕保障新中国60周年庆祝活动和维护城市生产生活安全秩序大局需要，加强组织领导，加大落实力度，圆满完成安全迎汛任务，实现“指挥调度不失误、城市道路不积水、堤防闸坝不溃决、安全度汛不死人”的目标。

地址：西城区平安里育德胡同7号
邮编：100035
电话：66511748

（戎爱芳）

【雨情汛情及其特点】 一是降雨频繁。据区防汛办雨量器测量,从6月1日至10月2日，全区降雨28次，雨量409毫米。降雨集中在7月、8月，达310毫米，占汛期雨量的80%，比上年同期增加13毫米,是近几年来主汛期降雨最多的一年。二是局部地区暴雨多。汛期降雨分布不均，局部暴雨天气多、瞬间雨量大，大部分集中在城区。汛期出现20毫米中雨以上降雨7次，其中6次达到大到暴雨级别，最大降雨量7月31日天安门地区超过140毫米。

（戎爱芳）

【汛前安全普查】 从2008年11月至2009年2月底，区防汛办督促对全区私房、直管公房、单位自管房、教育用房、商业用房、人防工事、在施工地、拆迁工地、道路、树木等进行安全普查。根据发现的问题，及时采取措施，其中翻建房屋5551间，挑修8852间，木结构加固1424间，屋面整修13912间，瓦补漏20306间，天沟补漏5016间，墙体整修2476间，拆砌墙4间，附檩3514根，附柁21架，附柱子282根；修剪伐除危险树261棵，移18株，消除安全隐患。

（戎爱芳）

【明确防汛工作职责】 4月，调整组建西城区防汛指挥部，成立由区长张建东任总指挥，副区长曹长胜任常务副总指挥，区武装部部长和区其他有关领导任副总指挥的防汛指挥部领导指挥机构，7个街道分指挥部和各防汛单位也建立健全了防汛组织机构。建立由区委书记、区长负总责，区委常委、副区长分片包干的迎汛工作责任制。

（戎爱芳）

【第一次防汛工作扩大会议】 5月26日，区防汛指挥部召开年内第一次防汛工作扩大会议，传达市防汛指挥部第一次会议精神，结合实际部署全年迎汛工作要点，进一步明确区防汛指挥部成员及党政领导职责分工。区长张建东与7个街道分指挥部、7个系统签订2009年迎汛安全责任书，发布防汛“一号令”，全区自6月1日8时起进入汛期工作状态。

（戎爱芳）

【落实防汛物资和抢排险队伍】 围绕构建“统一指挥、自主抢险、部门联动、快速增援、高效处置”的联动抢险体系。6月11日，区防汛办召开防汛抢排险工作专题会议，明确汛期群众避险安置点（1个街道设立2所中小学校）,对抢险方案和各单位进行沟通，进一步落实抢排险队伍，督促各防汛分指挥部及相关单位按照要求储备防汛抢险物资，明确各类防汛物资的储存地点。

（戎爱芳）

【加强防汛工作领导和指挥】 区领导高度重视防汛工作，加强检查指导，重大降雨亲自坐镇指挥。6月1日上汛的第一天，副区长曹长胜带领相关单位人员，对城区防汛重点部位在建工地、危房、低洼院、道路积水、危树进行检查。6月8日降雨中，区长张建东、副区长曹长胜和区政府办公室主任及时赶到区防汛办实施组织指挥，区市政管委主任多次到区防汛办协调落实具体工作。7月14日，副区长王劭卿召开安全迎汛汇报会议，分析防汛形势，重点提出对防汛安全隐患问题的解决措施。

(戎爱芳)

【迎汛通讯演练】 5月31日下午3时30分，区防汛办组织全区范围的防汛通讯演练，区属29个防汛单位参加演练。演练通过区政府“258”电台，对防汛各单位进行呼叫，检测电台的通话效果和工作人员对电台操作熟练程度。各单位对这次演练高度重视，大多准备充分，工作人员都能及时、准确地应答。总体反映出全区防汛无线通讯系统运行良好，为汛期通讯联络保障打下良好基础。

(戎爱芳)

【加强值班制度】 区防汛办及各街道分指挥部、各防汛单位加强防汛值班，领导以身作则，带头值班，所有干部职工严格执行相关规定，做到防汛电话24小时有专人值守，保证通讯畅通。6月1日，区防汛办主任组织对全区迎汛值班状态进行检查，检查人员分成3组，1组通过电话对部分防汛单位抽查，其他2组深入相关防汛单位现场检查。从检查情况看，绝大部分单位领导亲自带班，防汛人员在岗在位，抢排险力量也处于集结待命状态。被查的24个单位有299人在岗值班，其中处级领导41人；备勤队伍300余人。

(戎爱芳)

【处置汛情险情】 7月30日晚，暴雨造成什刹海训练馆在施工地14米深的基坑内雨污水管破裂，致使四海干线下部涮空，威胁到附近学生宿舍和过往行人、车辆的安全，副区长王劭卿带领有关人员第一时间到达现场，及时将宿舍内近400名学生安全转移，协调调度抢险队伍进行抢险。当晚的暴雨造成房屋漏雨583处，道路积水29处，院内积水128处，路面塌陷20处，倒树44处，房屋倒塌8处，在施工地积水2处，全区出动抢险队员1539人，出动抢排险车辆62车次，外出巡查403人次，及时处置了各种汛情险情。

(戎爱芳)

【保障国庆60周年庆典活动】 着眼国家和首都大局需要，精心组织，严密防范，将汛期工作延至10月2日，全力保障国庆60周年庆典活动。9月15日，区防汛办组织7个街道分指挥部和相关单位的防汛主管领导召开专题会议，对保障国庆60周年庆典活动期间的防汛工作进行再动员、再部署。西长安街街道分指挥部对辖区内的重点部位再检查，建立台帐，做到遇有雨情人员及时到位；区园林局每天有1名处级领导带班，在重点地区设立 9 个抢险点，以便应对突发情况；区市政队设立 3 个点，建立70人的抢险队，并新配备抢险车辆、水泵等防汛抢险物资器械，做好抢险准备；区环卫中心成立应急处理疏导小组，组建6支63人的应急队，并且将39条大街的汛期道路保障工作落实到人。

(戎爱芳)

消防　防震

消防工作

【概况】 北京市西城区公安消防支队（简称区消防支队）是一支“现役体制、公安管理、政府职能、地方工作”的现役部队，隶属于北京市公安消防总队，一类支队，正团职单位，下设4个部门（司令部、政治处、后勤处、防火处）和府右街中队、西直门中队、金融街中队3个消防中队，有干警248人，各类执勤备防车辆19辆，配备器材装备528种、10887件，保证24小时备防出动的需要，固定每辆车备防人员平均在5至7人，全面负责西城区范围内的消防监督检查、消防行政许可、火灾原因调查、火灾扑救、抢险救援、重大活动现场执勤等职责。年内，区消防支队被区委区政府授予国庆最佳安全保卫奖。在西单购物中心火灾扑救工作中，收到事主敬献的“生命财产的救星、科学办案之表率”、

"祝融克星忠勇双全科学侦查技智高超"两面锦旗。

地址：西城区府右街133号

邮编：100031

电话：66069696

(谢中宇　秦燕)

【督导组检查指导两会消防工作】 2月24日，国务院办公厅督查室副主任王广生带领国务院办公厅督导组，对区消防支队两会消防保卫准备工作情况进行督导检查。市政府办公厅副主任吴大仓、市公安局消防局副局长骆原等领导陪同督导组进行检查指导。区消防支队支队长向督导组汇报了支队两会消防保卫各项工作准备情况。骆原介绍了自"2·9"央视火灾以来，全市开展火灾隐患排查整治"雷霆行动"及全国两会消防保卫工作各项工作情况。

(谢中宇　秦燕)

【区领导检查消防安全】 3月8日，区委常委、副区长曹长胜在西城公安分局、区综治办、西城工商分局、区安监局、区商务局等职能部门领导的陪同下，对全国两会代表涉足的旅游景点北京动物园、恭王府进行了消防安全检查。区消防支队副支队长、防火处处长参加了检查。在检查过程中，曹长胜对做好全国两会期间消防保卫工作提出要求。5月1日，区委副书记刘跃平、副区长曹长胜、苏东带队，区安监局、区旅游局、西城公安分局、西城工商分局、区消防支队、区城管大队等10余个单位主要领导组成联合检查组，对全区商市场、旅游景区、购物街区等人员密集场所和重点区域部位进行联合检查。分别对西单商业街、旅游集散中心、北海公园、景山公园、北京动物园、什刹海景区、恭王府等场所进行拉网式安全检查。检查重点是单位应急处置预案制定情况，现场各级人员责任制落实情况，公安、消防执勤警力布置和在岗在位情况，单位前期消防安全检查情况及单位内部消防安全设施完好情况等。

(谢中宇　秦燕)

【区长办公会议】 4月16日，区政府召开区长办公会议，对第一季度西城区火灾形势进行了分析，对新《消防法》的宣传贯彻工作进行全面部署。区长张建东主持会议，副区长曹长胜、王劭卿、苏东、陈蓓，区属各委办局、各系统、各街道主要领导参加了会议。会上，区消防支队支队长通报了西城区第一季度火灾形势；曹长胜对新《消防法》的宣传贯彻进行总体部署。最后张建东讲话要求各系统、各行业要把会议精神认真传达落实，宣传贯彻新《消防法》，并以此为契机，加强监督检查，重点解决一批消防安全隐患，提高全区市民火灾忧患意识，加强西城区的火灾防控能力，为庆祝新中国成立60周年营造良好的消防安全环境。

(谢中宇　秦燕)

【西城区召开紧急视频会议】 6月14日，西单购物中心发生火灾。为深刻汲取火灾事故教训，6月15日，区政府召开紧急视频会议。区长张建东、副区长曹长胜、王劭卿、陈蓓、杨培丽，区消防支队、区安监等各委办局、区属国有企业主要领导在主会场参加会议，各街道办事处、相关部门主管领导、各派出所、工商所、房管所、城管分队的主要领导通过视频参加了会议。会上，区消防支队支队长通报了西单购物中心火情及近期火灾形势并对下一步火灾隐患大排查、大整治工作进行部署。要求各单位认真汲取火灾事故教训，建立长效消防安全工作机制，落实消防安全责任。做到"三到位、五强化"，即领导重视必须到位，部门监管责任必须到位，消防安全主体责任必须到位；强化消防安全责任制的落实，强化对员工消防安全培训，强化日常消防安全检查的频次和质量，强化消防灭火应急演练，强化消防安全意识。区安监局领导对在全区开展安全生产大检查工作进行部署。张建东传达了市长郭金龙的重要讲话精神，并结合市领导的指示精神和全区安全工作实际，对下一步安全生产和消防工作提出具体工作意见。

(谢中宇　秦燕)

【什刹海地区消防整治】 为认真吸取福建长乐"1·31"重大火灾事故教训，按照市消防总队和市防火安委会的部署，区消防支队对什刹海酒吧等场所开展消防安全专项整治。2月5日晚，会同地区街道办事处、公安派出所等职能部门，在西城公安分局外宣、北京电视台、《北京青年报》、《北京晨报》、《新京报》等20余家媒体和部门的配合下，组成4个联合检查组，由区消防支队和公安派出所的领导带队，对什刹海环湖地区酒吧街进行消防安全错时检查，当场拆除其违规装饰。3月5日晚，针对什刹海周边个别群众燃放"孔明灯"，存在火灾危险性的问题，区消防支队组织区公安、工商、城管、综治等部门，在什刹海地区统一行动，重点整治放飞"孔明灯"行为，并制作"保护什刹海勿放孔明灯"警示牌。

(谢中宇　秦燕)

【消防知识宣传培训】 4月9日，区消防支队联合区商务局，利用“消防法大讲堂”对全区重点零售、餐饮企业主要负责人及7个街道安全科长共计120人进行了新《消防法》培训。6月8日，区消防支队联合区教委、西城公安分局内保、派出所、平安医院到北京第四聋人学校，为聋哑学生送去消防知识。7月8日，府右街中队的2名干警，走进国家大剧院，针对国庆期间剧院演出多、规格高等特点，对大剧院的工作人员时行消防知识培训。8月10日，区消防支队对地铁4号线平安里站施工工地100余名施工人员进行消防知识培训与演练。8月21日，区消防支队联合区建委、区安监局、区教委在北京市第四十四中学施工工地组织召开了“迎国庆、保平安——西城区施工现场消防培训暨规范管理推广会”。全区70余个施工单位140余人参加了此次会议。

（王俊杰）

【消防演习】 5月22日，区消防支队联合西城交通支队、治安支队、医疗急救、供水、供电、供气和金融机构多家单位共同组织高层灭火疏散逃生演习，区应急办主任、区消防支队支队长、金融街街道办事处副主任、金融街控股公司经理到现场观摩，参加演习的人员有4000余人。8月24日，区民宗侨办、西城公安分局、区消防支队等部门在广化寺举办联合消防应急演练。副区长杨培丽、区民宗办主任及西城公安分局国保支队、区消防支队的领导，广化寺内的法师、居士，演习官兵，共计80余人参加演习活动。8月17日，区消防支队与北海公园联合开展消防灭火疏散演习。府右街消防中队、北海公园义务消防队及单位内部工作人员等50余人参加演习，出动指挥车1辆、消防水车2辆。9月11日，区消防支队联合北京儿童医院开展地下空间灭火应急实战演习。区民防局局长、北京儿童医院副院长、区消防支队副支队长、月坛街道办事处副主任等领导参加消防演习。11月5日，区消防支队针对西城区内高楼林立且多是写字楼的情况，在远洋大厦开展高层建筑千人灭火疏散演习活动。府右街和金融街消防中队出动指挥车1辆、水车3辆、云梯车1辆，消防官兵40余人参加演习。长安街沿线高层单位消防安全主要负责人到现场观摩。

（石逢军　谢中宇）

【烟花爆竹安全燃放宣传活动】 1月19日，市烟花办在西单图书大厦前广场举行“北京市烟花爆竹安全管理百万人集中宣传咨询日”主题宣传活动。北京市副市长苟仲文、市公安局副局长于泓源、市公安局消防副局长武志强、西城区副区长曹长胜以及市安监局、质监局、市公安局交管局的领导、西城区各界群众代表300余人参加了宣传咨询活动。活动期间，苟仲文向著名表演艺术家潘长江、郭冬临颁发烟花爆竹安全燃放宣传大使聘书。

（秦　燕）

【市领导检查消防安保工作】 2月11日，北京市副市长蔡赴朝带队对北京图书大厦进行消防检查，市消防重点二处处长、西城消防支队副支队长参加了此次检查。2月28日，市委副书记、市政法委书记王安顺，带队到全国两会住地金台饭店检查指导消防及安保工作。北京市消防总队政委张久祥，西城区区委及区政法领导、西城公安分局的领导陪同检查。王安顺对金台饭店检查的结果表示满意。

（秦　燕）

【中小学生安全教育日活动】 3月30日，由教育部、公安部、国家地震局、国务院应急办、共青团中央、全国少工委、国务院妇儿工委、北京市人民政府联合主办，北京消防总队、西城区政府承办的第十四个“全国中小学生安全教育日”活动在西城区外国语学校举行，公安部消防局副局长王沁林，北京消防总队政委张久祥等领导及各主办单位的主要领导，出席活动。活动的主题是“加强防灾减灾、建设和谐校园”，主要内容是演练中小学生在火灾、地震等突发情况下紧急逃生和灭火救援工作。区消防支队府右街中队、西直门中队和教导大队高米店中队、大兴培训中心共出动消防车5辆，30余名指战员参加了消防演练。

（秦　燕）

【新《消防法》宣传活动】 4月30日，西城区在西单图书大厦广场前举行“迎国庆、遵法规、保平安、创和谐——西城区宣传贯彻新《消防法》大型宣传活动”。区委常委、副区长曹长胜，西城公安分局副局长、消防支队支队长、区安监局局长、区综治办副主任、区委宣传部新闻中心副主任、西长安街街道办事处主任，以及全区单位、社区的消防志愿者代表，学校学生消防志愿者代表共500余人参加宣传活动。

（秦　燕）

【国庆消防保卫决战誓师大会】 6月22日，区消防支队召开新中国成立60周年消防保卫决战一百天誓师大会。支队领导班子成员、机关全体干部及基层中队官兵代表共70余人参加誓师大会，北京消防总队副总队长、西城公安分局副局长应邀出席会议。

(秦　燕)

【合围攻坚行动】 7月17日，区消防支队组织召开合围攻坚行动督办落实暨消防培训大会，涉及国庆庆祝活动控制区内的200余家消防安全重点单位的安全管理负责人参加会议。会上，区消防支队防火处处长通报了重点单位发生火灾情况，部署了合围攻坚行动的各项工作。区消防支队与国庆庆祝活动消防安全重点单位签订《国庆消防安全保卫责任书》。

(王俊杰)

【火灾防控暨灭火力量启动仪式】 9月1日，在决战平安国庆倒计时1个月之际，区政府在国家大剧院南侧举行构建国庆60周年火灾防控网暨消防志愿服务队和多种形式灭火力量启动仪式。副区长苏东，北京消防总队防火部部长、政研指导处处长，西城公安分局，区消防支队等相关部门的领导，7个街道办事处主管主任、派出所消防民警，消防志愿者代表、治保积极分子代表、社区群众代表，共200余人参加启动仪式。

(秦　燕)

【什刹海消防站开工奠基仪式】 9月9日，西城区举行什刹海消防站开工奠基仪式。北京消防总队总队长赵子新、副总队长，西城区委书记林铎、副区长曹长胜，西城公安分局局长张兵以及区属相关委办局领导参加奠基仪式。

(秦　燕)

【区领导检查焰火燃放阵地】 9月9日，区长张建东、区委常委区政法委书记刘跃平、区委常委西城公安分局局长张兵，区国庆办公室、区公安、消防、安监、西长安街道办事处、派出所等部门领导对国家大剧院、人民大会堂、人大办公楼工地等国庆焰火燃放阵地及周边的消防安全工作进行实地检查。

(秦　燕)

【“119”主题消防宣传日活动】 11月9日，西城区第十九届119主题消防宣传日活动在西单图书大厦门前停车场举行。区政法委副书记、综治办主任、西城公安分局副局长以及区属相关部门的领导，西城区各团体、企业、事业单位的代表，社区居民共1000余人参加活动。区消防支队官兵进行了原地着装、路虎60灭火、灭火救援、破拆救人、高压细水雾灭火器灭火、灭油锅、灭液化气火灾等表演。

(谢中宇)

地震工作

【概况】 北京市西城区民防（地震）局（简称区地震局），负责西城区防震减灾工作。按照北京市防震减灾事业中长期规划，制定西城区贯彻措施并组织实施。负责拟定西城区破坏性地震应急预案和人员疏散避难预案，提出避震疏散地域的建设意见，组织划分避震疏散地域；组织西城区各相关部门、各街道制定预案实施方案。负责收集西城区地震信息资料，建立数据库。配合市地震局管好强震仪，做好地震监测与管理工作。组织开展防震减灾宣传教育，指导居民开展防震、避险、救助训练；指导防空防灾队伍训练，组织防灾演习、演练，承担政府赋予的防灾救灾任务；开展防震减灾技术交流和业务培训工作。

地址：西城区西单横二条2号华恒大厦4层

邮编：100031

电话：88064801

(陈　曦)

【首都地震安全示范社区建设】 根据市地震局、市科委关于“构建首都地震安全示范社区，提高首都地震灾害防御能力，普及市民防震减灾科普知识，有效预防和减轻地震灾害”指示精神，以及建立“首都地震安全示范社区”具体要求，区地震局于11月30日在丰汇园社区建立第一家首都地震安全示范区。社区成立防震减灾领导小组，制定《丰汇园社区地震应急预案》，同时组织1500户家庭拟定了《家庭地震应急预案》。社区建有1个70平方米的防震减灾知识培训教室和1个2万平方米的临时应急避难场所，并在社区干道两侧建有专门的宣传橱窗。为小区17栋楼、99道单元门指定门楼长，为其配发家庭应急包，在每个门洞处设有应急指示牌。组建20人的小区地震应急救援志愿者队伍，并制定《丰汇园社区应急救援志愿者工作方案》。

(陈　曦)

【德胜民防宣教基地】 西城区德胜街道民防宣教基地被市科委批准为科普教育基地，成为全市首批6个科普教育单位之一。区地震局在加强防震减灾宣传，提高市民自救互救能力教育方面，把德胜宣教基地作为普及防震减灾知识的主战场，充分发挥其最大效能。5月5日，配合北京电视台9频道《平安中国》栏目组，组织德胜街道50

余名社区居民拍摄“家庭防震自救”专题片。5月8日，会同什刹海街道红十字会组织25个社区部分居民，在德胜宣教基地开展“震中震荡”、“震后逃生”模拟体验，并发放《公众地震应急避险要诀》、防震减灾知识宣传资料200份。

（陈　曦）

【防震减灾宣传教育活动】　根据市地震局关于开展《中华人民共和国防震减灾法》宣传活动的通知精神，结合西城区地震宣传工作实际，组织开展“防灾减灾日”活动。5月12日，区地震局与什刹海街道组织25个社区部分居民开展“我的安全我做主”为主题的“防震减灾零距离体验”活动。5月13日，与金融街街道组织丰汇园社区居民150人举办“如何认识和应对地震灾害工作”知识讲座，增强居民的防灾意识和应对技能。

（陈　曦）

【防震减灾培训工作】　根据北京市地震局和西城区政府要求，为了加强和规范地震灾情速报工作，及时、准确地收集并迅速报告地震灾情（或影响）,保证各级人民政府抢险救灾、决策指挥的需要，组织全区地震信息员进行培训，区地震局参加了市地震局组织的“地震应急预案信息化系统”的培训，了解预案的信息化管理程序，完成区预案系统管理工作，为下一步实行动态管理打下基础。6月初，区地震局先后组织德胜街道、新街口街道45个社区90余名工作站长、书记，到中国地震搜救中心进行灾情速报培训，并参观和体验室外救助演示。

（陈　曦）

【国庆60周年安保工作】　国庆期间，按照市地震局统一部署，制定了《国庆60周年庆典活动安全保障方案》，对全区7个地震强震仪进行全面检查和定期巡查，签订地震安全保障及维护保养协议书，及时开通地震视频会商终端，按规定每天做好地震信息及时报送和传达工作，确保了国庆庆典期间地震信息的畅通。

（陈　曦）

（责任编辑　佟瑞云）

科技 教育

科 技

【概况】 北京市西城区科学技术委员会（简称区科委）是西城区政府主管全区科技工作的综合职能部门，内设5个科室、1个下属事业单位，在职人员33人。年内，区科委以国家可持续发展先进示范区建设为平台，围绕保民生、保稳定、保增长的目标，统一思想，提高认识，完善工作机制，推进可持续发展、创新体系建设、知识产权保护和科普工作。提升科技创新对于经济社会的引领与支撑作用。年末，西城区被评为“2007-2008年度全国科技进步考核先进区”。

地址：西城区月坛北街甲1号

邮编：100037

电话：68010732

（郭志娥）

【召开区科技工作会】 2月19日，区科委组织召开西城区科技工作会。科技部、市科委、区人大、区政府、区政协相关领导出席。会议总结近3年科技工作，部署本年度科技工作任务，表彰85家科技进步先进单位和120名先进科技工作者。市科委副主任朱世龙、区长张建东围绕首都以及西城区科技工作的发展作出指示，并对国家可持续发展示范区建设提出具体要求。区各委办局及7个街道主要领导、区域内科技企业及科研院所代表250余人参加会议。

（郭志娥）

【高新技术企业发展座谈会】 3月4日，区科委组织召开西城区促进高新技术企业发展座谈会。区域内各孵化基地负责人、部分科研院所和高新技术企业的代表参加座谈。会上，区科委领导传达了西城区科技大会精神，介绍本年度西城区重点科技工作。与会人员就金融危机形式下企业发展所面临的困难、应对的策略及需要政府部门提供的帮助进行探讨。各企业负责人希望政府部门营造更加宽松的发展环境，并表达企业不减薪、不裁员、努力在危机中求发展的信心和决心。

（郭志娥）

【区县科技专项项目验收】 3月6日，由区科委、区生产力促进中心承担的“科技服务能力建设专项——区县委办局科技服务能力建设——西城区发展文化创意产业研究与基地建设”项目通过专家验收。该项目为2007年北京市“科技进步促进区县发展”主题计划区县科技专项项目，包括“德胜科技园文化创意产业研究与基地建设”、“德胜科技园创新型服务业态研究”、“政务公开能力建设及西城区文化创意产业基地科技工作站试点建设”3个子课题。项目明确了白孔雀工艺美术创意园定位，完成德胜集藏文化集聚区可行性分析，提出德胜科技园发展创新型服务业态的战略性规划方向和可行性建议，探索符合区域特点的碳交易权交易，并建立政务公开制度及监督保障措施。

（郭志娥）

【示范区工作领导小组会议】 3月17日，召开西城区可持续发展先进示范区建设工作领导小组第一次工作会，18个成员单位的主要领导参加会议。会上，讨论通过《北京市西城区国家可持续发展先进示范区建设规划（2008-2012）》和《西城区国家可持续发展先进示范区建设工作领导小组、办公室及成员单位职责》。示范区建设工作领导小组经区长办公会决定成立，原名称为可持续发展实验区工作领导小组，调整后的成员单位包括区发改委、区财政局、区民政局等18家单位，办公室设在区科委，主要负责示范区规划的审定与修订、示范区重大事项部署、示范区相关管理工作审定等。

（郭志娥）

【召开区科普工作联席会】 3月24日，召开西城区科普工作联席会议暨全民科学素质纲要工作会。会上研究调整西城区科普工作联席会议的成员单位，审议并确定西城区52家科普教育基地名单，布置本年度科普重点工作，科普工作重在创新化、品牌化、突出区域特色。各成员单位的主管领导及科普干部60余人参加会议。

（郭志娥）

【完成全国科普统计工作】 3月，区科委组织开展西城区全国科普统计工作。统计的范围包括政府职能部门、街道办事处、中学、医院，以及图书馆、海洋馆、电影院等科普基地，涉及66家单位。统计内容包括科普机构和人员、科普经费投入和使用、科普场馆、科普活动等。西城区全国科普统计工作于3月31日完成，形成有效表格200余份。

（郭志娥）

【成立知识产权投诉工作站】 4月21日，举行“西城区保护知识产权举报投诉服务普天德胜工作站启动暨签约仪式”。北京市知识产权举报投诉服务中心主任王心洁、西城区知识产权局局长黄勇、普天德胜孵化器有限公司总经理侯洁共同在《北京市西城区保护知识产权举报投诉服务普天德胜工作站共建协议》上签字。

（郭志娥）

【科技专项专家论证立项会】 5月22日，由中国可持续发展研究会、清华大学环境与工程系、中科院生态环境研究中心、中国政法大学社会学院及北京社科院专家组成的项目论证专家组，对西城区科委、西城区生产力促进中心共同承担的“科技服务能力建设——区县科技专项——科技促进和谐社区建设研究与示范项目”进行立项论证。项目围绕和谐社区建设，针对社区建设中存在的资源改造、整合与利用问题，确定3个子项目：“什刹海水质净化生态野鸭岛建设研究与示范”、“西城区城市家庭贫困指数模型研究示范应用”、“区科技工作协调联动机制建设，提升科技协调员素质工程”。专家组评审后，对该项目予以立项。

（郭志娥）

【成立知识产权联席会议】 6月4日，区科委（区知识产权局）组织召开西城区知识产权联席会议启动仪式暨业务培训会。北京知识产权局副局长王淑贤、西城区副区长杨培丽出席并讲话，西城区知识产权联席会议成员单位的相关人员参加启动会。西城区知识产权联席会议，经区政府专题会议批准成立，成员单位包括区科委（区知识产权局）、西城工商分局、区文委等9家西城区职能部门。区科委（区知识产权局）负责区知识产权联席会议办公室的日常工作。西城区知识产权联席会议是西城区政府负责全区知识产权工作的组织协调机构，主要职责包括组织、协调、指导全区知识产权工作，研究制定全区知识产权工作的政策和措施，协调、组织知识产权行政执法集中行动，引导产业和企业运用好知识产权策略，改善知识产权保护环境等。

（郭志娥）

【技术合同及信用融资培训】 6月11日，西城区生产力促进中心组织召开西城区科技企业技术合同登记暨信用融资宣讲会。北京市技术市场办公室、中关村科技担保公司德胜事业部、中关村企业信用促进会的负责人分别就技术合同登记的细则、企业融资常见问题、科技企业获得中介费用补贴细则等内容进行讲解。区域内的70余家高新技术企业和普天德胜科技孵化器有限公司、利玛工业自动化孵化基地的相关领导参加培训。

（郭志娥）

【环保剧进社区】 “环保剧进社区”是西城区“可持续发展在行动”活动之一。6月20日，由区科委、区教委主办的“节能减排环保剧进社区”活动在德胜社区学校启动。科技部社发司、市科委可持续发展科技促进中心主任等领导参加启动仪式，副区长杨培丽宣布仪式启动。节能减排环保剧由西城区中小学生自编自演，剧目以环境保护,节约能源为内容，舞台布景及演出道具采用废旧材料制成。参加展演剧目包括：阜成门外第一小学表演的《去年的树》、裕中小学表演的《送小树叶回家》，西城区师范学校附属小学表演的《拯救地球》，北京市第四中学表演的《未知树》。区发改委、区科协、德胜街道办事处的相关领导以及德胜街道社区居民200余人，参加展演活动。

（郭志娥）

【新增市级科普基地】 6月25日，北京市第二批科普基地命名仪式在奥运村科普教育园区举行。西城区有5家单位入选，分别是西城区青少年科学技术馆、北京古代钱币展览馆、中国古动物馆、北京海洋馆、中国儿童中心。至此，西城区共有市级科普基地15家。

（郭志娥）

【绿色通道项目通过专家立项】 6月30日，北京市科委组织专家对西城区政府申报的“西长安街重点区域国庆综合保障科技示范研究”项目进行专家论证立项。该项目为北京市“科技进步促进区县发展”主题计划本年度绿色通道项目，由3个子课题构成：“西长安街重点区域国庆综合保障指挥决策示范研究”、“西城区区域人员流量信息处理平台建设研究与示范”、“西单地区人员密集场所预警系统及示范工程”。项目通过移动通信基站数据、GIS、智能化网络视频监控等技术手段，实现西长安街沿线周边重点区域综合监控、形势预判、趋势分析和指挥调度。承担单位分别为区城管监督指挥中心、西城公安分局和西长安街街道办事处，区科委负责项目的组织协调工作。经专家质询讨论，同意立项。

（郭志娥）

【企业知识产权保护培训】 7月8日，北京市保护知识产权举报投诉服务中心、西城区知识产权局和西城区保护知识产权举报投诉服务普天德胜工作站共同举办“企业商业秘密保护专题培训”。北京市第一中级人民法院知识产权审判庭相关负责人，从商业秘密司法保护实务角度，就商业秘密的认定条件、侵犯商业秘密的判定标准和如何建立适应企业发展需求的商业秘密保护制度等内容进行讲解。来自普天德胜孵化器和利玛孵化器的近40家企业代表参加培训。

（郭志娥）

【举办城市可持续发展论坛】 11月19日，由区政府主办，区科委、区人口计生委、区环保局、北京市城市经济学会承办的第三届“城市可持续发展·什刹海论坛”在金台饭店举行，科技部、市科委、西城区有关领导出席。论坛的主题为“人口·环境·健康”，论坛采取专题演讲与互动交流相结合模式，围绕西城区的人口、环境、健康问题，就科技进步与可持续发展示范区建设进行探讨和交流。

（郭志娥）

【知识产权内容纳入公务员培训】 11月，在西城区科长任职培训班上，首次将知识产权相关政策法规内容纳入培训。北京市知识产权局协调处相关领导，就“区域发展与知识产权保护”内容进行讲解，50余人参加培训。此项活动由区科委（区知识产权局）与区人事局联合组织。

（郭志娥）

【开展领导干部科普教育活动】 年内，区科委组织开展领导干部科普教育“三个一”（读一本科普书籍、看一部科普电影、参加一次科普主题活动）活动。全年向领导干部发放宣传可持续发展内容的图书《寂静的春天》1000本，发放由区科委编辑印刷的《科技酷生活》刊物2000册，并组织多批次领导干部观看科普电影，参观科技馆等科普场馆。

（郭志娥）

【高新技术企业发展】 截至12月31日，西城区共有高新技术企业186家，其中在德胜科技园的164家，依据新的高新技术企业认定办法通过认定的企业130家，年内新增高新技术企业69家。全年德胜科技园内高新技术企业实现总收入82.4亿元，同比增长15.3%，实现利润10.8亿元，同比增长18.7%，上缴税费6.3亿元，同比增长18.9%。

（郭志娥）

【获全国科技进步考核先进区】 12月17日，根据科技部发布《关于2007—2008年度全国县（市）科技进步考核结果的通知》以及《关于表彰2007—2008年度全国县（市）科技进步工作先进个人的通知》，西城区被评为“全国科技进步考核先进区”，张建东、黄勇、林伟成3人被授予“全国县（市）科技进步工作先进个人”。

（郭志娥）

【可持续发展示范项目】 年内，区科委确定39项可持续发展示范项目，项目支持金额1000万元。其中北京市重大科技项目4项，配套资金420万元；地区科技支撑体系建设项目5项，支持金额122万元；示范区机制体系建设4项，支持金额95万元；可持续发展示范区重点领域项目18项，支持金额285万元；发展战略研究项目8项，支持金额78万元。

（郭志娥）

【6家社区成为创新型科普社区】 年内，西城区有6家社区通过北京市创新型科普社区的专家考评验收，被北京市科委命名为“创新型科普社区”并授牌，6家社区是：月坛街道三里河一区、德胜街道社区教育学校、展览路街道朝阳庵社区、什刹海街道松树街社区、西长安街街道北新华街社区、新街口街道西里三区社区。

（郭志娥）

【实现技术合同交易额增长】 年

内，西城区实现技术合同登记7076项，技术合同交易总额82.74亿元，同比增长1.1%，实现技术交易额75.74亿元，同比增长66%。其中输出技术3479项，合同成交总金额33.19亿元，技术交易额31.89亿元，同比增长58.15%和59.09%；共吸纳技术3597项，合同成交总金额49.55亿元，技术交易额43.85亿元，同比减少18.53%和11.12%。

（郭志娥）

【修订可持续发展示范区规划】 经区政府第五十六次专题会议讨论通过《北京市西城区国家可持续发展先进示范区建设规划（2008–2012）》的修订方案，经第二十三次人大常委会审定，规划报科技部备案。

（郭志娥）

【区科技计划项目】 年内，区科委组织申报西城区科技计划项目，收到申报项目47项，经专家评审，确定立项31项，其中生物工程和新医药技术10项，电子与信息技术10项，新能源与高效节能技术2项，环境保护新技术4项，先进制造技术3项，新材料及应用技术2项，年度支持额度300万元。

（郭志娥）

【科技人才工作】 年内，区科委完成对企业海外归国人才摸底调查，组织召开西城区科技企业人才工作交流会，推荐申报北京市优秀人才资助项目3人，获批1人；推荐申报西城区优秀人才资助项目9人，获批6人；经推荐1人获得国务院特殊津贴。

（郭志娥）

【实现专利申请和授权增长】 年内，西城区实现专利申请2858件，同比增长10.8%，获得专利授权1316件，同比增长31.3%，其中发明专利授权560件，同比增长53%。企业获得专利授权681件，同比增长46.4%，企业授权专利数占授权专利总数的51.7%。

（郭志娥）

【企业信用及投融资体系建设】 年内，区科委通过开展企业调研、走访重点高新技术企业、召开业务知识培训等方式，推进企业投融资体系建设。截至年底，17家企业通过中关村科技担保公司获得贷款担保，担保金额1.85亿元。中关村企业信用促进会西城信用工作平台会员企业达到76家，比上年增加23家。

（郭志娥）

【专利费用减免】 年内，区知识产权局为区域内企、事业单位办理专利费用减缓手续，完成专利费用减缓证明694份、发明专利431份、实用新型专利168份、外观设计专利95份。

（郭志娥）

【评选区科技进步奖】 年内，区科委组织专家按照《北京市西城区科学技术奖励办法》，评选出2008年度西城区科技进步奖25项。首都医科大学附属复兴医院“鞍区三维（3D）数字化模拟手术入路相关显微与影像解剖学及临床应用研究”等5项成果获一等奖，北京木联能软件技术有限公司“风电场测风数据验证与评估软件”等7项成果获二等奖，北京矿冶研究总院“PA120150重型低矮破碎机的研制”等13项成果获三等奖。

（郭志娥）

【12个项目获得市创新资金】 年内，区科委组织区域内企业申报北京市科技型中小企业技术创新资金。北京天科仁祥医药科技有限公司申报的“蛇床子阴道泡腾片”等12个项目获得支持，支持金额为510万元。

（郭志娥）

教 育

概 述

中共北京西城区教育工作委员会、北京市西城区教育委员会（简称区教委）设职能科室28个，在职人员128人。年内，西城区普教系统共有教职工9803人，其中专任教师6685人。中学教职工（含职业高中）5637人，其中专任教师3900人；小学教职工（含特殊教育）2835人，其中专任教师2298人；幼儿园教职工544人，其中专任教师363人；少年之家教职工94人；各直属单位教职工534人。小学毕业生5541人，初中毕业生6691人，高中毕业生6428人。小学入学新生5178名，入学率为100%,借读生103人；初中一年级新生6805人，借读生58人；高中一年级新生5732人，借读生22

人。全区高考考生8290人，总上线人数7803人，上线率94.1％，共计录取7333人，录取率为88.5％。应届考生共计5555人，上线人数5446人，上线率为98％，录取总数5140人，录取率为92.5%。全区理科总上线率达96.4%，总上线人数为5172人；文科总上线率达89.9%，总上线人数为2631人。中考考生在500分以上的有2742人，占考生总数的42.36%；全区考入市区重点学校2306人，占考生总数的38.07%。高等教育自学考试报考人数共103165人，报考科次279524科次；成人高考报考人数5894人（其中报考专升本3113人，高中起点2781人），报考科次18480科次。全年审批社会力量办学18所，年末全区共有社会力量办学253所。

年内，区教委推进科学发展观学习实践活动，完成第二批学习实践活动的学习宣传教育工作。研究制定并下发《关于进一步推进义务教育优质均衡发展的实施意见》《贯彻落实北京市教委关于加强中小学管理规范办学行为的意见》《关于进一步加强和改进教育督导与评价的工作意见》《关于进一步加强西城区教育系统反腐倡廉建设的实施意见》《关于加强西城区教育系统校级领导干部队伍建设的意见》《关于加强教育资产管理的若干规定》等8项意见和规定。启动第三批学习实践活动的学习宣传教育工作，制订工作方案，为基层单位提供学习平台。结合科学发展观学习实践活动，以“科学发展促和谐”为主题，在全系统开展“书记讲党课”评比交流活动，参评党课共98节。

区教育系统共有23444名师生完成4项新中国成立60周年庆典背景表演任务。同时，区教委按照国家教育部、卫生部及市、区的工作部署，建立健全甲型H1N1流感疫情防控体系。研究制定《西城区教育系统国庆背景训练防控甲型H1N1流感工作方案》和《西城区迎国庆区级演练医疗保障方案》。在全市率先发放学生日监测卡及致家长一封信，印制《北京甲型H1N1流感居家医学观察及治疗指导手册》，强化中小学晨午检制度的落实，调整防控策略，指导学校落实各项防控措施。启动“空中课堂”，开通北京市第四中学网校对全体学生进行教学辅导，确保教学进度不受影响。年内，区教委采取各种措施，加强干部教师队伍建设。稳妥做好事业单位绩效工资改革工作，完成市教委关于上年度义务教育老师收入统计工作、区人事局关于义务教育老师收入水平测算和关于义务教育教职工情况调查表工作。成立区校舍安全工程领导小组，启动区校舍安全工程工作，建立中小学校舍安全信息管理系统。推进社区教育，继续建设学习型城区。成功举办西城区学习型机关建设沙龙。年内教育经费支出生均经费24315元，比上年20984元增加3331元，增长13.7%。教育经费全部支出生均公用经费10530元，比上年7001元增长3529元，增长50.4%；教职工人均月收入4760元，比上年增长210元，增长4.62%。达到了生均教育经费、生均公用经费和教职工收入有所增长的要求。

（杨海蓉）

中小学教育

【概况】　年内，西城区共有公办普通中学34所（含教育部门办学29所，其他部门办学4所，民办学校1所），其中高级中学2所，完全中学26所，初级中学6所。在校生37866人，另有借读生349人；教学班1145个。其中初中学生20099人，另有借读生181人，教学班600个；高中学生17767人，另有借读生168人，教学班545个。民办学校1所，为完全中学，在校学生1312人，另有借读生218人，教学班39个。其中初中学生552人，另有借读生181人，教学班17个；高中学生760人，另有借读生37人，教学班22个。职业高中3所，教学班8个，招生1209人，毕业1344人，专任教师555人。公办小学43所，教学班1029个，在校生31503人，另有借读学生505人。教职工2914人，其中专任教师2298人。具有高级职务的33人，占1.44%，中级职务的1564人，占68.06%。年内，区教委共办理正常退休及提前退休500人。区教委加强干部教师队伍建设，成立“西城区教育系统书记校长工作巡视指导组”；召开校长工作室中期交流会；成立西城区教育专家顾问组，聘请中国教育学会副会长陶西平、北京教育科学院院长时龙等11名知名教育专家任西城区教育顾问；开设西城区班主任大讲堂，全面启动西城区首届班主任基本功培训与展示活动；召开校长（书记）职级制评审工作会，7人晋升职级；组织实施第六批副校级后备干部资格认证工作，确定可进入资格认证库的人员36人；受区委委托，教工委组织部对教育系统37个副处级以上领导班子和领导干部进行集中考察，形成考察报告，并对学校班子建设提出意见和建议。组织全区中学生参与庆祝新中国成立60周年群众游行背景组字、鼓乐伴奏、群众联欢晚会等任务。开展中小学社会大课堂活动。开通“西城区社会大课堂门户网站”，开展“阜景街头说文化”主题活动、“社会大课堂悦读伴成长”系列活动、“魅力北京辉煌中国”系列教育教学观摩等多项活动。在全国和北京市青少年科技创新大赛上均取得好成绩。召开区教委教学专题工作会；开展各种教学课题研究，召开课题交流会；修订下发《西城区小学教学管理意见——教学常规管理》；出台高三课程安排指导意见；组织西城区教育科研周活动；启动“西城区中学生创新人才培养工程”；完成对非学历民办教育培训机构自查自评工作的督导评审工作；开展教育系统对外合作与交流；举办青少年法制联谊会，加强学生安全与法制教育；“平安校园”创建达标率100%。扩大义务教育阶段减免政策范围，对义务教育阶段借读生全部免收借读费，推进义务教育均衡化。投入资金，落实职业学校家庭经济困难学生资助政策体系。年内西城区教育减免、奖励资金1784.2万元,其中义务教育阶段1431.2万元，普通高中62.46万元，职业高中290.54万元。全区中小学图书馆藏书4254502册。校舍总占地面积1475958平方米，总建筑面积1390485平方米。

地址：西城区平安里大街育教胡同33号

邮编：100035

电话：66151155

（杨海蓉）

【常态课调研评估与研究】 3月至6月，开展为期3个月的西城区中学常态课调研与评估工作。常态课检查和调研设计以全区36所中学为样本校，范围覆盖初中和高中所有学科，调研方式为到各校听推门课。本次调研采集常态课样本400余节，回收调研数据分析显示，一类课占21%，二类课占39%，三类课占30%，四类课占10%。11月25日，由区教委中教科主办、北京市第三十五中学承办的西城区教育科研周活动“常态课实施学案导学的课例研究”初高中会场同时举行。此次活动在中、高考的主要学科中开展，对“有效教学常态化的实践、提高课堂教学和教学管理的效率、促进教师的教学观和学生学习观的转变、最终提升学校的办学水平”进行展示研讨。

（杨海蓉 王红）

【义务教育课程项目组调研】 3月31日，北京市教科院“义务教育课程实施与管理项目组”到北京师范大学亚太实验学校（简称亚太实验学校）调研。北京市教科院课程中心、区教委及北京市三帆中学等项目组成员参加调研活动。亚太实验学校2位教师展示了“三级课程整合”研究课，随后项目组召开“北京市西城区义务教育课程实施与管理座谈会”，北京市教科院课程中心老师以“课程整体建构的理论与实践”为题对亚太实验学校小学部全体教师进行了现场培训。西城区汇报了落实三级课程整合的思路及措施，提出要把“国家课程校本化、地方课程精品化、校本课程特色化”，坚持“示范校引领、优质校做好、普通校动起来”的原则，使三级课程在西城区做到“国家课程凸显水平、地方课程彰显情怀、校本课程突出特色”。

（曹 琼）

【研究性学习专题现场会】 11月18日，为深化高中课程改革，推进教学方式与学习方式的转变，北京市高中课改样本校建设项目组在北京师范大学第二附属中学召开北京市高中课改样本校建设项目研究性学习现场会，展示、推广西城区在研究性学习课程实施中有效做法及取得的成果。市教委有关领导、全市高中样本校的代表及各区县样本校工作联系人近200人参加会议。

（皮拥军）

【西城区教育科研周】 11月25日，在西城区教育科研周活动中，区教委小教科组织以“教育策划”为主题的小学主场活动，北京基础教育研究所副所长张熙等专家对部分校长讲述的教育策划内容进行点评和指导。同时北京第二实验小学、官园小学、奋斗小学、西单小学自主承办4场不同主题的现场会。11月27日，举办西城区教育科研周西城外国语学校专场活动，主题为“构建开放的外语教育大课堂”。活动由教师论坛、综合实践常态课和文化沙龙活动展示、学生外语实践能力展示三大板块构成。12月2日，以“定位明确目标规划提升品质”为主题的西城区教育科研周德育专场在北京市第七中学举行，全区40余所中学近200位德育干部共同对中学生生涯规划教育进行研讨，北京市教科院德育研究室主任及1名教师作为特邀专家对当场展示的4节生涯规划课进行点评。

（曹琼 冯雪 皮拥军）

【社会大课堂活动】 3月17日，区教委在梅兰芳大剧院举办“西城区中小学生社会大课堂网站开通仪式暨京剧进课堂实践展示”活动，近700人参加。4月10日，由市教委主办，西城区教委承办的“走进社会大课堂——中小学生体验志愿服务”主题教育实践活动在北京天文馆举行，近200人参加。4月18日，由首都文明办、北京市教委、阳光文化基金会、中央芭蕾舞团共同举办，西城区委宣传部、区文明办、区文委、区教委承办，阳光文化基金会赞助的艺术教育公益活动“‘阳光下成长与芭蕾共舞’暨西城区月末大舞台未成年人思想道德建设专场文艺演出——芭蕾艺术进校园”活动在西城区文化中心举行，近500人参加。4月23日“世界读书日”，区教委社会大课堂办公室与百万庄图书大厦，举办“社会大课堂悦读伴成长”系列活动启动仪式，活动包括旧书换新书、书签制作比赛、公益讲座、经典节选朗诵比赛。北京市西城外国语学校等10所学校参加活动。5月15日，由区教委、区文委、区文物保护协会主办，北京历代帝王庙管理处、鲁迅博物馆、中国地质博物馆、景山公园管理处协办的“国际博物馆日走进社会大课堂——阜景街头说文化”主题活动在阜景文化街举行，500余人参加。6月17日，区教委在金融街少年宫举办“走进社会大课堂——礼苑学习体验活动”。金融街少年宫“礼苑”主任介绍“礼苑”的基本情况；宏庙小学四年级16名学生公开课——“生活细节重礼仪做文明礼貌好孩子”的礼仪课，学生们现场学习“附手礼”、“执筷礼”、“饮茶礼”；区委教育工委副书记作总结发言。11月1日，第二届“西城·百图”阅读文化节论坛在百万庄图书大厦举办。在论坛上，向在西城区小学生书签设计大赛中获奖的展览路一小、白云路小学、四根柏小学、文兴街小学、玉桃园小学的20名学生颁奖；在爱心图书捐赠仪式上，将在旧书换新书活动中募集的2000余本学生读物捐给西部阳光农村教育发展基金会,发往甘肃省宕昌县兴化乡柴家庄小学。11月17日，区教委在首都博物馆等地举办“魅力北京辉煌中国”社会大课堂系列教育教学观摩活动，300余人参加。

（周海利）

【全国青少年科技创新大赛】 7月19至24日，由中国科协、教育部、科技部、国家发展改革委、环境保护部、国家体育总局、共青团中央、全国妇联、国家自然科学基金委员会等9部委和山东省人民政府共同主办的第二十四届全国青少年科技创新大赛在山东省济南市举行，全国34支代表队的545名学生和203名科技辅导员参加比赛。北京代表团成绩优异，其中代表西城区参赛的北京师范大学附属实验中学刚永运获十佳优秀科技辅导员奖。北京市西城区黄城根小学实施的“同饮长江水珍惜水资源”活动获得优秀科技实践活动一等奖。西城区获得优秀学生项目二等奖2个：北京师范大学附属实验中学学生曹婧的《北京东灵山人工油松林中林外植物侵移现状的初步研究》和白云路小学学生田雨萌的《微波加热对食物中水和VC含量、种子发芽、杀菌消毒影响的研究》；获得优秀学生项目三等奖3个：北京市第四中学学生翟菁然、晁译的《TFT液晶屏幕清晰度的量化评估》、北京市第三十五中学学生马骏琪的《对小升初个人简历价值权重的研究》、北京市西城区四根柏小学学生贺邢之的《让旧衣服找到“新家”》。北京市西城区力学小学学生石雪奇的《肌肉活力恢复器》、北京市西城区文兴街小学学生林宣子的《反物质的世界》获得少年儿童科学幻想画二等奖，北京第二实验小学学生李略的《电子还原造纸机》获得少年儿童科学幻想画三等奖，北京市第八中学教师柯本勇制作的“逻辑电路示教板”获得科技辅导员科教创新竞赛三等奖。

（傅晓月）

【德育工作】 年内，区教委在全区小学生中倡导尊老爱幼、遵守秩序、礼貌待人、文明做事等文明行为，树立身边的道德榜样，开展“讲述自己的美德小故事”、“撰写小公民成长日记”活动。全区征集文明日记和美德故事万余篇，涌现出“文明礼仪的北京娃娃”、“坚持两年为公交人员送水的小志愿者”、“铲除小广告的环保小志愿者”、“孝敬父母的阳光男孩”等典型事迹，编辑出版《美德故事》和《奥运文明日记》。4至6月，全区小学各校开展以传承中华民族优秀文化与爱国主义教育成果展示为主题的校园德育开放日活动。5月31日，区教委举行教育系统志愿服务标识揭幕仪式，出台《关于在西城区中小学开展志愿服务精神教育建立志愿服务活动长效机制的实施方案》。6月1日，区教委和区妇联在北京市西城区奋斗小学承办以“热爱祖国净化环境 亲子携手家庭行动”为主题的全国家庭道德教育宣传实践月启动仪式，对在京学习的地震灾区儿童及困境儿童进行节日慰问，同时开展未成年人爱国主义教育及成果展示活动。年内，区教委组织全区小学生参加新中国成立60周年庆典志愿服务活动，开展“迎国庆 讲文明 树新风”、志愿服务精神教育活动，培养学生从小树立志愿服务和奉献社会的意识。为了总结国庆等大型活动对学生的爱国主义教育作用，区教委推出《我爱我的祖国——西城中小学国旗下讲话集萃》等3本德育案例集。7月13日，区教委召开青春健康"育心行动"——西城区中学青春期健康教育工作研讨会。会上观看青春健康教育录像片《守护绽放》，总结西城区中学青春期教育工作情况，7所中学德育领导就学校青春期教育开展情况进行交流发言。12月11日，区教委联合区人口计生委、区计生协在北京市西四中学举办西城区青春期教育教师培训活动，30余位中学教师参加。

（王昆　冯雪　张洁）

【安全与法制教育】　1月16日，区教委、西城公安分局联合举办"第六届青少年新春法制联谊会"，西城公安分局、区教工委领导及北京市第七中学、北京市西城区民族团结小学等校的学生参加活动。联谊会上，公安干警、消防官兵为学生进行了特警擒敌、警犬追捕、油桶灭火、公安巡逻摩托车行进编队等表演。随后，学生们参观了以110宣传、消防安全、预防各类诈骗等为主题的法制安全宣传教育展示区。5月12日是全国第一个"防灾减灾日"，也是"5·12"汶川大地震周年纪念日，区教委协调区民防局联合北京市第四中学、北京市第三十五中学分别举行"防灾减灾日"暨紧急疏散演习活动。同时，北京市西城区裕中小学、北京师范大学第二附属中学等单位也组织开展应急疏散演练活动。通过向在"5·12"汶川大地震中遇难同胞和抗震救灾烈士默哀、学校领导进行防灾减灾教育、向师生赠送防灾减灾宣传图书画册等形式以及组织应急疏散演练活动，强化师生的防灾减灾意识和自救互救技能。6月1日，由中国教育发展战略学会终身教育工作委员会、中国汽车技术研究中心主办，西城区教委协办的"交通安全走进校园"全国巡展仪式在西城区育民小学启动，中国教育发展战略学会终身教育工作委员会会长、中国道路交通安全协会副秘书长等领导出席活动。

（马建军　周海利）

【教师队伍建设】　2月20日，西城区班主任大讲堂正式开课，利用双休日及平时课余时间，对全区各中小学的青年班主任、骨干班主任和德育副校长进行培训。为了更好地参与市级班主任基本功培训与展示活动，加强西城区班主任队伍建设，区教委先后开设了由专家讲授的"从比赛形式看班主任工作专业化"、"班主任工作的观念和方法"、"了解学生的途径与方法"、"班主任实践智慧：座谈、答疑"、"研究规律创新方法增强实效——西城区班主任大讲堂"等课程，并对部分参赛选手进行了命题演讲、情景问答、心理调适等专项练习。4月，主题为"专业、智慧、魅力"的北京市中小学班主任基本功培训与展示活动结束，西城区中学6名选手参赛：3人获一等奖、1人获二等奖、2人获三等奖，1人同时获得最具魅力单项奖；小学5名选手参赛：2人获一等奖、1人获二等奖、2人获三等奖，其中1人同时获得最有睿智奖。年内，区教委组织全区小学教师开展全员、全学科、全过程的教师教学基本功培训与展示活动。3月，全区44所小学各学科推选出672名选手参加区级层面的选拔，214名教师参加区级层面的培训与展示。10月，经过多轮培训与选拔，48名教师代表西城区参加了北京市小学教师基本功培训与展示活动。年内，举办西城区小学语文骨干教师带薪脱产培训班，21名优秀青年教师成为进修班学员，本期脱产进修班9月1日开班，历时半年，共680学时。

（张洁　王昆　曹琼）

【人才专项资助与干部培养】　年内，区教委贯彻《北京市西城区优秀人才培养专项经费资助管理办法》，做好西城区教育优秀人才专项培养工作，申报市级资助项目18项、区级资助项目54项。其中获得市级资助4人、9万元；区级资助33人、45万元。全年区教委举办各级各类各层干部及党员培训班12个，包括第十五、十六期青年干部任职资格培训班、新任校长书记班、中小学副校级干部研修班和青海果洛地区校长培训班，培训学员669人。组织校级干部提高培训讲座及研讨活动10次，参加培训616人，共培训学员1285人。4月8日，召开"西城区小学青年干部专题培训会"，近80人参加培训。北京第二实验小学校长李烈作题为"建设学习型组织 促进教师主动发展"的专题讲座。10月26日，召开2009至2010学年度第一学期小学"校长论坛"，区教委领导和全区70余名小学校级干部出席会议。论坛围绕"小学校级领导教育策划能力的培养"主题，确定开展"西城区小学校级领导策划能力培养项目"。北京教育学院教授作了题为"策划·学校发展·校长"的专题讲座。推进"牵手工程"，12月4日成立，依托老教协、由西城区退休的优秀校长组成的校长工作指导组，以建立"学习共同体"、分散与集中相结合的形式，对中青年骨干校长给予指导和帮助。

（史波　曹琼）

【干部交流与支教】　年内，区教

委共接待新疆挂职干部10人、青海果洛地区20人、广东中山6人、浙江德清7人、广西柳州16人；西城区区内挂职干部9人；选派1名副校长到四川什邡市挂职；西城区教育系统共有35所中小学承担接待挂职干部的任务。年内区教委落实47名全职支教教师到大兴、怀柔2区县支援农村教育工作；向新疆和田地区派出2名支教教师；向四川汶川中学派出9名有丰富教学经验的教师组成支教团，进行为期1年的支教活动。3月、9月、10月，西城教育工会先后3次组织由劳模、师德标兵和工会主席代表组成的小分队登上“时代先锋号”奔赴承德、陕西、房山送教下乡，与贫困地区教师开展学习交流活动。同时，向贫困地区2所学校教职工捐赠价值3万元的教学设备、活动器材及防寒用品。

（史波　陈跃进　桑丽萱）

【视导工作】 为了促进“小学规范化建设工程”的实施，促进学校的内涵发展，提高全区小学教育教学管理的规范化、科学化水平，4月20至22日，5月25至27日，11月9至10日、16至17日，西城区教育行政及研修等相关部门联合对玉桃园小学、宏庙小学、受水河小学、西什库小学进行视导。本年度的视导工作是在以往各部门独立视导的基础上试行的“行政研修联合视导”，“联合视导”整合调动多方面的资源，既能够从整体上统筹分析学校的发展情况，给予学校有力的支持和引导，又避免了繁琐管理对学校造成的不必要负担。同时，聘请学校干部作为兼职视导员参与视导工作，为西城区干部成长搭建了新的平台。

（曹　琼）

【对外合作与交流】 年内，西城区所属中小学境外交流项目近50个，涉及学校20所；境内交流项目近60个，涉及学校15所。西城区中外合作办学学校2所（北京二十一世纪时信教育中心、北京市西城区艾斯蒙特高级时装艺术培训学校），中外合作办学项目1个（北京师范大学第二附属中学PGA高中课程合作项目）；具有聘请外籍教师资格的学校11所（北京市外事服务学校、北京市第四中学、北京市西城外国语学校、北京市第三十九中学、北京第二实验小学、北京市第三中学、北京市第一五四中学、北京市第一六一中学、北京师范大学附属实验中学、新国人培训学校、北京市西城区艾斯蒙特高级时装艺术培训学校）；具有接收外籍学生资格的学校8所（北京市第四中学、北京市第三十九中学、北京市西城区北长街小学、北京第二实验小学、北京师范大学亚太实验学校、北京师范大学附属实验中学、北京师范大学第二附属中学、北京市什刹海体育运动学校）；与其他国家和地区建立友好校60所；经区外办和区教委认定的对外开放单位16个。全区共有在校就读外籍学生921人，在校任教外籍教师13人（北京市西城外国语学校5人、北京市第三中学1人、北京市西城区艾斯蒙特高级时装艺术培训学校5人、新国人培训学校2人）。截至12月，西城区中小学接待世界各地来访的官员、教育工作者、师生近5000人；全区教育系统出访的干部、师生近1200人次。

（张平平）

【初中建设工程】 4月，市教委对西城区初中建设工程进行了验收。2005至2008年，初中建设工程累计投资74766万元，其中财政拨款共投入59604万元（市专款26118万元、区专款33486万元），学校自筹资金共投入15162万元。经费用于学校基本建设及修缮52352万元，信息化等教育教学设备购置11953万元，用于外事、培训及课题研究等906万元，艺术、体育及科技投入399万元，其他投入3030万元，干部培训、教师培训、劳技、国防教育及卫生保健投入6126万元。

（董汇怡）

【校舍安全工程】 年内，成立西城区校舍安全工程领导小组，启动西城区校舍安全工程工作。完成需改造加固的中小学校舍排查鉴定工作，并根据排查鉴定结果，制订辖区内校舍安全工程3年加固、改造总体规划。建立西城区内中小学校舍安全信息管理系统，并将有关数据录入系统之中。本次中小学校舍排查鉴定共楼房100栋，建筑面积33万平方米，其中文物建筑学校3所，建筑面积1万平方米。按计划完成北京市第五十六中学等7所学校教学楼的加固，总建筑面积27565平方米，总投资约7000万元。除北京市第三十九中学分校因与天主教会存在产权纠纷外，其他工程均已竣工并投入使用。

（杨海蓉）

【教育法律法规执行情况】 6月26日，西城区组织召开2009年教育法律法规执行情况自查、全面实施素质教育自评工作动员会。区教育评价领导小组成员、部分区人大代表、区属47个相关部门的主管领导、全体专兼职督学参加会议。会议部署了2009年教育法律法规执行情况自查、全面实施素质教育工作自评和党政主要领导干部履行素质教育工作目标责任自我鉴定，以及迎接市教育督导室对西城区开展教育法律法规执行情况督导检查和全面实施素质教育情况综合督导等工作。

（伊 宏）

学前教育

【概况】 年内，西城区有托幼园所37所，其中市立园11所、机关园16所、街道园7所、民办园3所。在园幼儿8175人，比上年增加719人。其中市立园收托幼儿2859人，比上年增加223人。新入园儿童2540人,毕业离园儿童1953人，学前三年教育入园率72%。全区教职员工1500人，比上年增加57人。其中市立园教职员工545人，比上年增加5人。全区专任教师有836人，大专及以上学历占教师比例78%；中级职称306人，占教师比例36%；初级职称337人，占教师比例40%。年内，区教委学前教育科依法进行办园质量监控，加强办园过程指导，提高幼儿园管理队伍学习与实践能力；加强两支队伍培训机制建设，有计划有目标分层次培养队伍，提高队伍培养效能；加强示范园和早教示范基地建设，发挥课程建设的示范作用；加强基于实践常态的教育研究，发挥教研项目引领作用，促进《幼儿园教育指导纲要》深入研究与实施；做好甲型H1N1流感防控工作，确保幼儿园师生健康；为解决入托高峰，开展幼儿园扩班建设工作。年内，西城区洁如幼儿园和国家发展改革委员会三里河幼儿园分别由一级二类和二级二类幼儿园晋升为一级一类幼儿园，全区37所幼儿园中，一级一类幼儿园23个，占总数的62%。2月，北京市西城区西四北幼儿园和北京市西城区洁如幼儿园成为北京市社区早期教育示范基地。4月，北京市公安局幼儿园成为西城区第六所北京市示范园。

地址：西城区平安里西大街育教胡同33号

邮编：100035

电话：66201622

（王丽萍）

【干部教师培训】 3月20、25日和4月9日，区教委学前教育科分别在区教委机关、棉花胡同幼儿园、研修学院，分“行政管理”、“卫生保健管理”和“保教管理”3个组，以“怎样搞好托幼园所分级分类验收和年度考核”为主题组织验收考核组长园培训。区教委学前教育科、西城妇幼保健所儿童保健科、担任验收考核组长的市区级示范园园长、保健医生共30余人参加培训。4月22日，区委教育工委组织部和区教委学前教育科联合组织全区幼儿园中层干部以“怎样当好保教主任和如何做好后勤管理工作”为主题开展任职经验交流培训活动。区教委所属各幼儿园主管园长、保教主任、后勤主任共80余人参加培训活动。曙光幼儿园和长安幼儿园保教主任、棉花胡同幼儿园后勤主任、北海幼儿园园长助理分别作了题为《从教师到保教主任的心路历程》《相信自己能行》《当好后勤主任的体会》《触动我从教师角色转变为中层干部的三件事》的经验介绍。6月22至23日，区教委和区红十字会联合举办幼儿教师避险逃生知识技能培训，全区各幼儿园教师、保健医生共300余人参加培训。市红十字会师资团2名讲师分别就突发事件和灾难发生时避险逃生的方法、心肺复苏、创伤救护、常见急症自救互救等内容进行讲解，发放急救手册和幼儿避险逃生、自救互救光盘等宣传材料。参训人员分组进行避险逃生、自救互救实操演练，并参加考试。

（王丽萍）

【领导调研与慰问】 3月27日，区教委领导到北京市北海幼儿园和北京市第六幼儿园对幼儿园的工作和建设情况进行调研，听取园长工作汇报，实地考察幼儿园的办学设施，了解幼儿园在幼儿入托、设施建设、安全工作等方面存在的困难。5月26日，市教委领导到北京市西城区长安幼儿园、月坛街道第四幼儿园2所幼儿园进行慰问，为每个园赠送价值2万元的玩具。同日，区委常委、常务副区长白云生，区人大副主任刘永先，副区长陈蓓，区政协副主席程刚等，分3组走访慰问区内16所含示范园、街道园、部队园、机关园在内的各类幼儿园。区领导为孩子们送去节日的问候和祝福，赠送价值8万元的玩具，并对幼教一线的广大教职员工表示慰问。6月1日，北京市副市长黄卫、市教委副主任罗洁等领导到北京市北海幼儿园慰问。黄卫听取园长关于幼儿园60年办园历史的介绍，并参与孩子们的游戏活动，对北海幼儿园“倾心于今天，着眼于明天”的办园理念给予肯定。

（王丽萍）

【教育教学竞赛】 区教委于6月8日、19日、26日分别组织幼教政策法规、教育教学理论等内容的笔试、教育教学活动案例设计及答辩和计算机测试。7月2至3日，举行西城区学前教育第七届“春华杯”口试决赛，决赛分35岁以下青年组和35岁至45岁中年组，采取笔试、口试、计算机测试和才艺展示4种形式进行，考察选手将教育观念转化为教育实践能力、反思能力、应变能力和表达能力等综合素质。经初赛和复赛评选出来的42名中青年教师参加决赛，各幼儿园共计300余名干部和骨干教师参加活动。10月16日，召开西城区学前教育第七届“春华杯”表彰暨名师工作室启动大会。区教育研修学院学前部主任代表第七届“春华杯”评审组总结评选工作和区幼儿教师基本功培养工作。比赛评出中年组全能一等奖1名、二等奖1名、优秀表扬奖6名；青年组全能一等奖1名、二等奖3名、三等奖10名、优秀表扬奖21名；才艺单项故事组、弹唱组、绘画组、计算机组奖42名，优秀组织奖4个。获奖教师经过选拔将纳入区幼儿园骨干教师培养计划。会议公布11个学前名师工作室名单和第二届学前拜师活动突出贡献奖获奖名单，名师工作室主持人代表和获奖教师代表分别作了发言。全区37所幼儿园园长、骨干教师、被表彰教师共200余人出席大会。10月20日，市教委召开“北京市幼儿教师教育教学基本功展评活动总结表彰大会”。西城区9名教师参加基本功比赛，2人获个人全能一等奖，6人获个人全能二等奖，1人获个人全能三等奖；1人获技能技巧口试单项第一名和现代信息技术应用能力单项奖第六名；区教委学前教育科获优秀指导奖。

（王丽萍）

【教育教学经验研讨会】 12月24日，举行王鑫教育经验成长和经历交流研讨会。王鑫为北京市骨干教师、区学前教育学科带头人、北京市北海幼儿园保教主任。与会人员观看《王鑫语言课例教学》录像后，王鑫作了题为《研究中成长思考中进步》的发言，从“百变拍球的启示——初入职场的成长、小荷才露尖尖角——体验成长的烦恼、风雨过后见彩虹——研究带我走向成熟、爱与思考相伴——感受心灵成长的魅力”等4个方面，总结自身成长的经历和感受。北京市北海幼儿园园长就幼儿园如何关爱教师、服务教师、成就教师、促进教师的专业发展作了发言。

（王丽萍）

【防控甲型H1N1流感】 区教委学前教育科与区疾控中心妇幼保健所于9月9日、24日，先后2次联合组织对全区幼儿园园长、保健医生进行甲型H1N1流感防控知识培训。区教委学前教育科提出“思想重视、管理到位、重点防控、加强宣传”的工作要求，强调幼儿园必须坚持好消毒检疫和日常卫生保健管理制度，坚持好晨、午、晚三检和审验排查“家庭健康体温检测卡”制度，要求按时上报日报表，对甲流患者做到早发现、早报告、早隔离、早治疗，并下发相关指导文件和致家长的甲型H1N1流感防控知识的信，同时为全区幼儿配发防流感中草药。9月10至11日，区教委学前教育科、区疾控中心妇幼保健所组成5个联合检查组，对34所幼儿园防控甲流工作进行全面督导检查。9月24日召开检查工作通报会，对个别防控工作薄弱的社会园，向主办单位作了通报。国庆前夕，对存在问题和薄弱环节的单位进行重点回访和抽查。

（王丽萍）

【幼儿园变更情况】 10月16日，北京市西城区育红幼儿园合并到北京市西城区培智中心学校，其法人为培智中心学校校长。11月12日，区教委副主任主持召开协调解决合并后培智中心学校相关问题的专题会。会议决定，培智中心学校合并后，采用“一套人马、两块牌子”（“西城区培智中心学校”和“西城区展览路幼儿园”）的方法进行管理。学前部（展览路幼儿园）教师享受特教待遇，教师工资纳入义务教育学校绩效工资统筹考虑。义务教育部教师可到学前部承担教育教学任务。

（王丽萍）

成人教育

【概况】 年内，西城区成人教育工作把全区各单位成人教育管理干部的管理培训作为基础工作，加强成人学校适应力和创新力的开发与指导，成立西城区成人（职工）教育专家指导委员会；开展创建学习型机关、企事业单位工作，组织西城区学习型机关沙龙活动。西城区现有成人教育学历学校1所（西城经济科学大学，包含经科大、电大西城分校、成人中专部）。有各类专业30个，在校生共计6115人。教职工166人，专任教师75人。学校占地面积4.3万平方米。

地址：西城区平安里西大街育教胡同33号

邮编：100035

电话：66204907

（王　珍）

【建设学习型城区工作】 3月20日，西城区建设学习型城区暨成人教育、社区教育工作会议召开。区委常委、宣传部部长傅华作主题为《以科学发展观为引领　不断深入推进学习型城区建设》的报告。会议对西城区创建学习型组织、成人教育及社区教育的先进集体和个人进行了表彰。同日，西城区学习型城区研究中心在西城区经济科学大学（西城区社区学院）挂牌成立。依据西城区建设学习型城区工作的实际，聘请有较高理论水平和丰富实践经验的专家、学者及有实践经验的创建工作者，成立西城区建设学习型城区研究中心，主要承担学习型城区建设的理论研究、科研课题管理、实验与示范项目的开发工作，并对西城区建设学习型城区和创建学习型组织工作进行理论和实践的咨询和指导，推动创建工作深入开展。

（王　珍）

【成人教育管理干部培训班】 3月26日至4月20日，西城区成人教育协调领导小组办公室、区教委、区职成教中心及区成人教育学会共同组织西城区成人教育管理干部培训班，全区各个部门、各个行业的80余人参加培训。授课内容涉及学习型组织理论、企业文化、企业教育（学习型企业问题）、机关事业单位职工教育及机关建设（学习型机关问题）、职业生涯设计等问题。70人经过培训，领到结业证书。4月中旬组织30名培训班学员代表，赴兰州就成人教育工作进行交流学习。

（王　珍）

【学习型机关沙龙活动】 5月22日，举行由西城区学习型城区建设领导小组办公室、西城区成人教育协调领导小组办公室主办，区药监局与区成人教育学会联合承办的西城区学习型机关建设沙龙活动。区财政局、区发改委、区地税局、区商务局等14个委、办、局的主管领导，以及华利佳合公司、区图书馆的有关领导，西城区学习型组织专家指导委员会的有关专家参加活动。活动的宗旨是“深入·发展·提高”。学习型机关沙龙作为西城区各类学习型组织的新视角进一步增强各单位信息的沟通，为具体工作者提供交流的平台，共同探索创建学习型机关可持续发展之路，注重研讨解决实际问题。

（王　珍）

【成人教育研讨会】 9月15至16日，西城区成人教育协调领导小组和区教委召开年度成人教育研讨会。中国成人教育协会、教育部成教处、北京市教委职成处的领导出席会议，全区各委、办、局、处、公司的主管领导及负责人和成人学校的校长共计140余人参加会议。与会领导宣读了西城区成人（职工）教育专家委员会（9月1日成立）组成名单，并向专家颁发聘书；有关教授就职工教育及学习型组织建设工作作专题讲座；区教委布置全区成人教育下半年的重点工作；与会人员就职工教育培训工作及学习型组织创建工作进行了讨论。

（王　珍）

【学习型组织创建工作】 西城区学习型城区建设领导小组办公室、西城区成人教育协调领导小组办公室会同区教委于下半年对区环保局等10个单位学习型组织创建工作进行视导。各创建单位对学习型组织建设工作进行了情况介绍，视导组成员查看了创建活动相关资料，分别对视导情况提出意见和建议，并围绕如何做好学习型组织的创建工作进行交流。12月29日，西城区学习型城区建设领导小组办公室组织专家组对区法院创建学习型机关工作进行检查、评估。专家组观看了创建宣传片，听取了区法院领导创建工作报告，查阅了区法院档案材料、创建展板，并召开干警座谈会。专家组于12月下旬陆续对展览路医院、金融街工商所、丰盛医院等单位创建学习型组织工作进行检查评估。11月6日，西城区学习型城区建设领导小组办公室会同区教委举办西城区学习型组织建设金融街论坛。中国成人教育协会、教育部职成教司、北京市政府教育督导室、北京市成教学会、北京市教委、北京教科院、西城区人大、西城区政府等部门领导出席论坛。各省市代表、北京市各区县代表、市区专家、西城区委区政府各部门、各街道，各企事业单位、社会团体的主要领导及负责人和成人学校的校长共计350余人参加论坛。副区长陈蓓向与会代表介绍了西城区学习型组织建设情况。区药监局、金融街街道、北京第二实验小学、金融街控股股份有限公司等单位介绍了创建学习型组织的实践情况。论坛特邀专家对上述单位的创建情况分别进行了点评。

（王　珍）

社区教育

【概况】 年内，建立第一批西城区市民终身学习服务基地，继续开展社区教育“十、百、千”工程，表彰社区教育“十、百、千”工程38个先进集体和76名先进个人。在全国社区教育专业委员会年会上，北京市受到的表彰课程共12门，其中西城区报送的《市民英语》《电子琴课程》等10门课程全部受到表彰。举办环渤海地区社区教育协作组织第四届研讨会、西城区第七届市民学习周活动。推进创建学习型街道、学习型社区工作，对全区第三批参加学习型社区评估的18个居委会进行培训、视导。向全国社区教育专业委员会申报金融街街道、月坛街道为全国数字化学习社区。

地址：西城区平安里西大街育教胡同33号

邮编：100035

电话：66204907

（王　珍）

【市民终身学习服务基地】 5月14日，西城区向社会公布中国科技馆、首都博物馆、鲁迅博物馆等30家单位成为第一批“西城区市民终身学习服务基地”。在西城区市民终身学习服务基地颁牌仪式上，市民们领到《西城区市民终身学习服务基地手册》。

（王　珍）

【社区教育学校展示月】 5月14日，西城区举办首届社区教育学校展示月启动仪式，7所社区教育学校的学员展示了在社区教育学校学习舞蹈、声乐、戏曲、电子琴、古筝等课程的学习成果。同时，在区文化中心举行“西城区社区教育学校首届书法、绘画、摄影作品展览”、“西城区社区教育学校手工艺品、科技作品展览”。5月，西城区7所社区教育学校分别举办教学成果重点展示活动。

（王　珍）

【社区音乐展播活动】 9月16日，西城区“迎国庆社区音乐展播活动优秀节目汇演”在西城区文化中心举行。西城区社区音乐活动展播历时4个月，包括月坛街道办事处、金融街社区教育学校、区老教协等15个单位报送节目近60个。经过组织报名、初赛、决赛、专家评定等工作，评出一等奖5个、二等奖9个、三等奖6个、组织奖15个。

（王　珍）

【西城区第七届市民学习周】 举行西城区第七届市民学习周暨北京市第五届全民终身学习周开幕式。区社区学院组织西城区第八届市民书画、摄影作品展览，举办市民外语展示活动、市民大讲堂——红楼讲座、计算机园地课程。什刹海街道、什刹海社区教育学校开展以“学习进取快乐 讲我生活变迁 颂我祖国辉煌 展我社区风采”为主题的社区学校学员学习成果展览活动。展览路街道、展览路社区教育学校举行以“唱响社区教育示范街道 彰显全民终身学习特色”为主题的市民学习周活动。启动仪式后，组织了家庭理财讲座和秋冬季健康养生讲座。

（王　珍）

【创建第三批先进学习型社区】 6月18日，区教委组织召开创建学习型社区专家评估组工作会议，总结上一年对西城区30个创建学习型社区居委会评估检查工作的情况，完善评估工作方案。7月15日，召开西城区创建学习型社区工作会议，总结全区创建学习型社区工作中取得的成果和经验，提出开展第三次学习型社区视导评估的工作安排和要求。展览路街道、金融街街道二龙路社区、什刹海街道四环社区在会上做经验介绍，副区长陈蓓讲话。8月4日，区教委组织各街道主管主任、主管科长、第三批参加创建学习型社区居委会评估的社区居委会负责人，以及创建学习型社区评估专家组成员赴天津南开区、河西区参观学习。11至12月，西城区创建学习型社区评估小组深入到第三批申报单位进行视导检查工作，帮助各社区开展创建活动。

（王　珍）

【创建学习型学校先进单位】 3月，西城区建设学习型城区领导小组办公室组织专家组对区教委部分开展创建学习型学校取得初步成果的单位进行调研，确定北京市第四中学、北京市西城区奋斗小学、北京市北海幼儿园等10所中小学和幼儿园为西城区创建学习型学校先进单位。向市教委申报北京第三十五中学、北京第一五九中学、西城区三里河第三小学参加北京市创建学习型学校先进单位的评估检查。

（王　珍）

【纵横汉字输入法培训与比赛】 区教委、区成教学会组织7个街道参加北京市纵横汉字输入法的培训和比赛活动。全区参加培训人数达350余人。11月8日，在北京市纵横汉字输入法大赛中，德胜街道、什刹海街道和展览路街道各有1人夺得个人一等奖，西城区荣获组织一等奖。

（王　珍）

（责任编辑　马恩慈）

文化　体育　卫生

文化文物

【概况】　北京市西城区文化委员会（简称区文化委）是负责西城区文化、文物、新闻出版和广播电影电视事业管理工作的区政府工作部门，接受市文化局、市文物局、市广播电影电视局、市新闻出版局的业务指导。区文化委设办公室、文化科、文化市场管理科、文物科、财务审计科、机关党委办公室（人事科）6个内设机构，机关行政编制29名。年内，区文化委构建公共文化服务体系，举办公益文化活动，创新文艺形式，促文化发展。参与组织西城区庆祝新中国成立60周年群众联欢活动并取得成功。加强文物管理，公布非物质文化遗产名录，非物质文化遗产展示中心揭牌。举办民俗节日文化活动，举办北京景山合唱节等品牌文化活动，开展公益数字电影放映。年内，举办文化活动8600余场，百万人次参与，全区公益数字电影放映1925场，104547人次观看。

地址：西城区西直门内南小街后广平胡同26号

邮编：100035

电话：66561230

（王　健）

【国庆60周年联欢晚会活动】　6月19日，西城区成立国庆联欢指挥部，指挥部成员来自区域内87家单位，区文化委是指挥部牵头单位。指挥部成立办公室、活动组、安保组、后勤组，分别由区文化委1名副主任负责。指挥部制定《西城区国庆联欢晚会活动安全保卫工作方案》、《西城区国庆联欢晚会活动安全保卫应急预案》、《西城区国庆联欢晚会活动全体人员集结疏散方案》和《西城区国庆联欢晚会活动风险评估与控制方案》，并建立甲型H1N1流感疫情防控机制，组织召开工作会30余次，参加北京市召开的相关会议10余次，编写《区联欢晚会指挥部简报》15期。区文化馆承担设计表演动作任务，组建60余名小教员队伍，对参加活动人员进行培训，7月至9月开展训练、合练、演练近320场次。10月1日晚，西城区完成新中国成立60周年联欢晚会活动任务。西城区承担的任务是：位于金水桥前长安街上西侧大学生联欢区，长82米、宽70米，面积为5740平方米，西城区在整个联欢区内划分4个联欢圈，全区2800名联欢群众和表演区演员分别完成集体舞联欢、配合光立方互动和表演区表演任务。区联欢晚会指挥部指挥、副区长杨培丽，人大副主任刘永先现场指挥。

（王　健）

【国庆北海游园】　西城区承担国庆北海游园活动中的非物质文化遗产展示区及主会场文艺演出区的部分工作。10月2日，区文化委组织9个非物质文化遗产保护项目及家庭艺术馆参加国庆60周年北海公园游园活动，同时组织协调互动区节目演出。

（王　健）

【全国社区文化经验交流】　5月30日，在四川省成都市举办的全国城市社区文化建设经验交流会上，副区长杨培丽以“实施1121工程推动社区文化设施建设”为题，代表北京市作典型经验发言。

（王　健）

【文化部副部长调研】　4月24日，文化部副部长周和平到西城区调研公共文化设施，参观区图书馆、区文化馆，对区图书馆实行“通借通还”服务给予肯定，副区长杨培丽等领导陪同调研。

（王 健）

【非物质文化遗产保护】 3月30日，第二批区级非物质文化遗产名录专家评审会召开，与会专家以投票方式推荐出11个推荐项目。6月8日，11个推荐项目由区政府对外公布。6月，市人民政府公布第三批市级非物质文化遗产保护名录，西城区有5个项目入选，分别为：西城区孙式太极拳、护国寺小吃制作技艺、砂锅居全猪席制作技艺、柳泉居京菜制作技艺、仿膳（清廷御膳）制作技艺。年内，区文化委落实210万元专项资金用于非物质文化遗产保护。

（王 健）

【旧城内房屋修缮和风貌保护】 2月6至10日，区文化委会同市文物局、市古建所、区房地中心对工作涉及的311个院落进行实地调查和鉴定工作，经调查，有13处文物普查、挂牌保护和调查院落依据文物保护法律法规，需要进行保护性修缮。保护性修缮要求尽可能使用旧构件，且需具有文物设计资质的公司进行设计，对建筑空间格局、建筑体量、尺度、形式、色彩等传统特征有具体要求。

（王 健）

【建立区文化市场管理系统】 年内，区文化委与区科委联合开发西城区文化市场管理系统。该系统重点建设文化市场经营单位经营情况展示功能、文化市场经营单位信用等级评估功能、文化市场数据统计分析功能、文化市场信息查询服务功能等4项基本应用功能，为区内相关单位和公众提供文化市场信息查询服务。

（王 健）

【快乐4号线活动】 地铁4号线通过西城区的站点周围分布着72处影剧院、博物馆、文化馆、图书馆等娱乐和文化设施。区文化委对地铁4号线沿线文化场所向社会进行整合宣传，推出1万张阳光娱乐场所体验券，领取体验券的市民可在沿线的金库歌厅、麦乐迪、华威电子游戏厅等11家阳光娱乐场所进行免费体验。

（王 健）

【“扫黄打非”工作】 年内开展“平安国庆”行动，开展11个专项治理，出动执法人员31847人次、执法车辆6500台次、社会协管力量1万余人次，检查各类文化经营单位4060家次，收缴盗版图书2万余册，收缴盗版光盘10万余张，立案查处违规经营企业46家，罚款总额5.2万元。西城区“扫黄打非”工作领导小组办公室被评为全国“扫黄打非”先进集体。

（王 健）

【文化市场社会监督工作】 西城区成立两支近200人组成的文化市场社会监督队伍，一支是文化市场监督员队伍，他们以街道为监督单位，对实施行政许可的文化经营单位进行巡视，向区文化委行政执法队反馈监督信息。另一支是以148名社区治保专干为主的社区文化督导员队伍，他们以社区为监督单位进行巡视，向监督员反馈监督信息。

（王 健）

【举办驻区文化单位年会】 12月22日，驻区文化单位年会召开，会议就区文化产业发展情况进行交流，副区长杨培丽在讲话中就不断优化发展环境、发挥区域文化优势、增强文化创新活力、提高区域综合竞争力提出要求。驻区企业代表和区内相关单位近百人参加会议。

（王 健）

【第三次全国文物普查】 年内，完成西城区第三次全国文物普查2009年阶段工作。复查不可移动文物530处，普查覆盖率超过98%，拍摄照片9100余张，测量GPR数据1540余组，完成单体调查表、现场资料记录3470份，记述每栋建筑的坐标、建筑高度、屋顶、结构形式、进深、面阔、斗拱、装修、彩画、地面、柱式、外廊、基座、护栏、台阶、修缮等情况。

（王 健）

【北京景山合唱节】 9月20日，作为全市“为伟大祖国骄傲”系列文化活动之一的“2009年北京景山合唱节”在景山公园举行决赛，经过选拔赛决出的12支合唱团队同场角逐竞技，最终决出一、二、三等奖。全市36支合唱团2000余名队员参加合唱节。

（王 健）

【旧城文保区“煤改电”工程】 年内，区文化委配合区环保局、城区供电局等单位开展旧城区“煤改电”工程，对位于文物保护单位周边或建设控制地带建开闭站和箱变站点的方案进行审核，并对现场逐一调查走访。

（王 健）

【文物建筑修缮】 年内，西城区共修缮19处文物保护单位，修缮面积31310.8平方米，使用文物修缮资金达7151.76万元。

（王 健）

【历代帝王庙举办拜谒活动】 11月8日，200余名社会各界人士参加由市旅游行业协会和历代帝王庙保护利用促进会举办的第六届“相聚历代帝王庙、拜谒三皇五帝”活动。历代帝王庙保护利用促进会会长、政协副主席许伟在开幕式上发表题为《论历代帝王庙核心价值》的讲话。

（王 健）

【全国公共图书馆评估定级】 10月22日，全国公共图书馆第四次评估定级工作专家组到西城区实地检查，副区长杨培丽出席。全国公共图书馆评估定级工作每四年1次，年内区图书馆、区青少年儿童图书馆被文化部评为国家一级图书馆。

（王 健）

【迎新春双拥晚会】 1月12日，区委常委、区武装部部长杨爱民等领导同驻区部队和群众代表近500人观看迎新春双拥晚会。晚会以讴歌改革开放成果以及部队火热生活为主，参加演出的演员主要有区文化馆干部、业余团队以及中央警卫团演出队等。

（王 健）

【民俗节日文化活动】 年内，在元旦、春节、元宵节、清明节、端午节、中秋节、重阳节等传统节日，开展传统民俗节日文化活动，定位于突出传统民俗，以室内庙会、戏曲、曲艺、原创灯谜、赛龙舟、公益数字电影、话剧、非物质文化遗产手工艺现场展示、民俗展览等为活动形式，让节日充满喜庆。其中“节庆西城”品牌活动开展两年，年内举办6个专场，接待观众1.4万余人次；“看大戏到西城活动”创办8年，每逢节假日上演不同风格的折子戏和大戏，以区文化馆戏曲团队联合专业院团为演出队伍，年内演出京、评、越剧专场30场，受众1.2万余人次；举办非物质文化遗产展览展示5次、皮影演出8场、岔曲专场6场。

（王 健）

【非物质文化遗产展示中心揭牌】 6月12日，西城区非物质文化遗产展示中心揭牌仪式在胜利电影院举行，市政协副主席陈平、区长张建东等领导出席揭牌仪式。市政协、市文化局、城八区文化委、文化馆有关领导参加仪式。展示中心内设非物质文化遗产项目展、民间工艺展、“非怡阁”民俗文化讲坛、传承人工作室，以及影视厅、报告厅等多个功能厅室，是西城区非物质文化遗产宣传展示、保护传承、教育培训基地。

（王 健）

【电影院整合工作】 7月13日，北京市红楼电影院和北京市胜利电影院整合为北京市红楼电影院（北京市胜利电影院），整合后的影院承担电影放映业务和非物质文化遗产中心工作。

（王 健）

【公益数字电影放映】 2月26日，西城区向区内群众免费发放数字电影观影卡10万张，其中2万张卡提供给老年人、残疾人、来京务工人员，8万张卡提供给社区居民。区委常委、区委宣传部部长傅华等领导出席发卡仪式。年内，全区公益数字电影放映1925场，104547人次观看。

（王 健）

【对外文化交流】 1月10至21日，区文化馆艺术培训学校带领36名学员赴新加坡访问演出；5月23至28日，区文化馆陈项应邀参加西班牙举办的国际太极拳交流活动；5月和10月，赵明两次参加英国国标舞学术交流；11月12日，由区委组织部部长许樾真带队，区文化馆8名业务干部赴澳大利亚进行国际间文化交流活动，其间表演了京剧《行云流水》，交流活动为期11天，共演出4场。

（王 健）

【赴西藏友好城区演出】 8月4日，由区委常委、区委宣传部部长傅华带队，区文化馆9名业务干部赴西藏进行为期5天的文化交流，期间表演单弦表演唱《数胡同》、女生三重唱《北京之约》、京剧《智取威虎山》选段等节目。

（王 健）

【文化艺术辅导讲座进社区】 讲座设有声乐、歌唱入门、化妆、戏曲、国画、摄影、曲艺、黑板报设计、合唱与指挥、中老年时装、戏剧文学11个艺术门类，由区文化馆干部授课。活动从5月20日起至9月底结束，举办讲座156场，约5000名居民参加。

（王 健）

【“和谐杯”六艺大比拼】 第三届“和谐杯”六艺大比拼以庆祝新中国成立60周年为主题，区内党政机关、企事业单位和驻区部队参加。比赛设书法、绘画、摄影、合唱、卡拉OK、舞蹈6项。活动从3月至6月开展，约3000人参加。

各门类均评出一、二、三等奖，区直机关工委等11个单位获活动组织奖。

(王 健)

【“社区杯”六艺大比拼】 第五届“社区杯”六艺大比拼以新中国成立60周年为主题，比赛设2类6项，展览类项目有：书法、绘画、摄影；表演类项目有：合唱、广场舞、来京务工人员歌唱比赛等，参加比赛的人员为社区群众。比赛征集书画影作品409幅，60幅获奖作品在区文化中心展出，近千人观展；35支群众文艺团队参加合唱、秧歌和服装服饰比赛，1100余人在比赛中展示才艺。

(王 健)

【社区群星大舞台活动】 社区群星大舞台活动是2009年推出的全新群众文化活动项目。活动面向社区、服务社区，利用文化馆设施设备，定期为各街道、社区群众文艺团队无偿提供场地和服务。活动自6月开始，年内开展14场。

(王 健)

【周末百姓剧场】 年内，创新开展低票价百姓剧场，吸引各专业团体、社会团体以及优秀文艺团队前来演出。五一期间举办魔术专场3场，低票价演出得到观众认可。

(王 健)

【公益辅导】 年内，区文化馆开展声乐、舞蹈、伴奏、指挥等艺术门类的辅导1017次，受众33400人次。其中社区示范点辅导494次，受众14820人次；基层、部队等辅导289次，受众11560人次；京剧、评剧、越剧团队、舞蹈团队辅导234次，受众7020人次。

(王 健)

【文化遗产日活动】 6月13日，“中国文化遗产日”活动在历代帝王庙开展，这次活动是2009年人文北京和新中国成立60周年文化活动之一，它以“保护文化遗产，促进科学发展”为主题，以“关爱文化遗产，建设人文北京”为宣传语，回顾新中国成立60周年文物保护发展历程和成果，200余人参加活动。当日，区图书馆举办主题书展，区青少年儿童图书馆举办“北京历史文化与首都文化建设”专题讲座活动。

(王 健)

【红领巾读书活动】 红领巾读书活动已开展27年。年内，以爱国主义为主线，以“弘扬爱国情，好书伴我行”为主题，组织开展阳光少年故事会、中小学生征文比赛、红领巾讲坛等10项活动，44所小学、28所中学共计62067人次参加活动。

(王 健)

【小学生古诗词吟诵大赛】 4月6日，区青少年儿童图书馆举办第二届西城区小学生古诗词吟诵大赛。全区38所小学选派308名学生参加比赛。本届比赛分个人组和集体组。北京市西城区展览路第一小学邀请谷建芬谱曲，把《三字经》、《弟子规》编成歌曲唱出来。最终，10名参赛选手、10所参赛学校获得“最佳表演奖”。

(王 健)

【科普讲座进校园】 聘请以中国科学院老科学家为主的科普演讲团，走进校园，围绕航空航天、公共安全、儿童心理等方面开展讲座9场，11202名学生参加。同时，开展科普知识宣传，激发少年儿童学科学、爱科学的热情。

(王 健)

【送书下乡活动】 5月25日，房山区大石窝镇南尚乐中心小学图书馆成为区青少年儿童图书馆在农村小学建立的第一个分馆，分馆设32个书架，藏1.8万册青少年读物，价值近30万元，受到地处偏远山区、学校经费有限的中心小学欢迎。

(王 健)

【纪念奥运会举办1周年庆祝活动】 8月8日，北京奥运开幕式音乐团队及200余位奥组委工作人员在西城区历代帝王庙重聚，纪念奥运会举办1周年。北京市副市长刘敬民等领导出席。

(王 健)

【“国际博物馆日”活动】 5月15日，“国际博物馆日”活动在区阜景文化街举行。活动围绕新中国成立60周年，在学生中开展爱国主义教育，让学生感受阜景文化街特有的古都风韵。历代帝王庙主会场举行由北京市第一五九中学学生参与的“学皇家礼仪，扬中华美德”祭祀礼仪表演，近百名学生零距离接触三皇五帝文化。

(王 健)

【纪念毛泽东诞辰116年活动】 12月19日，西城区纪念毛泽东诞辰116年交响朗诵演唱会在区文化中心举行。整台节目综合运用交响乐、朗诵、合唱、重唱、独唱、弹词、京剧等艺术形式。

(王 健)

【纪念五四运动90周年展览】 5月4日，“穿越时空——五四文化名人事迹展览进社区”活动启动仪式在区金融街社区举行。此次活动由市委社会工委、首都精神文明办主办，8家名人故居、纪念馆承办，是市社会建设工作领导小组办公室会同有关单位开展的“迎接国庆、服务社会、构建和谐、促进发展”系列活动的一个重要组成部分。市委社会工委书记、市社会办主任宋贵伦等领导出席活动仪式。梅兰芳纪念馆、宋庆龄故居、李大钊故居、鲁迅博物馆、郭沫若纪念馆、茅盾故居、老舍纪念馆、徐悲鸿纪念馆负责人、18个区县有关人员和附近社区居民参加活动。此次展览在全市巡回展出，是为纪念五四运动90周年和新中国成立60周年，以社区为依托，以市民为主体，以8位五四名人的生平事迹展览为主要内容的爱国主义宣传教育活动。

（王　健）

【民工剧场】　民工剧场旨在为来京务工人员提供文化服务，丰富他们的文化生活。年内举办2场，1200人免费观看演出。

（王　健）

【曲艺之家票房】　曲艺之家票房是曲艺阵地活动，每周四在区文化中心举行。曲艺爱好者可免费观看表演，年内演出52场，6240人观看。

（王　健）

【第九届“相约北京”文化活动】　5月4日，文化部第九届“相约北京”文化活动在区文化中心举行，慰问2008年北京奥运会志愿者及辖区居民。

（王　健）

体　育

【概况】　北京市西城区体育局（简称区体育局）作为区政府的职能部门，指导和管理全区的体育工作，下设7个职能科室，公务员编制36人。下属事业单位有体育训练中心、体育科学研究所、体育活动中心、月坛体育馆、西城棋院。年内，区体育局以增强人民体质为根本任务，以推动全民健身工作发展，培养体育后备人才，加强体育市场监管为工作重点，转变观念，创新思路，突出重点，抓好落实，推动全区体育工作健康发展。

地址：西城区月坛南街甲1号

邮编：100045

电话：68026768

（王仲建）

【全民健身活动】　贯彻落实《体育法》《全民健身计划纲要》《全民健身条例》，举办第七届全民健身体育节，6月21日至8月8日全区共组织区级体育健身活动和竞赛活动9项次，街道社区和基层单位组织的活动46项次，10余万群众参与其中；举办“西城区第三届和谐杯乒乓球比赛”，历时2个月，7个街道148个社区、20余个系统单位6.4万人报名参赛，8.9万余人参与，市民参与率达12.7%；75人代表西城区参加北京市首届龙舟大赛；2050名太极拳爱好者参加北京万人太极拳破吉尼斯记录表演；400名乒乓球爱好者参加北京市万人千台乒乓球展示活动；在街道社区的晨晚练站点组织、推广打腰鼓活动；启动街道社区家庭系列项目和胡同系列运动会；配合新中国成立60周年开展“四进社区”活动成果宣传展示工作，上报文字3000余字、图片资料100余张。年内，区体育局投入资金60余万元支持驻区部队和全区基层单位开展健身活动；投入资金20万元，制作西城区科学健身推介系列片并在社区影院上映，制作2000余张系列片光盘及体育文化衫免费对群众发放。

（王仲建）

【全民健身工程】　西城区共有全民健身工程219处、全民健身器材3000余件，199个全民健身晨晚练站点在7个街道、148个社区方便群众的健身需求。年内，区体育局投资20余万元推动社区群体活动建设，在北滨河公园组织乒乓球、健身舞等活动，进行健身工程软地面改造和健身器材更新。年内，按照西城区为群众办实事第25项任务要求，对月坛街道、什刹海街道、德胜街道3个街道区域内和人定湖公园已建成的部分健身工程实施软地面改造，改善居民健身环境。

（王仲建）

【传统项目学校与俱乐部建设】　西城区有国家级体育传统项目学校2所、市级体育传统项目学校19所、区级体育传统项目学校15所。开设项目有足球、篮球、排球、田径、游泳、乒乓球、棒球、垒球等。区级体育传统项目学校代表队学生数600余人、代表队教练员60余人，拥有体育场地数量20余个，全年输送体育后备人才24人。区体育局和区教委联合举办传统校项目比赛，直接参与的学生人数5000余人次，为后备人才的培养打下了良好的基础。西城区青少年体育俱乐部共有19个，其中14个依托于学校，19个青少年体育俱乐部场馆总面积超过20万平方米，开设培训、体育活动、文化、科技项目超过28个。年内俱乐部团体会员140余个，个人会员近万人，共组织培训班260余次，举办各类活动超过100次，冬令营、夏令营活动20余期。

（王仲建）

【学校体育场地对社会开放】 西城区共有中小学80所，体育场地占地面积60余万平方米，约占全区体育场地总量的80％。区体育局和区教委配合，推进学校场地对社会开放工作。年内，西城区16个学校体育俱乐部和9所学校体育场地利用业余时间对社会开放，开展形式多样的群众性体育活动。条件相对差的学校，在条件允许的情况下，对本校学生和街道社区免费开放。

（王仲建）

【学校体育】 西城区80所中小学，按照《学生体质健康标准》，在学生中开展坚持每天锻炼1小时活动。学校开展适合青少年特点的体育活动，年内，参加市、区中小学生游泳、排球、篮球、跳绳、踢毽等比赛10余项次，参赛学生人数超过万人；西城区中小学生春、秋季田径运动会，全区80所中小学2000余名运动员参加。等级运动员审批工作按计划进行，年内，148人达到国家二级运动员标准。

（王仲建）

【社会体育指导员培训】 西城区对二、三级社会体育指导员进行管理，全区累计社会体育指导员2804人，其中三级2179人、二级623人，他们在各个健身场所采取各种方式组织和带动群众开展健身活动，普及科学健身知识。年内，西城区加强对社会体育指导员的培训和管理，继续举办二、三级社会体育指导员培训，243人取得资格认证。

（王仲建）

【体育总会】 西城区体育总会注册体育单项专业委员会20个，依托社会力量开展体育活动。年内，体育总会承办市级比赛2次，举办区级比赛2次；门球、乒乓球、棋类、跆拳道、信鸽等体育专业委员会举办竞赛活动25项次。组织网球选手参加北京市全民健身社区网球比赛，获优秀组织奖。健身操舞专业委员会参加全国万人大众健美操总决赛、全国万人健美操大赛北京分赛区比赛，分别获一等奖、二等奖。按规定实施裁判员管理制度，游泳、羽毛球等专委会分别举办二、三级裁判员培训班3项次，近百人参加。足球、乒乓球等专委会定期组织裁判员学习。年内，全区共注册二级裁判员50人，三级裁判员47人。

（王仲建）

【体育市场管理】 围绕“平安北京”建设，通过开展两会期间的“雷霆行动”，保证在重点时段、重点区域的安全生产。年内，开展安全生产宣传教育、安全生产执法、安全生产治理“三项行动”，共检查体育经营单位387家，同比增加62%，填写执法检查记录392份，出动执法人员2650人次，同比增加73%，下达责令整改通知5份、复查意见书5份、整改隐患47条。通过执法检查，履行体育行业监管的职责，保证了辖区体育经营单位的安全生产,全年组织生产安全事故防范应急演练2次，火灾防范事故应急演练1次，组织公共安全知识宣传活动10次，发放宣传材料10835份，参与培训人员达到6000人次（应急管理培训3400人次，应对法培训2600人次）；全区体育经营单位均制定了应急预案，并在区体育局备案。推动《楼宇内生产经营单位安全生产规范》的实施，对楼宇内体育经营单位进行调查摸底，建立基础信息台帐系统，并向各单位发放宣传海报、手册、规范文本等宣传材料500余份。国庆期间通过开展“护航行动”，对国庆庆典周边200米范围内的体育项目经营单位进行全天候、不间断的执法检查，对辖区内重点体育经营单位实施“回头看”，重点检查安全生产措施、制度的整改落实情况，并启用安全生产“零报告”制度。为规范空中无线电波秩序，保障新中国成立60周年阅兵、群众游行和联欢晚会等庆祝活动顺利举办，对辖区体育经营单位使用所有非组网无线电对讲机情况进行全面清查和登记，并建立无线电台监管工作网络。年内，做好第二次全国经济普查和国家体育总局开展的体育及相关产业专项调查工作，对全区体育经营单位分阶段进行体育产业调查统计。

（王仲建）

【减溺工作】 年内，辖区内共有游泳场馆38家，其中学校12家，独立经营14家，宾馆附属12家。全年实现溺水死亡0指标。年内，组织辖区内游泳场馆进行6次安全生产培训。针对夏季游泳高峰期，区体育局成立专项检查组对辖区内所有的游泳场馆进行全面检查，从安全生产管理情况、落实安全生产措施情况、安全管理和卫生管理4个方面共27小项进行检查，对发现安全隐患的单位及时整改，并完善辖区游泳场馆名录库。组织辖区内救生员到北京市救生协会置换体育行业特有工种游泳救生员国家职业资格认证，并对各游泳馆内救生员的资质认证情况进行全面摸底检查。

（王仲建）

【业余训练】 全区体育运动学校有教练43名、在训学生721名。年内，西城区体育运动学校再次被国家体育总局评为“国家高水平体育后备人才基地”。业余训练围绕备战市运会，重点抓好训练落实工作。教务人员、科研人员深入到各项目队进行检查指导；加强对所有项目的看课观摩活动并进行通报；设立击剑、棒球等新的市运会参赛项目。完成2009至2010年度北京市青少年注册工作，总注册人数为1289人，其中新注册人数为406人。统计各区奥运会、亚运会、全运会及城运会的比赛成绩，确立西城区输送、大赛排名地位，为参加市运会做好准备。参加北京市各项锦标赛，取得59个第一名、38个第二名、44个第三名。

（王仲建）

【体育场馆对外开放】 落实《全民健身计划纲要》向老年人、残疾人、青少年等群体实施优惠政策，为全区全民健身体育活动提供服务。年内，月坛体育馆承接了区政府主办的“友城手拉手，浓浓民族情”大型晚会、“第六届系东流空手道世界锦标赛”、“2009欧洲—亚洲全明星乒乓球对抗赛（亚洲站）”、“首都科技界庆祝新中国成立60周年大型红歌演唱会”等多场有国际、政治性意义的大型文体活动。全年共开放2448场，共接待约4.8万人次。提供公益性免费练习场地275场，参加练习人数2210人次。举办大型比赛、活动10场，中小型活动17场，共计约2.1万人次。月坛综合训练馆全年共接待体校训练1964场次、86500人次，对社会开放12838场次、94642人次，其中大型活动98场次、24652人次，大型活动中，中央单位5场、2500余人，市级单位7场、1750余人，区级单位36场、10800余人，公益性活动481场次、32867人次。月坛体育场全年足、篮球场开放人数227502人次、业余训练人数112900人次、运动会66000人次。

（王仲建）

【体育科研】 开展体校科学训练服务工作，在体校13个项目全面推进体能测试，组织实施年度训练中心运动员体能测试，共测试425人；组织教练、科研、教务等参加继续教育培训，组织参加《新兴力量训练方法与应用专家论坛》《练习瑞士球对少年柔道运动员平衡能力的影响》等培训；开展国民体质测试工作，完成1096人的国民体质测试任务，测试共计26个驻区单位。完成年度北京市行业国民体质监测工作，年国民体质测试评价结果是优秀16.4%、良好的26.1%、及格的46.2%、不及格的11.3%，合格率为88.7%。完成《特大城市中心城区公务员体质调研与健康促进》《西城区参加体育锻炼中学生的膳食营养研究》《西城区科学健身指导站示范服务模式的研究》等课题结题工作；与区体育局群体科合作申请《西城区体育生活化社区建设及个性化指导技术应用》课题，继续推进“科学健身个性化指导技术支撑研究”系列项目工作；完成《西城区居民体育健康科普系列手册》即《运动与健康》和《营养与健康》的编辑、印刷工作，在各种社会宣传活动中免费发放2000余册。建立“西城区科学健身指导网络”，西城区7个街道共建立9个“科学健身指导站”。开展“健康科普大讲堂”系列活动，发挥体育科普工作的促进作用。

（王仲建）

【国际体育交流】 年内，南非Grey中学乒乓球访华团到西城区青少年业余体校进行友好交流、集训活动，西城区20名柔力球代表团成员和30名太极拳手出访日本进行友好交流活动，为区体育局5名工作人员办理出访手续。

（王仲建）

医疗卫生

【概况】 北京市西城区卫生局(简称卫生局)，是区政府负责医疗卫生工作的行政部门。年内，全区卫生工作以科学发展观为统领，全力以赴保障新中国成立60周年庆典活动，积极应对甲型H1N1流感疫情，努力解决群众最关心、最迫切的健康问题，实施了多项“医疗惠民工程”，区域医疗卫生事业健康发展。全区有医疗机构384个，其中营利性138个、非营利性246个；卫技人员17716个（含中央、市属医院，不包括部队医院)，其中执业（及助理）医师6297人(包括西医、中医、中西医结合)，注册护士7361人；实有床位8872张。平均每千常住人口拥有卫技人员26人，执业（及助理）医师9.25人，注册护士10.81人，实有床位13.03张。区属医疗卫生单位业务收入153660万元，比上年增长12.44%，支出为156584元，比上年增长13.54%。

地址：西城区德外大街38号
邮编：100120
电话：82061987

（高术宝）

【生命统计概况】 年内，全区出生5536人，出生率7.02‰；死亡5133人，死亡率6.51‰；自然增长率0.51‰。因病死亡人数4985人，占死亡总人数的比率97.12%。死因顺位前十位疾病为：恶性肿瘤，心脏病，脑血管病，呼吸系统疾病，消化系统疾病，内分泌营养、代谢性疾病，损伤中毒，泌尿系统疾病，传染病，神经系统疾病。人均期望寿命83.07岁。

（高术宝）

【国庆医疗卫生保障】 借鉴奥运医疗卫生保障的成功经验，区卫生局以庆祝新中国成立60周年医疗卫生保障为年内工作重点，成立了卫生系统国庆保障工作领导小组，协调推进整体工作。制定了《西城区卫生局国庆六十周年卫生保障总体方案》，明确传染病、医疗救治、食品卫生安全等风险控制的工作重点。启动应急指挥体系，建立国庆保障每日会商制度、信息每日报告制度，与市、区国庆保障指挥部全面对接，通过视频实时互动。制定了保障任务进度表，引入项目管理的理念和方法，分层实施、控制过程，确保责任到位。全区卫生系统共组织医疗保障任务79批次，派随队保障救护车206车次、医务人员777人次、卫生监督车辆30车次、卫生监督人员100人次、疾控人员60人次。强化对学校师生训练、合练期间的传染病防控，保障范围涉及全区80余所学校、2.5万余名师生。

（高术宝）

【控制甲型H1N1流感疫情】 4月27日墨西哥发生甲型H1N1流感疫情后，区卫生局4月28日即启动了应急机制，密切关注疫情发展形势。成立了疫情防控领导小组，建立健全疫情监测系统，建立每日会商机制，加强值班和信息报送工作，确保防控工作信息通畅。坚持落实“属地、部门、单位、个人”四方责任，加强与驻区中央单位、部队的协调联动，做好入境人员和居家人员的管理，强化社会面人员聚集地以及流动人口的防控，加强学校聚集性病例的防控。做好患者医疗救治工作，组建区级医疗专家组，指定北京市第二医院为后备医院，集中收治疑似病例和确诊病例168人，指定复兴医院作为重症病例抢救医院，指定十月大厦、天峰宾馆为集中医学观察点，对密切接触者进行隔离观察，指定北京中医药大学附属护国寺中医医院配合疫情预防，煎中药10万余袋，免费发放到社区居民、机关、企事业单位、学校。组织开展辖区医务人员甲型H1N1流感诊疗技术培训，开展宣传教育活动，让广大群众了解预防甲型H1N1流感知识。动员和引导群众接种甲型H1N1流感疫苗，共接种63411人，建立了人群免疫屏障。按照流感大流行的应对级别做好应急物资储备。多措并举，形成了区域疫情全面防控的网络，全区未出现疫情的暴发流行。

（高术宝）

【推进医疗卫生惠民工程】 解决群众最关心、最迫切的健康问题，年内实施了多项医疗惠民工程。组织辖区各社区卫生服务机构对60岁以上老年人实行就诊、出诊、建立家庭病床“三优先”服务等优抚工作。为无社会养老保障、参加医疗保险的“一老”人员提供社区首诊53680人次。为本区无社会养老保障的老年人免费体检3204人次。辖区各社区卫生服务机构免收60岁以上老年人普通门诊挂号费约21万人次，免收金额约10万元。为老人建立家庭病床223张，出诊

23221人次。开展为60岁以上、全口无牙的低保老人免费镶牙工作。为6159名65岁以上老年人提供眼底疾病免费筛查。为户籍适龄妇女进行乳腺癌、宫颈癌免费筛查，累计筛查51121人。为0至6岁学前儿童免费健康体检28736人次，为新生儿先天性疾病筛查8029人。免费为621名精神病贫困患者提供治疗，金额达424877元。为辖区60岁以上老人和在校中小学生免费接种流感疫苗共计79636人。

（高术宝）

【传染病防治】 年内，全区报告法定传染病16种7084例，发病率783.05/10万，比上年上升3.83%。新登记结核病人537例，比上年下降15.7%，卫生部关于结核病“五率”要求的指标全部达到。西城区被确定为第二轮中央与省（区、市）综合艾滋病防治示范区。西城区疾病预防控制中心建成西城区第一家性病规范化诊疗门诊。开展首都预防艾滋病宣传志愿者“1+1”十进行动。

（高术宝）

【慢性非传染性疾病防治与管理】 对建立居民健康档案并在社区就诊的慢性病病人实行社区综合防治管理，年内各社区卫生服务机构为高血压、糖尿病、脑卒中、冠心病患者建档并在社区就诊的管理率为100%，高血压规范管理率为84.64%，糖尿病规范管理率为81.03%。出台《西城区社区慢病管理规范》，实施慢病非药物综合治疗干预，开展知己健康管理工作，全区共有34家社区卫生服务中心（站）获得北京市人力资源与社会保障局的表彰，占全市受表彰机构的64%。

（高术宝）

【计划免疫】 年内预防接种共建卡、建证2212人，建卡建证率100%。卡介苗接种率为98.70%，其他一类疫苗接种率均为100%。年内西城区共设有12家免疫预防规范化门诊，规范化门诊达标率100%。

（高术宝）

【妇幼卫生】 年内，完成北京市提出的各项妇幼卫生指标，全区出生缺陷监测率100%，新生儿疾病筛查率100%（≥98%），婴儿死亡率2.66‰（≤6‰），五岁以下儿童死亡率3.2‰（≤7‰）（括号内为北京市要求指标）。免费为0至6岁儿童健康体检，年内免费进行新生儿访视2128人次，儿童体检11227人次，血色素测查4323人次，智力筛查1529人次，听力筛查5017人次，视力检查321人次，口腔检查256人次。免费为新生儿进行先天性疾病筛查，累计筛查4047人次，新生儿听力筛查3982人次。为适龄女性免费进行宫颈癌和乳腺癌筛查，累计筛查51121人。

（高术宝）

【健康教育与健康促进】 年内，健康促进学校工作保持全市第一的成绩，创建率100%，健康教育开课率100%。新发展健康社区23家，健康促进工作场所9家。结合主要健康问题、热点问题对公众开展主题健康教育工作，针对人禽流感完成37次主题讲座及咨询活动，发放宣传资料5种、12万余份；针对甲型H1N1流感疫情开发制作传播制品44种、85万余份，制作流感疫苗接种宣传海报1万份，自行编写、拍摄、制作了宣传片、FLASH动画和教学片；利用各种健康日和主题活动开展宣传教育，开展艾滋病、慢性病防治等一系列健康宣传20次，现场发放宣传材料183520份。

（高术宝）

【卫生监督】 开展食品卫生监督10365户次，合格率98%；宾馆饭店卫生监督475户次，合格率98%；公共场所卫生监督1635户次，合格率98%；生活饮用水卫生监督605户次，合格率99%。全区餐饮单位实现量化分级2354户，A、B、C级占总数的100%。开展针对医疗广告、医疗美容机构、口腔诊所、母婴保健技术服务机构、开展心血管疾病介入诊疗技术的医疗机构以及打击非法行医的专项整治行动。在打击非法行医、确保新中国成立60周年医疗服务安全专项整治行动中，9月1至20日期间，进行医政监督执法21户次，出动执法人员42人次。在打击违规医疗广告专项检查中，全年共接到违规医疗广告案件线索105条，对3家违规发布医疗广告的医疗机构进行行政处罚。对临床用血机构、计划生育药械市场以及消毒产品生产企业监督检查，对辖区内发现违法行为的11家医疗机构给予行政处罚。

（高术宝）

【医疗工作】 年内，医疗机构门诊11309195人次，急诊835939人次，观察室留观228780人次，急诊抢救86541人次，住院危重病人抢救9646人次，入院225408人次，出院225174人次。病床使用率93.68%，治愈率54.81%，好转率40.7%，病死率1.06%，住院病人三日确诊率88.56%，出入院诊断符合率99.5%，全年住院手术101253人次。街头献血点5个，街头献血110849单位。全年医疗用血 145470 单位，成分输血率达 99%，自体输血率 20%。在西单文化广场建立了全市第一个固定无偿献血屋，成为西城区社会文明建设的重要标志。

（高术宝）

【社区卫生】 继续完善具有西城区特色的健康维护“圈、链、体”的社区卫生服务体系，推进社区卫生服务发展。全区 7 个社区卫生服务中心全部实现独立设置。全区已完成 5 个社区卫生服务中心、45 个社区卫生服务站的标准化建设工作，社区卫生服务团队从 152 个调整为 148 个，每个团队由全科医师、社区护士、防保人员各 1 名组成，覆盖 148 个社区居委会，为辖区居民提供“家庭医生制”服务。作为北京市指定的医保费用门诊划卡实时结算工作试点区，全区各社区卫生服务机构已实施医保划卡实时结算工作。全区居民 100%建立了电子档案。实现社区零差率药品“全覆盖”。拓展医疗服务共同体工程，与北京大学人民医院共同承担的《基于中心医院的以信息技术为支撑平台的区域医疗卫生服务创新模式示范工程》科研项目顺利结题，并启动了共同体信息平台二期工程。开展对口支援和市级退休返聘专家下社区工作，全区共有 16 家二、三级医院与 7 个社区卫生服务中心签订对口支援协议书，共有 42 名市级退休返聘专家下社区参与门诊、会诊、健康教育、咨询、带教等工作。开展“家庭保健员计划”，全区共培养了 7609 名家庭保健员。推进社区卫生服务机构中医“治未病”工作，实现了社区中医药服务“全覆盖”，德胜、什刹海、展览路、月坛、西长安街社区卫生服务中心均被北京市中医管理局授予“北京市中医药特色诊区”称号。年内西城区成功申报为北京市中医管理局“社区中医预防保健示范区”。社区基本医疗和公共卫生服务量逐年递增，全年社区门诊量 842670 人次，比上年增长 33.83%；社区公共卫生服务量（包括疫苗接种、儿童保健服务、妇女保健服务、牙防普查普治）419457 人次，比上年增长 31.51%。

（高术宝）

【社区零差率药品“全覆盖”】 全区 7 个社区卫生服务中心、46 个社区卫生服务站实现了社区零差率药品“全覆盖”。年内全区采购零差率药品 6780.58 万元，销售 6640.74 万元，药品的品规达 730 种，支付零差率药款 6571.36 万元，占药品总收入的 55.52%。享受零差率药品的门诊人次 546730 人次，占门诊总量的 64.88%。进一步加强社区药品购销存管理，对零差率药品网上采购、收货、销售、库存情况进行动态监管。完善社区卫生服务药品不良反应监测上报工作，健全药品不良反应监测网络，发现药品不良反应及时上报。

（高术宝）

【“防治碘缺乏病日”宣传活动】 5 月 15 日是全国第十六个“防治碘缺乏病日”，区卫生局、西城工商分局什刹海工商所、区商务局、北京市盐业公司西直门批发部联合在西城区德内大街润得利市场举办大型宣传活动，活动的主题是“全社会共同参与，持续消除碘缺乏病”。此次活动通过发放宣传材料，现场讲解碘缺乏病防治策略、如何分辨真假食用碘盐和正确的食用方法，并向商贩宣传真假碘盐的识别，净化食盐市场。北京电视台 7 频道、区新闻中心、北京北广传媒等媒体对活动情况作了报道。

（高术宝）

【开展“世界卫生日”宣传活动】 4 月 7 日，区卫生局组织西城区疾病预防控制中心、西城区平安医院、展览路社区卫生服务中心、德胜社区卫生服务中心在人定湖公园开展“世界卫生日”大型宣传活动。活动形式丰富多彩，包括发放宣传资料、宣传板展示、张贴宣传画、义务测血压、设立专家咨询台、有奖知识问答等，为前来咨询的社区居民发放了多种内容通俗易懂的高血压、糖尿病防治相关资料，展示仿真食品交换份模型，讲解如何通过食物同类互换调配出丰富多彩的膳食，并且现场为居民测量体重，通过体重指数计算尺模型现场指导居民如何计算体重指数，帮助居民了解体重指数的含义和自身体重情况。

（高术宝）

【开展十进行动系列宣传活动】 为加大北京市艾滋病防治宣传教育工作的力度，充分发挥志愿者的作用，提高广大人民群众的自我保护意识和能力，普及艾滋病防治知识，北京市防治艾滋病工作委员会启动了首都预防艾滋病宣传志愿者“1+1”十进行动。为招募更多的志愿者参与到艾滋病防治工作中来，西城区结合本区特点，开展了一系列宣传教育及志愿者招募活动。1 至 10 月份，每月制定一个主题，将艾滋病、性病防治及其他健康知识以宣传讲解、专家咨询、做游戏、文艺演出等形式对不同人群进行健康宣传，共发放各类宣传资料 8 万余份。同时招募有责任心和公益心的人士加入到预防艾滋病宣传志愿者队伍中来，覆盖人群包括医院就诊人群、社会青年、外来务工人员、在校中学生、社区居民共计4.5万余人，共招募志愿者3478人。

（高术宝）

【开展争优创先达标表彰活动】 1月4日，区委卫生工委在西城区教委礼堂召开“2006至2008年度卫生系统‘争优创先’活动总结表彰大会”，总结卫生工委基层党建工作，表彰先进基层党组织、优秀共产党员和优秀党务工作者。

（高术宝）

【举办第二届文化节】 11月3日至12月22日，区委卫生工委、区卫生局在全区卫生系统范围举办第二届文化节活动。整个活动分为：开幕式、系列活动、闭幕式3个部分。11月3日，第二届文化节开幕式在西城区文化活动中心拉开帷幕，市、区、相关委办局、街道、卫生系统各单位相关人员300余人参加了开幕式，区委书记林铎宣布开幕。整个文化节期间，卫生系统先后举办了学习实践科学发展观知识竞赛、首都卫生系统文明单位评比、“放飞梦想、拥抱青春”青年卡拉OK大赛以及“十佳”白衣天使评比等一系列形式多样的活动，丰富了文化节的内涵。12月22日，举办西城区卫生系统职工文艺汇演暨闭幕式，辖区23个单位近2000人参加第二届文化节，历时45天。

（高术宝）

药品监督管理

【概况】 北京市药品监督管理局西城分局（简称市药监局西城分局）有干部职工44人；下属事业单位1个，即西城区药品检验所（简称区药检所），有工作人员13人。年内，市药监局西城分局继续坚持“强化监管，优化服务”宗旨，围绕新中国成立60周年安全保障工作，完善“三品一械”（药品、保健食品、化妆品和医疗器械）监管模式，推进责任体系、监督体系、应急体系、服务体系、素质提升体系建设；深入企业调研，针对存在的问题制定实施数10条整改措施，为保障辖区百姓用药安全和促进医药市场健康发展作出贡献。截至年底，全区共有药品生产企业2家，药品经营企业125家（含特殊药品经营企业8家）；医疗器械生产企业24家，医疗器械经营企业523家；医疗机构366家；保健食品生产企业8家，保健食品经营企业400家；化妆品经营企业1050家。年内，市药监局西城分局获“西城区文明机关标兵单位”、“基层党组织先进性建设示范点”等荣誉20余项。

地址：西城区太平桥大街107号
邮编：100140
电话：66210987

（陈高峰）

【日常监督管理】 全年出动检查人员6990余人次，检查辖区“三品一械”生产、经营和使用单位2870余家次；把特殊管理药品、药品类易制毒化学品、医疗机构制剂及植入类医疗器械等列为重点监管品种，结合新中国成立60周年安全保障工作要求，与区卫生、公安等部门开展联合检查，实施动态监控；推进“药品追溯系统”、“药品电子监管网”等信息化监管手段在药品经营企业中的应用，掌控辖区药品购销的实时流通信息；加大市场清理力度，全年注销药械经营许可证54家次；开展产品质量监督抽验工作，全年完成药品抽验550批次、保健食品抽验40批次、化妆品抽验35批次、医疗器械抽验30批次，合格率分别为98.55%、95%、91.43%、93.33%，对不合格产品均依法立案查处。

（陈高峰）

【专项检查】 组织开展打击“黑诊所、黑药店”专项整治、计划生育药械市场专项整治、非药品冒充药品专项整治、保健食品违法添加非申报成分专项整治以及染发类化妆品专项检查等多项专项治理工作，仅在打击“两黑”行动中就出动执法人员近1600余人次，检查成人保健用品店440家次、医疗机构280家次，下达警示告知书71份，纠正不规范行为41起，依法取缔无证经营药品、保健食品的违法行为6起、个人非法收药行为22起，移送工商部门处理8起。

（陈高峰）

【违法案件查处】 加强与区公安、工商、卫生等部门的沟通，开展联合执法，共同打击制假售假等违法行为。全年办理案件105起，办结97起，重点查处了“北京广正仁和门诊部使用假药案”、“北京德瑞堂生物健康制品有限公司未经批准擅自委托生产保健食品案”等一批大案要案，做出行政处罚24件，没收物品折合31.5万余元，罚没款4.8万余元，依法向区公安部门移送涉刑案件2起,涉案物品价值147万余元。年内，未发生行政复议和行政诉讼。

（陈高峰）

【国庆安全保障】 9至10月，开展国庆药品安全保障工作，对辖区繁华商业街区、知名旅游景点及人流密集区域的“三品一械”生产、经营企业及医疗机构进行重点检查，共出动执法人员323人次，车辆99台次，检查115家单位，纠正违规行为数十起，确保了国庆期间辖区“三品一械”质量安全。此外，还派出19名干部参加国庆群众联欢及庆典安保工作。

(陈高峰)

【甲型H1N1流感防控】 按照有关部署，加大辖区甲型H1N1流感防控药械市场巡查力度，重点对防甲流“四味方”涉及的中药饮片、医用防护口罩等重点品种进行了专项抽验，对甲流疫苗冷链运输及储存环节进行了紧急检查；加强市场供应信息监测，深入辖区重点医疗机构及重点药械经营企业调查甲流防控药械的储备、供应情况，坚持实行防控药械市场供应信息日报告制度；发挥保障协调作用，帮助区教委、区商务局等部门紧急购置了数百套体温监测设备、医用防护口罩、抗病毒药品等防控药械，并向区教委发出安全用药建议函。有效地确保辖区防控药械的质量安全，为甲流防控工作取得阶段性成果作出重要贡献。

(陈高峰)

【保健食品监管工作审议】 5月份，市药监局西城分局接受了区人大对保健食品质量安全监管工作的审议。5月5日，接受了区人大文卫体委员会代表对报告的预先审议，向区人大常委会副主任刘永先及20余位人大代表汇报了西城区保健食品安全监管的工作情况，并陪同代表们实地走访了2家保健食品经营企业，所开展的保健食品监管工作获得了充分肯定，随后，针对部分代表提出的有关加强保健食品监管的建议，采取了积极有效的整改措施。5月27日，市药监局西城分局在西城区第十四届人大常委会第二十三次会议上做了保健食品安全监管工作报告，并获得审议通过。

(陈高峰)

【行政许可工作】 设在区综合行政服务中心的药监受理窗口不断优化服务措施，通过发放《行政许可申报需求表》定期收集、汇总、了解办事人的需求，提出具体的解决措施，分步编制《申办行政许可实操手册》，装订成册后在受理窗口免费提供，并在市药监局西城分局网站开设申办许可申报专栏，公示手册内容，方便企业查询，提高行政许可工作效率。全年受理行政许可事项424家次，送达行政许可证书423个，接待咨询3050人次，为100余家企业提供了预约服务，全年的服务满意度调查中满意率达到100%，持续保持行政许可工作“零投诉”。

(陈高峰)

【倡导企业自律】 采取多种手段促进企业提升责任意识和质量管理水平。继续依托药品三级监督网从侧面了解辖区企业的生产经营状况，建立医疗机构药学专家队伍，组织医疗机构间开展互查，通过情况通报会、商场超市电子显示屏等渠道，对违法违规行为进行曝光，提升行政相对人提升守法自律意识；组织辖区企业及医疗机构负责人开展换证相关知识、药品安全监测知识等专题培训，并通过药品安全信息平台、应急通讯平台、“飞信沟通平台”等渠道与行政相对人保持实时沟通，加强技术指导；继续倡导“学习型药店”和“优良药房”创建，全年辖区通过“学习型药店”评估的零售药店2家，获得“GPP优良药房”的零售药店达到17家，辖区零售药店的核心竞争力及药学服务水平得到有效提升。

(陈高峰)

【加强特殊药品监管】 借助“中国药品电子监管网”上的“特药系统预警信息”模块及“北京市特殊管理药品监控信息系统”，对辖区特殊药品、蛋白同化制剂、肽类激素及含麻黄碱复方制剂的流通和使用情况实施动态监控，及时发现并处理了10起辖区特殊药品经营企业采购信息预警。在强化医疗机构麻醉药品、精神药品及药品类易制毒化学品购用信息收集的同时，通过填报“医疗机构制剂室自制制剂电子信息季报及汇总表”，实现了对医疗机构制剂配制信息的及时掌控，并重点加强对辖区以麻黄碱为原料配制制剂的6家医疗机构制剂室的监管，加大监督抽验力度，此外，还多次联合区卫生、公安(禁毒委)等部门开展对辖区戒毒药品、易制毒化学品使用质量管理情况的检查，消除了安全隐患，有效地防止了流弊事件的发生。

(陈高峰)

【药械安全监测】 以辖区一级及以下医疗机构为重点，加强对药械不良事件监测知识培训与业务指导，带动多家门诊部、诊所建立起监测制度，延伸监测网络触角，同时注重发挥辖区2家药物警戒站的引领作用，提高了辖区医疗机构、药品零售企业不良事件的上报意识、速度和质量。经初步统计，辖区全年共上报药品不良反应报表

1808份，医疗器械不良事件报表344份，上报数量均位居全市前列。

（陈高峰）

【应急体系建设】　参与市药监局组织的“忠诚行动”应急演练，并自行组织有针对性的应急演练，完善应急预案，拓展以市药监局西城分局应急通信平台为基础的应急通信手段，提高应急处置能力。全年共向辖区企业、医疗机构转发应急查处文件1万余份、预警信息2000余条，顺利完成了对“人用狂犬病疫苗”、“糖脂宁胶囊”等17起突发事件的应急处置工作，及时对问题产品采取行政强制措施，成功控制了不合格产品在辖区的流通。

（陈高峰）

【安全用药宣传】　深入社区、学校、写字楼开展安全用药宣传；参与市、区有关部门组织的“知己健康行动”、“让健康飞扬——北京安全用药宣传月”、“金融街服务广场”宣传活动，策划并组织了“打击‘两黑’专项宣传”、“打击非药品冒充药品行为”等主题宣传；发挥区药检所科普基地作用，向公众开设“真假药鉴别”等科普栏目。全年共组织各类宣传活动17次，发放宣传材料5000余册，提高了辖区百姓安全用药意识和知识水平。

（陈高峰）

【提高技术监督能力】　作为全市5个区域中心药监所之一，在承担辖区药品检验任务的同时，区药检所还完成了怀柔分局抽样的63批次药品、门头沟分局抽样的60批次药品的检验工作；参加中国合格评定国家认可委员会（CNAS）组织的《高效液相色谱法测定药品中格列本脲的含量》能力验证试验、市药检所组织的实验室间比对实验，在规定时限内完成相关检验任务；在全市药监系统内率先开展非法添加药物的初筛实验，为有效打击在中成药中非法添加化学药品的违法行为提供了快速有效和准确有力的技术支持，有效地提高了技术监督能力。

（陈高峰）

【过期药品回收】　完善过期药品回收工作制度，明确由专人负责、定期回收的工作原则。全年共开展社区过期药品回收50次，清理过期药品2.68吨，并全面予以监督销毁，有效地消除了过期药品通过非法渠道流入流通领域所形成的威胁。

（陈高峰）

爱国卫生工作

【概况】　北京市西城区爱国卫生运动委员会（简称区爱卫会）由48个委员部门组成，主任由西城区委常委、副区长曹长胜担任，常务副主任由区市政管委主任姜立光担任，领导小组共50人。委员会下设办公室，负责全区爱国卫生日常工作的开展。年内，西城区爱国卫生主要工作任务：着眼后奥运时期的经济和社会建设，以党的十七大精神为指针，深入贯彻落实科学发展观，坚持以人为本，关注民生，扎实推进健康城区试点工作；汲取奥运经验，进一步落实病媒生物防制和公共场所禁烟工作；扎实开展爱国卫生传统工作，提高爱国卫生工作整体水平。加强爱国卫生工作队伍建设，提高工作能力和水平。以迎接新中国成立60周年为契机，深化健康城区试点工作，全面推进爱国卫生工作的广泛开展，促进社会主义和谐社会建设，为全区经济社会的全面发展做出贡献。区爱卫会办公室被北京市爱卫会评为“北京市爱国卫生先进单位”，并获2009年度信息、病媒生物控制、爱国卫生清洁月、健康教育工作“优秀组织奖”。

地址：西城区北礼士路12号
邮编：100044
电话：88391579

（杨桂珍）

【建设健康城区工作】　2月20日，为开展好全国建设健康城市（区、镇）试点工作，区委常委、副区长曹长胜，副区长陈蓓主持召开“西城区建设健康城区工作会”，区市政管委、区爱卫办、区卫生局、区疾病预防控制中心等有关部门领导参加。会上对全区开展建设健康城区工作情况进行分析，研究确定本年度工作思路，制定“西城区2009年建设健康城区行动计划及指标体系”。制定由全区各街道、各部门主要领导负责制的“西城区2009年建设健康城区重点工作任务书”，在年内重点实施。旨在通过指标体系及重点工作的落实，完成全区经济发展、健康环境、健康社会、健康人群4大方面172项的工作任务。3月4日，区爱卫会召开会议，对全区年内爱国卫生工作进行部署，明确工作要点，在继续深化全国建设健康城市（区、镇）试点区工作基础上，全面推进健康城区建设。会上，对西城区建设健康城区、健康教育、公共场所禁止吸烟、病媒生物防制及档案、宣传信息等18项工作进行具体部署。区市政管委副主任出席会议，各街道及有关系统主管科长参加会议。

（杨桂珍）

【病媒生物防制】　年内，开展4次较大规模的病媒生物控制活动。成立西城区国庆60周年庆典活动病媒生物控制工作领导小组和西城区国庆60周年庆典活动病媒生物控制工作技术指导小组，下设办公室。以街道为单位，设立相应组织，主管领导负责，形成从组织领导到技术指导上的一个健全、有效的网络，保障工作的顺利开展。制定《西城区开展国庆60周年庆典活动病媒生物控制工作实施方案》，从3至10月，分3个阶段开展活动。采取群防群控和专业消杀相结合的方法，前6个月每3个月进行1次有重点的除四害（蚊、蝇、鼠、蟑）控制活动，后两个月集中力量，开展两次较大规模的病媒生物控制活动，将重点放在各类地下管线、厕所、垃圾站点、绿地、雨污水井、积水洼地及建筑工地、地下空间、集贸市场、公园等病媒生物滋生地等处，进行统一集中消杀投药。特别是对各类雨、污水井蚊幼虫进行药物控制；对餐馆等单位和居民家庭实施灭蟑工程；灭鼠重点部位广泛投药，并在外环境各鼠药投放点插放了警示旗标志。同时，与有关专业公司签订协议，定期对府右街、人民大会堂西侧路、二环路等12条重点大街进行蚊、蝇、鼠、蟑等主要病媒生物控制；突出对西长安街沿线南北2公里范围内的7条主要大街进行专业病媒生物控制，确保了国庆庆典活动不受病媒生物危害的影响，病媒生物密度指标达到国家规定的控制标准。4月、11月，在全区范围内开展春、冬季统一灭鼠活动。活动前，在区域内的餐饮、宾馆、饭店、社会单位等42个单位进行鼠密度监测，以此为依据，把握工作重点，有的放矢进行灭鼠投药；区爱卫会、地区爱卫会认真落实有关组织措施和技术措施，在西长安街沿线、餐饮、宾馆（饭店）、各类地下管线、农贸市场、街头公共绿地等处，进行了集中统一地科学施药，确保有鼠区域灭鼠投药覆盖率和到位率达到100%。全区共使用灭鼠蜡块4.42吨，插放警示旗2.2万面，在社区及单位放置灭鼠盒3400个、粘鼠板2800张。经灭鼠后监测，全区鼠密度由灭前的0.054%，下降到灭后的0.014%，下降率为74.07%。12月15日，西城区继上年度继续开展“健康北京灭蟑行动”，截至12月31日，全区共完成4万户居民家庭灭蟑工作。6至7月，区爱卫会与军事医学科学院、中国昆虫学会、北京市农药学会、昆虫频道等单位合作，启动“什刹海旅游景区病媒生物综合防制”项目。以区域病媒综合防制为目标，建立起“以全区爱卫会系统为防控管理，以互联网为手段，设立病媒生物防制平台，引入专家队伍，以专业防制加自己动手为主体”的区域防护长效机制，实现西城区病媒生物防制的科学化、系统化、立体化、实用化体系。区爱卫会协同什刹海街道爱卫办和参与项目实施的社区居委会，配合专业防制人员，对什刹海景区周边的餐饮、酒吧、文物单位等，进行病媒调查和监测，获取第一手数据，在此基础上，对什刹海景区周边和北海公园周边的管线、井盖等，公共区域的蟑螂、老鼠、蚊子、苍蝇等主要病媒开展了防制工作，有效地控制病媒生物密度。共出动专业防制人员142人次、车辆28车次，处理地下井4111口、绿化带17710米、水箅子966个、卫生间30座、垃圾桶213个。针对前期监测结果，对染蟑程度较高的单位，免费发放专用器械和药品，由专业技术人员对其指定代表进行培训，由单位“自己动手、自助除虫”，取得了较好的灭蟑效果。落实《健康奥运病媒生物控制行动计划》和《北京市除四害工作管理规定》，坚持开展月监督检查执法活动。1至12月，共监督检查单位3184个，合格单位3042个，合格率为95.5%，对51个单位发出限期改正通知。

（杨桂珍）

【爱国卫生月】　以迎接新中国成立60周年为契机，集中力量，开展了3次爱国卫生城市清洁月活动。4月份的第二十一个爱国卫生月活动，以“清洁城乡、保护健康”为主题，在4月9日掀起宣传高潮，区爱卫会加大宣传力度，在西单图书大厦前开展了大型主题宣传咨询活动，组织街道办事处及有关17个部门的机关干部60余人，设立22个宣传咨询台，采取健康知识咨询，发放《爱国卫生系列宣传漫画》《食品安全与卫生》《城管监察法规宣传画册》等知识手册及宣传折页，以及发放带有“健康西城”标识的遮阳伞、小折扇等纪念品的方式，引导群众积极参与。为更好地保障新中国成立60周年庆典活动环境，在原每年1次的爱国卫生月活动基础上，分别于8月、9月开展了2次爱国卫生清洁月活动。全区采取开展宣传动员、环境治理、病媒生物防控、禁烟控烟、督促检查等多种活动形式，区、地区和部门齐抓共管，集中力量解决影响群众健康的热点、难点问题，诸如对南营房、铁路巷小区实施专项整治，实行捆绑执法，拆除了多年乱搭乱建的棚、圈等违法建设，取缔了无照游商，使该地区有序化、常态化的环境秩序得到恢复。整个活动共有中央、市、区属单位、部队等4000个次、社区148个次共计15.6万人次参加，共清除小广告1829条，清洗广告牌匾543块，整治美化主要大街51条次，清运垃圾堆积物及宠物粪便20.6吨，清理垃圾卫生死角1204处，治理白色污染1275处，整治居民小区和大院612个次，解决脏乱点重点问题43个。各类宣传咨询活动，全区共发放健康知识手册、宣传品等50余种计12.3万份，接受宣传咨询群众1.5万余人。

（杨桂珍）

【公共场所禁止吸烟】 履行世界卫生组织《烟草控制框架公约》，倡导“无烟”环境，引导群众自觉养成健康的行为、生活方式。5月29日，在西单商业区，围绕世界无烟日主题“烟草健康警示”，开展第二十二个世界无烟日宣传咨询活动，分别设立专家咨询区、宣传展板区、烟草健康警示识别板区、现场调查区、戒烟知识讲解区、宣传资料发放区及世界各国戒烟广告播放区等，向过往行人发放宣传材料，播放戒烟宣传片，进行戒烟知识答疑及问卷调查等。共发放各类宣传品2500余份，填写调查问卷100余份，观看戒烟宣传片的群众100余人。在对烟盒包装印有烟草有害健康警示图形识别板前，有100余人参与投票，投票支持率达到了98%。活动当日，区教委组织了3000余名中小学生，在“拒吸第一支烟，做不吸烟的新一代”长卷上签名；以地区为单位在中小餐馆、单位等处增贴禁烟标志牌1700余块、发放各类控烟宣传折页3万余份、控烟宣传光盘60个、张贴《若干规定》海报和控烟宣传画1万余份。5月13至14日，区爱卫会对全区7个街道办事处和相关委办局的主管科长、公共场所禁止吸烟监督员共70余人进行了规范执法培训，邀请有关法律专业人员，就执法程序和执法文书的制作等方面内容进行授课，同时对《北京市公共场所禁止吸烟的规定》和《北京市公共场所禁止吸烟范围若干规定》进行解读。通过案例分析和对执法检查中需注意的问题等进行讲解，使接受培训的执法人员，对依法行政和准确把握执法规范有了进一步的理解。年内，全区开展了“无烟单位”创建和执法活动。区各级公共场所禁止吸烟监督员，工作中注重对单位公共场所禁止吸烟工作的规范管理和指导，每月进行监督检查工作，促其杜绝违反法规的行为及现象发生。区爱卫会坚持在每年5月，组织开展落实公共场所禁止吸烟法规的执法检查活动，取得了明显效果。年内，2家医院参与了全国“无烟医院”创建项目，经过有关部门的评估，达到了创建工作标准；134家餐饮单位被北京市评为“无烟餐饮单位”。全年共监督检查公共场所单位14632个，合格单位14018个，合格率为95.8%，对276个不合格单位发出限期整改通知，对1096人在公共场所吸烟行为进行劝阻。

（杨桂珍）

【单位和居民区卫生】 开展争先选优活动，以典型带全面的主要做法，发挥爱国卫生红旗单位、先进单位和先进社区的典范和示范带动作用，通过交流与研讨、互相观摩学习、互相交流评分、流动红旗评比的方式，推广先进经验，使更多的单位和社区能够在创建活动中得到启发，并根据实际情况，开展有特色、针对性强、扎实有效的爱国卫生活动，从爱国卫生档案资料的积累，到大环境及室内卫生、食品卫生，再到病媒生物控制及禁烟控烟工作，工作水准不断提升、工作水平普遍提高。年内，共评出“北京市爱国卫生红旗单位”6个、“北京市爱国卫生先进单位”113个、“北京市爱国卫生先进工作者”105人；“西城区爱国卫生先进单位”261个、“西城区爱国卫生先进社区”38个、“西城区爱国卫生先进工作者”335人、“西城区爱国卫生优秀信息员”13人。

（杨桂珍）

【城市清洁日】 结合全市开展的防控甲型H1N1流感工作，全年组织开展了12个城市清洁日活动。每次1个主题，重点从环境卫生治理入手，发动单位、社区及居民从家庭做起、从身边做起，大搞室内、外卫生，铲除病媒生物孳生地，一些小街小巷、农贸市场、建筑工地等处的卫生脏乱问题也一并得到解决，群众生活和工作环境得到进一步改善。据统计，全区共有1.12万个次中央、市、区属单位和部队、148个社区居委会的54.34万人次参加了活动。清除残标小广告4.43万条，清洗广告牌匾3349块，治理美化大街591条，清理卫生死角4055处，清除宠物粪便及垃圾堆积物1283.5吨，治理白色污染5584处，清洁绿地卫生79.98平方米，整治清理居民小区、大院3106个，解决脏乱点重点问题870个。

（杨桂珍）

【健康城区试点工作】 开展全国健康城市（区、镇）试点工作，落实《关于印发西城区开展建设健康城区试点工作方案》和《西城区

2009年建设健康城区行动计划》，重新调整西城区健康城区建设委员会，委员会下设综合协调组、宣传动员组、经济发展组、健康社会组、健康环境组、健康人群组、社会文明组、健康细胞组七个工作组。落实“保增长、保民生、保稳定”的工作目标，为市民提供高质量的健康投资与优质服务，综合整治和绿化美化城市，深化健康城区建设理念，完善社区卫生服务体系，合理配置区域医疗资源，开展形式多样、内容丰富的精神文明主题宣传活动，实施目标管理，加强健康单位、健康社区、健康家庭等健康细胞的培育。年底，按照《西城区健康城区项目指导评估指标》进行严格评估，共评选出“北京市优秀健康社区”2个、“北京市健康社区”23个，“西城区健康单位”（含健康机关企业、医院等共10类）83个、“西城区健康家庭”715户。

（杨桂珍）

【社区健康风采大赛】 8月14日，区爱卫会在月坛体育馆举行“西城区社区健康风采大赛”活动。区爱卫会认真筹备，采取自下而上推荐的方法，从7个街道中选拔了13支社区群众代表队，分健身舞蹈、武术两大类进行比赛，同时设置了居民健康知识问答环节。参赛队员最高年龄达77岁。经评委评定，按照健身舞蹈、武术两大类，分别评出一、二、三等奖各2名。由北京市、西城区爱卫办领导为获胜代表队颁发了荣誉证书和奖品。获得一等奖的2支代表队，代表西城区参加了北京市爱卫会举办的“北京市社区健康风采大赛决赛”，西城区月坛街道三里河二区社区队获得健身操舞蹈类最佳表演奖，展览路街道百万庄东社区队获得武术类二等奖。此次活动在《北京西城报》、北京电视台公共频道《缤纷西城》栏目进行了报道。

（杨桂珍）

（责任编辑　许桂茹）

社会生活

民政工作

【概况】 北京市西城区民政局（简称区民政局）内设办公室、人事科、纪检监察科、社区办、社团办、优抚科、安置办等13个行政科室，低保中心、捐赠中心、福利企业生产管理办公室等18个事业编科室，在编人员217人。年内，区民政局围绕“完善六个体系建设、推进六项重点工作”的工作目标，履行改善民生、落实民权、维护民利的基本职责，被民政部评为“全国贯彻落实居民委员会组织法先进单位”；在市民政局年度考核中获得“2009年度民政工作先进单位”、“2009年宣传‘大民政’先进单位”和“2009年新闻宣传先进单位”等荣誉称号；在区政府年度工作考核中被评为“督查考核优秀单位”和“文明机关建设标兵单位”。

地址：西城区西直门南小街20号

邮编：100035

电话：66206388

（王星星）

【社会救济】 年内，西城区在完成区内贫困系数研究工作的基础上，应用贫困指数作为家庭贫困程度的比较判定、社会救助对象选择的重要标准，选择德胜街道和新街口街道开展试点，并相继在全区开展“城市家庭贫困指数模型”试运行工作。截至年底，全区实施医疗救助3758人，使用经费588.8万元；实施临时救助3182户、7400人，使用经费374.5万元；冬季取暖补贴救助2887户，使用经费259.1万元，保障了低保及低收入群众的就医与基本生活。落实政策，及时调整区内16名孤残知青、4名重残知青的护理费标准。为149名地退遗属调整生活困难补助金。为27名已故地退人员调整丧葬费标准，调整金额计11.34万元。

（王星星）

【最低生活保障】 截至年底，全区有低保家庭6539户、11793人，发放低保金4728万余元。为5071户、6785人发放粮油补助296万余元。从5月至年底，审核确定低收入家庭208户、534人。与相关委办局联合，相继出台《关于完善低保及低收入人员医疗诊断证明的通知》《西城区低保及低收入人员劳动能力鉴定实施办法》《西城区低保低收入人员就业奖励办法》等多项制度。国庆期间，区民政局对社区服刑人员和刑解释教人员进行摸底调查，对符合审核低保的人员实施审批“绿色通道”，为102名两劳人员办理最低生活保障。

（王星星）

【综合救助】 年内，西城区综合救助信息系统实现17个救助单位97个救助项目的统一管理，所有救助申请的受理、救助款物的发放都通过街道社保所运行，救助项目的发起、审批、实施过程都通过信息平台实现。全区社会救助工作在网上运行的救助项目86个，涉及困难群体21051户，救助26227人，救助总金额1316.87万元。为加强综合救助信息系统的管理，制定《民政局关于规范综合救助运行机制的管理办法》，从制度上保证局内相关科室救助信息数据及时准确进入综合救助信息系统，实现综合救助工作的内部规范。为满足困难群众了解和获取救助信息的需求，在保障综合救助信息系统安全的基础上，建立综合救助外部网站，把信息公开、在线办事和群众参与作为外网的功能定位。

(王星星)

【个性化救助】 针对西城区社会经济高度发展与贫困人群持续存在不相协调的现状，组织实施“贫困家庭情况调研”，对困难家庭实行有针对性的个性化救助。以新街口街道为试点，确定80户低保和其他类型的贫困家庭，通过抽调局内19名新任职副科级干部和7名业务骨干分成13个小组深入贫困家庭实地调研，建立“笔录、照片、录像”齐全的一户一档资料。新街口街道的个性化救助工作救助各类贫困家庭80户，使用救助金额20.2万元。

(王星星)

【捐赠工作】 全区全年拨付爱心救助款70万元，救助困难家庭8099户、17804人次。发放爱心卡1400张。区民政局日常接收捐款40万余元，接收捐赠物资985件。“扶贫济困献爱心 温暖过冬促和谐”大型募捐活动接收捐款683万余元，物资12万余件。打造“爱在西城”公益活动，推进8项“2009年爱心接力公益项目”。以街道“爱心家园”为创新试点载体，探索建立政府支持、慈善募捐、市场经营三位一体的慈善超市。

(王星星)

【慈善事业】 年内，搭建企业、部门和个人慈善活动平台，建立以捐助者为主体的“冠名基金”。不断加大老年医疗卡、慈善助学和对突发事件、特殊困难群体的慈善紧急救助项目的力度。年内，慈善协会接收社会捐款1289.82万元，利用慈善资金开展慈善助学、为老服务、困难帮扶、定向捐款等活动支出637.66万元，其中救助特困家庭学生666名，支出资金196.97万元。

(王星星)

【流浪乞讨人员救助】 坚持民政、公安、城管、卫生等多部门联合救助的工作机制。以“以人为本、亲情救助”为宣传口号，在西单、北京动物园等主要路口制作引路牌，在区内21个地下通道公布救助原则和值班电话，利用流动救助车以及劝导、疏导小组对城区内的城市流浪乞讨人员进行流动劝导、疏导，实施主动救助。截至年底，区民政局接待流浪乞讨求助人员878人，救助747人；上街巡视累计出动车辆2236车次，出动人员16230人次，告知劝离91人次。为确保“建国60周年国庆平安行动”顺利进行，对区内流浪乞讨人员开展14次集中救助。

(王星星)

【为老服务】 大力扶持养老机构建设，通过新建和改、扩建各街道敬老院，新增床位数300张。区银龄老年公寓和月坛街道敬老院“公办民营、委托管理”经营管理模式在全市起到示范作用。应对老年人多样化、个性化的服务需求，不断拓展多样化、实用化、便民化的服务项目，形成为老服务网络体系。巡视服务基本覆盖全区，巡视员待遇纳入财政支出范围，享受公益型岗位待遇。特殊老年人养老服务补贴工作惠及近万人，补贴资金达353万余元。利用驻区单位资源开设老年餐桌，先后有近3000位老人分别享受免费、半价或自费订餐服务。“洗浴、理发、代换煤气”三项为老服务更加贴近群众需求。以“为老办实事工程”为载体，联合29个老龄工作成员单位，推进45项为老办实事项目，方便老年人生活。利用“西城区老年维权中心”项目资金，开展老年维权等一系列活动。推进老年人优待工作，为2000余名90岁以上高龄老人发放高龄津贴，为1.1万名65岁以上老年人办理优待卡。

(王星星)

【基层政权建设】 完成第七届居委会换届选举，逐步健全社区民主自治制度和工作机制。全区148个居委会全部参加选举，选举出居委会成员1060人，重新推选楼门院长17776人，成为北京市第一个完成选举工作的区。此次选举呈现三方面特点：一是直选比例高、居民参与广泛。全区67个社区采取户代表选举方式，比例高达45.3%，较上一届居委会选举提高13.5个百分点，直选比例居全市第一。全区平均参选率94.1%，平均投票率99.8%。参选率最高的社区达98.8%，投票率最高的社区达100%。二是居委会成员年龄结构优化。新一届居委会成员平均年龄54.5岁，比上届下降1.5岁。其中30岁以下7人，31岁至40岁65人，41至50岁233人，51至55岁228人，56至65岁439人，66岁以上88人，年龄最小的25岁；三是文化程度及专业水平明显提高。新一届居委会成员中，研究生学历的7人，本科学历的133人，大专文化程度的286人，大专以上文化程度约占居委会成员总数的40%，比上届提高3个百分点；持社工师证2人，持助理社工师证24人，持执业资格证152人，占社工总数的17%。出台《关于落实楼门院长报告制度的指导意见》，建立77万元的“楼门院长激励项目”专项资金，有效保障楼门院长制度建设的开展。制作《居委会会议和有关工作情况统计表》和《解决居民相关问题典型事例报告单》，不断提升居委会自治能力。对社区公益金社区年度计划申报进行审核，将社区公益事业专项补助资金重点投入到满足居民需求的公益事业项目和扶持社区社会组织的发展上。对全区2400余名社区居委会工作人员、社区服务站工作人员进行专业培训，提升社区工作者的服务意识和专业化水平。

（王星星）

【社区服务】 完成社区服务站标准化二期工程建设任务，西城区148个社区服务站标准化建设实现全覆盖。梳理和统计西城区各相关委、办、局落实在社区的实事、培训和报表，规范服务流程，建立社区服务站与街道办事处服务大厅、相关科室、职能站所、社区服务中心的联动机制。完成西城区社区服务大楼的建设并投入使用。建立多行业、多资源的社区服务支撑体系建设，96156社区服务平台加盟服务商115家，开通服务项目8大类、125项，服务范围包括咨询、办事指南和生活需求3个方面。

（王星星）

【民间组织管理】 截至年底，全区有社会团体81个、民办非企业单位255个、社区社会组织1577家。强化对社会团体和民办非企业单位的监督和服务，采取“联合办公，一站式服务”推动年检工作的顺利进行。开通社会组织信息平台，建立联席会议制度，强化社会组织的管理与沟通。完善扶持社会组织发展的资金保障机制，加大政府购买服务的力度。全年全区各社会组织使用社会组织发展专项资金121.71万元，资助项目15个；使用社区公益事业专项补助资金1017万元，资助项目2200余个。申请福彩资金38万元，用于鼓励和支持社区社会组织的发展。开始政府向社会组织购买服务的有益尝试，全区各社会组织协助政府开展多种多样的服务活动。划拨专用资金54.93万元，组织社区社会组织参与社区公益活动，普及居民科普知识。全区7个街道148个社区1577个社区社会组织31490人参与公益活动。

（王星星）

【优抚工作】 年内，为全区优抚对象发放价值165万余元的慰问金和慰问品。贯彻落实各项优抚政策，为年内入伍的义务兵发放优待金184万元，为124名优抚对象报销医疗费用187.6万元，为58名部队离退休干部，牺牲、病故人员发放一次性抚恤金490.5万元。培养军地两用人才2563名。落实区籍立功义务兵奖励金制度，为6名立功人员发放奖励金3000元。

（王星星）

【退役士兵安置工作】 年内，西城区接收退役士兵194名，安置率为100%。复退军人的岗前培训和法制教育培训率达100%。举办3次大型招聘会，涉及20多个工种、200多个用工岗位，退役士兵400余人参加。搭建退役士兵参与社会工作职业的平台，18名退役士兵参加，6人通过理论考试，2人被街道录取。

（王星星）

【军休管理工作】 落实北京市有关惠民惠老政策，为1200余名军休干部办理各种优待证和优待卡，为63名80岁以上老干部安装“一按铃”。根据文件精神，落实好军休干部各项生活待遇。推进房改售房改革，完成第一批房改上报工作。全力做好医疗保障工作，组织804名军休干部进行体检，并建立可保存5年的体检档案。正式启动军休新门诊部，为军休干部提供良好的门诊就医条件。继续加大与有关医院的沟通协调力度，为41名军休干部新办理内部医疗绿色通道，解决就医看病的难点问题。发展军休文化，加强军休文化精品团队建设，开展“双和谐”创建活动，提升军休干部的生命生活品质。

（王星星）

【福利彩票销售】 截至年底，西城区销售福利彩票1.86亿元。其中销售电脑福利彩票1.74亿元，完成全年销售任务1.3亿元的133.85%，同比增长10.37%，筹集社会公益金（区立项留成）1389.1万元，位居全市第四位。销售即开型彩票1259.66万元，完成全年即开票销售任务645万元的195.30%。利用彩票公益金32.36万元，开展“敬老助老、爱心亮眼”活动、展览路街道为老服务慰问楼门院长活动和“真情互动”活动。

（王星星）

【福利企业生产管理】 截至年底，西城区有福利企业12家，职工总数达到551人，其中残疾职工255人。新安置残疾人就业65人，完成销售收入13742万元。强化对福利企业资质管理工作，规范福利企业的管理服务方式。协调区国税局、区地税局、区劳动保障局等单位，为福利企业搭建解决问题、交流沟通的平台。实施政策调整后第一次年检工作，合格率为100%。编发《残疾职工维权手册》《福利企业资格认定手册》；遵循政策扶持与资金扶持相结合的原则，出台《西城区福利企业奖励扶持暂行办法》。

（王星星）

【婚姻登记管理】 通过民政部、市民政局婚姻登记机关规范化建设及市行风建设的复查和检查，保持区民政局“全国婚姻登记规范化单位”的先进称号。婚姻登记工作创下高峰日最多（30个）、年登记量最多（17219对）、单月登记量最多（2719对）、单日登记量最多（1806对）的记录。全年办理婚姻登记17219对，补领婚姻证件907件，出具婚姻登记记录证明1550人次。收养登记1例。做好周六登记工作，全年48个周六工作日办理婚姻登记3348对。不断完善高峰日应急预案，从人员调配、网络语音咨询通畅、硬件设施、应急系统、证件票据的盖章等方面合理安排，完成高峰日的登记工作。

（王星星）

【殡葬管理】 加强医院太平间管理，召开西城区设有太平间的11家医院院方负责人会议，对医院太平间管理工作进行交流和沟通。4月，在全区范围组织殡葬改革宣传高潮日活动，编印《深化殡葬改革演绎人文关怀》宣传画册2000份，汇集全市33家公墓、12家殡仪馆资料。发放各种宣传材料5000余份。按照市民政局的部署，做好无丧葬补助居民丧葬补贴工作，全年受理438人，424人领取丧葬补贴212万元（每人5000元）。

（王星星）

【行政区划】 协调区文委、区教委、区卫生局等12个相关单位和区民政局相关科室，筹备出版“辖区资源分布图”，内容包括辖区界线、行政单位名称、办公地址、交通、邮政、银行、敬老院落等多项内容。先后征集资料信息2000余条，收集148个社区报送的社区简介文字材料12万字。召开联检工作协调会，组织第二次区县行政区域界线联合检查，完成东西线的部分标志物变化的修测工作。

（王星星）

【见义勇为工作】 率先加大对见义勇为行为的表彰奖励力度，对被北京市政府授予“首都见义勇为荣誉市民”的见义勇为牺牲人员岳虎，在市政府一次性奖励金20万元、市见义勇为基金会奖励10万元的基础上，区政府又增加5万元奖励。率先在全市将见义勇为捐助纳入全区联合社会募捐活动，筹集资金40万元。组织见义勇为人员体检，并作为长期工作坚持开展。

（王星星）

【自身建设】 以学习实践活动为契机，建立周二学习制度，加强干部职工的政策法规、业务知识、公共课程等内容的学习培训。年内，组织干部职工开展200个学时的学习培训。组织干部职工参加公务员初任培训、科级任职培训等各种培训，提高机关干部的依法办事、依法行政、依法管理的能力和水平。继续ISO9001质量管理体系推进工作，对局内各项制度进行重新调整、完善和补充，修订《西城区民政局制度汇编》，以制度的形式推进区民政局的规范化建设。组织科级干部竞争上岗，任用19名副科级干部，其中最年轻的27岁。完成16名主任科员、49名副主任科员的任职工作。全面启动查找风险点工作，97名党员干部参与查找风险点，共查找出247条，制定风险防控措施258项，完善业务流程41项，编制业务流程图或风险防控图28份，建立完善规章制度52项。成立纪检监察科，专人负责机关廉政建设和效能建设。

（王星星）

人口和计划生育

【概况】 北京市西城区人口和计划生育委员会（简称区人口计生委）是区政府的职能部门，依法负责全区人口和计划生育（简称人口计生）工作。机构设置为办公室（监察科）、宣传科（科技服务科）、法制科（统计科）、流动人口管理科，下设1个事业单位（西城区计划生育生殖健康技术指导中心）（药具站），共有在职人员28人。年内，以科学发展观为统领，落实北京市委市政府《关于深入贯彻落实科学发展观，统筹解决人口问题的决定》精神，稳定低生育水平，大力提高出生人口素质，组织开展学习实践科学发展观活动，加大区、街、居干部队伍建设力度，坚持抓基础、创特色、保民生、促和谐，做好人口和计划生育工作，完成市下达的计生各项工作指标。全年出生上报 5892 人，计划生育率为 97.6%；荣获“北京市人口和计划生育工作模范区”称号。

地址：西城区宏英园 17 号楼 5 层

邮编：100032

电话：66114957

（陈雅芹）

【社区健康生育全程服务工程】 年内，开发“西城区孕前风险自助评估系统”，实现与“优孕通”、“孕事通”网络优生指导卡无障碍链接。利用“健康生育快乐园”宣传教育平台，深入社区、单位，向已婚准备怀孕的夫妇开展孕前保健宣传咨询，全年举办活动 109 期，参加夫妇 4294 人，发放叶酸 13520 瓶，建立孕前信息档案 3988 份。为 291 对困难家庭准备怀孕的夫妇进行免费孕前优生检查。开展西城区 2006–2008 年出生情况调查，评估工程实施效果。《人民政协报》、腾讯网、首都之窗网以专版、专题、专栏的形式，宣传报道西城区健康生育全程服务工作，介绍西城区在预防出生缺陷方面的做法和成果；北京市人口计生委在市健康生育计划经验交流会上向全市推广西城区社区健康生育全程服务模式。

（王星麟）

【统筹解决人口问题】 年内，统筹解决人口问题取得阶段性成果。调整领导小组成员，增加区委组织部、区委社会工委、区监察局、区文委、区红十字会为成员单位。根据《关于深入贯彻落实科学发展观 统筹做好人口和计划生育工作的意见》进行职责分解,明确成员单位的职责。开展计划生育药械市场专项整治行动，成立以主管区长为组长，由计生、卫生、工商、药监、质监、公安、城管等七部门组成的行动小组，通过制订整治行动方案、联合发文、制作宣传海报、联合执法等环节，完成专项整治工作。召开“西城区可持续发展——人口·环境·健康”论坛。采取专题主讲、专家点评和互动交流相结合的模式，围绕“人口、环境、健康”主题进行探讨和交流。《中国人口报》、《北京晚报》、中国网、《京华时报》、《北京西城报》等多家媒体进行报道。

（陈雅芹）

【人口问题研究】 年内，完成 3 个调研课题。一是《西城区人口承载力研究——以住宅预测西城区承载人口规模探索》。二是《西城区出生缺陷社区干预效果研究及思考》，调查结果显示参加“健康生育快乐园”培训活动的妇女在孕前和孕期主动规避危险因素的比例明显高于没有参加的人群，准备怀孕的夫妇获取优生知识的第一渠道为计生部门编发的宣传材料和组织的培训讲座，准备怀孕的夫妇前 3 个月服用叶酸率达 93%，孕早期服用叶酸达 98%，计划妊娠率和新生儿生命质量明显提高。三是《西城区人口和计划生育目标管理考核评估工作研究及思考》。

（陈雅芹）

【婚育新风进万家活动】 年内，召开婚育新风领导小组成员单位联席会议，下发《2009 年西城区“婚育文明促和谐”主题宣传教育活动实施方案》。“7·11”世界人口日期间，与区委宣传部、团区委联合组织全区“我与国策共成长”主题征文演讲比赛活动，收到征文 700 余篇，举办演讲比赛 12 场。西城区荣获北京市征文演讲活动优秀组织奖，西城区选送的演讲者获得全市演讲比赛一等奖；在“9·25”公开信发表纪念日，举办“迎祖国华诞·传国策新风·展计生风采”全区人口计生知识竞赛，近 200 名干部参与活动；将人口计生宣传融入“百场数字电影进社区”行动，在每场电影正片播放前放映人口计生委制作的 10 分钟短片，面向群众广泛宣传健康生育知识；依托民政婚姻登记处，宣传计划生育法律法规，倡导优生优育，把内容丰富的“新婚优生宣传包”（内含《致新婚夫妇的一封信》、《婚育手册》、《孕前保健指南》、《西城区计划生育办事程序》、优孕通上网卡、《完全避孕宝典》光盘、领取叶酸联系卡、计生药具等宣传服务资料）送给 5000 对新婚夫妇；向新生儿家庭发放《儿童成长测试图》、《科学育儿 0—3 岁丛书》、《致西城区 0—3 岁婴幼儿家庭的一封信》及《儿童早期教育联系卡》等早教宣传品；面向家庭和驻区单位，发放《关爱生命全程》图书 5 万册和《国情国策》读本 10 万册；启动以“关爱生命全程，构建幸福家庭”为主题的万人读书及答卷活动。参加北京广播电台“人口直通车”征文活动。

（王星麟）

【宣传教育工作】 年内，在区行政学校（区经济科学大学）建立区人口学校宣传阵地，利用“西城讲坛”、区人口学校、街道人口学校等基地为千余名机关干部、社区群众开办人口大课堂系列公益性讲座 10 期，内容涵盖女性保健、儿童早教、男性健康等多方面，区人口学校被确定为全区首批30家市民终身学习服务基地之一；以“生命、生育、爱情、家庭”为主线，在南礼士路公园内建立区级“人口文化园”，在宏英园小区建造以“和谐”为主题的大理石雕塑，完善西城外国语学校外墙约50米的“青春、阳光、和谐”人口计生文化雕塑墙；在西城区百个公交站点，发布两期100块以“健康生育幸福家庭”、“统筹解决人口问题，促进和谐社会建设”为主要内容的灯箱公益广告；为7个街道补充安装统一的人口宣传报栏、宣传橱窗80组；为148个社区订阅《中国人口报》《人口文摘》《人口与计划生育杂志》等报刊。编印《西城人口计生》杂志（季刊）4期，充实栏目内容，扩大发送范围。全年共有296篇反映人口计生工作的新闻稿件在各级各类媒体发表。

（王星麟）

【干部培训】 年内，把人口理论和国情国策知识纳入全区党政正职领导干部培训班、处级干部培训班、中青年后备干部培训班、科级干部任职班等党校、行政学校主体班课程内容；先后邀请中国人民大学教授、北京市人口计生委主任进行“国际视野下的中国人口形势和政策”和“新时期人口和计划生育工作形势和任务”专题讲座；通过播放光盘、发放资料等形式面向各级领导、机关干部开展人口计生国情国策教育。举办全区社区计划生育工作者业务知识培训，近200名计生干部参加学习。全年，面向全区、街道、居委会计生干部举办新闻宣传、优质服务、政策法规、信访、避孕节育知情选择、流动人口管理服务、政务信息报送等培训20余次。

（王星麟）

【落实目标管理责任制】 2月，召开人口和计划生育领导小组会议，对上一年度先进集体和先进工作者及示范社区、规范市场达标单位进行奖励兑现。共表彰先进集体168个，先进工作者290人，示范社区18个，规范市场达标单位1个。制定《西城区2009年人口和计划生育目标管理考核评估方案》，继续实行党政一把手亲自抓、负总责，各级层层签订计划生育目标管理责任制度。完善考核机制，坚决实行“一票否决”制度。年底，全区户籍人口79.3万人，人口出生率为6.72‰，死亡率为3.46‰，自然增长率为4‰。

（田　野）

【加强依法行政】 年内，制定《街道一胎审批规范要求》严格执行审批政策，规范街道一孩审批程序。坚持再生育一个子女审批三审制度，对于申请人上报材料由审批干部初审，分管副科长再审，科长三审，最后提交审批会通过。梳理、规范社区工作站为居民办实事项目24项。共审批死亡特别扶助454例，伤残特别扶助867例。开展违法生育清理清查工作，对2001至2008年违法生育人员社会抚养费征收和出生上报情况进行逐一比对，全区共清查出违法生育案件144例。加强社会抚养费征收工作，建立社会抚养费征收工作审批会制度，成立征收工作审批领导小组，制作征收工作审批会议记录，坚持家庭情况调查制度，加大党纪政纪处理力度。制定《西城区违法生育有奖举报办法》，设立举报电话、举报信箱，并向全区公开。建立计划生育政策法规和办事程序语音咨询系统。全年处理违法生育54例，征收社会抚养费577万余元。对独生子女意外伤残、死亡的父母，发放一次性经济帮助76例38万元。审批第二个子女《生育服务证》372例。受理计划生育政策咨询和信访件15777件，均在规定时间内处理完毕。

（田　野）

【信息化建设】 年内，加强内外网站建设，对区人口计生门户网站进行改版升级，增加生育场景式服务模块，在政务内网上开发运用“即时消息”和“政务短信信息平台”。开展人口动态监测系统二期工程调研，在一期建设基础上进行改版升级需求调研，完成设计方案及可行性报告。加强育龄妇女管理服务系统四级建设，邀请西城区、街道、居委会三级计生干部座谈研讨功能四级模块开发使用，为四级网络建设做好前期调研准备工作。完善目标管理考核评估信息系统，年内系统正式上线，系统录入数据作为各街道全年工作开展情况的重要参考，自动汇总的考评成绩成为全年工作考核评估的重要依据。

（田　野）

【加强基层基础工作】 年内，规范基层计划生育统计信息管理。对育龄妇女信息系统中的信息进行逐人核实，查漏补缺，健全统计基础资料，完善基础工作。3至5月，结合西城区人户分离育龄妇女状况调查，开展孕情普查工作，掌握全区育龄妇女的孕育状况，落实全年出生计划，对全区育龄妇女怀孕、生育、避孕措施情况及育龄妇女人户分离情况进行摸底。开展人在户不在育龄妇女登记工作，完成市人口计生委下达的登记率85%的目标要求。按照国家和市人口计生委要求开展基础信息核查工作，成立西城区基础信息核查工作领导小组，对2000至2009年10月之间在西城区出生的户籍人口和流动人口进行登记入机，最终录入全国信息核查离线软件5.03万条信息，其中户籍人口3.64人、流动人口1.39人。

（田　野）

【流动人口计划生育管理】　年内，落实国家人口计生委《关于促进形成全国流动人口计划生育工作“一盘棋”格局的意见》和《全国流动人口计划生育服务管理工作规范》，宣传贯彻《流动人口计划生育工作条例》（简称《条例》）精神，组织开展《条例》学习、宣传和培训等。建立流动人口计划生育专项工作考核机制。各街道实现人口宏观管理与决策信息系统中的流动人口子系统在线操作，户籍地与现居住地的双向交流更加顺畅，数据核实更加及时准确。召开街道流动人口计划生育服务管理特色工作经验交流会。年内，全区共组织流动人口已婚育龄妇女孕检11132人次，免费孕检8608人，免费“四术”215人，报销金额37647元。做好与地区内5家产科医院的流动人口出生监测工作，全年监测核实在本区出生婴儿468人，计划生育率为99%。

（汪　洁）

【计生协组织建设与活动】　1月14日，召开西城区计划生育协会第六届三次常务理事会。区计生协会会长陈蓓出席并讲话。年内，协会陆续展开社区居委会协会换届工作。区计生协、各街道计生协组织召开专题会议，对换届选举工作进行全面安排部署，换届工作圆满完成。

（王爱莲）

【“三心行动”项目】　年内，启动“流动人口连心、青春健康育心、生育关怀融心”行动项目。“连心行动”，以西长安街街道和平门社区为试点，逐步在全区开展宣传服务活动，形成为流动人口服务与管理并重的局面。“育心行动”，与区教委紧密结合，以西四中学为试点，探索学校全面开展青春健康教育工作模式。为1649名中小学新入学男生免费体检；少男少女门诊提供面对面咨询服务178人次，免费电话咨询607人次，书信回复咨询7人次。“融心行动”，在了解计生困难家庭、独生子女伤残或死亡家庭的实际情况和不同需求的基础上，建立由专业人员和志愿者组成的医疗、家政、恳谈、文体服务4支队伍，开展“3+X”服务活动（“3”:建立一张联系卡、进行一次走访慰问、签订一份帮扶协议；“X”:根据不同对象的不同情况，提供个性化的服务和关怀）。“9·25”期间，为全区70户特困计生家庭发放救助款。为辖区内51名特困独生子女死亡家庭60岁以上老人进行免费健康体检。

（王爱莲）

【技术服务工作】　年内，对社区卫生工作的基础资料进行规范，编写《西城区计划生育技术人员工作手册》，制作《西城区社区计划生育技术服务人员合格证》，将咨询记录、药具发放、工作量统计表整合为《社区计划生育服务综合登记本》。对5个社区卫生服务中心（站）咨询室进行规范化建设。组织1次社区计划生育技术服务人员培训。

（吕建儒）

【避孕药具工作】　年内，调入免费药具358240（盒、板、本），调出370560（盒、板、本）。投资12万余元制作350个药具自取箱发放到有需求的驻区单位。制订《西城区药具“三进”（进机关、进学校、进市场）工作实施方案》。开展摸底调查，明确重点是将药具发放进中央国家机关。开展“百名星级发药员”的评比工作。对全区新老计生专职干部、部分驻区单位专职干部及社区卫生计划生育服务人员进行避孕节育知情选择知识培训。

（吕建儒）

老龄事业

【概况】　北京市西城区老龄工作委员会（简称区老龄委）下设办公室（简称区老龄办），机构挂靠区民政局，承担区老龄工作委员会的日常工作。有行政编8人，事业编1人。截至12月31日，全区60岁以上的老年人口16.6万人，占全区户籍人口的21%。其中高龄老人3.5万人，占老年人口总数的21.2%；百岁老人47人；纯老年人家庭人口数24413人，占老年人口总数的14.7%。街道、社区共有老年人协会154个。年内，坚持“党政主导社会参与全民关怀”的老龄工作方针，着眼于保障和改善民生，以发挥好老龄委成员单位的作用为突破，以健全和完善老年人社会保障和社会优待为重点，围绕“加大为老办实事力度、确保优待办法落实、强化成员单位参与、强化老龄工作基础夯实、强化老年人参与社会”等工作重点，结合庆祝新中国成立60周年，狠抓工作落实，进一步构建大老龄工作格局。

地址：西直门南小街20号（社保大厦707室）
邮编：100035
电话：66206364

（高　军）

【为老办实事工程】 年内，区老龄委要求各成员单位抓住关系到老年人利益的民生问题，推进为老办实事项目，开展为老办实事工程，总计29个单位、45项、13余万名老年人受益，主要包括区民政局为老服务适度普惠运作、区司法局便民服务卡发放、区文委公益数字电影观影卡发放、区卫生局老年人医疗卫生优待、区总工会企业进社区贴心服务活动、团区委期颐志愿服务活动、什刹海街道办事处为老家庭医生全程服务等。区老龄办为100户生活自理困难的老年人家庭实施无障碍设施改造，为617户高龄、空巢、行动不便老年人家庭安装紧急医疗救援呼叫器，为218户空巢老年人家庭安装邻里互助门铃，为770名行动困难老年人发放扶老助行金拐杖。

（高　军）

【老年人优待工作】 年内，区老龄办多次对优待场所开放和优待内容及时公示予以督查，确保优待办法落实。1月19日，举办“迎新春西城区落实老年人优待工作电影专场”活动，全区300名老年人代表和老龄工作者参与活动；协调区卫生局为3204名无保障老人和低保老人免费体检；为2416名90岁以上高龄老年人办理发放高龄津贴；为老年人办理优待证3793个，累计为9.3万余名65岁以上老年人办理了优待卡，其中本年度办理1.1万张。

（高　军）

【居家养老服务】 年内，特殊老年人养老补贴服务人数达8851人，累计发放补贴资金3769301元，服务券使用率达到90%。全区7个街道围绕生活照料、医疗康复等10个大类开发百余个服务项目，形成并推广了什刹海街道设置配餐中心、月坛街道发挥广电总局食堂作用、西长安街街道签约社会餐馆、金融街丰汇园建行食堂为老人办饭卡等多种模式，全区建成日均服务百人以上的老年餐配送餐中心4个，建成社区老年餐桌就餐点27个，4000余位老人分别享受免费、半价或自费订餐服务。巡视服务进一步覆盖全区，截至年底全区共巡视2745人，巡视员直接获知老年需求信息2000余条；通过巡视服务使30位突发病老人得到及时救治，挽救了生命；为85位老人消除了在用煤、用电、燃气、住房等方面的安全隐患。“洗浴、理发、代换煤气”三项助老服务出台新的管理办法，扩大政府购买服务的力度，全年共服务9094人次，补贴金额8.2万元。

（高　军）

【加强基层老龄工作力量】 年内，区老龄委下发《关于进一步加强基层老龄工作的意见》（简称《意见》），明确在街道设1名老龄专职干部，建立健全为老服务信息汇总报送平台；在社区居委会下设老龄与社区服务和社会保障委员会，由1名居委会副主任分管，加强社区服务站建设，推进“窗口式”服务，社区服务站设老龄专职工作者；加强老年人协会建设，发挥组织作用和桥梁纽带作用，社区居委会可按照社区8万元公益资金使用办法对社区老年人协会工作予以支持；界定社区服务站老龄专职工作者主要职责18项，其工作重点逐步转向深入老年人家庭、了解老年人需求、整合为老服务资源、落实空巢老人“一帮一”结对子等方面。根据意见要求，各街道、社区基本完成了老龄专职干部、老龄专职社会工作者的配备工作，并对照《意见》规定的职能对社区工作站、社区老年人协会工作进行规范，以提升基层老龄工作力量。

（高　军）

【老龄工作落实在社区】 年内，区老龄办对老龄工作落实在社区的3个方面工作进行梳理和统计，包括办理老年人高龄津贴、办理老年人优待卡等7项为老办实事项目，老龄工作基础培训、维权培训等3个培训类项目和民统年报表、办实事项目统计表等4个报表类项目，指导社区老龄工作程序化运作。

（高　军）

【敬老先进创建工作】 年内评选出“敬老先进社区居委会”18个；完成创建工作的五年计划；全区148个社区居委会全部获得区级

“敬老先进社区居委会”的称号。

（高　军）

【培训工作】 对成员单位的联络员开展老龄业务知识培训；对街道老龄干部开展老龄事业统计培训；对社区服务站站长开展基础老龄工作培训；联合区法院对各级老龄干部开展老年维权工作培训。各街道根据老龄工作的实际情况亦开展业务培训。

（高　军）

【调研工作】 年内，各成员单位共上报调研文章50余篇。区老龄办完成《以人为本 不断推动为老服务的适度普惠发展——居家养老服务布局和政策研究》，总结归纳“部分项目的稳定性和受益人群的增加受到资金限制”、“现有老龄工作的组织架构不能完全适应为老服务项目运作的要求”等8个方面推动为老服务项目适度普惠发展面临的主要问题，提出“进一步强化老龄组织架构”、“进一步形成联动机制”等8个方面推动为老服务项目适度普惠发展的意见与建议。

（高　军）

【宣传工作】 年内，改版《老龄工作动态》，加强对老龄工作政策和西城区老龄工作总体推进情况的宣传，加强基层先进老龄工作经验的宣传，加强对尊老敬老先进事迹的宣传。全年各级媒体报道全区老龄工作120余篇。

（高　军）

【老年维权】 年内，通过申报“西城区老年维权中心”项目，获批社会建设资金12.4万元。以西城区老年维权工作站为基点，成立“西城区老年维权服务中心”，开展为老年人提供免费咨询、免费代书，老年维权培训、老年维权宣传、老年维权调研等项目。协调区法院开展“上门立案”、“巡回法官”、“民二庭示范培训”等3项工作。全年接待来信来访1793人次，调处率达到100%。街道、社区开展了老年法律法规培训。

（高　军）

【社会化温馨关爱活动】 年内，下发《关于在重阳节期间广泛开展“社会化温馨关爱活动”的通知》。开展走访慰问活动，各单位慰问老年人4200人次，投入资金287100元。发动社会力量关爱老人，复兴医院博爱眼科为街道社区提供6000余张视力表、40余套宣传栏广告，为每个社区发放1盒义诊卡和50张面值500元的爱眼基金，为老年人开展免费义诊和免费眼健康讲座，为50名西城老年人免费配置老花镜。百万庄图书大厦开展“为老年人推荐图书”活动。和合谷餐饮公司、峨嵋酒家等企业工会响应“百家企业进社区”活动，与社区签订为老服务协议书。10月23日，区老龄办联合民政、工会、园林、老干部局、各街道办事处等16家成员单位和玖久缘文化养老中心等社会单位、社会组织，在月坛公园举办“庆祖国六十华诞 树重阳敬老新风”老年人游园会，为老年人提供宣传、展览、咨询、文化娱乐和理发、修理、体检、美食等各具特色的为老服务项目。

（高　军）

【银龄行动】 根据银龄行动实施方案安排，什刹海历史文化的研究与发展、离退休卫生专家下社区、老医药卫生工作者服务社会、老教育工作者服务社会、老年大学服务社会等7个重点项目深入推进。全年银龄行动活动项目开展达168次，老年人才1537人参与活动。

（高　军）

【文体工作】 年内，区老龄办与区体育局共同举办“西城区第九届中老年优秀健身项目表演赛”，14个单位、33支队伍、近600名老年人参加；与区文委、区老干部局、区老年大学共同举办“庆祝中华人民共和国成立60周年老年书法绘画展”，近1000名老年人参与，作品3000余幅。组队参加北京市老龄办、中国音乐家协会合唱联盟联合举办的“我和我的祖国——北京市第四届老年合唱大赛”，获金奖、银奖、铜奖各一项；组队参加“北京市第十二届中老年优秀健身项目表演赛”，舞蹈、武术、健身操、啦啦操比赛，新街口街道舞蹈、金融街街道腰鼓表演分别荣获各自项目第一名。落实“北京市第七届全民健身节体育节”市级活动——“建设银行杯”第二届百家社区健身才艺大赛，4月和10月分别在金融街街道、新街口街道举行，社区中老年人文化团队广泛参与。本年度西城区老龄工作委员会办公室被评为“北京市老年体育工作先进单位”。

（高　军）

【百岁老人】 年内，全区有百岁老人47人，其中男性19人，女性28人，年龄最长者为109岁的金广德老人。

姓名	性别	年龄	住址
金广德	男	109	月坛街道白云观社区
张秀英	女	106	金融街街道大院社区
王艮仲	男	106	月坛街道木樨地社区

姓名	性别	年龄	住址
张秀兰	女	105	德胜街道德外大街东社区
崔友芝	女	104	月坛街道三里河一区社区
郭惠林	女	103	什刹海街道地安门西大街
曹淑媛	女	103	新街口街道北顺城街社区
张　淑	女	103	德胜街道水电社区
翟树林	男	102	展览路街道新华里社区
徐尔秀	女	102	西长安街街道南文昌胡同
石蕴华	女	102	西长安街街道东河沿
刘　俊	女	102	什刹海街道恭俭胡同
杨荣华	女	102	什刹海街道爱民里A区
颜绍先	男	102	四季青敬老院(户籍在新街口街道)
关振藩	男	102	展览路街道北营房西里社区
任凤英	女	101	新街口街道西里社区
刘荣芝	女	101	金融街街道宏汇园社区
赵佩珍	女	101	德胜街道双旗杆社区
彭猗兰	女	101	月坛街道西便门社区
孙万芝	女	101	展览路街道百西社区
朱景则	女	101	展览路街道百西社区
王自新	男	101	展览路街道黄瓜园社区
姜鸿宝	男	101	德胜街道安南社区
程宗桓	女	101	德胜街道北广社区
白希兰	女	101	月坛街道木樨地社区
杨再春	男	101	辽宁本溪平山区(户籍在新街口街道)
田茂公	男	101	西长安街街道和平门
姜庆海	男	101	什刹海街道松树街社区
李春和	女	101	金融街街道温家街社区
马镜荣	女	101	金融街街道文昌社区
许仁甫	男	100	什刹海街道西海社区
张成海	男	100	什刹海街道菠萝仓社区
郝邦才	男	100	什刹海街道米粮库社区
王碧筠	女	100	什刹海街道前海北沿社区
张玉兰	女	100	什刹海街道前铁社区
张敏贞	女	100	什刹海街道兴华社区
邱与迟	女	100	什刹海街道米粮库社区
王孚昌	男	100	什刹海街道兴华社区
赵宪武	男	100	什刹海街道后海社区
李育君	女	100	大兴颐福园养老院（户籍在新街口街道）
路士英	男	100	新街口街道安德里北街社区
马静如	女	100	新街口街道西直门北大街社区
李秀峰	男	100	新街口街道如意里社区
刘怡如	女	100	金融街街道民康社区
赵晏民	男	100	月坛街道复北社区
孙雨南	女	100	月坛街道广一社区
王希贤	男	100	展览路街道车公庄社区

（高　军）

红十字会工作

【概况】　北京市西城区红十字会（简称区红十字会）是中国红十字会总会的地方组织，是西城区政府直接联系的独立设置的社会救助团体。年内，区红十字会履行《中华人民共和国红十字会法》所赋予的职责，以“求真、务实、创新”的精神，发挥红十字会在改善民生和促进社会和谐方面的独特作用，凝聚人道力量，推进救灾、救助、救护培训等工作的落实。组织社会各界开展“博爱在京城”、“携手助

学一元钱爱心 奉献创明天”、“十元善行 滴水成渊”等募捐救助活动，成立“婚纱摄影商会困难救助金”、“西城区红十字会少儿大病救助金”、“红丝带救助金”，全年募捐筹款共计330万元。

地址：西城区白云观北里6号

邮编：100045

电话：63408072

（王荃　区磊）

【领导视察调研工作】 12月3日，全国人大常委会副委员长、中国红十字会会长华建敏到金融街街道视察社区红十字工作。中国红十字会常务副会长王伟、副会长郭长江、郝林娜，市委常务、市政府常务副市长吉林，市人大副主任刘新成，市政府副秘书长鲁勇，市红十字会常务副会长韩陆、副会长刘娜、孙硕鹏等陪同视察。

（王荃　区磊）

【召开八届理事会第五次会议】 年初，召开西城区红十字会第八届理事会第五次（扩大）会议。大会审议通过上一年度工作报告和上一年度区红十字会募捐款收支情况报告。对西城区红十字会第八届理事会、常务理事会成员进行调整。

（王荃　区磊）

【防控甲型H1N1流感】 年内，区红十字会根据市红十字会与区政府有关防控甲型H1N1流感工作要求，按照预警等级及时启动应急反应程序，对区红十字系统防控工作进行周密部署。多次走访慰问人民医院、北大医院等医院的医护人员和区防控办、流调办等防控一线的卫生防疫工作者，送去27万余元的方便食品、茶叶、饮料及口罩等。购买20余万元红外体温计，下发到全区幼儿园和中小学。举行防控甲型H1N1流感消毒药品捐赠仪式，接收北京市红十字会向西城区中小学校转赠的价值约5万元的500箱“84消毒液”，并发放到全区80所中小学。

（王荃　区磊）

【自救互救工程】 年内，开展首个“防灾减灾”日宣传活动，与区卫生局、区人防局联合在德胜街道宣传教育中心向居民、学生发放急救知识宣传材料；在什刹海街道成立卫生救护培训基地；落实政府办实事工程，完成市红十字会下达的各类培训任务，协调学校、街道、机关、企事业等相关单位，将自救互救培训纳入公务员教育课程，部分中学也将自救互救培训列入军训和教学课程。与区残联共同制定《残疾人培训方案》，编印特殊人群版《防灾避险知识手册》，并发放到每个残疾人手中。

（王荃　区磊）

【救灾救助工程】 年内，区红十字会发放救助款266万余元，其中助学支出12.70万元，助老支出27.47万元，助困支出51.08万元，助残支出6.06万元，大病支出47.90万元，援助贫困地区支出29.22万元。为392名学生发放助学金；为400户低保边缘家庭发放“博爱卡”；为70名孤寡老人出资送餐、为50名孤寡老人出资洗浴；为261名非典后遗症患者发放了救助款；为区内特教校的220名残疾学生出资参加“一老一小保险”；向河北省张北县台路沟乡捐助10万元，用于援建敬老院；向怀柔区捐助8万元，用于新农村合作医疗救助；向吉林延边自治州捐助5万元，用于援建博爱村；向内蒙古鄂伦春旗捐助5万元，用于救助受灾群众。

（王荃　区磊）

【红十字青少年工程】 年内，在中学举办“我心中的红十字——关爱艾滋 反对歧视”图片征集活动。在46所小学继续开展“软包装回收活动”。在38所中小学再次为“博爱电波书屋”募集资金11万余元。与四川省绵阳市涪城区红十字会加强联系，解决援建实验小学项目部分资金问题。与新华百货等单位联合开展“我们与灾区儿童一起过六一”爱心捐助活动。为四川阿坝州羌族、藏族的126名学生捐助126套图书，共计人民币6174元。

（王荃　区磊）

【社区服务工程】 年内，组织策划大型公益宣传活动——“爱在西城2008颁奖盛典”；与区献血办等单位联合开展以“实现100%无偿献血”为主题的“世界献血者日”宣传活动；借助“红十字博爱月”、“5·8”世界红十字日等重大活动和宣传日，举办以“奉献爱心 关爱生命 点亮希望之光”为主题的博爱在京城——西城区大型联合募捐救助系列活动。

（王荃　区磊）

【交流交往】 年内，组织街道红十字会、各工作委员会到江西红十字会和怀柔区红十字会考察学习，参加“京津冀二区六市红十字工作交流会”，接待兄弟区县红十字会到西城区进行工作交流。

（王荃　区磊）

消费保护

【概况】 北京市西城区消费者协会（简称区消协）是依法成立的保护消费者合法权益的组织。区消协现设两部一室（投诉与法律事务部、组织宣传联络部、办公室），下辖7个消协分会（西长安街、什刹海、新街口、展览路、德胜、月坛、金融街），工作人员14名。年内,区消协围绕“消费与发展年”主题，贯彻落实中央关于扩大内需、促进经济平稳较快增长的决策,相继开展“3·15”宣传咨询、新中国成立60周年大庆保障工作。全年共接到消费者投诉225件，其中解决213件;不予受理的12件，为消费者挽回经济损失85586元；接待消费者来访、咨询1805人次。

地址：北京市西城区羊肉胡同120号
邮编：100034
投诉电话：66168698
办公电话：66168702

（赵丹青）

【投诉情况分析】 在受理的225件投诉中，按类别及数量依次为：百货类78件，占投诉总量的34.7%；家用电子电器类73件，占投诉总量的32.4%；服务类59件，占投诉总量的26.2%；家用机械类1件，占投诉总量的0.4%；房屋及装修建材类2件,占投诉总量的0.9%,投诉其他问题的12件，占投诉总量的5.4%。投诉的主要问题分类依次排列为：质量问题122件，占投诉总量的54.2%；合同纠纷47件，占投诉总量的20.9%；虚假品质10件，占投诉总量的4.4%；价格7件,占投诉总量的3.1%；广告类5件，占投诉总量的2.3%；假冒2件,占投诉总量的0.9%；安全2件,占投诉总量的0.9%；投诉其他问题的30件，占投诉总量的13.3%。

（赵丹青）

【消费者权益保护日】 3月8日，召开“讲诚信、促发展，和谐消费在西城”主题动员宣传会暨消费争议快速解决绿色通道工作会。会议通报上一年消费者投诉办理情况，对消费争议快速解决绿色通道工作进行总结，对“绿色通道”先进单位进行表彰，同时增加5个“绿色通道”新成员单位并颁发证书。3月10日，召开消费维权之星座谈会。向2名获得上一年度“消费维权之星”的消费者颁发证书，并聘请他们为消费维权监督员。座谈会通报上一度消费者权益保护工作况，新当选的“消费维权之星”向与会人员介绍维权经历。2006至2008年的“消费维权之星”和消费监督员进行交流座谈。3月10日，在西单商场西门广场开展以“和谐消费在西城”为主题的大型宣传咨询活动，现场接待消费者咨询，受理消费者投诉，向各界群众传递“消费与发展”的消费理念，累计发放消费知识宣传册等各类宣传材料2000余份。3月12日，开展“全面提升维权意识 营造和谐消费环境”主题活动。区消协联合相关部门在阜成门外上海华联超市门前举行以“全面提升维权意识 营造和谐消费环境”为主题的宣传咨询活动，现场接待咨询和投诉，向消费者讲解如何正确签订合同文本，并发放《食品健康与安全》《消费维权常识手册》《消保维权案例》《合同示范文本宣传材料》《签约履约规范知识百问》等宣传材料，工商执法检测车现场演示醋酸、瘦肉精、亚硝酸盐等食品添加剂快速检测过程。3月14日中午12时至13时，北京人民广播电台《城市零距离》栏目联合区消协开展“明白消费七日谈”系列之婚庆服务访谈节目。访谈就婚庆服务的相关消费常识和婚庆消费中常见的消费陷阱向广大听众进行说明和剖析。对消费者通过热线电话提出的接受婚庆服务时遇到的各种问题进行解答。整个访谈节目历时一个小时，解答了消费者提出的14个问题。“3·15”期间，全区“3·15”系列宣传活动共出动人员765人次，开展各类宣传咨询活动32次，发放宣传材料3万份、环保袋500个，解答咨询1900人次，现场接待投诉68起。

（赵丹青）

【开展“六进”活动】 根据市消协“继续扎实、深入开展消费维权进社区、进学校、进工地、进军营、进景区、进科技园区”（简称“六进”）的工作要求，区消协、消协分会在全区分层级开展了切合西城实际的宣传、咨询、讲座等系列活动。消费维权进学校：3月12日，月坛消协分会在北京市铁路第二中学开展健康消费知识讲座活动，向学生讲述我国家用电器产品的认证体系、购买家电的小常识以及微波炉、电热毯、电热水器、电暖器、电磁炉等家用电器的安全使用方法，同时向师生们宣传消保维权知识以及投诉渠道，发放宣传手册 200 余份。消费维权进景区：3 月 12 日，西城工商分局、西城区消费者协会、北京市第一中级人民法院民事庭、西城区工商联什刹海商会联合在什刹海旅游景区组织开展“消费与发展 旅游话维权”——改善景区环境引导科学合理消费促进旅游市场健康发展“3·15”主题宣传活动。活动中，工商工作人员向游客宣传法律知识，讲解维权常识，解读典型案例，宣讲旅游合同示范文本，受到游客的欢迎。流动服务车在景区内流动发放宣传材料，解答消费者疑问，现场受理消费者投诉。活动现场共接待游客 200 余人次，发放各类宣传材料 1000 余份。消费维权进社区：3 月 9 日，针对目前市场上茶叶质量良莠不齐的情况，邀请北京市茶叶公司的专家，在新街口街道阳光社区服务中心举办茶文化消费课堂，向消费者讲解如何正确鉴别茶叶的优劣以及如何保存、冲泡茶叶等常识。同时，向参加活动的社区居民发放消保维权、食品安全等各种宣传材料共计 100 余份。3 月 15 日，德胜消协分会在中直社区举办社区宣传咨询服务活动，向社区居民讲解消费者自我保护知识和投诉渠道，解答居民们提出的食品安全问题，并且免费发放书籍 220 册、宣传材料 300 余张。3 月 16 日，什刹海消协分会在西什库社区、松树街社区举办“3·15 消费者权益保护日”宣传咨询活动，向社区居民发放消费者维权、食品安全等宣传材料，并向社区居民进行蔬菜农药残留量的快速检测现场演示。3 月 20 日，展览路消协分会在万明园社区开展“消费与发展”年主题活动及“重合同、守信用”宣传活动，邀请北京糖业烟酒公司、北京二锅头红星股份有限公司、西城区烟草专卖局等单位参加，为居民讲解如何鉴别真假烟、酒、糖的知识，50 余位居民参加活动，共发放各种宣传材料 300 余份。3 月 12 日，区消协组织社区居民参观食品生产企业。月坛辖区 26 个社区居委会主任、食品质量监督员以及社区居民，赴顺义参观“鹏程肉食”、“牵手果蔬汁”、“牛栏山酒”、“百花蜂蜜”4 家食品生产企业的加工生产线。参观活动中，各食品生产企业的工作人员向参观群众展示了食品生产的整个流程。3 月 12 日，在砖塔社区开展消费维权讲座，向社区居民讲授消法的相关知识及居民在日常生活消费中应注意的问题，向居民发放《消法知识宣传手册》《食品安全知识问答》共计 120 册。消费维权进商场：3 月 5 日，月坛消协分会在美廉美连锁商业有限公司三里河超市开展以“打击传销、规范合同、健康消费”为主题的宣传活动，向超市内购物的群众发放《健康三要素》《合同示范文本》《消费维权知识手册》《消费维权典型案例与知识介绍》等宣传材料及西城工商分局印制的打击传销环保购物袋，共发放相关宣传材料 317 份、环保购物袋 200 余个，现场接待咨询 100 余人次。3 月 15 日，区消协在国美电器马甸店组织开展“讲诚信促发展和谐消费在西城 3·15”主题宣传活动。宣传活动中，工作人员向消费者宣传法律知识，讲解维权常识，解读典型案例，受理消费者投诉，发放宣传材料 1000 余份。

（赵丹青）

【对经营者劝喻实施办法】 为保护消费者合法权益，构建和谐的消费环境，督促经营者诚信经营，加强行业自律。区消协依据《消费者权益保护法》所赋予的职能，借鉴行政指导的经验，推出《对经营者实行劝喻办法》。所谓劝喻是指消费者协会对经营者侵害消费者合法权益的行为进行约见沟通、提高认识、达成共识、改进服务的过程。消费者协会对在一段时间内被消费者投诉、举报较多且负有责任的经营进行沟通，指出经营者存在的问题，提出改进服务建议并制发改进服务建议书，促进其改善服务，更好地维护消费者合法权益和企业形象。实行劝喻的对象一般是在一个月内被消费者投诉三次以上或影响较大的消费投诉事件的经营者。

（赵丹青）

【国庆保障工作】 为营造和谐轻松的节日消费环境，区消协在国庆前夕对受理投诉情况进行统计分析。分析中发现一重要商业街区两家销售手机的商场投诉较多。9 月 25 日，区消协约见商场负责人，对消费者投诉的手机销售不规范、销售人员有高价诱购行为等问题，进行反馈，同时向商场发出劝喻函，就企业存在的问题提出整改建议。国庆前夕，区消协发挥社会监督职能，对西单商场、万通市场等大型商业企业进行走访，与企业双方就售后服务管理及消费者权益保护进行沟通，对企业售后服务机构的设立、制度的落实情况进行了解，督促企业重视消费者权益保护工作，真正实现经济效益、社会效益的双赢局面。

（赵丹青）

居民收入状况

【居民收入及职工收入】 年内，全区居民人均总收入36164元，剔除价格因素比上年增长13.4%；其中人均可支配收入30442元，剔除价格因素比上年增长10.1%。全区职工人均工资收入44242元，比上年增加3235元，增长7.9%；其中职工人均工资及补贴收入44040元，比上年增加3500元，增长8.6%。

(张磊 孙海花)

【居民支出】 年内，全区居民人均总支出33598元，剔除价格因素比上年增长24%；其中人均消费性支出21970元，剔除价格因素比上年增长8.7%；人均转移性支出3407元，比上年增长29.5%。人均社会保障支出4406元，比上年增长33.2%。人均借贷支出13536元，比上年增长8.5%。人均消费支出中：食品支出6632元，比上年增长13.6%；衣着支出2259元，比上年增长28.3%；家庭设备用品及服务支出1477元，比上年下降2.6%；医疗保健支出1386元，比上年下降34.8%；交通和通讯支出3392元，比上年增长18.3%；教育文化娱乐服务支出4044元，比上年增长14.5%；居住支出1552元，比上年下降17.0%；其他商品和服务支出1228元，比上年增长21.1%。居民人均转移性支出中：交纳的个人所得税1061元，比上年增长39.9%；赡养支出1076元，是上年同期的2.3倍；捐赠支出984元，比上年下降4.3%。居民人均借贷支出中：存入储蓄款11422元，比上年增长3.3%；储蓄性保险支出514元，比上年下降7.7%；购买有价证券317元，是上年的7.7倍；归还住房贷款809元，比上年增长85.1%。

(张磊 孙海花)

【食品消费支出】 年内，居民人均食品支出6632元，比上年增长13.6%；食品支出占全部消费性支出的比重为30.0%，比上年增长1.5个百分点。居民的食品支出比上年增长排前三位是：饮食服务类增长31.6%，糖烟酒饮料类增长23.1%，干鲜瓜果类增长13.6%。

(张磊 孙海花)

【衣着消费支出】 年内，居民人均衣着消费支出2259元，比上年增长28.3%，衣着支出在消费性支出中所占比重为10.3%，比上年增长1.7个百分点。其中服装支出1634元，比上年增长29.9%；衣着材料支出14元，比上年下降3.0%；鞋类支出521元，比上年增长21.7%；其他衣着用品支出72元，比上年增长61.0%；衣着加工服务费支出18元，比上年增长10.3%。

(张磊 孙海花)

【家庭设备用品及服务消费支出】 年内居民人均家庭设备用品及服务支出1477元，比上年下降2.6%，占消费支出的比重为6.7%，比上年下降0.7个百分点。其中购买耐用消费品支出814元，比上年下降5.0%；床上用品支出92元，比上年下降13.6%；家庭日用杂品支出346元，比上年增长4.6%；家庭服务支出190元，比上年增长20.5%；年末，每100户居民家庭拥有的主要耐用消费品数量比上年增加较多的是：家用汽车37台，增加6.7台；空调175台，增加7台；照相机105台，增加13.2台；移动电话227.3台，增加13台。

(张磊 孙海花)

【医疗保健消费支出】 年内，居民人均医疗保健支出1386元，比上年下降34.8%，占消费性支出的比重为6.3%，比上年下降4.1个百分点。其中医疗费支出367元，比上年下降37.2%；药品费支出730元，比上年下降43.3%。

(张磊 孙海花)

【交通和通讯消费支出】 年内，居民人均交通和通讯支出3392元，比上年增长18.3%，占消费性支出的比重为15.4%，比上年增长1.4个百分点，比重居第三位。交通支出2403元，比上年增长21.1%，其中交通费支出525元，比上年增长13.8%；车辆用燃料及零配件支出744元，比上年增长44.3%。通信支出989元，比上年增长11.9%，其中通信工具支出241元，比上年增长14.8%，通信服务支出748元，比上年增长11.0%，占通信支出的75.6%。年末，每100户居民家庭拥有家用汽车37辆，比上年增加6.7辆；移动电话227.3部，比上年增加13部。

(张磊 孙海花)

【教育文化娱乐服务支出】 年内，居民人均教育文化娱乐服务支出4044元，比上年增长14.5%，占消费性支出的比重为18.4%，比上年增长1.2个百分点，比重居第二位。其中文化娱乐用品支出1061元，比上年增长0.2%；文化娱乐服务支出1519元，比上年增长15.4%，其中参观游览支出比上年增长33.8%，团体旅游支出比上年增长20.2%；教育支出1464元，比上年增长26.5%，其中教材费比上年增长20.2%，教育费用比上年增长27.0%。

（张磊　孙海花）

【居住条件】　年内，人均住房使用面积为19.49平方米，比上年增加1.54平方米。自有住房占房屋产权的比重为78.77%，比上年下降0.02个百分点。从居民住宅设施条件看，无卫生设备的住户比重由上年的2.5%下降到0.7%。

（张磊　孙海花）

（责任编辑　马恩慈）

街　　道

概　　述

西城区辖西长安街街道、什刹海街道、新街口街道、金融街街道、月坛街道、展览路街道和德胜街道7个街道，148个社区居委会。区委、区政府在各街道设工委、办事处作为派出机构，根据区委、区政府授权，领导本地区工作并对地区性、社会性、群众性工作全面负责。7个街道全部成立了街道社会工委，解决了“两新”党组织组建难、活动难、开展工作有效手段少等困难和问题，实现了由体制内党建带动体制外党建。年内，开展社区规范化建设。贯彻北京市《关于推进社区规范化建设试点工作的实施方案》，制定《西城区关于推进社区规范化建设的意见》，确定试点先行、分步实施、全面推行的总体思路。从改造办公用房、配备专职人员、设计工作模式等方面，打造运转顺畅、服务良好的新型社区。通过一年的持续推进，全区已有46个社区达到社区规范化检查验收标准。推进和谐社区建设。贯彻落实市、区社会建设大会和社会建设文件精神，完成社区建设各项任务，西城区被民政部评为首批“全国和谐社区示范区”，金融街街道获“全国和谐社区示范街道”称号，月坛街道的三里河一区获“全国和谐社区示范社区”称号。全面推进安全社区建设。展览路街道通过评估验收，获得“国际安全社区”称号。至此，西城区已有3个街道通过“国际安全社区”认证。此外，各街道参加第五届亚洲安全社区会议，西城区承办会议的闭幕式演出，接待与会代表到区残联和德胜街道防震减灾宣教基地进行实地参观，展示西城区安全社区建设经验成果。同时，依托社会建设专项资金支持，在全区开展提高防灾避险能力、楼宇健康文化推广、居家安全促进、伤害检测4个安全社区促进项目。

推进社区办公用房达标改造工作。采取多部门联合的方式，寻找解决办公用房达标的办法。争取市财政3663万元的资金支持，完成13个社区办公用房达标改造工作。加强对社区办公用房的动态管理。针对现有办公用房达标方式的多样性和房屋产权的复杂性，开发社区办公及公益性活动用房数据库管理系统，对已达标社区加强动态管理，对未达标社区加强督促。截至年底，全区已有57个社区达到市规范化建设提出的办公用房标准。加强社区工作者队伍建设。通过公开招录，优化队伍结构。根据新型服务站发展的需要，公开招录社区工作者444名，其中市统招大学生社区工作者77名。采取多种方式培训，提高队伍整体素质。制定社区工作者培训计划，实施分级培训和分类培训。健全制度，加强规范化管理。按照市统一要求，由各街道与社区工作者签订服务协议。同时，制定《西城区社区工作者管理制度汇编》。完善激励机制，促进队伍不断发展。建立优秀社区工作者人才库，依据年度考核和日常工作，将优秀人员纳入人才库进行重点培养，发挥引领作用，并为各项评优进行推荐；建立专业社工人才库，鼓励社区作者发挥专业特长。关注大学生社区工作者的成长，针对大学生社区工作者发展中的特殊需求，建立5项促进机制。采取逐步纳入的方式，不断规范协管员队伍管理。打造全新社区服务模式。将服务站由原来的居委会下设模式调整为并设模式，由街道办事处直接领导，打造政府在社区层面的公共服务平台。每个社区服务站配备8名专职工作者，设立综合接待窗口，明确1至2人负责前台接待和综合办理，其他人员按照一人多岗、一岗多能的原则设立岗位，配合前台做好相关业务工作的入户、上报等工作。推行一口受理制度、首问责任制度、分办落实制度、组织协调制度和投诉处理制度，制定规范的服务流程示意图和工作台帐，确保社区公共服务更加便捷、高效、透明。区委社会工委（社会办）会同民政局、信息办以及相关业务部门，梳理社区服务事项，对受理事项、办理条件、办理程序、办理时限4个方面进行规范，共梳理出72项服务事项，由接待窗口办理。在此基础上，开发社区服务站办公软件，已完成28项事项的系统开发。试点阶段先期运行19项，之后逐步推行。推进街道公共服务大厅建设。经区编办批复，成立街道公共服务科，明确编制和职数，确立行政地位，行政编制5名，科级领导职数2名。制定例会制度、会商制度、信息通报等6项制度。建立资源共享奖励机制。制定《西城区社区资源共享奖励办法（试行）》，经街道申报和项目组评估，共评选出资源共享先进单位36个、资源共享先进个人10名，依托社会建设专项资金，进行表彰和奖励。其中对资源开放程度高、惠及百姓范围广且贡献突出的5个先进单位给予特别奖励：国家广电总局，获得奖励资金15万元；中国建设银行，获得奖励资金5万元；裕中中学、月坛中学和进步小学，分别获得奖励资金5.5万元。开展社区公共资源配置调研。针对西城区社区公共资源供给与需求之间存在的矛盾、资源配置统筹力度不足、各类资源的共享程度不够等问题开展调研。调研的基础上，与国内外先进地区做法进行比较研究，结合西城区经济、社会发展水平，分析社区公共资源配置情况，完成《西城区社区公共资源配置调查与研究》调研报告，并形成社区公共资源优化配置模型、社区公共资源信息整合机制和动态管理机制，优化社区公共资源配置。

（王　茜）

西长安街街道

【概况】 西长安街街道位于西城区东南部，辖区面积4.24平方公里，街巷122条，其中一、二类大街12条。中央单位26个，市属单位60个，驻京办12个，区属单位2个。社区居委会13个，户籍人口26663户、69460人，常住人口12556户、35438人，流动人口13578人。年内，出生591人，死亡295人。全年完成财政收入12148.03万元，财政支出11083.98万元。街道机关行政、事业人员共235人，其中年内招收录用机关公务员6人、事业编制29人。完成区下达的军队转业干部安置任务，接收军转业干部5人、随军家属13人。完成年度征兵任务，向部队输送新兵14人。

地址：西城区府右街99号

邮编：100031

电话：66035449

（赵丹慧）

【城市管理】 完成新壁街道路、吕祖阁周边、新壁街18号楼周边的环境整治，拆除北新华街门面房，拆除重建和平门小区地下空间、新壁街6号楼、12号楼的围墙。完成长安街道路拓宽后的环境治理，对北新平胡同周边的环境进行集中整治。对辖区内的部分胡同及道路进行修整，对北新华街64号、72号进行地面铺吸水砖处理，拆除并新建煤棚6个，地面硬化340余平方米。完成言志胡同6号老旧小区整治改造。完成外立面粉饰2600平方米，硬化地面790平方米，修缮暖气管道26米，新铺下水管道84米。完成对102个低洼院的改造及下水管道的疏通，总面积9050平方米。开展除“四害”活动，投药单位820多家，绿地灭鼠投药2400平方米，下水道、雨水口投药3500余处，投药率达95%以上。对北新华街三角地、南长街的绿地进行重点补植，共补植绿篱30延米、色块127平方米、花卉197平方米、草坪90平方米。修剪植物、绿篱18900米，施肥7000平方米。对辖区内的绿化面积进行普查。完成公共用水单位情况调查，洁器具普及调查，一户一水表、一户一电表的调查登记。汛期及时进行抢险排险，进行雨中巡查21次，抢排险121次，苫盖、抢修房屋217户，排水12个院，排除路面积水17处，排除危树123棵。

完成府右街南、钟声、太仆寺3个社区的“煤改电”工作，完成审批电采暖设备1785台，安装箱式变压器2台、开闭器2台、柱变10台、地箱58个、派接箱140个、电表1610块。

(赵丹慧)

【社区建设】 13个社区居委会完成换届选举工作。完成社区服务站统一标识的安装工作。招录社区服务站人员42名。开展“我与祖国同龄”演讲比赛、“科普知识进社区”、第四届“红墙杯”合唱节、第五届“红墙杯”乒乓球比赛等活动。年初，为14户符合条件的高龄、空巢、孤寡、独居老人安装无障碍设施，为7户老人免费安装邻里互助门铃，为69位高龄空巢老人免费安装“一按灵”，为52位空巢老人免费检查身体。将甲型H1N1流感防控工作常态化、程序化，在贯彻落实“外堵输入、内防扩散”防控策略的基础上，按照“高度重视、积极应对、联防联控、依法科学处置”的原则，深入社区，确保地区正常的生产生活秩序。年内，新增1个图书馆，全年读者流通2.2万人次，办理读者证99张，文献借阅量5.3万册次。新增馆外服务点4个，接待读者4000余人次。位于小酱坊胡同36号的社区（老年）活动中心正式启用。

(赵丹慧)

【社会治安综合治理】 组织发动各类群防群治力量，组建一支由社区工作人员、治安志愿者、地区巡防队、单位保安等群体组成的社会面控制力量。采取按点部人、以点带面的方式，制定出全地区的安保力量部署图，形成重点部位专人看、一般部位有人巡，点面结合、群防群治的联动工作机制。针对地区平房院多、外来人口流动频繁的特点，从降低平房院入室盗窃发案率入手，持续开展平房院技防工程，共投入资金26.8万元，为府右街南社区、西交民巷社区等10个社区安装11套报警系统；为西单北社区、义达里社区、光明社区3个社区的15个平房院102户居民安装对讲防盗门系统。地区人口管理要求各社区与管片民警联合工作，做到对辖区内进行逐户走访调查，不遗漏一家一人，并绘制出每座平房院、每栋居民楼的位置部署图，在图上标明每户的人员情况，做到一院一图一表、一楼一图一表，经反复确认后录入计算机进行动态管理；同时，街道流管办从各社区入手，逐院逐户调查走访，第一时间掌握流动人口情况，建档备案、动态管理。与计生办建立长期合作的工作机制，对流动人口中的育龄妇女进行管理。狠抓禁毒宣传教育和“无毒社区”创建工作，调整和完善街道禁毒工作领导小组，持续开展“构建和谐，拒绝毒品、珍爱生命”、“无毒社区”、“不让毒品进我家”等为主题的禁毒宣传教育活动，组织辖区13社区和部分成员单位以横幅、板报、展板、发放宣传材料等形式，在社区街巷和西单商业区广泛进行禁毒宣传教育，并以“6·26”国际禁毒日为契机掀起禁毒工作高潮，发放宣传材料2万余份。联合公安、工商、城管等部门，针对辖区内各类生产经营环境、社会卫生环境进行4次集中整治，拆除违章建筑1处，规范整治露天烧烤、店外摆摊经营等违法现象12起。对全地区进行多次防火安全大检查，重点针对大型商场、市场、各类餐饮业和重点防火单位，共发现各类安全隐患1000余件，其中重大安全隐患5件，依法处罚单位15家。以地区消防队为基础，开展对地区全天候的巡察巡视和防火宣传工作，建立同区消防支队一体化的教育训练体系。

(赵丹慧)

【精神文明建设】 开展“和谐机关年”建设，提高公务员干部队伍的综合素质。新建总面积为246平方米的残疾人“温馨家园”。结合重要节日，挖掘传统文化，宣传文明礼仪。腊八节，为敬老院的老人们送腊八粥；端午节，残疾人志愿者和老人们一起包粽子。开展20余家单位单身青年参加的“随缘心动，情牵你我”联谊会；学雷锋日，北新华街社区的部队战士和长安小学学生到空巢老人、孤老户家中打扫卫生、与老人聊家常；为纪念五四运动90周年，街道辖区内12家单位的团员参加“青春万岁”知识竞赛；七一前夕，大学生志愿者给社区高龄老党员献寿桃。以庆祝新中国成立60周年为主题，开展“60年难忘的记忆”系列活动。邀请专家学者给地区小学生讲解《由北平到北京——新中国建国历史》；带领青少年走访30余位亲身经历过开国大典的老人；七夕节为结婚60周年的钻石婚老人拍合影、送玫瑰；在国家大剧院举行第四届“红墙杯”合唱节；开展“我是共和国同龄人”演讲比赛和60年特色老物件展。

(赵丹慧)

【双拥共建】 建立13个社区双拥共建联络网，收集信息，将双拥工作做到经常化、信息化、网络化、全民化、社会化，不断更新双拥工作理念，提高双拥共建质量，构建文化双拥、和谐双拥。“两节”期间，街道与地区双拥工作成员单位一起走访慰问驻区部队，为指战员送去价值11万余元的慰问金和慰问品。联系心理卫生专家到中央警卫团二大队二中队，给新入伍的战士开展主题为“让战士们心中增添更多的橄榄绿”的心理卫生知识讲座。在开展拥军优属“爱心献功臣”活动中，双拥共建工作领导小组成员单位给予大力支持和无私援助，地区双拥共建成员单位继续坚持出资总计1.36万元，用于对优抚对象的资助。开展双拥“联片”，整合地区资源推进双拥工作社会化。坚持开展“爱心献功臣”、“双向认亲人”活动，与街道优抚对象签订长期的服务协议，每年坚持为每人出资1200至2000元，确保地区“三老”生活水平逐年提高。在“科技双拥”的基础上，联合北京市第一六一中学电脑培训中心，对驻区部队共40名士兵进行计算机1级B培训。在武警一支队十中队开展英语大课堂活动。联合地区红十字会先后在武警十一中队、武警十中队、武警二中队、府右街消防中队、中央警卫团开展自救互救、紧急救护、灾难避险等培训，450名战士取得“初级急救员证书”。在地区开展的“送温暖、献爱心”募捐活动中，驻区武警二中队、武警十中队、武警十一中队、府右街消防中队都派来战士协助搬运募捐物资，中央警卫团负责将街道募捐物资送达火车站发往灾区。开展2009年度双拥“五好”表彰活动，共表彰“好战士”8名、“好军嫂”2名、“好领导”3名、“好邻居”1名和“好家长”1名。结合新中国成立60周年，组织战士参加以“青春万岁——纪念五四运动90周年”为主题的知识竞赛；开展主题为“中南海邻居的回忆”的征文活动，共征集作品91篇；编写《红墙絮语——中南海邻居的回忆》征文集，选录63篇征文作品、64张照片。

（赵丹慧）

【社会保障】 征集创业项目10个；小额担保贷款2笔、13万元；开发公益性就业岗位38个、灵活就业472个、自谋职业235个。为1222人办理《再就业优惠证》。接收档案81份，转出档案1665份。按时足额发放退休人员基本养老金，按时为退休人员报销医疗费，组织退休人员集体参观城市建设，举办老年书画展、摄影展等活动。“一老一小”共办理3007人，累计药费报销182人次、540361.2元。坚持“应保尽保”，全年共48人（户）申请低保、15人（户）申请低收入家庭，有31户、52人批准为低保家庭、10人（户）批准为低收入家庭；撤销低保25户、49人。辖区低保户共714户、1242人，全年共发放低保金3928010.07元，发放帮困卡合计276080元。实施社会救助841人次，救助金额47万余元，其中实施“红墙助学”4人次。

（赵丹慧）

【功能街区建设】 举办西单地区历史文化展。9月22日，全市首个客流预警系统在西单地区启用，该系统是北京首个密集人员场所预警系统及示范工程，可以预测10分钟后客流是否达到警报数值，为管理部门预留采取措施的缓冲时间。

（赵丹慧）

什刹海街道

【概况】 什刹海街道位于西城区东北部，街道面积5.97平方公里，有一类大街15条,二类大街10条，胡同170条。地区内有学校18所，幼儿园7所，公园2处。社区居委会25个，户籍人口46676户、119696人，常住人口32645户、80406人，流动人口27359人，院落3941个，楼门757个。全年财政收入20778.53万元，支出20665.82万元。街道机关行政、事业人员207人（公务员133人，事业单位74人，不含什刹海风景区管理处）。完成军队转业干部安置及征兵任务，接收军队转业干部7人，安置军嫂10人，接收复转军人3人，向部队输送新兵34人。全年共办理群众来信204件，接待群众来访150余人次。募集衣被1.6万件、爱心捐款64.4万元。年内，荣获中央级集体奖1个、市级集体奖9个、市级以上个人先进13个。

地址：西城区德胜门内大街272号
邮编：100035
电话：83223600

（张胜　王莉英）

【国庆安全保障】 成立由街道党政主要领导为组长和指挥的什刹海地区国庆安全保卫和服务保障工作领导小组及指挥部，制定下发国庆节期间维护稳定工作方案、突发公共事件应急预案、平安行动工作方案、重点人排查稳控工作方案、社会面控制工作细化方案以及地区服务保障、环境保障工作方案，同时制定情报会商、信息报送、定期例会、督查督办及责任追究制度。启动“两室两队十二组十四片”国庆服务保障体制（“两室”：办公室、督查室，“两队”：应急队、执法队，“十二组”：宣传组、国庆舞蹈组、标兵组织组、安全稳定组、环境保障组、机关干部社区人员抽调组、景区秩序保障组、游园及居民工作组、民兵值勤组、督导监察组、民生保障组、后勤保障组），实行处级领导包社区工作机制，街道党政主要领导与地区综治成员单位、社区签订责任书，量化任务指标，逐级分解责任。实施实名制督查检查工作机制，做到任务到位、责任到位、人员到位。指定处级领导、科级干部和社区工作人员作为信息员报送信息，街道分指挥部办公室搜集、汇总、研判、报告、通报涉及国庆安全保卫和服务保障的各类情报信息。动员组织社区调解委员会进行矛盾纠纷排查摸底工作，25个社区共排查纠纷175件，调解化解172件，分流解决3件。收集掌握重点人员动态，建立健全防控工作基础台帐，重点做好37名重点人管控工作。对辖区内12处光端机、500处放大器、17处公交站点、过街天桥和地下通道进行看守和巡逻控制，并重点关注爱民街（总政信访接待站）、黄城根北街（中办国办信访局）、文津街（中南海北门）等区域的情况。开展出租房屋安全隐患排查整治专项行动，共检查出租房屋4800余间，住人地下空间48处，流动人口2.1万余人，发现、解决出租房各类安全隐患157处，关闭有安全隐患的住人地下空间2处，配合厂桥、新街口派出所处罚出租房主45人，督促898人补办暂住证。对北二环、地安门西大街、北海公园周边生产经营单位进行全覆盖式摸底检查，共检查生产经营单位211家；对地区4处国庆庆祝期间专用停车场周边生产经营单位及景区周边进行安全检查和监管；做好有限空间作业安全大检查工作，共检查地区小旅馆98家、小餐饮单位231家，与所有有限空间作业单位签订《有限空间作业安全生产隐患排查登记表》及《有限空间作业安全生产责任书》。开展楼宇内生产经营单位安全生产规范推动行动，发放《什刹海关于开展楼宇内生产经营单位安全生产规范推动行动的通知》，共排查出楼宇内生产经营单位5家，其中涉及18家产权单位，3家物业公司，30家使用单位。加强对辖区内平安大街加油站、西四化工用品商店2家市级危化品挂帐单位的监管。

（张胜　王莉英）

【城市管理】 完成大拐棒1号院、12号院、14号院、航空胡同22号院4个老小区改造，新建新街口东街公厕。为地区10处破损较为严重的景区旅游接待院进行整治，共铺装路面1850平方米、墙面粉刷600平方米、门窗刷漆350平方米、新修下水管道1160米、渣土运输700立方米。成立什刹海地区控制新生违法建设环境整治工作指挥部，拆除违法建设1036处、7222.77平方米，其中煤棚847处、2590.96平方米。整治返修胡同20条，共修补破损墙体6190平方米、粉刷墙面1.08万平方米。拆除景区银锭桥、南官房等胡同内非法地锁59处。对四环市场周边及棉花胡同、罗儿胡同环境进行整治，共粉刷墙体1.59万平方米、整修院门106个、改造下水管道180米、翻建危房150平方米、铺装渗水砖520平方米，规范广告牌匾192块，更新四环胡同简易公厕。对柳荫街、龙头井胡同等绿地进行补植改造，种植大叶黄杨5000棵、紫叶小檗5000棵，在四环市场北侧新建绿地120平方米，种植黄杨650棵。在西四中学、厂桥小学、黄城根小学、西什库小学4所学校开展垃圾分类，发放宣传材料8000份、指导光盘4盘，制作展板80块。对护国寺特色街进行改造升级，拆除违法建设12处、15间、118平方米，完成64户立面施工，燃气工程完成全部主干线680米、入户支线63个、600米。开展节水宣传活动，悬挂横幅3幅，发放材料500余份、制作展板25块。完成西四北、大红罗厂、爱民街、西什库、西安门5个社区、合计3574户平房居民的“煤改电”工程，在社区服务中心设立8个电采暖补贴发放窗口，涉及21个社区、1.2万余户居民。年内，什刹海防汛指挥部派出抢险队伍3支、抢险人员400人、排险车辆6辆；协调抢险队伍5支，人员100余人。对25个社区居委会、78个社会单位、144个餐饮单位，总计247个单位进行灭鼠工作的监督检查，共投药1520处，设置粘鼠板2100张、鼠盒3500个，投放鼠药6800公斤、蜡块970公斤。举办主题为“开展爱国卫生运动，预防甲型H1N1流感”的城市清洁日活动，共出板报

450块，设立宣传站12处，发放宣传品3540份，清理垃圾、堆积物40吨，清理绿地6540平方米，整治清理居民小区125个，解决脏乱点、重点问题16个。完成18处、55栋老旧楼房通天然气的设计，已开工14处。完成个人黄标车的摸排工作，共计429辆。

（张胜　王莉英）

【社区建设】　完成25个社区居委会成员的选举和79名社区工作者的招录工作。对楼门院长进行补充调整，达到3736人。试行楼门院长报告制度，统一制作《楼门院长报告手册》，对社区管理软件的基础数据进行全面清理。完成西安门、后海、景山3个社区居委会办公用房达标工作，设计和装修西安门、西什库社区等5处工程。规范护国寺、前铁、菠萝仓3个试点社区的服务站硬件建设。完成基层党组织换届选举工作，调整街道、社区两级社区党建协调委员会成员，重新修订协会章程。发展公益性社会组织，4469名志愿者进行注册登记，除老龄一对一结对志愿服务外，发展送餐、指路和便民修理志愿者。完成非公企业党组织换届选举工作，建立完善流动党员信息库和联系制度，完善楼宇内单位的党组织和党员情况台帐。设立老龄专职工作者，规范业务标准。对地区60岁以上老年人口、老年人组织、老年维权、老年福利等信息进行全面核实统计。在低保空巢老人中开展免费家庭医生全程服务，安装老龄电话智能系统服务。为地区73户高龄老人家中安装一按铃紧急呼叫器，为14户老人家中安装无障碍设施。为辖区老人、外来务工人员、残疾人士免费开办电脑培训技能班，组织“洗浴、代换煤气、上门理发”三项为老服务。完善老年人送餐服务，服务人群达560余人，通过96156热线完成各种服务项目需求11275次。开展公益电影放映活动，放映120场次，观看人数15500人次。在25个社区全部设立老年人法律服务室及老年维权热线电话，并在13个社区开展“公益律师进社区”活动。全年共办理老年证596张，65岁优待卡785张，高龄津贴411人，享受居家养老补贴券的老人共1390人。

（张胜　王莉英）

【精神文明建设】　年初，重新调整地区精神文明委员会成员单位名单，修订《什刹海地区精神文明建设委员会工作章程》。以建设学习型中心组为重点，制定《什刹海街道工委关于进一步加强和改进中心组学习的实施意见》。开展“迎国庆 讲文明 树新风”主题教育活动，组织居民开展爱护市容环境、讲究公共卫生、遵守公共秩序等方面的宣传实践活动，共组织开展公共文明引导行动53次，参与人数达4000余人次。开展第二届什刹海地区精神文明建设十佳集体、十佳个人评选活动。结合全国文明城区复查，区级文明社区达到24个，区级文明单位达到14个。组织庆祝新中国成立60周年系列文化活动，举办“聚焦什刹海”数码摄影大赛，“图片背后的故事”征集活动，“什刹海精神”征文活动，“什刹海影像记忆辉煌60年”摄影展，“逛文化庙会 品民俗风情”老物件PK大赛，“60年变迁我与祖国同行”论坛，“回眸与展望——建国60年精品影视展播”，“同呼吸 共命运 心连心”双拥共建文化宣传长廊展览，“唱响时代旋律 争当和谐先锋”——开展精神文明建设“双十佳”、地区“先进基层党组织”、“优秀社区党务工作者”、“优秀社区党员”评比表彰活动和“我爱你，我的祖国”庆祝新中国成立60周年文艺演出等社会文化活动200场次，近万人参与。开展地区“迎国庆讲文明树新风”精神文明建设创建活动，开展社会志愿服务活动，推进平安北京志愿服务、社区建设志愿服务及其他特色志愿服务。制作宣传栏、发放宣传材料、张贴宣传横幅、举办消防安全知识讲座、开展“我为祖国站班岗”主题教育活动，动员社区党员、干部、群众参与国庆安保工作。

（张胜　王莉英）

【社会保障】　召开街道就业再就业领导小组工作会、社区就业再就业工作促进会、劳动保障工作专职干部及劳动协管员就业再就业政策及业务培训会，完成充分就业社区3个，就业再就业完成2486人，“4050”就业完成1254人，开发社区就业岗位7748个，为335人开展免费二次就业培训，职业指导完成3649人。管理失业人员档案6500余份，全年转入档案2600余份，转出2000余份。报销药费点扩大到25个社区，报销药费13438人次，总金额4243万元。服务大厅新增设“社会保障卡自助服务终端”触摸显示屏及窗口服务，为辖区6864名持卡人提供查询和修改信息服务。对5070名社会化退休管理人员和2169名领取福利养老金人员进行生存认证，对“一老一小”等参保人员5647人进行信息采集及上报工作，组织近千名退休人员参加街道及市才艺展示和健康知识讲座、到梅兰芳大剧院观看京剧表演、恭王府春游、重阳节登景山等活动，重大节日慰问70岁以上人员、劳动模范、困难人员330人。全年有690户有效申请廉租房，受理150户；405户有效申请经济适用房，受理200户；475户有效申请限价商品房，受理350户。全年开展临时救助62人次、236650元，福利助学44名新生、17.6万元。党政领导与单位、社区签订计划生育目标管理责任书、协议书和综合治理责任书，重大节日开展大型宣传活动4次，组织健康讲座8场，开展避孕节育知识讲座3次，稳定低生育水平，计划生育率达到99.6%。发放独生子女父母奖励费3702人、217455元，发放独生子女父母年老一次奖励费147人、14.7万元。向患急重病低保人员借款实施低保医疗救助，共借款39人、89人次、29万余元。制定《什刹海街道救助管理工作方案》，为17名低保大一新生发放二次助学救助金4.4万元，受理无业居民丧葬费补贴89人，发放丧葬费38万元。做好残疾人就业及康复工作，在护国寺街78号新建面积达700平方米的集残疾人康复训练、职业培训、文化娱乐等设施为一体的残疾人温馨家园和手拉手职业康复站；新安置26名残疾人就业，24名学员参加职业康复训练，为56名残疾人办理社会保险，为3名残疾人办理政府出资的家政服务。

（张胜　王莉英）

【双拥共建】 召开什刹海地区第十四届评选“五好”活动表彰大会，评选出10个“好单位”、5名“好居民”、4名“好家长”、2名“好军嫂”和21名“好战士”。八一前夕，走访卫戍区四团一连，赠送5万元慰问金和价值1.5万元的慰问品，联系中国联合网络通信有限公司北京分公司安装2台无人值守公用电话。联合区职业培训学校为地区部队培训军地两用人才，培训8名厨师和6名低压电工，为120人开展自救互救、就业指导和计算机培训。聘请区妇联姐妹驿站首席心理咨询师为地区军嫂开展心理健康讲座。春节期间，为地区82户优抚对象每人发放900元慰问金，为92名伤残军人每人发放600元慰问金。为13个军民共建社区订阅《国防报》和《国防》杂志，组织什刹海商会、大道堂中医院等20余个新经济组织开展军营一日活动。

（张胜　王莉英）

【功能街区】 完善人力客运三轮车胡同游特许经营实施管理文书，建立特许经营企业管理台帐，针对三轮车胡同游从业人员成分复杂、基本素质低、违规违约行为反复等景区秩序管理问题，拟定建立景区长效的管理机制和工作机制的意见，提出建立西城区什刹海景区综合治理联席会的方案，组成以公安、工商、交通、城管、街道干部和保安为成员的管理队伍。对300余名三轮车工人进行岗前培训考试，集中培训4次；开展星级三轮车工人、导游评选活动，评选出50名优秀三轮车工人、5名优秀导游；开展录制音像教材规范解说词工作；协调区工商、卫生等部门，设定接待户分类和类别标准，对现有北京人家接待户定级挂牌。做好景区秩序综合整治工作，环湖景区内违法建设、破坏市容环境卫生、黑三轮车、酒吧扰民、非法占用绿地经营、无照游商、非法垂钓捕捞等影响景区环境、秩序的突出问题得到有效治理。

（张胜　王莉英）

新街口街道

【概况】 新街口街道位于西城区中部偏北，面积3.7平方公里，主要大街11条，胡同、街巷129条，社区居委会21个。户籍人口39280户、102797人，常住人口37501户、103178人。出生775人，死亡358人。地区有社会单位1869家，其中中央单位75家，市属单位53家，区属单位55家，中、小学11所，幼儿园9所，社区教育学校1所。街道设27个职能科室，2个科级事业单位，机关行政、事业人员共214人。年内，完成提任3名助理调研员有关工作。机关公务员轮岗7人，公招、安置、调入机关事业单位工作人员26人，其中公开招聘公务员1人。招聘事业单位工作人员3人。安置军转干部5人（公务员3人、事业单位工作人员2人），政策性安置随军家属、阅兵女民兵等17人（公务员1人、事业单位工作人员16人）。办理退休12人（公务员10人、工勤人员1人、事业单位工作人员1人）。调出公务员2人。全年财政收入11000万元（含上级财政拨款），支出10456万元。年内，以开展学习实践科学发展观活动，做好迎接新中国成立60周年服务保障工作和提高民生保障水平，确保地区和谐稳定为主线，弘扬“同心、创新、业欣、温馨”的街道精神，扎实推进综合治理、城市管理、社区建设、精神文明建设、社会保障、公共服务、党的建设、干部队伍建设等各项工作，提升街道工作水平，营造安定有序的社会环境。完成新中国成立60周年服务保障工作，街道被评为“北京市国庆安保工作先进集体”。认真完成各项计划生育指标，以创新的工作模式开展与流动人口“心连心”活动，街道被北京市人口计生委评为“北京市计划生育工作红旗单位”。全年共为14.8万人次的居民提供公益便民、文化、科教、卫生等领域的服务，街道社区服务中心荣获“全国先进社区服务中心”、“北京市社区公共服务平台工作先进街道”称号。

地址：西城区西直门内大街128号

邮编：100035

电话：66002800

（王云霞）

【社区建设】　年内，围绕庆祝新中国成立60周年开展科、教、文、卫、体、志愿者、老龄等各项工作。国庆期间，完成安全保障、群众文化展演、各项建国成就展览等组织工作。发扬红十字会博爱精神，对地区困难群体进行走访慰问，发放米、面、油等慰问品350余份，慰问金3.2万元，博爱卡60张。在辖区单位开展自救互救培训，参加培训240人。完成年度无偿献血登记、组织工作，招募无偿献血志愿者90人，完成献血33人。规范精神病人档案47份，做到一人一档。做好预防甲型H1N1流感工作，追踪归国、来华人员1000人次，免费发放预防甲型H1N1流感药品2000余份，免费发放口罩、消毒液等防控材料2000余份，发动社区居民免费注射甲型流感疫苗。为282位低保、独居老人实施结对帮扶，老年巡视员开展巡视7835人次，签订巡视服务协议163份，办理老年优待证1200份。完成第七届社区居委会选举工作；加强社区队伍建设，招录社区服务站人员90余人，并组织专项业务培训；社区专职工作者联合团支部进行换届选举。完成预防煤气中毒工作。参加市、区、街各类展演活动32次，获市级奖5项、区级奖6项。社区中心文化活动场次达1756次，接待55611人次。新街口社区数字影院全年放映电影88场。图书馆新发展读者533人，外借图书62307册，接待读者59943人次。福绥境馆在“接待读者、外借图书、办卡”3个方面分别获北京市街道图书馆评比第一名、第二名、第三名和“千场讲座”组织奖，并获得北京市文化局的表彰。社区中心公益服务部继续承担便民利民服务项目68项，全年社区热线接线6276个，社区网站信息录入899条，96156服务接单641个（完成543个），荣获“北京市社区公共服务平台工作先进街道”称号。

（王云霞）

【城市管理】　年内，前后半壁街整治工程更换广告牌98块，粉刷面积5780.95平方米，拆除违法建设293平方米。宫门口东西岔整治工程更换广告牌40块，安装牌匾98块，粉刷外立面3000平方米，贴砖2000平方米，拆除违法建设130平方米。对大乘巷、东西岔、如意里12号楼北侧（原前牛角胡同）路面整治进行改造。完成大乘巷老旧小区及四根柏整治工程。共修建自行车棚280平方米、修建古建墙帽104延米、设置LED显示屏宣传栏1处。四根柏家属区铺设透水地砖105平方米，大乘巷教师楼铺设水地砖1510平方米。完成白塔寺地区“煤改电”工程，共改造电表7551户（租赁契约户），受益人数约1.7万人。对地区8栋8层以上有电梯的住宅楼实施无障碍设施改造工程。对地区47幢老旧居民楼实行天然气管道通气工程，受益居民3647户。完成居民小区的垃圾分类工作，受益居民1.44万人。完成3个市级健康社区、1个市级红旗单位、1个市级节水型小区、3个区级节水型单位的创建工作。整治公共绿地面积8000余平方米。在西四北六条平房区实施保洁作业新模式，用电瓶垃圾清运车替代传统保洁三轮车进行垃圾清运工作。全年共清理渣土890车、2000吨。先后5次组织相关职能部门开展联合执法和夜查，对前后半壁街、大茶叶胡同、永祥胡同、西里一区等无照经营、占道经营、露天烧烤等违法现象进行执法检查。

（王云霞）

【综合治理】　年内，落实社会治安综合治理领导责任制和平安国庆行动各项工作任务，细化、规范综治责任制、倒查制和责任追究制，与地区101个中央、市属单位，15家较大规模的物业管理公司，21个社区居委会分别签订《2009年社会治安综合治理领导责任书》、《推进“平安西城”建设责任书》、《国庆平安行动社会治安综合治理目标责任书》和《高层建筑管控目标责任书》。完成对地区4415名治安巡逻志愿者的网上登记注册和系统培训。为社区配备22名国庆安保员，协助治保主任开展群防群治工作。发挥100名治保组长作用，组织治安志愿者开展网格巡控。确定楼门院长2450人，充分发挥社区治安信息员作用。制定《新街口地区治安志愿者行动实施方案》，对志愿者实施网格化管理，防控岗位实名制原则。推广楼宇对讲系统，楼宇对讲系统安装率达83%。组织社区禁毒志愿者开展学习培训活动，推进无毒社区创建，建立社区禁毒图书角，开展禁毒宣传教育。做好国庆安保社会面防控工作，构建社区综治委、治保组长（安保员）、楼门院长三级管理网络，促进地区全方位、立体化防控格局的实现。开展“创平安社区 做国庆安保先锋”竞赛活动，每季度评选3个“国庆安保先锋”社区，授予流动红旗。年内，21个社区跨入平安社区行列，平安社区率达100%。与地区139家生产经营单位、21个社区居委会签订安全生产责任书，与911家“六小”单位签订安全生产承诺书。检查生产经营单位2106家，整改安全隐患28处。开展流动人口基础调查工作和出租房屋专项整治行动。对人员居住混杂、暂住人员情况不明、重点人员居住、存在治安消防等安全隐患的出租房屋、涉外出租房屋、居住人员密集的地下空间及群租房，进行集中检查。登记来京人员25995人，累计核销来京人员15228人；登记出租房屋4644户，累计注销出租房屋1765户。征缴个人出租房屋税84万。开展亲情式管理模式试点工作。开展以“心系流动人口 共建和谐西城”为主题的宣传活动，发放宣传材料千余份。全年录用管理员37人，开展管理员业务技能培训，举办流动人员管理知识竞赛。加强司法业务培训，健全完善街道、社区、楼院三级人民调解组织建设。年内，21个社区人民调解委员会受理各类民间纠纷513件，调解率100%，调解成功率90%以上。全年核实社区服刑人员名49人，接收27人，矫正到期26人员；另接收刑释解教人员113人，其中刑满释放93人，解除劳教20人，帮教到期37人。

（王云霞）

【双拥共建】 开展国防教育：召开双拥工作总结暨“五好”表彰会，4个先进单位及10名先进个人分别受到表彰。召开“落实科学发展观双拥工作研讨会”，推进双拥示范社区创建工作，培育“两新组织”参与双拥共建工作；单位和社区利用发放宣传材料、板报、墙报、摄影、手工制作展览等形式宣传国防知识；开展“国防在我心中”征文活动和军营一日活动。文化双拥工作取得成效：举办“欢庆八一、喜迎国庆”专场音乐会；培养军地两用人才，5名战士取得大专毕业证书及电工技能培训结业证书；开展法律服务进军营活动，举办法律讲座、法律咨询4场；举办“警营应急救护知识培训”活动，100名战士成为合格“初级救护员”。立足部队需求，为部队办实事：在“两节”、“八一”等节日期间，走访慰问部队官兵，给部队送去节日慰问品；深入开展双拥“六个一”活动，向26名贫困家庭的战士、立功受奖战士和考入军校的战士，发放慰问金1.3万元；为老兵、新兵购置生活必需品。接收军转干部及军嫂14名。总参部队官兵捐赠5万元帮扶辖区100户军烈属、残疾人、低保等困难家庭。落实优抚安置政策，全年发放义务兵优待金60万元；为135名伤残军人、军烈属发放慰问金9.45万元；为1—4级残疾军人2次调整护理费；开展“爱心献功臣”一帮一承包服务活动，节日期间，重点慰问困难优抚对象40人，发放米、面、油等慰问品及1.7万元慰问金；为143名优抚对象发放慰问品；接收残疾军人1名，在乡退伍精神病1名，为4名新认定的伤残军人发放补助金，组织19名伤残军人进行健康体检；组织优抚对象京郊游和外出疗养。

（王云霞）

【精神文明建设】 开展“迎国庆、讲文明 树新风”多项群众性精神文明创建活动。开展“传承奥运精神 文明重在行动”主题教育实践活动，以第二届百名文明市民十佳文明之星、“十佳思想政治工作案例”和“十佳优秀精神文明创建活动”评选活动为载体，编撰《新街口街道宣传工作先进典型经验汇编》，召开表彰交流大会，树立社区居民身边的先进典型，宣传先进人物的事迹，探索新形势下思想政治工作的方法和路径，推动新形势下思想政治工作和精神文明创建工作的创新。组织参加“和谐杯”六艺大比拼活动、“我与国策共成长”演讲比赛、“庆祝新中国成立60周年 回顾新中国60个第一”藏品图片展等活动。坚持开展弘扬中华传统民俗、文明乘车的宣传活动。鼓励机关干部和地区居民参加“西城讲坛”等文化活动，宣传国家建设成就，活跃群众文化生活，满足居民精神需求。组织做好文明单位、文明社区申报、审核工作。完成未成年人思想道德建设检查测评和迎接公共文明指数测评工作。

引导各社区开展精神文明创建活动和宣传教育活动。

（王云霞）

【社会保障】 年内，新增登记失业人员2738人，其中“4050”人员1255人。登记失业人员就业2578人，其中“4050”人员1193人。年内，登记失业人员就业率达94.16%，完成就业指标的107.42%。“零就业”家庭12户共12人，全部实现脱零。21个社区荣获“充分就业社区”称号。对1103户、2003人进行低保调标，新增低保家庭102户、189人，减少低保家庭77户、146人，实有低保家庭1129户、2048人。综合救助成员单位救助5568人次，救助金额约380万元。审核医药费单据262235张,申报医药费总金额约5023万元。为辖区4478人办理“一老一小”参保手续。772人享受无业居民大病医疗保险。1818人领取福利养老金。34人办理城乡居民医疗保险。61人享受城乡居民丧葬补贴。为168位60岁以上低保家庭老人办理慈善医疗手册。为169户低保及低保边缘家庭解决个性化救助及临时救助43.57万元，发放爱心卡206张，为550户低保家庭发放冬季取暖补助49.65万元。开展助学救助101人，发放助学款43.88万元。组织“慈善行——百家企业献爱心”及捐赠月等大型社会捐赠活动，累计接收捐款90万元、衣被1.5万件。两节期间，走访慰问各类困难人员5828户，慰问金额190.5万余元。投资50余万元建立老年人日间照料中心，全天候免费向社区老人开放。为4名视力残疾人实施白内障复明手术，为残疾人发放辅助器具400件。选送4名精神残疾人、1名智力残疾人入住农疗基地进行康复训练。组织5名视力残疾人进行盲人定向行走技能训练。15名智障和精神残疾人进入北顺社区温馨家园手拉手职业康复班进行康复劳动训练。开展“无障碍进家庭”活动，为90户残疾人家庭安装286件无障碍设施。办理个体和灵活就业保险补贴208人，按比例安置残疾人9人，其中7人签订劳动合同。为174人办理城乡养老保险。为135人办理无业居民大病医疗。重大节日期间，走访慰问残疾人1182人次，发放慰问金（品）折合人民币44.94万元。为278名残疾人办理“九养”服务券。为2405名残疾人换发第二代残疾证（其中肢体残疾1222人，精神残疾372人，智力残疾288人，听力言语残疾102人，视力残疾291人，多重残疾130人）。街道政务大厅开通便民窗口，办理个人出租房屋代征税业务，接待办理个人出租房屋代征税业务233户、300余人次，代收代缴税金总计70万元。做好“煤改电”补贴发放工作，为居民开具清洁能源取暖证明。办理享受低谷电补贴居民629户，金额43.8万元。开通“区街居三级综合服务信息系统”，网上办理政务工作3332笔。全年受理信访事件195件，其中来信110件，来访79件，非正常访4件，集体访2件，答复率100%。年内，累计发放《廉租住房申请核定表》243份，《经济适用房申请核定表》454份，《限价商品住房申请核定表》458份。审核通过申请廉租房126户，经济适用房299户，限价房308户。共582户家庭参加选房，住房困难得到解决。

（王云霞）

金融街街道

【概况】 金融街街道地处西城区南端中部，总面积3.78平方公里，社区居委会19个，户籍人口3.12万户、9.95万人，常住人口1.87万户、6.84万人。年内，出生827人，死亡251人。社会单位1956个，其中大学2所、中学6所、中专1所、小学6所、托幼园所2所、少年宫1所，社区教育学校1所，市民学校中心校1所。全年财政收入32248万元，支出11366万元。全年共办理和接待来信来访101件次。全年共募集衣被0.63万件，爱心捐款共计118万元。完成年度征兵任务，共向部队输送新兵23人。年内，荣获中央级集体奖1个、市级集体奖13个，个人先进奖21个。

地址：西城区太平桥大街107号

邮编：100032

电话：66219688

（刘　彬）

【城市管理】 年内，开展节水单位“六必须”工作，对游泳馆、洗车站点、中水设施运行等检查5次。下达计划用水指标19.9837万吨，计划管户163户。丰汇园小区、丰融园社区创建为市级节水型小区，国家档案馆、法学会、中直幼儿园、全国供销合作总社老干部活动心创建为区级节水型单位。地区建设工地19个，开复工面积近120.52万平方米，拆迁工地4个。开展工地文明施工培训，召开两节安全保障会、防汛安全会、扫雪铲冰动员会等会议8次，开展地区工地拉网式检查14次，解决工地内黄土裸露未及时覆盖、积存渣土等问题32件，协调处理施工扰民12起。与延庆县四海镇楼梁村、永安堡结为城乡手拉手共建单位。组织50余个地区单位、3000余人，开展全民义务植树活动。完成绿地保洁2万平方米。悬挂宣传横幅30条，布置展板26块，发放宣传材料2000余张。开展认建认养活动，中国工商银行、中国证券监督管理委员会等11家单位认养金融街中心区绿地0.2万平方米、树木100棵；民康30号院（中行宿舍小区）75户居民认养小区内部分绿地种植蔬菜，做出老小区绿化工作的有益尝试。开展绿化养护检查指导，地区绿委会组织5次检查，检查指导37家单位,中国法学会、新盛大厦被评为市级绿化养护先进单位。开展国庆环境布置工作，街道配合市、区园林部门对6处大型主题花坛进行摆放：长安街上中国银行门前的“中国龙”、中国民生银行前的“神舟火箭”、民族宫前的民族团结宫灯、远洋大厦前的“放眼世界”；太平桥大街上全国政协广场的“和平鸽”、金树街东口的“仿古花瓶”。街道对地区二龙路、大木仓、什坊小街以及社区街巷，通过地栽、摆放花堆、小花坛等共计摆放鲜花5万余盆。动员社会单位、物业公司在单位、小区庭院、门前等场地摆放花坛、花堆46处。国庆期间地区共装点近70万盆鲜花。组织防控“美国白蛾”病虫害讲座2次，发放宣传材料、宣传画1000余份。加强树木防治工作，为地区树木、绿地普遍打药4次，处理地区出现的大面积草地病虫害，及时处理中央音乐学院“美国白蛾”病虫害疫情。开展地区更换淘汰黄标车宣传动员工作，对地区2350户黄标车车主摸底、调查、并通知其到相关部门办理淘汰手续。组织完成3次冬季降雪清扫及清运工作。地区城市管理监督队上岗19人，上报案件8432件，平均立案率为99.12%。全国推广普通话宣传周期间，组织宣传活动1次，发放宣传材料3000余份，3000余人参与活动。开展地区灭鼠、灭蟑、灭蚊、灭蝇活动，完成全市统一灭蟑行动，组织地区居民1741户统一投药，集中灭杀活动。开展爱国卫生月活动，19个社区居委会，158家社会单位参加，印发各种宣传材料500余份，张贴宣传画报60余张，悬挂横幅20余条，散发各种宣传小册子300余份，出板报50余块，发放灭鼠药品600公斤，鼠盒1010个，灭虫药物20箱、400盒。开展禁烟宣传活动月，下发禁烟宣传画1100张、宣传品4000余份、禁烟标识1200张、禁烟检查员证200余个。奋斗小学创建为爱卫会市级红旗单位，丰汇园社区创建为市级优秀健康社区，手帕、新文化街、音乐学院、西太平街为创建区级健康社区，威斯汀酒店、吉野家餐饮公司等10家单位创建为无烟单位。清运地区无主渣土136处、192车。对新文化街、佟麟阁路、闹市口中街、文华胡同、文昌胡同进行综合环境整治，对187家商户门店的牌匾进行统一设计、统一施工改造；修复沿街残墙4000余平方米；安装国旗杆座350套。迎国庆环境改造期间，金融大街北口东侧、鲜明胡同修复残墙断壁2200平方米，规范门店牌匾16家，新建街头绿地2处。实施平房保护区范围内居民燃煤取暖改电采暖工程，涉及8个社区、32条胡同，4409户、9609间房，发放《煤改电36问》小册子4000余份，组织现场宣传5次。在施工过程中，外线供电部门安装柱形变压器11处、落地变压器28处、开闭器10处、线杆73根。户线房管部门对改造院落的老旧电线全部进行改造更换，每户安装网络电表。居民购置电采暖炉5700余台。配合区市政管委对太平桥大街6号楼、羊肉胡同120小区、砖塔胡同86号院、丰盛胡同23号、兵马司胡同10号、西兴盛胡同22号院6家单位的13栋楼房进行燃气入户改造工程，受益居民802户。配合区住建委对新文化街40号楼、丰汇园小区、二龙路43号楼、太平桥大街民委宿舍、金宸公寓6栋高层楼房进行12处无障碍坡道建设，受益居民1200余户。组织以“清洁城市，美化家园”为主题的“第一个城市清洁日”活动，对西智义胡同北口拆迁遗留地、齐白石故居周边，共清出垃圾120余吨、清出面积1500平方米。组织19个社区居委会开展清洁社区卫生环境活动，1万余人次、130个单位参加，清理垃圾、杂草、堆积物150吨，整治居民小区大院56个。第二个“城市清洁日”活动，出动各类人员1752人次、车5辆，重点对16条主要道路、街巷，85个居民小区的129座大院进行清理，清理出草坪8600平方米，垃圾、堆积物8.6吨。

（刘　彬）

【社区建设】 年内，调整充实社区专职工作者力量，进行178名社区专职工作者待遇调整工作。金融街街道获得北京市“和谐社区”称号。以社区教育学校、社区文化中心、社区文明市民学校、文化广场为阵地，开展文化交流活动。在北京市第三届“和谐社区杯”乒乓球总决赛中，金融街代表队荣获一等奖；金融街街道获得西城区“六艺大比拼”团体总分第一名。社区居民1000余人参与社区和街道级比赛，开展文体活动200余场次，1.1万余人参加。“春之韵舞蹈团”、“金旋民乐团”等文艺团体获“西城区群众性优秀品牌团队”称号。组建大厅服务队伍，配备工作人员，改善大厅服务环境，为群众提供便捷的一站式服务。充实信访接待干部，建立地区群众利益诉求渠道；坚持处级领导接待日制度。

（刘 彬）

【统筹发展】 年内，举办5次金融街公共服务广场活动——公共服务日，为工作在金融街的人员提供高端、个性化的服务。依托金融街国际互联网络建设，借助金融街数字化平台，加强信息整合与交流，为企业提供信息服务，进行网上信息交流，完成网上企业报表、纳税等工作。访问量跃升到每天数千次。为庆祝新中国成立60周年，举办“颂歌献祖国·唱响金融街”——金融街地区合唱比赛暨汇报演出、金融街地区第三届运动会、金融街地区首届龙舟赛等大型活动，增强地区单位的属地感和凝聚力。

（刘 彬）

【社会治安综合治理】 年初，与地区108个单位、19个社区居委会签订《社会治安综合治理责任书》和《国庆安保责任书》，签订率达到100%。构建以公安、武警、工商、城管、预备役民兵、治安志愿者、治保积极分子为主体的专群结合防范网络。国庆期间，共投入国庆安保社会面控制工作近5万人次，其中巡防队员600余人次、治安志愿者3万余人次、民兵700余人次、其他社会面控制力量1万余人次。做到领导到位、组织到位、责任到位、宣传到位、人员到位。对地区“六小单位”（小餐馆、小旅馆、小歌厅、小发廊、小百货、小作坊）进行4次大规模联合整治及各种不定期治安整治。全年共组织交通安全宣传活动46次，发放宣传材料4560万份，受益群众0.5万余人次。未发生甲方责任死亡事故。年内，组织防火应急演练20次。地区防火办、派出所全年共检查单位1000个，发现火灾隐患及违法行为600件，全部及时消除。在13个平房社区的21条胡同、300个居民院中放置灭火器600个，推行“消防自救网”。年内，发生火灾7起，经济损失10700元，无人员死伤，无重特大火灾事故，同比下降10%。

（刘 彬）

【社会保障】 年内，街道投入94万余元慰问地区困难群体2831户、5659人。建立长效救助机制，共有低保户764户、1367人享受最低生活保障，每月发放低保金约55万元，全年累计发放低保金700万元。办理低保人员医疗救助276人次，合计47万元。做好街道低收入家庭经济适用房、廉租住房的落实工作以及两限房宣传和咨询工作，形成街道、社区二级管理体系。发放经济适用房表格274份，其中街道受理数159份，备案通过数246份；廉租房申请100人，街道初审通过数89人；已发放两限房表格557份，其中街道受理数365份，初审通过数314份，市备案通过数246份；廉租房申请100人，街道初审通过数89人，已享受廉租住房待遇71人，实现低保户廉租房的应保尽保。街道开发就业岗位2068个，安置失业人员1713人，分别完成目标任务的114.9%和114.2%；全年城镇登记失业人员就业人数1713人，其中“4050”失业人员再就业663人，提前完成目标任务的114.9%和132.6%；城镇登记失业率为0.99%。完成全部征集创业项目，提前4个月超额完成小额贷款2笔、10万元的目标任务，公益性组织安置失业人员146人。年内，未出现“零就业家庭”。通过开展创建充分就业社区活动，12个社区居委会达到充分就业社区的标准。按照市、区社保所评估标准，四星级社保所通过市局的检查验收。年内，社保所荣获“首都窗口行业技能示范单位”和“迎奥运职业技能竞赛组织奖”称号。

（刘 彬）

【精神文明建设】 年内，开展“迎国庆 讲文明 树新风”系列宣传教育活动，发动社区居民公共服务志愿者500余人，使过往上万人次受到教育。经过选拔、培训的城市志愿者、姐妹指路队等4000余名志愿者在国庆期间发挥自身优势，营造良好氛围。19个社区开展形式多样、内容丰富的系列教育活动，分别举办19场迎国庆专题文艺演出。

（刘 彬）

【双拥共建】 元旦、春节期间开展国防教育，落实优抚政策，对72名伤残军人、52名烈属等发放慰问金。为53户义务兵家属每户购买价值125元慰问品。向10名困难家庭和7名自学成才战士每人赠送500元慰问金。拨款5万元为驻地武警部队改造营房。春节期间，在街道工委书记、办事处主任带领下，分别来到武警一支队一中队、十二中队与社区居民一起为战士包饺子，军民同吃“连心饺”，开展请战士拨打“拜年电话”等暖军心活动。拨款9万余元慰问大兴武警一支队新兵训练基地，同时走访驻地部队机关。组织开展形式多样的双拥慰问活动，继续做好100户“帮困助残送温暖活动”。元宵节、端午节、中秋节等节日期间，到武警一支队一中队、十二中队驻地慰问部队官兵并赠送价值1万元的慰问品。迎新兵、送老兵慰问金3万余元。对辖区内部队离退休干部5人进行家访，给每人送去慰问金500元及慰问品。对81名无军籍人员进行慰问。

（刘　彬）

月坛街道

【概况】 月坛街道位于西城区西南部，面积4.13平方公里，一、二类主要大街11条，胡同43条。户籍人口40271户、121344人，常住人口39660户、141429人，流动人口15920人。年内，出生1219人，死亡394人。驻区中央单位363个、市属单位107个、区属单位76个，大学1所、中学6所、小学6所、医院2所、大型商场10家、体育场馆2个、文化古迹4处、公园4处。全年财政收入12174万元，支出10591万元。年内，街道开展第二、三批学习实践科学发展观活动，三里河一区作为第三批先行试点，其做法被拍摄成专题片，收入《科学发展在北京》在全市交流。作为西城区唯一试点街道，启动北京市科委“学习服务型科技应用示范区”创建工程，整合地区学习、服务资源，推进科技惠民。推进社会建设格局调整和社会管理体制改革，整合设置公共服务中心，率先统合街道公共服务大厅和社区服务站，借社会保障事务所搬迁完成服务民生硬件与软件的全面改善。以广电总局机关食堂为地区居家养老供餐示范点，深入开发便民服务资源。推进“老楼通气”、“集中供暖改造”、“老旧小区环境整治”等惠民工程。完成国庆各项服务保障工作任务。年内，月坛街道荣获“第二次全国经济普查先进集体”、“北京市创建学习型社区先进街道”、“国庆安保工作先进集体”等称号。

地址：西城区三里河一区5-7

邮编：100045

电话：51813703

（吕亚琳）

【城市建设】 年内，完成更新长安街沿线纵深200米范围内12栋居民住宅楼6.5万平方米外立面、规范990户居民空调室外机及更换塑钢窗等工作，规范整治西便门外大街、二七剧场路等沿街171家商铺的牌匾、标识等。整修11条便民路，共计1.6万平方米。月坛地区8层以上有电梯居民住宅楼全部实现无障碍。对国庆庆典活动涉及区域、路线周边环境进行综合整治和景观建设，完成位于首都博物馆北门广场前“自然之歌”主题花坛的摆放，在居住区花卉摆放共使用各类花卉2.5万余盆。出动外环境巡查力量500余人次、外环境保障作业力量3100余人次、巡查车辆70余车次，清理城市废弃物10吨，清理非法张贴小广告600余张，清除非装饰性树挂13处。按照“绿色工地”标准，对地区工地围挡设置、扬尘、夜间非法施工等行为加强监督检查。拆除真武庙四里、真武庙五里、白云观街8号院等地区的违法建设78间、820平方米；规范商铺牌匾、标识82家；绿化改造增加3900平方米；街巷两侧栅栏油漆见新1900平方米；真武庙五里、白云观街8号院等老旧小区院内路面整修4370平方米；清理暴露垃圾、废弃物品3吨；安装太阳能灯8个。汛期共开展雨中巡查30余次，出动巡查力量300余人次，出动抢、排险人员500余人次，处置倒伏树木11株，排除安全度汛隐患3起。对26个社区服务站服务指示牌、灯箱、门头、功能引导牌、咨询台、公示栏、宣传资料架的标识进行统一。完成月坛保洁队向区环卫中心的移交工作，规范劳动用工，增加经费投入标准。以城市环境改善为主要内容的14项“群众满意折子工程”得到群众的支持和肯定。

（吕亚琳）

【社区建设】　年内，完成26个社区党组织、居委会换届选举和社区服务站招录工作。在党委委员中设民生委员、联络委员、社会组织委员，夯实以社区党组织为核心、居民代表大会和居委会为载体、社区服务站为平台的社区管理体制。对社区党组织、居委会和服务站的工作职责进行梳理、归纳分类，建立健全社区工作者管理机制，加强业务培训。制作“四本两册”（社区大事记、社区民情日记、居委会接待访问登记、社区会议记录本和居民代表工作手册、楼门院长服务手册），推动社区自治建设。通过对原有楼门院长队伍进行调整，编写《楼门院长服务手册》，建立楼门院长报告制度等措施，加强楼门院长队伍建设。完成北京市科委“社区服务科技应用示范区”重大科技项目的申报工作，有序推进项目进度。开展第三批学习实践科学发展观活动，组织学习讨论、开展调研走访、召开主题组织生活会。成立甲型H1N1流感防控应急小组，制定各项工作制度和防控机制，通过《人文月坛》报、网络、板报、宣传页等多种形式进行宣传。开展“精品社区”、“特色社区”创建活动，上报精品社区5个、特色社区9个。继续开展创建先进性建设示范点活动，在原有的4个西城区先进性建设示范点基础上，增加3个示范点和19个精品活动项目。三里河社区、三里河一区社区通过先进性建设示范点验收工作。组织开展第一届社区文体擂台赛，51个文体精品团队、840余名队员参加比赛。举办第七届市民学习周，依托月坛社区教育学校，组织社区居民绣红旗培训、市民“纵横输入法”培训、外来务工人员英语短剧学习班、居民健康科普大讲堂、居民作品展示、月坛数字便民卡用途讲座等方面的培训课程。推进学习型社区创建工作，开展以“学习、快乐、奉献”为主题的社区教育展示月活动，举办读书征文、市民学习开放日活动。完成第三届社区社会组织风采展示周活动，共组织各类社会组织173个。三里河社区再次荣获国务院“全国民族团结先进社区”称号。

（吕亚琳）

【社会治安综合治理】　成立国庆安保工作领导小组，与26个社区居委会及驻地单位签订国庆安保责任书，与宣武区的广安门外街道、广安门内街道，海淀区的羊坊店街道、甘家口街道，西城区展览路街道，签订《安全边界协定》。开展矛盾纠纷隐患排查、关爱化解、严打整治、秩序整治、出租房屋整治及科技创安等“六大行动”，对重点地区、重点部位、重点人员进行专项治理。先后在北京儿童医院周边地区进行大型整治21次，走访、检查地区“六小”门店（小餐店、小理发店、小洗浴、小店铺、小娱乐场所、小网吧）2472家次。落实“以证管人、以房管人”具体措施，开展出租房屋和流动人口摸排查综合治理。成立月坛地区安全健康促进志愿者协会，开发企业安全生产隐患排查预警系统软件，提高地区安全水平。完善安全社区运转机制，建立完整的伤害监测体系、项目持续改进管理体系、全方位宣传教育体系，采取多种形式开展安全项目促进和事故伤害预防工作。整合地区各层次治安防范力量，落实制度、明确职责，形成联防联控联治的格局。向辅警组织成员单位发放《月坛地区协警人员奖励办法细则》、《报警提示》、《月坛地区协警员职责》各500份。建立由专业民警、社区积极分子、治安志愿者、社区巡防队、辅警组织、小区物业、单位保安共同参与的巡控团队。国庆期间，月坛地区出动执法警力、政府部门辅助力量、地区保安、社区志愿者力量9100余人。加强对地区监视系统、民防和战时指挥系统及网格化监督员的管理，统筹来自执法部门的信息。年内，先后通过前端探头为交通、刑警、城管等部门提供录像资料543起（其中城市管理274起、治安事件12次、交通69起、上访174起、突发13起、刑事案件1起）。成立月坛地区综治维稳中心，整合各职能部门维稳工作力量和管理资源。出资14万元，购买700台无线座机，建立月坛地区社会治安综合治理工作中心无线座机网络，制定《月坛综治工作中心无线座机网络成员单位报警制度》《月坛综治工作中心无线座机网络成员单位奖励办法》。

（吕亚琳）

【社会保障】　年内，完成就业人数1624人，安置“4050”人员674人，13户零就业家庭动态脱零，开发社区就业岗位10091个。安置残疾人93名，123人享受社会保险补贴，与78家企业建立长期就业合作关系，接待残疾人求职165人，成功介绍111人。建立完善26个社区“一老一小”、无业居民、无保障老人统一的管理台帐，做好社保卡服务网点建设和卡的发放工作。年内，办理一老一小、无业居民大病医疗保险726人，累计参保4634人，报销医药费1064265.48

元。办理无保障老人养老补助94人，共计1362人，办理变更修改定点医疗机构1122人次。加大综合救助工作，共救助3372户、950990元，同比增长9%。低保工作本着应保尽保的原则，比上年净增加23户，现达到799户、1407人。推广静心园建设模式，充分利用地区卫生资源、专业医护队伍优势，引进“三甲”医院进社区，做好残疾人精神康复工作和地区1538名残疾人第二代残疾证换证工作。全年募捐资金192万余元、衣物2.2万余件。改善基础设施，推进“老楼通气”、“集中供暖改造”等惠民工程，新增集中供暖面积8250平方米，200余户居民享受到环保、安全、便捷的管道燃气，196户居民用上清洁、安全的热力供暖设施。

（吕亚琳）

【精神文明建设】 启动“老故事·新生活”主题活动，编辑完成《穿过幸福时差》一书。组织开展清明节网上祭扫活动、为“首都十大道德模范”候选人投票活动、“与首都农村共建文明创建活动成果”征文活动、“向国旗敬礼、做一个有道德的人”网上签名寄语活动等。对《全国文明城市测评体系》新增指标提出意见。做好2009年度“身边好人”推荐工作。参与全国道德模范评选活动。在首都文明乘车百日行动中，宣传月坛街道文明站点、文明引导员，动员居民参与投票，月坛街道5个重要站点连续3个月获得星级好评，并荣获“我最满意的公交地铁站台”称号，3名文明引导员荣获“我最喜爱的文明引导员”称号。结合第三批学习实践科学发展观活动，社区百姓宣讲团先后在26个社区为2000余名党员和群众进行宣讲。借《人文月坛》社区周报发行100期之机，探索利用社区读物促进社区发展方式。启动第一届“月文化”系列文化活动，举办“月文化”讲座5场、夏日文化广场6场及“月文化”系列文化演出。

（吕亚琳）

【双拥共建】 年内，组织国家发改委、财政部、中科院等7个地方单位和武警一支队、二炮后勤部、西城消防支队等10支队伍参加第二届双拥杯篮球比赛。为部队官兵免费办理西城区图书馆月坛分馆图书证。协调国家发改委、财政部、中国核工业集团、中国人民银行等共建单位为部队图书室添置新书。邀请西城区卫生保健所医生为新入伍的战士们进行4次心理健康知识讲座。组织“迎国庆、讲文明、树新风”军民共建和谐绿色社区活动6次，二炮后勤部管理处、武警一大队官兵等700余人次参加活动，发放宣传材料8000余份。在辖区内开展国防教育13次，展出双拥展板60块，到部队走访慰问约800人次，赠送慰问品1000余件，用于双拥活动的资金近70余万元。

（吕亚琳）

展览路街道

【概况】 展览路街道位于西城区西北部，面积5.87平方公里。一、二类大街19条，街巷、胡同16条。年内，户籍人口44173户、120022人，常住人口44052户、129535人，出生1071人，死亡241人，常住流动人口18100人，社区居委会21个。大学2所、中学6所（含职高）、小学6所、幼儿园1所。驻区中央单位483个，市属单位190个，区属单位284个，无主管单位3770个。商市场16个。全年财政收入11427万元，财政支出12397万元。街道与18位领导小组成员、135个驻地单位、8个批发市场、21个社区党委签订《人口与计划生育目标管理责任书》。连续10年（1999—2009）被评为“北京市防范和处理邪教工作先进集体”。完成全国第二次经济普查工作，被授予“国家级第二次全国经济普查先进集体”；9家企业被认定为国家高新技术企业。完成庆祝新中国成立60周年天安门广场联欢晚会、标兵训练及现场安保任务。经国际安全社区专家组评估考察，被世界卫生组织认定为“国际安全社区”。完成社区党组织换届选举工作。完成21个社区居委会第七届选举工作。荣获“全国社区教育示范街道”称号。街道社保所创建为四星级社保所。募集善款1228万元。区工商联街道分会为非公企业搭建参与地区建设的平台；发挥侨界优势，为地区侨界人士做好服务工作。完成年度文书归档

487件，其中国庆专项档案62件。完成街道工会和21个社区联合工会的建会工作。成立3家非公企业团支部。采取特色家庭评比、社区姐妹驿站、巧娘工作室等形式，维护地区妇女权益。签订党风廉政建设责任书，启动“优质服务年”主题实践活动。率先在西城区成立社会工作委员会。创办展览路街道内刊《展望》(双月刊)。

地址：西城区车公庄大街13号

邮编：100044

电话：68314941

（王　蕾）

【社会治安综合治理】　制定《展览路街道属地指挥部国庆60周年筹备和服务保障工作总体方案》、《展览路街道关于深入开展“国庆平安行动”全面加强社会面控制工作方案》。延续奥运工作模式，完成地区安全保障和环境保障任务。组织协调有关执法部门、职能部门和地区单位开展集中整治非法经营家庭“小旅馆”活动，采取《致展览路地区居民的一封信》、横幅、标语、板报等方式宣传动员，原有旅馆257户，其中本市人经营198户，外地人经营的59户；床位数1131张。整治后，关闭停业非法经营家庭小旅馆242家，社区周边治安、环境卫生明显改观，居民满意率达90%以上。成立维护稳定工作领导小组，下设街道维护稳定工作办公室。排查各类人员1268人，根据不同人员表现划分风险等级，做到“全面排查、准确评估、积极化解、依法打击、有效稳控”。重点检查人员密集场所和餐饮企业、在施工地食堂603家次；检查生产经营单位3200余次；召开液化气瓶安全使用会议4次。年内，展览路街道被市安监局和北京煤矿安全监察分局授予“安全生产工作先进单位”称号。新登记流动人口1029人，修改更新信息908人；新登记出租房屋431户，修改出租房屋信息274户，核销停止出租房屋14处，代征个人出租房屋税约104万元。调处各类矛盾纠纷7359件，调解成功7308件，成功率达99%。社区公益法律服务室解答法律咨询1138次，为12062人次提供法律服务，调解纠纷51次，为300余人解决矛盾纠纷。对“610”对象实施帮教转化，建立帮教小组181个，社区接收矫正对象29名，解除矫正对象26名。

（王　蕾）

【社会保障工作】　制定《街道关于进一步推进地区就业工作的实施意见》。履行“手拉手”就业协作协议，组织50余家用人单位4次到门头沟区军庄镇、延庆县康庄镇及北京华夏大地劳务人员俱乐部招聘所需人员。年内，实现就业人数2660人，开发就业岗位7262个，接受就业指导3156人，完成免费技能培训300人，征集创业项目10个，争创充分就业社区5个，登记失业率控制在1.05%。10名低保人员实现就业。城镇登记失业人员就业率67.91%，办理失业人员失业金领取手续548人次；办理失业人员再就业优惠证1298份，办理“4050”人员自谋职业社会保险补贴82人，“4050”灵活就业社会保险补贴976人，为失业人员提供就业岗位7842个，推荐成功823人。2名失业人员办理小额贷款，贷款金额10万元。为95名领取失业金的困难人员发放一次性补助2.85万元。支付失业人员失业保险金2455人次、39.262万元，为领金失业人员支付医疗补助金294人次、20.55万元。报销20249人次，收审单据23.3万张，金额4483万元。发放5200张社保卡。组织社会化管理退休人员文体活动。为943户低保家庭、1676人发放低保金687.81万元，为767户帮困户、1037人发放帮困卡补助金49.52万元。为948户低保户发放春节补助费40.53万余元，一次性补助42.09万元。政府临时性补助913户、1609人，发放金额24.135万元。新增“一小”参保人员689人，续保1384人；新增“一老”参保人员57人，续保2033人；无业人员医保新增参保人员34人，续保500人；无保障居民福利养老金新增100人，现有1592人享受福利养老金。审理经济适用住房登记表800余户，受理233户，外区协查205户，上报区196户，市备案172户。审理限价商品住房登记表1000余户，受理415户，外区协查506户，上报区784户，市备案通过323户。审理廉租住房登记表126户，受理56户，上报区56户，市备案通过56户。

（王　蕾）

【精神文明建设】　围绕“迎国庆、讲文明、树新风”活动，开展中国传统节日纪念活动。开展以“文明祭祀、平安清明”为主题的殡葬宣传活动；以五四青年节、母亲节、六一儿童节为契机，在青少年中推广“节日型”体验式教育。在延庆县张山营镇举办“相约春天——携手同行科学发展”为主题的送文化、送科技、送医疗活动。社区居委会为楼门院长搭建与居民沟通平台，推进楼门文化建设工作。与北京电视台生活频道联合举办“明天更美好 和谐伴侣嘉年华”活动。组织社区居民参与“爱国歌曲大家唱”主题活动，举办“红五月社区居民文化广场”活动；开展庆祝新中国成立60周年风采展示周节目评选、作品征集工作；组织“落实科学发展观 庆七一祖国颂”征文活动，号召广大党员参加“共产党员献爱心”捐献活动，筹办“庆七一颂歌献给党”大型文艺演出；举办“放歌60年”庆祝新中国成立60周年文艺演出；侨联举办“华夏九州同祝福，喜迎祖国华诞60周年书画摄影展”；协助百万庄东社区和文兴街社区争创“体育生活化社区”；举办第三届“和谐杯”乒乓球友谊赛；播放数字电影120余场，4500余人次；组织机关干部观看电影《建国大业》；启动文化广场活动，各社区举办展览、文艺汇演。开展《未成年人保护法》预防青少年违法犯罪宣传活动，1200余人次参加。制定《展览路街道文明城区复检工作方案》，成立街道文明城区迎检指挥系统，将迎检工作与国庆安保结合，创造良好城市环境。

（王　蕾）

【双拥共建】　开展爱国主义国防教育、军地联谊、演讲共建共享活动26次；组织武警一支队200余名新战士到长城、航空博物馆接受国防教育；安置军嫂就业3名，子女入学2名；为部队因大病造成家庭困难的1名干部办理临时救助金2000元；春节、八一期间，走访慰问驻区部队，送去价值15.5万元的慰问品；投资5.3万元为武警一支队建立宣传橱窗8块，大幅宣传墙面1块；为10名四川灾区贫困家庭的战士送去每人500元慰问金，为参加成人自考的战士发放5000元学习补助金；先后为烈属、伤残军人解决大病医疗费用问题6件，慰问32户定补家庭和171位军队离退人员，发放价值3.2万元的慰问品；签订“军地结对帮扶”困难家庭协议25份；民政科工作人员多次深入地区“两新”企业走访座谈，发放调查问卷720份，与35个“两新”组织达成双拥共建意向；开展“固我长城，和谐双拥”征文活动，收到优秀征文39篇；全年为75名义务兵家属发放优待金75万元；开展“爱心献功臣”活动，为18户困难优抚对象筹集并发放款项3.24万元；为地区165名伤残军人发放伤残金115.7万元；为定补对象发放定补金57.8万元；为优抚对象报销医药费、发放抚恤金29.5万元。

（王　蕾）

【扶贫帮困】　签订“帮扶协议”213份，为四川灾区学生募捐6万元。为地区2157户困难家庭、因大病致贫的10户家庭送去价值80万余元的慰问金和慰问品；为地区48户特困家庭申办临时救助、帮助地区贫困大学生76名，发放救助金、助学金30万元。年内，53户家庭、80人享受经济帮助及特扶政策。为地区2680名残疾人建立“一人一档、一人一卡”的个性化服务需求档案。节日期间，走访慰问残疾人620人次，发放慰问金22万余元；为16户特困残疾人粉刷房屋；为349名残疾人、残疾儿童办理低保重残补贴和无固定收入生活补贴；为34名患大病残疾人申请临时救助5.2万元；补发2680份第二代残疾人证；免费发放轮椅、浴椅、盲表等辅助用品用具418件，修建坡道，免费安装浴椅、浴凳、坐便器及扶手107户；安置残疾人就业34人次；扶持4名残疾人实现个体就业；征收残疾人就业保障金，征缴率达95%；为101户残疾人家庭改造、安装无障碍设施，为重度残疾人居民楼里安装楼道扶手。为1901户困难家庭送去60.4万元慰问金和慰问品；为60户困难家庭申办临时救助金26.5万元；协同区民政局和区慈善协会，救助地区贫困大学生76名，发放助学金30.2万元；开展“和谐金秋”应急救助行动，为因大病致贫的10个家庭发放3.8万元救助款；街道“爱心服务之家”为地区256户困难家庭发放12.8万元的食品和基本生活用品；为8名因奶粉事件受害儿童发放赔偿金1.6万元；为176名60岁以上低保老人办理慈善医疗卡，每人享受500元的免费就医。

（王　蕾）

【城市管理】　完成辖区内6条大修道路和5个街巷胡同的整治任务以及团结小区拆违、南营房集中整治和车公庄一号院后期小区配套设施建设，铺路10842平方米、步道12702平方米、缘石1200米、绿化2300平方米、植树1万余株、外立面和油漆粉饰1840平方米；发动地区房管所、社区、居委会和居民进行老旧小区改造工作，完成4个小区整治、铺设道路7550平方米，完成11个老旧小区治理改造工作，道路整修9750平方米、绿化补植2950平方米、完善公共照明43处、外立面粉饰3450平方米、安装车棚3个、建设节水设施2处、安装太阳能路灯43盏、修复雨水井口34处、栏杆刷漆520平方米。完成除“四害”单位检查480家，禁烟单位检查1200家，上报无烟餐饮单位10家，评选健康家庭210户；发放除“四害”药品520瓶、宣传材料及招贴画1万余份；申报健康社区3个，红旗单位1家。

（王　蕾）

【社区建设】 完成辖区21个社区第七届居委会的换届工作，选举新一届居委会成员，采取户代表选举方式的社区比例达42.9%。面向社会公开招聘35名社区工作者。业务科室、本社区工作者、社区居民三方共同打分，对社区工作者进行测评，按照社区管理新模式与社区工作者签订岗位服务协议。落实榆树馆、朝阳庵、南营房社区办公及公益性用房，采取立项购买、协商租赁方式，社区办公用房面积全部达标。开办免费电脑培训讲座；开展“教师下社区”、创建学习型社区、学习型家庭工作。开展社区争创“体育生活化社区”活动，打造街道文体活动中心；播放数字电影120余场；图书馆接待群众5万余人次，文化活动站接待3万余人次；完成为635名特殊老人申领补贴券工作；为地区22名空巢老人免费提供午餐。开展“手拉手救助我身边的人”活动，组织地区会员单位和红十字志愿者走访特困家庭33户。成立地区安全社区推进委员会，投入资金约600万元，从重点人群、重点区域、安全教育3个方面开展伤害监测、楼门安全文化、儿童安全等32项干预项目；组织大型调查3项，发放问卷约10万份；开展大型应急演习12次；发放各种宣传品5万余份；开展各种安全知识培训活动200余次。21个社区2468个楼门建立2809人楼门院长队伍，发挥社区居委会、社区服务站和楼门院长的桥梁纽带作用，第一时间收集社区动态信息，完成基础数据摸查，实现“10+X”信息更新，实现政府公共服务在社区管理层面与社区自治管理的信息对接。

（王 蕾）

德胜街道

【概况】 德胜街道位于西城区的北部，辖区面积4.14平方公里，共设23个社区居委会，户籍人口38219户、102920人，常住人口42257户、124043人，流动人口20654人；中央单位205个、市属单位181个，高等院校2所、中学6所、小学6所、幼儿园5所；卫生医疗机构7个；公园4个。年内，街道坚持以科学发展观为指导，按照“保增长、保民生、保稳定”的部署要求，结合地区实际，在为科技园建设服务、为地区发展建设上下功夫，持续推进地区经济建设、政治建设、文化建设、社会建设和党的建设，完成各项国庆服务保障任务，街道各项事业全面进步、健康发展。年内，被评为全国社区教育示范街道、北京市国庆安保工作先进集体、北京市创建学习型社区先进街道。

地址：西城区教场口街9号院丙9号
邮编：100120
电话：82060677

（盖 琳）

【城市管理】 推进市政公用设施建设，协调整修和铺设新风北街西岔胡同、德胜里西街、五路通北街和塔院胡同道路，安装无障碍通道42处。牵头联合有关职能部门，对裕中西里小区、新康街3号院、教场口6号院及9号院的私搭乱建、占道经营等问题进行集中整治。加强老旧小区整治，联合出资65万元对小市口3号院5栋多层居民楼老小区进行整治改造。协调解决德胜投资公司私自拆除德胜里三区公厕、新外大街28号院新4楼管道老化堵塞、黄寺大街23院西北角人行道路面塌陷等多项居民生活问题。结合公共文明指数测评迎检，出动清洁员1120人次、清理建筑废弃渣土等杂物125卡车、250吨，清理小广告1910张，清除卫生死角43处，保洁面积25万平方米。做好防汛、扫雪铲冰、淘汰黄标车以及在施工地管理工作，配合防控美国白蛾，改造德外大街绿化带及北滨河公园，督促伐除危险树，指导地区单位绿化美化。开展全民植树日、城市节水、垃圾处理等主题宣传活动，提高群众环保意识和参与热情。

（盖 琳）

【社区建设】 年内，完成社区居委会第七届居民委员会换届选举工作，产生新一届社区居委会成员153人，地区9万余位选民参与选举。选拔录用大专以上学历、40岁以下的专职社区工作者63名。加强社区工作者队伍培训考核，制作发放楼门院长报告手册2700本，提高社区工作者专业水平和实际操作能力。加强社区基础设施建设，改善社区办公用房和配套设施条件，目前街道23个社区办公用房达标率升至87%。加强地区甲型

H1N1流感防控工作，做到责任、物资、沟通、监督、宣传5个到位，提高公共卫生保障能力。通过23个社区居委会向全地区发放消毒液、口罩、药品等万余份，发放宣传海报5400余份、《告地区居民的一封信》2.3万余封。发展有德胜科技园区特色的居民服务项目，继续举办“消除数字鸿沟”中老年及弱势群体电脑知识培训40次，受益居民4800人次；举办突发灾害应急避险宣教等科普活动；发挥地区科普基地、数字电影院、图书馆、社区教育学校和社区服务中心等社区资源的效能，联合开展丰富多彩的文化、体育、科普活动，举办“和谐德胜”新春慰问演出、德胜街道第三届全民健身节活动、趣味运动会、万人千台乒乓球比赛、“科普之夏”等活动。落实各项为老服务政策，享受政府补贴券的老人共计1204人，为地区275位老人申请高龄津贴，办理老年证321张，办理优待卡1920张；安装邻里互助门铃36户、紧急呼救器“一按铃”140户。发挥“96156”社区公共服务热线功能，全年共完成服务单310个。

（盖　琳）

【社会治安综合治理】　从人、地、物、事、组织五大方面严把社会面维稳防控工作。实行处级领导包片制度，层层落实防控责任。发动全地区治安志愿者，加强重点时期群防群治力度，刑事及治安发案、安全生产事故、火情等主要控制指标有所下降。严密维稳管控网络，强化各类重点人防控力度，逐一确定化解措施，挂帐督办，减少社会不稳定因素。加强科技创安，为5个社区新安装楼宇对讲系统，116个视频监控探头全天候投入使用。加强应急处突、反恐防暴队伍建设，开展防火、人员疏散、紧急救援等应急演练，提高突发事件应对能力；不断健全党政领导联合接访、约访、下访及领导包案等工作机制，共接访77批、90人次，解决问题46件；化解君濠酒店与颐西公司、江山酒店与颐西公司等涉及群体性的重点矛盾纠纷。完善公益法律服务体系，共调解纠纷96件，代理诉讼案件11件，接待法律咨询350人次，开展法律宣传培训108次。健全三级人民调解工作网络，23个社区人民调解组织及联合接待室共成功调解矛盾纠纷347件，成功率达96%；坚持安全第一的原则，加强地区安全监管力度，层层落实安全生产目标管理责任制。对危险化学品行业、有限空间作业、液化气使用单位、人员密集场所、建筑工地、地下空间和出租房屋的防火、交通安全、食品安全等环节进行大检查，督促及时整改安全隐患，确保重大安全事故零发生。创新工作模式，推进与外区毗邻街道的平安边界建设，签订《平安边界协议书》，两次联合东城区和平里街道集中整治旧鼓楼外大街的黑摩的、非法摊点等问题，净化边界环境，实现无缝衔接管理。

（盖　琳）

【社会保障】　完善以最低生活保障为依托，临时救助、医疗救助为保障，应急救助、社会捐助、慈善捐赠为补充的全方位、多层次综合救助体系，为全地区低保家庭797户、1596人累计发放最低生活保障金511万余元；走访地区困难群众和优抚对象共385户，慰问残疾人1039人，发送慰问金59万余元；办理医疗救助325人次，发放救助金52万余元；开展“慈善情——百家企业献爱心”捐助活动，募集捐款14.5万元；办理往届低保及边缘贫困家庭助学申请34人；办理爱心卡200张、助老慈善医疗卡89张，确保无社会救助盲点，提升地区社会保障水平。加强地区就业援助工作，截至10月底，实现残疾人、“4050”人员等就业困难群体就业登记660人，完成指标的99%；新创建充分就业社区5个；帮助“零就业家庭”9户、9人解决就业，实现动态脱零。残疾人温馨家园得到利用，残疾人工作各项指标顺利完成，地区残疾人的生活水平明显提高。落实住房保障政策，66户已办理廉租住房租金补贴手续，219户经济适用住房申请家庭及173户限价商品住房申请家庭已通过市级备案，多次受到居民来电来信表扬，收到申请家庭赠送锦旗5面。

（盖　琳）

【精神文明建设】　年内，以学习实践科学发展观为主线，结合地区实际科学安排学习内容、丰富学习形式、开展学习宣传。向全体机关干部发放《科学发展观重要论述摘编》、《毛泽东、邓小平、江泽民论科学发展》和《中共中央关于加强和改进新形势下党的建设若干重大问题的决定》等学习材料；参与组织学习实践科学发展观动员部署大会、主题党课、转段动员会等。按照“迎国庆 讲文明 树新风”工作部署，开展精神文明创建活动，组织地区600余个家庭参与“向国旗敬礼，做一个有道德的人”网上签名寄语活动，共发送1000余条寄语。开展“百城万店无假货”示范街、“城乡统筹文明先行”、“文明小使者”评选、“祝福祖国”文明公益短信等系列活动，提升地区的文明形象。7月，组织地区公共文明指数测评工作，发动地区单位和居民打扫环境卫生，清除垃圾死角；开展问卷调查，改善地区整体环境面貌。全年共制作展板80块，悬挂横幅150条，推荐区级文明街道1个、文明单位8家、文明社区19个，首都文明街道1个、文明单位2家、文明社区9个。

（盖　琳）

【双拥共建】　春节、八一期间，走访慰问伤残军人、军属、烈属、老八路等优抚对象185人。组成社区拥军慰问团，在老兵复退前，组织文艺活动，欢送110名复退老兵。组织地区双拥共建点、科技园区非公企业对中国人民解放军总装备部、中国人民解放军二炮总医院等驻地部队进行走访慰问，开展军民联谊、书画展、座谈会等各种军地文化娱乐活动。组织地区12位非公企业党组织代表走进北京航天城开展“军营一日生活”活动；开展双拥工作“五好”（好领导、好居民、好家长、好军嫂、好战士）创评工作，在地区部队、单位和居民中广泛征集推荐，10位居民和驻地部队战士分别被评选为好居民、好军嫂、好战士。

（盖　琳）

【功能街区建设】　街道立足服务，坚持走访座谈，推进企业零距离服务，走访园区企业300余家，听取企业的意见建议，协调解决企业反映的问题10余项；加大地区协税护税工作力度，进一步服务涵养税源。召开科技园区纳税信用企业工作会，与区发改委、工商、税务和劳动保障等部门联合组织企业开展专题研讨会、座谈会和招聘会等，向企业传递政府的最新政策信息；与区经济服务大厅实现功能对接，前移园区企业办事窗口、缩短办事流程、节约企业成本，同时对所代办企业提供主动跟踪式服务，提高办事效率和服务质量。发挥科技商会、政府与工会联席会、民主监督与管理委员会等载体的沟通交流作用，召开“百家企业评街道”、“千家评政府”等座谈会，听取企业呼声，优化园区企业发展环境。年内，园区实现地税18.7亿元，同比增加2.2亿元，增幅达13.7%。

（盖　琳）

（责任编辑　马恩慈）

人 物

领导干部

中国共产党北京市西城区第十届委员会

书　记　林　铎
副书记　张建东　刘跃平
常　委　林　铎　张建东　刘跃平　王祥杰(12月免)
　　　　边振英(12月任)　白云生(12月免)
　　　　王力军(11月任)　傅　华　张　兵
　　　　许樾真(11月免)　杨爱民　曹长胜
　　　　高祥阳(12月任)　李　江(11月免)
　　　　程　军(12月任)
委　员　(按姓氏笔画为序)
　　　　马小鹏　王力军(11月任)　王小燕　王功伟
　　　　王劭卿　王国建　王明山(12月递补为委员)
　　　　王祥杰　白云生(12月免)　边宝生
　　　　边振英(12月任)　刘　明　刘金耀　刘跃平
　　　　许樾真(11月免)　苏　东　李　江(11月免)
　　　　李云英(12月辞去委员)　李红兵　杨　月
　　　　杨广宏　杨爱民　吴向阳　沈桂芬　张　兵
　　　　张宏达(12月递补为委员)　张国玉　张建东
　　　　张春平　陈　华(12月辞去委员)
　　　　陈　艳(12月递补为委员)　陈　蓓　陈献森
　　　　林　铎　周慧来　赵建军　俞　强　姜昕华
　　　　索宏钢　高祥阳(12月任)　曹长胜　康　莉
　　　　程　军　傅　华
候补委员　王明山(12月递补为委员)
　　　　陈　艳(12月递补为委员)
　　　　张宏达(12月递补为委员)
　　　　刘春伟　王　风　唐海蛟

中国共产党北京市西城区纪律检查委员会

书　记　王祥杰(12月免)　边振英(12月任)
副书记　赵世发　张文桦　杨建和
常　委　王祥杰(12月免)　边振英(12月任)
　　　　赵世发　张文桦　杨建和　蒋春芳
　　　　安惠莲(2月免)　程宏梅　季文会(2月免)
　　　　刘春春　纪　明(2月任)　刘英泽(2月任)

区委工作机构负责人

办公室主任　李　江(12月免)　程　军(12月任)
组织部部长　许樾真(11月免)　王力军(11月任)
宣传部部长　傅　华
统战部部长　姜昕华
政法委员会书记　刘跃平(兼)
　　　　常务副书记　张小来
区委、区政府政策研究室主任　王　风
保密局局长　朱　伟
区直属机关工作委员会书记　许樾真(兼,12月免)
　　　　王力军(兼,12月任)
　　　　常务副书记　王小燕
社会工作委员会书记　陈　艳
教育工作委员会书记　沈桂芬
卫生工作委员会书记　田静娴
老干部局局长　李茂刚

社会治安综合治理委员会办公室主任　王　静
防范和处理邪教办公室主任　张小来(兼)
区维护稳定工作领导小组办公室主任　张小来(兼)
区流动人口和出租房屋管理办公室主任　王　静(兼)
台湾工作办公室主任　明木江
双拥共建领导小组办公室主任　刘春城
精神文明建设委员会办公室主任　刘江甲
巡视组组长　李增池　王振良
党校校长　傅　华(兼)
　常务副校长　戴卫红
党史资料征集办公室、地方志办公室主任　戴卫红(兼)

西城区第十四届人民代表大会常务委员会

主　任　张国玉
副主任　解建军　吴元增　刘永先　赵建军　席修明
委　员　(按姓氏笔画为序)
马　炎　王崇恩　王毓明　石晓愚　包旭东
边群英　吕晋发　朱玉岭　刘金耀　刘培昭
关国香　李新洁　杨广宏　邱　琦　陈献森
周子刚　赵英汉　赵建敏　贺宏志　康　莉

西城区第十四届人大常委会专门委员会负责人

财政经济委员会主任委员　石晓愚
内务司法委员会主任委员　周子刚
维护老年人、妇女、未成年人合法权益委员会
　主任委员　周子刚
教育科技委员会主任委员　赵英汉
文卫体委员会主任委员　赵英汉
城建环保委员会主任委员　关国香(2月免)
　刘金耀(2月任)

西城区第十四届人大常委会机关工作机构负责人

办公室主任　马　炎
代表联络室主任　吕晋发
财政经济工作委员会主任　石晓愚
内务司法工作委员会主任　周子刚
教科文卫工作委员会主任　赵英汉
城建环保工作委员会主任　关国香(2月免)
　刘金耀(2月任)
研究室主任　柴丽敏

西城区人民政府

区　长　张建东
副区长　白云生(12月免)　高祥阳(12月任)　曹长胜
闫傲霜(4月免)　王劭卿　陈　蓓
杨培丽(4月任)　苏　东

西城区政府工作机构负责人

办公室主任　俞　强
发展和改革委员会主任　吴向阳
建设委员会(8月更名为住房和城市建设委员会)
　主任　吴铁男
党组书记　刘春伟
市政管理委员会(8月更名为市政市容管理委员会)
　主任　姜立光
商务局(8月更名为商务委员会)主任　王　新
科学技术委员会主任　黄　勇
信息化工作办公室主任　郑玉冰
区委、区政府信访办公室主任　于登全
人口和计划生育委员会主任　宋书彦
体育局局长　骆　京
财政局局长　周慧来
地方税务局局长　李玉庆
国家税务局局长　聂杰英(5月免)　郑怀远(5月任)
西城工商分局局长　孙建生
人事局(8月撤销)局长　程　军
监察局局长　张文桦
劳动和社会保障局(8月撤销)局长　王明山
人力资源和社会保障局(8月成立)局长　程　军(10月任)
　党组书记　王明山(10月任)
审计局局长　田　迪
统计局局长　颜　华
　党组书记　田三运(12月免)　汪帮宏(12月任)
质量技术监督局局长　朱立谱(11月免)　钱希杰(11月任)
西城国土资源分局局长　林　毅
环境保护局局长　郑伟英(5月免)　章　卫(5月任)
西城规划分局局长　牛　锐

文化委员会主任　张宏达
教育委员会主任　田京生
区政府教育督导室主任　杨江林
卫生局局长　边宝生
司法局局长　徐　闻
民政局局长　徐　斌
法制工作办公室主任　王秋英(12月免)
姜兆春(12月任)
外事办公室主任　滕新华
民族宗教侨务办公室主任　张　榕
民防局局长　崔志刚
党组书记　李连防
台湾事务办公室主任　明木江
城市管理监察大队大队长、党委书记　姜文龙
旅游局局长　王建平(5月免)　袁　利(5月任)
党组书记　蔚向东
国有资产监督管理委员会主任　白云生(兼,2月免)
于学强(2月任)
党委书记　陈　华(9月免)　皮　强(9月任)
安全生产监督管理局局长　姜兆春(12月免)
刘成东(12月任)
对外联络服务办公室(8月新组建)主任　岳永梅
城市管理监督指挥中心主任　刘成东(5月免)
王　旭(5月任)
金融服务办公室(8月调整为政府工作部门)主任
吴向阳(兼)
园林绿化局(8月新组建)局长　白贵海
党委书记　孙万起
功能街区产业发展促进局(8月新组建)局长　王福俊
西城药品监督分局局长　袁瑞玲

中国人民政治协商会议
北京市西城区第十二届委员会

主　席　张春平
副主席　姜昕华　许　伟　程　刚　刘长铭　李建国
王　茁
秘书长　白　林
常　委　(按姓氏笔画为序)
马志刚　王　义　王文贤　王　彬　王　新
甘力鹰　卢存刚　卢　明　田京生　冯　波
冯嘉美　吉晓平　巩嘉铠　曲明光　刘永斌
刘克俭　刘晓鸥　刘　斌　安亚荣　许玉德
苏学良　杜凤英　李　文　李　坚　李　硕
吴英伟　何悦明　张礼斌　张殿英　张　榕
陆　翔　陈明普　明木江　罗秋菊　金孝宗
金　辉　郑昊岩　郑　实　孟庆法　赵　丽
赵　勇　赵　莉　闻丹岩　柴海波　徐双春
徐定茂　徐照辉　高德源　唐海蛟　涂　平
黄殿琴　龚七妹　蒋月宝　韩　东　程湘梅
蔡丽娟　蔡　劲　廖继红　薛湘丽

西城区第十二届政协
专门委员会负责人

提案委员会主任　程　刚(兼)
学习指导委员会主任　李　文
文史资料委员会主任　王　彬
经济科技委员会主任　徐双春
教文卫体委员会主任　田京生
社会法制和民族宗教委员会主任　张　榕
港澳台侨委员会主任　明木江
城建环保委员会主任　曲明光

西城区第十二届政协工作机构负责人

办公室主任　孙广俊
研究室主任　张殿英
专委会工作一室主任　徐京华
专委会工作二室主任　肖　培(12月免)
张宏达(12月任)
专委会工作三室主任　马晓梅
专委会工作四室主任　宋明命

西城区政法、军事机构负责人

人民法院院长　索宏钢
人民检察院检察长　顾　军
人民武装部部长　杨爱民
政委　李新洁(6月免)　李书兵(6月任)
西城公安分局局长　张　兵
政委　陈德宝(7月免)　衡晓帆(7月任)
西城交通支队支队长　秦　军
政委　王　锋
西城消防支队支队长　门永贵
政委　吴清松

西城区事业单位负责人

环境卫生服务中心主任　刘福田(12月免)
申长丁(12月任)
党委书记　冯桂萍
房屋土地经营管理中心主任　郭　月
党委书记　宋士学(9月免)
王连杰(9月任)
档案局局(馆)长　金子成
新闻中心主任　滕修展(11月免)　靳　真(11月任)
机关服务中心主任　胡永顺

西城区街道工委、办事处负责人

金融街街道
工委书记　刘　明
办事处主任　于学强(2月免)
刘成东(4月任,12月免)
熊　卓(12月任)
什刹海街道
工委书记　王国建
办事处主任　马光明
月坛街道
工委书记　李红兵
办事处主任　王　奇
西长安街街道
工委书记　李征帆(12月免)
办事处主任　李会增
展览路街道
工委书记　康　莉
办事处主任　马业珠
新街口街道
工委书记　李云英(9月免)　王占荣(11月任)
办事处主任　王占荣(12月免)　张中喜(12月任)
德胜街道
工委书记　马小鹏
办事处主任　郁　治

西城区人民团体负责人

区总工会主席　杨广宏
共青团西城区委书记　陈献森
区妇女联合会主席　刘金耀(2月免)　薛湘丽(9月任)
区工商业联合会党组书记　卢存刚
主席　王毓明(不驻会)
区残疾人联合会理事长　刘志京
区科学技术协会党组书记　周兴运
主席　屠海令(不驻会)
常务副主席　边群英
区归国华侨联合会主席　康　莉(兼)
区红十字会会长　陈　蓓(兼)
常务副会长　李秀荣(2月任)
区文学艺术界联合会党组书记　傅　华(兼)
主席　张世俊
区社会科学界联合会党组书记　傅　华(兼)
主席　姚　恕

西城区各民主党派负责人

中国国民党革命委员会北京市西城区委员会
主任委员　王　红
中国民主同盟北京市西城区委员会主任委员　刘长铭
中国民主建国会北京市西城区委员会主任委员　李建国
中国民主促进会北京市西城区委员会
主任委员　刘培昭(5月免)　张礼斌(5月任)
中国农工民主党北京市西城区委员会主任委员　王　茁
中国致公党北京市委员会西城区工作委员会
主任委员　贺宏志
九三学社北京市西城区委员会主任委员　阎　军
台湾民主自治同盟北京市委员会西城区工作委员会
主任委员　邱　琦

西城区国有及国有控股企业负责人

北京华融综合投资公司
董事长、党委书记　王功伟
总经理　鞠　瑾
北京华远集团公司
董事长　任志强
总经理、党委书记　马绿波(9月免)
杜风超(9月任)
北京天恒置业集团公司
董事长、总经理　刘洪文
党委书记　高　林

北京华方投资经营公司

董事长、党支部书记　阎嗣烈

总经理　张志强

北京华兴新业商贸有限责任公司

董事长、总经理、党委书记　刘　琦

北京华天饮食集团公司

总经理、党委书记　朱玉岭

北京华利佳合实业有限公司

董事长、总经理　高德源

党委书记　杜民强

北京金象复星医药股份有限公司

董事长　阎嗣烈

总经理、党委书记　徐　军

北京贯通资源投资有限公司

董事长、党总支书记　周建国

西城国有资产经营公司

总经理、党委书记　曹白临(7月免)

驻区部分单位负责人

北京金泰恒业西城分公司

总经理　任保明

党委书记　张龙江

北京市西单商场股份有限公司

董事长　刘秀玲

总经理　郝建中

北京长安商场有限责任公司

总经理　汤丽萍

党委书记　张秀丽

北京中友百货有限责任公司

董事长　王汉光(1月免)　王小雨(2月任)

国家开发银行股份有限公司北京市分行

行长　王敬东

中国农业发展银行北京市分行

行长　左　志

中国工商银行股份有限公司北京市分行

行长　王珍军

中国工商银行股份有限公司北京新街口支行

行长　曲　琰

中国工商银行股份有限公司北京长安支行

行长　樊裕明

中国工商银行股份有限公司北京南礼士路支行

行长　谢一平

中国工商银行股份有限公司北京金融街支行

行长　马　靖

中国农业银行股份有限公司北京市分行

行长　郭浩达

中国农业银行股份有限公司北京市西城支行

行长　曹　伟

中国银行股份有限公司北京西城支行

行长　孙皆欢

中国建设银行股份有限公司北京西四支行

行长　张　斌

中国建设银行股份有限公司北京西单支行

行长　朱玉俊

交通银行股份有限公司北京分行

行长　孙德顺

交通银行股份有限公司北京阜外支行

行长　牛晓颖

交通银行股份有限公司北京西单支行

行长　刘宝新

北京银行股份有限公司

董事长　闫冰竹

行长　严晓燕

中信银行股份有限公司总行营业部

总经理　赵小凡

中国光大银行股份有限公司北京分行

行长　邱火发

华夏银行股份有限公司北京分行

行长　符盛丰

中国民生银行股份有限公司总行营业部

总经理　陈尽忠

招商银行股份有限公司北京分行

行长　王　良

招商银行股份有限公司北京展览路支行

行长　孙兰荣

招商银行股份有限公司北京首体支行

行长　廖　壮

招商银行股份有限公司北京金融街支行

行长　王　虹

广东发展银行股份有限公司北京月坛支行

行长　倪　明

中国证券监督管理委员会北京监管局

局长　张新文(2月免)

刘春旭(2月任)

中国人民财产保险股份有限公司北京市西城支公司

总经理　马京安

中国平安财产保险有限公司北京分公司

　　总经理　刘　铮

中国平安人寿保险有限公司北京分公司

　　总经理　廖　刚

中国太平洋财产保险股份有限公司北京分公司

　　经理　李宝利

中国太平洋财产保险股份有限公司北京西城支公司

　　经理　韩克伟

中国太平洋人寿保险股份有限公司北京分公司

　　总经理　李洪林

泰康人寿保险股份有限公司北京分公司

　　总经理　李艳华

北京华康欣和建筑工程有限责任公司

　　董事长　周宝宁(10月免)　杨玉良(10月任)

　　总经理　周宝宁(10月免)　吴志刚(10月任)

　　党委书记　周宝宁(10月免)　吕玉民(10月任)

北京市燃气集团有限责任公司

　　党委书记、董事长　周　思

　　党委副书记、总经理、副董事长　李永成

北京市电力公司

　　总经理、党委副书记　时家林(6月免)

　　朱长林(6月任)

　　党委书记、副总经理　郭要斌

北京市电力公司城区供电公司

　　经理　贾海生

　　党委书记　高迎君(3月任)

北京市自来水集团有限责任公司

　　董事长、党委书记　崔君乐

　　总经理　刘锁祥

北京市自来水集团有限责任公司市区营销分公司

　　经理、党支部书记　张建忠

北京市自来水集团禹通市政工程有限公司

　　董事长、党委书记　张富成

　　总经理　何俊山

北京市交通执法总队

　　总队长　丁保生

　　党委书记　崔艳萍

北京市交通执法总队第二执法大队

　　大队长　王平海

北京市运输管理局西城管理处

　　处长、党支部书记　赵　曦

北京市地铁运营有限公司

　　董事长、党委书记　谢正光

　　总经理　张树人

北京北站站长　张润田(兼)

西区邮电局

　　局长　陈智泉

　　党委书记　黄春光

中国联合网络通信有限公司北京市分公司

　　总经理、党委书记　赵继东

国家级先进集体及先进个人

先进集体

国家科学技术进步二等奖

　　北京华控技术有限责任公司

先进个人

国家科学技术进步二等奖　陈小枫

省(市)部级先进集体及先进个人

先进集体

全国文明城区　西城区

2005年至2008年度全国平安建设先进县(市、区)

　　西城区

全国和谐社区建设示范城区(市)　西城区

第二届全国未成年人思想道德先进城市　西城区

2007年至2008年度全国科技进步考核先进区　西城区

全国文明单位

　　北京市环丽清扫保洁服务中心

　　交通银行股份有限公司北京市分行营业部

全国精神文明建设先进单位

　　西城区地方税务局

巾帼文明岗

　　北京市环雅清扫保洁服务中心

全国三八红旗集体

北京华兴新业商贸有限责任公司西西友谊商城

西西友谊酒店

全国五一劳动奖状

交通银行股份有限公司北京市分行银行卡部

北京华融综合投资公司

全国工人先锋号

西城区城市管理监察大队

西单商场有限公司志愿者服务队

全国青年文明号

金融街税务所

全国税务系统先进集体

金融街税务所

全国先进基层检察院

西城区人民检察院

全国流动人口计划生育工作先进集体

西城区人口和计划生育委员会

全国统计系统先进集体

西城区统计局

第二次全国经济普查先进集体

月坛街道经济普查办公室

展览路街道第二次全国经济普查领导小组

城市调查专业区(县)级优秀专题分析报告三等奖

西城区统计局

全国贯彻落实居民委员会组织法先进单位

西城区民政局

全国和谐社区建设示范街道

金融街街道

全国和谐社区建设示范区

月坛街道三里河一区社区

全国侨联系统先进基层组织

西城区侨联

2009 年度全国侨办系统先进单位

西城区民族宗教侨务办公室

2009 全民健身活动先进单位

西城区体育局

2005 年至 2008 年度全国群众体育先进单位

什刹海街道办事处

第六批全国城市体育先进社区

德胜街道安德路北社区

国家高水平体育后备人才基地

西城区体育运动学校

北京市群众体育先进集体

什刹海街道办事处

中国统一战线宣传先进单位

西城区委统战部

“职工书屋”示范点建设单位

北京市西杰物业管理服务中心

首届中国建设行业优秀学习型企业奖

华远地产股份有限公司

中国人居环境范例奖

金融街片区绿化建设项目

2009 年北京市军转干部安置工作先进单位

西城区人事局

北京市公务员科学素质知识竞赛一等奖

西城区人力社保局

环保部信息先进单位

西城区环境保护局

2008 年度首都文明单位

北京长安商场有限责任公司

北京华兴新业商贸有限责任公司新街口百货商场

西城区城市管理监察大队

中信银行总行营业部

金融街税务所

展览路税务所

西城区财政局

金融街街道社区服务中心

金融街街道环艺中心

北京市华远集团公司

北京华兴新业商贸有限责任公司复兴商业城有限公司

2009 年度首都文明城区先进单位

德胜街道安德路南社区

2008 年度首都文明街道

什刹海街道办事处

西长安街街道办事处

金融街街道办事处

首都“迎国庆 讲文明 树新风”活动先进单位

西城区委宣传部

西城区委政法委员会

西城区委卫生工委、区卫生局

西城区园林局

西城区旅游局

什刹海街道办事处

西长安街街道办事处

展览路街道办事处

金融街街道办事处

北京长安商场有限责任公司

北京市环丽清扫保洁服务中心

聚德华天控股有限公司

首都社会治安综合治理2005年至2008年度先进集体

金融街街道办事处综治办

2008年度北京市城管综合行政执法系统先进集体

西城区城市管理监察大队

北京市三八红旗集体

金融街税务所

2008年度北京市红旗团委

西城区直属机关团工委

北京市第十三中学团委

2008年度北京市红旗团支部

西城区疾病预防控制中心团支部

北京市第三十五中学高二(8)班团支部

北京市未成年人保护工作先进集体

西城法院刑二庭

首都未成年人思想道德建设工作先进集体

西城区委宣传部

西城区文明办

2009年度首都军(警)民共建标兵单位

展览路街道办事处

首都绿化美化先进单位

西城区园林局

展览路街道办事处

北京市和谐劳动关系先进单位

北京华远西单购物中心有限公司

中信银行总行营业部

北京市离退休干部先进党支部

什刹海街道离休干部党支部

北京市审计机关先进集体

西城区审计局

先进个人

全国五一劳动奖章

张铁龙 岳其徽

全国三八红旗手

孙 艳 张慧影 李雅静

全国优秀军转干部

马业珠

全国归侨侨眷先进个人

吴小意 罗 雯

2005年至2008年度全国群众体育先进个人

张稳成 陈少军 周立忠

审计署AO应用实例应用奖

王 岚

国家统计局城市调查专业区(县)级优秀专题分析报告三等奖

颜 华 王海鹏 刘 洁

首都劳动奖章

张 鑫

首都“迎国庆 讲文明 树新风”活动先进个人

马小鹏 杨东振 孙玉斌 吴铁男 王国建

王 新 段莉彩 骆 京 任伟东 刘世忠

2009年北京市先进军转工作者

王文建

9·25计划生育先进个人

王爱莲 吕建儒

2008年度北京市优秀团干部

宋 颖 薛 冰 张晓波 蔺红霞 王 颖

北京市审计机关先进工作者

姜 娜

北京市未成年人保护工作先进个人

肖志勇

北京市经济普查工作先进个人

徐 平 杨淑敏 张 颖 王 晴 王 昱

王 玢 孙伟力 康 莉 吴立军 杨大乾

殷小伶 刘惠云 邵润莲 张文莲 张海燕

苏 莉 高济萍

北京市档案系统先进个人

段 爽

2007-2008年度北京市群众体育先进个人

李 颖 张建英 蔺 昕 赫 磊 孔庆廉

2009年度北京市绿化先进个人

达建设

首都绿化美化积极分子

槐静文 丁怀全

2009年度北京市商业服务业服务明星

卢海燕 陈殿华

西城区先进集体及先进个人

先进集体

西城区文明机关建设标兵单位

西城区纪律检查委员会机关

西城区委办公室
西城区委组织部
西城区委宣传部
西城区委统战部
西城区委政法委
西城区委区政府研究室
西城区人大常委会机关
西城区政府办公室
西城区民政局
西城区财政局
西城区人力社保局
西城区商务委
西城区人口计生委
西城区审计局
西城区环保局
西城区统计局
西城区委区政府信访办
西城公安分局机关
西城区地税局
西城工商分局
西城药品监督分局
西城区政协机关
西城区检察院
西城交通支队
西城区总工会
西城区残联

西城区文明单位

北京北电华明物业管理有限公司
北京市西单文印厂
北京市华联仪器仪表销售服务有限公司
北京华威大厦有限公司
北京金地格润物业管理有限责任公司
北京图书大厦有限责任公司
北京市电力公司调度通信中心
北京新奥西郡房地产开发有限公司(西单大悦城)
解放军歌剧院
北京北海医院
北京金台饭店
北京市华联空调制冷设备公司
北京启明恒业经贸有限责任公司
北京电焊机制造有限公司
北京京味楼餐饮管理有限公司
北京新港半岛餐饮有限责任公司
什刹海街道大拐棒幼儿园
北京市厂桥消防器材厂
西藏自治区人民政府驻北京办事处
什刹海街道社区服务中心
北京双盈聚雅轩餐厅
什刹海街道保洁队
北京贝科蓝图公共单车租赁服务有限公司
北京市西城区工商业联合会什刹海商会
北京市新街工贸集团
北京长城工贸总公司
北京市电力公司城区供电公司
北京德胜新鑫建筑有限责任公司
北京新世纪认证有限公司
北京中北凯通电子技术有限责任公司
中国华融资产管理公司北京办事处
北京华康欣和建筑工程有限责任公司机关
北京华康欣和建筑工程有限责任公司群利分公司
北京华康欣和建筑工程有限责任公司一分公司
北京华康欣和建筑工程有限责任公司装饰分公司
北京汇丰今日数码科技中心
北京华康欣和建筑工程有限责任公司华建铁柜厂
北京市长城书画社
新街口街道高井幼儿园
西城区老年大学
新街口果子市幼儿园
北京医药股份有限公司药品分公司
北京中宇饭店
北京丰汇园物业管理有限责任公司
西城区金融街街道社区服务中心
金融街环艺园林绿化服务中心保洁一队
金融街环艺园林绿化服务中心保洁二队
金融街街道新京畿道实验幼儿园
北京住房公积金管理中心西城管理部
北京金丰环球远大装饰工程有限公司
北京长安商场有限责任公司
北京七彩云南商贸有限公司
北京市桂香春清真食品公司
中国道教协会白云观管理处
北京市西区邮电局
北京市大吉利酒家
华北电力科学研究院有限责任公司
北京上海老饭店餐饮有限公司
北京中广物业管理有限公司

北京安恒泰物业管理有限公司
北京万方西单商场有限责任公司
月坛街道第一幼儿园
公安部幼儿园
北京世纪凯晨物业管理有限公司中化大厦物管中心
北京沙龙宴酒店管理有限责任公司
北京市机械施工有限公司
北京中铁平安物业管理中心
北京阿兵荣辉美容理发有限公司
北京动物园
北京天文馆
展览路街道北营幼儿园
武警北京市总队第二医院
中国医学科学院心血管病研究所阜外心血管病医院
外交学院
北京万通新世界商城有限责任公司
北京文兴胶印厂
武警北京市总队第一支队
北京大学人民医院
中国科学院古脊椎动物与古人类研究所
北京百万庄图书大厦有限公司
北京永信达实业开发公司
北京金开利德国际服装市场有限公司
德胜街道颐年园敬老院
德胜街道保洁队
北京国电华北电力工程有限公司中国航空工业规划设计研究院
积水腾龙(北京)环境科技有限公司
北京广安物业管理有限责任公司
北京市研祥兴业国际智能科技有限公司
北京川人餐饮有限责任公司
西城区法律援助中心
北京市中信公证处
北京市公安局西城分局厂桥派出所
北京市公安局西城分局看守所
北京市国立公证处
北京市公安局西城分局府右街派出所
北京市公安局西城分局二龙路派出所
北京市公安局西城分局治安支队
北京市公安局西城分局刑侦支队
北京市公安局西城分局北海公园派出所
北京市公安局西城分局国家大剧院派出所
北京市公安局西城分局丰盛派出所
北京市公安局西城分局阜外大街派出所
北京市公安局西城分局月坛派出所
北京市公安局西城分局西单派出所
西城交通支队六部口队
西城交通支队西单队
什刹海街道司法所
德胜街道司法所
月坛街道司法所
新街口街道司法所
金融街街道司法所
展览路街道司法所
西城交通支队西外队
西城交通支队府右街队
西城交通支队西四队
西城交通支队执法站
北京市公安局西城分局新街口派出所
北京市公安局西城分局动物园派出所
北京市西城区公安消防支队
北京市工商行政管理局西城分局金融街工商所
北京市工商行政管理局西城分局月坛工商所
北京市工商行政管理局西城分局什刹海工商所
北京市工商行政管理局西城分局新街口工商所
北京市工商行政管理局西城分局德胜工商所
北京市工商行政管理局西城分局西长安街工商所
北京市工商行政管理局西城分局展览路工商所
北京市工商行政管理局西城分局执法检查队
北京市工商行政管理局西城分局信息档案管理中心
北京市西城区国家税务局第十税务所
北京市西城区地方税务局月坛税务所
北京市西城区地税局第一税务所
北京市西城区地方税务局什刹海税务所
北京市西城区地方税务局德胜税务所
北京市西城区特种设备检测所
北京市西城区计量检测所
北京淮扬春饭店
北京市西城区综合行政服务中心
北京市西城区地方税务局展览路税务所
北京市西城区地税局金融街税务所
西城区国家税务局第一税务所
西城区国家税务局第九税务所
北京市国税局信息中心
北京市西城区地税局第二税务所
北京市西城区地税局西长安街税务所

北京市北海幼儿园
北京市西城区棉花胡同幼儿园
北京市西城区曙光幼儿园
北京市西城区进步小学
北京市西城区展览路第一小学
北京市西城区三里河第三小学
北京师范大学附属实验中学
北京师范大学第二附属中学
北京第二实验小学
北京市鲁迅中学
北京市铁路第二中学
北京市西城区北长街小学
北京市西城区柳荫街小学
北京市第四十四中学
北京市第一五六中学
北京市西城区少年宫
北京市西城区青少年科学技术馆
北京市第三中学
北京市第七中学
北京市第十三中学
北京市第三十九中学
北京市第二一四中学
北京市二龙路中学
北京教育学院附属中学
北京市月坛中学
北京市第十三中学分校
北京市西四中学
北京市裕中中学
北京市西城区育华中学
北京市汽车工程学校
西城教委房管基建处
西城区教育技术装备中心
西城区中学劳动技术教育中心
西城区小学劳技教育实践中心
西城区中学生国防教育中心
西城区教育考试中心
西城区教育会计核算中心
北京市西城区自忠小学
北京市西城区力学小学
北京市西城区长安小学
北京市西城区顺城街第一小学
北京市西城区什刹海小学
北京市西城区护国寺小学
北京市西城区西什库小学
北京市西城区鸦儿胡同小学
北京雷锋小学
北京市西城区德胜门外第二小学
北京市西城区民族团结小学
北京市西城区育翔小学
北京市西城区裕中小学
北京市西城区师范学校附属小学
北京市西城区玉桃园小学
北京市西城区官园小学
北京市西城区四根柏小学
北京市西城区西四北四条小学
北京市西城区华嘉小学
北京市西城区奋斗小学
北京市西城区复兴门外第一小学
北京市西城区白云路小学
北京市西城区青龙桥小学
北京市西城区阜成门外第一小学
北京市西城区银河小学
北京市西城区文兴街小学
北京市西城区北礼士路第一小学
北京市西城区培智中心学校
北京市第六幼儿园
北京市西城区洁民幼儿园
北京市西城区长安幼儿园
北京洁如幼儿园
北京市西城区新街口少年宫
西城经济科学大学
北京市第四中学
北京市第八中学
北京市第三十一中学
北京市第四十一中学
北京市第一五四中学
北京市第一五九中学
北京市第一六一中学
北京市西城区实验学校
北京市外事学校
北京市第四聋人学校
北京市西城区教育研修学院
西城区中小学卫生保健所
西城区教育信息技术中心
北京市西城区黄城根小学
北京市西城区厂桥小学

北京市西城区新街口东街小学
北京市西城区宏庙小学
北京市西城区受水河小学
北京市西城区中古友谊小学
北京市第二聋人学校
北京市西城区西四北幼儿园
北京市西城区丰盛少年宫
北京市西城区金融街少年宫
北京市西城区德胜少年宫
北京市西城区展览路少年宫
北京市西城区规划管理信息中心
北京市西城区房屋土地经营管理中心新街口管理所
北京市西城区房屋土地经营管理中心供暖管理所
北京市西城区建设工程安全质量监督站
北京市西城区住房保障服务中心
北京市西城区房屋土地经营管理中心
北京市西城区房屋土地经营管理中心西长安街管理所
北京市西城区房屋土地经营管理中心金融街管理所
北京市西城区房屋土地经营管理中心德胜管理所
北京市西城区房屋土地经营管理中心月坛管理所
北京市兴地房地产经营开发公司
北京佳安房产经营服务公司
北京市西城区房地产测绘所
北京市西城房地产交易所
北京市西城区建设拆迁所
北京市西城区房屋土地经营管理中心修建队
北京市西城区房屋土地经营管理中心展览路管理所
北京晟佳国业经贸公司
北京市环清环卫设施维修服务中心
北京市环雅清扫保洁服务中心
北京市西杰物业管理服务中心
北京市西城区渣土管理所
北京市环丽清扫保洁服务中心
北京市西城区德外绿化队
北京市西城区城市管理监察大队
北京市西清清洁服务中心
北京市西杰清洁服务中心
北京地杰机扫保洁服务中心
北京市环兴街区清洁服务中心
北京市裕远达清洁服务中心
北京晟月洁物业管理中心
西城区环卫退休人员管理服务中心
北京市西城区人定湖公园管理处
西城区园林市政工程服务中心
北京市西城区园林局机关
北京市西城区苗木园艺队
北京市西城区月坛公园管理处
北京市西城区月坛绿化队
北京市西城区市政工程队
北京市西城区环境卫生服务中心机关
北京城市之洁环卫服务中心
北京市西城区图书馆
北京市西城区文化馆
北京市西城区青少年儿童图书馆
北京历代帝王庙管理处
北京李大钊故居管理处
北京市西城区文物保护研究所
什刹海社区卫生服务中心
德胜社区卫生服务中心
展览路社区卫生服务中心
金融街社区卫生服务中心
新街口社区卫生服务中心
西城区卫生局卫生监督所
西城区疾病预防控制中心
西城区动物卫生监督所
月坛社区卫生服务中心
西长安街社区卫生服务中心
首都医科大学附属复兴医院
北京市第二医院
北京市肛肠医院
西城区展览路医院
北京丰盛中医骨伤专科医院
西城区平安医院
西城区医学会
西城区老医药卫生工作者协会
西城区卫生服务事业管理处
西城区社区卫生服务管理中心
西城区医疗机构管理服务中心
西城区卫生局信息中心
北京金华骨专科医院
北京核工业医院
北京前海股骨头医院
北京中医药大学附属护国寺中医医院
北京金融街物业管理有限责任公司
北京华融综合投资公司
北京顺成饭店

金融街控股股份有限公司
北京西环置业有限公司
北京金易房地产开发有限公司
北京德胜投资有限责任公司
北京金融街房地产顾问有限公司
北京顺平拆迁有限责任公司
北京金融街购物中心有限公司
北京金融街第一太平戴维斯物业管理有限公司
北京融路通咨询服务有限责任公司
金融街(北京)置业有限公司
北京华融文化投资有限公司
北京华融基础设施投资有限责任公司
长城人寿保险股份有限公司
北京市华远集团有限公司
北京天恒置业集团
北京天恒正业投资管理有限责任公司
北京天恒瑞海物业管理有限责任公司
北京天恒华辰物业管理有限责任公司
北京市华丽楼宇物业管理有限责任公司
北京天恒置业集团退休职工服务中心
北京天恒华意科技发展有限公司
北京天恒房地产股份有限公司
北京市鼎泽物业管理有限责任公司
北京华方投资有限公司
北京金丰和科技企业孵化器有限责任公司
北京康华伟业孵化器有限责任公司
北京市皮鞋厂
北京自动化控制设备厂
北京市金属工艺品厂有限责任公司
北京轻工印刷厂
北京通盈建筑有限责任公司
北京市复兴商业城有限公司
北京市新街口百货有限公司
北京成文厚帐簿卡片有限公司
北京华兴清华商贸有限责任公司
北京市京工友谊时装厂
北京华兴新业餐饮娱乐有限责任公司
北京市西四电器有限责任公司
北京西西友谊商城有限公司西西友谊酒店
北京华兴新业有限责任公司北平居菜馆
北京西单壹零玖婚庆分公司
北京地百商贸有限公司
北京西四化工原料有限公司
北京银岛商厦有限公司
北京华利佳合实业有限公司钟爱一生影楼
北京华利佳合实业有限公司泰夫人婚纱影楼
北京市大华百货商场有限公司
北京市西海饭店有限责任公司
北京华利佳合实业有限公司京都宾馆
北京华利佳合实业有限公司五寰平安宾馆
北京华利佳合实业有限公司天锋宾馆
北京华利佳合实业有限公司商务楼
北京市国芳物业管理中心
北京望潮苑民俗度假村有限公司
北京华利佳合实业有限公司银岛饭店
北京华利佳合实业有限公司鼓楼鑫园客栈
北京华利佳合实业有限公司快捷酒店
北京贯通新业物业管理有限责任公司花园路分公司
北京贯通新业物业管理有限责任公司百万庄分公司
北京金象复星医药股份有限公司
北京金象大药房医药连锁有限责任公司
北京市宣内药品有限责任公司
北京金象复星医药股份有限公司白塔寺药品经营分公司
北京金象复星医药股份有限公司地安门分公司
北京金象大药房医药连锁有限责任公司西单金象大药房
北京金象大药房医药连锁有限责任公司展览路金象大药房
北京金象大药房医药连锁有限责任公司地外金象大药房
北京金象大药房医药连锁有限责任公司月坛南街金象大药房
北京金象大药房医药连锁有限责任公司西内金象大药房
北京金象复星医药股份有限公司复兴门金象大药房
北京金象大药房医药连锁有限责任公司西四北金象大药房
北京金象大药房医药连锁有限责任公司新街口金象大药房
北京金象大药房医药连锁有限责任公司乐仁金象大药房
北京金象大药房医药连锁有限责任公司建禹金象大药房
北京金象大药房医药连锁有限责任公司月坛北街金象大药房
北京金象大药房医药连锁有限责任公司和平门金象大药房

北京金象复星医药股份有限公司环展金象大药房
北京市宣内药品有限责任公司真武庙金象大药房
聚德华天控股有限公司北京砂锅居饭庄
北京华天饮食集团公司
北京华天延吉餐厅有限责任公司
北京华天延吉餐厅有限责任公司第一分号
北京贵阳饭店
北京同春园饭店
北京市皇城商贸有限公司合义斋小吃店
北京市西城区庆丰包子铺月坛店
北京市西城区庆丰包子铺木樨地北里店
北京市西城区庆丰包子铺西安门店
北京市西城区庆丰包子铺西单店
北京市北鹏商贸中心得天旅馆
北京市北鹏商贸中心德宾旅馆
北京市宝苑宾馆有限责任公司
北京市中特商贸公司中特旅社
北京桥头商贸中心
北京惠丰酒家西四饺子屋
北京惠丰酒家西外涮肉馆
北京市皇城商贸有限公司三座桥庆丰包子铺
北京市皇城商贸有限公司大红罗厂庆丰包子铺
北京市西城区庆丰包子铺木樨地店
北京市西城区庆丰包子铺新街口店
北京市西城区庆丰包子铺和平门店
北京市西粮德新粮食管理所六铺炕庆丰包子铺
北京福绥源商贸有限责任公司白塔寺庆丰包子铺
北京市中特商贸公司甘家口庆丰包子铺
北京市希福装潢公司新街口希福新阳珠宝饰品中心
北京华福新阳珠宝饰品市场有限公司
北京万方月坛商贸公司三里河一区便民店
北京市月中月购物城物亿发便民商场
北京市西城区庆丰包子铺玉桃园店
北京昌泰常食品中心民南庆丰包子铺
北京市中特商贸公司朝阳庵庆丰包子铺
北京万捷利商贸中心太仆寺街庆丰包子铺
北京市北鹏商贸中心安德庆丰包子铺
北京福绥源商贸有限责任公司鼓楼庆丰包子铺
聚德华天控股有限公司北京新路春饭庄
聚德华天控股有限公司北京西来顺饭庄
聚德华天控股有限公司柳泉居饭庄
聚德华天控股有限公司北京又一顺饭庄
聚德华天控股有限公司北京曲园酒楼
聚德华天控股有限公司北京华天马凯餐厅
聚德华天控股有限公司北京玉华台饭庄
聚德华天控股有限公司北京西四大地餐厅
聚德华天控股有限公司北京地外清真小吃店
聚德华天控股有限公司北京护国寺小吃店
聚德华天控股有限公司北京望德楼清真餐厅
聚德华天控股有限公司北京西安门清真饭馆
聚德华天控股有限公司北京聚德杏园餐厅
聚德华天控股有限公司北京新川面馆
聚德华天控股有限公司北京护国寺阜桥小吃店
聚德华天控股有限公司北京烤肉季饭庄
聚德华天控股有限公司北京护国寺月北小吃店
聚德华天控股有限公司北京聚德新成小吃店
聚德华天控股有限公司北京护国寺曙光小吃店
聚德华天控股有限公司护国寺小吃北来顺店
聚德华天控股有限公司北京峨嵋酒家
聚德华天控股有限公司北京聚德烤肉宛饭庄
聚德华天控股有限公司北京老西安饭庄
北京鸿宾楼餐饮有限责任公司
聚德华天控股有限公司北京厚德福酒楼
北京元长厚茶叶有限公司元长厚茶庄
北京元长厚茶叶有限公司隆泰茶庄
北京天福号食品有限公司榆树馆分店
北京天福号食品有限公司西内门市部
北京桂香村食品有限公司第二门市部
北京地安门副食商场
北京港佳好邻居连锁便利店有限责任公司木樨地店
北京港佳好邻居连锁便利店有限责任公司西安门店
北京港佳好邻居连锁便利店有限责任公司榆树馆店
北京港佳好邻居连锁便利店有限责任公司新街口店
北京港佳好邻居连锁便利店有限责任公司官园店
北京港佳好邻居连锁便利店有限责任公司新外大街店
北京港佳好邻居连锁便利店有限责任公司万方园店
北京天福号食品有限公司西内店
北京九州达隆菜市场有限公司
北京天福号快餐连锁有限公司
北京月坛体育馆
西城区体育局体育训练中心
西城区体育局体育活动中心
北京府右街宾馆有限公司
北京巴比龙时装有限公司
北京和合谷餐饮管理有限公司
北京市口福居火锅城有限责任公司

北京凯伯特装饰工程有限公司
北京段氏经贸公司
北京理想产业发展有限公司
北京市麻辣诱惑酒楼有限公司
北京市正辰科技发展有限责任公司
北京天泰置业有限公司
北京世纪铭人珠宝有限公司
北京基业达电气有限公司
北京什刹海商务服务中心
北京瑞而士进出口有限责任公司
北京市科瑞讯科技发展股份有限公司
北京世纪佳铭展览展示有限公司
北京海地人资源咨询有限责任公司
北京市瀚特艺术有限公司
北京金燕出租汽车有限公司
北京朗达商贸有限责任公司
亚通瑞特(北京)知识产权代理有限公司
北京药妆大药房
北京红科国际贸易有限公司(原北京市红科鞋业贸易发展公司)
北京享安燃气管道工程有限责任公司
北京一戴添娇帽业服饰中心
北京硕通达科贸有限公司
北京天赐庄园饮食有限公司第一分公司
百万庄园投资集团有限公司
北京智凯办公自动化设备有限公司
北京市金保典当行有限责任公司
北京朴兰设备安装有限责任公司
北京羊肉胡同珠宝交易中心
北京鑫盛光安防技术研究所
北京幸福泉儿童发展研究中心
北京市康科瑞工程检测技术有限责任公司
北京德易生物医学技术有限公司
北京西部纵横旅行社有限公司
北京恒融基业经贸有限责任公司
中逸会计师事务所有限公司
北京市科虹机电技术研究所
北京盛利达物业管理有限公司
北京环友建筑技术发展有限责任公司
北京通天智广告有限公司
北京晟利达科贸有限责任公司
北京双兴巴国布衣餐饮有限责任公司
北京永昌动物医院
北京晓军办公设备有限公司
北京京卫顺康医药科技发展有限公司
北京挚友泰科通信技术有限责任公司
北京巴黎婚纱摄影有限公司
北京东方国兴建筑设计有限公司
北京日昌麟记餐饮有限公司
北京英凯瑞科技发展有限公司
凯达航空服务有限公司
北京赞成国际投资有限公司
北京龙摄影
情订奇缘国际婚纱摄影(北京)有限公司
北京郭林家常菜食品有限责任公司
北京欧林时代文化传播中心
北京昊诚口腔诊所
北京世纪宏源装饰工程有限公司
北京复兴博爱眼科中心
北京梦奥园餐饮有限责任公司
北京华联文仪办公设备有限责任公司
北京永信达实业开发公司
北京市华联仪器仪表销售服务有限公司
北京吉野家快餐有限公司
北京市圣轩尼服装服饰公司
北京众合动物园服装批发市场有限公司

西城区文明街道

西长安街街道
什刹海街道
新街口街道
金融街街道
月坛街道
展览路街道
德胜街道

西城区文明社区

钟声社区
太仆寺街社区
义达里社区
西黄城根南街社区
南北长街社区
北新华街社区
西单北社区
西交民巷社区
六部口社区
未英社区
苇坑社区

西安门社区
西什库社区
大红罗社区
西巷社区
前铁社区
兴华社区
后海西沿社区
四环社区
前海东沿社区
白米社区
景山社区
米粮库社区
旧鼓楼社区
后海社区
柳荫街社区
菠萝仓社区
鼓西社区
爱民街社区
双寺社区
西海社区
前公用社区
北草厂社区
冠英园社区
宫门口社区
中直社区
西里三区社区
西四北六条社区
大觉社区
西里二区社区
西里一区社区
西四北三条社区
玉桃园社区
安平巷社区
南小街社区
半壁街社区
北顺社区
西四北头条社区
新文化街社区
丰盛社区
丰汇园社区
中央音乐学院社区
二龙路社区
西太平街社区
文昌社区
温家街社区
教育部社区
京畿道社区
宏汇园社区
受水河社区
新华社社区
东太平街社区
丰融园社区
大院社区
三里河二区社区
复兴门外社区
木樨地社区
南沙沟社区
汽车局河北社区
汽车局河南社区
三里河社区
三里河三区第三社区
铁道部住宅区第二、二社区
铁道部住宅区第二、一社区
铁道部住宅区第三社区
西便门社区
三里河一区社区
月坛社区
真武庙社区
白云观社区
复兴门北大街社区
广电总局住宅区第一社区
南礼士路社区
三里河三区第一社区
三塔社区
新华里社区
新华南社区
阜外东社区
德宝社区
团结社区
榆树馆社区
新华东社区
北营房西里社区
阜外西社区
车公庄社区
黄瓜园社区
百万庄东社区

万明园社区
露园社区
黄寺大街24号院社区
安德路北社区
新风街1号社区
德外大街东社区
马甸社区
新风中直社区
煤炭社区
安德路南社区
阳光丽景社区
双旗杆社区
德外大街西社区
德胜里社区
石油社区
裕中东里社区
新外大街南社区
裕中西里社区
新外大街北社区

西城区民族团结文明院

颁赏胡同27号
西安门大街29号
宣武门内大街105号
东太平街4号
车公庄北里46号楼4门
京剧院小区104号楼
安德路136号楼7门
小市口3号院4楼3门
德外教场口9号院5号楼7层
前荷包胡同4号
教场口6号院2号楼2门
东夹道48号
马相西巷5号楼4门
青塔胡同8号
复兴门南大街9号楼13层
三里河北街5号院2号楼9层

西城区五好文明家庭

张秉娥　西皇城根南街社区石板房
丁润锋　大六部口24号楼5门
丁秀贞　钟声2号楼6门
李春芳　太仆寺街
杨金萍　府南社区背阴胡同37号院5门
张金枝　西绒线20号楼7门
陈占勇　铜井大院28号
王凤彩　西交民巷70号
陈　庆　东斜街51号
马英惠　西四北社区太平仓甲1号
苗玉珍　西安门社区西安门大街20号
管雪菊　西什库社区西什库大街19号6门
祝卫东　爱民街社区爱民里2号楼3门
郑淑兰　西巷社区大杨家13号
王淑珍　护国寺社区德内大街265号
杜大玲　前铁社区前铁匠胡同1号
孙　萍　前海北沿社区东煤厂胡同31号
戴秋莎　米粮库社区恭俭胡同46号
英全喜　旧鼓楼社区前马厂胡同1号楼1门
何向东　鼓西社区鼓西大街60号
王玉青　后海社区鼓西大街39号
党　培　后海西沿社区德内大街145号
王艳红　苇坑社区30号
王　蓉　西四北六条9号
郭迎喜　西四北七条61号
张双庆　中帽胡同6号
任保红　冠英园柳巷15号5门
关立明　永祥胡同8号
李润英　小乘巷27号楼2门
孙国栋　东廊下胡同24号
张玉琴　小后仓胡同9号2门
龚文河　苏罗卜胡同10号
赵竹英　青塔胡同5号
高福寿　宫门口横胡同11号
郁　彬　西直门南大街12号楼
张　建　马相西巷5号楼1门
王永群　阔带胡同19号
魏世豪　新街口西里一区6号6门
王俊英　新街口西里三区四号楼3门
佟春兰　笔管胡同22号
张亚丽　丰融园17号1门
吕友仁　参政胡同10号
刘培培　鲍家街43号王府院
白莲英　新文化街32号
吴凌芬　羊肉胡同67号
康连平　二龙路社区云梯3号楼2门
荣建华　东太平街12号
丁永明　月坛南街37号院3号楼1门
董莉洁　复兴门外大街8号楼

孟昭珍 白云观街北里1号3楼
高德原 木樨地南里29号楼
王丽英 西便门外大街4号院6号楼5门
李淑芬 木樨地北里丙4楼
肖自力 三里河二区6号楼
姚德荣 月坛西街西里甲7栋2门
郑淑英 南礼士路三条北里甲4楼
赵斅芬 西便门外大街7号院5门
文 雅 真武庙六里2栋
翁成俊 三里河三区2栋5门
郭凤环 真武庙二里真武家园1号楼
吴 可 三里河东路1号楼
薛丁一 木樨地北里19号楼1门
胡凯峰 三里河三区25楼2门
周世彬 月坛西街乙2号院4号楼
于清源 郝家湾3号楼3门
王日新 朝阳庵11楼1门
邱金菊 车公庄北里甲23楼
鲁文彩 车公庄北里甲21楼
王 红 大钱市3号楼
孙书芳 德宝24号楼4门
张汝贞 百万庄大街甲21号院6楼1门
赵胜兰 百万庄大街21号院3楼1门
李 荣 进步巷3号3门
宋恩燕 团结大院3号5门
张玉凤 车公庄中里11号4门
尹其林 车公庄中里乙六楼
戴新兰 西直门南大街19号楼
秦凤喜 西直门南大街23号楼
董爱丹 新华里16号院6号楼2单元
张嘉瑛 车公庄大街2号院2号楼
李秀荣 北礼士路62号院1号楼楼3单元
李德普 榆树馆西里5楼3门
邓松月 榆树馆西里3号楼4门
周宝贞 六铺炕二区26号3门
苏玉琴 六铺炕三区12号1门
陈笑微 六铺炕二区40号
冯爱珠 炭厂楼1门
郑治家 新外大街34号院2门
孙步凯 新明5号楼5门
金培蓓 新外大街甲4号23门
韩英岚 新风1号院14门
申和平 新风1号院5门
李福寿 新明胡同8号1门
付水文 新明胡同8号楼3门1层
李澍晔 西新风北里1号楼
王宝明 新风南里9号楼1门
韩佩华 黄寺大街24号社区15门
张蕊香 德外大街乙12号院2门
何香玉 裕中西里25楼
李玉兰 裕中东里19号楼5门

2008年度督查考核优秀单位

西城区劳动保障局
西城区审计局
西城区发展改革委
西城区政府法制办
西城区统计局
西城区人口计生委
西城区信访办
西城区民政局
西城区财政局
西城公安分局
什刹海街道办事处
金融街街道办事处
展览路街道办事处

2008年度督查考核单项优秀单位

西城区体育局
西城区卫生局
西城区地税局
西城区环保局
西城区市政管委
西城区建委
西城区2008环境建设指挥部办公室
西城区城管监察大队
西城区国资委

西城区先进基层党组织

西城区委办公室机关党支部
西城区委教工委
西城区劳动保障局医保中心党支部
西城区商务局机关党支部
西城区文化馆党支部
西城区委卫生工委
西城区人口计生委机关党支部
西城区审计局机关党支部
西城区国资委党委
西城区统计局原机关党支部

西城区城管监察大队党委
西城公安分局党委
西城区地税局金融街税务所党支部
西城区国税局票证中心党支部
西城工商分局食品质量监督管理科党支部
西城区质量技术监督局特种设备检测所党支部
西城药品监督分局机关党支部
西城区委金融街街道工委
西城区委展览路街道工委
西城区检察院反贪局党支部
西城区法院便民速裁庭党支部
西城区委老干部局机关党支部
西城区教委房管基建处党支部
北京市第四中学党委
北京市第一六一中学党委
北京市西城外国语学校党委
北京第二实验小学党委
北京市第三中学初中教师党支部
北京市第三十一中学党支部
北京经贸职业学院工商管理系党支部
西城区中古友谊小学党支部
西城区育民小学党支部
西城区三里河第三小学党支部
西城区培智中心学校党支部
北京市北海幼儿园党支部
西城区疾控中心党总支
首都医科大学附属复兴医院党委
北京市西城区平安医院党总支
北京市德恒律师事务所党支部
北京华天饮食集团公司党委
北京华融综合投资公司党委
北京天恒置业集团党委
北京市皮鞋厂党委
北京市新街口百货有限公司党总支
北京西单酒店有限责任公司党支部
北京金象复星医药股份有限公司白塔寺药店党支部
北京市大华百货商场有限公司党支部
西城公安分局德胜门外派出所党支部
西长安街街道办事处第三党支部
西长安街街道和平门社区党委
西长安街街道义达里社区党委
北京府右街宾馆有限公司党支部
什刹海街道办事处机关第三党支部
什刹海街道柳荫街社区党委
什刹海街道兴华社区党委
什刹海街道前海北沿社区党委
什刹海街道四环社区党委
北京市电焊机制造有限公司党总支
新街口街道工委机关第一党支部
新街口街道办事处机关第二党支部
新街口街道机关离休第二党支部
新街口街道西里三区社区党委
新街口街道西四北三条社区党委
新街口街道中直社区党总支
北京晓军办公设备有限公司党支部
金融街街道东太平街社区党委
金融街街道宏汇园社区党委
金融街街道大院社区党委
金融街街道二龙路社区党委
月坛街道办事处第一党支部
月坛街道白云观社区党委
月坛街道三里河一区社区党委
月坛街道复北社区党委
北京市西城区逸飞工贸总公司机关党支部
北京月坛晋阳饭庄有限责任公司党支部
展览路街道北营房西里社区党委
展览路街道露园社区党委
展览路街道新华里社区党委
展览路街道阜外西社区党委
展览路街道德宝社区党委
展览路街道北营房东里社区党委
展览路街道文兴街社区党委
北京新联物业管理有限责任公司党支部
德胜街道机关工委党支部
德胜街道机关第二党支部
德胜街道机关第四党支部
德胜街道安德路南社区党委
德胜街道新明家园社区党委
德胜街道阳光丽景社区党支部
积水腾龙(北京)环境科技有限公司党支部
西城区园林市政工程服务中心德外绿化队党支部
西城区房地中心新街口管理所党支部
西城区环卫中心党委
西城区军休办党委
北京国宏宾馆有限公司党支部
西城区人才工委西城区第八联合党支部

北京国宾友谊国际酒店管理有限责任公司党支部
北京市天创兴旺物业管理有限公司党支部
北京城弘城物业管理有限公司党支部
北京基业达电气有限公司党支部

西城区区域党建先进单位

武警北京总队一支队党委
国家大剧院党委
北京图书大厦有限责任公司党委
北京市市政管委直属机关党委
北京市急救中心党委
北京市委教育工委市教委机关党委
解放军歌剧院党支部
北京师范大学继续教育与教师培训学院党总支
北京市什刹海体育运动学校党委
北京大学第一医院党委
当代中国研究所党委
北京鲁迅博物馆党委
北京市城区供电公司党委
北京市司法局机关党委
总政西直门招待所党委
总政歌剧团党委
中国人民银行机关党委
北京联通公司维护中心党委
北京住房公积金管理中心西城管理部党支部
北京银行燕京支行党支部
新华社机关党委
北京市规划委员会直属机关党委
首都博物馆党委
北京市城建安装工程有限公司党委
铁道部直属房产建筑处党委
第二炮兵后勤部司令部管理处党总支
北京市委党校机关党委
中国新闻社党委
北京矿冶研究总院党委
北京大学人民医院党委
北京展览馆党委
北京国电华北电力工程有限公司党委
北京有色金属研究总院党委
北京中油宾馆党支部
中国水利水电第二工程局有限公司党委
中国航空工业规划设计研究院党委

2008 年度西城区科技先进单位

北京普天德胜科技孵化器有限公司
北京梅泰诺通信工业技术有限公司
万若(北京)环境工程技术有限公司
迪思杰(北京)数码技术有限公司
北京时代亿信科技有限公司
北京亿信恒通科技有限公司
北京派华文化发展有限公司
北京乐升科技有限公司
北京敬业机械设备有限公司
中经网数据有限公司
北京康华伟业孵化器有限责任公司
北京京运通科技股份有限公司
北京天瑞明达电气设备有限责任公司
北京紫控科技有限公司
北京北科双元涂料科技有限公司
北京富迪创业科技有限公司
北京西狄亚暖通设备有限公司
北京国电龙源科灵电器科技开发有限公司
北京德胜美江企业管理有限公司
北京科冠车辆新技术开发有限公司
北京利玛自动化技术公司(工业自动化孵化基地)
北京众之望科技有限公司
北京硕人海泰能源科技有限公司
北京合众创业技术有限公司
北京西普伟业科技发展有限公司
北京金丰和科技企业孵化器有限责任公司
北京华怡净化科技研究所有限公司
北京欧亚互动数码技术有限公司
北京安泰隆机电技术有限公司
中宏生物工程有限责任公司
北京四中龙门网络教育技术有限公司
北京万桥兴业机械有限公司
北京理正软件设计研究院有限公司
有研稀土新材料股份有限公司
北京矿冶研究总院
北京百科在线网络出版有限公司
北京绿洲德瀚环境保护中心
北京心觉工业设计有限责任公司
北京市第一六一中学
北京市西城区外国语学校
北京市第八中学
北京师范大学第二附属中学
北京市西城区奋斗小学
北京市西城区黄城根小学

北京市第四中学
北京市西城区青少年科学技术馆
北京第二实验小学
北京师范大学附属实验中学
北京市西城区小学劳技中心
月坛社区教育学校
北京市西城区卫生局科教科
首都医科大学附属复兴医院
北京中医药大学附属护国寺中医医院
北京市肛肠医院(北京市二龙路医院)
北京市西城区展览路医院
北京丰盛中医骨伤专科医院
北京市西城区疾病预防控制中心
北京市西城区科学技术协会
北京市西城区土木建筑学会
北京市西城区什刹海研究会
北京市西城区文化产业协会
北京市西城区科技协作中心
北京市西城区老医药卫生工作者协会
北京市西城区医学会
北京市西长安街街道办事处社区建设办公室
北京市西城区长安小学
北京市西城区新街口街道科协
北京市西城区图书馆
北京市西城区展览路街道办事处
北京动物园
北京市西城区华嘉小学
北京市药品监督管理局西城分局
北京市西城区德胜街道办事处
北京市西城区德胜街道黄寺大街24号社区
北京市西城区什刹海街道办事处社区建设办公室
北京市西城区什刹海街道办事处松树街社区
首都博物馆
北京市西城区白云路小学
北京市西城区科学技术委员会
北京市西城区劳动和社会保障局信息中心
北京市西城区信息化工作办公室
北京市西城区环保科技信息服务中心
北京市西城区计量检测所
北京市西城区统计局
北京市西城区人民法院知识产权审判庭
北京市西城区体育局

教育系统先进集体

北京市第三中学高二年级组
北京市第四中学生物组
北京市第七中学高三年级组
北京市第八中学初中部物理教研组
北京市第十三中学高三部总务处
北京市第三十一中学高三年级组
北京市第三十五中学初三年级组
北京市第三十九中学高三年级组
北京市第四十一中学生化组
北京市第四十四中学初三年级组
北京市第五十六中学高三年级组
北京市第一五四中学初二年级组
北京市第一五六中学高中语文组
北京市第一五九中学高三年级组
北京市第一六一中学高三年级组
北京市第二一四中学初三年级组
北京市二龙路中学高三年级组
北京市鲁迅中学高三年级组
北京教育学院附属中学德育处
北京市月坛中学数学组
北京市铁路第二中学高三年级组
北京市西四中学初二年级组
北京市裕中中学初一年级组
北京市西城区育华中学办公室
北京市西城区实验学校初三年级组
北京市西城外国语学校高中历史组
北京市第八中学分校初一年级组
北京市第十三中学分校数学教研组
北京师范大学附属实验中学高三年级组
北京师范大学第二附属中学高三年级组
北京市三帆中学初三年级组
北京师范大学亚太实验学校小学体育组
北京市第四聋人学校语文教研组
北京市西城区教育研修学院中学部
北京市西城区教育信息技术中心教科研部
北京市西城区中学劳动技术教育中心行政组
北京市实美职业学校德育处
北京市外事学校烹饪专业组
北京市汽车维修工程学校校务办
北京市西城区自忠小学语文教研组
北京市西城区力学小学五年级组
北京市西城区北长街小学语文教研组
北京市西城区长安小学行政组
北京市西城区顺城街第一小学四年级组
北京市西城区柳荫街小学科任组

北京市西城区什刹海小学数学教研组
北京市西城区护国寺小学语文教研大组
北京市西城区黄城根小学六年级组
北京市西城区西什库小学教导处
北京市西城区厂桥小学课题组
北京市西城区新街口东街小学数学组
北京市西城区鸦儿胡同小学行政组
北京雷锋小学中年级组
北京市西城区德胜门外第二小学四年级组
北京市西城区民族团结小学后勤组
北京市西城区五路通小学六年级组
北京市西城区育翔小学四年级数学组
北京市西城区裕中小学五年级组
北京市西城区师范学校附属小学阳光部低年级组
北京市西城区玉桃园小学数学组
北京市西城区官园小学六年级组
北京市西城区四根柏小学后勤组
北京市西城区西四北四条小学外语组
北京市西城区中华路小学科任组
北京市西城区宏庙小学体育教研组
北京市西城区华嘉小学科任一组
北京市西城区西单小学行政组
北京市西城区奋斗小学二年级组
北京第二实验小学英语教研组
北京市西城区受水河小学科任一组
北京市西城区三里河第三小学四年级组
北京市西城区中古友谊小学行政后勤组
北京市西城区复兴门外第一小学美术教研组
北京市西城区育民小学美术组
北京市西城区白云路小学六年级组
北京市西城区青龙桥小学体育组
北京市西城区阜成门外第一小学六年级组
北京市西城区银河小学行政后勤组
北京市西城区展览路第一小学三年级组
北京市西城区文兴街小学数学教研组
北京市西城区北礼士路第一小学四年级教研组
北京市西城区进步小学行政组
北京市第二聋人学校高年级组
北京市西城区培智中心学校教研二组
北京市北海幼儿园医务室
北京市第六幼儿园大一班
北京市西城区棉花胡同幼儿园日中班
北京市西城区长安幼儿园大班组
北京市西城区西四北幼儿园中班组
北京市西城区民族团结幼儿园中班组
北京市西城区洁民幼儿园大一班
北京洁如幼儿园小班组
国家发展和改革委员会三里河幼儿园办公室
北京市西城区新街口街道果子市幼儿园办公室
中国石油天然气集团公司华油
北京服务总公司幼儿园园长办公室
北京军区空军蓝天宇锋幼儿园中三班
机械机关幼儿园保健科
北京市公安局幼儿园大二班
公安部幼儿园小二班
北京市西城区少年宫群众活动部
北京市西城区青少年科学技术馆环保组
北京市西城经济科学大学艺术系
北京德采幼儿园教学部
北京市西城区光明美术培训学校幼儿、儿童美术教研组
北京金融培训中心教务部
北京师范大学附属实验中学分校(候补)初三年级组

先进个人

西城区文明市民标兵

聂连仲　陈卓宏　罗喜来　刘家莉　靳秀敏
汤文华　高燕忻　范丽丽　王天枢　白大成
郝　杰　黄慧业　马占春　王春华　李东红
杨玉成　刘燕瑞　赵素珍　马广明　李双军
高延英　冯代莲　王凤玲　王　辉　李　利
郭惠兰　王傢琪　刘成斌　宋惠纲　邵　贺
张英祥　王玉英　杨金花　聂淑兰　李秀荣
郭惠玲　王载厚　高秀英　戴达方　李　茹
石根生　温湘跃

西城区优秀共产党员

刘　佳　明木江　张小来　王　凤　顾　秀
俞　强　徐　闻　周慧来　程　军　王明山
刘春伟　姜立光　张宏达　郑伟英　骆　京
姜兆春　张　榕　商　燕　袁桂凤　牛　锐
何彦娥　孙建生　殷　刚　张玉联　刘晨晨
卢存刚　白云良　邢晶晶　田京生　史　征
李明赞　刘运秀　王群慧　刘东文　桂天容
夏　洁　孙志宇　李文艳　沈心燕　曹玉华
柴兴祝　张友安　王　玫　张蔼萍　席建国
张　文　王秀声　戴　诺　何佳丽　李常兰

马桂荣　单银雪　边　静　金　枫　赵玉琴
董久昌　边宝生　顾　利　王　庆　刘　芳
商　亮　谭静范　杨　璇　崔玉峰　齐越峰
吴　眉　申志茜　张　欣　皮　强　孙首肃
梁成艺　刘　丽　柏树阳　石振清　刘锡福
付汉印　张　延　杨连顺　尚志强　郭振声
刘德起　孟　鑫　刘桂云　王永生　田巨德
张晓波　王宝书　刘通明　胡明阳　鲍京凯
李四全　任国强　韩趁新　方　革　孙洪彦
陈　晨　郑伯义　徐维义　张金发　周　军
李会增　吴爱宏　张玉春　朱品高　王凤彩
张玉亭　王　践　李　志　史化茂　靳秀敏
赵山伯　丁润锋　张素岭　沈　明　王毓明
马光明　唐景平　田文清　杨立群　曹庆莉
郭团中　胡良波　王　琮　徐金国　王国强
尹相鸿　刘天纲　周凤兰　唐松杰　曲永敏
缪家瑞　霍尚林　杨宝平　高燕忻　刘金恒
李　刚　张有花　何向东　王铁溥　王战荣
张洪建　张中喜　陈静敏　金耀芳　李　富
陈　璐　温宝林　马文娣　孔祥富　李润英
赵新忠　赵宝玲　刘竹青　周玉花　杨令燕
王殿香　朱士傑　武淑贤　岳桂芳　闫志勇
郭大发　周宝宁　戚金友　朱小明　于学强
袁　利　刘宝旺　吴月影　马贻恒　高　媛
马　勇　刘　红　刘仕华　赵　伟　茅伟红
翟玉洁　孙建平　冯代莲　马广明　吴军利
王　奇　李大荣　孙伟力　刘文礼　牛秀茹
张俊英　朱志清　林晓林　张志华　卢文英
崔金芝　李英余　肖　敏　赵淑华　李春华
李志红　王凤英　杨茂林　张　敏　陈仲丽
顾美郎　张春兰　邸欢乐　孙建本　李乃贞
李　利　申新鱼　刘戊辰　滕家慧　高敬朝
马业珠　王　蕾　郑云台　张殿华　李常青
崔秀英　任　英　宋正武　王惠萍　胡　静
郎学燕　邝伟军　高全智　张汉萍　杨树林
王玉茹　刘燕春　纪明霞　王克功　薄振英
戴淑琴　万吟珍　薛秀云　范秀英　朱秀玲
田凤英　贾文淑　师玉芬　肖振荣　柯月英
张金玉　杨达三　朱英奎　张　勇　杜洪岩
娄　崙　郁　治　杨显镇　陈洪祥　宋俊生
崔秀岐　崔金莲　穆瑞章　孙玉春　李　茹
马燕生　张玉兰　王会娟　回阿凤　吴尾君
刘发亮　李璐博　李建新　李贵真　段　润
旺京瑜　朱艳岭　李兰秋　高雪海　马燕芬
刘振华　张　萃　韩福荣　赵素华　温湘跃
支洪波　崔光辉　孙海深　刘贵英　张惠生
申长丁　李玉琴　王志强　刘洪年　吕振洲
李仲海　任焕恩　李艳鹏　武学兰　张　旭
马　晖　吴华月　张振凯　徐群芳　裴　红
史海燕　沈惠芬　吴　刚　李纪兴　于　进
于文革　王庆国　赵　申

西城区优秀党务工作者

詹志刚　戴时淼　王小燕　郝寒娟　吴向阳
黄行明　汪雅军　李晓红　王建平　王红艳
陈星美　何利民　苏兰英　施建平　史　锋
薛湘丽　韩　涛　何灵灵　沈桂芬　张凤兰
蔡　伟　张丽捷　李连荣　王　平　王淑怡
李文锁　见培炎　施月林　王克南　胡　静
葛凤林　张进贤　田静娴　肖　英　李京仲
李凤云　陈　华　王功伟　胡德刚　步艳梅
江　明　赵庆宗　张文哲　李留铁　马淑玲
孙永峙　陈先柏　张宝力　刘　锋　李征帆
尹湘郴　李新颖　唐一民　王国建　田红领
尹　军　辛俊高　吴　侠　刘逢军　李云英
鲁忠岐　张　玮　王会芝　刘德金　王　蓉
刘桂荣　吴大江　刘　明　张　立　赵淑萍
蒋凤仪　周　建　李红兵　王连杰　袁　军
张翠英　郭惠兰　王傢琪　康　莉　李明国
裘　颖　范　瑾　孟红梅　柴庆莲　段素心
郭晓月　王遵进　马小鹏　李　晖　郝京生
王兰渝　高道同　王红兵　綦希琏　张长生
于燕萍　李润承　陈惠杰　陈　卫　郑恩来
杨文博　刘建华　姜开龙　韩美玲

西城区区域党建优秀共产党员

郭玉良　潘兴立　聂永朝　阴衍霖　郭军华
曹向辉　申蕴宁　吴　杰　刘秋和　黄富安
吴庚新　陈芸芝　汤啟勋　李建成　李海滨
刘君南　刘　晴　魏　明　王　静　齐士英
迟淑敏　魏建平　刘大为　周　欣　朱立华
李双军　魏新志　鲁　齐　朱玉利　周长海
满开金　蒋协助　李　卫　张秀丽　韩印田
丛树文　陈虎林　戈北雨　王重庆　罗　钧
姚海峰　李　伟　高天峰　许永泰　乔　玢
杜宝贵　孔繁涛　陈月华　白兆京

2008年度西城区先进科技工作者

施雪英　徐　彬　康　凯　高　卓　赵　焰

张　超　周利民　苏雪峰　张　震　王智刚
冯焕培　赵　辉　刘蓉晖　张学智　田　波
徐俊英　王子善　田　淼　兰　涌　曲　煜
李明武　卢　明　石　刚　毕保健　郭代席
张　健　韩晓雪　陈竹师　王玉刚　李明贤
徐昌强　王基雄　娄柴军　王　东　周旺林
黄向伟　杨雪峰　赵清一　张　轲　黄翠玲
朱东屏　董景俊　黎　明　王丽娟　宋建国
马志洪　荣飞雪　杨文芝　刚永运　马景林
赵继宗　崔富云　胡红信　陈　颖　谭小青
郭建华　闫莹莹　王　晨　冯　红　甄　奕
刘文秀　罗　雯　李　菁　钟　勤　王慧英
张丽莎　郑燕鸿　安　宇　安　琳　孙光福
孙　颖　赵香梅　孙雅丽　郭美玲　齐越峰
谭静范　朱　钢　杨　娜　杨青俊　宋　雯
张延芳　苏保成　连聚峰　吴　涛　侯九义
杨胜博　陈小平　王　利　陈新生　王京起
苏　岳　李　争　孔祥富　吴立军　白　杨
刘　明　于学强　刘　申　纪冠军　张　威
傅　强　孟红伟　颜志斌　冯秀文　何　强
王　岩　高凤荣　张　辉　吕建儒　王　勇
陈晓娟　吴英茂　赵宝庆　吴　蓬　王海鹏
焦志强　刘玉勤　李秀平　方严松　王福俊

西城区优秀园丁

顾晓霞　鲁建华　刘长铭　马　越　李京燕
张惠敏　吴胜九　季瑞华　汪　东　刘洁新
曲　锐　梁平捷　林　渝　张　宁　赵文惠
冯海燕　陈淑芬　芦　妙　孙　涵　王修芳
孟庆云　韩春华　袁宝恩　张子瑜　尚建军
曹保义　刘　华　王立坚　高向东　孔建军
刘焕娣　聂晓霞　曹佩芳　王利芬　胡珍爱
王晨华　齐渝华　康　栋　李亚芬　杨小培
王　萍　张秋玥　刘江宁　朱铁林　伊　莉
乔　玲　解　玮　王　新　武佩琦　刘淑莉
韩　力　方银芝　佘　雅　刘　颖　李雪峰
王培荣　姜　英　郝　洁　何　莹　赫　颢
刘体兰　朱　颖　张春东　于艳萍　李宝花
单银雪　周又红　金　枫　吴慧涵

西城区教育系统先进工作者

刘艳艳　顾春霞　吴桂香　郭燕梅　黎　光
范　蕾　李　丽　安东明　刘秀梅　时新华
赵　悦　黄　春　谢　超　郭　伦　何石明
秦　波　彭　艳　曾贵荣　王晓华　魏　萌
马　青　谢铭华　王成祥　石伏平　古跃凤
申　博　张文琦　刘　艳　党　威　张　军
张燕清　龚宝华　王　燕　孙　烨　于镜肃
高　娟　陈小娟　秦　胜　王艳蓉　韩　旭
刘　冰　张　明　商国英　桂　杜　赵　炜
郭艳红　芦　伟　陈亚娟　唐　旻　尹国芳
周全胜　刘　静　夏　丹　王　冰　周宇安
胡俊生　郭志平　宋小华　王莉娜　刘德林
魏有付　刘联合　吴　晶　张子季　靳爱丽
胡爱霞　苏　戈　马　静　肖　娜　郭媛媛
郑　红　李争艳　郝英丽　宋清照　苏　跃
刘京莲　李景云　李　滢　姜　静　丁鸿贞
谢德玮　张亚宁　周　雁　娄　艳　贺砚均
柴晓涛　高玉琦　吕　红　刘　宏　赵志耕
金海涛　赵晓梅　王　玲　王　晨　刘素梅
宋景明　苏晟宇　周子军　屈明媛　高　燕
韩秀莉　雷　杰　张红梅　谷　健　徐秋旻
罗辉林　李　锦　张　莉　黄锐英　王旺新
李双霞　李召江　苗玉芬　隗晓玲　张　佤
赵淑凤　乔白云　崔　越　吴雪松　杜　坚
徐　波　王清秀　刘春光　殷桂范　栾英非
刘荣欣　王俊成　王守莲　杨运玲　袁丽平
李建波　王东玉　朱　辉　孟　丽　刘秀敏
刘淑敏　张秀卿　马红美　周嘉働　李　昂
徐立军　陈晓白　王秀阁　王成海　雷小军
刘　伟　钱　明　魏航英　杨　超　王　玺
张晶强　黄春萍　张　平　李　婧　王　丹
张　莉　赵　欣　徐向荣　余仕兵　阎亚群
沈大富　王建昌　刘　怡　肖　孟　李桂英
王　妍　张　琴　其木格　岳云霞　谢　瑾
李　艳　王运淼　梁　凯　李　军　张　毅
王　冰　梁　乐　蔡　将　吕永新　徐镔镔
相红英　韩立新　黄　悦　刘　莉　李　强
武　懿　邱　岚　钱　玮　李　琳　宋薇薇
万凤美　刘　怡　吕瑞锦　李广祥　阎　勇
李洪书　林春腾　刘　燕　曾　阳　王　芳
左晓静　田　彤　侯映丽　刘慧霞　贾建民
王振河　张海红　冯玉珍　辛芝琴　王连庆
关文江　单志平　刘发茂　陈甜天　鲁　纭
潘玉明　李援瑛　李建平　苗燕群　王　毅
宛建华　刘　红　邹　力　吴雪梅　邱　悦
吕　红　夏燕郡　佟雪梅　王　勤　付小珊
汪　杰　徐旭平　汪珊珊　鞠海虹　叶　英

赵　欣　徐　颖　朱　江　冀爱群　王　霞
付晓丽　杨宇红　刘一成　潘之浩　李双慧
田惠基　韩　郁　王　玫　潘丹彤　陈景涛
张　威　刘　瑛　律　畅　孙静润　李蔚新
张雅文　王　玲　薛　铮　蒋　宏　莫雅璐
王　冰　温石英　孙　云　王桂田　秦安文
陆　璐　李　静　佟　青　穆怀敏　何　颖
冯延军　王卫民　黄　蕾　李春梅　杨　蕾
贾伟峥　程玉洁　张　洁　杨金霞　蒲　燕
王金林　丛　林　刘东霞　许莎莎　杨新芳
程　岩　张　英　高　巍　于　岩　司维红
王秀珍　徐　军　马德玲　龙小沛　蔡景波
张　丽　郭　霄　贺南燕　施银燕　许　颜
宿　慧　鄂　芳　张委萍　任　莹　郑　祺
辛　萍　白　杰　邢志伟　朱　洁　顾俊晖
刘　宇　于　崴　赵　巍　庄　婕　王　萍
高春燕　曹　宁　荣玉静　孟　慧　高　宏
王　红　李　静　尚　平　王　欢　金明彦
曲益青　于大忠　刘宇萍　高丽新　赵　琨
刘秋梅　王琛琛　高　华　胡香云　刘　荔
金　鑫　张　宏　褚　潇　郑　丽　齐振燕
侯克慧　李　宏　李建丽　蒋小燕　周　宇
胡素华　吕　妍　何　杰　汪京莉　李凤杰
佟颖文　李　岩　李宝荣　苏　炜　陈　瑜
阎　菲　唐淑英　姚丽红　鲍　波　翟春明
于素春　常晓玲　宁佳音　殷　红　曹海琴
韩　军　秦　颖　刘怡宁　李　曼　林　颖
张　青　智　瑾　周维茵　张克勤　赵　迎
李慧雯

优秀班主任

王　颖　董育红　刘　银　李　志　程国红
宁会娟　迟丽彬　吕　彤　王海燕　王素敏
刘慧敏　张和清　刘泽君　汤　京　安海霞
孙继红　张　玉　卢晓梅　沈　航　郭海欣
黄忠伟　王　雨　王红梅　樊登麟　冯国芳
张　楠　李　彬　衡　斌　方红妹　陈晓燕
祝恒亮　崔明强　韩　兵　赵光丽　龚爱东
李志勇　孟淑兰　曹彤彦　窦丽敏　滕　平
秦国鑫　邵海凤　曹　晖　黄冠群　张淑敏
赵雅琴　李雪丽　唐娅妮　董朝霞　高凤华
唐耀杰　曹付生　黄彩英　王　颖　何　杰
杨雪峰　徐　康　宋东丽　胡玉姝　王　薇
唐万洁　于　茳　李　萱　王　昕　崔　蓉
张瑆媞　王桂彩　王　辉　张庆娣　罗丽君
黄　为　熊　文　戴　红　李长贤　郎瑞菊
高　燕　芦　平　王　欣　沈晶晶　高云爽
陈　川　姬维琦　段　芳　李　丽　董　莹
邱春华　边晓爽　张媛麒　张　娜　松丽萍
陈　佻　刘永红　石　洁　魏　静　李　霞
佟　娟　韩素娟　梁　艺　李　洁　刘凤霞
赵　漫　赵　昕　周晶辉　贾　敏　韩莉芝
杨永敏　张文胜　胡宏雪　曹立军　段艳红
陈桂红　陈　光　丁焕琴　贺　军　付群颖
薛军教　赵春慧　李常兰　秦　莉　邸　晔
杨　莉　高雪梅　韩鹏艳　张燕旭　寇莹莹
李　晨　唐武群

逝世人物

王致君　生于1917年2月，山东潍坊人。1937年11月参加革命工作，同年入党。1936年至1937年在济南省立女子师范学习，期间积极参加抗日救亡活动。1937年至1938年春，任山西临汾晋绥军66师政工干事。1938年春至1941年秋，在延安中央党校学习并任教。1941年春至1948年春，先后在察南十二地委，延庆县一区区委、县委，宣化直属县委，察南地委等处任干事、副部长等职。1948年春至1949年春，在察哈尔省联合中学担任班主任，同年秋，在华北革命大学天津分校教育科任科员。新中国成立后，先后在中央党校、北京市委党校工作，曾任北京市委党校哲学教研室副主任、教务处处长。1970年至1972年下放到大兴县南各庄公社劳动。1972年8月至1982年12月在西城区教育局工作，直至离休。年内12月5日，因病医治无效，在北京逝世，享年92岁。

朱丹　生于1917年10月，辽宁锦县人，1948年3月参加革

命工作并加入中国共产党。1940 年 9 月至 1943 年 12 月在河北省通县师范任教师。1944 年 1 月至 3 月在安徽宿县伪县府宣传科任股长、科长。1944 年 4 月至 8 月在宿县因病休养。1944 年 9 月至 11 月在宿县县立中学担任教师。1944 年 11 月至 1945 年 1 月任宿县宣传联盟常务理事。1945 年 2 月至 1946 年 3 月在北京住院养病。1946 年 4 月至 10 月在辽宁锦县齐家堡休养。1946 年 11 月至 1947 年 2 月担任辽宁锦县新生命报社记者。1947 年 3 月至 1948 年 3 月在北京参加地下革命工作。1948 年 3 月至 1949 年 1 月担任地下党交通员。1949 年 3 月至 5 月任北京志成中学教师。1949 年 9 月至 1951 年 9 月任北京新生中学教导主任。1951 年 10 月至 1952 年 5 月任四川内江土改工作团和平乡土改队副队长。1952 年 6 月至 1963 年 9 月任北京市第三十五中学教导主任、副校长。1963 年 10 月至 1964 年 12 月任大兴县长子营公社赵县营大队四清工作组副组长。1965 年 1 月至 1969 年 11 月任北京市第三十五中学副校长。1969 年 12 月至 1970 年 5 月在海淀区温泉公社东埠头大队下放劳动。1970 年 6 月至 1972 年 9 月在北京市第三十五中学校办厂劳动。1972 年 10 月至 1978 年 4 月任北京市第三十五中学教育组副组长。1978 年 5 月至 1980 年 3 月任北京市第三十五中学副校长。1980 年 3 月至 1984 年 3 月任西城区教育局副局长。1984 年 3 月至 1987 年 4 月任西城区教育学会会长。1987 年 4 月离休。年内 1 月 6 日，因病去世，享年 91 岁。

王作恭 生于 1918 年 11 月 30 日，河北省乐亭县人，1949 年参加革命。1944 年至 1945 年在南京中央大学图书馆做馆员。1946 年至 1948 年，先后在经济部冀热察绥区特派员办公处、北京井陉煤矿总公司、河北山东考铨处任职员，也曾在北京光华女中任教。1949 年 4 月在地区军委会登记入伍进入华北革命大学。1950 年华北革命大学结业后，先后到河北定县师范学校、国立高级工业学校任教。1952 年调入北京市第七中学任教师直至离休。年内 7 月 3 日，在北京逝世，享年 91 岁。

史莹 生于 1920 年 7 月，天津市人。1937 年 4 月参加革命工作，1938 年 4 月加入中国共产党。

1937 年 4 月参加民主解放先锋队，8 月随天津流亡同学会南下到武汉、长沙。1938 年到延安参加陕北公学和中央党校的学习。1945 年到晋察冀边区工作。1948 年后分别在张家口、太原和北京军工部门从事党务工作。1958 年后分别在北京市西城区厂桥街道、展览路街道做组织工作，并担任党委副书记和党委书记等职务。1970 年后调到西城区卫生防疫站和西城区文卫局工作。1972 年调任西城区文化文物局党委副书记。1981 年 2 月离休。年内 3 月 10 日，因病去世，享年 89 岁。

张彦芳 生于 1923 年 5 月，1944 年毕业于哈尔滨医科大学。1948 年 7 月至 1988 年 2 月在北京市第二医院口腔科工作，曾任口腔科主任、主任医师。1949 年 2 月参加革命工作，之后创建了北京第二医院口腔科。1957 年参与开设医院整形外科病房。成功地开展了上下颌骨及血管瘤的切除，掌握了颌面外科的基本操作。多篇专业文章在医学期刊上发表。多次参加医疗队，为门头沟等山区的老百姓诊疗，并培训基层的口腔科医生。1988 年 2 月离休后，被聘为医院专家委员会成员。年内 12 月 20 日，因病在北京逝世，享年 86 岁。

唐初 生于 1924 年 1 月 26 日，重庆人，1982 年 6 月加入中国共产党。1946 年 10 月至 1947 年 7 月，在察哈尔省立中学担任教员。1947 年 7 月至 12 月，在华北联合大学英语研究室读研究生。1948 年初至 5 月，在全国土地改革运动工作组工作。1948 年 5 月至 1949 年 3 月，在晋察冀解放区联合中学（华北育才中学）担任教员。1949 年 3 月至 1963 年 5 月，在北京师大女附中担任教员。1963 年 5 月至 1985 年 12 月，在北京女八中（后改名为北京市第一五八中学、北京市鲁迅中学）担任教员、副校长。1985 年 12 月离休。年内 5 月 11 日，在北京去世，享年 85 岁。

刘吉祥 生于1926年1月，河北省涿鹿县人。1944年2月参加革命工作，4月加入中国共产党。1944年2月至1945年6月任涞水县联社和区联社干事、委员。1945年7月至1946年5月任原房涞涿县四区抗联会青年主任、农会主席。1946年6月至1947年10月参加土改工作团。1947年11月至1948年11月任良乡县二、五区区委组织、宣传委员。1948年12月至1949年3月任良乡县六区区委副书记。1949年4月至1950年3月任良乡县委宣传部干事。1950年4月至1953年9月任河北日报社驻通县记者站记者。1953年10月至1954年8月任顺义县委宣传部部长。1954年8月至1956年1月任顺义县委副书记。1956年1月至1958年3月任通县地委前进报社副总编辑。1958年4月至1960年7月任北京农民报社副总编。1960年8月至1965年6月任北京日报社编委委员、机关党委副书记。1968年9月至1973年4月在市委党校、市革委第二学习班学习。1973年4月任北京市西城区委文教组负责人、卫生体育部副部长。1985年9月离休。年内3月7日，因病逝世，享年84岁。

(责任编辑　王　兵)

统计资料

行政区划与土地面积

表 1

街道名称	社区居民委员会(个)	土地面积(平方公里)
总　　计	148	31.66
西长安街街道	13	4.24
新街口街道	21	3.70
月坛街道	26	4.13
展览路街道	21	5.87
德胜街道	23	4.14
金融街街道	19	3.78
什刹海街道	25	5.80

(资料来源:区民政局)

社会经济主要指标

表 2

项　　目	计量单位	2009 年	2008 年
一、人口			
总人口	人	912220	966474
其中:户籍人口	人	793292	783032
二、居民生活			
居民人均可支配收入	元	30442	28059
比上年增长(按可比价计算)	%	8.5	11.3
居民人均消费性支出	元	21970	20528
比上年增长(按可比价计算)	%	7.0	11.1
恩格尔系数	%	30.2	28.4
居民消费价格指数(以上年同期价格为 100 的指数)	%	98.5	105.1
居民人均住房使用面积	平方米	19.49	17.95

表2续1

项　　目	计量单位	2009年	2008年
三、劳动工资			
社会从业人员	人	649227	609704
法人单位从业人员	人	594030	551331
个体劳动者	人	55197	58373
法人单位在岗职工	人	512808	485674
法人单位人员全年劳动报酬、生活费	万元	5153068	4580342
法人单位在岗职工工资总额	万元	4779947	4273309
在岗职工年平均工资	元	94623	88416
四、基本单位情况			
法人单位数	个	20740	21778
产业活动单位数	个	6272	26836
五、企业基本情况			
从业人员	人	594030	702302
资产总额	亿元	491187	425801
主营业务收入	亿元	8866	8898
六、中央、市、区三级税收	亿元	2247.9	1894.4
国税税收收入	亿元	1992.7	1674.2
地税税收收入	亿元	255.2	220.2
七、地方财政收支			
地方财政收入	亿元	152.2	154.5
其中：区级各项税收	亿元	143.7	150.7
地方财政支出	亿元	122.2	98.6
八、区属国有企业资产总量	亿元	150.5	115.2
九、固定资产投资			
固定资产投资额	亿元	145.3	230.2
其中：房地产开发投资额	亿元	48.4	120.7
开复工面积	万平方米	328.4	757.9
竣工面积	万平方米	104.7	215.1
十、社会消费品零售额	亿元	329.4	293.0
按用途分类			
吃类商品	亿元	83.8	74.2
穿类商品	亿元	93.3	82.2
用类商品(含烧类商品)	亿元	152.3	136.6
十一、商品交易市场			
市场个数	个	41	41
市场成交总额	亿元	40.2	38.5

表2续2

项　　目	计量单位	2009年	2008年
十二、对外经济贸易			
“三资”企业实际利用外资额	亿美元	7.75	7.63
十三、城市建设及环境保护			
城市绿化覆盖率	%	–	28.8
人均公园绿地面积	平方米	–	3.8
空气质量到二级和好于二级的天数	天	279	275
空气质量达到二级和好于二级的天数占全年总监测天数的比重	%	76.4	75.1
降尘量	吨/平方公里·月	5.7	5.7
垃圾分类收集率	%	–	75.0
十四、就业与社会保障			
城镇登记失业率	%	0.90	0.94
城镇登记失业人员就业率	%	68.91	67.96
养老保险基金征缴率	%	99.6	99.5
基本医疗保险基金征缴率	%	98.6	98.0
失业保险基金征缴率	%	99.6	99.6
工伤保险基金征缴率	%	99.5	99.5
十五、民政			
社会救济总人数	人	11797	11582
享受国家定期抚恤、补助优抚对象总人数	人	943	952
全区老龄人口数	万人	16.6	15.8
最低生活保障人数	人	11797	11582
各种收养性单位的床位数	张	884	574
十六、基础教育			
学校个数	个	80	83
小学	个	43	44
普通中学	个	34	36
职业中学	个	3	3
在校生数	人	72818	74238
小学	人	31503	31441
普通中学	人	37866	39075
职业中学	人	3449	3722
毕业生数	人	20004	22168
小学	人	5541	5671
普通中学	人	13119	14517
职业中学	人	1344	1980

表2续3

项　目	计量单位	2009年	2008年
十七、科技			
输出技术合同成交项数	个	3479	4288
输出技术合同成交总金额	亿元	33.2	21.0
吸纳技术合同成交项数	个	3599	3270
吸纳技术合同成交总金额	亿元	49.6	60.8
十八、文化			
区属公共图书馆	个	2	2
总藏量	万册	85.0	75.1
其中:图书	万册	74.9	70.6
文化馆	个	1	1
文物保护单位	处	119	119
其中:全国重点文物保护单位	处	24	24
北京市文物保护单位	处	46	46
十九、卫生			
卫生机构	个	384	396
卫生技术人员	人	17716	17201
其中:执业医师	人	6094	5844
注册护士	人	7361	6959
医疗床位	张	8872	8608
平均每千人拥有病床	张	11.15	10.95
平均每千人拥有执业医师	人	7.94	7.46
平均每千人拥有注册护士	人	9.28	8.89
二十、体育			
运动员	人	135	180
教练员	人	49	41
裁判员	人	97	99
社会体育指导员	人	243	197
社区体育活动辅导站	个	220	220
体育场地数(区域)	块	632	632
其中:体育场	个	4	4
体育馆	个	1	1
游泳场所	个	34	34
二十一、文明建设情况			
文明机关个数	个	27	21
文明社区个数	个	116	111

(资料来源:区统计局、区经济社会调查队)

西城区生产总值

表 3

项　　目	2009 年		2008 年	
	绝对值(万元)	比重(%)	绝对值(万元)	比重(%)
总　　计	15062765	100	13738410	100
第二产业	1499944	10.0	1587601	11.6
工业	1198872	8.0	1356887	9.9
建筑业	301072	2.0	230714	1.7
第三产业	13562821	90.0	12150809	88.4
交通运输、仓储和邮政业	181047	1.2	190929	1.4
信息传输、计算机服务和软件业	742572	4.9	83370	0.6
批发和零售业	1321812	8.8	1469744	10.7
住宿和餐饮业	214200	1.4	201844	1.5
金融业	6759822	44.9	6201976	45.1
房地产业	861534	5.7	952384	6.9
租赁与商务服务业	1088208	7.2	891364	6.5
科学研究、技术服务和地质勘查业	525361	3.5	483618	3.5
水利、环境和公共设施管理业	52548	0.3	53459	0.4
居民服务和其他服务业	45163	0.3	36018	0.3
教育	278473	1.8	271319	2.0
卫生、社会保障和社会福利业	290398	1.9	254874	1.9
文化、体育和娱乐业	407408	2.7	379609	2.8
公共管理和社会组织	794275	5.3	680301	5.0
人均地区生产总值				
按常住人口计算(元)	221186	—	204137	—
按全年平均汇率折合美元(美元)	32380	—	29393	—

注:1. 按常住人口计算人均地区生产总值,常住人口数为北京市统计局根据抽样调查推算数据统一提供,西城区2009年末常住人口数为68.1万人,2008年末常住人口数为67.3万人;

2. 由于小数进位问题,分项所占比重之和可能不等于合计;

3. 表中数据为最终核算数据。

(资料来源:区统计局、区经济社会调查队)

全部法人、产业活动单位

表 4　　　　单位：个

项　　目	法人单位			产业活动单位
		单产业单位	多产业单位	
总　计	20740	19009	1731	6272
一、按隶属关系分				
中央	2152	1809	343	1190
市属	1050	894	156	821
区属	1050	964	86	492
街属	306	291	15	75
其他	16182	15051	1131	3694
二、按登记注册类型分				
内资	20139	18487	1652	5431
国有	2892	2581	311	1489
集体	697	628	69	201
股份合作	1557	1448	109	175
国有联营	4	3	1	3
集体联营	9	9	0	1
国有与集体联营	6	6	0	2
其他联营	10	9	1	2
国有独资公司	193	167	26	147
其他有限责任公司	3593	3209	384	1516
股份有限公司	68	45	23	245
私营独资	573	557	16	59
私营合伙	378	371	7	14
私营有限责任公司	9518	8886	632	1265
私营股份有限公司	9	8	1	60
其他	632	560	72	252
港澳台商投资	246	210	36	380
与港澳台商合资经营	98	83	15	72
与港澳台商合作经营	20	17	3	10
港澳台商独资	126	108	18	297
港澳台商投资股份有限公司	2	2	0	1

表4续1

项　　目	法人单位			产业活动单位
		单产业单位	多产业单位	
总　　计	20740	19009	1731	6272
外商投资	355	312	43	461
中外合资经营	101	92	9	93
中外合作经营	25	21	4	12
外资企业	216	186	30	349
外商投资股份有限公司	13	13	0	7
三、按国民经济行业分				
农、林、牧、渔业	19	16	3	6
采矿业	3	3	0	1
制造业	318	273	45	93
电力、燃气及水的生产和供应业	13	8	5	40
建筑业	384	337	47	132
交通运输、仓储和邮政业	241	205	36	141
信息传输、计算机服务和软件业	830	777	53	138
批发和零售业	5469	4928	541	1995
住宿和餐饮业	1093	953	140	558
金融业	181	149	32	439
房地产业	958	810	148	253
租赁和商务服务业	5407	5175	232	896
科学研究、技术服务和地质勘查业	1974	1885	89	153
水利、环境和公共设施管理业	82	76	6	11
居民服务和其他服务业	782	689	93	283
教育	663	653	10	32
卫生、社会保障和社会福利业	149	141	8	48
文化、体育和娱乐业	870	816	54	97
公共管理和社会组织	1304	1115	189	956
国际组织	0	0	0	0

（资料来源：区统计局、区经济社会调查队）

企业基本情况

表 5

项目	单位数(个)	从业人员(人)	主营业务收入(万元)
总计	20740	594030	88663990
一、按隶属关系分			
中央	2152	218524	57082601
市属	1050	~	14211030
区属	1050	~	1196937
街属	306	~	126475
其他	16182	375506	16046947
二、按经济类型分			
国有经济	2892	272122	27231353
集体经济	697	8903	85806
联营经济	29	243	1655
股份制经济	6411	130646	51404925
三资经济	601	53228	7484058
私营经济	11110	128888	2456194
三、按国民经济行业分			
农、林、牧、渔业	19	297	0
采矿业	3	0	0
制造业	318	11302	502464
电力、燃气及水的生产和供应业	13	20337	9064374
建筑业	384	17650	2517145
交通运输、仓储和邮政业	241	26953	3310388
信息运输、计算机服务和软件业	830	28918	2458297
批发和零售业	5469	43995	24112573
住宿和餐饮业	1093	24052	566080
金融业	181	142889	37501462
房地产业	958	30769	2476143
租赁和商务服务业	5407	76212	4197092
科学研究、技术服务和地质勘查业	1974	40662	1275814
水利、环境和公共设施管理业	82	6444	82571
居民服务和其他服务业	782	4319	23669
教育	663	25411	14748
卫生、社会保障和社会福利业	149	21189	29585
文化、体育和娱乐业	870	24712	531586
公共管理和社会组织	1304	47919	0

注:财务指标不含保密单位数据。

(资料来源:区统计局、区经济社会调查队)

企业主要财务指标

表 6

单位：万元

项　　目	资产总计	负债合计	利润总额
总　　计	4911874011	4450552227	21487455
一、按隶属关系分			
中央	4363069740	3959132396	15398049
市属	428867660	408573978	4760688
区属	11240422	6923893	356462
街属	344211	226643	-1183
其他	108351979	75695317	973439
二、按经济类型分			
国有经济	2417994340	2205923380	11276727
集体经济	134965	76969	7792
联营经济	3289	2795	208
股份制经济	2437399119	2209385273	9697958
三资经济	53436934	33210460	318103
私营经济	2905365	1953350	186667
三、按国民经济行业分			
农、林、牧、渔业	0	0	0
采矿业	0	0	0
制造业	903553	436852	37690
电力、燃气及水的生产和供应业	67515106	30509224	1486115
建筑业	4761307	2788515	36278
交通运输、仓储和邮政业	3113965	2474740	35259
信息传输、计算机服务和软件业	114647303	24366227	4893557
批发和零售业	26774956	19216017	977112
住宿和餐饮业	747828	598122	-12796
金融业	4516819556	4307460381	6690791
房地产业	27419501	19255381	603195
租赁和商务服务业	131510787	37693063	6498746
科学研究、技术服务和地质勘查业	7087722	3804489	193594
水利、环境和公共设施管理业	281767	192714	-1886
居民服务和其他服务业	23283	13793	-7
教育	1320498	374665	826
卫生、社会保障和社会福利业	1181164	213674	3059
文化、体育和娱乐业	2344606	553639	45919
公共管理和社会组织	5421109	600732	0

注：财务指标不含保密单位数据。

（资料来源：区统计局、区经济社会调查队）

劳动就业基本情况

表 7

项　　目	计量单位	2009 年	2008 年
城镇登记失业率	%	0.90	0.94
城镇登记失业人员年末实有人数	人	4786	5025
其中:女性	人	1479	1536
城镇登记失业人员就业人数	人	14475	14544
其中:女性	人	5466	5757
城镇登记失业人员就业率	%	68.91	67.96
城镇女性登记失业人员就业率	%	72.79	72.70
城镇登记失业人员参加培训人数	人	2114	8806
"4050"困难人员就业总数	人	6935	6785
"4050"困难人员就业率	%	79.9	72.3
大龄特困人员就业数	人	1810	1791
大龄特困人员就业率	%	100	100
参加职业技能鉴定人数	人	3659	4108
取得职业资格证书人数	人	3200	3542
参加职业技能培训人数	人	16968	19184
西城地区职业介绍服务机构	个	38	38
求职登记人员总数	万人次	1.28	0.87
职业介绍成功人数	万人次	0.72	0.46
开发社区就业岗位数	个	20796	19058
人均养老金水平	元	2273	1953
职工最低工资标准	元	800	800
最低退休金	元	1000	900

(资料来源:区人力资源和社会保障局)

社会保障基本情况

表 8

项　　目	计量单位	2009 年	2008 年
参加养老保险单位数	个	11077	10488
参加养老保险职工(含退休)人数	人	705549	662707
养老保险收缴金额	万元	684149	566397
养老保险发放金额	万元	459068	394903
养老保险基金征缴率	%	99.6	99.5
参加基本医疗保险单位数	个	10910	10526
参加基本医疗保险人数	人	852554	782045
基本医疗保险收缴金额	万元	315643	281405
基本医疗保险基金支出金额	万元	255539	219157
基本医疗保险基金征缴率	%	98.6	98.0
参加工伤保险单位数	个	11270	10644
参加工伤保险人数	人	627390	591871
工伤保险收缴金额	万元	11102	11662
工伤保险待遇支付金额	万元	3935	3459
工伤保险基金征缴率	%	99.5	99.5
参加失业保险单位数	个	11264	10679
参加失业保险职工人数	人	627932	591915
领取失业保险金人数	人	15493	16358
失业保险收缴金额	万元	34632	45472
领取失业保险金金额	万元	23766	2238
失业保险基金征缴率	%	99.6	99.6
参加生育保险单位数	个	8893	8615
参加生育保险职工人数	人	370220	353894
生育保险收缴金额	万元	16039	13303
生育保险支付金额	万元	11338	9096
生育保险基金征缴率	%	99.6	99.7

(资料来源:区人力资源和社会保障局)

总人口和人口密度

表 9

街道名称	总人口(人)	男	女	人口密度(人/平方公里)
总　　计	912220	463635	448585	28813
西长安街街道	83284	41634	41650	19735
厂桥街道	97141	49855	47286	23073
新街口街道	80695	40347	40348	28215
福绥境街道	85156	42294	42862	37848
丰盛街道	49329	26343	22986	30830
二龙路街道	67064	33721	33343	27943
月坛街道	163860	84405	79455	39869
阜外街道	78158	39466	38692	39474
展览路街道	79447	40368	39079	20423
德外街道	128086	65202	62884	30938

注:人口管理尚未按新的行政区划调整。

(资料来源:西城公安分局)

社会从业人员

表 10 单位：人

项　目	年末从业人员	法人单位从业人员	个体劳动者
总　计	649227	594030	55197
一、按隶属关系分			
中央	218524	218524	0
地方	430703	375506	55197
二、按经济类型分			
国有经济	272122	272122	0
集体经济	8903	8903	0
联营经济	243	243	0
股份制经济	130646	130646	0
三资经济	53228	53228	0
私营经济	~	~	0
其他经济	184085	128888	55197
三、按产、行业分			
第一产业	301	297	4
农、林、牧、渔业	301	297	4
第二产业	49373	49289	84
工业	31720	31639	81
采矿业	0	0	0
制造业	11374	11302	72
电力、燃气及水的生产和供应业	20346	20337	9
建筑业	17653	17650	3
第三产业	599553	544444	55109
交通运输、仓储和邮政业	26954	26953	1
信息传输、计算机服务和软件业	28940	28918	22
批发和零售业	84048	43995	40053
住宿和餐饮业	30357	24052	6305
金融业	142889	142889	0
房地产业	30769	30769	0
租赁和商务服务业	78941	76212	2729
科学研究、技术服务和地质勘查业	40662	40662	0
水利、环境和公共设施管理业	6444	6444	0
居民服务和其他服务业	9868	4319	5549
教育	25411	25411	0
卫生、社会保障和社会福利业	21194	21189	5
文化、体育和娱乐业	25076	24712	364
公共管理和社会组织	48000	47919	81

注：1. 因统计方法制度调整，本年度私营经济有关劳动工资指标数据未能取得。

2. 2009 年劳动工资指标数据为北京市统计局反馈数据，包含部分北京市直报单位劳动工资数据。

（资料来源：区统计局、区经济社会调查队）

法人单位年末人数

表 11

单位：人

项目	年末时点数	女性	在岗职工	户口在外省市人员	户口在农村人员	聘用的其他人员	聘用的离退休人员	聘用的港澳台和外籍人员	其他从业人员	不在岗职工	女性
总计	612588	272231	512808	134148	65027	81222	18494	993	61735	18558	7792
一、按隶属关系分											
中央	224566	95573	199386	43975	10584	19138	5793	301	13044	6042	2371
地方	388022	176658	313422	90173	54443	62084	12701	692	48691	12516	5421
二、按经济类型分											
国有经济	281139	115679	251194	45919	27983	20928	8547	243	12138	9017	3680
集体经济	9341	5065	7204	1666	1131	1699	865	0	834	438	189
联营经济	248	171	98	44	18	145	22	0	123	5	4
股份制经济	134741	74651	97234	23018	4306	33412	1160	60	32192	4095	2463
三资经济	53548	23980	46352	13928	6080	6876	839	503	5534	320	109
私营经济	0										
其他经济	133571	52685	110726	49573	25509	18162	7061	187	10914	4683	1347
三、按产、行业分											
第一产业	354	126	270	15	5	27	10	0	17	57	11
农、林、牧、渔业	354	126	270	15	5	27	10	0	17	57	11
第二产业	53125	16004	46098	6989	4149	3191	1399	19	1773	3836	1077
工业	33760	11718	30592	4157	2707	1047	621	12	414	2121	836
采矿业	0										
制造业	13099	5404	10437	2996	2256	865	558	12	295	1797	754
电力、燃气及水的生产和供应业	20661	6314	20155	1161	451	182	63	0	119	324	82
建筑业	19365	4286	15506	2832	1442	2144	778	7	1359	1715	241
第三产业	559109	256101	466440	127144	60873	78004	17085	974	59945	14665	6704

表 11 续

项目	年末时点数	女性	在岗职工	户口在外省市人员	户口在农村人员	聘用的其他人员	聘用的离退休人员	聘用的港澳台和外籍人员	其他从业人员	不在岗职工	女性
交通运输、仓储和邮政业	27340	8404	24082	3356	2539	2871	482	0	2389	387	116
信息传输、计算机服务和软件业	29104	11307	28365	8972	997	553	180	54	319	186	52
批发和零售贸易业	46873	23761	40632	14145	7770	3363	1755	99	1509	2878	1381
住宿和餐饮业	24524	12792	21699	14336	12047	2353	814	39	1500	472	157
金融业	146481	80457	110916	25613	1331	31973	293	254	31426	3592	2257
房地产业	32372	12578	26317	9890	7371	4452	2170	71	2211	1603	537
租赁和商务服务业	78115	25894	68635	31811	20984	7577	2074	167	5336	1903	603
科学研究、技术服务和地质勘查业	41335	14733	31190	6287	1107	9472	3039	53	6380	673	229
水利、环境和公共设施管理业	6757	2156	6082	1993	1823	362	276	0	86	313	53
居民服务和其他服务业	4524	2273	3738	2137	1613	581	193	38	350	205	116
教育	26437	17163	19927	2234	1406	5484	1254	94	4136	1026	587
卫生、社会保障和社会福利业	21556	15720	19211	1022	232	1978	1012	1	965	367	239
文化、体育和娱乐业	25500	12402	22629	3515	1040	2083	908	87	1088	788	291
公共管理和社会组织	48191	16461	43017	1833	613	4902	2635	17	2250	272	86

注:1. 因统计方法制度调整,本年度私营经济有关劳动工资指标数据未能取得。

2. 2009 年劳动工资指标数据为北京市统计局反馈数据,包含部分北京市直报单位劳动工资数据。

(资料来源:区统计局、区经济社会调查队)

固定资产投资额

表 12　　　　单位：万元

项　　目	2009 年	2008 年
总　　计	1453223	2301775
一、按隶属关系分		
中央	210356	411742
市属	572608	785309
区属	300440	236262
其他		868462
二、按建设种类分		
固定资产投资	965424	–
其中:基础设施投资	643978	–
房地产开发	487799	1206908
其他	0	–
三、按经济类型分		
国有经济	923299	573530
集体经济	28923	0
三资经济	133473	271600
其他经济	367528	1456645
四、按产业分		
第二产业	255975	583354
第三产业	1197248	1718421
五、按工程用途分		
农林牧渔业	0	41
工业建筑业	255975	579007
商业营业	38673	89198
住宅	196951	911714
办公楼	149810	317909
其他	811814	403906
六、按构成分		
建筑安装工程	642350	1034559
设备工器具购置	219443	285950
其他费用	591430	981266
七、当年资金来源	5981848	4046902
国家财政资金	563553	103254
国内贷款	2360688	1098769
利用外资	3030	9005
其中:外商直接投资	3030	4801
自筹资金	594225	1489111
其中:企事业单位自筹	367551	977360
其他资金	2460352	1346763

注:1. 按建设种类分其中项“固定资产投资”为基建投资、更新改造投资的合计数。

2. 2009 年投资数据遵循项目建设地口径原则。

（资料来源:区统计局、区经济社会调查队）

房地产开发投资基本情况

表 13　　　　单位：万元

项　　目	2009 年	2008 年
一、投资完成情况		
计划总投资	5728275	8126421
累计完成投资	3390002	5455396
本年完成投资	487799	1206908
其中:土地开发投资	93508	1444
本年完成投资按构成分		
建筑工程	208136	462797
安装工程	3729	12128
设备购置	17605	33632
其他费用	258329	698351
本年完成投资按用途分		
住宅	143693	580706
办公楼	149810	257159
商业营业用房	38673	148480
其他	155623	220563
二、资金来源情况		
本年资金来源合计	6384360	4468130
1.上年末结余资金	1566370	1267837
2.本年资金	4817990	3200293
国内贷款	2045567	712197
利用外资	3030	4801
自筹资金	314846	1198562
其他	2454547	1284733

表 13 续　　　　单位：平方米，套

项　　目	2009 年	2008 年
三、土地开发情况		
本年完成土地开发面积	0	54043
待开发的土地面积	0	139327
本年购置土地面积	6360	39133
四、商品房销售、出租、空置情况		
1.商品房预售面积	188101	174205
住宅	95611	139914
办公楼	68342	9573
商业营业用房	10534	3253
其他	13614	21465
2.商品房现房销售面积	166068	267586
住宅	72009	69060
办公楼	49395	134941
商业营业用房	30111	15515
其他	14553	48070
3.商品房出租面积	1137535	835041
住宅	13881	18608
办公楼	755781	574206
商业营业用房	264604	195390
其他	103269	46837
4.商品房空置面积	494765	983989
住宅	79741	186356
办公楼	218021	330719
商业营业用房	123972	241019
其他	73031	225895
五、竣工房屋住宅套数	546	2536

(资料来源:区统计局、区经济社会调查队)

工业企业基本情况及主要财务指标

表 14

项　　目	单位数（个）	从业人员（人）	主营业务收入（万元）	资产总额（万元）	负债总额（万元）	利润总额（万元）
总　　计	334	31639	9566838	68418660	30946076	1523805
一、按隶属关系分						
中央	39	~	7941752	62751051	28565324	1381580
市属	30	~	287530	3254504	1493619	-58776
区属	17	~	17064	32985	22095	63
街属	7	~	…	…	…	…
其他	241	~	1320492	2380119	865038	200939
二、按经济类型分						
国有经济	42	~	7938252	62759244	28567690	1383005
集体经济	33	~	12450	23297	19932	-400
联营经济	2	~	753	195	121	9
股份制经济	104	~	473426	3599033	1600177	-38507
三资经济	41	~	1098503	1994372	729095	178258
私营经济	112	~	43454	42520	29062	1441
三、按国民经济行业分						
石油和天然气开采业	2	~	…	…	…	…
黑色金属矿采选业	1	~	…	…	…	…
农副食品加工业	1	~	…	…	…	…
食品制造业	11	~	22165	22216	16235	611
饮料制造业	1	~	…	…	…	…
纺织业	2	~	1429	3842	4059	-43
纺织服装、鞋、帽制造业	21	~	4294	3730	3408	58
皮革、毛皮、羽毛(绒)及其制品业	4	~	…	…	…	…
家具制造业	1	~	…	…	…	…
造纸及纸制品业	5	~	2150	1140	530	18
印刷业和记录媒介的复制	62	~	91836	218806	128061	268
文教体育用品制造业	3	~	6708	15329	13932	-411
化学原料及化学制品制造业	10	~	37377	103201	30822	-3524
医药制造业	2	~	…	…	…	…
橡胶制品业	1	~	1670	1157	1074	26
塑料制品业	6	~	1462	4416	3799	100
非金属矿物制品业	7	~	6158	19395	3041	-1311
有色金属冶炼及压延加工业	5	~	56682	42231	21138	1852
金属制品业	8	~	2946	1600	273	248
通用设备制造业	26	~	27584	40149	26811	2133
专用设备制造业	28	~	57090	88265	62870	9762
交通运输设备制造业	12	~	18161	12577	4654	747
电气机械及器材制造业	29	~	31607	43247	24324	3507
通信设备、计算机及其他电子设备制造业	26	~	106621	225457	69232	21268
仪器仪表及文化、办公用机械制造业	34	~	22730	48772	19638	2424
工艺品及其他制造业	13	~	3795	8025	2952	-41
电力、热力的生产和供应业	7	~	7871083	62572957	28462093	1379993
燃气生产和供应业	1	~	999752	1870466	654902	170792
水的生产和供应业	5	~	193539	3071683	1392230	-64670

注：由于 2009 年劳动工资报表为北京市统计局反馈汇总数据，故无分行业人员数据。

（资料来源：区统计局、区经济社会调查队）

建筑业企业主要生产指标

表 15

项　　目	建筑业总产值(万元)	建筑工程产值(万元)	竣工产值(万元)	房屋建筑竣工面积(平方米)	年末自有机械设备		
					实行投标承包竣工面积	总台数(台)	总功率(千瓦)
总　　计	1747581	1649337	1111504	2024609	1875523	43275	194643
一、按隶属关系分							
中央	262334	211347	118640	249550	114059	1964	95122
市属	664528	653067	437886	903264	903264	37867	57141
区属	17362	17012	22612	2289	0	177	1616
街属	159417	150283	132629	716990	705684	150	14434
其他	643940	617628	399737	152516	152516	3117	26330
二、按经济类型分							
内资企业	1715331	1621936	1086895	2024609	1875523	42800	189728
国有企业	271597	246735	178959	136991	1500	819	36290
集体企业	25453	20156	15446	0	0	136	856
股份合作企业	1129	1114	498	0	0	22	368
国有独资公司	3325	3325	810	0	0	61	1250
私营有限责任公司	138357	126233	122558	0	0	1727	12706
其他有限责任公司	1275470	1224373	768624	1887618	1874023	40035	138258
港、澳、台商投资企业	20154	20154	18511	0	0	399	255
外商投资企业	12096	7247	6098	0	0	76	4660
三、按国民经济行业分							
房屋和土木工程	1375309	1318739	851493	2024609	1875523	39809	176173
建筑安装业	187511	146098	141602	0	0	1155	7451
建筑装饰业	174622	174622	113285	0	0	1846	3503
其他建筑业	10139	9878	5124	0	0	465	7516

(资料来源:区统计局、区经济社会调查队)

信息传输、计算机服务和软件业企业基本情况及主要财务指标

表 16

项　　目	单位数(个)	从业人员(人)	主营业务收入(万元)	资产总额(万元)	负债总额(万元)	利润总额(万元)
总　　计	830	28918	2458297	114647303	24366227	4893557
一、按隶属关系分						
中央	43	~	207699	97128479	17384969	4597770
市属	13	~	180093	415467	203755	34552
区属	16	~	42168	37850	31490	5128
街属	0	~	0	0	0	0
其他	758	~	2028336	17065506	6746013	256106
二、按经济类型分						
国有经济	27	~	75700	69870983	3347397	4918448
集体经济	10	~	0	0	0	0
联营经济	0	~	0	0	0	0
股份制经济	221	~	431309	28125597	14315812	-283765
三资经济	68	~	1868880	16569099	6663666	249027
私营经济	504	~	82408	81624	39352	9847
三、按国民经济行业分						
电信和其他信息传输服务业	142	~	2252084	114320542	24253576	4857641
计算机服务业	293	~	70007	155000	38135	8338
软件业	395	~	136205	171762	74517	27578

注:1. 由于 2009 年劳动工资报表为北京市统计局反馈汇总数据,故无分行业人员数据。

2. 财务指标中不含保密单位数据。

(资料来源:区统计局、区经济社会调查队)

批发和零售业企业基本情况

表 17

项　　目	单位数（个）	从业人员（人）	主营业务收入（万元）	资产总额（万元）	负债总额（万元）	利润总额（万元）
总　　计	5469	43995	24112573	26774956	19216017	977112
一、按隶属关系分						
中央	266	~	15494325	20212819	15096392	977906
市属	135	~	968277	643191	362244	18702
区属	81	~	292944	206904	141675	10040
街属	30	~	4268	6595	3795	-165
其他	4957	~	7352760	5705447	3611911	-29370
二、按经济类型分						
国有经济	245	~	6330569	4707316	2604140	603059
集体经济	220	~	18527	13034	8341	1255
联营经济	8	~	622	655	597	2
股份制经济	1491	~	13469539	18500410	14273627	495533
三资经济	93	~	3093186	2680178	1707507	-176943
私营经济	3412	~	1200130	873363	621805	54206
三、按国民经济行业分						
批发业	2442	~	21391107	24439721	17947337	848850
零售业	3027	~	2721466	2335235	1268680	128262

注：1. 由于 2009 年劳动工资报表为北京市统计局反馈汇总数据，故无分行业人员数据。

2. 财务指标中不含保密单位数据。

（资料来源：区统计局、区经济社会调查队）

金融业企业基本情况及主要财务指标

表 18

项　　目	单位数（个）	从业人员（人）	主营业务收入（万元）	资产总额（万元）	负债总额（万元）	利润总额（万元）
总　　计	181	142889	37501462	4516819556	4307460381	6690791
一、按隶属关系分						
中央	56	~	25237726	4040504975	3856392559	2073563
市属	17	~	10432874	408723289	398185500	4432260
区属	13	~	78124	2129764	1965220	35982
街属	0	~	0	0	0	0
其他	95	~	1752738	65461529	50917102	148987
二、按经济类型分						
国有经济	12	~	5534803	2169878697	2143584477	-1325542
集体经济	0	~	0	0	0	0
联营经济	0	~	0	0	0	0
股份制经济	125	~	31251628	2335183547	2153790425	7945170
三资经济	15	~	691104	11696754	10076518	61706
私营经济	29	~	23927	60558	8961	9457
三、按国民经济行业分						
银行业	17	~	22888260	4247207853	4048254157	2963908
证券业	36	~	2117977	27055096	15759780	1166759
保险业	67	~	12063603	79801865	75202588	1757924
其他金融活动	61	~	431622	162754742	168243856	802201

注：由于 2009 年劳动工资报表为北京市统计局反馈汇总数据，故无分行业人员数据。

（资料来源：区统计局、区经济社会调查队）

房地产企业基本情况及主要财务指标

表 19

项　　目	单位数(个)	从业人员(人)	主营业务收入(万元)	资产总额(万元)	负债总额(万元)	利润总额(万元)
总　　计	958	30769	2476143	27419501	19255381	603195
一、按隶属关系分						
中央	91	~	117995	1632464	1039553	16281
市属	73	~	598572	5851350	3935521	148434
区属	92	~	626426	5993878	3511499	209660
街属	13	~	10889	131518	62899	-1385
其他	689	~	1122262	13810291	10705909	230205
二、按经济类型分						
国有经济	110	~	98675	1022510	547921	23322
集体经济	32	~	519	1834	114	4
联营经济	0	~	…	…	…	…
股份制经济	427	~	1990632	19639726	13576801	551426
三资经济	63	~	342316	6078127	4551646	28138
私营经济	326	~	44001	677304	578899	305
三、按国民经济行业分						
房地产开发经营	220	~	2039420	25412168	18015145	554280
物业管理	312	~	295617	722551	464140	24047
房地产中介服务	210	~	8760	4510	2410	-76
其他房地产业活动	216	~	132347	1280272	773685	24945

注:1. 由于2009年劳动工资报表为北京市统计局反馈汇总数据,故无分行业人员数据。

2. 财务指标中不含保密单位数据。

(资料来源:区统计局、区经济社会调查队)

社会消费品零售额

表 20　　单位:万元

项　　目	2009年	2008年
总　　计	3293947	3176271
一、按商品用途分		
吃类商品	838366	804157
穿类商品	933080	891084
用类商品	1515750	1473833
烧类商品	6751	7197
二、按国民经济行业分		
批发零售贸易业	2734035	2575463
餐饮业	418169	329362
其他	141743	271446
三、按隶属关系分		
中央	302025	273616
市属	423021	386663
区属	382838	377056
其他	2186063	2138936
四、西单现代商业中心区	774926	636370

(资料来源:区统计局、区经济社会调查队)

区地方财政收入

表 21

单位:万元

项 目	2009 年	2008 年
总 计	1521706	1545298
一般预算收入	1468452	1537909
增值税	65130	71778
营业税	571136	485469
企业所得税	456631	725741
城市维护建设税	89497	42037
土地使用税	9906	9561
土地增值税	45393	18651
房产税	117118	108624
印花税	77310	40168
车船税	4780	5069
行政事业性收费	6175	4878
罚没收入	1169	1246
国有资源(资产)有偿使用收入	1864	3517
专项收入	22343	21170
排污费	2	4
教育费附加	22341	21166
其他收入	0	0
基金预算收入	53254	7389
残疾人就业保障金收入	8254	7389
国有土地使用权出让金收入	45000	0

(资料来源:区财政局)

区地方财政支出

表 22

单位:万元

项 目	2009 年	2008 年
总 计	1222486	985694
一般预算支出	1209101	949646
一般公共服务	115713	111900
国防	509	0
公共安全	50543	51058
教育	162310	101836
科学技术	12778	8457
文化体育与传媒	7547	8138
社会保障和就业	129066	116087
医疗卫生	95649	93348
环境保护	9285	12331
城乡社区事务	438825	325407
农林水事务	550	200
采掘电力信息等事务	1652	1831
粮油物资储备及金融监管等事务	4395	2974
地震灾后恢复重建支出	15379	7613
其他支出	164900	108466
政府性基金支出合计	13385	36048
一般公共服务	1539	571
文化体育与传媒	0	280
社会保障和就业	4737	2685
城乡社区事务	7075	32512
农林水事务	34	0

(资料来源:区财政局)

区国税税收收入

表 23

单位:万元

项　　目	合计	增值税	营业税	企业所得税	涉外所得税	其他
总　　计	19927081	538464	569995	18199426	587499	31697
农、林、牧、渔业	191	24	0	54	113	0
采矿业	-627488	4	0	-684899	57407	0
制造业	53846	40053	0	7944	5848	1
电力、燃气及水的生产和供应业	523647	279795	0	243842	10	0
建筑业	5819	406	0	5151	262	0
交通运输、仓储和邮政业	2158	315	0	1843	0	0
信息传输、计算机服务和软件业	744502	168724	0	536694	35807	3277
批发和零售业	18177605	478	0	17284778	301951	20403
金融业	554948	3186	569995	414120	137642	0
房地产业	329630	10522	0	303759	15349	0
租赁和商务服务业	44258	137	0	26568	17553	0
其他行业	117965	34820	0	59572	15557	8016

(资料来源:区国税局)

区地税税收收入

表 24

单位:万元

项　　目	合计	营业税	企业所得税	其他
总　　计	2551797	1142272	212061	1197464
农、林、牧、渔业	2083	0	0	2083
采矿业	26561	0	0	26561
制造业	20215	0	3109	17106
电力、燃气及水的生产和供应业	100769	0	22773	77996
建筑业	101686	76017	3951	21718
交通运输、仓储和邮政业	27853	13884	722	13247
信息传输、计算机服务和软件业	132995	71120	103	61772
批发和零售贸易业	99056	0	17926	81130
住宿和餐饮业	51687	37469	1938	12280
金融业	982504	543876	0	438628
房地产业	390438	121899	123716	144823
租赁和商务服务业	146680	66878	13449	66353
居民服务和其他服务业	261491	93104	20152	148235
教育	12530	3152	724	8654
卫生、社会保障和社会福利业	15558	972	458	14128
文化、体育和娱乐业	47291	16322	1229	29740
其他	132400	97579	1811	33010

(资料来源:区地税局)

危旧房改造基本情况

表 25

项　　目	计量单位	2009 年	2008 年
自年初累计完成投资	亿元	23.9	49.9
房屋开复工面积	万平方米	273.8	340
其中:新开工房屋面积	万平方米	14.6	20.7
其中:住宅	万平方米	22.6	58.2
房屋竣工面积	万平方米	65.6	80.8
其中:住宅	万平方米	13.9	35.5
已开工建设	片	0	0
拆除房屋总面积	万平方米	9.3	5.7
其中:危房	万平方米	3.7	3.3
动迁居民	户	8516	7516
其中:危旧房改造动迁居民	户	3791	3956
签约居民	户	1610	1756
其中:危旧房改造签约居民	户	346	524

(资料来源:区建委)

城市园林绿化

表 26

项　　目	计量单位	2009 年	2008 年
年末园林绿地面积	公顷	683.28	799.65
人均绿地面积	平方米	8.61	10.21
绿地率	%	21.61	25.26
年末公园绿地面积	公顷	300.71	300.15
人均公园绿地面积	平方米	3.79	3.83
城市绿化覆盖面积	公顷	980.22	911.62
城市绿化覆盖率	%	31	28.79
道路绿化总长度	公里	~	191.27
年末实有树木	万株	148.56	183.41
其中:本年新植	万株	0.76	9.38
年末草坪面积	万平方米	311.34	276.63
其中:本年新植	万平方米	3	9.99
公园数	个	18	18
其中:市级以上公园	个	4	4

市属公园:北海、景山、双秀、动物园;

区属公园:什刹海、月坛、人定湖、南礼士路、北滨河、官园、顺成、白云、玫瑰、德胜、金融街中心绿地;

其他:中国儿童活动中心、宋庆龄故居、恭王府。

(资料来源:区园林局)

表 27

城市环境卫生

项　　目	计量单位	2009 年	2008 年
机扫车	台	90	81
垃圾车	台	80	44
真空吸粪车	台	14	17
果皮箱	个	2200	1925
公共、公用厕所	座	559	558
改建公共厕所	座	0	1
新建公共厕所	座	8	10
维修公共厕所	座次	5483	7610
密闭式清洁站	座	46	45
清扫街道数量	条	143	170
清扫面积	万平方米/日	498	485
其中：机扫面积	万平方米/日	303	257
洒水面积	万平方米/日	108	230
垃圾产生量	万吨	35	35
垃圾清运量	万吨	35	35
垃圾无害化处理量	万吨	35	35
垃圾无害化处理率	%	100	100
粪便清运量	万吨	12	12
粪便无害化处理量	万吨	12	12
粪便无害化处理率	%	100	100

注：清扫面积指日平均清扫面积数。

（资料来源：区环卫中心）

城市环境保护

表 28

项　　目	计量单位	2009 年	2008 年
一、水环境			
废水排放总量	万吨	5834.0	4978.0
工业废水排放达标量	万吨	61.1	75.4
工业废水排放达标率	%	100	100
二、大气环境			
空气二级和好于二级的天数	天	279	275
空气二级和好于二级的天数占全年比例	%	76.4	75.1
三、环境污染治理			
环境污染事故次数	次	0	0
环境污染与破坏事故直接经济损失	万元	0	0
环境污染与破坏事故赔罚款总额	万元	0	0
环境污染治理投资总额	万元	286873	222723
城市环境保护投资指数	%	2.09	2.07
城市环境基础设施建设本年完成投资额	万元	277722	208730
工业污染源治理投资	万元	1941	0
“三同时”项目环保投资	万元	5521	13993
“三同时”合格执行率	%	100	100
排污费收入总额	万元	4.4	7.5
四、城市环境			
建成环境噪声达标区面积	平方公里	31.66	26.94
建成环境噪声达标区覆盖率	%	85.1	85.1
可吸入颗粒物平均值	毫克/立方米	0.119	0.117
二氧化硫(SO_2)年日平均值	毫克/立方米	0.038	0.037
二氧化氮(NO_2)年日平均值	毫克/立方米	0.062	0.056
降尘量	吨/平方公里·月	5.8	5.7
区域噪声平均值	分贝	53.5	53.6
交通干线噪声平均值	分贝	67.3	67.5

（资料来源：区环保局）

各类学校基本情况

表 29 单位:人

项　　目	学校数(所)	毕业生数	招生数	在校学生数	教职工数	专任教师数
普通中学	34	13119	12532	37866	5643	3922
高中	—	6428	5731	17767	—	1964
初中	—	6691	6801	20099	—	1958
职业高中	3	1344	1209	3449	791	555
工读学校	1	—	—	115	62	44
小学	43	5541	5177	31503	2914	2370
幼儿园	37	1953	2540	8103	1500	836
特殊教育学校	3	106	83	562	159	124
成人学校	1	1466	1720	6115	166	75

(资料来源:区教委)

居民物质文化生活基本情况

表 30

项　　目	计量单位	2009 年	2008 年
一、平均每一就业者负担人数	人	1.32	1.34
二、收入与消费支出			
居民人均可支配收入	元	30442	28059
居民人均消费性支出	元	21970	20528
三、居民人均住房使用面积	平方米	19.49	17.95
四、耐用消费品			
每百户拥有家用电脑	台	109	102
每百户拥有彩色电视机	台	150	149
每百户拥有电冰箱	台	104	105
每百户拥有空调器	台	175	168
五、交通、通讯			
每百户拥有家用汽车	辆	37	30
每百户拥有移动电话	部	227	214
每百户拥有互联网	条	107.0	97.3
六、教育、文化			
居民人均文化娱乐用品	元	1061	1059
居民人均教育支出	元	1464	1157
居民人均书报杂志支出	元	97	101

(资料来源:区统计局城市住户抽样调查)

调查户居民家庭基本情况

表 31

项　　目	计量单位	合计	按年人均可支配收入分组				
			低收入户	中等偏下收入户	中　等收入户	中等偏上收入户	高收入户
一、调查户数	户	400	79	81	81	80	79
二、家庭户均人口数	人	2.89	3.19	3.02	2.91	2.76	2.59
(一)有收入者人数	人	2.36	2.30	2.48	2.38	2.36	2.26
1. 就业人口数	人	1.87	1.69	1.97	1.90	1.84	1.95
国有经济单位职工人数	人	1.14	0.95	1.26	1.15	1.07	1.27
城镇集体经济单位职工人数	人	0.06	0.05	0.09	0.08	0.06	0.04
其他各种经济类型单位职工	人	0.34	0.40	0.36	0.35	0.28	0.29
城镇个体经营者人员数	人	0.07	0.01	0.07	0.05	0.16	0.06
城镇个体被雇人员数	人	0.08	0.18	0.05	0.06	0.05	0.06
离退休再就业人员数	人	0.17	0.09	0.14	0.20	0.21	0.22
其他就业人员数	人	0.01	0.01	0.00	0	0.00	0.01
2. 离退休人数	人	0.42	0.29	0.50	0.47	0.52	0.30
3. 其他有收入者人数	人	0.07	0.32	0.02	0.01	0.01	0.01
(二)无收入者人数	人	0.54	0.89	0.53	0.54	0.40	0.33
三、平均每一就业者负担人数	人	1.32	1.72	1.28	1.28	1.22	1.17
四、家庭年人均总收入	元	36164	16966	26338	33117	42227	68545
其中:人均可支配收入	元	30442	14263	22268	28195	36103	56635
五、家庭年人均总支出	元	33598	16952	25779	25628	40411	65313
其中:人均消费性支出	元	21970	13631	18742	19293	25998	34839
六、恩格尔系数	%	30.2	34.9	31.5	33.5	32.2	23.3

(资料来源:区统计局城市住户抽样调查)

调查户居民家庭年人均收入

表 32

单位:元

项　　目	平均收入	按年人均可支配收入分组				
		低收入户	中等偏下收入户	中　等收入户	中等偏上收入户	高收入户
一、家庭总收入	36164	16966	26338	33117	42227	68545
其中:人均可支配收入	30442	14263	22268	28195	36103	56635
(一)工薪收入	27651	13289	20155	26158	29764	53777
工资及补贴收入	27525	13250	20046	26121	29683	53373
其他劳动收入	126	39	109	37	81	404
(二)经营性收入	1305	101	796	613	3483	1825
(三)财产性收入	220	15	55	64	268	798
(四)转移性收入	6989	3561	5332	6282	8713	12144
其中:养老金或离退休金	5606	2586	4864	5526	7809	7911
辞退金	2	0	8	0	0	0
保险收入	4	0	20	0	0	0
赡养收入	110	91	27	195	26	226
捐赠收入	367	125	164	210	193	1283
提取住房公积金	503	0	0	97	284	2434
二、出售财物收入	26	82	3	18	6	16
三、借贷收入	10798	3556	6815	3468	12770	30846
提取储蓄存款	9225	3410	6661	3400	10072	25294
借入款	542	119	22	0	2611	59
收回借出款	152	20	0	0	14	824
收回储蓄性保险本金	9	0	0	0	0	49

(资料来源:区统计局城市住户抽样调查)

调查户居民家庭年人均支出

表 33　　单位:元

项　目	平均支出	按年人均可支配收入分组				
		低收入户	中等偏下收入户	中　等收入户	中等偏上收入户	高收入户
一、家庭总支出	33598	16952	25779	25628	40411	65313
(一)消费性支出	21970	13631	18742	19293	25998	34839
其中：服务性消费支出	6940	3925	5661	5905	8339	11865
食品	6632	4760	5895	6465	8377	8115
衣着	2259	1156	1878	2219	2673	3674
居住	1552	832	1212	1321	2409	2183
家庭设备用品及服务	1477	652	1277	1268	2004	2401
医疗保健	1386	888	1062	1360	2038	1709
交通和通信	3392	2196	3282	2199	3021	6786
教育文化娱乐服务	4044	2622	3330	3374	3929	7556
其他商品和服务	1228	524	806	1087	1547	2416
(二)购房与建房支出	3675	0	1886	42	5012	13104
其中：购房	3666	0	1886	0	5012	13104
(三)财产性支出	140	15	5	169	237	318
(四)转移性支出	3407	990	1669	2085	4509	8801
交纳所得税	1061	155	347	630	1204	3379
捐赠支出	984	495	575	886	1380	1757
购买彩票	23	19	41	12	24	19
赡养支出	1076	208	510	359	1496	3194
其中：在外就学子女费用	549	64	298	17	767	1825
各种非储蓄性保险支出	234	107	184	173	360	384
其中：车辆保险支出	181	72	155	112	261	337
其他转移性支出	29	6	12	23	44	67
(五)社会保障支出	4406	2316	3478	4039	4655	8251
个人交纳的养老基金	1432	1014	1239	1154	1375	2561
个人交纳的住房公积金	2436	901	1768	2434	2759	4778
个人交纳的医疗基金	410	327	380	339	376	669
个人交纳的失业基金	90	63	89	75	85	146
其他社会保障支出	39	11	2	36	60	98
二、借贷支出	13536	3746	7513	11021	14936	34217
存入储蓄款	11422	3440	6333	9642	14114	26497
借出款	68	0	1	0	2	383
归还借款	102	0	41	111	18	383
储蓄性保险支出	514	138	540	366	418	1222
购买有价证券	317	80	34	68	18	1565
其他投资支出	30	15	0	3	121	16
归还住房贷款	809	7	0	574	139	3772
归还汽车贷款	8	0	0	0	0	48
其他借贷支出	162	15	237	250	102	220

(资料来源:区统计局城市住户抽样调查)

(责任编辑　佟瑞云)

附 录

中共北京市西城区委主要文件目录

中共北京市西城区委文件

京西发〔2009〕1号　中共北京市西城区委北京市西城区人民政府印发《关于在全区推行廉政风险防范管理的意见》的通知

京西发〔2009〕2号　中共北京市西城区委关于深入学习实践科学发展观，开展弘扬北京奥运精神、加强领导干部作风建设年活动的实施意见

京西发〔2009〕3号　中共北京市西城区委关于在全区党员中开展深入学习实践科学发展观活动的实施意见

京西发〔2009〕4号　中共北京市西城区委关于印发《北京市西城区建立健全惩治和预防腐败体系2008-2012年实施办法》的通知

京西发〔2009〕8号　中共北京市西城区委关于表彰先进基层党组织、优秀共产党员和优秀党务工作者的决定

京西发〔2009〕10号　中共北京市西城区委北京市西城区人民政府关于表彰教育系统先进个人和先进集体的决定

京西发〔2009〕11号　中共北京市西城区委关于认真学习宣传贯彻党的十七届四中全会精神的通知

京西发〔2009〕12号　中共北京市西城区委北京市西城区人民政府印发《西城区关于进一步推进义务教育均衡发展的实施意见》的通知

京西发〔2009〕14号　中共北京市西城区委关于印发《北京市西城区党代表大会代表任期制实施细则(试行)》的通知

中共北京市西城区委办公室文件

京西办发〔2009〕5号　中共北京市西城区委办公室北京市西城区人民政府办公室关于表彰2008年度西城区信息工作优秀单位、优秀领导和优秀信息员的通报

京西办发〔2009〕6号　中共北京市西城区委办公室北京市西城区人民政府办公室关于印发《区委区政府2009年重点工作目标分解表》的通知

京西办发〔2009〕7号　中共北京市西城区委办公室北京市西城区人民政府办公室关于对《中共北京市西城区委关于进一步加强和改进新时期工会工作的意见》落实情况进行检查的通知

京西办发〔2009〕9号　中共北京市西城区委办公室关于印发《西城区2009年处级后备干部集中调整工作意见》的通知

京西办发〔2009〕10号　中共北京市西城区委办公室北京市西城区人民政府办公室关于印发《2009年西城区党风廉政建设和反腐败工作主要任务分工》的通知

京西办发〔2009〕14号　中共北京市西城区委办公室北京市西城区人民政府办公室关于印发《西城区党政领导干部调研下访工作意见》的通知

京西办发〔2009〕18号　中共北京市西城区委办公室北京市西城区人民政府办公室关于印发《西城区优秀调研成果和西城区调研工作先进单位评选表彰办法》的通知

京西办发〔2009〕22号　中共北京市西城区委办公室印发《关于大规模培训干部工作的实施意见》的通知

京西办发〔2009〕23号　中共北京市西城区委办公室北京市西城区人民政府办公室印发《西城区工程建设领域突出问题专项治理工作实施方案》的通知

北京市西城区人民政府主要文件目录

西城区人民政府文件

西政发〔2009〕1号　北京市西城区人民政府关于印发《西城区落实〈北京市第十五阶段控制大气污染措施〉实施意见》的通知

西政发〔2009〕2号　北京市西城区人民政府关于2007-2008年度西城区科技进步奖励的决定

西政发〔2009〕3号　北京市西城区人民政府关于2008年度工作目标督查考核结果的通报

西政发〔2009〕4号　北京市西城区人民政府关于修改部分行政规范性文件的通知

西政发〔2009〕5号　北京市西城区人民政府关于行政规范性文件清理结果的通知

西政发〔2009〕6号　北京市西城区人民政府关于印发《西城区行政规范性文件清理工作规定》和《西城区行政规范性文件实施准备和评估报告工作若干规定》的通知

西政发〔2009〕7号　北京市西城区人民政府关于印发西城区2009年人口和计划生育工作要点的通知

西政发〔2009〕8号　北京市西城区人民政府关于做好2008年冬季退役士兵安置工作的通知

西政发〔2009〕9号　北京市西城区人民政府关于印发2009年区政府会议重要议题计划的通知

西政发〔2009〕10号　北京市西城区人民政府关于成立西城区扩大内需重大项目绿色审批通道领导小组的通知

西政发〔2009〕11号　北京市西城区人民政府关于区长工作分工的通知

西政发〔2009〕12号　西城区人民政府关于印发北京市西城区人民政府工作规则的通知

西政发〔2009〕13号　北京市西城区人民政府关于认真做好2009年迎汛工作的通知

西政发〔2009〕14号　北京市西城区人民政府关于公布第二批区级非物质文化遗产名录的通知

西政发〔2009〕15号　北京市西城区人民政府关于印发加强依法行政工作方案的通知

西政发〔2009〕16号　北京市西城区人民政府关于印发行政执法责任制配套制度的通知

西政发〔2009〕17号　北京市西城区人民政府关于做好促进就业稳定就业工作的通知

西政发〔2009〕18号　北京市西城区人民政府关于精简与规范区政府议事协调机构和临时机构的通知

西政发〔2009〕19号　北京市西城区人民政府关于机构设置的通知

西政发〔2009〕20号　北京市西城区人民政府关于印发《2009年度西城区与门头沟区合作发展任务书》的通知

西政发〔2009〕21号　北京市西城区人民政府关于印发《西城区促进残疾人事业发展若干意见》的通知

西政发〔2009〕22号　北京市西城区人民政府关于区长工作分工的通知

西政发〔2009〕23号　北京市西城区人民政府关于开展第六次全国人口普查的通知

西城区人民政府办公室文件

西政办发〔2009〕1号　北京市西城区人民政府办公室关于印发西城区环境建设规划和2009年全区环境建设主要工作的通知

西政办发〔2009〕2号　北京市西城区人民政府办公室转发区民政局关于居民委员会换届选举工作意见的通知

西政办发〔2009〕4号　北京市西城区人民政府办公室关于印发《北京市西城区2009年在直接关系群众生活方面拟办的重要实事》的通知

西政办发〔2009〕5号　北京市西城区人民政府办公室转发区人口计生委关于2009年人口和计划生育目标管理考核评估方案的通知

西政办发〔2009〕6号　北京市西城区人民政府办公室关于机构改革中调整变动部门文件发送印章使用及悬挂部门名称牌子等事项的通知

西政办发〔2009〕7号　北京市西城区人民政府办公室关于机构改革中行政执法工作衔接等有关事项的通知

西政办发〔2009〕9号　北京市西城区人民政府办公室关于成立西城区校舍安全工程领导小组及办公室的通知

西政办发〔2009〕10号　北京市西城区人民政府办公室转发区教委区教育督导室关于西城区迎接北京市教育执法督导检查素质教育综合督导工作方案的通知

西政办发〔2009〕11号　北京市西城区人民政府办公室转发区财政局《关于调整区街财政管理体制的实施意见》的通知

西政办发〔2009〕13号　北京市西城区人民政府办公室转发区应急办关于西城区2009至2010年度预防煤气中毒工作方案的通知

西政办发〔2009〕14号　北京市西城区人民政府办公室转发区市政管委关于西城区扫雪铲冰应急预案的通知

西政办发〔2009〕15号　北京市西城区人民政府办公室关于印发西城区政府信息公开工作文件的通知

西政办发〔2009〕16号　北京市西城区人民政府办公室关于成立西城区实施北京信息化基础设施提升工作协调小组的通知

驻区单位

驻区部分中央单位名录

中国共产党中央委员会	西长安街地区
全国人大常委会	西交民巷23号
国务院	府右街
政协全国委员会	太平桥大街23号
中共中央国家机关工作委员会	西安门大街22号
中共中央纪律检查委员会	平安里西大街41号
中共中央办公厅第一局	府右街10号
中共中央办公厅警卫局	南长街81号
中共中央办公厅机要交通局	西黄城根北街11号
中共中央办公厅老干部局	大觉胡同50号
中共中央直属机关事务管理局	西黄城根北街9号北门
中共中央统战部	府右街135号
中共中央组织部	西长安街80号
中共中央宣传部	西长安街5号
中共中央政策研究室	府右街8号
中华全国总工会	复兴门外大街10号
国家信访局	西黄城根北街9号
国务院机关事务管理局	西安门大街22号
国务院法制办公室	文津街9号
国务院侨务办公室	阜成门外大街35号
国务院港澳事务办公室	月坛南街77号
国家发展和改革委员会	月坛南街38号
国家民族事务委员会	太平桥大街252号
中华人民共和国财政部	三里河南三巷
中华人民共和国国土资源部	阜成门内大街64号

中华人民共和国卫生部	西直门外南路甲1号
中华人民共和国教育部	大木仓胡同37号
中华人民共和国工业和信息化部	西长安街13号
中华人民共和国审计署	展览馆路北露园1号
中国科学院	三里河路52号
中国人民银行	成方街32号
国家邮政局	宣武门西大街131号
国家广播电影电视总局	复兴门外大街2号
国家统计局	月坛南街57号
国家工商行政管理总局	三里河东路8号
国家海洋局	复兴门外大街1号
国家宗教事务局	后海北沿44号
国家环境保护部	平安里西大街45号
国家档案局	丰盛胡同21号
国家食品药品监督管理局	北礼士路甲38号
国家医药总局	北礼士路甲38号
中国印钞造币总公司	西外大街甲143号
中国兵器工业总公司	三里河路44号
中国石油天然气集团公司	六铺炕街6号
中国材料工业科工集团公司	北顺城街11号
中国核工业集团公司	三里河南三巷1号
国家电网公司	西长安街86号
中国保险监督管理委员会	阜成门内大街410号
中国证券监督管理委员会	金融大街16号金阳大厦
国家信息中心	三里河路58号
国家统计局普查中心	月坛南街75号
新华通讯社	宣武门西大街57号
中国地质科学院	百万庄大街26号
中国儿童中心	平安里西大街43号
中华全国铁路总工会	复兴门外大街10号
中央人民广播电台	复兴门外大街2号
中国教育电台	复兴门内大街160号
无线电台管理局	复兴门外大街2号
中国教育国际交流协会	复兴门内大街160号
中国外文出版发行事业局	百万庄路24号
中国道教协会	西便门外白云观内
中国佛教协会	阜成门内大街25号
中国天主教爱国会	柳荫街14号
中国法学会	西四南大街兵马司胡同63号
中国国际贸易促进委员会	复兴门外大街1号

驻区部分市级单位名录

北京市交通执法总队	北礼士路22号
北京市公安局经济民警总队	义达里22号
北京市司法局	后广平胡同39号
北京市知识产权局	德胜门东大街8号
北京市市政管理委员会	西单北大街80号
北京市市政工程局	南礼士路15号
北京市国家税务局	车公庄大街10号
北京市地方税务局	车公庄大街8号
北京电力公司	前门西大街41号
北京市文化局	西长安街7号
北京市林业绿化局	裕民中路 8 号
北京市农业局	裕民中路6号
北京市园林局	西直门外大街143号
北京市西区邮局	南礼士路头条5号
北京市文学艺术界联合会	西长安街7号
北京市教育委员会	前门西大街109号
北京市科学技术委员会	西直门南大街16号
北京市公安局公安交通管理局	阜成门北大街1号
北京地铁运营有限公司	西直门外大街2号
北京北站	北滨河路1号
北京市红十字会	前门西大街103号
北京市急救中心	前门西大街103号
北京市青年宫	西直门南小街68号
北京学生活动管理中心	景山后街11号
北京市果品公司	德胜门外大街5号
北京市自来水有限责任公司	宣武门西大街甲121号
北京市燃气集团有限责任公司	西直门南小街22号

境内金融机构

银行网点

中国工商银行股份有限公司北京市分行

长安支行营业室	宣武门内大街乙6号
复外支行	复兴门外大街A2号

复内支行	复兴门内大街 55 号
西单北大街支行	华远北街 2 号
西单支行	灵境胡同 42 号
六部口支行	西长安街 26 号
大悦城支行	西单大悦城 6 层
和平门内支行	北新华街东松树胡同 31 号 1、2 层
丰汇园支行	宏英园 17 号楼 1 层
新文化街支行	佟麟阁路 75 号
长安商场储蓄所	复兴门外大街 15 号
甘石桥储蓄所	西单北大街酱坊胡同 33 号
西四支行	西四东大街 99 号
德外支行	教场口街 9 号院乙 9 号 -8
安华桥西支行	北三环中路 6 号 3 幢伦洋大厦 1、2 层
德胜科技园支行	德胜门外大街 11 号美江大厦
积水潭支行	新街口外大街 18 号
地内大街支行	平安大街 31 号航天金融大厦 1 层东侧
西直门内支行	葱店胡同 2 号院 1 号楼 1 层)
新街口北大街支行	新街口北大街 57 号 1 层
新街口支行营业室	西直门内大街 143 号
西直门大街分理处	西直门内大街 68 号
棉花胡同储蓄所	棉花胡同 52 号
地安门西大街储蓄所	地安门西大街丁 28 号
西四储蓄所	暂与西四支行合址办公
西安门储蓄所	西安门大街 103 号
爱民里储蓄所	爱民巷小区 3 号楼
南礼士路支行营业室	阜外大街 8 号
礼士路网点支行	月坛北街 26 号恒华国际
阜外大街网点支行	展览路 48 号
首都体育馆网点支行	西直门外大街丙 168 号腾达大厦
西直门网点支行	车公庄乙 1 号
三里河网点支行	月坛南街 34 号
百万庄西口网点支行	三里河路 36 号
燕京网点支行	三里河东路 39 号
西便门网点支行	西便门外大街 4 号院 6 号楼
车公庄网点支行	车公庄大街 9 号院五栋大楼 A 楼 A-S-4 号
百万庄东口网点支行	百万庄大街 16 号
月坛支行	南礼士路 9 号
真武庙支行	真武庙路四条 8 号院 2 号楼商业 102-1 号
三里河东路储蓄所	月坛北街 26 号恒华国际
公安大学网点支行	木樨地北里 4 号商业楼 1 层南侧
西直门外大街网点支行	西外大街德宝新园 22 号楼
文兴街支行	西直门外文兴街 2 号
金融街营业室	太平桥大街丰汇园 11 号

复兴门网点支行	金融大街 29 号
英蓝中心网点支行	金融大街 7 号
阜成门网点支行	阜成门内大街 410 号
中国农业银行北京市分行	
营业室	西直门内大街 118 号
复兴门支行	复兴门内大街 103 号
民航大厦支行	西长安街甲 15 号
西单北支行	西单北大街 48 号
月坛大厦支行	月坛北街 2 号
平安里支行	平安里西大街 2 号
新外支行	新街口外大街 K8 号
人定湖支行	德胜门外大街甲 5 号
北三环支行	北三环中路 23 号
中国银行股份有限公司北京市分行	
西城支行营业部	阜成门外大街 5 号
西单支行	西单北大街 130 号
三里河支行	月坛南街丙 71 号
平安里支行	西四北大街 83 号
工会大楼支行	真武庙路 1 号
黄寺支行	黄寺大街甲 24 号
缸瓦市支行	西四南大街乙 62 号
德外支行	德外大街 11 号 1 层
西直门支行	国英园 1 号楼 1 层
北太平庄支行	新街口外大街 12 号
百万庄支行	百万庄大街中里 10 号楼 1 层
车公庄支行	车公庄北里五栋大楼 A 座 A05 号
官园桥支行	平安里西大街 28 号
阜成门内支行	金融大街甲 5 号
中国建设银行股份有限公司北京市分行	
西单支行营业部	西单北大街 34 号
西直门支行	西直门南大街 2 号成铭大厦
科技馆支行	北三环中路 3 号双全大厦
丰汇园支行	丰汇园 21 号楼
西四支行营业部	阜成门外大街甲 26 号
展览路支行	北礼士路 8 号
西长安街支行	西长安街 15 号
金融街支行	金融大街 35 号国际企业大厦 A 座 A101
德胜支行	德胜门东大街 8 号东联大厦 1 层
平安大街支行	地安门西大街 99 号
三里河支行	三里河二区乙 23 号楼
建展储蓄所	榆树馆西里 13 号楼
建月储蓄所	三里河北街甲 1 号
德外储蓄所	德胜门外新风街 1 号院 E 区商业楼

灵境储蓄所	灵境胡同1号
北太储蓄所	新街口外大街D6号
桃园储蓄所	西直门内大街桦皮厂3号
教场口储蓄所	六铺炕二区46号
万通储蓄所	阜成门外大街2号万通商城
国英园储蓄所	国英园7号楼
西露园储蓄所	西露园小区扣钟巷1号
燕京储蓄所	复兴门外大街乙19号
黄寺储蓄所	黄寺双旗杆东里12号楼1层
交通银行股份有限公司北京市分行	
马甸支行	德胜门外大街5号
中轴路支行	德胜门外六铺炕中街3号
德胜门支行	德胜门外关厢地区中交大厦1、2二层东侧11–14轴房
阜外支行	车公庄大街9号院1号楼
西直门支行	西直门内玉桃园3区13号
百万庄支行	百万庄大街11号
平安大街支行	平安大街6号
社会路支行	二七剧场路南里商业楼首层北侧
阜成门支行	阜成门外大街7号国投大厦首层
西单支行	西长安街甲17号
西便门支行	宣武门西大街甲129号
北京银行股份有限公司	
总行营业部	金融大街甲17号首层
燕京支行	复兴门外大街19号燕京饭店西配楼
月坛支行	阜成门外大街27号
阜成支行	阜成门外大街2号
华安支行	西黄城根北街甲2号
三里河支行	月坛南街85号
官园支行	育教胡同33号
复兴支行	月坛南街14号
德外支行	德胜门外大街8号
展览路支行	西直门外南路8号
金融街支行	金融大街丁26号
西四支行	西单北大街30号
车公庄支行	车公庄大街乙8号
西直门支行	冠英园西区31号楼
慧园支行	教场口街9号院7号楼
西单支行	复兴门内大街156号
长安街支行	真武庙1号中国职工之家C座首层
中国光大银行股份有限公司北京分行	
天宁寺支行	莲花池东路1号
西城支行	车公庄大街甲4号
礼士路支行	南礼士路66号

三里河支行	月坛南街71号
西单支行	华远北街2号
西直门支行	德宝新园22号
长安支行	复兴门外大街6号
金融街支行	盈泰中心2号楼1层
德胜门支行	黄寺大街23号福丽特大厦
华夏银行股份有限公司北京分行	
长安支行	三里河东路5号
平安支行	平安里西大街16号
阜外支行	阜成门外大街甲34号
德外支行	德胜门外大街3号
车公庄支行	车公庄大街12号
分行营业部	金融大街11号
中国民生银行股份有限公司总行营业部	
阜成门支行	阜成门外大街2号万通新世界广场B座首层
金融街支行	金融大街33号通泰大厦B座首层
平安里支行	地安门西大街141号
北太平庄支行	新街口外大街2号金辉科技楼
西直门支行	西直门内大街43号时代之光名苑首层
西单支行	西单北大街107号北京电信首层
德胜门支行	德胜门外大街新风街2号天成科技大厦首层
西长安街支行	复兴门大街2号中国民生银行大厦首层
西二环支行	阜成门北大街6号国际投资大厦C座
招商银行股份有限公司北京分行	
招商银行北京分行	复兴门内大街156号
展览路支行	展览馆路乙3号
首体支行	西直门外大街143号
金融街支行	金融大街35号
中信银行股份有限公司总行营业部	
营业结算部	金融大街甲27号
阜成门支行	太平桥大街17号恒奥中心A座1层
西单支行	复兴门内大街45号
凯晨广场支行	复兴门内大街28号凯晨世贸中心中座第F3层

证券公司

北京高华证券有限责任公司	金融大街7号北京英蓝国际金融中心18层1801–1806室
东兴证券股份有限公司	金融大街5号新盛大厦B座12–15层
高盛高华证券有限责任公司	金融大街7号北京英蓝国际金融中心18层1807–1809室
华融证券股份有限公司	月坛北街26号恒华国际商务中心A座9层
民族证券有限责任公司	金融大街5号新盛大厦A座6–9层
瑞银证券有限责任公司	金融大街7号北京英蓝国际金融中心12层、15层

瑞信方正有限责任公司	阜成门外大街甲34号泰阳大厦9层
首创证券有限责任公司	德胜门外大街115号德胜尚城E座
新时代证券有限责任公司	金融大街1号A座8层
信达证券股份有限公司	闹市口大街9号院一楼信达金融中心
银河证券股份有限公司	金融大街35号国际企业大厦C座
渤海证券北京西外大街证券营业部	西直门外大街甲143号凯旋大厦C座2层
财富证券北京阜外大街证券营业部	阜成门外大街甲7号国投大厦1、2层
长城证券北京阜成门北大街证券营业部	阜成门北大街17号中国大百科裙楼2-3层
长江证券北京展览路证券营业部	展览路3号（招商银行4层）
第一创业证券北京平安大街证券营业部	平安大街新时代大厦
东北证券北京三里河东路证券营业部	三里河东路5号中商大厦3层
方正证券阜外大街证券营业部	阜成门外大街甲34号
高华证券北京金融大街证券营业部	金融街7号英兰（大厦）国际金融中心18层
光大证券北京月坛北街证券营业部	月坛北街2号月坛大厦东配楼5层
广发证券阜成门南大街证券营业部	阜成门南大街甲3号
广州证券北京三里河东路证券营业部	三里河东路39号燕京大厦2层
国都证券北京阜外大街证券营业部	阜成门外大街22号外经贸大厦3层西侧
国都证券北京三环中路证券营业部	北三环中路23号燕莎盛世大厦
国金证券金融街证券营业部	金融大街27号投资广场B座4层
国盛证券北京德胜门外大街证券营业部	德胜门外大街83号德胜门国际中心B座3层
国泰君安证券北京德外大街证券营业部	德胜门外大街新风街2号天成科技大厦A座
国泰君安证券北京金融街证券营业部	金融大街28号盈泰中心2号楼10层
国信证券北京平安大街证券营业部	平安西大街28号光大国际中心1号楼5层
和兴证券百万庄证券营业部	百万庄大街19号
宏源证券北京金融大街证券营业部	太平桥大街19号
华泰证券月坛南街证券营业部	月坛南街甲12号万丰怡和商务会馆3层
华鑫证券车公庄大街证券营业部	车公庄大街12号核工业建设集团大厦2层
民族证券北京佟麟阁路证券营业部	佟麟阁路95号尚信大厦6层
平安证券金融大街营业部	金融大街23号平安大厦10层
齐鲁证券北京金融大街营业部	金融大街5号新盛大厦南塔A座1层02、03单元
日信证券北京新街口北大街证券营业部	新街口北大街3号星街坊购物中心6层603-606
瑞银证券北京金融大街证券营业部	金融大街7号英兰（大厦）国际金融中心15层
万联证券西单证券营业部	西单横二条3号
西部证券新街口外大街证券营业部	德胜门外大街乙10号太福大厦4层
西南证券北京北三环中路证券营业部	北三环中路商房大厦
新时代证券北京南礼士路证券营业部	南礼士路3号海通大厦3-4层
信达证券北京西单北大街证券营业部	华远北街2号通港大厦1、4层
银河证券北京黄寺大街证券营业部	黄寺大街21号中银利华大厦1、2层
银河证券北京月坛证券营业部	丰汇园21号楼
招商证券金融街证券营业部	金融大街33号通泰大厦C座605
招商证券新街口外大街证券营业部	新街口外大街12号
中山证券车公庄大街证券营业部	车公庄大街乙1号富通大厦2层
中信证券复外大街证券营业部	白云路1号白云大厦3层

期货公司

金鹏期货经纪有限公司	复兴门内金融街投资广场9层
首创期货有限责任公司	闹市口大街1号长安兴融中心4号楼11层
宏源期货有限公司	太平桥大街19号4层
第一创业期货有限责任公司	平安里西大街26号新时代大厦3层东侧、4层南侧
银河期货经纪有限公司	复兴门外大街A2号中化大厦8层
经易期货经纪有限公司	百万庄北街6号
格林期货有限公司	金融街投资广场B座20层

基金公司

华夏基金管理有限公司	金融大街33号通泰大厦B座8层
泰达宏利基金管理有限公司	金融大街8号英蓝国际中心2–3层
工银瑞信基金管理有限公司	金融大街丙17号北京银行大厦8层
建信基金管理有限责任公司	金融大街7号英蓝国际中心16层
东方基金管理有限责任公司	金融大街28号盈泰商务中心2号楼16层
华商基金管理有限公司	阜成门北大街6号国际投资大厦C座15层

境内邮电所

人民大会堂邮电所	人民大会堂内
复南大街邮电所	复兴门外南大街3号楼
新华社邮电所	宣武门西大街57号
工信部邮电所	西长安街13号
金隅大厦邮电所	宣武门西大街甲129号
金融大厦邮电所	复兴门内大街156号
远洋大厦邮电所	复兴门内大街158号
邮政集团邮电所	宣武门西大街131号
图书大厦邮电所	西长安街17号图书大厦地下1层
时代广场邮电所	西长安街88号地下1层
电教大楼邮电所	复兴门内大街160号
明珠大厦邮电所	西单横二条59号明珠大厦5层
凯晨大厦邮电所	复兴门内大街28号地下5层
民族宫邮电所	复兴门内大街49号
中国移动邮电所	金融大街29号

国企大厦邮电所	金融大街35号
通泰大厦邮电所	金融大街33号
平安大厦邮电所	金融大街23号
富凯大厦邮电所	金融大街19号
白塔寺邮电所	赵登禹路379号
英蓝大厦邮电所	金融大街7号英蓝国际金融中心
车公庄邮电所	西直门南大街甲18号
平安里邮电所	地安门西大街乙28号
马尾沟邮电所	北礼士路62号
天意邮电所	阜成门外大街259号天意市场内
露园邮电所	北露园9号楼3单元004号
万通邮电所	阜成门外大街2号
钓鱼台邮电所	钓鱼台内19号楼
国宏大厦邮电所	木樨地北里甲11号
金开利德邮电所	西直门外大街136号金开立德服装批发市场5层
京鼎邮电所	西直门外大街132号京鼎服装批发市场4层
世纪天乐邮电所	西直门外大街南路甲28号B座15层1512
腾达大厦邮电所	西直门外大街168号腾达大厦2楼邮局
西苑邮电所	三里河路1号西苑饭店1号楼
新世纪邮电所	首体南路6号新世纪饭店1层大厅北
文兴街邮电所	文兴街1号众合服装批发市场3层304
中化大厦邮电所	复兴门外大街甲2号
月坛大厦邮电所	月坛北街2号
建威大厦邮电所	南礼士路66号
光大大厦邮电所	复兴门外大街6号
天照天邮电所	南礼士路丁9号
职工之家邮电所	职工之家A座
百盛邮电所	百盛商城内

学　校

高等院校

北京市行政学院	车公庄大街6号
中央音乐学院	鲍家街43号
中央广播电视大学	复兴门内大街160号
中国人民公安大学	木樨地南里1号
中国道教学院	白云观内

外交学院	展览馆路 24 号
北京建筑工程学院	展览馆路 1 号
北京军地专修学院	新风街 7 号
公安部高级警官学院	木樨地南里甲 1 号
北京市教育学院	德胜门外什坊街 2 号
北京市西城经济科学大学	西直门内南草厂 22 号
北京联合大学继续教育学院	丰盛胡同 13 号

中　　学

北京市第三中学	富国街 3 号
北京市第四中学	西黄城根北街甲 2 号
北京市第七中学	安德路 69 号
北京市第八中学	太平桥大街学院小街 2 号
北京市第十三中学	柳荫街 27 号
北京市第二十九中学	前门西大街 13 号
北京市第三十一中学	西绒线胡同 33 号
北京市第三十三中学	复兴门外大街乙 20 号
北京市第三十五中学	二龙路小口袋胡同 19 号
北京市第三十九中学	西黄城根北街甲 10 号
北京市第四十一中学	西四北二条 58 号
北京市第四十二中学	月坛西街 3 号
北京市第四十四中学	三里河南横街 1 号
北京市第五十六中学	文兴街 3 号
北京市第一一零中学	百万庄大街 37 号
北京市第一五四中学	百万庄南街 14 号
北京市第一五六中学	太平仓 16 号
北京市第一五九中学	王府仓胡同 23 号
北京市第一六一中学	北长街 113 号
北京市第二一四中学	月坛北街 18 号
北京市民族团结中学	安德路 114 号
北京市北海中学	教场胡同 4 号
北京市二龙路中学	大木仓胡同 39 号
北京市丰盛中学	丰盛胡同 69 号
北京教育学院西城分院附中	新街口大四条 48 号
北京市鲁迅中学	新文化街 45 号
北京市西城区实验学校	德胜门外六铺炕二巷 2 号
北京市西四中学	大红罗厂 25 号
北京市月坛中学	南礼士路二条 1 号
北京市裕中中学	德胜门外裕中西里 21 号
北京市第十三中学分校	西绦胡同 59 号
北京师范大学附属实验中学分校	辟才胡同 80 号

北京市三帆中学	德胜门外新风街7号
北京市西城外国语学校	西直门外南路6号
北京师范大学附属实验中学	二龙路甲14号
北京师范大学第二附属中学	新街口外大街12号
北京铁路职工子弟第二中学	月坛西街5号
北京铁路职工子弟第三中学	三里河东路九号
北京市爱华外语实验学校	平安里西大街43号
北京市第三十五中学分校	月坛体育场
北京市爱华外语实验学校	平安里西大街43号
北京市第三十五中学分校	月坛体育场
北京市一〇〇中学	地安门西大街57号
北京市兴涛学校	大兴区黄村卫星城兴华大街北路
北京市西城区育华中学	大兴区西红门路10号
北京师范大学亚太实验学校	昌平区东三旗
北京市育荣实验学校	昌平区沙河镇七里渠南村531号
北京市私立汇才中学	崇文区永外大街86号

小　　学

北京市西城区自忠小学	府右街丙27号
北京市西城区力学小学	力学胡同47号
北京市西城区北长街小学	北长街71号
北京市西城区长安小学	东绒线胡同41号
北京市西城区顺城街第一小学	前门西大街135号
北京市西城区柳荫街小学	西煤厂胡同7号
北京市西城区什刹海小学	恭俭胡同41号
北京市西城区护国寺小学	护国寺东巷7号
北京市西城区黄城根小学	西黄城根北街3号
北京市西城区西什库小学	西安门大街刘兰塑胡同14号
北京市西城区厂桥小学	地安门西大街167号
北京市西城区德胜门外第二小学	八道湾胡同3号
北京市西城区德胜门外第五小学	德胜门外大街16号
北京市西城区民族团结小学	德胜门外小市口8号
北京市西城区五路通小学	德胜门外什坊街甲6号
北京市西城区育翔小学	德胜门外新风街5号
北京市西城区裕中小学	裕中西里小区29号
北京市西城区玉桃园小学	玉桃园小区3区10号楼
北京市西城区新街口东街小学	新街口东街5号
北京市西城区东教场小学	东教场5号
北京市西城区鸦儿胡同小学	鸦儿胡同25号
北京市西城区雷锋小学	旧鼓楼大街西绦胡同甲2号
北京市西城区官园小学	官园胡同1号
北京市西城区四根柏小学	赵登禹路58号

北京市西城区西四北四条小学	西四北四条 47 号
北京市西城区中华路小学	赵登禹路 18 号
北京市西城区宏庙小学	宏庙胡同 13 号
北京市西城区华嘉小学	华嘉胡同 19 号
北京市西城区兵马司小学	兵马司胡同 93 号
北京市西城区西单小学	中京畿道 1 号
北京市西城区奋斗小学	月台胡同 15 号
北京第二实验小学	新文化街 111 号
北京市西城区受水河小学	受水河胡同 45 号
北京市西城区三里河第三小学	三里河三区 36 号
北京市西城区中古友谊小学	三里河一区 39 号
北京市西城区复兴门外第一小学	地藏庵 23 号
北京市西城区育民小学	真武庙头条 8 号
北京市西城区白云路小学	白云路 2 号
北京市西城区青龙桥小学	复兴门外真武庙四条六里 71 号
北京市西城区阜成门外第一小学	阜成门外大街甲 10 号
北京市西城区月坛小学	月坛北街 3 号
北京市西城区银河小学	阜成门外北营房中街 57 号
北京市西城区展览路第一小学	百万庄中里 7 号
北京市西城区百万庄小学	百万庄中里 32 号
北京市西城区文兴街小学	文兴街 4 号
北京市西城区北礼士路第一小学	北礼士路 133 号
北京市西城区进步小学	西直门外大街榆树馆胡同 1 号
北京铁路职工子弟第七小学	南礼士路三条 7 号
北京市兴涛学校	大兴区兴华北路十段
北京师范大学亚太实验学校	昌平区东三旗
北京市育荣实验学校	昌平区沙河镇七里渠南村 531 号

幼 儿 园

※北京市北海幼儿园	地安门西大街 22 号
※北京市西城区棉花胡同幼儿园	寄宿:棉花胡同 78 号；日托:育德胡同 5 号
※北京市西城区曙光幼儿园	小后仓胡同 36 号
※北京市西城区洁民幼儿园	马甸裕中西里 36 楼
※北京市西城区民族团结幼儿园	本园：新街口外大街新明胡同乙 1 号；分园：德外黄寺大街 23 号
※北京市西城区西四北幼儿园	西四北三条 11 号
※北京市第六幼儿园	旧鼓楼大街大石桥胡同 43 号
※北京市西城区长安幼儿园	前门西大街 139 号
※北京洁如幼儿园	成方街 29 号
北京市西城区培智中心学校（北京市西城区展览路幼儿园）	西直门外大街德宝新园 23 号
北京市西城区华新幼儿园	待建

※北京军区空军蓝天宇锋幼儿园	群力胡同 17 号
※中国石油天然气集团公司华油北京服务总公司幼儿园	六铺炕三区甲 15 号
※机械机关幼儿园	百万庄北街 2 号
※北京市公安局幼儿园	德胜门内松树街 7 号
※中国儿童中心实验幼儿园	平安里西大街 43 号中国儿童中心院内
※公安部幼儿园	木樨地北里 2 号
※中共中央组织部机关服务中心幼儿园	西单北大街小酱坊胡同 31 号
※物资机关幼儿园	月坛北街 25 号
北京卫戍区机关幼儿园	定阜街 3 号
解放军报社幼儿园	阜成门外大街 34 号
※国家发展改革委员会三里河幼儿园	三里河一区丙 68 号
北京市农业局幼儿园	裕中西里甲 1 号
中直管理局实验幼儿园	新丰街 1 号院甲 2 号楼
※商业三里河幼儿园	三里河二区 18 号
※北京市西城区新街口街道果子市幼儿园	鼓楼西大街 169 号
※北京市西城区金融街新京畿道实验幼儿园	二龙路京畿道小区 12 号
北京市西城区新街口街道高井幼儿园	西直门内大街高井胡同 16 号
北京市西城区月坛街道月坛第一幼儿园	三里河北街 23 号
北京市西城区什刹海街道大拐棒幼儿园	大拐棒胡同 15 号
北京市西城区展览路街道北营幼儿园	北营房西里
北京市西城区月坛街道月坛第四幼儿园	本园:南礼士路 46 号；分园:真武庙 4 号楼中门 1 号
北京市西城区广电银河艺术幼儿园	平安里西大街育德胡同 15 号
北京市西城区德采幼儿园	西直门外德宝新园 18 号
北京市西城区幸福泉幼儿园	西直门内大街冠英园西区 8 号

(加※号者为一级一类幼儿园)

卫生机构

区属卫生机构

首都医科大学附属复兴医院	复兴门外大街甲 20 号
北京中医药大学附属护国寺医院	棉花胡同 83 号
北京市第二医院	宣武门内大街油坊胡同 36 号
北京市肛肠医院（二龙路医院）	下岗胡同 1 号
北京市西城区展览路医院	西直门外大街桃柳园西巷 16 号
北京市丰盛中医骨伤专科医院	阜成门内大街 306 号
北京市西城区平安医院	赵登禹路 169 号
西城区卫生局卫生监督所	德胜门外大街 38 号
西城区疾病预防控制中心	德胜门外大街 38 号
西城区卫生局	德胜门外大街 38 号

区辖三级医院

中国医学科学院北京协和医院	大木仓胡同41号
北京大学第一医院	西什库大街8号
北京大学人民医院	西直门南大街11号
中国医学科学院阜外心血管病医院	北礼士路167号
北京积水潭医院	新街口东街31号
首都医科大学附属北京儿童医院	南礼士路56号
北京急救中心	前门西大街103号
首都医科大学附属北京安定医院	德胜门外安康胡同5号
中国人民解放军第305医院	文津街甲13号
中国人民武装警察部队北京市总队第二医院	月坛北街丁3号
中国人民解放军第二炮兵总医院	新街口外大街16号

律师事务所及公证处

安诺律师事务所	西直门南大街2号成铭大厦B10S
安和利律师事务所	六铺炕三区9号院203-207
博恒律师事务所	黄寺大街23号北广大厦1205
北环律师事务所	裕民路18号北环中心A座2703\2707\2708
博金律师事务所	阜成门外大街1号四川大厦东塔1314-1319
博昌律师事务所	新街口西里二区1号楼地上1层3/3-6,N-D
邦恒律师事务所	宣武门西大街乙97号尚座大厦3C单元
宝盛律师事务所	新街口西里三区2号楼11号
重光律师事务所	广宁伯街2号金泽大厦7层
诚辉律师事务所	西直门南大街2号成铭大厦B2座14G
大地律师事务所	阜成门外大街甲28号京润大厦13层
德恒律师事务所	金融大街19号富凯大厦B座12层
东方律师事务所	西绒线胡同9号
东易律师事务所	车公庄大街 9 号五栋大楼 A3-1003
鼎龙律师事务所	莲花池东路丙1号310室
鼎知律师事务所	宣武门西大街乙129号金隅大厦1016、1017
大理律师事务所	裕民路18号北环中心A1708
丁道林律师事务所	三里河路40号7号楼206室
东元律师事务所	西长安街88号首都时代广场
富华邦律师事务所	国英园1号716

观韬律师事务所	金融大街28号盈泰中心2号楼17层
国度律师事务所	西直门南小街国英1号楼1215
格维律师事务所	宣武门西大街甲129号金隅大厦5层521-522
高默克律师事务所	月坛北街2号月坛大厦A308
国源律师事务所	二七剧场路乙6号楼6层
冠英律师事务所	车公庄大街9号院五栋大楼5号楼1101室
国枫律师事务所	金融大街一号写字楼A座12层
华鹏律师事务所	车公庄大街9号院五栋大楼B座1单元503室
海拓律师事务所	黄寺大街26号院德胜置业大厦1号楼17层1706
汉达律师事务所	阜成门外北营房东里13号同吉大厦B座158房间
汉龙律师事务所	金融大街19号富凯大厦B座707
华堂律师事务所	阜成门外大街11号国宾酒店写字楼308
华文通用律师事务所	百万庄大街丁19号妇联活动中心1层
魂鹤律师事务所	北三环中路甲29号华尊大厦B座303室
惠康律师事务所	东京畿道10号办公楼511-513室
惠诚律师事务所	太平桥大街218号
华策律师事务所	新街口外大街2号有研大厦B-401
慧学律师事务所	西直门外大街135号北展宾馆松竹园
汇京律师事务所	月坛北街26号恒华国际C座711室
浩伟律师事务所	宣武门大街甲127号15A层06A
何贵富律师事务所	新街口西里一区1号楼地上底商8号
海创律师事务所	佟麟阁路尚座大厦
嘉源律师事务所	复兴门内大街158号远洋大厦F407
经纬律师事务所	复兴门内大街158号远洋大厦F302AB室
纪凯律师事务所	宣武门西大街甲129号金隅大厦6层
京豪律师事务所	新街口西里三区2号楼2-2
聚和律师事务所	德胜门东滨河路3号白孔雀艺术世界A座410
聚信律师事务所	宣武门西大街甲129号金隅大厦507
京通律师事务所	裕民路18号北环中心A座608室
京典律师事务所	月坛北街14号恒华国际商务中心A座805室
君泽君律师事务所	金融大街9号金融街中心南楼6层
京泽律师事务所	月坛北街26号恒华国际商务中心C座1605/1607室
京银律师事务所	百万庄北街6号经易大厦5层
凯誉律师事务所	车公庄北里五栋大楼A3座1101、1104室
凯文律师事务所	闹市口大街1号院3号楼1218室
科瀚律师事务所	闹市口大街1号长安兴融中心C座908室
李晓光律师事务所	西直门南大街6号国二招B座5222室
莱博律师事务所	新街口外大街2号有研大厦A座217室
两高律师事务所	西直门外大街1号院2号楼8C4
梁陆律师事务所	德胜门外大街新风街2号天成科技大厦A座1106室
力行律师事务所	西直门大街2号成铭大厦B座8C
律通律师事务所	月坛南街32号银岛商务楼518
茂源律师事务所	车公庄大街五栋大楼E1106

明海律师事务所	月坛南街 26 号
铭德律师事务所	德胜门外大街甲 11 号美江大厦 417 室
欧亚律师事务所	新街口西里二区 1 号楼 9 号
品源律师事务所	莲花池东路 5 号白云时代大厦 B 座 1207
乾贞律师事务所	车公庄大街 6 号院 3 号楼
乾源律师事务所	西直门南大街 2 号成铭大厦 A 座 12S 室
仁杰律师事务所	新街口西里二区 1 号楼
仁人德赛律师事务所	闹市口大街 1 号长安 1 号院 4 号楼 4 层 04A/B
尚格律师事务所	国英大厦
绅特律师事务所	丰汇园 11 号楼丰汇时代大厦东冀 12 层 1202
时代九和律师事务所	复兴门内大街 158 号远洋大厦 F412 室
世银律师事务所	月坛北街 25 号院 1–1723
晟翔律师事务所	车公庄大街 9 号院五栋大楼 1 号楼 1 门 501 室
首信律师事务所	马甸南村甲 18 号
天铎律师事务所	西直门内南小街国英 1 号 309
天理律师事务所	月坛北街 26 号恒华国际商务中心 A709
天宁律师事务所	国英一号写字楼
天水泽龙律师事务所	文兴东街 1 号国务院 1 招南写字楼 1 层
天依律师事务所	黄寺大街 26 号德胜置业大厦 5 号楼 8 层
天路律师事务所	裕民路 18 号北环中心 910
天元律师事务所	金融大街 35 号国际企业大厦 C 座 11 层
维泰律师事务所	阜成门外大街 2 号万通新世界广场写字楼 B705 号
未名律师事务所	阜成门外大街 2 号万通新世界广场 B 座 2002
伟石律师事务所	新街口西里三区 2 号楼 2–5 层底商
万瑞律师事务所	金融大街国际企业大厦 B 座 16 层 1420 号
王志文律师事务所	新街口西里二区 1 号楼 9 号
吴栾赵阎律师事务所	月坛北街 2 号月坛大厦 A506
雄志律师事务所	北三环中路甲 29 号华尊大厦 A 座 505
新元律师事务所	通泰大厦 C 座 603 室
鑫诺律师事务所	西长安街 88 号首都时代广场 824、826、827 室
信格律师事务所	莲花池东路甲 5 号白云时代大厦东座 1208
潇然律师事务所	西直门南大街 6 号 B 座写字楼 5106 室
谢金龙律师事务所	新文化街 213 号
旭伟律师事务所	阜成门万通新世界广场 A 座 1006 室
星河律师事务所	裕民东路 5 号瑞得大厦 6 层 601
英岛律师事务所	西直门外大街 143 号凯旋大厦 C 座 2 层
雨仁律师事务所	月坛北街 26 号恒华国际商务中心 1605
易凯律师事务所	前半壁街 66 号祺祥园写字楼 302–303 室
永新智财律师事务所	金融大街 27 号投资广场 A 座 1801
正理律师事务所	车公庄大街 9 号院五栋大楼 B1 座 1103 室
中满律师事务所	西直门南小街国英 1 号楼 628
中实律师事务所	西单大木仓北一巷 1 号西单饭店 3 层
中同律师事务所	北三环中路甲 29 号华尊大厦 A 座 18 层

中旭律师事务所	东官房胡同35号丙
中咨律师事务所	平安里西大街26号新时代大厦6-8层
兆源律师事务所	宣武门西大街甲129号金隅大厦1209-1211
兆亿律师事务所	黄寺大街26号德胜置业大厦1号楼701
铸成律师事务所	北展北街华远企业号A座8层
中治律师事务所	金融大街28号院2号楼3层
中盈律师事务所	西直门外大街新兴东巷15号主楼7层
中里通律师事务所	三里河一区5-5
在线律师事务所	车公庄大街6号院3号楼
张浩然律师事务所	黄寺大街26号德胜置业大厦4号楼6层710室
紫光达律师事务所	后广平胡同38号国英公寓2C
山西科贝北京分所	金融大街27号投资广场B座9层
湖南秦希燕北京分所	鱼雁胡同甲6号中国华力高科3层
上海通力北京分所	金融大街7号英蓝国际金融中心9楼02-03单元
江苏博爱星北京分所	白云路4号
北京市国立公证处	德胜门西大街68号院（3号楼1层）
北京市中信公证处	金融大街广宁伯路2号铁通大厦5层
北京市方正公证处	阜成门外大街7号国投大厦4层

文物保护单位

全国重点文物保护单位

名　称	时代	地　址	公布时间
北海及团城	明、清	文津街1号	1961.3.4
妙应寺白塔	元	阜成门内大街171号	1961.3.4
宋庆龄故居	现代	后海北沿46号	1982.2.23
恭王府及花园	清	前海西街17号、柳荫街14号、甲14号	1982.2.23
郭沫若故居	现代	前海西街18号	1982.2.23
大高玄殿	明	景山西街21、23号	1996.11.20
历代帝王庙	明、清	阜成门内大街131号	1996.11.20
南堂	明、清	前门西大街141号	1996.11.20
景山	明、清	景山前街、景山西街44号、景山后街14号	2001.6.25
白云观	明、清	北滨河路西白云观街	2001.6.25
中南海	明、清	西长安街	2006.6.1
德胜门箭楼	明、清	北二环中路	2006.6.1
北京鲁迅旧居	民国	阜成门内宫门口二条19号	2006.6.1

清农事试验场旧址	清	西直门外大街 137 号	2006.6.1
月坛	明	南礼士路	2006.6.1
醇亲王府	清	后海北沿 44 号	2006.6.1
广济寺	明	阜成门内大街 25 号	2006.6.1
北平图书馆旧址	民国	文津街 7 号	2006.6.1
北京国会旧址	民国	宣武门西大街 57 号	2006.6.1
京师女子师范学堂旧址	民国	新文化街 45 号	2006.6.1
利玛窦和外国传教士墓地	明、清	车公庄大街 6 号	2006.6.1
西什库教堂	清	西什库大街 33 号	2006.6.1
国立蒙藏学校旧址	清	小石虎胡同 33 号	2006.6.1
关岳庙	民国	鼓楼西大街 149 号	2006.6.1

北京市文物保护单位

名　称	时代	地　　址	公布时间
李大钊故居	民国	文华胡同 24 号	1979.8.21
梅兰芳故居	现代	护国寺街 9 号	1984.5.24
程砚秋故居	现代	西四北三条 39 号	1984.5.24
齐白石故居	民国	跨车胡同 13 号	1984.5.24
明北京城城墙遗迹	明	复兴门南大街	1984.5.24
万宁桥（后门桥）	元、明	地安门外大街	1984.5.24
升平署戏楼	清	西长安街 1 号、大宴乐胡同 11 号	1984.5.24
郑王府	清	大木仓胡同 35 号	1984.5.24
礼王府	清	西黄城根南街 7、9 号，颁赏胡同甲 19 号	1984.5.24
克勤郡王府	清	新文化街 53 号	1984.5.24
庆王府	清	定阜街 3 号、德内大街甲 254 号	1984.5.24
福佑寺	清	北长街 20 号	1984.5.24
广化寺	元、明	鸦儿胡同 31 号	1984.5.24
护国寺金刚殿	元	护国寺西巷	1984.5.24
都城隍庙（寝殿）	元、明、清	成方街 33 号	1984.5.24
吕祖阁	清	明光胡同 6 号、新壁胡同 41 号	1984.5.24
火德真君庙	元、明、清	地安门外大街 77 号	1984.5.24
昭显庙	清	北长街 71 号	1984.5.24
辅仁大学	民国	定阜街 1 号	1984.5.24
天主教圣母会法文学校	清末	前门西大街 137 号	1984.5.24
西四北三条 11 号四合院	民国	西四北三条 11 号	1984.5.24
西四北六条 23 号四合院	民国	西四北六条 23 号	1984.5.24
前公用胡同 15 号四合院	民国	前公用胡同 15 号	1984.5.24
西四北三条 19 号四合院	民国	西四北三条 19 号	1984.5.24
西交民巷87号、北新华街112号四合院	民国	西交民巷 87 号、北新华街 112 号	1984.5.24
盛新中学及佑贞女中	民国	教场胡同 2、4 号	1990.2.23
涛贝勒府	清	柳荫街 25、27 号，乙 27 号	1995.10.20

万松老人塔	元	西四南大街43号旁门	1995.10.20
北京水准原点旧址	民国	西安门大街1号	1995.10.20
富国街3号四合院	清	富国街3号	1995.10.20
平绥铁路西直门车站旧址	清末	西直门外北滨河路1号	1995.10.20
中央银行旧址	民国	西交民巷17号 (西)	1995.10.20
大陆银行旧址	民国	西交民巷17号 (东)	1995.10.20
保商银行旧址	民国	西交民巷17号 (中)	1995.10.20
中国农工银行旧址	民国	西交民巷50号	1995.10.20
中华圣公会教堂	民国	佟麟阁路85号	2001.9.5
百万庄路8号墓园石刻	清末	阜成门外百万庄路8号	2001.9.5
贤良祠	清	地安门西大街103号	2001.9.5
旧式铺面房	清末	地安门外大街50、52号	2001.9.5
会贤堂	清	前海北沿18号	2003.12.11
拈花寺	明	大石桥胡同61号	2003.12.11
地安门西大街153号四合院	清	地安门西大街153号	2003.12.11
阜成门内大街93号四合院	民国	阜成门内大街93号	2003.12.11
雪池冰窖	清	雪池胡同10号	2003.12.11
恭俭冰窖	清	恭俭五巷5号	2003.12.11
皇城墙遗址 (西城区)	明、清	西长安街	2003.12.11

西城区文物保护单位

名　称	时代	地　　址	公布时间
三官庙	明	西海北沿29号	1989.8.1
净业寺	明	德胜门内西顺城街46号	1989.8.1
双寺	明	双寺胡同11号	1989.8.1
普济寺	明	西海南沿48号	1989.8.1
棍贝子府花园	清	新街口东街31号	1989.8.1
德胜桥	明	德胜门内大街	1989.8.1
摄政王府马号	清	后海北沿43号	1989.8.1
大藏龙华寺	明	后海北沿23号	1989.8.1
寿明寺	明	鼓楼西大街79号	1989.8.1
小石桥胡同24号宅园 (盛园)	清	小石桥胡同24号、后马厂胡同17号	1989.8.1
广福观	明	烟袋斜街37号、大石碑胡同6号	1989.8.1
银锭桥	明、清	后海北沿东端	1989.8.1
鉴园	清	小凤翔胡同5号	1989.8.1
正觉寺	明	正觉胡同甲9号	1989.8.1
魁公府	清	宝产胡同甲23、25、27、29号; 赵登禹路58、60号;四根柏胡同18号	1989.8.1
旌勇祠	清	旌勇里3号	1989.8.1
保安寺	元	地安门西大街133、135号	1989.8.1
天寿庵	明	龙头井街42号	1989.8.1
玉皇阁	元	育强胡同甲22号	1989.8.1

翠花街5号四合院	民国	翠花街5号	1989.8.1
元大都下水道	元	西四路口	1989.8.1
清真普寿寺	明	锦什坊街63号	1989.8.1
永佑庙	清	府右街1、3号	1989.8.1
万寿兴隆寺	明	北长街39号	1989.8.1
张自忠故居	民国	府右街丙27号	1989.8.1
洵贝勒府	清	背阴胡同37号	1989.8.1
仪亲王府	清	府右街137号、西长安街7号	1989.8.1
清学部	清	教育街1号	1989.8.1
霱公府	清	西绒线胡同51号	1989.8.1
醇亲王府（南府）	清	鲍家街43号、宗帽胡同甲2号	1989.8.1
清真永寿寺	明	三里河前巷1号	1989.8.1
马尾沟教堂	民国	车公庄大街6号	1989.8.1
陆谟克堂	民国	西直门外大街141号	1989.8.1
护国双关帝庙	元、明、清	西四北大街167号、甲167号	2007.7.20
阿拉善王府	清	毡子胡同7号	2007.7.20
兆惠府遗存	清	前井胡同3号	2007.7.20
法源清真寺	清	德胜门外大街200号	2007.7.20
清稽查内务府御史衙门	清	陟山门街5号	2007.7.20
镶红旗满洲都统衙门	清	新文化街137号	2007.7.20
吕祖宫	清	复兴门内北顺城街15号	2007.7.20
西四街楼	清	西四北大街255号	2007.7.20
圆广寺大殿	明、清	阜成门外大街7、8号楼之间	2007.7.20
清端顺长公主墓碑	清	德胜门外冰窖口胡同75号	2007.7.20
清乾隆汇通祠诗碑	清	北二环路汇通祠内	2007.7.20
天主教圣母圣衣堂	清、民国	西直门内大街130号	2007.7.20
中央医院旧址	民国	阜成门内大街133号	2007.7.20
平民中学	民国	西四北二条58号	2007.7.20
民国地质调查所旧址	民国	兵马司胡同15号	2007.7.20
为宝书局	民国	地安门外大街156号	2007.7.20

西城区非物质文化遗产名录

西城区入选第三批北京市级非物质文化遗产名录

序　号	编　号	项目名称	申报地区或单位
传统体育游艺与杂技			
1	BJⅥ-3	孙式太极拳	北京市西城区体育总会 北京市武术运动协会孙式太极拳研究会

传统手工技艺			
2	BJⅧ-9	护国寺清真小吃制作技艺	北京华天饮食集团公司
3	BJⅧ-10	砂锅居全猪席制作技艺	北京华天饮食集团公司
4	BJⅧ-11	柳泉居京菜制作技艺	北京华天饮食集团公司
5	BJⅧ-12	仿膳(清廷御膳)制作技艺	北京市仿膳饭庄有限责任公司

第二批西城区级非物质文化遗产名录

序　号	编　号	项目名称	申报地区或单位
游艺、传统体育与竞技			
1	BXCⅥ-1	孙氏太极拳	西城区体育总会
民间美术			
2	BXCⅦ-6	京派剪纸(申沛农)	金融街街道办事处
3	BXCⅦ-7	泥塑彩绘脸谱	什刹海街道办事处
4	XCⅦ-8	北京玉雕(一魔)	月坛街道办事处
5	BXCⅦ-9	裕氏草编	新街口街道办事处
传统手工技艺			
6	BXCⅧ-15	戏曲盔头制作技艺(李继宗)	什刹海街道办事处
7	BXCⅧ-16	柳泉居京菜制作技艺	北京华天饮食集团公司
8	BXCⅧ-17	桂香村南味食品制作技艺	北京桂香村食品有限公司
9	BXCⅧ-18	宫廷奶制品制作技艺	北京三元梅园乳品发展有限公司
传统医药			
10	BXCⅨ-2	凤阳门正骨千手大法	北京中医药学会凤阳门正骨第二十五代传承人
民俗			
11	BXCⅩ-1	鸿宾楼“老堂经”	北京华天饮食集团公司

西城区入选国家级非物质文化遗产传承人

序号	项目编码	项目名称	姓名	性别	民族	申报地区或单位
03-1367	Ⅷ-110	地毯织造技艺(北京宫毯织造技艺)	康玉生	男	汉	北京市西城区
03-1222	Ⅶ-15	内画(北京内画鼻烟壶)	刘守本	男	汉	北京市西城区
3-1446	Ⅸ-6	中医正骨疗法(宫廷正骨)	刘　钢	男	汉	北京中医药大学附属护国寺中医医院

西城区首批入选北京市级非物质文化遗产传承人

序　号	编　号	项目名称	传承人姓名	性　别	年　龄
杂技与竞技					
1	Ⅵ-1	北京鬃人	白大成	男	69

民间美术					
2	Ⅶ-1	京派内画鼻烟壶	刘守本	男	65
传统手工技艺					
3	Ⅷ-1	鸿宾楼全羊席制作技艺	佟建国	男	56
4	Ⅷ-1	天福号酱肘子制作技艺	冯君堂	男	48
5	Ⅷ-1	北京宫毯织造技艺	康玉生	男	75
6	Ⅷ-2	北京烤肉制作技艺(烤肉季)	白士清	男	62
7	Ⅷ-2	北京烤肉制作技艺(烤肉宛)	万春生	男	46
传统医药					
8	Ⅸ-1	宫廷正骨(上驷院绰班处)	吴定寰	男	80

西城区第二批入选北京市级非物质文化遗产传承人

序号	编号	项目名称	传承人姓名	性别	年龄
曲艺					
1	Ⅴ-1	岔曲	张蕴华	女	60
2	Ⅸ-1	宫廷正骨(上驷院绰班处)	刘　钢	男	56

(责任编辑　王　兵)

索　引

说明：1. 主题词词首按汉语拼音音序排列，首字相同按第二字音序，其余类推。
2. 主题词后的数字表示该词及内容所在页码，a、b、c 字母在三栏文中分别表示左、中、右栏。
3. 特载、人物、统计资料、附录部分，不作索引。

B

C

D

E

F

G

H

K

L

Q

S

T

W

X

Y

Z